HUANING YEARBOOK 2018

华宁年鉴

（2018）

中共华宁县委史志编纂办公室 编

方志出版社
Publishing House of Local Records

图书在版编目（CIP）数据

华宁年鉴．2018 / 中共华宁县委史志编纂办公室编．-- 北京：方志出版社，2020.1

ISBN 978-7-5144-3931-1

Ⅰ．①华… Ⅱ．①中… Ⅲ．①华宁县—2018—年鉴 Ⅳ．① Z527.44

中国版本图书馆 CIP 数据核字（2019）第 272478 号

华宁年鉴（2018）

编　　者：中共华宁县委史志编纂办公室
责任编辑：董　琳

出 版 者：方志出版社
　　　　　地址　北京市朝阳区潘家园东里 9 号（国家方志馆 4 层）
　　　　　邮编　100021
　　　　　网址　http://www.fzph.org
发　　行：方志出版社图书经销中心
　　　　　电话　（010）67110500
经　　销：各地新华书店
排　　版：北京中文天地文化艺术有限公司
印　　刷：北京中科印刷有限公司

开　　本：889 × 1194　　1/16
印　　张：30
字　　数：618 千字
版　　次：2020 年 1 月第 1 版　2020 年 1 月第 1 次印刷

ISBN　978-7-5144-3931-1　　定价：298.00 元

序

贫困问题一直是困扰人类社会发展的重大问题。中国作为世界上最大的发展中国家，为解决贫困问题进行了长期不懈的努力。改革开放以来，特别是党的十八大以来，以习近平同志为核心的党中央把脱贫攻坚作为全面建成小康社会的底线任务和标志性指标，纳入“五位一体”总体布局和“四个全面”战略布局，以前所未有的力度推进精准扶贫、精准脱贫，扶贫开发成就举世瞩目，显著改善了贫困地区和贫困群众生产生活条件，具有重大的现实意义和深远的历史意义。身处中华民族几千年发展历史上将首次整体消除绝对贫困现象的伟大时代，如何更好地发挥地方志的存史、育人、资政的作用，是新时代全国地方志系统必须深入研究和着力解决的重大课题。

党的十八大以来，在党中央国务院的正确领导下，全国地方志系统深入学习贯彻习近平新时代中国特色社会主义思想，紧紧围绕党和国家事业发展需要，深入推进地方志改革创新发展，凝心聚力，稳扎稳打，勇于担当，主动作为，全国地方志形势和地方志工作者的精神面貌发生了深刻变化，取得了优异成绩。其中，为贯彻落实《全国地方志事业发展规划纲要（2015—2020年）》，经中国地方志指导小组领导批准，中国地方志指导小组办公室于2015年、2017年先后启动民族地区与贫困地区志书、年鉴出版资助工程（以下简称“志鉴出版资助工程”），对国家级贫困县（区、旗、县级市），中西部地区、少数民族边疆地区面临出版经费困难的志书和综合年鉴给予出版资助。实施志鉴出版资助工程是紧扣时代脉搏、坚持创新发展、传承弘扬中华优秀传统文化的一项创举，不仅有力推动了“两全目标”的实现，而且数十部资助出版的志书、年鉴及时记述了民族地区与贫困地区在全面建成小康社会伟大征程中取得的新成绩和新经验、出现的新情况和新问题、涌现的优秀人物和典型事迹，留住地方文化的“根”和“魂”，为这些地区的经济社会发展、地域文化传播、爱国主义教育、精神文明建设等提供了历史借鉴和智力支持，对全面提升民族地区与贫困地区文化建设水平、确保民族地区与贫困地区和全国其他地区同步全面建成小康社会具有重要意义。

尤为可喜的是，志鉴出版资助工程促成了一批扶贫志书的编纂出版，在文化脱贫攻坚中发挥了独特的作用。例如，《贵州省减贫志》全面系统客观记述了从1978

年至2015年贵州省扶贫、减贫工作的历程及取得的经验，为贵州省实施大扶贫战略提供了有力的资政辅治参考，集中体现了地方志工作因时而动、顺势而为的新作为。前不久，由福建省地方志编委会和人民网共同编纂的《闽宁扶贫协作图志》，是全国首部扶贫协作图志，图文并茂、直观立体、全方位地展现闽宁扶贫协作波澜壮阔的历程，弘扬"闽宁一家亲""携手奔小康"的深厚情谊和滴水穿石、久久为功的精神，是贯彻落实习近平总书记扶贫工作重要论述精神，服务国家精准扶贫、精准脱贫战略的有力举措。希望各地以此为鉴，编纂出版更多、更好的扶贫志书、年鉴，助力国家精准扶贫、精准脱贫战略的实施，充分展现地方志的独特价值和作用。

当前，我国脱贫攻坚已进入全面决战决胜的关键时期，尚未脱贫的贫困地区集中分布在中西部深山区、极端干旱山区、高寒阴湿地区等，文化建设还比较薄弱，文化产品还不够丰富，文化精品更是少之甚少。同时，这些地区往往是民族文化、历史文化、红色文化、生态文化富集区，具有发展文化旅游、推进文化扶贫的巨大潜在优势，也是繁荣发展地方志事业的巨大文化宝库。要发挥好文化扶贫凝聚人心的优势，善于利用方志文化优势为贫困地区"赋能"，在脱贫攻坚中做出方志人应有的贡献。要发挥好中国名镇志文化工程、中国名村志文化工程的引领作用，大力加强乡镇村志编纂，让百姓记得起乡情、记得住乡愁，凝聚贫困乡镇村庄的强大民心，补齐贫困乡镇村庄的文化短板，以"扶智"的方式"扶志"，践行习近平总书记强调的"扶贫先扶智，扶贫必扶志"的重要理念。

求木之长者，必固其根本；欲流之远者，必浚其泉源。扶贫扶起的是志气骨气，传承的是家国情怀，守护的是绿水青山。扶贫既要富口袋，也要富脑袋。必须坚持文化脱贫和物质脱贫两手抓，筑牢贫困地区文化之基，补足信仰精神之钙，引领脱贫发展之舵。全国地方志系统要围绕中心、服务大局，坚决投入脱贫攻坚这场必须打赢的硬仗，积极参与脱贫攻坚战，发挥优势和特长，深入挖掘文化资源，着力补齐文化短板，努力帮助民族地区与贫困地区的文化建设实现较大的发展提升，在全面建成小康社会、实现中华民族伟大复兴中国梦的征程中贡献方志人的力量。

是为序。

中国社会科学院院长
中国地方志指导小组组长　谢伏瞻

民族地区与贫困地区年鉴出版资助工程领导小组

组　　　长：高　翔

常务副组长：冀祥德

副　组　长：高京斋　邱新立

民族地区与贫困地区年鉴出版资助工程领导小组办公室

主　　　任：冀祥德

副　主　任：邱新立

成　　　员：于伟平　刘永强　冷晓玲　李　静

《华宁年鉴》编辑部

顾　　　问：黄云鹍　张燕华

主　　　编：郭　艳

执行主编：杨文桥

副 主 编：张　兰

编　　　辑：杨有文　李　英　雷银凤　冯　惠

编 辑 说 明

一、本书以马克思列宁主义、毛泽东思想、邓小平理论、“三个代表”重要思想、科学发展观和习近平新时代中国特色社会主义思想为指导，坚持辩证唯物主义和历史唯物主义的原则进行编纂。

二、《华宁年鉴》2018 卷全面系统地记述了华宁县 2017 年社会主义精神文明、物质文明、政治文明和经济、社会、文化、生态建设的历史进程，全面反映了全县各行业一年来的新业绩。

三、全书分特载、大事记、华宁概览、中共华宁县委员会、华宁县人民代表大会及其常务委员会、华宁县人民政府、中国人民政治协商会议华宁县委员会、纪检监察、群众团体、法治、军事、农业与农村经济、工业与信息化、园区经济、商贸、交通·邮政、城乡发展、环境保护、经济管理、社会管理、金融、科学教育、文化·广电·旅游、卫生·体育、乡镇（街道）概况、人物、附录 27 个部类。各部类下设分目，基本资料以条目形式撰写，辅以图表，力求做到图文并茂，切实增强年鉴的信息量和可读性。

四、《华宁年鉴》所采用的稿件均由县属各机关、企事业单位和各乡镇（街道）确定专人撰写，并经各单位主要领导审核把关。资料翔实准确，内容丰富，信息量大，是各级领导和社会各界人士认识和了解华宁的主要途径，是对外展示、宣传华宁的重要资料。

五、《华宁年鉴》的编辑出版，得到了各级领导、县属各机关、企事业单位和各乡镇（街道）、社会各界的关心支持，在此，一并表示衷心感谢！由于时间紧，工作量大，加之编辑水平有限，年鉴中难免有不足之处，敬请各位读者谅解。

华宁县行政区划图
华宁县在云南省的位置
华宁县简介
华宁县位于云南省中部，玉溪市东部，东经102°49′~103°09′，北纬23°59′~24°34′之间。东与红河州弥勒市接壤，南与红河州建水县相邻，西与玉溪市通海县、江川区相接，北与玉溪市澄江县、昆明市宜良县毗邻。县政府驻地宁州街道，县城距省会昆明148千米。全境东西宽约34千米，南北长约59千米，国土面积约1313平方千米。华宁县辖1个街道、3个镇、1个民族乡，23个社区、54个行政村，653个村(居)民小组，至2018年底，人口总数约22.11万人。境内居住着彝、回、苗等少数民族。
华宁县地势西北高，东南低。地形东西狭，南北长，崇山峻岭连绵起伏，高山、丘陵、盆地、河谷间杂交错，呈“两背夹两槽”地形。境内平均海拔1798米，河流属珠江水系。
华宁县属中亚热带半湿润高原季风气候，不同海拔区域呈现出南亚热带、中亚热带、北亚热带和南温带4个气候类型。年平均气温16.5℃，年均无霜期260天，年平均降水量957毫米，年日照总时数2165小时。
华宁县
宁州街道
海口镇
青龙镇
盘溪镇
华溪镇
通红甸彝族苗族乡
澄江县
宜良县
弥勒市
江川区
通海县
建水县
抚仙湖
星云湖
杞麓湖
图例
县行政中心
街道、乡、镇政府驻地
社区、行政村驻地
自然村
自治州、地级市界
县、市、区界
乡、镇、街道界
准轨铁路及车站、隧道
窄轨铁路及车站
高速公路及编号
高等级公路及桥梁
国道及编号
省道及编号
县道
乡道
村道
河流、水库
湖泊
山峰、高速公路出入口
国家森林公园 景点
比例尺：1:180 000
云南省地图院编制
此图境界不作划界依据
审图号:云S (2019) 008号

华宁县行政区划图

领导考察

2017 年 5 月 10 日，省委常委、统战部部长杨宁（前排左二）到盘溪镇调研民族团结进步示范项目推进情况

施锦泉　摄

2017 年 11 月 21 日，台盟云南省委主委、省台联会长杨晓红（右三）到华宁调研并参观华宁陶企业

2017 年 7 月 20 日，省政府党组成员高树勋（左二）到华宁调研产业发展情况　　李　艳　摄

2017 年 11 月 21 日，省政协常务副主席白成亮（左三）到华宁调研盘溪永平大桥建设情况
杨　佳　摄

2017年2月15日，省政协副主席、省工商联主席喻顶成（左一）到华宁调研非公有制经济发展情况
李 艳 摄

2017年9月21日，市委书记罗应光（前排右二）到华宁昊兴纸业公司调研 施锦泉 摄

2017 年 12 月 21 日，市委副书记、市委统战部部长保明顺（前排左二）到华宁调研脱贫攻坚工作

施锦泉　摄

2017 年 11 月 2 日，市委常委、市委秘书长王志新（右二）到华溪独家村调研　　李　艳　摄

2017 年 1 月 5 日，县十七届人大一次全会在县文化馆召开　　施锦泉　摄

2017 年 1 月 7 日县十六届人大常委会主任李世聪做县人大常委会工作报告　　施锦泉　摄

2017 年 1 月 4 日，政协华宁县九届一次会议召开　　施锦泉　摄

2017 年 1 月 4 日，县政协主席白应海作政协工作报告　　施锦泉　摄

县特警大队在进行技能训练　　葛晓东　摄

火把节安保　　葛晓东　摄

高考安保　　葛晓东　摄

春节安全保卫　　葛晓东　摄

检查商场安全设施　　葛晓东　摄

清查娱乐场所　　葛晓东　摄

“四好”乡村公路　　杨文桥　摄

柑橘丰收橘农笑　　杨文桥　摄

蔬菜交易　　杨文桥　摄

农民主动拆旧建新　　杨文桥　摄

正在施工的自然村道路　　马丕海　摄

华溪镇下拖卓橘园　　杨文桥　摄

群众文化活动设施焕然一新　　杨文桥　摄

通红甸乡通红甸村新貌　　杨文桥　摄

青龙镇玉泉山搬迁村　　杨文桥　摄

蔬菜种植　　周　华　摄

新建蓄水池　　周　华　摄

田间道路施工　　周　华　摄

田间灌溉管道　　周　华　摄

农开项目实施地　　周　华　摄

田间喷灌　　周　华　摄

华宁县首届运动会

开幕式表演　　　　杨文桥　摄

游泳比赛　　　　杨文桥　摄

篮球比赛　　　　杨文桥　摄

足球比赛　　杨文桥　摄

拔河比赛　　杨文桥　摄

跳绳比赛　　杨文桥　摄

乒乓球比赛　　杨文桥　摄

吗哒彝族火把节

花鼓表演　　杨文桥　摄

彝家迎宾　　杨文桥　摄

点火仪式　　杨文桥　摄

民族歌舞　　杨文桥　摄

目 录

特 载

政府工作报告…………………………………… 1

大事记

1 月 ………………………………………………15
2 月 ………………………………………………15
3 月 ………………………………………………16
4 月 ………………………………………………18
5 月 ………………………………………………19
6 月 ………………………………………………20
7 月 ………………………………………………22
8 月 ………………………………………………23
9 月 ………………………………………………24
10 月 ……………………………………………25
11 月 ……………………………………………25
12 月 ……………………………………………26

华宁概览

华宁县概况

位置………………………………………………27
建置沿革…………………………………………27
自然环境…………………………………………27
自然资源…………………………………………27
行政区划…………………………………………28
气候与农时………………………………………28

国民经济和社会发展

生产总值…………………………………………32
地方财政收支……………………………………32
固定资产投资……………………………………32
物价水平…………………………………………32
招商引资、出口…………………………………32
人民生活…………………………………………32
农业………………………………………………32
工业………………………………………………34
交通运输、邮政、信息传输业…………………35
批发零售和住宿餐饮业…………………………35
金融业……………………………………………35
科技、教育………………………………………35
文化、广播电视、体育、旅游…………………35
卫生、社会保障与社会福利……………………36
就业和职工工资…………………………………36
城市建设和房地产………………………………37
社会治安综合治理和安全生产…………………37
人口和计划生育…………………………………37

组织机构与负责人名单 ………………………37

中共华宁县委员会

县委主要工作

常委会议……49
重要会议……53
文件制发……56
信息工作……60
督查工作……60
政策研究……60
深化改革……61

组织工作

概况……61
“两学一做”学习教育……61
干部培养选拔……62
干部教育培训……62
干部监督管理……62
“基层党建提升年”……63
人才队伍建设……63
部门自身建设……63
党的建设制度改革……64

宣传工作

概况……64
县委中心组学习……64
理论宣讲……65
意识形态……66
业务培训……66
新闻宣传……66
春节系列活动……67
2017年中国·华宁柑橘旅游文化节……67
重要会议、活动……67
文化产业重要活动……68
党报党刊征订……69

精神文明建设

概况……69
检查考核省级文明城市创建工作……69
慰问道德模范……69
“三下乡”送温暖活动……69
学雷锋志愿服务月活动……69
未成年人思想道德建设……69
评选第五届玉溪市道德模范……70
第三届“玉溪美德少年”评选……70
劳模先进事迹报告会……70
“德耀中华·玉溪市先进模范”巡讲报告会……70
创文、创卫工作……70
玉溪市第十一届“红土地之歌”演讲大赛……70
市文明办检查华宁西家冲文明示范村……71
文明家庭推荐……71
第十一届“华宁县第三届青少年才艺大赛”……71
开展“道德讲堂”建设工作……71

统战工作

概况……71
信息工作……71
信访工作……71
党外干部……71
党外代表人士工作……72
侨务对台黄埔同学工作……72
非公有制经济领域统战工作……72
同心工程……72
新的社会阶层人士工作……72
干部队伍培训……72
政协副主席、省工商联主席喻顶成到华宁县调研……72
省委常委、省委统战部部长杨宁到华宁调研……73

第五批各民主党派省委机关干部到华宁挂职……73
领导班子民主生活会……73
工商业联合会第六次代表大会……73
全县统战工作会议……73
统一战线理论培训……73

机关党建

概况……74
思想建设……74
组织建设……74
作风建设……75
党风廉政建设……75
密切联系群众……76

老干部工作

概况……76
老干部慰问……77
老干部活动……77
县老年大学办学活动……77
联系点扶贫帮困工作……77

党校工作

概况……78
党建工作……78
干部教育培训……78
教学科研……78
函授教育……78
党课宣讲……78
县委中心工作……78
校园建设……79
工会工作……79

史志工作

概况……79
配合完成《滇中·红色记忆》党史专题片拍摄……79
“六一”慰问贫困儿童……79
结对开展庆祝“七一”建党节活动……79
《中国共产党华宁历史》第一卷（1944—1978）出版发行……80
党支部换届选举……80
《中共华宁县委执政纪要（2016年）》出版发行……80
《华宁年鉴（2017年）》出版发行……80
做好方那社区的扶贫工作……80

保密工作

概况……81
保密法制宣传教育……81
保密“三大管理”……81
涉密载体管理……82
保密依法行政……82

档案管理

概况……82
丰富馆藏……83
安全保管……83
档案利用……83
档案信息开发……83
档案资源信息化管理……83
档案年度归档……83
“国际档案日”宣传……83
档案开放鉴定……83
示范单位复查……84
乡镇（街道）档案工作认定……84
综合考评……84
国家综合档案馆建设……84

华宁县人民代表大会及其常务委员会

概况……85
县十七届人大二次会议……85
县人大常委会会议……85
主任会议……87
调研监督检查……89
人事任免……92
人大代表工作……92
上级领导视察调研……92
信访工作……93

华宁县人民政府

综　述

常务会议……94
重要会议……97
通知指示……97
决策批复……100
政府督查……101
议案提案办理……102
信息工作及电子政务……102
调研视察……102

政务服务管理

概况……104
政务服务……104
互联网＋政务……104

烟草管理

概况……105
烤烟种植计划……105
烤烟收购……105
烤烟品种纯度……105
烤烟实用技术推广……105
烤烟防灾减灾……106
烤烟科学烘烤……106
“2260”高端特色烟叶开发……106
基础设施建设……106

信访工作

概况……107
省委督查组督导检查中共十九大安保维稳信访工作……107
市领导调研廉洁乡村（社区）建设……107
信访积案化解……107
视频接访应用……108
接约下访制度……108
信访基础业务规范化建设……108
律师参与信访工作……108
信访维稳重要会议……108

外事工作

概况……109

中国人民政治协商会议华宁县委员会

概况……110
县政协九届一次会议……110
常委会议……110
主席会议……111
协商议政……113
专门委员会工作……113
经常性工作……115
视察调研……116

纪检监察

概况……118
县纪委十二届二次全会……118
落实党风廉政建设责任制……118
监督执纪问责……119

开展“六个严禁”专项整治……119
落实提醒谈话制度……119
规范问题线索处置……119
改善纪律审查条件……119
政治巡察……120
廉洁乡村建设……120
廉政宣传队伍建设……120
党性党风党纪教育……120

群众团体

总工会

概况……121
十届四次全委会……121
十届五次全委会……121
六届女工委第五次全体会议……121
工会改革……122
“六有”基层工会建设……122
“一活动一工程”……122
脱贫攻坚行动……122
厂务公开民主管理……122
企业工资集体协商……123
创建“劳动关系和谐企业”活动……123
职工服务体系建设……123
技能培训……123
技能竞赛……123
劳动竞赛……124
职工文体活动……124
“安康杯”竞赛……124
维权帮扶促稳定……124
省外务工人员慰问……125
职工医疗互助活动……125
职工疗（休）养……125
工会组织建设……125
职工之家建设……125
经审工作……125
女工工作……126
工会干部培训……126
表彰奖励……126

共青团

概况……127
基层团组织建设……127
少先队辅导员队伍建设……127
少先队活动课建设……127
创新开展团的主题活动……128
稳步推进青年创业就业……128
青年助力脱贫攻坚……129
预防青少年违法犯罪……129
召开共青团第十八次代表大会……129
召开中国少年先锋队华宁县第一届工作委员会第二次全委会……130
禁毒宣传……130
防艾宣传……130
受表彰情况……131

妇 联

概况……131
加大教育培训力度……131
实施小额信贷……131
“三八”系列活动……131
“六一”系列活动……131
开展“两癌”免费筛查项目并慰问患病困难妇女……132
开展关爱慰问活动……132
开通华宁县妇女联合会微信公众号……132
实施妇女循环金项目……132
启动并实施华宁县第二期社区儿童保护项目……132
实施“母亲邮包”活动……132
实施“春蕾女童班”助学金项目……132
开展“百村妇女争创秀美庭院”活动……132

开展“最美家庭”评选活动……133
信访接待处理……133
召开十三届三次执委会议……133
完成村（社区）会改联及乡镇（街道）妇联扩大组织成员工作……133
召开2017年妇儿工委（扩大）会议……133
制定印发华宁县妇联改革实施方案……133

科　协

概况……133
全民科学素质工作……134
科普宣传……134
首个科技工作者日系列活动……134
农函大培训再创佳绩……134
编制《科技精准扶贫实用技术》手册……135
流动科技馆巡展活动……135
科普中国e站落户华宁……135
青少年科技创新大赛……135
科普项目实施情况……135
恢复县科协党支部……136
挂钩联系村委会工作……136

工商业联合会

概况……136
工商联换届……136
创业贷款……136
招商引资……136
光彩事业……136
民营企业评议政府职能部门……137
会员发展……137
商会建设……137
非公有制经济人士统一战线……137
创全国“五好”县级工商联……137
扶贫攻坚工作……137

残疾人联合会

概况……138
残疾人基本服务状况及需求数据动态更新……138
市政府惠民实事……138
残疾人就业培训……138
残疾人就业保障金征收……138
举行“云南省残疾人康复中心康复医疗联合体医院”揭牌仪式……139
白内障复明……139
用品用具供应……139
残疾儿童康复……139
残疾人精准康复……139
精神病康复救助……139
启动“阳光家园”居家托养政府购买服务……139
残疾儿童慰问……139
救助考取大中专院校残疾人及残疾人子女……139
为重度残疾儿童开展送教上门服务……140
补助在校残疾学生生活费……140
春节走访慰问贫困残疾人……140
助残日活动……140
残疾人适用技术培训……140
“精准脱贫 · 百日攻坚”捐赠仪式……140
残疾人信访维权……140
发放困难残疾人生活补贴及重度残疾人护理补贴……140
信息上报……140
残疾人机动轮椅车燃油补贴……140
为低保残疾人缴纳新农合参合资金……140
开展“挂包帮、转走访”干部帮扶活动……141
贫困残疾人家庭无障碍改造……141
向上争取资金……141

红十字会

概况……141
红十字法规及“三献”宣传……141
卫生救护取证培训……141
公益性卫生救护培训……141
“博爱送万家”活动……142
水灾救助物资发放……142
先心病救助……142
造血干细胞志愿者回访……142
公益救助项目……142
六个核桃读书慧项目……142
博爱图书角……142
机关党建工作……142
联系村委会工作……142

法 治

政法委及综治

概况……143
维护政治安全……143
维护社会治安稳定……143
维护社会和谐稳定……145
推进依法行政、法治政府建设……145
加强法律监督和司法公正……146
法治文化建设……146
法治宣传……146
司法体制改革……146
玉溪市确保成功创建全国长安杯华宁动员部署会……147
迎接中共十九大安保维稳信访工作会……147

法治政府建设

概况……147
《法治政府建设实施方案》……147
领导干部法治思维建设……147
县政府和各部门文件和合同协议审核把关……147
政府法律顾问工作……147
坚持依法科学民主决策……148
严格执行重大行政决策听证制度……148
严格执行《玉溪市行政诉讼行政机关法定代表人出庭应诉暂行规定》……148
组织开展行政执法案卷评查……148
深化行政体制改革……148
建立重大执法决定法制审核制度……148
推进行政复议规范化建设……148
行政调解促进社会矛盾纠纷化解……149

公 安

概况……149
反恐维稳……149
打击刑事犯罪……149
打击毒品犯罪……150
打击经济犯罪……150
立体化社会治安防控体系建设……151
查处治安违法行为……151
“一标三实”基础信息采集……152
常住人口管理……152
出入境管理……152
流动人口管理……152
道路交通安全管理……152
车管驾管服务……152
公安消防安全管理……153
监所管理……153
基础信息化建设……153
警务实战化建设……153
执法规范化建设……154
公安信访……154
公安网络安全管理……154
警务督察……154
警务保障……154
110 接处警……154
信息通信及网络维护……155

公安宣传……155
教育培训……155
深化公安改革“放管服”……155
警察协会……155
表彰奖励……156

检　察

概况……156
打击刑事犯罪……156
查办腐败犯罪……156
预防职务犯罪……157
刑事诉讼监督……157
刑事执行监督……157
民事行政诉讼监督……157
公益诉讼监督……158
控告申诉检察……158
未成年人检察监督……158
社会治安综合治理……159
司法体制改革……159
监察体制改革……159
开展外部监督……159
完善内部监督……159
维护市场经济秩序……160
检务公开……160
表彰奖励……160

法　院

概况……160
刑事审判……160
民商事审判……160
行政审判……161
执行工作……161
司法为民……161
司法体制改革……161
信息化建设……162
司法公开……162
社会管理……162
法制宣传……162
表彰奖励……162

司法行政

概况……162
干部队伍建设……163
制定法治宣传教育工作要点……163
组建华宁县“七五”普法宣讲团暨普法志愿者……163
法治宣传教育工作会……163
六月法治宣传月活动……163
网络在线学法用法及考试……164
领导干部法治讲座……164
“国家宪法日”宣传活动……164
烤烟专项法制宣传……165
法律进机关、进单位……165
法律进学校……165
法律进企业……166
法律进乡村……166
人民调解……166
村级人民调解委员会规范化建设……167
以案定补……167
社区矫正……167
安置帮教……167
法律援助……168
公证工作……168
公证体制改革……168
律师工作……168
基层法律服务……168
公共法律服务中心建设……168
业务培训……169
走访慰问困难党员、群众……169
表彰奖励……169

军 事

武 装

概况……170
思想政治建设……170
党风廉政建设……170
战备训练……171
国防后备力量建设……171
后勤保障……171
安全稳定……171
双拥工作……172
先进集体和个人……172

农业与农村经济

农 业

概况……173
粮油作物高产创建和农作物生产科技措施落实……173
中低产田（地）改造……173
农作物病虫草鼠害防治和农产品质量安全整治……173
对农产品产地环境和农业投入品日常监管……174
创办种植业示范样板……174

农村经济管理

概况……174
农村经济基本情况……174
农村土地承包耕地流转……174
农村承包土地权属争议纠纷现场调解处……174
农村承包土地纠纷仲裁庭建设……174
召开财政支农政策培训暨农经工作会……175
家庭农场……175
农民专业合作组织……175
农民负担情况……175
农村集体资产财务管理……175
村集体经济组织收益分配及资产负债……175

农村能源

沼气池建设……175
农村太阳能项目建设……176
“三品一标”开展情况……176

农 机

组织实施春耕备耕……176
实施中央购机补贴项目……176
农业机械总动力……176
组织农机安全学习……176
加强拖拉机静态管理……176
加强拖拉机动态管理……177
开展“六月农机安全生产月”宣传活动工作……177
拖拉机及驾驶员年度检审……177
整顿农机市场……177
变形拖拉机整治……177
水稻机械化育插秧推广……177
农机事故应急救援演练……177
“平安农机”创建……177

农技推广

确定基层农技人员……177
组建专家组建设示范基地……177
培育示范主体……177
项目物化补助发放……178
加强基层农技推广体系建设……178
筛选主导产业、主导品种、主推技术……178
农技人员包村入户培育示范主体……178
农技人员业务能力提升……178
整村推进建设……178
农技推广信息化建设……179
农科教产学研一体化农技推广联盟建设……179

种　子

种子市场管理监管……179
种子检验……179
种子质量纠纷的调解……179
2017 年玉米高产创建……179
种子经营户培训……180
晚秋作物菜豌豆种植……180

柑橘产业

重点病虫害防控……180
柑橘生产销售……180
“华宁柑橘”品牌建设……180
柑橘科技入户培训……180
玉溪市水果试验站建设……181
柑橘种质资源挖掘……181
柑橘异地开发……181

蔬菜产业

蔬菜种植情况……181
质量安全建设……181
基地建设与标准化推进……182
新型经营主体培育……182
市场运行情况……182
品牌化推进……182

渔　业

渔业指标完成情况……182
加强渔业安全生产监管……182
继续实施珠江禁渔期制度……182
做好渔业基础培训……183
推行渔业健康养殖、标准化养殖……183
开展水生野生动物保护宣传及专项执法检查……183

畜牧业

概况……183
畜禽存出栏……183
畜禽疫病防控……183
监督检疫……184
加强畜牧科技推广……184
新一轮草原生态保护补助奖励政策实施……184
草地资源清查……184
开展养殖环节“瘦肉精”专项监测……184
草原监理……185
召开 2017 年春季重大动物疫病防控暨畜产品质量安全工作会议……185
2017 年基层农技推广项目生猪产业培训班开班……185
市级 2017 年重大动物疫病防控工作交叉检查考核……185
2017 年市级种养循环养殖建设项目……186
新一轮畜牧贴息贷款……186
2017 年能繁母猪保险……186

烟草专卖

概况……186
经济效益……186
烤烟生产……186
卷烟营销……187
专卖管理……187
优化布局……187
烤烟育苗管理……187
膜下小苗移栽推广……187
示范样板……187
绿色防控……188
科技推广……188
专业化服务……188
专业化分级散叶收购……188
“2260”优质烟叶项目……188
基础设施建设……189
表彰奖励……189

林 业

概况……189
营造林……189
核桃……189
柿子……190
古树名木保护……190
林政资源管理……190
林业执法……190
公益林管护……190
森林防火……191
林业有害生物防治……191
林产业……191
种苗生产……191
野生动植物保护……191

东山国有林场

概况……191
国有林场改革……191
登楼山自然保护区管理……192
森林防火……192
公益林管理……193
基础设施建设……193
林药模式合作试验示范……193
义务植树……193
国家储备林补植补造……193

水 利

概况……193
玉溪市水网建设重点项目正式启动……194
华宁成立河长制……194
华宁河长制工作启动并取得阶段性成效……194
分水岭水库竣工……194
水法宣传……195
农村饮水巩固提升工程……195
小型水库建设……195
小坝塘建设……195
人畜饮水工程……196
沟道岁修……196
水毁修复工程……196
中央小型农田重点县……196
其他工程……196

扶贫开发

概况……203
整乡推进精准脱贫项目……203
贫困行政村整村推进项目……203
产业发展项目……204
易地搬迁项目……204
美丽宜居乡村建设项目……204
建档立卡贫困户危房改造项目……204
信贷扶贫项目……204
劳动力转移培训项目……205
贫困监测抽样调查项目……205
精准扶贫大病救助项目……205
贫困对象动态管理……205
“挂包帮”工作……205
扶贫档案管理……206
产业扶贫增加贫困户经济收入……206
建好“四好”农村路……206

工业与信息化

工业运行

概况……207
规模企业平稳增长……207
重点产业“五增一减”……207
非电工业投资高位增长……207
工业用电降幅收窄……207
新纳规企业贡献明显……207
重点工业项目建设……207
节能降耗成效明显……208
民营经济快速发展……209

培育壮大骨干企业……209
招商引资深入推进……209
加强企业协调服务……209
银政银企合作……210
淘汰落后产能……210
中小微企业管理培训……210
煤矿安全监管……211
项目投资备案……211

工业产业

磷化工产业……211
新能源产业……211
电力行业……211
煤炭行业……211
水泥行业……212
印刷行业……212
造纸行业……212
装备制造业……212
生物加工业……213
风电产业……213
普法依法行政……213
建议提案办理……214
机关自身建设……214

陶产业

概况……215
展销推介……215
人才培养……215
三园一村……215

电力工业

概况……215
安全生产……216
改革发展……217
供电服务……217
电网规划与建设……217
经营管理……217
精益管理……217
电力扶贫攻坚……218

信息化建设

概况……218
网络建设……218
网络维护……218
系统管理……218
网站管理……219
无线电管理……219
持续开展脱贫攻坚工作……219
先进集体……220
先进个人……220
经营服务……220
网络建设……220
社会责任……220
综治维稳……220
表彰奖励……221

园区经济

园区管理

概况……222
园区建设……222
基础设施建设……223
重点项目建设……223
招商引资……224
园区实体化改革……224
园区总工会……224

一园五片区情况

园区规划修编……224
园区规划调整……224
新庄片区……224
盘溪片区……225

青龙片区……226
莲花片区……226
冲麦片区……226
园区产业建设……227
园区承接产业转移……227

商 贸

商 务

概况……228
外贸进出口额下降……228
内贸四大行业增长……228
服务外贸企业……228
市场建设……228
成品油市场监管……229
电子商务发展……229
商贸流通市场监管……229

招 商

概况……229
招商引资完成情况……229
狠抓项目包装……230
创新招商手段……230
做好平台招商……230
加强产业招商……230
主动上门招商……230
开展春节“送温暖”活动……230
省招商局局长到华宁调研……230
考察佛山陶企学习借鉴佛山经验……231
举办“华宁陶”产业专题招商推介活动……231
河北省唐山市工商联到华宁参观考察……231
赴浙江台州开展招商推介活动……231
参加第十二届中国云南普洱茶国际博览交易会……231
“泉润橘乡 · 陶冶华宁”招商引资推介活动……231
象鼻温泉旅游生态示范区建设项目签约仪式……231
华宁陶文化产业园项目合作签约仪式……232
选聘法律顾问……232

供销合作

概况……232
综合改革……232
经营情况……232
农资供应……232
“两社一会”……232
教育培训……233
“三会”制度……233
农村现代流通服务体系建设……233
挂钩联系脱贫攻坚工作……233
安全维稳……233

交通 · 邮政

交 通

概况……235
高速公路项目……236
民族示范建设……236
农村公路建设……236
小修保养工程……236
水毁修复工程……236
完成养护大中修……236
生命安全防护工程……236
危桥改造工程……237
道路绿化种植工程……237
路政管理……237
客运市场整治……237
客运市场发展……237
维修市场管理……237
驾驶员培训……237
水上交通……237

交通安全生产……237
交通维稳形势……238
交通扶贫建设……238
创建“四好”农村路全国示范县……238

邮　政

创新转型“金融翼”……238
改革“寄递翼”……238
推进农村电商……239
邮政“双代”业务……239
联系点开展走访慰问活动……239
节前开展防抢、消防演练……239
开展安全保卫工作培训……239
招募电商人才……239
参加电子商务技能大赛……240
“一片邮集”进校园……240
寄递安全大检查……240
防范金融诈骗……240
荣获“诚信计量示范单位”称号……240

城乡发展

住房和城乡建设

概况……241
城乡规划……241
城市建设……241
推进“一水两污”项目……242
城市美化亮化……242
城市管理……242
城市棚户区改造……243
保障性住房……243
燃气建设……243
建筑业……243
村镇建设……243
房地产……244
人民防空……244

住房公积金管理

加大催缴力度……244
规范公积金支取手续……245
住房公积金条例宣传……245
住房公积金查询……245

新农村建设

概况……245
2016年省级重点村验收……245
申报2018年市级美丽宜居乡村项目……246

环境保护

环保建设与管理

概况……247
环保督察……247
环境应急体系建设……247
环境监管能力建设……247
政务信息公开……248
人大代表、政协委员、普通公民参与环境监察……248
表彰奖励……248

环境质量

县域生态环境质量……248
大气环境质量……248
水环境质量……248

生态环境保护

生态文明建设……248
生态文明体制改革……249
生态红线划定……249
创建国家环保模范城市……249
农村环境综合整治工程项目……249
环保宣教……249
创卫工作……249

行政许可事项……249
“放管服”工作……249
排污许可证核发……250
辐射安全许可证换发……250
华宁县环保工作会……250

污染防治

水污染综合防治……250
污染减排……250
大气污染防治……251
工业污染源防治……251
污染综合防治……251

环保执法

环境执法监察……251
环境污染投诉……251
中高考期间环境噪声整治……251
重点污染源在线监控系统建设……251
排污费征收……251
各类专项排查整治……252

经济管理

发展改革

概况……253
国民经济和社会发展计划执行情况……253
固定资产投资……253
向上争取资金和招商引资……253
易地扶贫搬迁……253
重点项目策划包装……253
“五网”基础设施建设……254
项目审批上报……254
投资项目在线审批监管平台建设……254
华宁盘溪橘乡小镇项目创建……254
移民后扶工作……254
价格监督检查……254
价格收费管理……255
粮油经营……255
表彰情况……255

国有资产经营

企业概述……255
完成融资2亿元任务……256
成立风行汽车服务公司……256
加强固定资产管理……256
实现资产保值增值……256

公共资源交易

概况……256
交易基本情况……256
“一网三平台”建设……257
创新交易模式……257

财　政

财政收支……258
向上争取资金……258
激励性财政体制……258
预算绩效管理……258
预算公开……258
项目库管理……259
非税收入管理……259
政府购买服务……259
深化财税体制改革书面考评……259
完善改革性补贴和规范奖励政策……259
扶贫结余结转资金清零……259
微型企业培育工程……259
扶持补助文艺精品创作……260
执法执勤用车编制核定……260
开展检查及税源调研……260
采购实行备案制……260
政府采购简政放权……260
政府性债务投资项目清查登记……260

农业综合开发……261
补普惠制项目、新增债券资金项目……261
美丽乡村项目……261
“四位一体”及传统村落建设试点项目……261
财政部内控报告管理系统……261

地方税务

概况……262
理论学习……262
依法治税……262
税费征管……262
税收优惠……262
税制改革……263
征管改革……263
纳税服务……263
扶贫攻坚……263

国家税务

概况……263
收入完成情况……264
组织收入措施……264
税制改革……264
企业所得税汇算清缴……265
出口退税……265
大企业和国际税收重点工作……265
国地税合作……265
税收共治……266
“放管服”改革……266
志愿者服务……266
扶贫……266

审　计

概况……267
县级财政预算执行审计……267
领导干部经济责任审计……267
固定资产投资审计……267
专项审计调查……268
参与上级统一组织审计项目……268
信息化建设……268
审计结果公告……268
联系村组办实事……269

统　计

概况……269
完成年报和定期报表任务……269
提高统计服务水平……269
挂图监测……270
联网直报……270
经济责任和预算执行情况审计……270
推进扶贫攻坚……270
华宁县第三次农业普查……271
重点任务月度“挂图指挥”……271
先进集体……272

调　查

概况……272
完成好国家调查任务……272
完成城乡住户调查样本轮换工作……272
城乡一体化住户调查……272
第三次农业普查农作物面积遥感测量调查……273
中心工作……273

市场监督

概况……273
企业个体注册登记……273
扶持企业发展……274
简化退出机制……274
企业信息公示……274
事中事后监管……274
企业监督管理……274
证照管理……275
食品安全监管……275

餐饮服务食品安全保障……275
餐饮服务量化分级管理……275
药械市场监管……275
四项监测……276
保健品和化妆品监管……276
质量监管……276
特种设备监管……276
红盾护农保春耕专项行动……276
网络市场监管……276
钢材市场专项整治……276
创建平安市场……276
消费维权网络建设……277
消费者权益保护……277
商标战略实施和商标保护……277
商标回访……277
监督抽验……277
食品质量安全全程可追溯管理……277
食品药品培训……277
限制销售塑料购物袋整治……277
车用燃油专项整治……278
开展市场消防安全检查……278
创国卫工作……278
非公有制企业党建……278

安全生产监督

概况……279
全县安全生产工作会议……279
安全监管责任体系建设……279
安全生产隐患排查治理专项行动……279
重大隐患挂牌督办……279
打非治违专项行动……279
安全生产大检查……280
行政执法……280
行政许可……280
安全监管……280
应急体系建设……281
安全生产宣传……281
教育培训……281
挂钩联系点工作情况……282
获奖情况……282

社会管理

机构编制管理

概况……283
控编减编……283
“放管服”改革……283
超编制超职数专项清理……284
事业单位登记管理……284
机构编制管理……284
网上名称管理……285
挂钩联系村帮扶工作……285
自身建设……285

人力资源和社会保障

概况……285
公务员队伍建设……286
专业技术人员队伍建设……286
人才选拔、培养……286
落实好工资福利政策……286
人才工作……287
人事档案管理……287
促进就业……288
小额创业贷款发放……288
失业人员和农村劳动力组织管理……288
再就业资金管理……288
劳动执法年审……288
工伤认定……288
投诉举报案件处理……289
农民工工资保证金管理……289
劳动关系管理……289
信访接待……289

机关企事业单位养老保险……289
城乡居民养老保险……289
金融社保卡发放开启城乡社保新模式……289
城镇职工医疗保险……290
城乡居民医疗保险……290
特殊人群医疗保险……290
大病补充医疗保险……290
公务员医疗补助……290
失业保险……290
工伤保险……290
生育保险……291
基金监督……291
“两定”机构的监督管理……291
退休人员管理……291
退休人员活动场地提档升级……291
退休人员慰问及业务活动……291
退休人员文体活动……292

国土资源管理

概况……292
落实耕地保护任务……292
土地开发整理……292
土地储备……292
土地运营……292
土地规划引领作用……293
不动产登记管理……293
地质灾害防治……293
地籍管理……294
矿产资源管理……294
加强执法监管……295
法规宣教……295

民 政

概况……295
协调争取资金……296
“澄华线”联检……296
干沟箐界桩修复……296
街道命名……296
地名更名……296
地名普查接受各级审核整改……296
《华宁县地名志》编纂……297
自然灾害……297
灾害救助……297
救灾物资储备……297
脱贫攻坚中的兜底保障……297
提高社会救助兜底保障标准……297
城乡居民最低生活保障……298
城乡医疗救助……298
临时救助……298
五保供养……298
优待抚恤……298
退役士兵接收安置……298
帮助联系点开展农危房建设……298
举行防灾综合演练……298
社会组织年检……299
婚姻登记……299
收养登记……299
社团登记……299
贫困大学生救助……299
生活无着流浪乞讨人员救助……299
未成年人救助保护……299
残疾人两项补助……299
推行生态葬……299
慈善捐款……299
慈善救助……299

基层民主政治建设

村级组织……299
各类人员生活补助……299

老龄工作

高龄保健补助……300

走访慰问……300
老年优待证办理……300
老年人意外伤害保险……300
居家养老服务示范点创建……300
全国智慧健康养老示范街道……300

民族工作

概况……300
民族宗教经费管理使用……300
民族成分更改……300
民族政策法规宣传……300
民族团结示范区创建……301
改善民生……301
民族卫生……301
民族教育……301
项目储备……301
项目规划……301
民族文化……301
精准扶贫……302
重要活动……302
重要会议……302

宗教工作

概况……303
依法管理宗教……303
重要活动……303
重要会议……303

计划生育

人口和计划生育……304
计划生育目标管理责任制……304
建立全面两孩政策服务管理机制……304
计生基层网底建设……304
人口动态监测……304
两孩政策服务落实率……304
计生奖励扶助惠民政策……304
实施全面两孩政策……305
流动人口信息管理……305
流动人口健康档案……305
流动人口“一盘棋”建设……305
宣传教育……305
卫生计生法治讲座……305
计生协会建设……306
协会生育关怀行动……306
流动人口公共服务均等化……306
市计生协会到华宁调研督导工作……307
食品安全法主题宣传活动……307
实施青春健康教育项目……307
青春健康教育项目启动会……307
计划生育家庭意外伤害保险……307
出生婴儿性别比综合治理……308
孕前优生健康检查……308
独生子女伤残死亡家庭扶助……308
实施生育关怀精准脱贫项目……308
农业人口独生子女奖励政策……308
独生子女保健……308

关心下一代工作

概况……308
学生工作……309
“五好”关工委创建……309
办公室自身建设……310
做好各领域关心下一代工作……310

金　融

金融管理

概况……311
货币政策传导……311
金融风险的防范和化解……311
金融统计……312
征信管理……312

金融消费权益和法律事务……313
经理国库……313
支付结算……313
反洗钱工作……314
货币金银……314
加强固定资产管理……314

商业银行

农行华宁县支行……315
经营概况……315
银政合作开创新局面……315
信贷服务“三农”工作取得新突破……315
助力华宁本地企业实现“电商梦”……315
不良贷款压降工作成效明显……315
信用卡业务发展迅速……316
保险代理业务成绩突出……316
“双基管理”得到夯实……316
华宁支行成立党委和纪委……316
首家开展代理福利彩票投注业务……316
宁州分理处进行网点瘦身……317
开通全市第一户电子账单业务……317
“三线一网格”管理模式推广运用……317
县政协到农行开展金融支持与服务县域经济发展调研……317
建行华宁支行……317
经营概况……317
个人金融业务……317
战略性业务……318
风险防范与内控管理……318
电子化进程……318
农村信用合作联社……318
经营概况……318
支农支小……318
落实惠民政策……318
推出“惠”系列卡业务……319
金融普惠牵万家……319
持续推进“信用村”建设……319
金融知识宣传……319
创新业务品种……319
“挂包帮”扶贫攻坚……319
表彰奖励……320
红塔银行华宁支行……320
经营概况……320
业务发展情况……320
支持地方经济建设……320
电子化进程……320
安保综治……320
社会责任……320
普及金融知识……321
储蓄存款结硕果……321
表彰奖励……321

人寿保险

概况……321
个险渠道……321
团险渠道……321
银保渠道……322
幸福和谐晚年老年保险……322
“微回执、微回访”，E宝账专项推广……322
文体活动与宣传……322

财产保险

概况……322
开办险种……323
学习培训……323
创先争优……323

科学教育

科　技

概况……324
科技宣传……324

科技项目申报立项……324
培育科技型企业……324
科技项目管理……324
科技成果奖励……324
科技投入……325
科技统计……325
专利申请授权……325

地震监测

概况……325
政治理论学习活动……325
地震监测预报……325
仪器维护……325
县政府召开 2017 年华宁县防震减灾工作联席会议……325
群测群防网络……326
省地震应急准备工作检查……326
县政府组织开展地震应急准备工作检查……326
地震应急工作……326
防震减灾科普示范学校、示范社区（村）创建……326
建设工程抗震设防管理……326
依法行政和依法办事……327
科普知识宣传……327
加强应急避难场所建设……327
全面深化改革工作……327
项目建设……327
扶贫工作……327
获奖集体和个人……327

教育管理

概况……327
教师节活动……327
教育工作会……328
邀请省市专家专题研讨基础教育改革发展……328
邀请专家为华宁一中晋级升等工作把脉问策……328
创建“全国义务教育发展基本均衡县”工作通过国家验收……329
创全国“义务教育发展基本均衡县”市级督导评估……329
创全国“义务教育发展基本均衡县”省级督导评估……330
省政府教育督导委员会办公室对华宁县义务教育均衡发展工作进行督导检查……330
创全国“义务教育发展基本均衡县”国家级督导评估……331
爱满天下铸师魂……331
实施“育禾苗·感党恩”行动计划……331
教师培训……331
“中国教育梦”名师教学观摩活动……332
教师招聘……332
教师资格认定……332
专业技术职务推荐评审……332
“送教上门”教师培训……332
建成普通话水平测试点……333
学前教育……333
义务教育……333
普通高中教育……333
职业教育……333
特殊教育……333
民族团结教育……334
欢庆“十九大·童声心向党”小学生合唱比赛……334
争当环保“小卫士”……334
模拟法庭进校园……334
校外教育……334
第三届青少年才艺大赛……335
学生资助管理……335
保障教育公平……335
教学竞赛……335

教育教学质量提升专题研讨……336
体卫艺工作……336
全薄改项目建设……336
学前二期项目建设……337
三个中心幼儿园建设……337
华宁三中迁建……337
数字化校园建设……337
教育技术装备管理……337
宁州镇示范小学通过“玉溪教育云平台应用示范校”复评验收……338
校园安全……338
教育普法……338
校园周边环境整治联席会议……338
创建防震减灾科普示范学校……339
县教育局在“玉珠水泥杯”华宁县首届运动会上取得好成绩……339
华宁一中启动晋升省“一级三等”高中评审程序……339

普通高中教育

华宁一中……339
华宁二中……340

职业教育

概况……341
县委领导调研职中教育……342
王祥大师陶艺作品展示交流活动……342
职业教育活动周……342
参加创建国家卫生县城启动仪式……342
税法进校园……342
迎接上级安全检查……342
拉坯技能培训……342
观看开学第一课……343
反邪教反恐教育活动……343
华宁职中成为华宁县普通话测试点……343
师生获奖……343
技能大赛……343

教师进修工作

概况……343
学科带头人、骨干教师培训……344
教师履职晋级培训……344
音乐美术教师培训……344
体育教师培训……344
新教师岗前培训……345
考核新教师……345
学历提高培训……345
校内设施建设……345
受表彰情况……345

文化·广电·旅游

文化行业管理

县图书馆完成评估定级申报……346

群众文化

概况……346
春节系列文体活动……346
节庆活动……346
文艺演出宣传活动……347

文化市场管理

概况……349
“扫黄打非”……349
规范文化市场警示标志……349

文化产业

碗窑村历史文化遗存保护与开发项目……349
文化基础设施建设……350
购置社区文化活动中心设备……350
文艺人才培养……350

文化活动

文艺创作成果……351
参加省市文艺会演暨新剧（节）目展演获奖……351

文化遗产保护管理

概况……351
加大文物保护力度……351
非物质文化遗产保护……351
召开省市非物质文化遗产保护项目代表性传承人座谈会……351

文化场馆

图书馆……352
免费开放工作……352
表彰奖励……352

文学艺术协会

概况……352
《泉乡》文学季刊……353
中国楹联文化县创建……353
做好“三下乡”和为群众书写春联活动……353
落实县委对文艺的扶持补助政策……353
华宁作家协会……353
华宁美术家协会……353
华宁书法家协会……353
华宁摄影家协会……354
华宁音乐舞蹈家协会……354

旅游行业管理

概况……354
举办2017年旅游饭店行业服务技能培训和比赛……354
旅游市场从业人员消防安全培训……354
华溪镇旅游环线建设调研……354
旅游厕所建设……354
旅游安全生产……355
旅游市场监管……355

旅游促销

中国旅游日活动……355
商洽会……355
开展“玉溪号”文化旅游列车华宁宣传营销活动……355
十大乡土名菜名店评比活动……355
微电影《宁州谣——平凡的一天》通过审核……356

旅游招商

将军山、么波冲旅游策划前期调研、招商……356
象鼻温泉旅游生态示范区建设项目合作框架协议签约……356

广播电视

概况……356
华宁新闻手机台微信公众号开通……356
华宁县广播电视台成立、广播节目开通……356
广播电视高山无线发射台站基础设施建设项目有序开展……357
无线数字化覆盖工程建设……357
中央广播电视节目无线数字化节目开播……357
农村公益电影放映工程持续推进……357

卫生·体育

卫生管理

概况……358
签订目标责任书……358
健全规章制度……358
接受县委巡察……358
政务信息公开……359
提高依法行政能力……359

深化“放管服”改革……359
行政职权职责清单动态管理……359
行政职权事项实施标准化、程序化、规范化管理……359
清理规范行政审批中介服务事项……360
行政职权事中事后监管……360
行业作风……360
医德医风建设……360
精准扶贫脱贫攻坚帮扶……360
家庭医生签约服务……360
健康扶贫……361
开展防艾人民战争……361
乡镇卫生院财务核算方式调整……361
卫计系统财务大检查……361
人员编制情况……361
成立健康教育所……362
专业技术人员招聘……362
卫生职称资格考试……362

卫生规划与建设

规范化建设……362
县妇幼保健院迁建项目建设……363
县中医医院新建项目……363
标准化村卫生室建设项目……363

卫生监督执法

卫生行政许可……364
卫生监督管理……364
卫生监督协管……364
卫生案件评查……364
行政案件查处……364

基层卫生

宁州卫生院……365
盘溪卫生院……365
青龙卫生院……365
华溪卫生院……365
通红甸卫生院……366

疾病预防控制

65 岁以上老年人保健及慢性病管理……366
预防接种管理……366
麻风病防治……366
疟疾防治……367
“三位一体”结核病新型防治服务模式……367
鼠疫和布鲁氏菌病防控……367
碘缺乏病防控……367
食源性疾病监测……368
重点职业病监测与职业健康风险评估……368
全国精神卫生华宁县试点……368
健康教育知识宣传……368

卫生应急

概况……369
传染病防控……369
疫情处置……369
强化防控机制……369
卫生应急物资储备……369
卫生应急演练及培训……369
预警信息发布……369
突发公共卫生事件风险评估……370
卫生应急知识“五进”活动……370

妇幼保健

居民电子健康档案……370
儿童保健服务项目……370
孕产妇保健服务项目……370
农村孕产妇住院分娩补助……370
农村妇女宫颈癌免费筛查……370
高危孕产妇管理……370
妇女病普查……371

预防“艾滋病、梅毒、乙肝”母婴传播……371
计生药具管理……371

爱国卫生、“创卫”工作

群众性爱国卫生月活动……372
创建“卫生村”……372
创卫工作业务培训……372
市食药监局领导到华宁指导创卫工作……372
华宁县创建国家卫生县城主题活动启动仪式……372
华宁县接受市级“灭鼠、灭蟑”先进县复审督导……372
县城安装灭鼠毒饵站……372
县住建局雨后清街保“创卫”……373
县城八条市政道路修缮启动……373
省疾控中心专家指导病媒生物抗药性监测……373
县城病媒生物防制消杀……373
省级专家对华宁病媒生物防制先进城区考核复审……373
玉溪市“创卫”工作业务培训会在华宁举办……373
“街长制”助推“创卫”工作……373
“创卫”工作研究和培训指导……373
加大“创卫”工作宣传力度……373
病媒生物防制活动……374

医政管理

改革县级公立医院运行机制……374
DRGs 付费制度改革……375
分级诊疗制度……375
卫生信息化建设……375
县乡村医疗服务一体化管理……375
实施白内障复明工程……375
开展尿毒症患者血液透析……376
结对帮扶……376
农村贫困人口大病专项救治……376
便民惠民服务……376
完善基本药物制度……376
基层医疗卫生机构服务……377

社会办医

社会办医情况……377

中医药管理

中医药工作……377

体育管理

概况……377
指导县篮球协会开展党员活动……377
组织参与市、县、村群众联谊活动……377
所获荣誉……377

竞技体育

组队参加玉溪市少年儿童田径、游泳、篮球比赛……378
组织参加玉溪市青少年足球精英赛……378

群众体育

组织开展华宁首届运动会……378
组织参加环抚仙湖高原国际超级马拉松绿色嘉年华……378
元旦徒步象鼻山活动……378
开展老年人健身气功培训班……378
首届运动会趣味项目比赛……378
全民健身日系列活动……378
云南赛区华宁站象棋公开赛……378
山地自行车爬坡赛……379

乡镇（街道）概况

宁州街道

位置面积……380
自然概貌……380
行政区划……380
人口民族……380
交通……380
文教卫生……380
财政……380
人民生活……381
经济综述……381
农业……381
工业……381
城镇建设……381
脱贫攻坚……381
人居环境整治……382
河长制全面推行……382
“百千工程、千村整治”项目……382
弥玉高速（华宁段）建设……382
基础设施建设……382
社会事业……383
社管综治……383
生态建设……383
党建工作……383
党风廉政……383
登楼山隆重庆祝正月十七民族传统节……384
民进云南省委助力宁州发展……384
六月安全月系列宣传活动……384
发放二代金融社保卡……384

青龙镇

位置面积……384
自然概貌……384
行政区划……385
人口民族……385
经济综述……385
财政金融……385
交通邮电……386
广播电视……386
文教卫生……386
农业产业……386
烤烟生产……386
商业企业……386
工业项目建设……387
水利建设……387
集镇建设……387
美丽乡村建设……387
扶贫攻坚……387
生态建设……387
同心工程……387
新型农村合作医疗……387
社会福利事业……388
社管综治……388

盘溪镇

位置面积……388
自然概貌……388
行政区划……388
人口民族……388
经济综述……389
农业生产……389
财政金融……389
工业建设……389
道路建设……389
农田水利设施建设……390
重点项目建设……390
美丽乡村建设……390
生态建设……390
文教卫计……390
社会保障……391
社会治理……391

党建工作…………………………………391
盘溪橘乡小镇建设……………………………391

华溪镇

位置面积…………………………………392
自然概貌…………………………………392
行政区划…………………………………392
人口民族…………………………………392
经济综述…………………………………392
脱贫攻坚…………………………………392
财政金融…………………………………393
交通邮电…………………………………393
广播电视…………………………………393
文教卫生…………………………………393
农业生产…………………………………393
乡镇企业…………………………………393
集镇乡村建设……………………………394
基础设施建设……………………………394
生态建设…………………………………394
社会福利事业……………………………394
综治工作…………………………………394
依法行政…………………………………395
基层党组织建设…………………………395
华溪镇第五届人民代表大会第一次会议闭幕…………395
森林防火…………………………………395
妇联开展“三八”维权周系列活动…………395
城乡人居环境集中整治……………………396
华溪镇烤烟移栽现场会……………………396
打击非法投融资宣传………………………396
庆祝中国共产党成立96周年系列活动……396
2017年柑橘产业发展推进会………………396
违法违规建筑治理…………………………396
华溪镇特色果品协会开展柑橘科普宣传活动…………396
全面推行河长制……………………………396

通红甸彝族苗族乡

位置面积…………………………………397
自然概貌…………………………………397
行政区划…………………………………397
人口民族…………………………………398
经济综述…………………………………398
财政金融…………………………………398
交通邮电…………………………………398
文教卫生…………………………………398
商业企业…………………………………398
农业生产…………………………………399
脱贫攻坚…………………………………399
生态建设…………………………………399
水利工程…………………………………399
新农村建设………………………………399
社会福利事业……………………………400
社会治安综合治理工作……………………400
通红甸乡第十一届人民代表大会第一次会议…………400
农业普查入户登记启动……………………400
苗族群众欢庆花山节………………………400
探索中草药种植发展………………………401
清明祭英烈活动……………………………401
地质灾害搬迁避让项目旧村拆除现场会……401
市委宣讲团到通红甸乡宣讲中共十九大精神…………401
华宁县首个“青年之家”在通红甸乡建成…………401

人 物

受省（部）级及以上表彰人员……………402
受市（厅）级表彰人员……………………402

附 录

华宁县2017年国民经济和社会发展计划执行情况与2018年国民经济和社会发展计划（草案）的报告 ······ 404
华宁县人民政府工作规则 ······ 424
华宁县重大行政执法决定法制审核暂行办法 ······ 432
华宁县人民政府向社会力量购买服务实施方案 ······ 435
华宁县进一步规范投资项目审批及入库统计实施方案（试行） ······ 440

特 载

政府工作报告

——2017年1月4日县十七届人大一次会议

各位代表：

现在，我代表县人民政府，向大会做政府工作报告，请予审议，并请县政协各位委员提出意见。

一、县十六届人民政府工作回顾

四年来，在市委、市政府和县委的正确领导下，在县人大、县政协的监督支持下，县十六届人民政府全面贯彻落实党的十八大，十八届三中、四中、五中、六中全会以及习近平总书记系列重要讲话和考察云南重要讲话精神，扎实开展"争先创优跨越发展"大讨论、大行动，紧紧依靠和团结带领全县各族人民，奋力克服了经济持续下行、自然灾害频发等不利因素影响，在科学谋划中促跨越、在攻坚克难中求奋进、在保障民生中增和谐，圆满完成了县十六届人大一次会议确定的各项任务，经济社会保持健康、快速、稳定发展。

——这四年，我们抓牢产业发展这个核心，综合实力全面提升。坚持多措并举稳增长，转型升级调产业，突出发展质量和效益。华宁工业园区晋升为省级工业园区，以风电资源开发和风电设备制造为代表的新能源、装备制造两大"新兴产业"迅速崛起，以"烟、畜、果、菜"为重点的高原特色农业快速发展，以旅游文化为支撑的第三产业生机勃发。2016年，预计实现新能源和装备制造业增加值6.8亿元，是2012年的35倍，年均增长146.5%，占县内生产总值的8.6%，较2012年提高8.3个百分点。华宁工业园区入园企业达75户，预计实现园区工业总产值59.8亿元，较2012年增长50%，年均增长10.7%。收购烟叶从2012年的1528万千克调减到1164万千克，交售收入从3.4亿元增加到3.9亿元，年均增长3.1%；预计实现畜牧业产值9.5亿元，年均增长9.2%；"三棵树"种植面积达42.4万亩，较2012年增加23.5万亩，产值9亿元，年均增长16.6%；蔬菜产值5.5亿元，年均增长10.7%。全县共建成农产品交易市场14个、农业专业合作社73个，获无公害农产品认证14个、绿色食品认证4个、地理标志认证2个，被确定为全省农产品出口基地县，荣获云南省标准化创新贡献奖、农民增收工作一等奖。"泉乡、橘乡、陶乡"品牌文化影响不断扩大，温泉养生、休闲观光、生态体验等旅游产业日渐活跃，2016年，预计接待游客89.1万人次，实现旅游收入5.9亿元，较2012年增长20.5%。电子商务、金融保险等现代服务业迅速发展，金融服务市场经济的能力不断增强，实现存贷比 1∶0.59。2013 年荣获全省县域科学发展进位县称号。2015 年，全县工业增加值增速排名全市第 1 位、全省第 2 位，县域经济综合考核排名全市第 3 位、全省第 18 位。

2016 年，预计实现县内生产总值 79.6 亿元，较 2012 年增长 62.7%，年均增长 12.9%；农业总产值 30.4 亿元，较 2012 年增长 44.9%，年均增长 9.7%；规模以上工业总产值 32 亿元，是 2012 年的 2.3 倍，年均增长 23.6%；规模以上工业增加值 14.5 亿元，是 2012 年的 3.8 倍，年均增长 39.8%；规模以上固定资产投资 52.3 亿元，是 2012 年的 4.2 倍，年均增长 43.5%；社会消费品零售总额 17.9 亿元，较 2012 年增长 62.9%，年均增长 13%；地方公共财政预算收入 3.97 亿元，较 2012 年增长 58.9%，年均增长 12.3%；地方公共财政预算支出 15.46 亿元，较 2012 年增长 59.6%，年均增长 12.4%；农村居民人均可支配收入 11830 元，较 2012 年增长 55.5%，年均增长 11.7%；城镇居民人均可支配收入 31800 元，较 2012 年增长 52.6%，年均增长 11.1%。三次产业结构比由 2012 年的 26.8∶28.2∶45 调整为 22.8∶31∶46.2，二、三产业比重明显提高，经济结构更加合理。

——这四年，我们抓紧投资拉动这个引擎，发展活力不断增强。坚持把“扩大对外开放、增加有效投资、推动项目建设”作为促进县域经济发展的关键动力，着力“打基础、挖潜力、保增量、强后劲”。累计引进招商引资项目 214 个，到位资金 134.5 亿元，其中，投资千万元以上项目 150 个，亿元以上项目 32 个；利用省外国内资金 93 亿元，年均增长 26.7%。实施规模以上固定资产建设项目 363 项，总投资 139.4 亿元，年均增长 43.5%，其中，基础设施建设项目 130 项，完成投资 50.8 亿元，年均增长 78.1%；竞争性项目 138 项，完成投资 66.3 亿元，年均增长 20.8%；社会事业项目 95 项，完成投资 22.3 亿元，年均增长 106.1%。成功引进蓝天重工年产 400 套风电塔筒、上海电气年产 400 台风力发电机等一批亿元项目并建成投产，红云制药中药饮片、玉珠日产 5000 吨水泥、中复连众年产 400 套风电叶片、金晨纸业年产 9 万吨高档生活用纸等一批亿元项目落地建设。成立 5 个县属投融资平台和重点项目办，政府推动融资和项目包装、引进、建设的能力明显提升。

以“五网”为重点的基础设施建设不断完善，路网上，弥玉高速（华宁试验段）顺利开工，农村公路两年行动计划圆满完成，改造建制村公路 363.5 千米、硬化率达 100%，境内公路通车里程达 1818.8 千米，被评为全省“四好”农村公路示范县。水网上，玉溪市东片区暨“三湖”生态保护水资源配置应急工程、糯节河水库、小（2）型以上水库除险加固和青龙河、南盘江一期治理等一批重点水利项目全面建成，核桃冲、矣则河、分水岭、雨勒冲水库和南盘江二期治理等项目开工建设，全县水利化程度达 69%，较 2012 年提高 2 个百分点。能源网上，总装机 13.6 万千瓦的磨豆山、大丫口、将军山风电场建成投产，500 千伏宁州变、110 千伏恩永变等一批输变电项目建成投运，县城天然气综合利用项目开工建设。互联网上，宽带乡村、数字华宁等项目建设稳步推进，移动、电信网络信号实现行政村全覆盖。航空网上，盘溪通用机场项目成功签约并获省发展和改革委同意开展前期工作。

——这四年，我们抓实生态宜居这个重点，城乡面貌焕然一新。坚持“生态、自然、现代、宜居”的发展思路，着力实施“蓝天、碧水、绿化”工程，统筹推进城乡建设，人居环境明显改善，全县城镇化率达 44%，较 2012 年提高 6.2 个百分点。县城南过境路综合整治、宁阳路路面改造和园山路、西市街延长线建设全面完成，污水处理厂、生活垃圾填埋场、垃圾中转站等一批市政工程建成投运，华城盛景、陶苑雅居等一批房地产项目建成交付使用，宁阳首座城市综合体、滨河佳苑等房地产项目即将建成，棚户区改造融资、拆迁、安置等工作有序推进，以“四治三改一拆一增”为重点的县城综合整治取得明显成效，建成区面积达4.7平方千米，较2012年扩大0.2平方千米；绿化率达40.5%，较2012年提高3个百分点，在全市率先创建为“国家园林县城”。城乡发展统筹并进，“百村示范、千村整治”工程12个示范村、107个整治村稳步推进，11个省级规划建设示范村全面启动。实施农村危房改造12315户、地质灾害整村搬迁避让项目19个、易地扶贫搬迁项目3个。美丽乡村、美丽乡镇建设成效明显，青龙海镜村、来保康村和宁州冲麦村、碗窑村被列为国家级传统村落，青龙镇、盘溪镇被列为全国重点镇，盘溪镇、华溪镇被列为全市首批宜居小镇，宁州西家冲、华溪桐油棵等7个村组被列为全市首批美丽宜居村庄。

高度重视生态环境的保护治理，实施封山育林7.2万亩、绿化造林18.8万亩、退耕还林2.2万亩、石漠化综合治理119.9平方千米，全县森林覆盖率达35%，较2012年提高2.6个百分点。严格执行土地利用规划，严守耕地红线，全县耕地保有量42.8万亩，基本农田保护面积36.2万亩，耕地保持占补平衡。严厉打击非法开采矿产资源、破坏森林等违法行为，取缔非法采砂船30条，关闭无证非法矿山15座。严格执行环保“三同时”制度，扎实推进节能减排，淘汰落后产能35万吨。“省级生态文明县”创建通过验收，宁州街道、青龙镇申报“国家级生态示范镇”通过审查待命名。累计创建国家级生态示范镇1个、省级生态文明乡镇4个、绿色学校27所、绿色社区15个，荣获“国家级生态示范区”称号。实施抚仙湖东岸（华宁段）退田还湖工程1242亩；拆除沿岸临违建筑270宗22740.8平方米，拆除率100%；治理入湖河道13条，在全市率先完成抚仙湖流域水污染综合防治“十二五”规划项目建设，按照市委、市政府部署顺利移交托管。

——这四年，我们抓住民生改善这个根本，社会事业全面进步。更加精准地推进脱贫攻坚，累计投入扶贫资金5.84亿元，实施扶贫开发项目74个，3.2万农村贫困人口实现脱贫，1个贫困乡、8个贫困村脱帽出列，贫困发生率从2012年的10.5%下降到2016年的1.8%。建成保障性住房3441套，新增城镇就业8634人，城镇登记失业率控制在3.3%以内。社会保险、社会救助体系和村级医疗卫生服务实现全覆盖，县人民医院迁建顺利完成，城乡居民医疗保险全面整合，参保率达98.6%。实施校安工程暨美丽100校园、薄弱学校改造等项目建设364个，新建校舍5.3万平方米，加固改造校舍15.9万平方米，消除D级危房4.6万平方米，华宁一中改扩建项目顺利完成，农村义务教育营养改善计划和“三免一补”政策全面落实。县城全民健身中心、泉乡广场大舞台、文化馆厢房等项目建成投入使用，“两馆一站”全面免费开放，文笔塔恢复重建完成，彝族“五三腔”和“华宁陶器制作技艺”列入省级非物质文化遗产，成功荣获中国楹联文化县、云南省文化产业发展先进县称号。高度重视特色人才培养，1人获评云岭首席技师、6人获评云南省拔尖农村乡土人才。

社会治理成效明显，依法治县工作稳步推进，“六五”普法顺利完成。殡葬制度改革全面实施，县殡仪馆建成投入使用，清理整治“活人墓”1870冢，建成农村公益性公墓91个、经营性公墓1个，实现火化区火化率和公墓安葬率100%。社会治安立体化防控体系建设不断完善，城市报警和监控系统建设实现全覆盖，县看守所、公安消防大队营房、机动车驾驶员培训中心等项目建成投入使用。认真贯彻落实党的民族宗教政策，同心工程、盘溪民族团结进步示范区建设取得明显成效。着力强化信访综治维稳工作，严厉打击各类违法犯罪行为，社会保持和谐稳定。

——这四年，我们抓严作风建设这个关键，政府效能明显提升。全面落实党风廉政建设责任制，严格遵守党章党规、中央八项规定精神、《中国共产党廉洁自律准则》《中国共产党纪律处分条例》和《中国共产党问责条例》，深入开展党的群众路线教育实践活动、“三严三实”和“忠诚干净担当”专题教育、“两学一做”学习教育，全面查摆和整改自身存在问题，强化责任担当，敢于较真碰硬，从思想上“排毒”，作风上“清毒”，队伍上“刮毒”，累计实施行政问责71人，其中，科级干部34人，其他干部37人；立案查处违纪案件68件71人，其中，移送司法机关追究刑事责任25件25人，进一步树立了为民务实清廉的政府形象，保持了风清气正的良好政治生态。

始终坚持依法行政，全面推行政务公开，扎实推进简政放权、放管结合、优化服务。不断深化公务用车、行政审批等各项改革，新一轮政府机构改革顺利完成，调整取消行政审批事项73项。坚持重大决策、重要工作部署和重要事项向县委请示汇报，认真执行人大及其常委会的各项决议、决定，坚持向人大报告工作、向县政协通报情况，自觉接受人大法律监督、工作监督、政协民主监督和社会各界的舆论监督。累计办结人大议案、代表建议和政协委员提案833件，办复率达100%，解决率逐年提高，效能政府建设取得突破性成效。

安全生产、市场监管、防震减灾、人民武装、禁毒防艾、统计、审计、外事、气象、老龄、妇女儿童、残疾人等各项工作取得了新进步。

刚刚过去的2016年，是我们实施“十三五”规划的开局之年，告别了“十二五”的汗水与辉煌，我们整理行囊、迈步从头、继续前行。这一年，县域经济稳步持续增长，预计县内生产总值增速达14.1%；烤烟收购均价排名全市第2位，交售收入和烟叶税收入排名全市第1位；云南省风电产业创新联盟在华宁成立；“华宁陶”申报为国家地理标志保护产品；成功在昆明举办“腾跃泉乡璀璨明天”招商引资推介活动，签约金额152亿元、外资3000万美元；县城综合整治全面实施，改造新建公厕14个；“同心圆梦交通先行”通自然村道路建设工程全面启动；教育信息化工程建设全面完成；华宁一中与安宁中学结成友好学校，高考本科上线率达60.9%，排名全市各县（区）中学前列；县人民医院成功创建为二级甲等医院，县妇幼保健院迁建项目顺利开工；通红甸扶贫开发整乡推进项目全面完成，华溪镇整乡推进精准脱贫项目顺利启动，5000名贫困人口实现脱贫；县十六届人大五次会议上承诺的“十件实事”基本完成，实现了“十三五”良好开局。

各位代表，过去的四年，是华宁经济社会发展经受重大考验、实现重大突破、取得重大成就的四年，也是华宁发展历程中浓墨重彩、影响深远的四年。四年里，顺应时代发展的历史潮流和人民群众的殷切期盼，我们既经历了产业转型、结构调整的艰辛，也收获了实力提升、成果共享的喜悦；既承受了经济下行、增速放缓的压力，也增强了加快发展、全面小康的信心。四年的奋斗历程步履坚实，成果来之不易，这是市委、市政府和县委正确领导的结果，是县人大、县政协监督支持的结果，是历届政府奠定坚实基础的结果，是全县各级干部群众和社会各界共同奋斗的结果。在此，我代表县政府向全县人民、社会各界、驻华宁部队官兵以及为华宁发展做出贡献的老领导、老同志表示衷心的感谢和崇高的敬意！

总结四年来的工作，我们深深体会到，要加快华宁的发展，必须要坚持党的领导，坚定理想信念；必须要把握政策机遇，增强发展意识；必须要突出华宁特色，打造发展亮点；必须要突破瓶颈制约，激发发展动力；必须要敢于实干担当，汇聚发展合力；必须要密切联系群众，共享发展成果；必须要坚持依法行政，维护公平正义。同时，我们也清醒地认识到当前华宁发展中还存在诸多困难和问题：一是县域经济总量小，发展不足，增长方式粗放；二是产业特色优势不明显，支柱产业单一，特别是龙头企业、知名品牌支撑不够，产业转型升级任务艰巨；三是城乡发展不平衡，新农村建设任务繁重，县城和集镇功能不全，社会事业发展相对滞后；四是财政收支矛盾突出，调控能力弱，财源建设难以支撑发展需求；五是少数干部状态不佳、干事创业精神不足。这些困难和问题，既是制约我县当前经济社会发展的难点，也是做好下一步工作的重点，需要我们坚持不忘初心，采取有效措施，努力加以解决。

二、十七届人民政府工作建议

各位代表，未来五年是新一届政府站在新起点、踏上新征程、履行新使命的五年，更是实现与全市同步在全省率先全面建成小康社会关键决胜的五年，是华宁跨越发展历程中一次意义重大、使命光荣的“长征”和“赶考”。当前，我国经济发展进入新常态，正处于增速换挡、结构调整、动力转换的关键转型期和重要战略机遇期，总体向好的基本面没有改变，市第五次党代会提出“5577”总体思路和“四带多园”布局，为华宁的发展指明了方向，创造了机遇，加上弥玉高速、县乡道路升级改造、工业园区、棚户区改造等各领域工作的全面推进，未来五年，我县的区位交通、产业集群、载体平台等优势将更加凸显。特别是广大群众全面建成小康社会的强烈愿望，就是我们迎接挑战、加快发展的强大动力。

今后五年全县经济社会发展的总体思路是：高举中国特色社会主义伟大旗帜，以邓小平理论、“三个代表”重要思想和科学发展观为指导，全面贯彻党的十八大、十八届三中四中五中六中全会、习近平总书记系列重要讲话和考察云南重要讲话、省第十次党代会、市第五次党代会、县第十二次党代会精神，深入落实省、市党委、政府和县委重大决策部署，坚持全面建成小康社会、全面深化改革、全面依法治国、全面从严治党战略布局，贯彻落实创新、协调、绿色、开放、共享发展理念，全力实施生态立县、产业强县、特色兴县、开放活县战略，突出扩大总量、增加投资、抓实项目三个重点，狠抓高原特色农业、装备制造、陶瓷建材、生物加工、磷化工、新能源、旅游文化七大产业，全力打造“实力华宁、开放华宁、绿色华宁、法治华宁、实干华宁”，奋力闯出一条具有华宁特色的跨越式发展路子，把华宁打造成高原特色现代农业示范县、云南风电设备制造产业基地、云南陶文化产业基地、云南磷化工产业基地、滇中康体休闲旅游度假目的地，建成传统产业提质增效示范区、新兴产业培育壮大聚集区和经济繁荣、生态宜居、民族团结、社会和谐、健康幸福的“玉溪东部门户”。

综合考虑未来发展趋势和“十三五”规划，今后五年全县经济社会发展的主要目标建议是：

——经济实现健康快速增长。县内生产总值年均增长12%以上，农业总产值年均增长10%以上，规模以上工业总产值年均增长20%以上，规模以上工业增加值年均增长20%以上，规模以上固定资产投资年均增长30%以上，地方公共财政预算收入年均增长10%以上，地方公共财政预算支出年均增长10%以上，社会消费品零售总额年均增长12%以上，城镇居民人均可支配收入年均增长10%以上，农村居民人均可支配收入年均增长11%以上。

——改革开放迈出坚实步伐。重要领域和关键环节的改革发展取得重大成果，对外开放的广度和深度不断拓展，政务服务、财税金融体系和开放机制不断健全，投资发展环境不断改善，经济发展的外向水平明显提升。

——生态环境得到明显改善。保护治理机制不断健全，绿色低碳的生产生活方式广泛普及，林草覆盖率进一步提高，水资源、土地资源、矿产资源保护开发更加科学规范，主要污染物排放、万元GDP能耗等控制在市级下达指标范围内。

——人民生活质量不断提高。小康社会全面建成，新型城镇化加速推进，城乡人居环境不断改善。就业、教育、医疗、社保、住房等公共服务体系更加健全，公共事业普惠程度更加广泛，群众在参与共享共建过程中拥有更多获得感。

——社会文明程度全面提升。社会主义核心价值观深入人心，群众思想道德素养、科学文化素质明显提高。艰苦奋斗、吃苦耐劳的精神广泛弘扬，积极向上、诚信互助的社会风尚更加浓厚。民主法治更加健全，社会保持和谐稳定。

为实现上述目标，重点抓好以下六个方面的工作：

（一）更大力度强产业。聚焦供给侧结构性改革，抢抓全市“5577”总体思路和“四带多园”布局带来的发展机遇，扎实推进“三去一降一补”，在产业发展上“显特色、出亮点、扩领域、上规模”，推动产业高端化发展。坚持做优一产。稳固提升“烟、畜、果、菜”优质传统产业，探索发展中药材种植等新兴产业，重点打造“高原特色水果经济园”，狠抓农产品标准化生产、质量监管和品牌创建，培育一批精深加工型农业龙头企业，加大“三品一标”认证力度，推进种养循环生产示范和养殖园区建设。坚持做强二产。推动陶瓷建材产业规模化、集群化、精品化发展，打造“华宁陶”统一标识和“千年陶乡”名片；加大磷化工产业现有产能整合力度，发展精细磷化工，延伸产业链；推进以风电设备、电气智能设备为重点的装备制造企业规模化经营、专业化生产、协作化发展，打造“西南风谷”品牌；依托风能、太阳能光伏发电等项目建设，加快发展新能源产业；以生物制药、肉食品加工、矿泉水生产、农产品精深加工等为重点，提高生物资源加工产业质量。不断完善园区基础设施建设，促进产业聚集，提升综合实力。积极引进先进的生产技术和工艺，改造传统工业，走内涵式扩大再生产之路。坚持做活三产。充分挖掘华宁历史文化底蕴，依托“泉、橘、陶”等特色资源，开发温泉康体养生、鉴赏制陶旅游、滇越铁路风情观光等旅游产品，重点实施象鼻温泉升级改造、“三园一村”、盘溪民族（旅游）特色小镇、西沙映月等项目建设，打造泉乡旅游文化品牌，培育发展“互联网+”、电子商务、养老服务等现代服务业。到2018年，实现县内生产总值100亿元以上。到2021年，实现县内生产总值150亿元以上，其中，第一产业增加值26.1亿元以上，第二产业增加值57.6亿元以上，第三产业增加值66.3亿元以上。

（二）更高热度抓项目。坚持把推动项目实施作为完善基础建设、拉动经济增长的重要抓手，落实项目主体责任，健全协调服务机制。围绕项目的包装储备、前期工作、建设投运等环节加大工作力度，下好“先手棋”，努力营造“围着项目转、盯着项目干”的浓厚氛围，再掀项目建设热潮。以“五网”为重点，扎实推进弥玉高速、澄华高速、县乡道路升级改造、工业园区、农田水利、城镇配套、生态保护、社会民生、能源综合保障等项目建设，不断夯实发展基础，力争2018年与全市同步实现县县通高速，2020年弥玉高速建成通车。抢抓中央、省、市各项政策机遇，认真谋划、包装、争取一批带动发展、改善基础、惠及民生的重点项目列入国家、省、市投资盘子。加大对闲置土地的清理利用力度，提高土地利用率。抓住主要负责人这一关键，把项目建设作为练兵场、试金石，签订责任状，制定时间表，实行奖惩令，坚决拆除项目建设中的“观众席”。到2021年，实现规模以上固定资产投资194亿元以上，项目库储备项目110个以上。

（三）更准精度促招商。抢抓“一带一路”、滇中城市经济圈、昆玉红旅游文化带建设等发展机遇，主动服务好国家战略，积极融入滇中发展。坚持“政策一宽再宽，利益一让再让，服务一改再改，环境一造再造”的工作要求，不断完善基础设施建设，加大招商引资人才培养和队伍建设力度，提高政务服务质量，着力加强环境建设、诚信建设和效能建设，努力营造更为公平规范、更加宽松和谐、更具比较优势的投资环境，占领招商引资制高点。更加注重招商引资质量，紧盯“中字头、国字号”实力企业，着力开展选商招商，通过以商招商、以资源招商、园区招商等多种方式，提高招商引资的针对性、精准性，不断将政策优势、产业优势、资源优势、环境优势、开放优势转化为生产力优势，着力引进低污染、低耗能、高效益的优质项目。积极培育发展电子商务和外贸实体经济，推动全县开放型经济实现跨越发展。到2021年，引进省外国内资金48.3亿元以上。

（四）更宽维度统城乡。进一步放开视野、提升档次、完善功能、优化布局，突出城乡发展的持续性、宜居性、协调性。坚持高起点规划、高标准建设，推进“多规合一”，遏制野蛮生长，避免重复建设。以实施县城“四治三改一拆一增”和农村“七改三清”环境整治为抓手，全面启动城乡人居环境综合整治五年行动，在统筹上下功夫，在重点上求突破，到2021年，城镇化率达52%以上。坚持做优县城。按照“东扩西调、南控北优”的发展布局，严格执行县城总体规划，加快棚户区改造、宁州古镇打造、南过境路200米范围开发、污水管网设施、绿化亮化等项目建设，加强城市管理综合执法，扎实开展“六城同创”，推进县城提质扩容，努力建设功能配套、景致优美、活力迸发的“山水田园生态园林县城”，不断增强县城综合承载力、聚集力、辐射力和特色竞争力。坚持做特集镇。按照“错位发展、优势互补、特色鲜明、经济繁荣”的发展目标，加快推进青龙镇、盘溪镇全国重点镇建设，以盘溪民族（旅游）特色小镇和华溪小镇打造为重点，推动多样化、特色化发展，努力建设基础设施完善、人居环境优良、特色风貌鲜明的新型集镇。坚持做美乡村。围绕“产业强村、文明塑村、环境美村、特色靓村”的发展思路，按照“生产发展、生活宽裕、乡风文明、村容整洁、管理民主”的要求，完善村庄规划布局，有效整合资源，着力抓好村庄基础设施和公共服务设施建设，依托易地扶贫搬迁、农村危房改造、特色民居建设等项目实施，加强村容管理，真正把广大农村建设成为环境优美、特色彰显、留有乡愁的生态宜居之地。突出地域、历史、民族和文化特色，加大文物古迹的保护力度，科学融入现代元素，传承创新华宁文化，丰富城乡发展内涵，走出一条具有时代特征、民族特色、华宁特点的新型城镇化路子。

（五）更严尺度保生态。围绕“国家生态文明建设示范县”创建，坚持生态优先、绿色发展，严守生态红线，积极融入“三湖生态经济带”发展布局，倡导绿色生活、发展绿色经济、建设绿色华宁。实施工业污染源全面达标排放计划，加强环境监管，严格环保执法，严把项目准入关，扎实推进工业节能和转型升级，促进绿色低碳循环发展。加大森林资源保护力度，大力实施退耕还林、绿化造林、石漠化综合治理等工程，严厉打击毁林开荒、乱砍滥伐、非法占用林地、偷盗移植名木古树等破坏森林资源行为，确保“林业双增”工作目标圆满完成。实行最严格的水资源保护制度，加强水污染综合防治。严格矿产资源开发利用和生态植被恢复管理，全面推进非煤矿山转型升级。突出公路沿线、城镇面山等重点区域的生态治理，提高群众生态保护意识，促进生态文明建设。到2021年，全县水土流失治理率达11%以上，森林覆盖率达39%以上。

（六）更广幅度惠民生。坚持以人民为中心，促进各项社会事业健康发展，不断提高人民群众的幸福指数。继续加大脱贫攻坚力度，全面消除贫困。深化教育综合改革，鼓励社会资本兴办教育，推动义务教育均衡发展，加强师德师风建设，提高教育教学质量。继续推进医药卫生体制改革，完善公共卫生服务保障体系，促进医疗资源向基层、农村流动。深入推进城乡居民社会保障全覆盖体系建设和人人享有基本社会保障工程，增强社会综合保障能力。实施更加积极的就业政策，多渠道增加城乡居民收入。完善公共文化服务体系建设，深入实施文化惠民、全民健身、居家养老工程。加强公共安全管理，扎实推进反恐维稳、禁毒防艾、殡葬改革、道路交通、食品安全、人民武装等各项工作。深入开展“七五”普法，健全完善民主法治，维护社会公平正义。认真贯彻落实党的民族宗教政策，切实维护民族团结、宗教和顺、社会和谐的良好局面。

三、2017年工作任务

2017年，是新一届政府任期的开局之年，也是我县朝着与全市同步在全省率先全面建成小康社会目标迈进的关键一年。

全县经济社会发展的主要目标建议为：县内生产总值增长12%以上，农业总产值增长10%以上，规模以上工业总产值增长20%以上，规模以上工业增加值增长25%以上，规模以上固定资产投资增长30%以上，社会消费品零售总额增长11%以上，地方公共财政预算收入增长6%以上，地方公共财政预算支出增长6%以上，引进省外国内资金增长10%以上，城镇居民人均可支配收入增长10%以上，农村居民人均可支配收入增长11%以上，城镇登记失业率、主要污染物排放量控制在市级下达指标范围内。

围绕上述目标，重点抓好以下七个方面的工作：

（一）促转型、扩规模，提高工业经济发展质量。加快推进工业创新驱动和转型升级，大力发展民营经济，不断壮大工业经济发展规模，力争完成规模以上工业总产值38.4亿元以上。

深挖工业经济增长潜力。紧盯已签约的项目、已建成的企业，巩固已占有的市场、已具备的优势，激活“磷化工、陶瓷建材”等传统产业发展，延伸“生物加工、新能源、装备制造”等新兴产业链。力推玉珠日产5000吨水泥、红云制药中药饮片、金晨纸业年产9万吨高档生活用纸（一期）、中复连众年产400套风电叶片等项目年内建成投产。加快玉珠年产3000吨原浆白酒、裕丰纸业年产20万吨高强瓦楞纸等项目前期工作，力争年内开工建设。集中精力盘活中南长兴、康盛磷业等停产、负增长企业，积极帮助上海电气风力发电机、蓝天重工风电塔筒、中复连众风电叶片等产品拓展销售渠道，促进工业经济持续稳步增长。

加快工业园区平台建设。全面完成工业园区实体化改革，加强规范化、精细化、效率化管理。加大融资力度，提高园区建设发展资金保障能力。统筹推进“一园五片区”建设，重点加快冲麦片区土地收储和开发，着力实施莲花片区环境综合整治，打牢发展基础，改善发展环境，提高承载能力。加大园区招商引资、入园项目建设和协调服务力度，力争实现新引进投资1000万元以上入园企业5户、竣工2户，1亿元以上企业2户，实现园区招商引资10亿元以上，增长33%以上；工业总产值增长20%以上；工业增加值增长25%以上；收储土地700亩以上，开发平整500亩以上，推动园区经济成为全县工业经济的重要增长极。

增强民营经济发展活力。进一步激发民营经济在县域经济发展中的推动力，继续实施骨干企业倍增工程和成长型小微企业、两个10万元微型企业培育工程，推动民营小微企业走“专精特新”的路子，促进三产融合发展。建立众创空间孵化器，积极引进一批“高精尖缺”的高层次、实用型人才。重点加大对科技含量高、市场前景好的民营企业培育扶持力度，争取一批中小企业进入规模以上企业行列，力争全年新增规模以上企业5户。引导一批小微企业整合资源、优势互补、联动合作、抱团发展，增强市场竞争力和影响力。

（二）增效益、显特色，提升现代农业发展水平。继续优化农业产业结构调整，认真落实各项强农、惠农、富农政策，促进农业增效、农民增收，力争完成农业总产值33.4亿元以上。

稳固发展高原特色农业。继续打造万亩烤烟连片和高原特色优质烟叶示范区，种植烤烟8.32万亩，收购烟叶1140万千克。坚持科学规划、合理布局，全面启动高原特色水果经济园建设，不断做大“三棵树”产业，种植核桃1.5万亩、提质增效1.5万亩，种植柑橘4000亩、柿子2000亩，实现“三棵树”种植总面积突破44.5万亩，产值9.2亿元以上。实施规模化、规范化养殖，实现畜牧业产值10.1亿元以上。建成百亩以上蔬菜示范样板38个、千亩以上展示区11个，发展蔬菜19.5万亩，实现蔬菜产值5.7亿元以上。培育种植中药材5000亩，实现产值3000万元以上。

着力改善农业生产条件。科学整合水利、烟草等方面资金，不断增加农业基础设施建设投入。抓好矣则河、核桃冲、雨勒冲水库、通红甸人畜饮水扩建和51座小坝塘除险加固、南盘江二期治理等续建项目建设，力争开工建设小箐、三家村水库和一批小型农田水利项目。实施中低产田地改造1.2万亩，治理水土流失面积30平方千米，新增有效灌溉面积4500亩、节水灌溉面积1万亩。充分发挥各级信息中心和服务站作用，积极利用“数字乡村”“三农通”等信息平台，及时发布相关涉农政策、市场和气象信息，帮助群众科学组织生产。

推动农业经济多元发展。加快农产品标准化、品牌化、市场化建设，完善农产品质量安全体系，推动现代农业“接二连三”发展。全面完成农村土地承包经营权确权登记和颁证工作，引导农村土地合法有序流转，促进农业适度规模经营。积极引进有实力的农业龙头企业、专业大户和社会资本参与农业发展，培育一批生态农庄、家庭农场、专业合作社等新型农业经营和服务主体，不断提高农民组织化程度和农业产业化经营水平。实施5000户新型农民科技入户和农村劳动力转移培训，提高群众增收致富能力。

（三）抓项目、扩投资，增强县域经济发展后劲。坚持把招商引资和项目建设作为加快发展的重要推动力，不断增加有效投资，提高对外开放水平。

加大招商引资力度。制定出台创新招商引资工作的方案措施，严格考核奖惩，提高办事效率和服务质量。依托我县的历史、产业、资源特色和优势，瞄准“三湖生态经济带”和“滇中高速环线经济带”发展布局，突出“点对点、一对一”的精准招商，重点引进一批对我县产业发展、基础建设、民生改善具有推动作用的大项目、好项目。充分利用各种会展、节庆、网络等平台，积极采取以商招商、定向招商等模式，加强与行业协会、地方商会的沟通联系，扩大“朋友圈”，力争引进省外国内资金33亿元以上。

全力推进项目建设。重点围绕签约项目及时落地、落地项目快速建设，提高开工率和竣工率。健全项目推进倒逼机制、定期研究机制和督查预警机制，继续实行县级领导和部门联系推进重点项目制度，对重点项目组织专门班子、制定专门计划、开展专门督查，着力加强资金、土地、社会协调等要素保障，努力形成更多的实物工作量。实施基础设施、社会事业、竞争性项目不少于100个，力争完成规模以上固定资产投资68亿元以上。

强化项目包装储备。充分发挥重点项目办

的作用，认真研究国家产业政策导向，着眼未来发展定位，围绕“七大产业”的发展壮大和产业链延伸，结合棚户区改造、“一园五片区”发展、“五网”建设、高原特色水果经济园建设、盘溪民族（旅游）特色小镇打造等重点工作和“十三五”规划，精心论证、包装、储备一批能够拉动经济增长和改善民生的优质项目，不断充实前期项目库，力争在项目的数量、质量上有新提高。确保年底项目库储备项目不少于100项，其中，重点项目70项。

（四）重宜居、提品位，统筹抓好城乡建设发展。围绕人居环境的改善和提升，加强城乡规划建设和管理，力争城镇化率提高2个百分点以上。

突出抓好县城建设。加快推进棚户区改造，切实做好社会协调、项目建设、贷款融资等各项工作，力求实效。启动实施“东、西、北”三个入城口综合整治、北片区改造和太平街街区历史保护，加快推进“三园一村”建设。抓好南过境路200米范围土地收储和开发，打造县城南片区新亮点。力推宁阳首座、滨河佳苑等房地产项目年内建成投入使用。统筹推进园山路和宁锦街延长线、绿色休闲慢道、天然气管道、污水管网、地下综合管廊、停车场、县城至莲花塘道路等市政基础设施项目建设，全面启动“增绿添色、点亮华宁”和引水入城工程，不断完善城市功能，提升县城形象和品位。

加强城市经营管理。严格执行县城总体规划和各项专项规划，启动县城控制性详规、海绵城市建设等规划编制和建设工作。引导县城规划区范围青砖青瓦企业进行搬迁整合，改善县城外围环境。深入开展综合整治，抓住县城管理的“堵点”“痛点”和“盲点”，着力加大违法加层、无序建房、乱停乱放、占道经营、违规户外广告、违反城区限行规定等行为的整治和曝光力度。推动县城公交提档升级、规范运行。继续实施城市网格化管理，严格落实门前“四包”责任，积极动员社会力量广泛参与，努力创建“国家级卫生县城”。

改善镇村发展面貌。深入实施城乡人居环境整治和美丽乡镇规划建设，着力抓好镇容镇貌整治、集中供水配套、生活污水垃圾处理、农贸市场改造、群众文化广场建设等各项工作，积极推进青龙镇、盘溪镇集镇供水、污水处理设施等项目建设。加快盘溪民族（旅游）特色小镇、华溪小镇和盘溪镇棚户区改造等项目实施。扎实开展“百村示范、千村整治”，全面推行农村土地规划专管员制度，抓好村庄规划和特色民居建设，实施农村危房改造5000户。加强道路交通基础设施建设和管理，全面完成通自然村道路建设工程，改善群众出行条件。

（五）严保护、强治理，促进生态环境不断改善。坚持发展与环境协调，保护与开发并重，防治与修复并举，不断提高全县森林覆盖率。

加大生态保护管理力度。加快实施非煤矿山转型升级，规范矿产资源开发。严格审核项目实施中的环境影响评价、水土保持、林地占用等各个环节手续，加强工业企业污染物达标排放监管。科学推进全县潭泉资源和名木古树普查成果的转化，制定完善保护措施，合理开发利用。加大水土保持力度，强化库塘养殖的监管治理，启动曲江、南盘江流域农村环境连片整治。突出白龙河水库、二龙山供水站等重点水源点的保护和水质监测，确保饮水安全。进一步巩固环保督察整治成果，以登楼山自然保护区、象鼻温泉森林公园等区域为重点，加大全县森林资源保护力度，严厉打击各类涉林违法犯罪行为。

加强生态环境恢复治理。严守环境质量“不能变坏，只能更好”的环保责任底线，结合发展实际划定生态红线，全面推进主要污染物减排、水污染和大气污染综合防治工作。继续强化城镇面山、重点交通沿线、矿山、河道、水源地、地质灾害多发点、村庄四周等区域的生态治理和植被恢复，进一步加大防护林建设、低效林改造、石漠化综合治理、陡坡耕地治理、森林灾害防控等工作力度，实施退耕还林8200亩以上，植树造林1.5万亩以上，义务植树45万株以上，着力构建更加坚固的绿色生态屏障。

增加生态产业开发效益。坚持“产业发展生态化、生态建设产业化”的思路，继续深化集体林权制度和国有林场改革，鼓励群众发展林下经济，开展复合型生产经营。充分挖掘特色潭泉资源，加快推进象鼻温泉招商引资、通红甸太极温泉改造升级和西沙映月景区、邑格冲瀑布生态公园等项目的规划建设，大力发展具有华宁特色的温泉度假、乡村旅游、庄园旅游等产业，完善旅游产品体系。依托华溪、盘溪万亩橘园，积极开发集橘园观光、休闲度假为一体的生态旅游项目，不断提高旅游文化产业发展的整体质量。

（六）促增收、优支出，增强财税金融保障能力。坚持依法治税、综合治税、科学预算，严厉打击非法集资，防范金融风险，引导金融市场健康活跃发展，进一步提高财税金融运行的稳定性、持续性和保障性。

加强财税征收管理。进一步完善税收征管体系，强化重点行业、重点税源、重点领域的税收征管和稽查，加大非税收入和小税种的征收力度，严肃查处偷逃税费行为，做到应收尽收，确保财税收入有序按时足额入库。巩固提升以烤烟为支撑点的基础财源，培植壮大以二、三产业为发力点的后续财源，不断把资源优势、产业优势转化为财源优势。认真研究国家财政政策和重点投入领域，继续加大向上争取资金工作力度，拓宽财政增收渠道。

合理安排财政支出。严格执行预算，杜绝超预算、超标准、超范围支出。扎实推进预算绩效管理，坚持依法审计，严肃财经纪律，严格政府采购审批，加强专项资金、重点工程和重点项目招投标监管。坚持厉行节约，降低行政成本，力争“三公”经费支出较2016年明显下降。切实加大对“三农”、教育、医疗卫生、环境保护、社会保障和就业等公共服务领域的投入，优先安排保工资、保运转、保民生的重点支出，保障重大项目、重点领域资金需求，把有限资金用到加快发展和民生改善上。

融通各类社会资本。用足用好中央、省、市各项政策，充分发挥县属投融资平台作用，促进商业信贷规模稳定增长，最大限度用好政策性信贷，更大力度利用社会和境外资本，扩大全社会融资总规模。在全县金融系统合理配置财政性储蓄资金，促进财政性资金在各金融机构间有序流动。建立完善社会信用体系，加快“信用乡镇”“信用村”“信用企业”建设，培育良好的信用环境。加大“三权三证”抵押融资贷款实施力度，拓宽群众融资渠道。

（七）补短板、惠民生，推动社会事业健康发展。坚持把增进民生福祉作为政府工作的出发点和落脚点，不断加强和创新社会治理，维护社会稳定。

切实保障和改善民生。坚持把脱贫攻坚作为发展的第一民生工程来抓，扶脱贫志气、扶发展条件、扶增收产业、扶生产技能，全面完成华溪镇整乡推进精准脱贫项目建设，实现3034名建档立卡贫困人口脱贫。加大基层就业和社会保障服务力度，认真落实各项就业创业优惠政策，着力推动“大众创业万众创新”，扩大就业与再就业。全面落实社会保险制度，加快健全更加公平、更可持续的社会保险体系。高度关注老龄事业发展，进一步做好社会救助、社会福利、防灾救灾和优抚安置工作，争创省市双拥模范县，切实保障困难群众、优抚群体和弱势群体的正常生活。

大力发展各项社会事业。深化教育改革，认真落实义务教育“三免一补”、农村学生营养改善计划、学前教育儿童资助等扶持政策，扎实推进“全国义务教育发展基本均衡县”创建和华宁一中、县幼儿园晋级升等工作。加强教育信息化管理，实施学前教育二期项目12个，新建校舍21996平方米；完成薄弱学校改造项目25个，新建校舍26635平方米，着力改善山区办学条件。加快华宁三中迁建、县委党校改扩建项目实施，力争年内启动建设。扎实推进县乡村医疗卫生服务一体化管理，加快县妇幼保健院迁建和县中医医院新建项目建设，支持民营医院发展，提高医疗机构服务和救治能力。强化疾病预防控制和妇女儿童保健，提升基本公共卫生服务水平。继续抓好计划生育工作，推进人口均衡发展。加强非物质文化遗产调查、民族民间文化挖掘整理、文物普查保护和修缮工作，鼓励扶持民族刺绣、楹联文化、精品文艺发展，开播华宁人民广播电台，加强“两馆一站”、农家书屋管理和“扫黄打非”工作，推动文化市场健康发展。完善体育基础设施建设，促进全民健身活动广泛开展。

加强和创新社会治理。深化司法体制改革，建立完善群众利益诉求表达、社会矛盾调处、社会稳定风险评估等机制，加大矛盾纠纷排查化解力度，畅通群众信访渠道。严格落实安全生产责任制，有效预防和遏制重特大安全事故发生。全面推进殡葬制度改革，确保全县火化区范围全覆盖。加大政法系统基础设施建设力度，认真贯彻落实党的民族宗教政策，促进民族团结、宗教和顺。加强反恐维稳处突能力建设，深入开展禁毒防艾人民战争，坚决防范和打击各类违法犯罪活动，加强人民武装工作，巩固维护和谐稳定的良好局面。

四、围绕政务服务水平提升，着力加强政府自身建设

坚持不忘初心、继续前行的昂扬斗志，以忠诚为魂、人民为本、法治为先、担当为要、廉洁为基，努力建设组织放心信任、人民满意信赖的政府。

（一）坚持依法行政。自觉运用法治思维和法治方式深化改革、推动发展、化解矛盾、治理社会。坚持在县委的领导下，严格执行人大及其常委会的决议、决定，自觉接受人大法律监督、工作监督和政协民主监督，主动向人大报告工作、向政协通报情况，广泛听取社会各界的意见建议，认真办理人大议案、代表建议和政协委员提案。严格执行重大行政决策公众参与、专家论证、风险评估、合法性审查、集体研究法定程序。深化政务公开，落实经济责任审计制度，让权力在阳光下运行。

（二）坚持清正廉洁。牢固树立政治意识、大局意识、核心意识、看齐意识，全面加强党风廉政建设，严格落实全面从严治党主体责任和监督责任，强化制度约束，坚持不懈狠刹“四风”。深入学习贯彻《中国共产党廉洁自律准则》《中国共产党纪律处分条例》和《中国共产党问责条例》，把党的纪律和规矩挺在前面，准确把握运用监督执纪“四种形态”，坚持正风肃纪、正本清源、正道直行，强化重点领域和关键环节的监管，净化政风行风，严肃查处各类违纪行为。

（三）坚持改革创新。始终保持积极向上、敢为人先、苦干实干的精神状态，带头落实创新、协调、绿色、开放、共享发展理念。坚持用市场经济规律认识问题、用科学发展思路解决问题，不断提高加强学习、更新知识的能力，提高站位全局、谋划跨越的能力，提高调查研究、科学决策的能力，提高锐意改革、大胆创新的能力，提高凝聚共识、团结合作的能力，提高求真务实、真抓实干的能力，提高勇于担当、奋发有为的能力。尊重基层和群众首创精神，充分调动广大干部群众的积极性、主动性和创造性，激发市场活力、社会创造力和增长潜力，为推动华宁跨越发展凝聚强大合力。

（四）坚持务实高效。切实增强政府行政能力和抓落实能力，继续加快“放管服”改革向纵深推进，进一步规范审批行为，最大限度减少审批事项、审批环节、审批手续和审批时间，着力改善发展软环境。不断强化责任意识，把精力放在抓落实上，把心思放在干事创业上，把本领用在促进发展上。加大对不作为、乱作为、慢作为的整治力度，动真格、触痛处，以督促行、以督问效。努力建设审批环节少、办事效率高、服务质量好的效能政府，用政府的勤政指数换取百姓的幸福指数。

各位代表，蓝图已绘就，奋进正当时，梦想能到达的地方，总有一天脚步也能到达。让我们在市委、市政府和县委的正确领导下，在县人大、县政协的监督支持下，以更加振奋的精神、更加争先的勇气、更加务实的作风，坚定不移守底线，脚踏实地谋发展，全方位打造华宁跨越发展的升级版，为更高水平实现与全市同步在全省率先全面建成小康社会而努力奋斗！

名词解释

1.“五网”：指内畅外通的路网、快捷便利的航空网、区域性的能源保障网、安全可靠的水保障网、共享高效的互联网。

2.“四治三改一拆一增”：“四治”指治乱、治脏、治污、治堵；“三改”指改造旧住宅区，改造旧厂区，改造城中村；“一拆”就是拆除违法违章建筑；“一增”就是大面积增加城市绿化。

3.“三免一补”：指免课本费、免杂费、免文具费，对小学半寄宿制学生和初中困难学生生活给予补助。

4.“两馆一站”：指文化馆、图书馆和乡镇文化站。

5.“5577”总体思路：指市第五次党代会提出的未来五年发展的总体思路，第一个“5”指坚定不移实施“生态立市、产业富市、创新强市、开放兴市、共享和市”五大战略；第二个“5”，指坚定不移推动“五网”建设；第一个“7”指突出抓好卷烟及配套、矿冶及装备制造、高原特色现代农业、生物医药及大健康、文化旅游、信息、现代物流七大产业；第二个“7”指实施脱贫攻坚、教育提质惠民、创业促进就业、城乡居民增收、社保扩面提标、健康养生养老、人口均衡发展七大民生工程。

6.“四带多园”布局：指市第五次党代会提出：打造昆玉—玉元经济带、“三湖”生态经济带、滇中高速环线经济带、红河谷—绿汁江热区产业经济带。通过四个经济带，将多个基础扎实、实力雄厚、特色明显的工业园、农业庄园、生产基地、重要城镇和节点串联起来。

7. 供给侧结构性改革：指从提高供给质量出发，用改革的办法推进结构调整，矫正要素配置扭曲，扩大有效供给，提高供给结构对需求变化的适应性和灵活性，提高全要素生产率，更好满足广大人民群众的需要，促进经济社会持续健康发展。

8.“三去一降一补”：指去产能、去杠杆、去库存、降成本、补短板等供给侧结构性改革五大任务。

9.“三品一标”：指无公害农产品、绿色食品、有机农产品和农产品地理标志。

10. 三园一村：指陶文化创意园、陶文化产业园、陶瓷建材产业园和碗窑村。

11.“互联网+”：指充分发挥互联网在生产要素配置中的优化和集成作用，将互联网的创新成果深度融合于经济社会各领域之中，提高实体经济的创新力和生产力，形成更广泛的以互联网为基础设施和实现工具的经济发展新形态。

12.“一带一路”：指丝绸之路经济带和21世纪海上丝绸之路。

13. 多规合一：指通过改革规划体制机制，以国民经济和社会发展总体规划为引领，发挥城乡规划的基础综合作用、土地利用总体规划的规模控制作用、生态环境保护规划的基础约束作用，确保国民经济和社会发展规划确定的重点产业布局和重大建设项目在空间管控平台上得到落实，实现“一个规划、一张蓝图”，推动新型城镇化建设。

14. **“七改三清”**：指在农村实施“改路、改房、改水、改电、改圈、改厕、改灶”综合行动，实行人畜分离、厨卫入户，清洁水源、清洁田园、清洁家园。

15. **“六城同创”**：指争创联合国人居环境奖、全国文明城市、国家环保模范城市、生态园林城市、智慧城市、创新型试点城市。

16. **“林业双增”**：指增加森林面积和森林蓄积量。

17. **“一园五片区”**：指华宁工业园区按照不同的区位和产业布局，划分为新庄片区、莲花片区、盘溪片区、青龙片区、冲麦片区。

18. **“海绵城市”**：指城市能够像海绵一样，在适应环境变化和应对自然灾害等方面具有良好的“弹性”，下雨时吸水、蓄水、渗水、净水，需要时将蓄存的水释放并加以利用。

19. **“三权三证”**：“三权”指林权、土地承包经营权、房屋所有权（宅基地使用权）；“三证”指林权证、农村土地承包经营权证、农村房屋所有权证（宅基地使用权证）。

20. **监督执纪“四种形态”**：指经常开展批评和自我批评、约谈函询，让“红红脸、出出汗”成为常态；党纪轻处分、组织调整成为违纪处理的大多数；党纪重处分、重大职务调整的成为少数；严重违纪涉嫌违法立案审查的成为极少数。

责任编校　杨文桥

大事记

1月

1月3日 华宁县组织召开中共党员大会，县委、县人大、县政府、县政协领导班子成员，其他县级领导，县属各部门主要负责人，驻华宁单位主要负责人，各乡镇党政主要领导参加会议，研究部署相关工作。

同日 华宁县组织召开政协华宁县第九届委员会第一次会议，县属相关单位领导及相关政协委员参会，研究部署相关工作。

1月4日 华宁县十七届人民代表大会第一次会议召开，县委、县人大、县政府、县政协领导班子成员，其他县级领导，县属各部门主要负责人等参加会议，研究2017年人大工作相关事宜。

1月12日 华宁县组织召开研究2016年度重大决策、重点工作和重大项目考评相关事宜座谈会，县综合考评办全体职工，县属各有关单位主要负责人参加会议，研究部署考评相关事宜。

1月14日 华宁县组织召开中共华宁县委十二届三次全体会议，县委委员、候补委员，其他县级干部，县属各单位主要负责人等参加会议，研究部署2017年有关工作。

1月17日 华宁县组织召开学习贯彻省第十次党代会精神宣讲报告会，县委、县人大、县政府、县政协领导班子成员，其他县级领导，县属各部门主要负责人，驻华宁单位主要负责人，各乡镇党政主要领导参加会议，宣传学习省第十次党代会精神。

1月19日 2016年度县管领导班子和领导干部、党建工作目标、“作风转变年”及招商引资和争取上级资金考核工作会议召开，县领导黄汝刚，县属各相关单位主要负责人等参加会议，安排部署考核相关事宜。

1月23日 中共华宁县委常委领导班子2016年度民主生活会召开，市级联系领导、县委常委、县人大常委会主任、县政协主席等参加会议，对2017年工作进行批评与自我批评。

2月

2月4日 州（市）、县（市、区）委书记工作经验交流会在县政府四楼视频会议室设立分会场，县委、县人大、县政府、县政协领导班子成员，其他县级领导，县属各部门主要负责人参加会议，听取上级部门安排部署。

2月6日 华宁县组织召开2016年度综合考评汇报会，县委、县人大、县政府、县政协领导班子成员，其他县级领导，县属各部门主要负责人，驻华宁单位主要负责人，各乡镇党政主要领导参加会议，研究部署2016年综合考评工作相关事宜。

2月7日 华宁县组织召开综合考评领导小

组会议，县领导黄汝刚、何国斌，县属各相关单位主要负责人参加会议，研究部署综合考评相关事宜。

2月9日 中共云南省委农村工作暨全省扶贫开发工作视频会议在县政府四楼视频会议室设立分会场，县委、县人大、县政府、县政协领导班子成员，其他县级领导，县属各部门主要负责人等参加会议，听取上级部门安排部署。

2月13日 华宁县组织召开县委专题听取县城棚户区改造工作情况汇报会，县委常委、县人大常委会主任、县政协主席，县属各相关单位主要负责人参加会议，安排部署县城棚户区改造工作相关事宜。

2月14日 华宁县组织召开领导干部电子商务及互联网大数据知识讲座，县委、县人大、县政府、县政协领导班子成员，其他县级领导，县属各部门主要负责人，驻华宁单位主要负责人，各乡镇党政主要领导参加会议，研究部署相关工作。

2月15日 华宁县组织召开县委农村工作暨扶贫开发工作专题会，县委常委、县人大常委会主任、县政协主席，县属各相关单位主要负责人参加会议，安排部署县农村工作及扶贫开发工作相关事宜。

同日 华宁县组织召开工商联座谈会，县领导黄云鹍、何国斌、黄汝刚等，县属各相关单位主要负责人参加会议，研究部署工商联相关工作。

2月20日 华宁县组织召开县委农村工作暨全县扶贫开发工作会议，县委、县人大、县政府、县政协领导班子成员，其他县级领导，县属各部门主要负责人，驻华宁单位主要负责人，各乡镇党政主要领导参加会议，研究部署相关工作。

2月21日 全国农村承包土地确权登记颁证工作视频会议在县农机管理站二楼会议室设立分会场，县领导何国斌，县属各相关单位主要负责人参加会议，听取上级部门安排部署。

2月22日 华宁县组织中召开创建国家卫生县城动员大会，县委、县人大、县政府、县政协领导班子成员，其他县级领导，县属各部门主要负责人，驻华宁单位主要负责人，各乡镇党政主要领导参加会议，研究部署相关工作。

2月24日 省委巡视巡察工作会议在县政府四楼视频会议室设立分会场，县委、县人大、县政府、县政协领导班子成员，其他县级领导，县属各部门主要负责人，各乡镇党政主要领导参加会议，听取上级部门安排部署。

2月27日 华宁县组织召开2017年组织工作会议，县领导黄云鹍、师琼华，县属各部委办局、人民团体和企事业单位党主要负责人等参加会议，安排部署2017年组织工作相关事宜。

3月

3月2日 华宁县召开2017年全县宣传思想文化工作会议，县领导黄云鹍、何国斌等，县直各单位，驻华单位，乡镇党委书记等参加会议，研究相关工作。

3月3日 华宁县首届运动会专题筹备会议召开，县领导何国斌、黄永祥、沐华斌等，县属各相关单位主要负责人参加会议，研究部署相关工作。

3月6日 2017年中共华宁县委政法工作会议召开，县领导黄云鹍、何国斌等，县委政法委员会委员，县综治成员单位主要负责人，乡镇党政主要领导、见义勇为先进个人等参加会议，安排部署2017年政法相关工作。

3月7日 中共华宁县纪委十二届二次全会召开，全县副处级以上领导，县纪委委员，乡镇党政主要负责人、纪委班子，县人大、县政协、县直副科级以上干部等参加会议，总结2016年纪检工作，研究部署2017年纪委相关工作。

同日　华宁县召开迎接省对玉溪市扶贫开发工作成效和贫困村、贫困人口退出考核准备工作会，县领导何国斌、王平伟，县直单位负责人，乡镇长、专职副书记、分管副职等参加会议，研究部署迎接考核相关工作。

3月8日　华宁县“科教引领　创新发展”大讨论大行动动员大会暨2017年县委理论学习中心组第一次集中学习举行，县委理论学习中心组成员，全县副科级以上领导干部，驻华单位主要负责人参加会议，研究部署相关工作。

3月9日　妇联改革调研座谈会召开，相关工作单位主要负责人参会，研究部署全县妇联改革相关工作。

同日　华宁县举行广播电视台揭牌暨综合广播开播仪式，县领导黄云鹃、魏德锦、白应海等，相关单位负责人等参加仪式。

3月10日　华宁县2017年扶贫开发领导小组第一次会议召开，县领导黄云鹃、何国斌等，领导小组成员单位，县政党政主要负责人（除通红甸）参会，研究部署2017扶贫相关工作。

3月14日　华宁县档案工作暨档案法律法规档案业务知识培训会召开，全县各立档单位专兼职档案员、会计及分管档案工作领导参加会议，培训学习相关业务知识。

3月16日　华宁县召开政协委员培训会，全体政协委员、县政协机关全体干部职工参加会议，对如何开展政协委员工作做培训。

同日　政协华宁县第九届委员会常务委员会第一次会议召开，县属相关单位领导及相关政协委员参会，研究部署相关工作。

3月17日　华宁县开展县城创卫工作系列活动，县属各单位组织清扫办公室内部区域及环卫责任路段。

3月18日　华宁县民营经济、县域经济、园区经济现场推进会召开，县领导黄云鹃、何国斌等，县直相关单位，乡镇党政主要负责人，驻华宁部分单位，部分企业等参加会议，研究部署相关工作。

3月20日　中央环境保护督察反馈意见问题整改工作推进会召开，县领导沐华斌，县直各有关单位主要领导或分管领导参会，研究部署央环境保护督察反馈意见问题整改相关工作。

同日　华宁县城市棚改工作协调会召开，县领导张洪坤、王明清，县直各有关单位，棚改工作组副组长、联络员，华一中等其他有关单位主要负责人参加会议，研究县城棚改相关工作。

3月22日　全省卫生与健康大会视频会议在县政府4楼视频会议室设分会场，县级领导魏德锦、白应海、黄永祥、郭艳、万燕，县直各有关部门，县政分管副职，医疗卫生单位主要负责人参加会议，听取省级安排部署。

3月23日　全国禁毒工作电视电话会议在政府4楼视频会议室设分会场，县领导殷智才，县直各有关单位，乡镇分管副职等参加会议，听取上级部门安排部署。

3月24日　华宁县直机关工委2017年第一次理论专题集中学习会召开，县直机关工委所属各党组织在职科级（含科级）以下党员参加会议，专题学习相关知识。

3月27日　全省旅游市场秩序整治工作电视电话会在县电信大楼4楼电视电话会议室设分会场，县领导沐华斌，县直各有关单位，部分企业负责人参加会议，听取上级部门安排部署。

3月28日　2017年全国医改工作电视电话会议在市电信公司二楼视频会议室设分会场，县领导黄云鹃、医改办有关同志、公立医院院长等参加会议，听取上级部门安排部署。

3月29日　县委政研室组织开展园区经济调研活动，县委政研室、工业园区、工信局相关领导、人员参加调研。

3月30日　全省国土绿化和森林防火工作电视电话会议在县电信大楼4楼电视电话会议室设

分会场，副县长王平伟，县直有关单位，各乡镇分管领导等参加会议，听取上级部门安排部署。

3月31日　农行玉溪分行与华宁县金融战略合作框架协议签约仪式举行，县领导黄云鹍、何国斌、魏德锦、白应海、张洪坤、黄汝刚、陈宁、高双全，农行领导、县直有关单位负责人、乡镇党委书记，农行职工，企业代表等参加仪式。

4月

4月7日　全省加快特色小镇发展启动会议视频会议在县电信4楼视频会议室设立分会场，县领导张洪坤，县有关单位主要领导，乡镇长（街道办主任）等参加会议，听取上级部门安排部署。

4月11日　华宁县城乡规划建设委员会2017年第一次会议召开，县领导黄云鹍、何国斌、白应海、施永林、黄汝刚、罗勇、沐华斌，相关部门、街道、社区主要负责人参加会议，研究部署2017年城乡规划相关工作。

同日　华宁县委党校改扩建工作领导小组第一次会议暨现场工作会召开，县领导何国斌、黄永祥、沐华斌、郭艳、万燕、贾平，相关单位分管领导参加会议，研究部署县委党校改扩建相关工作。

4月12日　华宁县组织工作业务培训会召开，全县组工干部，县直单位分管领导、党务工作者参加培训。

4月13—14日　2017年科级领导干部全员培训召开，全县科级领导干部参加培训。

4月13日　全省文物工作电视电话会议在县电信大楼4楼电视电话会议室设立分会场，县领导宋俊，县属有关单位领导分管领导，各乡镇（街道）分管领导参加会议，听取上级部门安排部署。

同日　云南省风电产业创新联盟技术论坛相关活动在华宁工业园区新庄片区举行，县领导黄云鹍、何国斌、魏德锦、黄汝刚、罗勇、何文珠，县属各有关单位主要负责人，风电联盟相关单位主要负责人参加活动。

4月14日　云南省领导干部时代前沿知识视频讲座（第105讲）在县政府四楼视频会议室设立分会场，全县处级领导，县属各有关单位主要负责人参加讲座。

同日　华宁县举行阿里巴巴农村淘宝项目合作签约仪式，县领导黄云鹍、何国斌、魏德锦、黄汝刚、罗勇、张进文，县属有关单位主要负责人，乡镇（街道）党政主要领导，工信局中层以上干部，部分企业代表参加签约仪式。

4月17日　华宁县总工会十届四次全委（扩大）会议召开，工会各相关委员、目标责任管理单位工会主要负责人参加会议，研究部署2017年工会工作。

同日　云南省民族团结进步示范区建设工作推进视频会在县政府四楼视频会议室设立分会场，县领导周士坤、殷智才，县属有关单位主要负责人，乡镇（街道）党政主要领导，县委统战部班子成员及股室长参加会议，听取上级部门安排部署。

4月18日　华宁县创建国家卫生县城工作指挥部第二次会议召开，县领导何国斌、李军、施永林、陈宁、罗勇、沐华斌、殷智才、郭艳、王平伟、张进文，创卫指挥部工作组副组长、联络员，两督负责人参加会议，研究部署华宁县创建国家卫生县城相关工作。

4月19日　华宁县2017年综合考评领导小组第一次会议召开，县综合考评领导小组成员参加会议，研究部署2017年综合考评相关工作。

同日　华宁县召开研究盘溪水泥有限责任公司与鱼鳞坝村土地山林权属纠纷化解工作专题会议，县领导黄云鹍、何国斌、黄汝刚、纳劲辉、周士坤、沐华斌、高双全、李江林，殷智才、魏正权县属各单位领导普平珠、古俊明、范云松、张秀篁、夏开学参加会议，研究部署相关工作。

4月20日　华宁县举办电子政务协同办公系统（OA系统）培训，全县各单位公文收发相关人员参加培训。

同日　华宁县召开2017年烤烟标准化生产推进会议，县领导黄云鹍、何国斌、魏德锦、白应海、王平伟，县属有关单位主要负责人，各乡镇（街道）党政主要领导、分管领导、烟办副主任，烟草公司经理、副经理、生产科技室主任、各烟站领导，种烟村委会书记主任参加会议，研究部署2017年烤烟标准化生产相关工作。

4月27日　华宁县人大常委会第三次会议召开，县人大常务委员会班子成员等参加会议，研究部署相关工作。

5月

5月4日　华宁县“中国梦·劳动美”劳模先进事迹报告会召开，县领导何国斌、高玉萍、罗勇、万燕；县属各部、委、办、局，各人民团体，中央、省、市驻华宁各有关单位党员干部职工参加会议，表彰劳动模范。

5月5日　2017年全县党风廉政建设宣传工作业务培训会召开，全县纪检系统干部参加培训。

同日　全市电子政务外网及协同办公系统培训（视频培训会）在县政府四楼视频会议室设立分会场，全县各有关单位收发文工作人员参加培训。

同日　华宁县“创建国家卫生县城”主题活动在泉乡广场举行，全县各有关单位干部职工参加活动。

5月10日　省委常委、统战部部长杨宁率省委调研组，市委副书记、统战部副部长保明顺等市领导到华宁实地调研，县领导黄云鹍、何国斌、黄汝刚、周士坤、殷智，县其他有关负责人陪同调研。

同日　全省全面推行河长制电视电话会议在县政府四楼视频会议室设立分会场，县领导张洪坤、沐华斌，相关单位主要负责人，各乡镇长（街道办主任）参加会议，听取上级部门安排部署。

5月12日　华宁县推进“两学一做”学习教育常态会制度化工作座谈会召开，县领导黄云鹍、师琼华、黄汝刚；县委党校的建设工作领导小组成员单位；各乡镇（街道）党（工）委书记、副书记和组织委员；其他县属各部、委、办局，人民团体和企事业单位，驻华单位党组织主要负责人及相关股室负责同志参加会议，研究部署相关工作。

5月13日　华宁县开展脱贫攻坚“找问题、补短板、粗攻坚”专项行动座谈会召开，县领导黄云鹍、何国斌、师琼华、施永林、黄汝刚、王平伟，各乡镇（街道）党（工）委书记，相关单位主要负责人参加会议，研究部署脱贫攻坚相关工作。

5月16日　华宁县开展赴广东佛山招商及贵州城市建设考察学习活动，县领导黄云鹍、魏德锦、白应海、李军、罗勇、何文珠、李乔有等参加活动。

同日　华宁县第三轮巡察工作动员会召开，县属各相关单位负责人参加会议，研究部署第三轮巡察相关工作。

5月23日　政府门户网站和信息公开两网整合暨政务网站群管理维护培训视频会议在县政府四楼视频会议室设立分会场，县属各有关单位及乡镇（街道）1名负责政务信息公开工作业务人员参加会议。

同日　华宁县招生考试委员会会议召开，县招生考试委员会主任、副主任、成员等参加会议，研究部署相关工作。

5月24日 华宁县召开科级工作者日座谈会，县领导何国斌、罗勇，县委办等有关县属单位，各乡镇（街道）乡镇（街道办主任），乡镇（街道）科协、科级专干，部分科技工作者代表；县科协全体干部职工参加会议，研究部署相关工作。

5月26日 云南省领导干部时代前沿知识视频讲座（第106讲）在县政府四楼视频会议室设立分会场，全县含原职级处级领导，县属各单位主要领导参加讲座。

5月31日 全市领导干部大会视频会议在县政府四楼视频会议室设立分会场，人大、县政府、县政协班子成员，其他副县级含保留原职级待遇的领导等参加会议，听取上级部门安排部署。

6月

6月1日 华宁县举办网格员业务培训，县属成员单位网格员参加培训。

同日 华宁县2017年“万企帮万村”签约工作会议召开，县领导何国斌、周士坤、王平伟、何文姝，县属有关单位，涉及的乡镇及贫困村，帮扶市委企业，县工商联全体干部职工参加会议，研究部署2017年“万企帮万村”相关工作。

6月2日 华宁县召开全县宗教工作会议，县委、县人大、县政府、县政协领导班子成员，县法院、检察院负责人，县委民族宗教工作领导小组成员单位，各乡镇（街道）党（工）委书记、分管领导参加会议，研究部署相关工作。

同日 华宁县举办“基层党建提升年”现场推进会暨城市党建和中小学党建“育禾苗·感党恩”行动计划启动仪式，市委组织部领导，县领导黄云鹍、何国斌、魏德锦、白应海、张洪坤、师琼华、黄汝刚、郭艳，各乡镇（街道）党（工）委书记、副书记、组织委员、分管领导，县属党（工委）书记，部分中小学、幼儿园党组织负责人，村（社区）党总支书记参加仪式，听取上级部门安排部署。

6月5日 华宁县组织开展县委理论学习中心组第三次学习，县委理论学习中心组成员，县委办副主任、县委政研室主任、县委组织部相关副部长、县委宣传部相关副部长参加学习。

同日 华宁县召开全县领导干部大会，全县处级领导，全县副科实职以上干部（公检法等在乡镇设副科级站所的单位只需班子成员参加），5家投融资公司负责人，驻华宁有关单位负责人，驻华军警1位主官参加会议，安排部署相关工作。

6月6—7日 华宁县委县政府领导组织开展调研乡镇（街道）脱贫攻坚工作，县领导何国斌、王平伟，组织部、扶贫办1位领导，县级“挂包帮”有关单位负责人参加调研，研究部署相关工作。

6月7日 华宁县委组织开展脱贫攻坚现场调研活动，县领导何国斌，县科协、县教育局、县文旅广体局、团县委、公积金管理中心分管领导，宁州街道有关人员，村社区、村组有关人员参与调研，研究部署相关工作。

同日 华宁县举行道德讲堂，县属各部、委、办、局，各人民团体，驻华单位党员干部职工参加讲堂，安排部署相关任务。

同日 华宁县召开全县领导干部大会，县委委员、候补委员；其他县级干部及近三年退休、担任过县级领导职务的老领导，县纪委常委及派出纪工委书记，县委组织部副部长，县直各部门、各人民团体、企事业单位主要负责人，县人大、政协内设机构主要领导，各乡镇（街道）党（工）委、政府（街道办）、人大主要领导，部分县党代表、人大代表、政协委员参加会议，研究部署相关工作。

6月8日 县委书记黄云鹍带队对县工业

园区工作开展调研，县领导魏德锦、施永林、黄汝刚、罗勇，相关部门即县委政研室、督查室主任，工信、国土、环保、水利、住建、财政、林业、安监、监察、工业园区等部门领导，县政府督查室主任，农信社领导，供电公司领导，宁州街道领导参加调研，研究部署县工业园区相关工作。

6月9日 华宁县组织开展2017年机关工委所属各基层党组织新任党务干部培训，2017年上半年新任党务干部参加培训。

同日 市委督查组到华宁督查“科教引领创新发展”大讨论、大行动推进情况及“民营经济、县域经济、园区经济”发展情况工作，县委领导，有关部门负责人等陪同督查，听取上级安排部署。

6月13日 全国和全省推进简政放权放管结合优化服务改革电视电话会议在县电信大楼4楼电视电话会议室设立分会场，县领导张洪坤、罗勇、殷智才、郭艳、王平伟，县属相关单位主要负责人参加会议，听取上级安排部署。

同日 华宁县召开全县贫困对象动态管理工作会议，县级领导黄云鹍、何国斌、王平伟；县扶贫开发领导小组成员单位，各乡镇（街道）党政主要领导，扶贫办班子成员参加会议，研究部署扶贫对象动态管理相关工作。

6月19日 华宁县组织召开学习习近平总书记系列重要讲话和考察云南重要讲话精神宣传报告会，全县副科实职以上领导干部（含处级领导）；各人民团体和相关企业主要负责人参加会议，宣传学习习近平总书记系列重要讲话和考察云南重要讲话精神。

同日 华宁县召开2017年上半年经济运行分析及报告会，县领导黄云鹍、张洪坤、黄汝刚等，各乡镇（街道）党政主要领导，发改、统计、工信、财政、农业、住建、工业园区、交通、文旅广体、市管、招商、人行等部门单位主要领导参加会议，总结上半年经济运行形势，研究部署下半年经济工作。

6月20日 华宁县召开全县贫困对象动态管理工作暨业务培训会，县领导何国斌、陈宁、王平伟、张进文，全县“挂包帮、转走访”单位，各乡镇（街道）党政主要负责人、扶贫工作分管领导、扶贫专干、动态管理业务人员，驻村工作队员等参加会议，研究部署相关工作。

同日 华宁县组织召开2017年民族宗教工作会议，县领导殷智才，县民族宗教工作领导小组成员单位，各乡镇（街道）分管领导、统战民宗专干参见会议，研究部署2017年全县民族宗教相关工作。

6月21—23日 华宁县创建全国义务教育发展基本均衡县省级督导评估会议召开，县领导黄云鹍、魏德锦、白应海、张洪坤、郭艳，县属相关单位负责人，各乡镇（街道）长（主任），部分县人大代表、政协委员，部分教师代表、学生家长代表，各义务教育学校校长，县教育局班子、股室负责人、督导室人员参加会议，研究部署相关工作。

6月22日 云南省领导干部时代前沿知识视频讲座（第107讲）在县政府四楼视频会议室设立分会场，全县含保留原职级待遇处级领导，县属相关单位及各乡镇（街道）1名扶贫分管领导，县扶贫办全体干部职工参加讲座。

6月23日 华宁县组织开展习近平总书记系列重要讲话专题辅导会议，机关工委所属各党组织在职非领导党员、各基层党组织党务干部参加会议，传达学习习近平总书记重要讲话精神。

同日 华宁县创建全省文明城市工作推进会召开，县领导黄云鹍、李军，相关单位主要负责人，各乡镇（街道）党（工）委书记、宣传委员，县文明办全体工作人员参加会议，研究部署华宁县创建全省文明城市相关工作。

同日　华宁县组织开展学习廖俊波同志先进事迹座谈会，县委领导黄云鹍、师琼华，县委办、县委宣传部、组织部1位领导，县直机关工委、教育局党委、公安局党委、卫计局党委、工业园区党（工委）书记，工信局党委副书记，各乡镇（街道）党（工）委书记（青龙为副书记）、组织委员等参加会议。

6月27日　华宁县举办庆祝中国共产党成立96周年大会，县领导黄云鹍、师琼华，县属各部委办局，人民团体和企事业单位党（总支）支部书记、部分机关党员、2017年新发展预备党员等参加大会。

7月

7月3日　华宁县组织召开2017年县委理论学习中心组第四次学习暨十二届县委第30次常委（扩大）会议，县委理论学习中心组成员，其他不是中心组成员的副县长，县政府办主任，县委办、县政府办相关副主任，县委政研室主任，县委督查室主任，各乡镇党（工委）党政负责人，县发改、扶贫、财政、住建、交通、农业、文旅、水利部门负责人参加会议，研究部署相关工作。

7月5日　2017年省委理论学习中心组第六次学习视频会议在县政府四楼视频会议室设立分会场，县委理论学习中心组成员，其他在职处级领导，县人大常委会、县政协办公室主任，其他政府党组成员，其他有关县属单位领导，各乡镇（街道）党政负责人等参加会议，听取上级部门安排部署。

7月6日　州（市）、县（市、区）委书记工作经验交流视频会在县政府四楼视频会议室设立分会场，县委常委，县人大常委会、县政协主要负责同志，县政府领导班子成员，县属部分单位领导参加会议，听取上级部门安排部署。

7月11日　华宁县组织召开创建全国四好农村公路工作会议，县领导沐华斌，县属其他各有关单位领导等参加会议，研究部署创建全国四好农村公路相关事宜。

同日　华宁县第四轮巡察工作动员会召开，县属各相关单位负责人参加会议，研究部署第四轮巡察相关工作。

7月13日　华宁县委全面深化改革领导小组第八次会议召开，县委全面深化改革领导小组组长、副组长、成员等参加会议，研究安排深改相关事宜。

7月18日　华宁县组织开展道德讲堂总堂2017年第四期活动，县属各单位、人民团体，中央、省、市驻华宁宁各单位副科以上干部，县纪委监察机关全体干部职工参加活动。

7月19日　华宁县组织召开纪念建军90周年“双拥”活动协调会，县属各单位分管领导参加会议，研究部署“双拥”活动相关事宜。

7月20日　华宁县组织召开法制宣传教育工作会议暨领导干部法制讲座，县委、人大、政府、政协一位分管领导，公安法检班子成员；县属各部委办局人民团体企事业单位副科实职以上干部，乡镇（街道）有关领导，驻华单位有关领导，“七五”普法宣讲团成员，各中学法制副校长等参加会议，宣传学习法制教育。

同日　全省2017年上半年工作汇报会视频会在县电信大楼四楼视频会议室设立分会场，县委常委，人大常委会主任、政协主席，政府领导班子成员，县属其他有关单位领导等参加会议，听取上级部门安排部署。

7月21日　2017年县委理论学习中心组第五次学习，县委理论学习中心组成员，全县副科级以上领导干部，驻华单位主要负责人参加会议，研究部署相关工作。

同日　玉溪市十九大安保维稳专项治理工作电视电话会议在县公安局六楼视频会议室设立分

会场，县领导宋俊，县属各有关单位分管领导，县公安局内部相关人员参加会议，听取上级部门安排部署。

7月22日 华宁县组织召开中共华宁县委常委领导班子巡视整改专题民主生活会，市委联系领导，市纪委、市委组织部领导到会指导，县委常委，县人大、政协党组书记参加会议。

7月24日 玉溪市2017年上半年工作汇报会在县政府四楼视频会议室设立分会场，县委、人大、政府、政协班子成员，法检主要领导、党校副校长、公安局政委，县属有关单位主要负责人，乡镇（街道）党政主要负责人参加会议，听取上级部门安排部署。

7月25日 华宁县组织召开县委防范和处理邪教工作会议，县委、人大、政府、政协分管领导，法检负责人等参加会议，安排部署相关工作。

7月27日 华宁县组织召开象鼻温泉度假村招商引资暨提档升级工作推进会议，县领导黄云鹍、魏德锦等，县属有关单位负责人参加会议，研究部署相关工作。

7月28日 华宁县组织召开2017年上半年工作汇报会，县委、县人大、县政府、县政协领导班子成员，其他县级领导，县属各部门主要负责人，驻华宁单位主要负责人，各乡镇党政主要领导参加会议，总结上半年工作，研究部署下半年相关工作。

7月29日 华宁县组织召开脱贫攻坚工作推进会，县委、县人大、县政府、县政协领导班子成员，其他县级领导，县属各部门主要负责人，驻华宁单位主要负责人，各乡镇党政主要领导参加会议，研究部署脱贫攻坚相关工作。

8月

8月8日 华宁县组织召开2017年招商引资暨招商委员会全体会议，县委、县人大、县政府、县政协领导班子成员，其他县级领导县属各部门主要负责人等参加会议，通报全县2017年上半年招商引资任务指标完成情况，分析当前存在的问题，总结上半年和安排下半年招商引资工作。

8月9日 华宁县组织召开市政府帮助华宁县解决经济发展困难问题座谈会，县领导黄云鹍、张洪坤、黄汝刚等，县属各单位主要负责人等参加会议，市政府到会研究全县经济发展困难问题。

8月13日 华宁县组织开展2017年县委理论学习中心组第六次学习，县委理论学习中心组成员，全县副科级以上领导干部，驻华单位主要负责人参加会议，研究部署相关工作。

8月15日 全省扶贫领域监督执纪问责电视电话会议在县公安局6楼视频会议室设立分会场，县领导施永林、黄汝刚、王平伟，县扶贫攻坚工作小组成员单位主要负责人参加会议，听取上级部门安排部署。

8月16日 玉溪市“精准脱贫、百日攻坚”行动推进会视频会议在县政府四楼视频会议室设立分会场，县领导魏德锦、白应海、李军、张洪坤、师琼华等，县属各部门主要负责人，各乡镇党政主要领导等参加会议，听取上级部门安排部署。

8月17日 华宁县组织举办象鼻温泉旅游生态示范区建设项目合作框架协议签约仪式，县委常委，县人大常委会、县政协主要领导和1位联系领导，县政府其他班子成员，县属各部门主要负责人等参加会议，安排部署相关工作。

8月18日 华宁县组织召开全县意识形态工作业务专题讲座及培训会议，县委、县人大常委会、县政府、县政协领导班子成员，其他县级领导，全县各党（工）委（党组）书记，分管意识形态工作的领导，业务人员等参加会议，安排部署意识形态相关工作。

8月21日　华宁县“精准脱贫、百日攻坚”行动推进会召开，县委、县人大、县政府、县政协领导班子成员，其他县级领导，县属各部门主要负责人，驻华宁单位主要负责人，研究部署脱贫攻坚相关工作。

8月25日　华宁县组织开展电子政务外网单位局域网络管理维护培训，县属各单位网络管理员参加培训，加深电子政务外网各单位局域网络管理维护相关知识了解。

9月

9月4日　华宁县组织召开全县全民科学素质工作推进会及中国科协流动科技馆云南玉溪华宁站巡展启动仪式，县领导李军、黄永祥、罗勇、万燕，华宁县全民科学素质工作小组成员单位分管领导，除县委办、县政府办外的成员单位办公室主任或负责公民科学素质工作的联络员等参加仪式。

同日　华宁县组织开展中国科协流动科技馆第二轮云南·玉溪·华宁站巡展活动，县各级各部门组织单位干部职工参观体验。

9月6日　华宁县组织召开全县迎接中共十九大安保维稳信访工作会，县委、县人大、县政府、县政协领导班子成员，其他县级领导，县属各部门主要负责人，驻华宁单位主要负责人，各乡镇党政主要领导参加会议，研究部署十九大期间安保维稳相关事宜。

同日　华宁县组织开展云岭职工第十四届陶瓷工艺品成型师技术技能大赛开幕式及颁奖晚会，县领导黄云鹍、魏德锦、白应海、李军、黄永祥、宋俊、万燕，县陶产业发展领导小组成员单位主要负责人等次参加仪式。

同日　华宁县组织召开贫困对象动态管理工作质量考评汇报会，考评组全体成员，县领导黄云鹍、施永林、黄汝刚、王平伟，县属相关部门主要负责人参加会议，考评全县贫困对象动态管理工作。

9月7日　华宁县举办第33个教师节颁奖晚会，县委、县人大、县政府、县政协领导班子成员，其他县级领导，县属各部门主要负责人，驻华宁单位主要负责人，各乡镇党政主要领导等参加晚会，为受表扬的集体和个人颁奖。

9月8日　华宁县举办2017华宁柑橘节开幕式系列活动，活动包括碗窑村窑街开街仪式，招商推介会，2017华宁柑橘节开幕式，县委、县人大、县政府、县政协领导班子成员，其他县级领导，县属各部门主要负责人，驻华宁单位主要负责人，各乡镇党政主要领导等参加活动。

9月22日　全省产业扶贫工作视频会议在县政府四楼视频会议室设立分会场，县领导黄云鹍、张洪坤、黄汝刚、王平伟，县“双百”攻坚行动专项督导组组长，县扶贫开发领导小组相关成员单位主要负责人等参加会议，听取上级部门安排部署。

9月27日　州（市）、县（市、区）委书记工作经验交流视频会在县政府四楼视频会议室设立分会场，县委常委，县人大常委会相关副主任，县政府领导班子成员，县政协相关领导，县扶贫开发领导小组相关成员单位主要负责人等参加会议，听取上级部门安排部署。

9月29日　华宁县组织召开2017年政企交流座谈会，县委、县人大、县政府、县政协领导班子成员，其他县级领导，县属各部门主要负责人，驻华宁单位主要负责人，各乡镇党政主要领导参加会议，研究部署相关工作。

9月30日　华宁县在万松山革命烈士陵园纪念广场举行2017年公祭烈士活动，县委、县人大、县政府、县政协领导班子成员，其他县级领导，县属各部门主要负责人，驻华宁单位主要负责人，各乡镇党政主要领导参加公祭活动。

10月

10月9日 华宁县组织开展2017年县委理论学习中心组第七次集中学习，县委理论学习中心组成员，全县副科级以上领导干部，驻华单位主要负责人参加会议，研究部署相关工作。

10月11日 玉溪市中共十九大安保维稳信访工作推进会在县公安局六楼视频会议室设立分会场，县领导李乔有、殷智才，县属各有关单位分管领导，各乡镇（街道）党委或政府主要领导等参加会议，听取上级部门安排部署。

同日 华宁县组织召开年产3000吨白酒异地技改和裕丰纸业年产20万吨高强瓦楞纸项目征地督促推进会议，县领导黄云鹍、施永林、罗勇、沐华斌，县工业园区管委会主任杨永恒，县国土资源局副局长、县土储中心主任陈生记，宁州街道党政主要领导和负责两个项目征地工作的分管领导参加会议，研究部署相关工作。

10月24日 华宁县组织开展心理健康专题讲座，县属各部、委、办、局，各人民团体，中央、省、市驻华宁有关单位干部职工参加讲座。

10月27日 全省健康扶贫政策培训电视电话会议在县电信大楼四楼电视电话会议室设立分会场，县领导黄汝刚、郭艳、王平伟，县健康扶贫领导小组成员单位主要及分管领导参加会议，听取上级部门安排部署。

同日 全省领导干部大会视频会议在县政府四楼设立分会场，县委、县人大、县政府、县政协领导班子成员，其他县级领导，县属各部门主要负责人，驻华宁单位主要负责人，各乡镇党政主要领导参加会议，听取上级部门安排部署。

同日 华宁县组织开展领导干部警示教育活动，委、县人大、县政府、县政协领导班子成员，其他县级领导，县属各部门主要负责人参加活动。

10月30日 华宁县组织召开全县领导干部大会，县委、县人大、县政府、县政协领导班子成员，其他县级领导，县属各部门主要负责人，驻华宁单位主要负责人，各乡镇党政主要领导参加会议，研究部署相关工作。

10月31日 华宁县举行2017年地震应急综合演练，县领导罗勇，县抗震救灾指挥部成员单位主要负责人，各乡镇（街道）主要领导、分管领导及防震减灾助理员等参加演练，提高群众地震应急知识。

11月

11月6日 华宁县组织开展2017年县委理论学习中心组第八次集中学习，县委理论学习中心组成员，全县副科级以上领导干部，驻华单位主要负责人参加会议，研究部署相关工作。

11月10日 云南省学习贯彻中共十九大精神中央宣讲团报告会视频会议在县政府四楼设立分会场，县委、县人大、县政府、县政协领导班子成员，其他县级领导，县属各部门主要负责人，驻华宁单位主要负责人，各乡镇党政主要领导参加会议，听取上级部门安排部署。

11月14日 华宁县组织召开党政领导班子成员见面会，县委常委、县人大常委会主任、县政府领导班子成员、县政协主席参加会议，研究部署相关工作。

11月16日 华宁县举办“华宁县陶文化产业园”项目投资协议签约仪式，县委、县人大、县政府、县政协领导班子成员，其他县级领导，县属各部门主要负责人，宁州街道党政主要领导等参加仪式。

11月24日 全省推开国家监察体制改革试点工作动员部署电视电话会议在县政府四楼设立分会场，县领导黄云鹍、张洪坤、魏德锦、罗勇、师琼华、施永林、黄汝刚等，县监察体制改革工作领导小组其他成员，县属各相关单位主要负责人参加会议，听取上级部门安排部署。

11月25日　华宁县组织召开2017年脱贫攻坚“挂包帮、转走访”工作会议，县领导张洪坤、王平伟，县属各挂包联系单位主要负责人，“精准脱贫百日攻坚”行动专项督导组带队领导、组长参加会议，安排部署相关工作。

11月28日　华宁县组织召开学习贯彻中共十九大精神宣讲报告会，县委、县人大、县政府、县政协领导班子成员，其他县级领导，县属各部门主要负责人，驻华宁单位主要负责人，各乡镇党政主要领导参加会议，学习贯彻中共十九大精神。

12月

12月7日　华宁县组织召开棚户区改造盘溪片区项目推进会，县领导黄云鹍、张洪坤、罗勇、施永林、黄汝刚、高双全，县发改局、县住建局、县国土资源局主要负责人，盘溪镇镇长参加会议，研究部署棚改相关工作。

12月13日　华宁县组织召开义务教育发展基本均衡国家督导检查会议，县领导黄云鹍、张洪坤、魏德锦、白应海、罗勇、黄汝刚、郭艳，县人大科教文卫工委、县政协科教文卫体委主要负责人，现属各部门主要负责人，各乡镇（街道）乡镇长（街道办主任）等参加会议。

12月14日　玉溪市提升城乡人居环境视频会议在县政府四楼视频会议室设立分会场，县领导黄云鹍、张洪坤、罗勇、黄永祥、沐华斌、殷智才、郭艳、王平伟、李敏灿、宋俊、张进文，县属各有关单位主要负责人，各乡镇（街道）乡镇长（街道办主任）及1位分管领导等参加会议，听取上级部门安排部署。

12月15日　华宁县组织召开全县深化国家监察体制改革试点工作动员部署会议，县委深化国家监察体制改革试点工作小组全体成员，县纪委、县监察局领导班子成员和机关全体干部，县人民检察院反贪污贿赂局、反渎职侵权局和预防职务犯罪科全体干部参加会议，安排部署相关工作。

12月20日　华宁县组织举办学习贯彻《习近平谈治国理政》第二卷宣讲报告会，县委、县人大、县政府、县政协领导班子成员，其他县级领导，全县各级各部门各单位（含二级局）及中央、省、市驻华宁单位和驻华宁军（警）部队的实职副科以上领导干部参加会议。

12月23日　华宁县组织召开华宁县提升城乡人居环境行动工作推进会，县领导黄云鹍、张洪坤、罗勇、黄永祥、张进文，县住建局、县国土资源局、县环保局、县交通局、县农业局、县水利局主要负责人，各乡镇（街道）党政主要负责人等参加会议，安排部署相关工作。

12月28日　华宁县组织开展2017年县委理论学习中心组第九次集中学习，县委理论学习中心组成员，县政府副县长沐华斌，全县各党（工）委（党组）书记等参加学习。

同日　华宁县组织召开华宁县治理境外宗教渗透打击邪教活动专项整治工作会，县领导周士坤、李乔有、王明清、殷智才、高双全，县委防范和处理邪教问题领导小组、县民族宗教工作领导小组成员单位主要负责人，各乡镇（街道）党（工）委副书记，分管民族宗教工作的领导等参加会议，研究部署相关工作。

12月29日　华宁县组织开展人居环境综合整治“清洁家园、共创文明”活动，县委、县人大、县政府、县政协领导班子成员，其他县级领导，县属各部门主要负责人，驻华宁单位主要负责人，各乡镇党政主要领导参加活动。

（王一涵）

责任编校　杨有文

华宁概览

华宁县概况

【位 置】 华宁县地处滇中偏东南，玉溪市东部，位于北纬 23° 59′—24° 34′、东经 102° 49′—103° 09′。东接弥勒县，南连建水县，西邻通海、江川区，北倚澄江、宜良县。境内东西宽 34 千米，南北长 59 千米，总面积 1313 平方千米。县城所在地宁州街道距玉溪市政府所在地红塔区 53 千米，距昆明市 148 千米。

【建置沿革】 华宁历史悠久。据青龙海镜新村遗址出土的陶片陶坯，可知早在新石器时代就有人类在抚仙湖东岸生息繁衍。汉元鼎六年（前 111）设毋单县于盘溪。晋成帝（326—342）时又划今华宁县域之大部分和江川县一部分建梁水县。唐天宝末年为南诏步雄部。唐末至宋代称宁部。元初设宁州万户，后改设宁海府，继而改称宁州，州下曾设西沙县。明洪武十五年（1382），将州下辖的通海、嶍峨二县划出，宁州始为与县平级的行政区。民国元年（1912），宁州改称宁县，民国 2 年改黎县，民国 21 年（1932）再改称华宁县。

【自然环境】 全县地势西北高，东南低，地形东西狭，南北长，崇山峻岭连绵起伏，高山、丘陵、盆地、河谷间杂交错，呈“两脊夹两槽”地形，较大的盆地有宁州坝和盘溪坝。主要河流有南盘江、青龙河、海口河、龙洞河和华溪河，均属珠江水系。境内最高海拔磨豆山 2663.1 米，最低海拔磨法冲江边 1110 米，相对高差 1553.1 米。

【自然资源】 土壤资源。全县农林用土壤分为 5 个土类、11 个亚类、22 个土属、38 个土种。赤红壤分布在县境东南部海拔 1300 米以下的盘溪、华溪热坝河谷地带，面积 11.18 万亩，占总面积的 6%。红壤分布在海拔 1300—1400 米的温暖及温和山区、半山区、丘陵、盆地间，面积 128.63 万亩，占总面积的 68.5%。棕壤分布在海拔 2400 米以上的高山巅部，多为冷凉稀疏灌木草芥地，面积 2.86 万亩，占总面积的 1.5%。紫红土分布于中低丘陵地带，既广泛又呈区域性集中，属非地带性土壤，面积 22.78 万亩，占总面积的 12%。水稻土广泛分布于海拔 2100 米以下的地区，尤坝区谷地居多，面积 16.62 万亩，占总面积的 8.9%，净面积（不含田埂）11.65 万亩，占耕地面积的

36.1%。

矿藏资源。华宁矿藏资源，矿点多、分布广，已探明或出露的有磷、煤、铁、铜、铅、锌、石膏、石灰石、石英砂、硫铁矿、地热水、陶土等10余种。

珍稀濒危保护野生动植物。现有野生动物中，属于云南省重点保护的有：穿山甲、林麝、猕猴，水獭、雀鹰、血雉、白腹锦鸡、鸱鸮。现有野生植物中，属于国家级《珍稀濒危保护植物名录》二级保护的有毛红椿、银杏（俗名白果树）；云南梧桐，有零星分布；荔枝，盘溪有零星栽植。三级保护的有龙眼、香水月季、油杉。

植被资源。华宁县在云南植被区划中属高原亚热带北部常阔叶林带，滇中高原盆谷滇青冈林、华宁栲林、云南松林亚区。由于气候、土壤随海拔的变化形成明显的差异，森林植被随之呈垂直状有规律分布。全县森林植被可分为4个类型：暖热性植被、温暖性植被、温凉性植被、冷凉性植被。

其他资源。水资源总量4.979亿立方米，拥有七犀潭、龙珠泉、印月泉、象鼻温泉等大小潭泉717处。是国家级生态农业示范县，全国柑橘生产标准化示范区、国家优质早熟柑橘示范区和南亚热带名优柑橘生产基地。主要旅游景点有象鼻温泉度假村、万松山、磨豆山景区、宁州公园、西沙印月泉、邑格冲民俗族生态园、华溪万亩橘园、通红甸太极温泉等。名特产品有华宁柑橘、阿贝楚柿子、陶器制品、苗族刺绣、肉类产品宁州香等。

【行政区划】 2017年，全县辖宁州街道，青龙、盘溪、华溪3个镇，通红甸彝族苗族乡，23个社区居委会、54个村委会，653个村（居）民小组。

宁州街道辖11个社区居委会，即城关社区、甸尾社区、上村社区、西门社区、右所社区、王马社区、平地社区、郭家营社区、新庄社区、马鞍山社区、铁埂社区；16个村委会，即西冲村、岔纳村、冲麦村、吗哒村、咱乐村、法果村、普茶寨村、碁车村、新城村、阿路本村、舍木多村、红坡村、火特村、葫芦冲村、茂地村、那果村。

青龙镇辖3个社区居委会，即青龙社区、海镜社区、海关社区（后两个已由澄江托管）；18个村委会，即矣甫村、革勒村、禄丰村、落梅村、紫马龙村、大母公竜村、海迤村、红岩村、老田村、马鹿塘村、糯租村、矣马白村、中村、倒马坎村、山岐村、城门硐村、大村、斗居村。

盘溪镇辖6个社区居委会，即盘江社区、大寨社区、方那社区、下街社区、东升社区、乐士堂社区；11个村委会，即矣得村、小龙潭村、富民村、法高村、各纳甸村、磨砂塘村、九甸村、龙潭营村、新村、平坝村、月红寨村。

华溪镇辖2个社区居委会，即华溪社区、甫甸社区；4个村委会，即独家村、黑牛白村、小寨村、大新寨村。

通红甸彝族苗族乡辖1个社区居委会，即通红甸社区；5个村委会，即山羊母村、大龙树村、小得勒村、大婆左村、所梅早村。

（张　兰）

【气候与农时】 2017年，华宁县降水量偏多、气温正常、光照偏少。全年降水量1023.7毫米，比常年同期平均值偏多125.5毫米，偏多14%；年平均气温16.2℃，较常年略偏低0.1℃。雨季开始期为6月14日，与常年相比为特晚年份。年内暖冬现象突出，冬春干旱偏轻，初夏干旱接近常年，夏季阴雨寡照天气突出，汛期内大范围洪涝灾害不明显但局部暴雨洪涝突出，秋季9、10月连阴雨天气突出。9月27日雨季结束，较常年偏早。

全县年内热量条件和水分条件较好，光照条件偏差。夏秋两季阴雨寡照天气对农业生产影响较大，冬春干旱影响相对较轻，农事关键期没有出现明显低温霜冻、倒春寒、夏季低温等灾害天气影响，雨季开始特晚，局部暴雨洪涝突出。综合而言，2017 年，华宁县气候条件对湖泊和库塘蓄水、森林防火及交通、旅游较有利，工农业生产属中等略差年景。

1. 气温。2017 年平均气温 16.2℃，较常年略偏低 0.1℃。

图 1　2017 年华宁县平均气温图（单位：℃）

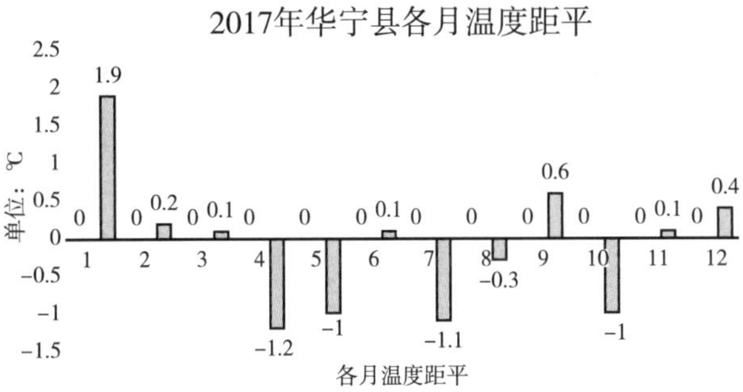

图 2　2017 年华宁县各月温度距平图（单位：℃）

气温月、季变化。2017 年，华宁县气温季节分布为：冬季（2016 年 12 月至 2017 年 2 月）11.1℃，比常年同期平均值偏高 1.4℃，暖冬现象突出，无明显低温霜冻出现，1 月中旬较常年偏高 2.5℃，为特高年份；春季（3—5 月）17.0℃，比常年同期平均值偏低 0.7℃，4 月下旬和 5 月中旬分别较常年偏低 2.7℃和 2.4℃，为特低年份；夏季（6—8 月）20.8℃，比常年同期平均值偏低 0.5℃；秋季（9—11 月）16.3℃，比常年同期平均值偏低 0.1℃，10 月中旬和下旬分别较常年偏低 2.1℃和 2.8℃，为特低年份，11 月中旬较常年偏高 2.4℃，为特高年份。

全县各月平均气温与常年同期平均值相比，1 月偏高 1.9℃，属偏高年份；4 月、5 月、7 月和 10 月分别偏低 1.2℃、1.0℃、1.1℃和 1.0℃，属偏低年份；2 月、3 月、6 月、9 月、11 月、12 月分别偏高 0.1℃—0.6℃，属正常至略偏高年份；8 月偏低 0.3℃，属正常略低年份。

2017 年华宁县平均气温统计表

表 1　　单位：℃

	1 月	2 月	3 月	4 月	5 月	6 月	7 月	8 月	9 月	10 月	11 月	12 月	全年
2017 年	11.1	11.3	14.6	16.9	19.6	21.7	20.2	20.6	20.0	16.0	12.9	9.7	16.2
与 2016 年比	+2.9	+1.8	−0.9	−1.7	−0.8	+0.5	−0.7	−0.2	+0.9	−1.8	−0.3	−1.2	−0.1
与常年比	+1.9	+0.2	+0.1	−1.2	−1.0	+0.1	−1.1	−0.3	+0.6	−1.0	+0.1	+0.4	−0.1

2. 降水。2017 年降水总量 1023.7 毫米，较常年同期平均值偏多 14%，总体属正常略偏多年景。与 2016 年相比，偏多 37.2 毫米。

降水月、季分布。2017 年华宁县降水季节分布为：冬季（2016 年 12 月至 2017 年 2 月）56.9 毫米，与常年同期平均值相比偏多 18%；春季（3—5 月）151.6 毫米，与常年同期平均值相比偏多 4%；夏季（6—8 月）613.6 毫米，与常年同期平均值相比偏多 13%；秋季（9—11 月）210.9 毫米，与常年同期平均值相比偏多 7%。

各月降水量与常年同期平均值相比，1 月、3 月、4 月、9 月较多，其中 1 月偏多 102%，3 月偏多 82%，4 月偏多 92%，9 月偏多 52%；6 月偏多 36%，属偏多月份；7 月、8 月正常；5 月、12 月较少，其中 5 月偏少 54%，12 月偏少 65%；2 月、10 月、11 月分别偏少 44%、28%、36%。

2017 年华宁县各地年降水量（单位：毫米）

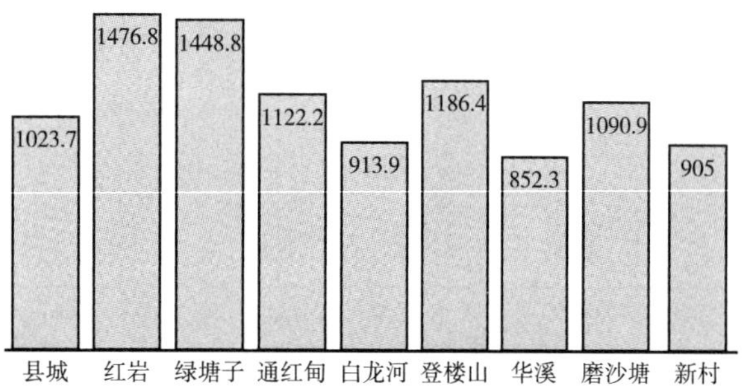

图 3　2017 年华宁县年降水量情况汇总图

2017 年华宁县各月降水距平百分率

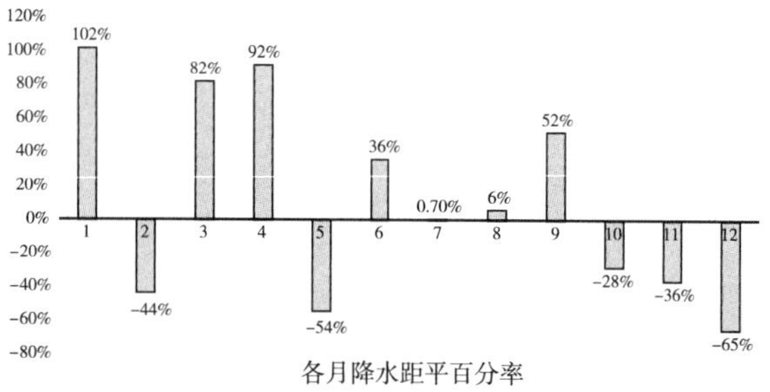

图 4　2017 年华宁县各月降水距平图

年内冬春干旱较常年偏轻，初夏干旱接近常年；雨季开始期为 6 月 14 日，为特晚年份；汛期内大范围洪涝灾害不明显，但单点性强对流天气引发的局部洪涝灾害及大风冰雹灾害较多。主汛期 6 月中旬至 8 月华宁县降水量较常年偏多，且连续降水日数多，其中最长连续降水日数达 20 天（6 月 10—29 日），低温阴雨寡照天气突出；秋季 9 月 5—11 日、10 月 10—25 日出现两次连阴雨天气，其中 9 月 6—7 日出现大到暴雨；9 月 27 日雨季结束，属偏早年份。

2017 年华宁县降水量统计表

表 2　　单位：毫米

	1 月	2 月	3 月	4 月	5 月	6 月	7 月	8 月	9 月	10 月	11 月	12 月	全年
2017 年	32.5	10.4	38.3	73.7	39.6	230.7	186.9	196	137.2	48.4	25.3	4.7	1023.7
与 2016 年比	+3.0	−5.0	+33.7	+52.0	−54.2	+100.7	+21.7	+4.8	−13.8	−0.2	−96.2	−9.3	+37.2
与常年比	+16.4	−8.1	+17.2	+35.3	−46.0	+60.8	+1.4	+10.5	+46.7	−19.0	−14.0	−8.9	+125.5

3. 日照。2017 年日照时数 1792.7 小时。与常年同期平均值相比，偏少 385.2 小时，偏少 18%。与 2016 年同期相比，偏少 215.3 小时。

2017 年，华宁县日照时数季节分布为：冬季（2016 年 12 月至 2017 年 2 月）539.5 小时，与常年同期平均值相比，偏少 71.6 小时，偏少 12%；春季（3—5 月）590.3 小时，与常年同期平均值相比，偏少 119.8 小时，偏少 17%；夏季（6—8 月）331.7 小时，与常年同期平均值相比，偏少 95.2 小时，偏少 22%；秋季（9—11 月）335.0 小时，与常年同期平均值相比，偏少 94.7 小时，偏少 22%。

平均日照时数与常年同期相比，2 月、3 月、6 月、12 月偏少 1—2 成；4 月、7 月、8 月、9 月偏少 2—3 成；10 月偏少 3—4 成；1 月、5 月、11 月正常。春季 3 月下旬至 4 月冷空气和南支波动系统较活跃，华宁县阴雨日数较多，造成日照时数异常偏少，创 1961 年以来同期最少记录；夏季 7—8 月受辐合区、切变、台风等天气系统影响，华宁县出现持续阴雨寡照天气，日照时数较常年同期偏少 2—3 成；秋季 9 月上旬及 10 月中下旬出现两次连阴雨天气，对秋收秋种带来一定不利影响。

4. 主要气候事件及影响。2017 年，华宁县主要气候事件有暖冬现象突出、初夏阶段性干旱、雨季开始期特晚、夏季阴雨寡照，秋季连阴雨等。

一是暖冬现象突出。华宁县 2016—2017 年冬季冷空气活动偏少，影响偏弱，暖冬现象突出，县城冬季平均气温 11.1℃，比常年同期偏高 1.4℃。冬季平均最低气温 6.2℃，比常年同期偏高 2.5℃。极端最低气温出现在 2016 年 12 月 31 日，为 2.7℃，是 1960 年以来的最高值。

二是初夏阶段性干旱。受高压环流影响，华宁县 6 月上旬出现高温少雨天气，旬平均气温较常年偏高 1.1℃，旬降水量较常年偏少 76%，大部地区出现轻到中度气象干旱。

三是雨季开始期特晚。2017 年，华宁县雨季开始于 6 月 14 日，较常年偏晚 27 天，较上年偏晚 22 天，为特晚年份。

四是夏季阴雨寡照。主汛期内 6 月中旬至 8 月华宁县降水量偏多，日照时数偏少，持续阴雨寡照天气和局部洪涝灾害突出。县城 6 月中旬至 8 月降水日数总计 62 天（不含微量降水），较常年同期偏多 10 天，为 1980 年以来最多一年。6 月中旬至 8 月日照时数 245.7 小时，较常年同期偏少 127.4 小时，比上年同期偏少 33.2 小时。

五是秋季连阴雨。秋季 9 月 5—11 日、10 月 10—25 日出现两次连阴雨天气，其中 9 月 6—7 日受切变线和冷空气共同影响，出现大到暴雨天气，局部出现洪涝灾害。

2017 年 9 月 6—7 日全县站点降雨量统计表

表 3　　单位：毫米

县站	白龙河	登楼山	红岩	通红甸	华溪	绿塘子
65.5	59.4	50.8	65.0	78.2	26.8	23.4

5. 主要气象灾害。2017 年 7 月 16 日，受连续降雨和冰雹天气影响，青龙镇落梅村委会烤烟被水淹 260 亩，禄丰村委会烤烟被冰雹打坏 154 亩，海迤村委会烤烟被水淹 8 亩；禄丰村委会被洪水冲走潜水泵 2 台、五菱微型汽车 1 辆、望江三轮摩托车 1 辆。累计受灾人口 2751 人，造成经济损失 104.03 万元。

2017 年 7 月 21 日，受强降雨天气过程影

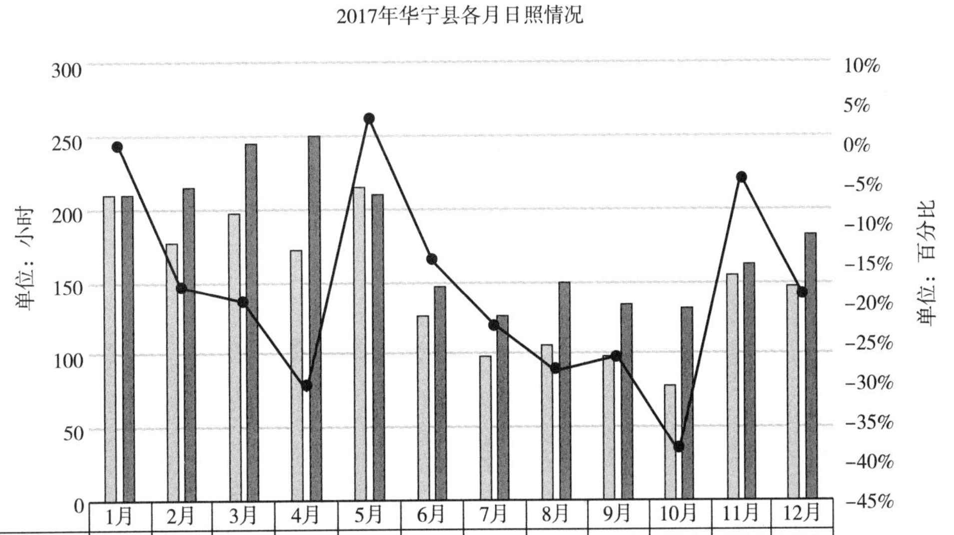

	1月	2月	3月	4月	5月	6月	7月	8月	9月	10月	11月	12月
2017年	177.2	211.3	198.4	174.1	217.1	127.1	98.4	106.2	99.4	80.1	155.5	147.2
常年	217.2	211.3	247.6	250.6	211.9	148.8	127.7	150.4	135.6	131.3	162.8	182.6
距平百分率	-18%	0	-20%	-31%	3%	-15%	-23%	-29%	-27%	-39%	-4%	-19%

各月日照情况

图 5　2017 年华宁县各月日照时数情况汇总图

响，全县三镇一乡一街道均出现不同程度的洪涝灾害。其中，宁州街道办公路塌方1处、滑坡1处；青龙镇公路塌方1处，山体滑坡1处；华溪镇公路塌方7处，田间道路冲毁3条，进村道路塌方2处；盘溪镇山体滑坡1处，房屋倒塌1间，道路塌方2处；通红甸乡糯节河水库渠道冲毁28处，道路损毁9条，房屋倒塌2间。累计受灾人口3890人，造成经济损失499.84万元。

6. 人工影响天气。2017年设11个防雹炮点，分别为：宁州街道的大坪地炮点、新寨子炮点、得冲炮点，分水岭炮点、青龙镇的秧草塘炮点、马鹿塘炮点、大村炮点、绿塘子炮点、鲁佰比炮点，通红甸花山炮点、华溪大新寨炮点。于5月25日开始上点，9月27日11个作业点全部完成上点工作，至9月28日撤点，历时126天。截至9月28日，共向民航空管中心申请作业89点/次，允许作业50点/次，发射箭弹143发。

（王晓薇）

国民经济和社会发展

【生产总值】 2017年，全县地区生产总值872210万元，同比增长11.2%。从三次产业看，第一产业增加值186683万元，同比增长6.4%；第二产业增加值275342万元，同比增长14.7%；第三产业增加值410185万元，同比增长11.1%。一、二、三产业对县内生产总值增长的贡献率分别为13.0%、41.6%、45.4%，贡献度分别为1.4、4.7、5.1个百分点。三次产业结构由2016年的22.6∶30.6∶46.8，调整为21.4∶31.6∶47.0，二、三产业比重明显提高。

【地方财政收支】 2017年，全县入库各种税收47049万元，同比增收3131万元，增长7.1%（来源于税收报表，与财政结算数可能会有一定差距）。完成地方财政收入46922万元，同比增收2950万元，增长6.7%。其中，公共财政预算收入42090万元，同比增收2565万元，增长6.5%；政府性基金收入4832万元，同比增收385万元，增长8.7%。地方财政支出163498万元，同比增支661万元，增长0.4%。其中，公共财政预算支出160719万元，同比增支6024万元，增长3.9%。

【固定资产投资】 2017年，全县500万元以上在库项目183项，完成固定资产投资710374万元，同比增长31.1%，其中，房地产投资45092万元，同比下降37.7%。从行业看，第一产业217677万元，同比增长221.5%；第二产业191116万元（全为工业），同比增长14.7%，其中，非电工业投资186416万元，同比增长68.2%；第三产业301581万元，同比下降1.9%。从用途上看，基础设施类项目321774万元，同比增长122.2%，占总投资的45.3%；竞争性项目341728万元，同比增长42.3%，占总投资的48.1%；社会事业类项目46872万元，同比下降70.1%，占总投资的6.6%。

【物价水平】 2017年，全县居民消费价格总水平上涨0.6%。八大类居民消费价格呈“七升一降”的格局，其中，食品类价格下降1.2%，衣着类上涨1.2%，居住类上涨1%，生活用品及服务类上涨0.7%，教育文化和娱乐类上涨1.6%，医疗保健类上涨2.7%；交通和通信类上涨1.9%，其他用品和服务类上涨0.2%。农业生产资料价格指数上涨1.9%；商品零售价格指数上涨1.5%。

【招商引资、出口】 2017年，全县引进市外国内资金534552万元，同比增长32.3%，其中，引进省外资金441233万元，同比增长40.3%。出口969万美元，同比减少1490万美元，下降60.6%。

【人民生活】 2017年，全县城镇常住居民人均可支配收入34276元，比上年增加2743元，增长8.7%；农村常住居民人均可支配收入12723元，比上年增加1029元，增长8.8%。

【农　业】 2017年，全县农林牧渔业总产值298805万元，同比（按当年价格计算）增长4.1%。从产业构成上看，种植业产值196645万元，占65.8%，同比增长4.2%，其中，粮食产值

13459万元，同比增长25.2%，烤烟产值29211万元，同比下降27%，蔬菜产值55308万元，同比增长8.4%；林业产值4414万元，占1.5%，同比增长6.5%；牧业产值91285万元，占30.6%，同比增长3.7%；渔业产值4216万元，占1.4%，同比增长5%；农林牧渔服务业产值2245万元，占0.8%，同比增长11.4%。“三棵树”产值83325万元，同比增长5.6%，其中，柑橘产值75933万元，同比增长5.4%，柿子产值4930万元，同比增长4.1%，核桃产值2462万元，同比增长15.8%。

全年农作物总播种面积489159亩，同比增加6238亩，增长1.3%。其中，粮食作物176301亩，同比增加7038亩，增长4.2%；烤烟85184亩，同比减少809亩，下降0.9%；蔬菜189516亩，同比减少3707亩，下降1.9%；油料28135亩，同比增加2442亩，增长9.5%。三棵树种植总规模430671亩（柑橘106811亩、柿子40237亩、核桃283623亩），同比增加36385亩，增长9.2%。粮食作物与经济及其他作物种植结构为36∶64。

2017年主要农产品产量表

表4

产品名称	单位	2017年	2016年	增减	
				数量	%
1. 粮食	万千克	6064	6001	63	1.0
2. 烤烟	万千克	1020	1231	–211	–17.1
收购量	万千克	946	1164	–218	–18.7
收购金额	万元	26707	38828	–12121	–31.2
上等烟比重	%	55.9	70.3	–14.4	—
3. 蔬菜	万千克	30833	30274	559	1.8
4. 油料	万千克	339	296	43	14.5
5. 三棵树总产量	万千克	27129	23542	3587	15.2
柑橘	万千克	25083	21599	3484	16.1
柿子	万千克	1934	1853	81	4.4
核桃	万千克	112	90	22	24.4

全县造林23282亩，其中，国家重点工程13200亩，省级工程10082亩；封山育林88236亩，义务植树43.95万株，森林覆盖率35.01%。

全县畜牧业总产值91285万元，占农业总产值的30.6%，同比增长3.7%。

2017年主要畜牧产品产量表

表5

产品名称	单位	2017年	2016年	增减	
				数量	%
1. 牛存栏	头	41536	40979	557	1.4
牛出栏	头	37666	36385	1281	3.5
2. 生猪存栏	头	249143	239754	9389	3.9
出栏	头	375804	365788	10016	2.7
出栏率	%	150.8	152.7	—	1.9

续表5

产品名称	单位	2017年	2016年	增减	
				数量	%
3. 羊存栏	只	83110	81556	1554	1.9
出栏	只	45734	44118	1616	3.7
4. 家禽存栏	万只	124.2	122.7	1.5	1.2
出栏	万只	298	294	4	1.4
5. 肉、蛋、奶总产量	万千克	4695	4527	168	3.7

全县水产养殖面积4205亩，全年水产品产量1596吨，同比增加73吨，增长4.8%。

2017年，全县完成水利工程1108件，年内新增有效灌溉面积3600亩，新增水土流失治理面积10500亩，累计治理795604亩，占水土流失面积805080亩的98.8%。新建小水窖1100口，累计建成66986口。新增饮水安全达标人口0.37万人，累计达标21万人，占全县总人口的98.7%。年末总灌溉面积143700亩，其中，有效灌溉面积116100亩，水利化程度67.5%。年末有水库、坝塘202座，其中，中型水库1座、小型水库36座、坝塘165座，总库容4610万立方米，年末蓄水量3402万立方米。固定机电排灌站307座，装机容量1.329万千瓦。年末耕地面积171265亩，亩产400千克以上的稳产高产基本农田113512亩，占耕地面积的66.3%。全年农用化肥施用量7453万千克，同比下降4.7%。农用塑料薄膜使用量182万千克，农药使用量115.7万千克。全县农业机械总动力356470千瓦时，有大中型拖拉机3302台，小型拖拉机2194台，耕整机13181台（套），农用运输车889辆，机动脱粒机1818台，联合收割机24台。

【工　业】 2017年，受黄磷市场需求萎缩、红塔集团生产下滑、全省风力发电项目大幅减少等多重不利因素影响，磷化工、卷烟配套、风力发电设备制造等重点行业产能大多闲置，但在水泥制造、生物加工、黑色金属冶炼等行业的强力拉动下，全县工业经济仍实现了平稳较快增长。全县工业增加值230695万元，同比增长14.1%，其中，规模以上工业增加值124133万元，同比增长21.0%。规模以上工业总产值397848万元，同比增长18.8%。主要工业产品产量见附表三。

2017年主要工业产品产量表

表6

产品名称	单位	2017年	2016年	增减	
				数量	%
1. 黄磷	吨	26851	34885	-8034	-23.0
2. 磷矿石	万吨	38.3	38.6	-0.3	-0.8
3. 水泥	万吨	141.9	138.1	3.8	2.8
4. 水泥熟料	万吨	104.7	99.9	4.8	4.8
5. 原煤	万吨	13.6	19.6	-6.0	-30.3
6. 多色印刷品（对开色令）	万	14.8	17.4	-2.6	-14.9
7. 陶器产品	万件	1875	1631	244	15.0

续表 6

产品名称	单位	2017 年	2016 年	增减	
				数量	%
8. 发电量	万千瓦时	73100	46167	26933	58.3
其中：水力发电	万千瓦时	30482	29666	816	2.8
风力发电	万千瓦时	40508	14320	26188	182.9
火力发电（余热发电）	万千瓦时	2110	2181	–71	–3.3
9. 氧化球团	万吨	55.8	41.2	14.6	35.4

【交通运输、邮政、信息传输业】 2017 年年末，全县境内公路里程 1818.8 千米，其中，二级以上 58 千米，占 3.2%。在总里程中，省道 156.5 千米，县道 264 千米，乡村道路 1373.9 千米。全年公路客运量 37.7 万人次，旅客周转量 2635.5 万人千米；公路货运周转量 97422.5 万吨千米；邮政业务总量 877 万元，同比增长 13.7%。年末拥有固定电话用户 6077 户，同比减少 733 户，下降 12.1%；移动电话用户 207756 户，同比增加 27001 户，增长 14.9%；宽带用户 33107 户，同比增加 6763 户，增长 25.7%，全年电信业务总量 23907 万元。

【批发零售和住宿餐饮业】 2017 年，全县社会消费品零售总额 206458 万元，同比增长 12.5%。批发业商品销售额 140093 万元，同比增加 25263 万元，增长 22%。零售业商品销售额 268711 万元，同比增加 38453 万元，增长 16.7%。住宿业营业额 7844 万元，同比增加 1225 万元，增长 18.5%。餐饮业营业额 52963 万元，同比增加 8269 万元，增长 18.5%。

【金融业】 2017 年年末，全县金融机构各项贷款余额 497839 万元，比年初增加 59897 万元，增长 13.7%；各项存款余额 743010 万元，比年初增加 10321 万元，增长 1.4%，其中，住户存款 500720 万元，比年初增加 35421 万元，增长 7.6%。

【科技、教育】 2017 年，县财政科技投入 1961 万元，申报科技项目 7 项；新列入科技专项计划项目 17 项，其中，省级项目 4 项，市级项目 13 项；申请专利 109 件，获专利授权 42 件，其中，实用新型专利 41 件。

2017 年，全县各级各类学校 107 所，其中，高级中学 1 所、完全中学 1 所，初级中学 8 所、完小 71 所（不含海关、海镜），教师进修学校 1 所、职业中学 1 所、幼儿园 24 所。全县在校生 31056 人，其中，高中在校生 3120 人，初中在校生 8032 人，小学在校生 13517 人，职中在校生 762 人，幼儿园（学前班）在园幼儿 5625 人。在职在编教职工 2193 人，临时工 395 人。师生合计 33644 人，占全县总人口的 15.76%。学前 3 年幼儿毛入园率 63.01%，学龄前儿童入园（班）率 99.65%。小学适龄儿童入学率 99.97%；小学辍学率为 0.08%。初中毛入学率 110.06%；初中辍学率 0.73%。参加高考 1192 人，本专科上线人数 1124 人，高考上线率 94.3%。

【文化、广播电视、体育、旅游】 2017 年年末，全县有图书馆、文化馆各 1 个，乡镇文化站 5 个，文物管理所 1 个，农村图书室 78 个，群众业余演出团（队）311 个。图书馆藏书 103880 册，接待读者 21960 人次，外借、阅览图书 60220 册次。县、乡文化馆（站）举办展览 5 个，组织文艺活动 18 场，藏书 30975 册，文物藏品 306 件（套）。

2017 年年末，全县广播覆盖率 100%，有线电视传输干线网络总长 1540 千米，比上年增加 80 千米，有线电视用户 46523 户。全年播出公共（自制）节目 4745 小时，其中，新闻节目 273.5

小时，专题节目210小时。

2017年，县级组织竞赛21次，参赛代表队214支，参赛8680人次，向上级输送运动员9人。建有400米跑道田径场4个，游泳馆（池）5个，网球场5个，篮球场217个，地掷球场10个，门球场11个。经常参加活动人数7.9万人，占全县总人口的37.4%。

2017年，华宁县共接待游客107万人次，同比增加26万人次，增长32.1%；实现旅游收入89555万元，同比增加27794万元，增长45%。

【卫生、社会保障与社会福利】 2017年年末，全县有卫生机构125个，其中，医院3个，卫生院5个，妇幼保健院、疾病预防控制中心、卫生监督所各1个，诊所、卫生所、医务室113个；病床829张，同比减少11张；卫生专业技术人员1184人，同比增加41人，执业医师309人，执业助理医师81人，注册护士553人。全县医疗机构全年门诊诊疗1108304人次，同比增长0.3%。住院28623人次，同比增长2.5%，出院28477人次，死亡102人，死亡率0.36%。全县报告乙类传染病9种318例，传染病发病率149.8例/十万人；免疫“五苗”覆盖率97.33%；收治肺结核病人56人，免费治疗56人；新发麻风病人5人，麻风病院现有病人16人。[①]

2017年，全县职工基本养老保险参保单位4182个，其中，企业4016个，机关事业单位166个。参保人员12781人，其中，企业7501人，机关事业单位5280人。离退休人数4751人。全年收缴基本养老金26065.5万元，支出养老保险金27594.3万元。全县城乡居民养老保险参保人数122821人，参保率101%，筹集保险金3959.9万元，其中，个人缴纳1017.2万元，中央补助2312万元，省补助522万元，市补助53万元，县补助55.6万元。支出养老金2913万元。全县城镇职工医疗保险参保单位474个，参保职工13984人，其中，在职人员10036人。基本医疗保险统筹基金收入3507万元，个人账户基金收入2902万元，基本医疗保险统筹基金本级支出1910万元，个人账户基金支出3079万元。全县城镇职工工伤保险参保单位522个，参保职工12030人，收缴保险金384万元，支付保险金340万元。全县城镇职工生育保险参保单位480个，参保职工10863人，缴纳保险金295.6万元，支付保险金541.5万元。全县城镇职工失业保险参保单位394个，参保职工9032人，筹集保险金495.6万元，支付保险金377.4万元，其中，对失业职工发放160.4万元。发生失业的职工376人，登记失业率3.2%。全县城乡居民医疗保险参保人数183824人，报销人数401633人次，其中，住院31746人次，门诊369887人次。补偿金额9422万元，其中，住院8492万元，门诊930万元。

2017年，全县享受定期补助优抚对象总人数1761人，优待金总额904万元。困难临时救助26082人次，救助金额307万元；困难医疗救助11661人次，救助金额480万元。全县纳入最低生活保障8573人，其中，城镇居民3089人，农村居民5484人；发放最低生活保障金2351万元，其中，城镇居民1227万元，农村居民1124万元。

【就业和职工工资】 2017年，全县安置城镇就业人员2556人，开发公益性岗位420个，889名城镇下岗失业职工实现了再就业；培训农村劳动力17396人次，输出或转移农村富余劳动力18020人次，其中，县外13031人次，县内就地转移4989人次；扶持创业2462人次，发放小额创业贷款12950万元。

单位年末从业人员14874人，其中，在岗职工11724人。从业人员年平均工资72852元/人，同比增长18.9%，其中，在岗职工年平均工资

① 卫生机构、人员、医疗机构诊疗、传染病防治等数据不是最终定案数。

81965元/人，同比增长20.1%。[①]

【城市建设和房地产】 2017年年末，华宁县城建成区面积4.74平方千米。县城道路长37千米，面积91.9万平方米，供水管道82.8千米。年供水总量312万立方米，生活垃圾清运26550吨。年末，拥有城市路灯1813盏，环卫机械32台，城区绿化覆盖面积197.6公顷，绿化覆盖率41.68%，人均公共绿地面积9.79平方米。商品房施工112990平方米，房屋成交1340起，成交总面积16万平方米，成交金额47084万元，平均成交价格2943元/平方米，其中，住宅2695元/平方米，商业用房4898元/平方米。

【社会治安综合治理和安全生产】 2017年，全县刑事案件立案750起，侦破554起，破案率73.9%；治安案件受理1667起，查处1232起，查处率73.9%；信访总量1184件次，同比增加159件次，增长15.5%，办理1167件次，办结率98.6%；民间矛盾纠纷受理2323件，调解2323件，调解成功2294件，成功率98.8%。

全年共发生各类安全事故1109起，同比减少62起，其中，道路交通事故1089起，同比减少76起；火灾19起，同比增加13起；工矿商贸企业事故1起。安全事故死亡人数24人，其中，道路交通事故死亡22人；火灾死亡1人，工矿商贸企业事故死亡1人。直接经济损失329万元，同比下降77万元，其中，道路交通事故损失159万元，同比下降61万元；火灾损失120万元，同比下降66万元，工矿商贸企业事故损失50万元。

【人口和计划生育】 据上级反馈，2017年，华宁县常住人口22.11万人，同比增加0.04万人。据县公安局人口统计年报，2017年年末，全县总户数75486户，总人口212830人，同比增加564人。在总人口中：男性109154人，女性103676人，男女比例为105。少数民族64635人，占总人口的30%。据人口和计划生育局年报，年内出生2278人，出生率10.84‰；死亡1121人，死亡率5.33‰。自然增加人口1157人，人口自然增长率为5.51‰。

截至2017年12月31日，全县有已婚育龄妇女人数37645人，领取独生子女证人数9427人，独生子女证领证率25.01%，比去年提高1.21个百分点。

（华宁县统计局提供）

组织机构与负责人名单

中共华宁县委员会

书记：黄云鹍

副书记：何国斌（2017.06离任）

张洪坤（2017.10任）

常委：黄云鹍

何国斌（2017.06离任）

张洪坤

李　军

罗　勇（2017.10任）

师琼华

刘兴红

施永林

黄汝刚

纳劲辉（2017.07离任）

郭　艳（2017.01离任）

周士坤（2017.01任）

李乔有（2017.06任）

华宁县人民代表大会常务委员会

主任：李世聪（2017.01离任）

魏德锦（2017.01任）

副主任：陈　宁

① 工资是税前工资，包括单位从个人工资中直接为其代扣或代缴的房费、水费、电费、住房公积金和社会保险基金个人缴纳部分等，也就是应发工资。

高玉萍
龚紫龙（2017.01 离任）
张丕贵（2017.01 离任）
黄永祥（2017.01 任）
王明清（2017.01 任）

县人大常委会办公室

主任：王劲松（2017.03 离任）
李　飞（2017.03 任）
副主任：胡诗敏

县人大常委会选举联络工作委员会

主任：张继琼
副主任：徐忠明

县人大常委会教科文卫工作委员会

主任：刘福寿
副主任：王　青

县人大常委会财政经济工作委员会

主任：赵文学
副主任：普　晶（2017.03 离任）

县人大常委会农业工作委员会

主任：普文跃
副主任：高文洪

县人大常委会法制和民族外事华侨工作委员会

主任：张仁耀
副主任：金　剑

县人大常委会城建环保资源工作委员会

主任：李忠德
副主任：施汉陶

华宁县人民政府

副县长：张洪坤（2017.10 离任）
罗　勇
沐华斌
般智才
郭　艳（2017.01 任）
王平伟（2017.01 任）
李敏灿（2017.11 任）
宋　俊（挂职，2017.09 离任）

中国人民政治协商会议华宁县委员会

主席：白应海
副主席：袁慧芬（2017.01 离任）
张　平（2017.01 离任）
张进文
黄永祥（2017.01 离任）
高双全（2017.01 任）
万　燕（2017.01 任）
何文珠（2017.01 任）

县政协办公室

主任：杨　佳
副主任：徐　敏

县政协经济委员会

主任：马格红
副主任：向生德

县政协提案联络委员会

主任：杭德江
副主任：陈永丽

县政协科教文卫体委员会

主任：黄金辉
副主任：张元波

县政协民族宗教法制委员会

主任：黄云鹤
副主任：杨　杰

县政协人口资源环境委员会

主任：普所昌
副主任：杨文桥（2017.08 离任）

县政协文史委员会

主任：廖胜中
副主任：杨　燕

中国共产党华宁县纪律检查委员会

县纪委书记：施永林
县纪委副书记：刘　敏
罗　海
吴红玲

县纪委常委：施永林
刘　敏
罗　海
吴红玲
付玉梅
李开林
赵文保
张译井

监察局

局长：刘　敏

副局长：李开林
黄金伟（2017.12 离任）

办公室

主任：张瑞春

组织宣传部

部长：张译井

党风政风监督室

主任：陈　文（2017.02 离任）
李　俊（2017.02 任，2017.12 离任）

案件监督管理室

主任：范　娟

信访室

主任：张　华

第一纪检监察室

主任：钱生富（2017.09 离任）

第二纪检监察室

主任：赵文保

第三纪检监察室

主任：吴忠兴

案件审理室

主任：付玉梅

派出第一纪工委

书记：靳乔华（2017.02 离任）

副书记：李春寿

派出第二纪工委

书记：熊　明

副书记：罗俊云

派出第三纪工委

书记：李志忠

副书记（监察一分局局长）：雷治中

派出第四纪工委

书记：李若儿

副书记（监察二分局局长）：
李　俊（2017.02 离任）
向利堂（2017.02 任）

县委巡察办

主任：陈　文（2017.02 任）
纳　佼（2017.09 任）

县委工作部门

县委办公室

主任：黄汝刚

副主任：胡　斌
李晓龙
吴杨斌（2017.02 任）

县委督查室

主任：周椿祥

副科级督查员：赵利梅（2017.12 离任）

县委政策研究室

主任：柯本开（2017.02 任）

县委组织部

部长：师琼华

副部长、县招商引资绩效考核办公室常务副主任：杨　红

副部长、县人力资源和社会保障局局长：王　斌

副部长、县委老干部局局长：董红丽（2017.08 离任）

汤松林（2017.08 任）

副部长、县非公经济组织和社会组织党工委书记：罗　云（2017.02 任）

县非公经济组织和社会组织党工委专职副书记：李海雁

县委宣传部

部长：李　军

副部长：李爱玲（2017.02 任）

副部长、县文产办主任：赵　刚（2017.12 离任）

文明办主任：靳乔华（2017.02 任）

文产办副主任：李爱玲（2017.02 离任）

李永平（2017.02 任）

县委统战部

部长：何国斌（2017.02 离任）

周士坤（2017.02 任）

副部长：张秀篁

束　勇

民宗局

局长：张秀篁

副局长：杨治坤

王文华

县委政法委

书记：纳劲辉（2017.07 离任）

李乔有（2017.07 任）

副书记：殷智才（兼）

普金忠

李学聪（2017.02 离任）

夏开学（2017.08 任）

县保密局

局长：李春玲

副局长：汪肖云（2017.12 离任）

张其定（2017.12 任）

县委群众工作局

局长：罗一松（2017.08 离任）

代志能（2017.08 任）

副局长：陈玉梅

王兴波（2017.12 离任）

县档案局（馆）

局（馆）长：张维明（2017.12 离任）

李春萍（2017.12 任）

副局（馆）长：李春萍（2017.12 离任）

王　芳（2017.12 任）

县委史志编纂办公室

主任：杨文桥（2017.08 任）

副主任：张　兰

县委老干部管理局

局长：董红丽（2017.08 离任）

汤松林（2017.08 任）

副局长：聂晏辉

县老年大学

校长：赵建文（2017.08 离任）

县关心下一代工作委员会办公室

主任：罗曼娥

县委机构编制办公室

常务副主任：徐润丽（2017.12 任）

副主任：毛忠文

县直属机关工作委员会

书记：邓从寿

副书记：普婷莹（2017.09 离任）

华菊芬（2017.12 任）

县委党校

校长：何国斌（2017.08 离任）

张洪坤（2017.11 任）

常务副校长：贾　平

副校长：杨志刚（2017.12 离任）

张　鲲（2017.12 任）

县行政学校

校长：沐华斌（2017.02 离任）

郭　艳（2017.02 任）

常务副校长：贾　平

副校长：杨志刚（2017.12 离任）

张　鲲（2017.12 任）

群众团体

县总工会

主席：龚紫龙

常务副主席：钱　伟（2017.09 离任）

董红丽（2017.09 任）

副主席：张王华

共青团华宁县委员会

书记：李　婷（2017.09 任）

副书记：李　婷（2017.09 离任）

石雪峰（2017.09 任）

县妇女联合会

主席：梁丽庆

副主席：豆　韬（2017.02 离任）

李冬丽（2017.03 任）

县科学技术协会

主席：万　燕（2017.01 离任）

孙德昕（2017.02 任）

副主席：周凯

县工商业联合会

主席：张　平（2017.03 离任）

何文珠（2017.03 任）

党组书记：束　勇

党组成员、常务副主席：张　坤

党组成员、副主席、秘书长：苏晓娇（2017.03 任）

县文学艺术界联合会

主席：吴才龙

副主席：李世宗

县残疾人联合会

理事长：罗世俊（2017.12 离任）

王　伟（2017.12 任）

副理事长：张云芬（2017.12 离任）

汪肖云（2017.12 任）

法院、检察机关

县人民法院

党组书记：陶　金

院长：陶　金（2017.01 任）

副院长：陶　金（2017.01 离任）

党组成员、副院长：张晓龙

何　茜

副院长：卢　伟（挂职，2017.02 离任）

汪庆福（2017.10 任）

党组成员、纪检组长：

杨　俊（2017.09 离任）

施文琼（2017.09 任）

党组成员、政治处主任：向俊红

党组成员、审判委员会专职委员：王惠兰

党组成员、执行局局长：张会林（2017.9 任）

县人民检察院

党组书记、检察长：李江林

党组成员、副检察长：张元生

曹雪琼（2017.09 离任）

林家宏（挂职，2017.02 离任）

张青松（2017.10 任）

王莲珍（2017.10 任）

党组成员：李伟林（2017.09 离任）

党组成员、纪检组组长：李晓思

党组成员、政治处主任：杨洪平

党组成员、反贪局局长：

张青松（2017.09 离任）

付云龙（2017.09 任）

党组成员、反渎局局长：汪庆莹

党组成员、办公室主任：

张绍兵（2017.09 任）

驻华宁军警

县人民武装部

部长：黄家山（2017.06 离任）

欧阳仓（2017.07 任）

政委：刘兴红

副部长：郭　晋（2017.07 离任）

刘道向（2017.12 任）

中国人民武装警察部队华宁县中队

中队长：杨志宏

指导员：樊修德

县政府工作部门

县人民政府办公室

主任：张会祥（2017.03任）

副主任：罗一松（2017.08离任）

代志能（2017.09任）

魏云美

魏　艳（2017.12离任）

普　超（2017.12离任）

张　媛（2017.12任）

县政府烟草办公室

主任：赵　华

县政府外事办公室

主任：徐　娟（2017.12离任）

县政府法制办公室

主任：蔡　华（2017.09离任）

杨晓曦（2017.09任）

副主任：李冬丽（2017.02离任）

景　元（2017.03任）

信访局

局长：罗一松（2017.09离任）

代志能（2017.09任）

副局长：陈玉梅

王兴波

县政府督查室

主任：杨晓曦（2017.09离任）

台俊峰（2017.09任）

县机关事务管理中心

主任：魏云美

副主任：邓高荣

县公安局

副县长、局党委书记、局长：殷智才

党委副书记、政委：魏正权

党委委员、纪委书记：张自云（2017.12离任）

党委委员、副政委：普贵发

党委委员、副局长：王兴贵

陈　伟

党委委员、副局长、交警大队长：马骏伟

党委委员、政治工作办公室主任：彭兆萍

党委委员、宁州派出所所长：李林友

党委委员、消防大队教导员：麻　泉

县司法局

局长：胡永文

副局长：戴永兴（2017.12离任）

马海娟

李　箫（2017.12任）

县工业商贸和科技信息局

书记：李永祥（2017.09任）

副书记：普平珠

华宁县工业商贸和科技信息局

局长：普平珠

副局长：张秀全

马　超

普安辉

伏兴荣（2017.09任）

县网络管理中心

主任：李祥永

县发展和改革局

局长：李本福（2017.09离任）

付　刚（2017.09任）

副局长：张　勇（2017.12离任）

吴　勇

段　平

姚　松

李　伟（2017.12任）

县项目策划办主任：李　强

县工业园区

主任：普兴华（2017.03离任）

杨永恒（2017.03任）

党工委书记：王坤德

党工委副书记：张永伟（2017.03离任）

梁云伟（2017.03任）

副主任：曹永其（2017.12离任）

孙运鸿（2017.08 离任）

郭世伟（2017.09 任）

张　勇（2017.12 任）

县审计局

局长：夏　武

副局长：黄家禄

鲁　洁

李广川（挂职）

县招商合作局

局长：何文珠（2017.09 离任）

马　毅（2017.09 任）

副局长：高士忠

常绍伟（2017.12 离任）

曹永其（2017.12 任）

县统计局

局长：吕茂华

副局长：杨　霞（2017.09 离任）

刘　德

李文萍（2017.09 任）

国家统计局华宁调查队

队长：向仕德

副队长：向生红

县农业局

局长：马光磊

副局长：李　波

李文竑（2017.12 离任）

郭双继（2017.12 任）

玉溪市柑科所（牛山柑橘场）

所长（场长）：朱联书

县水利局

局长：王平伟（2017.01 离任）

普兴华（2017.03 任）

副局长：王仕涛

邓娴羚

魏红军

县林业局

局长：古俊明

副局长：陈家富

郭双继（2017.12 离任）

尹黎东（2017.12 任）

县森林防火指挥部

专职副指挥长：郭双继（2017.12 离任）

县森林公安局

局长：施国忠

副局长：肖　斌

郭仕林

县东山林场

场长：谢本平

县住房和城乡建设局

局长：付　刚（2017.09 离任）

杨崇骏（2017.09 任）

副局长：李　松

杨有庆

张　伟

赵云桥

县环境保护局

局长：张会祥（2017.03 离任）

李艳萍（2017.03 任）

副局长：李艳萍（2017.03 离任）

张志洪

李春生（2017.03 任）

监察大队大队长：普廷宏

监测站站长：白微静

华宁县供销社

主任：马庆林（2017.12 离任）

副主任：岳　巧

汤松林（2017.08 离任）

华宁县财政局

局长：徐有才

副局长：江　韬

马　毅（2017.09 离任）

孙世敏
普　晶（2017.12 任）
非税局局长：黄汝能（2017.03 任）

县防震减灾局

局长：普德光
副局长：陆松林

县教育局

党委书记：张利民（2017.09 离任）
党工委书记：普婷莹（2017.09 任）
局长：张利民
副局长：史燕刚
郭梅艳
赵建文（2017.09 任）
督导室主任：周双兰
招考办主任：周忠权

县文化旅游广电和体育局

局长：张彦旭
副局长：李海泉
代维南
杨　琛
吴　红

县安全生产监督管理局

局长：陈　劼（2017.09 离任）
白　彬（2017.09 任）
副局长：胡振邦
张呈峰

县交通运输局

局长：白　彬（2017.09 离任）
赵　刚（2017.12 任）
副局长：吴红光
钱生富
马美萍（2017.03 离任）

县卫生和计划生育局

局长：李　旭
党委委员、党委书记：魏玉华（2017.09 离任）
副局长：孙云超
孙家刚
李震宁（2017.03 离任）
马美萍（2017.03 任）
赵利梅（2017.12 任）

县卫生和计划生育工作委员会

委员、书记：魏玉华（2017.09 任）
县卫生监督局
局长：张兴禄
县红十字会
会长：郭　艳（2017.01 任）
专职副会长：牛成武

县市场监督管理局

局长：康建有
党组书记：李永祥（2017.08 离任）
康建有（2017.08 兼任）
副局长：禄思昌
龚大坤
罗云祥
李建光
普金荣
执法大队大队长：罗云祥
宁州管理所所长：王　忠
盘溪管理所所长：普志军（2017.12 离任）
普松柏（2017.12 任）
青龙管理所所长：王海梅
华溪管理所所长：马永志
通红甸管理所所长：戴　全

县人力资源和社会保障局

局长：王　斌
副局长：徐润丽（2017.03 离任）
冯丽萍
孔垂龙
黄后楷（2017.09 任）

县社会保险局

局长：胡军伟

县劳动就业服务局

局长：陈　俊

县医疗保险管理局

局长：付　杰（2017.09 任）

县医疗保障基金管理中心

主任：黄后楷（2017.09 离任）

县退休人员管理服务中心

主任：高晓芳

县劳动人事争议仲裁院

院长：空缺

县民政局

局长：陈宝华

副局长：文　刚

李文萍（2017.09 离任）

陆建璋（2017.09 任）

县老龄委办公室

主任：空缺

县政府扶贫开发办公室

主任：白永平

副主任：伍永华

金琼花

县政务服务管理局

局长、县政务服务中心主任：陶　敏

副局长、县政务服务中心副主任：

陆建璋（2017.10 离任）

忽卫红

县公共资源交易中心

主　任：汪　祥（2017.09 任）

省市驻华宁单位

县国家税务局

局长：郭文荣

副局长：杨　华

李文琴

纪检组长：马念五

县地方税务局

党组书记、局长：张树明（2016.09 任）

党组成员、副局长：杨燕云（2017.04 任）

郭春柏

党组成员、纪检组长：汪　洪

县国土资源管理局

局长：范云松（2017.09 离任）

副局长：陈生记

李彦华

赵忠贤（2017.06 任）

县土地储备中心副主任：

张保洪（2017.06 任）

县烟草公司（县烟草专卖局）

书记、局长、经理：刘满昌

副经理：王兴德

尹煜飞

王利雄

华宁供电有限公司

执行董事、总经理：陈太寿

党委书记：李昆云

党委副书记：陈太寿

纪委书记：李发荣

副总经理：李昆云

李云鸿

王　欣

刘　峰

工会主席：李昆云

华宁县气象局

局长：桂合春（2017.06 任）

副局长：束俊森（2017.06 任）

李　冉（2017.08 任）

中国邮政集团公司云南省华宁县分公司

总经理：荆奕瑾（2017.02 任）

副总经理：荆奕瑾（2017.02 离任）

李　刚（2017.08 任）

中国电信股份有限公司华宁分公司

经理：王　庆

副经理：杨晓莉

普忠华

中国移动通信集团云南有限公司华宁分公司

总经理：谢江涛（2017.11 任）

副总经理：杨建荣（2017.11 离任）

谭颖越

中国联合通信有限公司华宁分公司

总经理：赵志勇

中国人民银行华宁县支行

行长：李金顺

副行长：李兴盛

吕红星

中国农行股份有限公司华宁县支行

行长：李亚违（2017.03 离任）

何振平（2017.12 任）

副行长：何振平（2017.03 任，2017.12 离任）

李宏晶（2017.02 离任）

纳锦达（2017.06 离任）

李彦平（2017.06 任）

李　波（2017.03 任）

县农村信用合作社联合社

理事长：袁跃宏

主任：李江民

监事长：岳从龙

副主任：曹云铭

禄永圣

云南红塔银行华宁县支行

行长：汪　毅

建行股份有限公司华宁县支行

行长：钱可涛

副行长：李　虹

委派营运主管：李　刚（2017.04 离任）

王日成（2017.04 任）

中国人寿保险股份有限公司华宁县支公司

经理：顾　辉

副经理：汤艳美

中国财产保险股份有限公司华宁支公司

党支部书记、经理：李　东

副经理：徐　斌

县住房公积金管理部

主任：蔡应有

学校、医院

县第一中学

党总支书记：杨文华

校长：李建国（2017.12 离任）

杨继平（2017.12 任）

副校长：李文林

龚德华

杨继平（2017.12 离任）

许亚峰（2017.12 任）

县第二中学

校长：周　运

副校长：李鸿成

李劲辉（2017.09 任）

县教师进修学校

校长：李六平（2017.08 任）

副校长、党支部书记：普洲能

副校长：郭　盛

县职业高级中学

校长：李生翠

副校长：李宝清

乔　刚

县人民医院、中医院

院长：刘国跃

党支部书记：胡亚平（2017.02 离任）

郎海波（2017.03 任）

副院长：杨彦鹏

郎海波

杨　松

张永恒

县妇幼保健院

院长：李永才

县疾控中心

主任：赵　炳

乡镇（街道）、党委、人大、政府

宁州街道办

党工委书记：李乔有（2017.08 离任）

范云松（2017.08 任）

党工委副书记：李江伟（2017.03 任）

赵魏武

杨济源（2017.08 离任）

赵　刚（2017.08 任）

纪工委书记：李　飞（2017.03 离任）

张晓东（2017.08 任）

组织委员：张晓东（2017.08 离任）

高立黎（2017.12 任）

宣传委员：张福保（2017.12 离任）

何　斌（2017.12 任）

武装部长：赵　刚（2017.08 离任）

白树伟（2017.12 任）

人大工委主任：朱德富

办事处主任：王明清（2017.02 离任）

李江伟（2017.03 任）

办事处副主任：张　威

钱生发

李雁芳

杨伍林（2017.12 离任）

张福保（2017.12 任）

财政所所长：徐沙弟（2017.09 任）

盘溪镇

党委书记：高双全

副书记：王　伟（2017.12 离任）

尹黎东（2017.12 离任）

曹胜容（挂职，2017.08 任）

人大主席：马操原

纪委书记：豆志华（2017.12 离任）

组织委员：吕冰芝

宣传委员：普　希

武装部长：普　勇

镇长：王　伟（2017.12 离任）

副镇长：郑小立

李　祥

杨　娇

单显文

财政所长：杨　弢（2017.09 任）

青龙镇

党委书记：周士坤（2017.02 离任）

李学聪（2017.02 任）

党委副书记：张　磊（2017.08 离任）

杨济源（2017.08 任）

杨崇骏（2017.08 离任）

杨遇旭（2017.08 任）

纪委书记：代志能（2017.08 离任）

卫培升（2017.08 任）

武装部长：熊智鹏（2017.03 任，2017.12 离任）

组织委员：杨遇旭（2017.08 离任）

付　吕（2017.08 任）

宣传委员：李永平（2017.03 离任）

吴婷婷（2017.08 任）

党委委员：刘忠跃

人大主席：马思锟

镇长：张　磊（2017.08 离任）

杨济源（2017.09 任）

副镇长：郭玫青（挂职，2017.08 离任）

李凌鹏（挂职，2017.08 任）

袁鼎强（挂职）

刘忠跃

杨　翠

卢寿华

朱本瑞

财政所长：蔡　磊（2017.12 任）

华溪镇

党委书记：张　平

副书记：李志林
李　俊
化红梅（挂职，2017.02 任）
组织委员：许颖聪
宣传委员：孔令娟
武装部长：刘　瑾
人大主席：孙德昕（2017.01 离任）
张文武（2017.01 任）
镇长：李志林
副镇长：普明亮
刘福云
陈　丽
范平飞
官劼播（挂职，2017.05 离任）
陈怀奇（挂职，2017.05 任）
财政所长：杨艳芳（2017.09 任）

通红甸彝族苗族乡

党委书记：郭　艳（2017.01 离任）
王劲松（2017.02 任）
副书记：李兴周
豆　韬（2017.02 任）
组织委员：储玲玲
宣传委员：马丕海
武装部长：王崇江
纪委书记：张雪松
人大主席：竜家贵
乡长：李兴周
副乡长：杨　艳
黄区正
向家跃
邝永洪
财政所长：张舒文（2017.12 任）

责任编校　张　兰

中共华宁县委员会

县委主要工作

【常委会议】 2017年1月13日，中共华宁县委召开十二届县委第十九次常委会议，研究人事问题。

1月14日，中共华宁县委召开十二届县委第二十次常委（扩大）会议。主要内容是：传达学习省委十届二次全会精神和市“两会精神”；传达学习《县以上党和国家机关党员领导干部民主生活会若干规定》精神；县委书记黄云鹃与县四套班子成员进行集体谈话。

1月22日，中共华宁县委召开十二届县委第21次常委会议，研究人事问题。

2月24日，中共华宁县委召开十二届县委第二十二次常委会议。主要内容是：研究人事问题；传达学习省、市组织部长会议精神及《党委（党组）讨论干部任免事项守则》，研究华宁县贯彻意见；传达学习中央、省委、市委政法工作会议精神，研究全县贯彻意见及重点矛盾纠纷包案情况相关事宜；研究《华宁县人大常委会2017年工作要点》；研究《政协华宁县委员会2017年工作要点》；听取华宁县2016年纪律审查工作专题报告；听取2016年巡查工作专题报告；研究华宁县2016年度党风廉政建设责任制检查考评相关事宜；研究召开华宁县纪委十二届二次全会有关事宜；研究《华宁县贯彻落实中国共产党问责条例实施办法》有关事宜；研究华宁县工商联（商会）2017年换届工作事宜；研究县政府常务会提交议题，议题1：听取华宁县首届运动会有关事宜汇报，议题2：听取华宁县华融投资有限公司建设新庄2号标准厂房、挡土墙、边坡应急工程项目贷款有关事宜汇报，议题3：听取县国有资产经营有限公司向县农村信用合作联社贷款解决项目前期工作经费有关事宜汇报，议题4：听取解决华宁县创建国家卫生县城前期工作经费有关事宜汇报，议题5：听取矣则河水库扩建工程和雨勒冲水库新建工程贷款有关事宜汇报；研究当前相关经济工作。

3月17日，中共华宁县委召开十二届县委第二十三次常委会议。主要内容是：传达学习市委五届四次全会精神；传达学习《领导干部报告个人有关事项规定》和《领导干部个人有关事项报告查核结果处理办法》及2017年领导干部个人有关事项报告表填报说明；研究华宁县第7期青干班相关事宜。会议原则同意；会议还传达了市委书记罗应光调研华宁精神。

4月20日，中共华宁县委召开十二届县委第二十四次常委会议。主要内容是：传达学习《中共云南省纪委关于印发贯彻〈中国共产党纪律检查机关监督执纪工作规则（试行）〉实施办法》；研究相关人员处分事宜；研究2016年度综合考评结果及《华宁县2017年目标任务综合考评办法》

有关事宜；听取县政府党组一季度经济运行情况汇报；研究县政府常务会提交的议题。议题1：研究组建华宁县电子商务办公室有关事宜。议题2：研究华宁县国有资产经营有限公司与云南省信用再担保有限责任公司合作组建政策性融资担保机构有关事宜。议题3：研究《华宁县人民政府与中国农业银行股份有限公司华宁支行政府增信贷款工程合作协议》有关事宜。议题4：研究华宁县通自然村道路硬化建设工程向中国农业银行股份有限公司华宁支行贷款有关事宜。议题5：研究表扬华宁县"六五"普法先进单位和个人有关事宜。议题6：研究2017年烤烟生产有关事宜。

4月24日，中共华宁县委召开十二届县委第二十五次常委会议。主要内容是传达学习省委主要领导调研玉溪讲话精神，研究华宁县初步贯彻意见。

县委书记黄云鹏在县委常委会上讲话　　陈志莲　摄

5月8日，中共华宁县委召开十二届县委第二十六次常委会议。主要内容是：研究审议《县委常委会2017年工作要点》和《县委常委会会议2017年度议题计划》；传达学习玉溪市推进"两学一做"学习教育常态化制度化工作座谈会议精神，研究《华宁县"两学一做"学习教育常态化制度化实施方案》；传达学习玉溪市"基层党建提升年"现场推进会精神，研究华宁县贯彻意见；研究全县脱贫攻坚工作有关事宜；听取县安委会安全生产情况汇报；研究县政府常务会提交议题。议题1：研究县城市建设投资有限责任公司与万江融资租赁（上海）有限公司融资代建合作有关事宜。议题2：研究华宁县人民政府与中港建设集团有限公司盘溪民族（旅游）特色小镇建设项目投资合作相关事宜。

6月7日，中共华宁县委召开十二届县委第二十七次常委会议，研究人事问题。

6月14日，中共华宁县委召开十二届县委第二十八次常委（扩大）会议。主要内容是：传达学习全市党委系统办公室主任会议精神；传达全省统战工作会议和省委常委、省委统战部部长杨宁调研华宁讲话精神及汇报华宁县"同心·示范点建设工程"推进情况；研究《党（工）委（党组）理论学习中心组学习实施细则》《华宁县党（工）委（党组）理论学习中心组2017年学习安排意见》《县委理论学习中心组2017年学习选题计划》有关事宜；研究确定2016年度县管领导班子和领导干部年度考核等次；研究《华宁县在"两学一做"学习教育中严厉整治"村霸"及庸懒滑贪"四类村干部"专项行动工作方案》及成立专项整治工作领导小组有关事宜；研究华宁县县、乡（镇）团委换届选举相关事宜；听取县政府党组2017年上半年经济运行情况汇报；研究县政府常务会提交议题。议题1：研究华宁县2017年向上争取资金目标任务分解有关事宜。议题2：研究象鼻温泉度假村固定资产处置有关事宜。议题3：研究华宁县2016年招商引资绩效考核奖金发放有关事宜。议题4：研究调整华宁县环境、林业、农业和畜牧兽医等岗位津贴有关事宜。议题5：研究华宁县公安局盘溪派出所维稳力量建设有关事宜。议题6：研究解决华宁2017年基层党建工作经费有关事宜。

6月19日，中共华宁县委召开十二届县委第二十九次常委（扩大）会议。主要内容是传达学习徐令义、姜信治、陈豪同志在中央第十一巡视组对云南省巡视"回头看"情况反馈会议上的讲话精神和四届市委常委会第二十八次（扩大）会议精神。

7月3日，中共华宁县委召开十二届县委第三十次常委（扩大）会议。主要内容是：传达学习《中共云南省委关于进一步深入学习贯彻习近平总书记系列重要讲话精神和治国理政新理念新思想新战略的意见》；传达学习省委陈豪书记、阮成发省长《共担责任脱贫攻坚——致全省县（市、区）党政主要负责同志的一封信》及市委书记罗应光重要批示；研究脱贫攻坚工作有关事宜。会议还就全县近期工作作出安排部署：要继续加强上半年稳增长工作；要抓好防汛减灾工作；要严密防范地质灾害；要强化交通运输安全；要加强重点行业领域安全生产；要切实强化防汛值守责任；要做好维稳工作，确保全县社会大局持续稳定，为迎接中共十九大胜利召开营造良好氛围和社会环境。

7月13日，中共华宁县委召开十二届县委第三十一次常委会议。主要内容是：研究人事问题；传达学习习近平总书记考察云南重要讲话精神；传达省纪委《关于7起违反中央八项规定精神典型问题的通报》和《关于龙顺英等人违反工作纪律问题的通报》；研究《华宁县廉洁文化传播实施方案（送审稿）》有关事宜；研究成立华宁县社会科学联合会相关事宜；研究县政府常务会提交议题。议题1：研究《华宁县法治政府建设实施方案（送审稿）》有关事宜。会议决定：会议原则同意《华宁县法治政府建设实施方案（送审稿）》，按照会议讨论意见作修改完善后印发实施。议题2：研究华宁县县级储备粮（小麦）轮换价差亏损经费有关事宜。议题3：研究华宁县创建国家卫生县城工程项目及所需经费有关事宜。会议还传达了7月10日省委、市委主要领导对近期有关督查、巡视、巡查、检查工作的重要指示和批示，并就做好相关工作做出要求。

8月4日，中共华宁县委召开十二届县委第三十二次常委会议。主要内容是：传达学习贯彻习近平同志在省部级主要领导干部专题研讨班开班式上的重要讲话精神；传达学习贯彻习近平同志在庆祝中国人民解放军建军90周年阅兵检阅部队及大会上的重要讲话精神。

8月13日，中共华宁县委召开十二届县委第三十三次常委会议。专题研究盘溪水泥厂与鱼鳞坝村山林土地权属纠纷化解工作。

8月29日，中共华宁县委召开十二届县委第三十四次常委会议。主要内容是：研究《关于加强和改进机关党的建设的实施意见》相关事宜；研究人事问题；传达学习习近平总书记十八大以来关于生态文明建设和环境保护工作的系列论述摘编；研究《关于落实中央第十一巡视组对云南省开展巡视“回头看”反馈意见的整改方案》相关事宜；研究《单位党委（党组）和个人向县委推荐干部工作实施细则》《华宁县管干部选拔任用动议听取意见工作实施办法（试行）》相关事宜；研究出席云南省第十三届人民代表大会代表候选人推荐提名工作相关事宜；传达学习全市统战工作会议精神，研究召开全县统战工作会议相关事宜；研究关于中共华宁县委党校（华宁县行政学校）异地新建项目相关事宜；研究《关于进一步加强和改进离退休干部工作的实施意见》相关事宜；研究召开共青团华宁县第十八次代表大会有关事宜；研究关于召开县供销社第六届社员代表大会有关事宜；研究县政府常务会提交议题。议题1：研究2017年中国·华宁柑橘旅游文化节系列活动有关事宜。议题2：研究建立普通高中生均公用经费财政拨款制度有关事宜。议题3：研究华宁县中医医院新建项目多方协议及成立项目公司有关事宜。议题4：研究华宁县中医医院新建项目选址及有关情况事宜。

9月5日，中共华宁县委召开十二届县委第三十五次常委会议。主要内容是：传达学习五届市委第三十八次常委会议关于经济工作、全市开展打好稳增长促跨越百日攻坚战专项纪律检查和脱贫攻坚专项巡察工作情况会议精神；听取县政府党组关于经济工作的汇报；传达中共玉溪市委脱贫攻坚专项巡察组《关于对华宁县委脱贫攻坚专项巡察情况的反馈意见》，研究华宁县整改方案；听取县委脱贫攻坚专项巡察工作情况汇报；听取全县脱贫攻坚工作情况汇报；听取县烤烟生产领导小组关于烤烟生产工作情况汇报；听取全县义务教育均衡发展工作情况汇报；研究华宁县第33个教师节有关事宜；听取县安委会关于安全生产情况的汇报；传达全市迎接中共十九大安保维稳信访工作会议精神并研究华宁县相关工作。会议还强调了当前有关工作：关于调整充实相关领导小组有关事宜，由县委常委、县委办主任黄汝刚牵头，结合全县实际，针对烤烟生产、柑橘生产等工作领导小组进行调整充实；要成立华宁高原特色水果经济园规划建设工作推进领导小组，加快推动"四带多园"涉全县工作的规划建设步伐；关于领导干部责任落实。乡镇（街道）领导要认真落实主体责任；关于乡镇（街道）党政主要领导参加会议有关要求。

9月24日，中共华宁县委召开十二届县委第三十六次常委会议。主要内容是：研究人事问题；研究《华宁县党政领导干部生态环境损害责任追究实施办法（试行）》（送审稿）相关事宜；学习习近平总书记关于制度治党、依规治党系列重要论述精神；传达学习五届市委常委会第四十二次（扩大）会议关于传达学习省委主要领导调研玉溪讲话精神和市委主要领导调研华宁讲话精神；传达学习中央有关文件精神，中央、省委领导对群团改革工作批示精神和五届市委常委会第四十二次（扩大）会议关于群团改革工作相关精神。

10月26日，中共华宁县委召开十二届县委第三十七次常委会，主要内容是：传达学习习近平总书记关于保障和改善民生系列重要论述精神；研究华宁县推荐玉溪市出席全国第十三届人民代表大会代表建议人选相关事宜；研究人员处分相关事宜；研究《2017年度华宁县党风廉政建设责任制检查考核有关事项的通知》相关事宜；研究成立县委网络安全和信息化领导小组及召开领导小组第1次会议有关事宜；听取县政府党组三季度经济运行情况分析；研究县政府常务会提交议题。议题1：研究华宁县机关事业单位退休人员待遇统筹外项目资金支付有关事宜。议题2：研究华宁县城市报警与监控系统（三期）建设有关事宜。议题3：研究《华宁县2017年财政半年预算调整方案》。会议还对当前重点工作作了要求：要围绕"确保全年目标任务圆满实现、确保年度市对县综合考评顺利"两个确保和"全力脱贫攻坚"一个攻坚的目标，对标对表找准差距、查找问题，采取更加有效和有针对性的措施，切实做好各项工作；要做好备考考核工作；要做好县委全会各项筹备工作，重点做好全会报告和打造"实干华宁"实施意见的筹备起草；县委督查室要对《中共华宁县委关于加快绿色华宁建设的实施意见》的贯彻落实情况进行督查，形成专项督促报告后于11月15日前报县委；各级党组织要切实做好中共十九大精神的宣传和学习。

11月14日，中共华宁县委召开十二届县委第三十九次常委会，主要内容是：研究人事问题。研究县乡残联换届选举工作相关事宜。会上，县委书记黄云鹍传达了全市金融工作会议精神，要求按照市委、市政府提出的经济增长目标，华宁GDP增长在原来基础上提高0.5个百分点，实现全年GDP增长13.5%的新目标。

11月22日，中共华宁县委召开十二届县委第四十次常委会，主要内容是：传达学习习近平总书记关于全面推进依法治国重要论述精神；传达学习陈豪书记在云南日报上的署名文章——《在党的十九大精神鼓舞下谱写云南跨越发展新篇章》；传达学习全市领导干部大会主要精神；

研究《中共华宁县委关于认真学习宣传贯彻党的十九大精神的实施意见（送审稿）》等相关事宜；研究配合做好撤销澄江县设立抚仙湖市申报工作有关事宜；研究《全县纪检监察机关强化监督执纪问责委华宁真抓实干奋发有为提供纪律保障的实施意见》的相关事宜；听取县委第四轮巡察工作情况汇报。会议原则同意；传达全市新的社会阶层人士统战工作会议精神，研究《华宁县关于加强新的社会阶层人士统战工作的实施意见》有关事宜；研究《华宁县县级领导联系宗教活动场所、宗教界人士、经文学校（班）制度的实施意见》相关事宜。

12 月 4 日，中共华宁县委召开十二届县委第四十一次常委会，主要内容是：传达省委第七巡视组巡视反馈会议精神；传达五届市委第 54 次常委（扩大）会议有关议题精神；传达学习《中共云南省委办公厅云南省人民政府办公厅印发〈关于深化统计管理体制改革提高统计书记真实性的实施意见〉的通知》精神；研究《华宁县人大常委会关于进一步完善县人大代表及县人大常委会组成人员组织机构的意见》相关事宜；传达学习李小三在全省组工干部学习宣传贯彻中共十九大精神专题培训班上的动员讲话精神和玉溪市加强城市党建工作经验交流座谈会精神；研究《关于开展村级后备干部“金种子”培养工程的实施意见》相关事宜；研究《华宁县深化国家监察体制改革试点工作实施方案》等相关事宜；研究《华宁县巡察机构设置方案》和《县纪委派驻纪检机构方案》相关事宜。

12 月 12 日，中共华宁县委召开十二届县委第四十二次常委会，主要内容是：研究人事问题；传达学习习近平总书记重要批示精神；传达中共玉溪市纪委《关于进一步规范领导干部操办婚丧喜庆事宜的规定》，研究华宁县实施意见；传达学习全市抚仙湖保护治理现场会议精神；研究华宁县推荐提名玉溪市第五届人民代表大会代表建议人选相关事宜；研究县直部分单位和部门设立党组相关事宜；听取县人大常委会党组工作汇报；听取县政协党组工作汇报；研究《华宁县党（工）委（党组）意识形态工作责任制实施细则（送审稿）》有关事宜；研究《全面推进民族团结进步示范区建设的实施意见（送审稿）》有关事宜；研究县级领导兼任部门主要负责人机构设置常务职数相关事宜。

12 月 27 日，中共华宁县委召开十二届县委第 43 次常委会，主要内容是：研究人事问题；传达学习市委有关文件精神；传达学习中央领导同志重要讲话和省委陈豪书记重要批示精神及市委会议精神；听取县人民法院党组工作汇报；听取县人民检察院党组工作汇报；研究华宁县《关于落实省委第七巡视组巡视玉溪市反馈意见的整改方案》及关于成立落实省委第七巡视组巡视玉溪市反馈意见整改方案工作领导小组相关事宜；研究县残联换届人事安排事宜；研究华宁县出席玉溪市第五届政治协商会议委员候选人初步人选事宜；研究县政府常务会提交议题。议题 1：研究《华宁县城市建设投资有限责任公司资产整合重组方案》有关事宜。议题 2：研究 2017 年县本级财力安排非八项支出科目调整有关事宜。议题 3：研究《华宁县贯彻落实省市〈各级党委、政府及有关部门环境保护工作责任规定（试行）〉的实施意见》。议题 4：研究华宁县国家综合档案馆建设用地划拨价款有关事宜。议题 5：研究《华宁县城近面山绿化建设实施方案》有关事宜。议题 6：研究华宁县玉珠水泥有限公司日产 5000 吨熟料生产线项目补助有关事宜。议题 7：研究《华宁县 2017 年风电设备制造企业扩销促产补助资金实施意见》。

（李　翔）

【重要会议】 2017 年 3 月 8 日，华宁县举行“科教引领创新发展”大讨论大行动动员大会暨 2017 年县委理论学习中心组第一次集中学习。

3月10日，县委书记黄云鹍主持召开华宁县扶贫开发领导小组2017年第一次会议，专题研究全县脱贫攻坚工作。会议听取县扶贫办主任白永平关于华宁脱贫攻坚工作情况及华溪镇整乡推进精准脱贫实施方案调整的情况汇报，各参会领导和领导成员单位有关负责人发表了意见。会议要求：要统一思想，提高认识；要加快项目建设，克期完成任务；要加快项目验收，提高资金报账率；要严格对标对表，抓好工作落实。要加强资金保证，提高资金使用效率；要严肃工作纪律，落实“挂包帮转走访”责任；要加大宣传力度，营造良好氛围；要强化督促检查，切实跟踪问效；要强化痕迹管理，完善工作资料。

4月26日，县委书记黄云鹍主持召开会议，专题研究听取绿色华宁建设相关事宜。会议分别听取县林业局副局长陈家富关于绿色华宁推进情况的汇报、县林业局高级工程师施学卫关于《华宁县城近面山生态综合治理项目建设实施方案》的情况汇报以及云南省林业调查规划院生态分院工程师王志婷关于《华宁县提高森林覆盖率五年专项规划》的情况汇报，听取了绿色华宁建设领导小组各成员单位工作推进情况。会议决定：由县林业局严格按照《中共华宁县委关于加快绿色华宁建设的实施意见》，加快研究制定县城面山绿化方案，将县城周边的凤山、华盖山绿化列入县城面山绿化范围，共同推进；请规划设计单位按照会议讨论意见，修改完善《华宁县提高森林覆盖率五年专项规划》；县林业局牵头，团委、妇联、总工会等部门配合，于6月份组织开展县城面山集中植树活动。会议要求：全县上下要提高认识，切实增强加快绿色华宁建设的责任感和使命感，压实责任、狠抓落实，切实补齐生态建设短板；各乡镇（街道）、林业局、交通运输局、水利局等相关部门，要按照《中共华宁县委关于加快绿色华宁建设的实施意见》要求，认真研究制定县城面山绿化、公路沿线绿化、绿色城镇和绿色乡村建设等重点工作方案和具体措施，细化目标任务，确保每项工作有人抓、有人管，逐步完成绿色华宁建设目标任务；要加大林政执法力度，严肃打击违法违纪行为；要加大宣传力度，营造良好氛围；要将“绿色华宁”建设与创建“国家卫生县城”、“国家级文明县城”、城乡环境卫生综合整治等工作相结合，统筹协调推进，确保绿色华宁建设落到实处，取得实效。

华宁县党员干部重温入党誓词

4月25日，县委书记黄云鹍主持召开会议，专题研究华宁裕丰纸业年产20万吨瓦楞纸项目建设有关事宜。会议听取县工信局关于裕丰纸业年产20万吨项目情况和项目建设选址有关情况的汇报，听取县工业园区管委会、县环保局、县国土资源局、县林业局、县住建局等部门和宁州街道的意见，县政府副县长沐华斌对裕丰纸业年产20万吨项目建设选址提出了建议。会议决定：原则同意将裕丰纸业年产20万吨高强瓦楞纸项目选址于县工业园区新庄南片区金昌路北面。会议要求：要高度重视全县造纸产业的发展，全力抓好裕丰纸业年产20万吨高强瓦楞纸项目建设有关工作，及时成立项目征地领导小组，由县政府副县长沐华斌同志任组长，县工业园区管委会、县工信局、县国土局等部门主要领导任副组长，统筹协调项目征地有关事宜；县政府副县长沐华斌同志牵头，及时组织相关部门到项目选址现场踏勘、研究，4月28日前完成项目建设用地范围的勘测、征地补偿方案的制定和资金筹措等相关工作；宁州街道要及时成立强有力的项目征地社会协调工作组，确保5月10日前完成征地协议的签订；县工业园区管委会、县工信局、县环保局、县住建局、县林业局要坚持以企业为核心的理念，严格落实部门负责制，提前介入做好项目备案、入园、环评、审批等相关工作，确保各项工作稳步推进。

5月3日，县委书记黄云鹃主持召开华宁县陶瓷产业发展领导小组2017年第一次工作会议，专题传达学习市委书记罗应光调研建水陶时的讲话精神，研究华宁陶瓷产业有关工作。会议实地调研了碗窑村历史文化遗址保护开发项目，由县委常委、县委宣传部部长李军传达罗应光书记调研建水陶时的讲话精神，汇报了华宁陶产业发展情况；分别听取县政府副县长罗勇关于碗窑村建设推进情况和华宁陶文化产业园建设情况，县委宣传部副部长、县文产办主任赵刚关于陶文化创意园推进情况和县陶瓷产业发展领导小组的调整建议有关事宜的汇报。会议要求如下。一是要修改完善《华宁县陶瓷产业发展规划》。二是要加快“三园一村”建设步伐，要积极筹备2017年柑橘节碗窑村开窑街活动；陶文化创意园要在规划不变的前提下，5月份内制定处置方案；陶文化产业园要依法依规用好项目资金，加快项目建设，半年内引进2户以上企业入园，莲花塘陶瓷建材园，年内要完成2户以上陶瓷企业的招商入园。三是要加快培育和引进骨干企业，年内完成两户陶瓷企业的纳规申报工作；要研究制定“三园一村”招商引资优惠政策，加大工作力度，确保每个园区都引进一批有资质、有实力的企业。四是要加快推进陶瓷市场的建设。五是要加快实施品牌战略，打响“千年陶乡”名片。六是要加快陶艺人才的培育和引进。以华宁职中为平台，打造具有华宁陶艺特色技术教育水平的特色中专，确保9月启动招生；重视培养和引进陶艺大师。七是要大力弘扬陶文化，加快打造陶体验游。八是要落实保障力度。县财政局要认真落实资金保障，确保财政每年300万陶瓷产业发展资金及时就位；各园区要主动研究问题，提出政策；宁州街道发挥属地管理责任，主动服务陶产业发展；县委督查室、县政府督查室要加大督查问效工作力度，细化责任分解，推进工作落实。

7月27日，县委书记黄云鹃主持召开会议，专题研究华宁县象鼻温泉旅游开发事宜。会议听取县文化旅游投资开发有限责任公司董事长戴嵩和县政府副县长沐华斌就县人民政府拟与玉溪市云溪香精香料有限公司合作开发象鼻温泉旅游生态示范区所做的汇报。会议要求如下。一是要统一思想、提高认识。二是要严格依法依规。开发建设中要严格遵守国有资产管理相关规定，确保国有资产安全和保值增值；坚持现有土地权属不变、采矿权不变的原则，严格按照法律法规和政策办理建设项目有关审批手续。三是要细化相关方案，明确权利义务等有关内容；严格按规定和程序进行决策和推进，确保合法合规合政策。四是要加强领导。县委、县政府成立象鼻温泉旅游开发领导小组，由县委书记任组长，县长任常务副组长，县委办主任和分管副县长任副组长，成员由相关部门负责人组成。领导小组成立工作指挥部，负责项目推进建设有关工作，指挥部成立工作小组，细化负责各项具体任务。五是要加强协调、形成合力。开发领导小组要强化统筹协调，各成员单位要立足部门职责积极配合支持好有关工作。

8月22日，县委书记黄云鹃主持召开象鼻温泉旅游生态示范区开发建设现场推进会，专题研究象鼻温泉旅游生态示范区开发建设相关事宜。会议听取县政府副县长沐华斌《关于成立华宁县象鼻温泉旅游生态示范区开发建设推进工作领导小组的通知（草案）》及鼻温泉旅游生态示范区开发建设下一步工作计划的汇报和玉溪市云溪香精香料有限责任公司负责人关于当前开发建设工作重点及计划安排的汇报。会议要求：一是要统一思想、提高认识，切实增强加快推进象鼻温泉旅游生态示范区建设的责任感和使命感。二是要强化项目管理。玉溪市云溪香精香料有限责任公司要切实履行框架协议，加快编制象鼻温泉旅游生态示范区开发建设总体规划。要牢固树立百年大计、质量第一的观念，严把工程质量关。三是要成立强有力的管理团队。玉溪市云溪香精香料有限责任公司要尽快组建象鼻温泉旅游生态示范区开发建设专业管理团队，加快推进项目落地。四是迅速组建工作领导小组和项目指挥部，加强工作领导，从更高层次上领导和指导旅游项目建设工作。五是严格时间控制。要抓实项目进度，严格按照时间节点，加快推进项目建设；玉溪市云溪香精香料有限责任公司务必要在2017年9月10日前完成公司注册，9月底前完成项目建设总体规划；县文投公司要在9月底前完成清产核资；各相关部门要主动上门对接服务，协助玉溪市云溪香精香料有限责任公司完成前期审批等工作，争取项目年内开工建设。六是切实形成工作合力。项目指挥部要做好项目组织协调工作，协调相关部门帮助玉溪市云溪香精香料有限责任公司做好各项前期工作，推动项目早落地、早建成。七是妥善做好社会协调。宁州街道办要及时成立工作领导小组，认真做好社会协调工作，加强开发建设过程中征地、拆迁等工作的配合力度，妥善做好周边群众工作，确保社会稳定。八是各级各部门要严格遵守项目建设相关规定，领导干部要切实遵守廉洁自律各项规定，守住底线，不越红线，坚决杜绝开发建设过程中违纪违法行为的发生。

9月5日，县委书记黄云鹍主持召开“科教引领创新发展”大讨论大行动工作领导小组2017年第一次会议，专题听取科教创新功能区规划建设和产业创新、教育创新、科技创新各工作推进组的工作开展情况，研究部署下一步工作。会议听取县委常委、常务副县长张洪坤关于科教创新功能区规划建设产业创新工作开展情况、县政府副县长郭艳关于教育创新工作开展情况、县工信局局长普平珠关于科技创新工作开展情况的汇报。会议强调，要强化领导，严督实导，确保“科教引领创新发展”大讨论大行动各项决策部署落到实处。工作领导小组要加强工作领导，定期听取各工作推进组的工作开展情况，找准制约工作开展的困难和问题，研究破解的措施和办法，高位推动各项工作顺利开展。县政府及财政部门要认真谋划好相关融资工作，加大融资力度，积极协调对接，争取更多的项目进入国家、省、市的计划盘子。宣传组要强化宣传引导，及时报道大讨论、大行动的具体举措、进展情况、阶段性成效。要强化督查问效，坚持按照每月常规督查、季度重点督查的要求开展严督实导，对工作推进快、成效明显的给予通报表扬，对于工作推诿扯皮、进展缓慢的给予通报批评。县综合考评领导小组要及时研究，将大讨论大行动各项决策部署落实情况纳入年度综合考评重要内容，实行严格考评问效。县纪委（监察局）要适时对大讨论、大行动工作开展情况开展严肃监督执纪问责，加大对多次通报批评仍然未进展和改变的人和事进行严厉问责；县委督查室要加强对大讨论、大行动中县委各项决策部署的监督检查力度，确保县委决策部署不漏空、不走样、不拖延。

（王一涵）

【文件制发】 2017年1月3日，县委印发《关于政协华宁县第九届委员会主席、副主席、常务委员会委员候选人的推荐书》，向政协第九届委员会第一次会议主席团提名推荐政协华宁县第九届委员会主席、副主席、常务委员会委员候选人，提请大会酝酿讨论，并提交选举。

同日，县委印发《关于华宁县第十七届人民

代表大会财政经济委员会组成人员的推荐书》，向华宁县第十七届人民代表大会第一次会议主席团提名推荐华宁县第十七届人民代表大会财政经济委员会组成人员，提交大会表决。

1月8日，县委印发《关于华宁县第十七届人民代表大会第一次会议和政协华宁县第九届委员会第一次会议选举结果的报告》，内容为：2017年1月8日选举产生了县人大常委会主任、副主任，县人民政府县长、副县长，县人民法院院长，县人民检察院检察长，2017年1月6日选举产生了县政协主席、副主席。

2月15日，县委印发《关于绿色华宁建设的实施意见》，要求各单位认真贯彻执行。

2月20日，县委办、县政府办印发《关于成立华宁县创建国家卫生县城工作领导小组的通知》，成立以县委书记黄云鹍为组长，以县委副书记、县委统战部部长何国斌，县人大常委会主任魏德锦，县政协主席白应海，县委常委、县委宣传部部长李军，县委常委、县政府常务副县长张洪坤，县委常委、县纪委书记施永林，县人大常委会副主任、县新农办主任陈宁，县政府副县长罗勇，县政府副县长沐华斌，县政府副县长、县公安局局长殷智才，县政府副县长、通红甸乡党委书记郭艳，县政府副县长、县水利局局长王平伟，县政府副县长宋俊，县政协副主席张进文为副组长的创建国家卫生县城工作领导小组。

同日，县委办、县政府办印发《关于成立华宁县创建国家卫生县城工作指挥部的通知》，成立以县委副书记、县委统战部部长何国斌，县委常委、县委宣传部部长李军，县委常委、县政府常务副县长张洪坤，县委常委、县纪委书记施永林，县人大常委会副主任、县新农办主任陈宁，县政府副县长罗勇，县政府副县长沐华斌，县政府副县长、县公安局局长殷智才，县政府副县长、通红甸乡党委书记郭艳，县政府副县长、县水利局局长王平伟，县政府副县长宋俊，县政协副主席张进文为副指挥长的创建国家卫生县城工作领导小组。

2月21日，县委办、县政府办印发《华宁县创建国家卫生县城实施方案》，要求各单位结合实际认真贯彻执行。

2月24日，县委印发《关于批转〈华宁县人大常委会2017年工作要点〉的通知》，要求各单位认真做好协同实施工作。

同日，县委印发《关于批转〈政协华宁县委员会2017年工作要点〉的通知》，要求各单位认真做好协同实施工作。

2月28日，县委印发《关于对华宁县2016年度廉洁乡村（社区）建设优秀村（社区）进行表扬的通知》，对盘溪镇富民村委会、通红甸乡大龙树村委会和青龙镇海迤村委会进行表扬。

3月7日，县委办、县政府办印发《关于对中共华宁县委十二届二次全会报告主要任务分解立项督查的通知》，要求各单位结合实际认真贯彻执行。

3月13日，县委办印发《关于调整县级领导联系乡镇（街道）工作的通知》，对县级领导联系乡镇（街道）工作进行了调整。

同日，县委办、县政府办印发《华宁县“科教创新”功能区规划建设实施方案》等4个实施方案，要求各单位结合实际认真组织实施。

3月14日，县委办印发《关于调整县委办公室领导分工的通知》，对县委办公室领导工作分工进行了调整。

3月20日，县委办转发《华宁县关工委2017年工作要点》，要求各单位结合实际认真贯彻执行。

3月21日，县委办、县政府办印发《关于调整华宁县城市棚户区改造建设项目工作领导小组的通知》，调整了以县委书记黄云鹍为组长，以县委副书记、县委党校校长何国斌，县人大常委会主任魏德锦，县政协主席白应海，县委常委、县委宣传部部长李军，县委常委、常务副县长张洪坤，县委常委、县纪委书记施永林，县委常委、县委办主任黄汝刚，县委常委、县委政法委书记纳劲辉为副组长的华宁县城市棚户区改造建设项目工作领导小组。

3月23日，县委办、县政府办印发《关于印发华宁县贯彻落实中央环境保护督察反馈意见问题整改总体方案的通知》，要求各单位结合实际认真贯彻执行。

同日，县委印发《关于调整部分县委常委工作分工的通知》，对部分县委常委的工作分工进行了调整。

4月6日，县委办转发了《中共玉溪市委关于认真贯彻落实党的十八届六中全会精神深入推进全面从严治党的实施意见》，要求各乡镇（街道）各部门要高度重视，把学习宣传贯彻中共十八届六中全会精神作为当前和今后一个时期的一项重大政治任务来抓，周密安排、精心组织，迅速在全县掀起学习贯彻十八届六中全会精神的热潮。

4月7日，县委办印发《华宁县“基层党建提升年”实施方案》，要求各单位结合实际认真贯彻执行。

同日，县委印发《华宁县贯彻落实〈中国共产党问责条例〉实施办法》的通知，要求各单位认真抓好贯彻落实。

同日，县委、县政府印发《关于深化供销合作社综合改革的实施意见》，对华宁县供销合作社改革提出具体实施意见。

4月17日，县委办印发《县委全面深化改革领导小组工作规则》《县委全面深化改革领导小组专项小组工作规则》和《县委全面深化改革领导小组办公室工作细则》，要求各单位结合实际认真贯彻执行。

县委书记黄云鹍（中）、县纪委书记施永林（右一）在通红甸调研

4月18日，县委办印发《关于建立华宁县民族民间文化保护传承体系的实施意见》，要求各单位结合实际认真贯彻执行。

同日，县委印发《关于调整县委全面深化改革领导小组的通知》，调整以县委书记黄云鹍为组长，县委副书记、县委党校校长何国斌，县人大常委会主任魏德锦，县政协主席白应海，县委常委、常务副县长张洪坤为副组长的全面深化改革领导小组。

同日，县委办印发《关于调整县委全面深化改革领导小组专项小组成员的通知》，调整了经济体制改革专项小组，农村综合改革领导小组，开放型经济体制改革专项小组，民主法制领域改革专项小组，文化教育卫生体制改革专项小组，社会体制改革专项小组，生态文明体制改革专项小组，党的建设制度改革专项小组，纪律检查机制改革专项小组九个小组成员。

4月20日，县委办印发《华宁县完善法律援助制度实施意见》，要求各单位结合实际认真贯彻执行。

4月25日，县委办、县政府办印发《关于成立华宁县石文化产业发展领导小组的通知》，成立了以县委常委、县委宣传部部长李军为组长，以县政府副县长沐华斌，县政协副主席万燕，县总工会主席龚紫龙为副组长，相关单位主要负责同志委成员的华宁县石文化产业发展领导小组。

4月28日，县委印发《关于表扬2011年至

2015年法制宣传教育工作先进单位和先进个人的决定》，对县人大办公室、县政府办公室等19个先进单位，吴杨斌、柯继梅等24名先进个人进行表扬。

5月9日，县委、县政府印发《关于华宁县省对下专项转移支付资金统筹整合实施方案》，要求各单位认真抓好贯彻落实。

同日，县委、县政府印发《关于深入推进省对下专项转移支付资金管理改革的实施方案》，要求各单位认真抓好贯彻落实。

5月12日，县委印发《县委常委会2017年工作要点》，要求各单位结合实际认真贯彻落实。

5月23日，县委办印发《关于推进"两学一做"学习教育常态化制度化的实施方案》，要求各单位结合实际认真贯彻执行。

6月14日，县委办印发《关于做好县乡（镇）团委换届选举工作的实施意见》，要求各单位结合实际认真组织实施。

6月19日，县委印发《关于2016年度科级领导班子考核结果的通报》。

同日，县委办印发《华宁县党（工）委（党组）理论学习中心组2017年学习安排意见》，要求各单位结合实际认真组织实施。

同日，县委办印发《党（工）委（党组）理论学习中心组学习实施细则》，要求各单位结合实际认真组织实施。

7月4日，县委办、县政府办印发《华宁县违法违规建筑治理工作方案》，要求各单位结合实际认真组织实施。

7月14日，县委办印发《中共华宁县委全面深化改革领导小组2017年工作要点》，要求各单位结合实际认真组织实施。

7月20日，县委办印发《华宁县廉洁文化传播实施方案》，要求各单位结合实际认真组织实施。

7月25日，县委办、县政府办印发《华宁县县管领导干部干事创业容错纠错办法（试行）》，要求各单位结合实际认真组织实施。

8月2日，县委办、县政府办印发《华宁县文艺精品创作扶持专项资金管理办法》，要求各单位结合实际认真贯彻执行。

8月4日，县委办、县政府办印发《关于调整充实华宁县创建国家卫生县城工作指挥部的通知》，对创建华宁县卫生城市指挥部和办公室人员进行调整。

8月9日，县委办、县政府办印发《关于调整华宁县维护稳定工作领导小组成员的通知》，调整了以县委常委、县委政法委书记、宁州街道党工委书记李乔有为组长，以县政府副县长、县公安局局长殷智才为常务副组长，以县人民法院院长陶金，县人民检察院检察长李江林，县人武部部长为副组长，以各相关单位主要负责同志为成员的华宁县维护稳定工作领导小组。

8月10日，县委、县政府印发《华宁县法治政府建设实施方案（2017—2020年）》，要求各单位认真抓好贯彻落实。

8月17日，县委办、县政府办印发《华宁县关于加强城乡社区协商工作实施方案》，要求各单位结合实际认真组织实施。

8月25日，县委印发《关于进一步深入学习贯彻习近平总书记系列重要讲话精神和治国理政新理念新思想新战略及考察云南重要讲话精神的实施方案》，要求各单位请认真抓好贯彻落实。

8月30日，县委印发《关于加强和改进机关党的建设的实施意见》，要求各单位结合实际认真贯彻执行。

9月6日，县委、县政府印发《关于表扬2016—2017学年华宁县教育系统先进集体和个人的决定》。

9月15日，县委印发《关于落实中共玉溪市委脱贫攻坚专项巡察组〈关于对华宁县委脱贫攻坚专项巡察情况的反馈意见〉的整改方案》，要求各单位结合实际，认真贯彻执行。

9月30日，县委办、县政府办印发《关于实施“泉乡英才计划”的意见》，要求各单位结合实际认真贯彻执行。

10月9日，县委印发《华宁县加快园区经济发展的实施意见》，要求各单位结合实际认真贯彻落实。

10月10日，县委、县政府印发《关于深化人才发展体制机制改革的实施意见》，要求各单位结合实际认真贯彻落实。

11月14日，县委办、县政府办印发《华宁县党政领导干部生态环境损害责任追究实施办法（试行）》，要求各单位结合实际认真贯彻执行。

11月16日，县委印发《关于调整部分县委常委工作分工的通知》，对部分县委常委的工作分工进行了调整。

11月17日，县委办、县政府办印发《华宁县县乡残疾人联合会换届选举工作意见》，要求各单位结合实际认真组织实施。

11月22日，县委印发《中共华宁县委关于认真学习宣传贯彻党的十九大精神的实施意见》，要求各单位结合实际认真贯彻落实。

11月28日，县委印发《关于表扬华宁县双拥先进集体和先进个人的决定》。

同日，县委办、县政府办印发《华宁县县级领导干部联系宗教活动场所、宗教团体、宗教界人士、经文学校（班）制度的实施意见》，要求各单位结合实际认真组织实施。

12月14日，县委印发《关于全面推进民族团结进步示范区建设的实施意见》，要求各单位结合实际认真贯彻落实。

12月19日，县委办印发《华宁县防止干部“带病提拔”的实施意见》及六个办法，要求各单位结合实际认真组织实施。

12月28日，县委办、县政府办印发《华宁县贯彻落实省市〈各级党委、政府及有关部门环境保护工作责任规定（试行）〉的实施意见》，要求各单位结合实际认真组织实施。

（张　夏）

【信息工作】 2017年，县委信息工作围绕上级党委的重要决策部署、县委中心工作和群众反映强烈问题等重点，挖掘亮点、重点信息源，全面、及时、准确地收集、整理、上报信息。全年全县各级各部门共报送信息4608条，被县委办采用617条，选编《华宁信息》258期，编辑出刊《华宁重要信息》14期，较好地发挥了以文辅政作用。

【督查工作】 2017年，县委督查工作紧紧围绕县委中心工作及经济社会发展中的突出问题，统筹组织协调县人大、政府、政协和县直部门力量构建大督查工作格局，针对争先创优跨越发展、科教引领创新发展、民营经济、县域经济、园区经济、脱贫攻坚、农村危房改造、棚户区改造、创建卫生城市、农村公路建设、环境卫生整治、园区建设等重点工作开展督查与调研，确保县委重大决策和重要决定得到贯彻落实。全年共下发《督促检查事项办理通知单》54期，办理领导批示件129件；围绕全县贯彻落实中央、省市委重大决策和重点工作，共向市委和县委上报《督查专报》122期、《督查工作》6期。

（毛素萍）

【政策研究】 2017年，县委政研室紧紧围绕县委中心工作，组织完成五次调研，形成《华宁县园区经济调研报告》《考察贵州湄潭调研报告》等5篇调研报告，分析现状、直面问题、剖析原因、提出对策措施，向县委县政府提出工作建议。配合市委政研室完成全市水果产业调研工作。全年统筹完成县委主要领导有关文稿20余篇，配合领导开展随机调研，收集情况资料供领导参考，督查领导指示批示落实情况，搞好上下协调和对外联系，做好会议服务工作。

市委、市政府领导在华宁陶文化产业园调研　　施锦泉　摄

【深化改革】 2017年，县委高度重视全面深化改革工作，调整充实全面深化改革领导小组成员和各专项小组成员，印发《县委全面深化改革领导小组工作规则》《专项小组工作规则》和《领导小组办公室工作细则》。改革办修订完善改革事项提请审议、文件报批备案、重要情况报告等方面的程序，组织召开专项小组联络员会议4次，适时安排有关工作，建立"华宁改革"QQ群促进互动交流。全年共召开5次深改领导小组会议，研究审议了28项改革事项，其中领导干部干事创业容错纠错、领导干部自然资源资产离任审计、非领导职务干部管理使用、全面推行河长制、县人大常委会对政府工作评议、党代表工作室试点等改革事项走在全市前列。2017年，全县新增中央、省、市和县级改革试点项目17项，涉及农业农村、民主法制、文化教育卫生、生态文明、社会体制、党的建设、纪律检查等领域，实施领导干部干事创业容错纠错、领导干部自然资源资产离任审计、人才发展体制机制改革、实施"泉乡英才计划"、党代表工作室、人大常委会工作评议、创建"四好"农村路全国示范县、生态红线划定、全面推行河长制、深化供销合作社综合改革等改革试点。

（柯本开）

组织工作

【概　况】 2017年，华宁县党的建设工作坚持以邓小平理论和"三个代表"重要思想、科学发展观和习近平新时代中国特色社会主义思想为指导，以深入学习贯彻中共十八届六中全会、十九大、十九届一中全会精神和习近平总书记考察云南时的重要讲话精神为主线，落实从严治党的要求，积极创新基层党建工作，持续加强领导班子、干部队伍、服务型基层党组织和党员人才队伍建设，为华宁经济和社会发展提供了坚强的组织保证和人才支撑。

【"两学一做"学习教育】 2017年，县委把"两学一做"学习教育常态化制度化列为县委理论中心组学习重要内容，组织开展"千堂党课进基层"活动，县级党员领导干部带头到基层讲党课46次，参加支部学习70余次；县属各单位领导班子以党委（党组）中心组学习、支部学习为主要形式，定期组织集中学习，全县科级党员领导干部以普通党员身份参加支部学习2000余人次。结合十九大精神的学习宣传贯彻，县级党员领导带头到联系村（社区）宣讲中共十九大精神25次，科级党员领导宣讲100余场次。各基层党组织以"三会一课"为主要形式，利用"党员固定活动日""主题党日"等时机，广泛组织党员开展学习。在中共十九大召开期间和闭幕后，县委及时组织开展"五个一"活动，采取集中组织和自行安排相结合的方式，通过集中学习、专题培训、专题党课等形式，广泛学习宣传贯彻中共十九大精神。将"互联网＋党建"有效融入学习教育中，组织拍摄了10部精品微党课、2部微电影、2部专题片视频，借助综合服务平台、微信、微博、易信、QQ等网络新媒体平台，搭建党员学习教育的全媒体传播载体。全面规范基层党建工作台账，普及使用《玉溪市基层党组织党务工作台账"一本清"》和《党员手册》，对28个村组活动场所进行了巩固提升，全面实现村组党员活动室建设的全覆盖。制定下发《华宁县在“两学一做”学习教育中严厉整治“村霸”及庸懒滑贪“四类村官”专项行动工作的工作方案》，成立由县委书记任组长、相关县委常委任副组长，有关单位为成员的华宁县整治“村霸”及庸懒滑贪“四类村官”专项行动领导小组。在全县各村（社区）开展“农村共产党员户＋星级”挂牌工作，在机关企事业单位党组织中设置“党员先锋岗”、在对外服务窗口设置“党员示范窗口”，亮出党员身份，接受党员群众的监督。

县委举行华宁县推进“两学一做”学习教育常态化制度化工作座谈会

县委召开 2017 年组织工作会议

【干部培养选拔】 2017 年，县委组织部制定出台《关于贯彻落实在脱贫攻坚第一线考察识别干部的意见》《华宁县科级非领导职务干部管理办法（试行）》《华宁县县管领导干部干事创业容错纠错办法（试行）》《华宁县管干部选拔任用动议听取意见工作实施办法（试行）》《单位党委（党组）个人向县委推荐干部工作实施细则》，起草《华宁县防止干部“带病提拔”的实施意见》及六个办法，调整理顺党委（党组）和个人向县委推荐干部、领导干部自愿辞职、书记履行抓班子带队伍责任等一批制度流程，完善领导班子配备结构模型。严格落实换届政策，圆满完成县乡人大、政府和县政协领导班子换届选举，指导县工商联、团县委顺利完成换届，班子结构进一步优化。积极配合做好云南省出席中共十九大代表候选人初步人选、省人大代表候选人初步人选和市人大代表、政协委员考察工作。建立在一线考察识别干部的工作机制，深入推进领导干部“能上能下”，突出注重基层、注重“四类干部”的选人用人导向，完善干部选拔制度程序，健全选人用人机制。完善并推广全县 59 个领导班子配备结构模型，推进干部推荐考察专业化建设，组织干部考察员培训 1 期 30 余人次。强化考核的正确导向，改进指标设置，实施分类考核。拓宽选人视野，选拔 1 名事业人员进乡镇政府领导班子；抓实“四类干部”培养选拔，全年调整配备干部 5 批次 226 人，提拔科级领导干部 75 人。其中，35 岁以下干部 35 名，占 46.7%；女干部 21 名，占 28%；少数民族干部 19 名，占 25.3%；党外干部 14 名，占 18.7%。

【干部教育培训】 2017 年，县委组织部贯彻落实中共十八届六中全会、中共十九大、十九届一中全会精神和习近平总书记考察云南时的重要讲话精神，紧紧围绕县委中心工作，坚持精准化、专业化、综合性培训原则，对全县 420 余名科级领导干部、110 名村（社区）党总支书记、副书记和主任进行全员培训；联合中山大学举办科级领导干部综合能力素养提升培训班 2 期，培训干部 100 人；举办第七期青年干部培训班，对 45 名 35 岁以下年轻干部进行为期 1 个月的全面培训；选派 158 名干部参加市级及以上干部培训机构脱产学习培训 37 个班次。

【干部监督管理】 2017 年，县委组织部从严从实抓好干部监督，坚持县管干部和拟提拔干部考察对象全员报告个人有关事项，对75名新提拔的科级干部和53名随机抽查干部报告事项进行重点查核，审核干部档案75册，征求廉政意见243人次，因个人有关事项报告填报不实，被函询9人，诫勉5人，暂缓任用3人。开展“带病提拔”及干部选拔任用监督“四项制度”“凡提四必”及超职数配备领导干部整改消化、严禁违反中共组织人事纪律等集中检查和机关事业单位“吃空饷”、退离休干部聘用兼职、乡镇（街道）行政编制空编清理等专项整治工作。确定3名党政正职和1名村书记作为2017年度经济责任审计对象，清理个人持有出国（境）证件11册，审批出国境14件次。

【“基层党建提升年”】 2017年，县委组织部全面提升各领域基层党建工作水平，深入实施争当“仙湖卫士”、小组党员活动室建设全覆盖、“空壳村”集体经济增收全覆盖、“互联网+党建”、中小学校党建“育禾苗·感党恩”、村级后备干部“金种子”工程等6个行动计划。立项建设20个村（居）民小组活动场所，启动村组活动场所巩固提升三年行动计划，年内整合资金80万元对28个村组活动场所进行巩固提升。试点开展10个小组“股份经济”合作项目，年内均实现了1万元以上收益。制定下发《华宁县党代表工作室试点建设实施意见》，在农村（社区）试点建立党代表工作室。开展“云岭红烛·育人先锋”创建活动，制定《华宁县关于加强中小学党的建设工作实施方案》，启动中小学党建“育禾苗·感党恩”行动计划，组建了2个民办幼儿园党支部。制定《华宁县关于加强和改进机关党的建设实施意见》，完成县教育局党委、县卫计局党委改设教育党工委、卫计党工委工作，成立部门党组20个着力提升机关党建工作水平。开展“两新”组织党组织覆盖提升行动，组建党建工作室，向社会购买“两新”组织党建专职工作人员10名，充实“两新”组织党建工作力量，在“两新”组织聚集区建设园区党群服务活动中心2个，举办“两新”组织党组织书记专题培训班4期次120余人。制定《华宁县精准脱贫百日攻坚战实施方案》《关于进一步加强脱贫攻坚组织保障的通知》等文件，向全县12个贫困村选派60名驻村扶贫工作队员，并由科级领导干部担任队长，各联系单位分别向非贫困村增派63名驻村工作队员，进一步充实扶贫队伍。全县共建成37个农村电商服务站，全年发放党员带领群众创业致富贷款3000万元，惠及党员群众400余人，探索群众增收致富新途径。

华宁县“基层党建提升年”现场推进会暨城市党建和中小学党建“育禾苗·感党恩”行动计划启动仪式

【人才队伍建设】 制定《华宁县2017年人才工作要点》，组织召开人才工作领导小组联席会议，出台《华宁县关于深化人才发展体制机制改革的实施意见》，启动实施“泉乡英才计划”，配套100万元人才发展专项资金，选派3批次12名基层人才到上级部门进行对口培养，引进各类人才51人。完善县级领导直接联系专家工作制度，实施人才扶贫与技能扶贫行动，组织教育、卫生、科技能手下基层服务脱贫攻坚。积极推荐申报第七届“云南省农村拔尖乡土人才”“云岭技能工匠”“兴玉英才”评选，为人才发挥作用搭建平台。建立大学生村干部和选调生“排班”管理制度，全县52名大学生村干部和6名选调生组建1个排4个班，开展全县大学生村干部和选调生“排班”管理专题培训和排班活动。

【部门自身建设】 2017年，县委组织部持续深化组织部党支部“两学一做”学习教育、认真执行党费日、党员固定活动日、党员积分制管理、“三会一课”等制度，组织党员开展学习讨论、专题党课、“组工讲坛”、微党课等活动12次，部领导带头讲授党课3次。举办华宁县组织工作业务培训，强化对部内干部走出去培训的力度，年内先后选派干部25人次，到中组部干部培训学院、延安干部学院、苏州干部培训学院、中山大学、省委党校、市委党校等参加各项业务培训。深入推进扶贫攻坚“挂包帮”“转走访”工作，派出1名组工干部在黑牛白村担任驻村扶贫工作队员，动态管理14名干部职工共联系帮扶贫困户28户，年内普遍开展贫困户回访6次，严格落实周六扶贫工作日制度，深入联系点开展危房改造、工程项目建设，帮助联系点协调项目资金9.2万元，开展帮扶慰问1次，发放慰问金及物资0.76万元，帮助联系贫困户中特别特别贫困的6户申请困难补助1.2万元。积极落实“河长制”工作，部主要领导积极带头，先后到海口河和登楼山水库调研并开展清理活动各6次；全员参与创建卫生城市工作，做好责任区内街道卫生工作。加强对干部职工的关心关爱，工会及时对生病住院干部职工及家属进行慰问，积极组织干部职工参加运动会、徒步等业余活动，增强干部职工凝聚力。统筹推进组织部门统一战线、依法执政、依法办事和法治建设、综治维稳和平安建设、保密、宣传等各项工作。

【党的建设制度改革】 2017年，县委组织部坚持正确的改革方向，紧紧围绕中央、省委、市委和县委的总体布局，研究制定《县委党的建设制度改革专项小组2017年工作要点》，围绕党的组织制度改革、干部人事制度改革、党的基层组织建设制度改革、人才发展体制机制改革，提出2017年共需完成的7项有关党的建设制度重大改革举措，全年召开党的建设制度改革专项小组会议5次，提交县委全面深化改革领导小组研究改革事项7项，在党的基层组织建设制度改革方面，出台实施“基层党建提升年”总体方案和6个分领域实施方案，制定完善《关于加强和改进机关党的建设的实施意见》《华宁县党代表工作室试点建设实施意见》等规范性制度。在干部人事制度改革方面，制定《华宁县领导干部干事创业容错纠错办法（试行）》《华宁县防止干部“带病提拔”的实施意见》及六个办法，进一步规范干部选拔任用程序和激励干部作用发挥。在创新人才体制机制方面，出台《华宁县关于深化人才发展体制机制改革的实施意见》和《华宁县关于实施泉乡英才计划的实施意见》，不断深化人才发展体制机制改革，健全完善人才引进办法，积极搭建人才服务平台。认真落实中央办公厅《关于在全国各地推开国家监察体制改革试点方案》的精神，加快推进全县深化国家监察体制改革工作。

（张　颖　夏云骏）

宣传工作

【概　况】 2017年，县委宣传部围绕迎接学习宣传贯彻中共十九大精神这一主线，紧扣新形势下宣传思想文化目标任务和工作重点，围绕中心、服务大局，着力统筹推进宣传思想文化各项工作，成效显著。

【县委中心组学习】 2017年3月8日，华宁县“科教引领创新发展”大讨论大行动暨县委理论学习中心组举行第一次集中学习。深入学习贯彻习近平总书记系列重要讲话精神和治国理政新理念新思想新战略，学习贯彻中共十八届六中全会精神及习近平总书记在省部级领导干部学习贯彻党的十八届六中全会精神专题研讨班上的重要讲话精神，学习贯彻陈豪同志在云南省主要领导干部学习贯彻中共十八届六中全会精神专题研讨班上的讲话精神，学习贯彻罗应光同志在玉溪市主要领导干部学习贯彻中共十八届六中全会精神专题研讨班上的讲话精神。学习贯彻落实省委书记陈豪同志到玉溪调研讲话精神、省第十次党代会、市第五次党代会及全市“科教引领创新发展”大讨论大行动动员大会及县第十二次党代会精神。

5月8日，华宁县委理论学习中心组在县委党校举行第二次集中学习，学习的主题为深入学习领会习近平总书记扶贫开发战略思想，学习内容为深入学习领会习近平总书记关于扶贫开发重要讲话精神，深刻理解习近平总书记扶贫开发战略思想，充分认识扶贫工作的重要性、艰巨性、紧迫性，准确把握中央和省委、市委、县委关于脱贫攻坚的部署和要求，科学分析脱贫攻坚面临的形势和任务。

6月5日，华宁县委理论学习中心组在县委7楼常委会议室举行第三次集中学习。学习以传达学习“全省学习贯彻省第十次党代会精神领导干部综合能力提升专题培训班”精神为主题。深入学习贯彻习近平总书记系列重要讲话和考察云南重要讲话精神、“全省学习贯彻省第十次党代会精神领导干部综合能力提升专题培训班”精神和陈豪书记讲话精神，学习传达6月1日全市领导干部大会精神。

7月3日，县委中心组2017年第四次集中学习暨十二届县委第30次常委（扩大）会议召开。会议原文传达学习《中共云南省委关于进一步深入学习贯彻习近平总书记系列重要讲话精神和治国理政新理念新思想新战略的意见》、省委陈豪书记、阮成发省长《共担责任脱贫攻坚——致全省（市、区）党政主要负责同志的一封信》及市委书记罗应光重要批示。

7月21日，召开以“深入学习贯彻习近平总书记系列重要讲话精神和治国理政新理念新思想新战略，对习近平总书记考察云南重要讲话再学习、再讨论”为主题的县委理论学习中心组第五次集中学习。县处级以上领导及相关单位主要负责人共48人参加了学习。

8月13日，以“深入学习习近平总书记在省部级主要领导干部专题研讨班上重要讲话精神和习近平总书记在深度贫困地区脱贫攻坚座谈会上的讲话精神”为主题，组织开展了华宁县委理论学习中心组举行2017年第六次学习。

10月9日，华宁县委理论学习中心组举行2017年第七次集中学习。会议围绕深入学习领会习近平总书记全面依法治国新理念新思想新战略的主题，以宪法知识和依法治国为主要内容做了专题报告。

11月6日，组织召开县委理论学习中心组第八次集中学习，学习以“深入学习贯彻党的十九大精神，以习近平新时代中国特色社会主义思想为指引，奋力开创华宁跨越发展新境界”为主题，县委书记黄云鹍主持集中学习并作动员和总结讲话。

12月28日，县委理论学习中心组举行2017年第九次集中学习，深入学习中共十九大精神和党中央关于意识工作的重大部署和基本要求，贯彻落实习近平总书记关于意识形态工作的重要讲话、重要指示精神，全面提升意识形态工作的能力和水平，为全县经济社会跨越发展营造良好的思想舆论环境。县委书记黄云鹍主持集中学习并作总结讲话。

【理论宣讲】 2017年1月17日，举行省第十次党代会精神宣讲报告会，邀请市委党校副教授张兴林现场宣讲辅导；组织各单位开展省第十次党代会精神宣讲工作，全县共宣讲56场次，受众1839人，掀起了省第十次党代会精神宣讲的热潮。

6月19日，在县文化馆举办“学习贯彻习近平总书记系列重要讲话和考察云南重要讲话精神以优异成绩迎接党的十九大胜利召开”为主题的宣讲报告会，由市委宣讲团成员、玉溪师范学院马克思主义学院院长罗伟作专题辅导。全县处级以上领导，全县副科（实职）以上领导干部，各人民团体和相关企业的主要负责人共500余人聆听了报告会。2017年，全县共开展“学习贯彻习近平总书记系列重要讲话和考察云南重要讲话精神以优异成绩迎接党的十九大胜利召开”为主题的宣讲报告会102场，受众8461人。

开展中共十九大精神宣讲。11月28日至12月3日，邀请市委宣讲团成员、玉溪市委党校讲师刘杰到华宁举行7期学习贯彻中共十九大精神宣讲报告会；组织各县级领导、县委宣讲团、各单位负责人到联系单位、联系社区进行宣讲、在全县范围内掀起学习宣传贯彻十九大精神热潮。2017年，华宁县开展党的十九大精神宣讲388场，受众24548人次。

12月20日，华宁县在县文化馆礼堂举行学习《习近平谈治国理政》（第二卷）宣讲报告会，邀请省委宣传部讲师团团长、省委宣讲团成员侯勇为400余名领导干部作了一场紧密联系实际，富有感染力的宣讲，推动全县广大干部群众深入学习贯彻习近平新时代中国特色社会主义思想。2017年，全县共开展《习近平谈治国理政》（第二卷）宣讲报告会宣讲63场，受众3187人。

【意识形态】 2017年3月24日，召开华宁县2017年第一季度意识形态领域情况分析研判会议，各乡镇（街道）及各成员单位汇报了第一季度意识形态领域工作情况，递交了2017年华宁县贯彻落实意识形态工作责任制目标管理责任书。

7月，对全县意识形态工作进行专项督查，深入贯彻落实市委《党委（党组）意识形态工作责任制实施细则》，通过查阅档案痕迹资料和督查组与分管领导一对一谈话督查方式，对各乡镇（街道）党（工）委，县属各党（工）委（党组）2017年上半年意识形态工作责任制落实情况进行督查。

8月9日，召开华宁县2017年第二季度暨上半年意识形态领域分析研判会议，县委意识形态工作领导小组各成员单位分管领导，各乡镇（街道）宣传委员参加会议。

9月22日，召开华宁县2017年第三季度意识形态领域分析研判会议，县属党（工）委（党组）分管领导及相关单位分管领导参加会议，会议就第三季度意识形态领域存在的突出问题，以及对重大事件、重要情况、重要社情民意进行梳理，及时分析掌握全县意识形态领域。

12月22日，召开华宁县2017年第四季度暨全年意识形态领域分析研判会议，及时分析掌握华宁县意识形态领域情况，县属党（工）委（党组）分管领导、部分成员单位分管领导、各乡镇（街道）宣传委员参加会议。

【业务培训】 2017年8月18日，举办意识形态工作业务专题讲座及培训会议，邀请云南大学马克思主义理论学科博士生导师、博士后流动站合作导师，云南大学马克思主义理论学科第一方向带头人蒋红老师作意识形态专题讲课；邀请市舆引办主任倪军作舆情引导工作业务培训。县四套班子领导及其他县级领导，各党（工）委（党组）书记、分管意识形态工作的领导及业务人员，县直各单位主要负责人，各乡镇（街道）党（工）委书记、乡镇长（街道办主任）、分管意识形态工作的领导、宣传委员、业务人员；宣传文化系统股所级以上干部职工参加了培训。

【新闻宣传】 2017年，县委宣传部围绕县委、县政府的中心工作，宣传报道华宁县重点项目推进情况、脱贫攻坚、国家卫生县城创建工作等各块工作的进展情况及取得的成效，组织开展中共十九大、棚户区改造、陶产业、防灾减灾、烤烟生产、脱贫攻坚等主题宣传。4月28日，由玉溪日报社、华宁县委宣传部联合主办，玉溪网、玉溪图库、行摄玉溪网共同承办的“走进华宁”专题摄影活动正式启动。在为期半年的时间里，玉溪13名本土知名摄影家走进华宁县，分专题实地进行系列采风活动。云南网、大观周刊、玉溪日报等30余名省市记者到华宁就柑橘产业、保障性住房、“两学一做”学习教育典型事例等专题进行采访报道。12月5日，组织了2017年全媒体采风活动。中国西部新媒体联盟、一直播等12位网络媒体达人深入华宁县城碗窑村、华溪镇柑橘产区和大丫口将军山风电厂新能源产业旅游路线进行采访。1天半时间发送微博、微信74条，网络关注度突破500万人（次）。

【春节系列活动】 2017年，县委宣传部组织开展文化、科技、卫生“三下乡”活动。活动期间向群众发放科技、安全、法律、防艾、计生、社会主义核心价值观等宣传手册、宣传材料共计7700余份、赠送春联1800余副，日历2900份；正月初一到初二，在泉乡文化广场举行春节文艺演出，共上演节目22个，演出人次300多人次，观众达6000余人次。组织开展迎新春美术书画展。1月23日在县文化馆开展“时间的印迹”风景油画联展，为期一个月的画展汇集4位油画爱好者的70余幅作品；丁酉春节书法展共计展出作品80余幅。组织开展舞龙拜年游展。正月初一、初二，上万名群众走上街头，观看来自宁州街道91支1778人游展队伍的舞狮、彩船、蚌女、腰鼓、烟盒等民俗演出，观看群众达5.1万人次。初一，在盘溪镇也开展了65支975人的传统的舞龙、舞狮、彩船、腰鼓等民俗表演，1.5万名群众观看了民俗表演。2月20日，“迎新春展风采——玉溪农信社文艺会演”华宁站晚会在华宁县文化馆上演。

【2017年中国·华宁柑橘旅游文化节】 2017年中国·华宁柑橘旅游文化节期间，邀请、云南电视台国际频道、中国网、腾讯新闻、今日头条、凤凰新闻、搜狐新闻、天天快报、网易新闻、一点资讯、《云南日报》、《玉溪日报》、《滇池晨报》、《云南经济日报》、云南电视台、云南网、《玉溪日报》、玉溪网、玉溪电视台等中央、省市级媒体42人到华宁专题采访柑橘节盛况和陶产业、柑橘产业、招商引资等发展情况。

8月29日，华宁县在昆明召开柑橘节新闻发布会，工人日报、云南日报、春城晚报、昆明日报、云南网、云南经济日报、云南电视台等12家媒体记者参加发布会。

9月6日，云岭职工第十四届陶瓷拉坯成型技能大赛在县文化馆举办完成，全省46名选手参赛，华宁县4名选手进入前10名，取得技术能手称号。

9月8日，2017华宁柑橘节在华宁泉乡广场开幕。市委常委、常务副市长王力出席开幕式，并宣布柑橘节开幕及碗窑村窑街开街。市政协副主席汪燕平等出席开幕式及系列活动。

同日，在县委党校举办华宁陶论坛，来国内外、省内外的专家学者、本地制陶企业业主、陶艺学生、县陶瓷产业发展领导小组成员共120多人参加了论坛。

柑橘节期间，组织文化企业165户进行展销，其中制陶企业35户，玛瑙企业和个人100户，竹编、刺绣、纸巾、根艺、古玩、盆景等30户，实现文化企业销售收入约600万元，成为柑橘节的亮点和焦点。组织碗窑村开窑街、陶祭窑神、开龙窑等碗窑村系列活动，节日期间，碗窑村接纳游客约5万多人，日均约12000多人。

【重要会议、活动】 2017年3月6日，召开了华宁县宣传思想文化工作会议。

10—11月，积极开展“砥砺奋进五年”群众主体教育宣传活动，成功举办“华宁砥砺奋进的五年”图片、文学、书画展。举行“华宁砥砺奋进的五年”图片、文学、书画乡镇巡回展。

成立华宁县广播电视台。投资240万元，经国家新闻出版广电总局批准，于2017年10月1日正式开播华宁县广播电视台综合广播节目，每天播出时长达到16.5小时。

10月12日，推荐两名选手参加玉溪市纪委、市委组织部、市委宣传部、市总工会、市广播电视局共同主办的玉溪市“喜迎十九大党在我心中”主题演讲比赛。

【文化产业重要活动】 2017年3月19日，华宁县陶文化研究会在龙山茶舍揭牌成立，标志着华宁陶文化研究迈入一个新的阶段。

5月3日，组织召开2017年华宁陶瓷产业发展领导小组第一次工作会议，会议总结了华宁陶发展的成功经验和做法，肯定了取得的成绩，认真分析了存在的困难和问题，明确各部门的工作目标、任务和完成时限。

5月17日，中共华宁县委书记黄云鹍带领由县人大常委会主任魏德锦，县政协主席白应海，县委常委、宣传部长李军，县人民政府副县长罗勇，及县政协副主席、招商局长、工商联主席何文珠等25名成员组成的华宁招商团，到广东佛山开展“华宁陶”产业专题招商。

成立石文化产业领导小组，由县委常委、县委宣传部部长担任领导小组组长，政府分管文化副县长和政协联系工作副主席担任领导小组副组长，领导小组成员由各相关单位主要负责人构成。

5月22日，邀请江西景德镇陶瓷研究所副所长李少景老师，李冬明老师，陶瓷工艺材料专家汪小平老师及陶瓷理论设计方面专家刘竟芳老师到华宁考察陶产业的发展，就华宁县陶产发展的作了专题培训，全县50余家制陶企业参加了培训。

2007年5月27日，县职中举办陶艺培训　　李　艳　摄

5月27日，邀请王祥老师开展茶器制作培训及作品交流会，全县制陶企业部分从业人员、陶艺爱好者、华宁职中陶艺学生约600多人参与培训交流，营造华宁人相互学习陶艺、共同品赏华宁陶的良好氛围。

7月15日，在第三届云南省金属工艺大师、云南省陶瓷工艺大师、云南省木雕工艺大师评选活动中，华宁优秀陶艺人才汪海涛、刘希被评为省级云南省陶瓷工艺大师。

7月17日，在由云南省工艺美术行业协会、昆明国际会展中心联合举办的第十一届昆明国际民族民间工艺品博览会暨第十一届“工美杯”评选活动中，华宁陶获得了1金3银1铜的好成绩。

7月18—23日，组织28户文产企业参加以“发扬工匠精神、引领文化创新”为主题的玉溪市文博会，其中制陶企业21户，玛瑙企业5户，刺绣1户，竹编1户，在参展期间，华宁陶获得两个一等奖，两个三等奖的好成绩。

出版《云南工艺美术华宁文产专刊》，共编印3000册，对宣传推介华宁文化产业起到了重要作用。

8月30日至9月30日，举办华宁陶拉坯成型培训班，共培训学员50名。华宁职业中学与占绍林拉坯培训学校签订了办学合作协议。

8月10—14日，组织9户制陶企业，1户玛瑙企业参加云南省文博会，积极向外推介宣传华宁陶。

9月30日，国家级陶艺拉坯大师、全国五一劳动奖章获得者占绍林的工作室——华宁陶众创空间在碗窑村挂牌成立。

10月14日，由市委宣传部、市文产办牵头召开《华宁县陶瓷产业发展规划》评审会，组织专家进行了修改评审和表决通过。

12月12—18日，组织16家陶企业、4家玛瑙企业到西双版纳州景洪市参加2017年（第七届）澜沧江·湄公河流域国家文化艺术商品交易会，寻求“好茶妙器”的结合，积极拓展华宁陶发展市场。

12月1—6日，县委常委、县委宣传部李军部长带领10家文化企业参加香港“七彩云南·少数民族文化推介展示活动”。

2017年12月22日至2018年1月22日，组织开展了华宁首届陶瓷模具成型培训班，该培训班邀请了全国高级陶瓷模具工艺大师曾昭庆，德化陶瓷研究所所长曾国明，滚压模头车制师罗家贸三位大师担任教师。

【党报党刊征订】 完成2018年度党报党刊发行征订任务。共订阅《人民日报》439份、《求是》366份、《云南日报》1348份、《玉溪日报》1961份、《光明日报》39份、《经济日报》104份，《新华每日电讯》325份。开展《半月谈》《党建》《中心组学习》《时事报告》《品读》《人民论坛》等新闻时事政策性书刊征订工作。

（罗　彬）

精神文明建设

【概　况】 2017年，华宁县精神文明建设工作在以中共十九大精神，习近平新时代中国特色社会主义思想为指导，围绕落实和实现县委、县政府的工作目标，突出抓核心价值观、善行道德光荣榜、群众性精神文明和学校乡村少年宫的建设。坚持抓载体，抓典型，抓创新，公民思想道德素质和城乡社会文明程度进一步提升，为建设富裕、民主、文明、和谐、幸福新华宁提供强大的精神动力和思想保证。

【检查考核省级文明城市创建工作】 2017年1月18—20日，华宁县委宣传部、县文明办组成6个考核小组深入到各乡镇各单位对2016年宣传思想工作，创建省级文明县城工作进行检查考核。考核工作按照《云南省文明县城测评体系》材料审核方式进行。考核小组每到一个部门都认真听取部门负责人对创建工作的汇报，然后根据考核办法逐条对照检查工作台账，对发现的问题及时给予指出，并要求立即进行整改。此次对创建省级文明县城工作的考核共检查52个单位和5个乡镇（街道）的创建工作情况，对创建省级文明县城起到了积极的推动作用。

【慰问道德模范】 2017年1月22日，玉溪市委宣传部副部长、市文产办主任龚紫山带领市文明办干部一行三人在县委常委、县委宣传部部长李军陪同下慰问华宁市级道德模范。龚紫山一行先后慰问了青龙镇的张兰青和陶应全的妻子苏丽琼两位市级道德模范。

【“三下乡”送温暖活动】 2017年1月23—24日，华宁县2017年春节文化、科技、卫生“三下乡”活动在县图书馆门前隆重举行。县文明办、县文联、县科协、县卫生局等部门携手在图书馆门口开展相关宣传活动。本次活动包括知识宣传图片展、发放宣传材料、赠送春联等，为广大群众传授农业生产新知识，普及防病治病新手段。据不完全统计，本次宣传活动共发放各类宣传资料3700余份、赠送春联1200余副，社会主义核心价值观和反邪教挂历2000份，核桃种植挂历300份，科技报1000份，核桃、柑橘、蔬菜书籍350本，挂布标4条。

【学雷锋志愿服务月活动】 2017年3月5日，根据市文明办《关于组织开展“学雷锋纪念日”志愿服务活动的通知》的要求和部署，华宁县文明办狠抓落实，扎实地开展了活动。在第54个学雷锋纪念日到来之际，组织开展了“青年相伴，志愿同行”慰问活动，志愿者组成5支雷锋小分队，对全县范围内的8名建档立卡贫困户、8名困难团员、8名留守儿童、8名孤儿、8名孤寡老人送去了慰问金和生活必需品。

【未成年人思想道德建设】 2017年3月30日，华宁县针对预青成员单位、各级团组织负责人、各级少先队辅导员等180余名青少年事业工作者开展为期一天的预防青少年违法犯罪工作培训。此次培训共安排了未成年人犯罪的原因和预防、反邪教知识专题讲座、校外青少年艾滋病防治综合干预项目培训 3 个专题。

【评选第五届玉溪市道德模范】 2017 年 3 月，市委宣传部、市文明办、市总工会、团市委、市妇联联合部署启动第五届玉溪市道德模范推荐评选活动。华宁县文明办按照助人为乐、见义勇为、诚实守信、敬业奉献、孝老爱亲要求组织推荐，经 4 月 11 日玉溪市文明办第五届玉溪市道德模范推荐评选活动组委会办公室评选公示，宁州街道马鞍山社区马鞍山小组的陈学忠荣获见义勇为道德模范称号。

【第三届"玉溪美德少年"评选】 2017 年，县文明办组织妇联、关工委、教委、共青团等文明委单位开展第三届"玉溪美德少年"评选活动。活动旨在广泛挖掘、选树未成年人中的先进典型，见贤思齐，树立践行中华传统美德、增强道德意识和养成良好品格的榜样力量。通过县级评选，从 21 名候选人中选出华宁"美德少年"2 名，并进行网上公示，材料上报市文明办。5 月初、经市文明办组织评选，华宁县宁州示范小学的赵季秋和华溪小学的李爱惜分别荣获"玉溪美德少年"称号和"玉溪美德少年"提名奖。

【劳模先进事迹报告会】 2017 年 5 月 4 日，华宁县总工会、县文明办组织各单位 500 余名干部职工聆听了"中国梦 · 劳动美"劳模先进事迹报告会。报告会上，全国劳动模范、通海县秀山街道大树社区居委会党总支书记赵思旺，全国先进工作者、原峨山县岔河乡谢札村完小校长李奉忠，云南省先进工作者、玉溪市公安局禁毒支队流动警务站站长李浏华，云南省劳动模范、峨山县大龙潭乡迭所村卫生所医生方富光，玉溪市劳动模范、红塔区疾病预防控制中心宣讲员许蓉 5 位劳模讲述了他们在平凡的岗位上努力拼搏、默默奉献、廉洁自律、服务社会的感人故事。

【"德耀中华 · 玉溪市先进模范"巡讲报告会】 2017 年 5 月 17 日，"德耀中华 · 玉溪市先进模范"巡讲报告会在华宁县文化馆会场举办，来自华宁各单位的干部职工 510 人参加了报告会。第四届云南省助人为乐德道模范、玉溪市人民医院心电科医生毛金凤，第四届云南省见义勇为道德模范提名奖、通海县大营村治保主任许文春，第五届云南省孝老爱亲道德模范、易门县妇女联合会办公室主任王丽华，第三届云南省诚实守信道德模范、红塔区研和街道可官村个体经营户可秀萍，第五届云南省敬业奉献道德模范提名奖、元江县民族中学教师张顺光 5 位先进模范从不同角度讲述了他们的感人事迹。

2017 年 5 月 17 日，"德耀中华 · 玉溪市先进模范"巡讲报告会

【创文、创卫工作】 2017 年，县精神文明办积极配合县委、县政府和宣传部做好"创卫"宣传报道的工作及时报道工作动态，对创文、创卫活动进行正确的舆论引导。下发了《关于加强国家卫生县城、省级文明县城创建和社会主义核心价值观、玉溪精神宣传的通知》文件，协调相关部门设置创卫户外公益广告牌。在《玉溪日报》发表创建国家卫生县城，创建省级文明城市信息共 20 条。

【玉溪市第十一届"红土地之歌"演讲大赛】 2017 年 8 月 8 日，在县文化馆礼堂举办第十一届"红土地之歌"演讲比赛，共有 16 名选手报名参赛，活动在上午进行初赛，晚上进行了决赛。经过初赛，共有 10 名优秀选手脱颖而出，进入最后的决赛。经过激烈的角逐，来自县公安局的李艳艳和县农村信用合作联社的樊昭余获得比赛一等奖，其他选手分别获得二、三等奖。

【市文明办检查华宁西家冲文明示范村】 2017年7月13日，市文明办检查组一行3人由市文明办副主任郑寿启带队，到华宁县检查宁州街道右所社区西家冲村文明示范村的创建活动工作。西家冲村属于2015年申报参加市开展的第五批文明示范村创建工作。检查组对西家冲村的文明示范村创建工作成绩表示肯定，同时建议做好下半年的创建工作：一是按照文明示范村的创建要求要有一个总体建设规划并尽快落实规划；二是社会主义核心价值观、八荣八耻、新农村建设要求、公民基本道德规范、家庭美德、职业道德、村规民约等内容一定要尽快张榜宣传；三是要开展道德讲堂建设；四是结合时节开展多样文化活动。

【文明家庭推荐】 2017年，按照文件要求，县文明办与县妇联联合发文，在全县广泛发动，起止7月31日共收到12家文明家庭推荐。县文明办于8月16日召开相关部门会议，把全县近年来开展的"善行美德"活动结合起来，并征求了县政法委、纪委、公安、计生、民政等7部门意见，确定5家上报市文明办。

【第十一届"华宁县第三届青少年才艺大赛"】 9月11日，华宁县第三届青少年才艺大赛在县青少年学生校外活动中心礼堂举行。本次比赛由县文明办、县教育局、团县委、县财政局主办，县青少年学生校外活动中心承办。大赛的参赛选手来自全县各乡村学校少年宫。大赛设个人介绍及形象展示、主题演讲、才艺展示和知识问答四个环节。比赛中，小选手们充分展示了自己的才艺，古典舞、拉丁舞、苗族刺绣、茶艺等精彩纷呈。

【开展"道德讲堂"建设工作】 按照年初制定下发的通知要求，指导全县各乡镇（街道）、单位、村（组）开展道德讲堂建设工作，特别是结合省市级文明单位的文明创建活动开展讲堂，2017年共开展7期县级总堂，109期各单位讲堂。

（杨　艳）

统战工作

【概　况】 2017年，全县统战和民族宗教工作以中共十八届三中、四中、五中、六中全会、中共十九大精神和习近平总书记系列重要讲话精神特别是考察云南重要讲话精神为指导，牢牢把握"大团结大联合"工作主题，认真贯彻落实县委、县政府重要决策部署并取得显著成绩。"同心示范点建设工程"扎实推进，民族地区经济社会得到持续发展。以"共同团结奋斗，共同繁荣发展"为目标，开展丰富多彩的民族团结进步创建活动，各民族群众交流交往交融不断加强，民族团结局面得到巩固和发展。

【信息工作】 2017年共报送各类统战、民族宗教信息、情报、工作动态101条，被市委统战部采用5条，被市民宗局采用18条，被玉溪日报采用8篇，"云南统一战线"采用11篇，民族时报采用1篇，中文信息（国家刊物）采用1篇。微信公众号"华宁统战"，共推送平台信息22期，推送信息63条。

【信访工作】 2017年，来信来访共5件，县委统战部、民宗局认真办理来信，热情接待人员，做到件件有答复，事事有结果，防止因违反民族宗教政策引发的群体性上访事件发生。

【党外干部】 2017年，一是与组织部门加强配合，认真做好党外干部的培养、选拔工作，加强党外代表人士队伍建设，把一批德才兼备的优秀党外干部选拔到后备干部队伍中来。二是加强与党外干部、党外知识分子的联系、沟通，把一批德才兼备的优秀党外干部选拔到领导岗位。全县人大、政府、政协领导班子中配备副处级党外领导干部6名，县属部门配备正科级党外干部8名，副科级党外领导干部46名。三是建立了党外后备干部人才库，建立《华宁县党外科级干部》和《华宁县科级后备干部》数据库，完成全县副科级以上152名党外干部的信息采集工作。

【党外代表人士工作】 2017年，认真落实《中共玉溪市委关于加强新形势下党外代表人士队伍建设的实施意见》文件精神，形成《中共华宁县委统战部关于党外代表人士队伍建设工作报告》。全县有各界党外代表人士253人，其中，非公有制经济界代表人士92人；民主党派代表人士8人（主要是省八个民主党派、省工商联、省中华执教社挂职干部）；少数民族代表人士138人；宗教界代表人士41人；港澳台海外代表人士2人；归侨侨眷代表人士3人。

【侨务对台黄埔同学工作】 2017年，一是多渠道、多形式开展侨法宣传，开展《中华人民共和国归侨侨眷权益保护法》宣传“五进”活动（即进社区、进校园、进机关、进侨企和进归侨侨眷之家）。二是认真贯彻落实省、市关于加强和改进新形势下侨务工作的意见，做好侨务扶贫工作，管好用好扶贫资金，建立华文教师储备库，推荐1名教师到老挝支教。三是坚持开展送温暖活动，把党和政府的温暖送到归侨侨眷家中。四是继续做好黄埔同学的统战工作，定期对健在的3名黄埔同学进行走访和慰问，年内还对两位农村同学按时发放困难补助金。

【非公有制经济领域统战工作】 2017年，一是完成了华宁县工商联、5个乡镇（街道）商会换届，选举产生新一届工商联领导班子。二是高度重视鼓励创业促就业工作，圆满完成“贷免扶补”、小额担保贷款、“两个10万元”微型企业培育工程任务。三是夯实基础，强化会员组织建设。四是积极引导参政议政，积极按照要求提名推荐县人大代表3人、县政协委员17人，协助完成县人大、县政协换届工作。五是成功开展“万企帮万村”活动，引导非公有制经济人士积极投身全县扶贫攻坚。

【同心工程】 自2011年“同心·示范点建设工程”在华宁县正式启动以来，各民主党派、工商联和无党派人士深入华宁，与华宁一起深化“同心”思想认识，倾心打造“同心”品牌，倾力推进“同心”实践。通过智力帮扶、资金支持、项目支撑、招商引资，为华宁县完成脱贫攻坚任务，全面建成小康社会贡献了智慧和力量。多年来各民主党派省委、省工商联、省中华职教社在华宁县开展“同心示范点建设工程”，完成投资4.03亿元，累计实施项目和开展活动293项。

【新的社会阶层人士工作】 2017年，召开华宁县新的社会阶层人士调研工作联席会议，充分听取各方意见。对华宁县新的社会阶层人士进行了全方位调查研究，建立华宁县新社会阶层从业人员信息库。分别建立了民营企业管理技术人员、外资企业管理技术人员、中介组织从业人员、社会组织从业人员、自由职业人员信息库。同时还建立了华宁县新社会阶层代表人士信息库。在新社会阶层从业人员中，认真筛选出40名不同类别较有代表性的人士，建立华宁新社会阶层代表人士信息库，突出重点实行动态管理。

【干部队伍培训】 2017年，举办全县统战干部队伍、少数民族干部、党外干部、党外知识分子代表人士、非公有制经济代表人士、宗教界代表人士“六支队伍”培训班，参加培训人员共500多人次。

【政协副主席、省工商联主席喻顶成到华宁县调研】 2017年2月15日，云南省政协副主席、省工商联主席喻顶成率省工商联副主席夏云东和省工商联副秘书长柳树一行到华宁县对工商联工作和民营经济发展情况进行调研。市政协主席夏立洪、副主席贺光明，市工商联主席杨建明，副主席李静华、谢江，县委书记黄云鹍，县政协主席白应海，县委副书记、县委统战部长何国斌，县委常委、常务副县长张洪坤，县工商联主席张平等领导陪同调研。喻顶成一行到华宁七彩虹窑陶艺有限公司、云南蓝天重工有限公司、上海电气风电云南有限公司等企业实地调研，听取企业负责人的汇报。调研组一行与华宁县党政领导、县工商联领导、县属相关部门负责人和部分非公有制经济代表人士进行了座谈，张洪坤代表县委、县政府就华宁民营经济发展情况进行汇报，张平就华宁县工商联工作情况进行汇报。

【省委常委、省委统战部部长杨宁到华宁调研】 2017年5月10日，省委常委、省委统战部部长杨宁到华宁县调研统战工作。在市委副书记、市委统战部部长保明顺，副市长、市公安局局长朱家伟，县委书记黄云鹍等领导的陪同下，杨宁一行首先后深入盘溪镇的“同心”广场、大波浪和谐商贸城、南盘江盘溪段河道治理工程和宁州街道锦窑、碗窑村历史文化遗存保护开发项目进行调研。杨宁听取了市委副书记、市委统战部部长保明顺玉溪市统战工作情况汇报。在实地调研和听取工作汇报后，杨宁对玉溪市委认真贯彻中央、省委关于统战工作的相关精神要求作了充分肯定。杨宁要求一是要做好新形势下的党派工作，把非中国共产党人士、无党派人士吸纳、汇聚到民主党派中来；二是要做好新形势下的民族和宗教工作，主动服务国家“一带一路”建设和全省“三大定位”实施；三是要做好新形势下的非公有制经济工作。

【第五批各民主党派省委机关干部到华宁挂职】 2017年5月31日，华宁县召开省级各民主党派机关挂职干部座谈会，欢送第四批各民主党派省委机关挂职干部，迎接第五批下派挂职干部。县委组织部长师琼华在会上宣读了挂职干部的任职意见；龙兰在会上提出三点要求；省委统战部干部处调研员程丹江代表省委统战部做了讲话，并提出具体要求。第五批挂职干部共7人，其中4人为继续留任，3人为新选派人员。

【领导班子民主生活会】 2017年2月8日，华宁县委统战部（民宗局）召开2016年度领导班子民主生活会。何国斌代表部领导班子作对照检查，深刻剖析了统战部（民宗局）领导班子在“两学一做”方面存在的问题，分析了产生问题的原因，提出了整改的措施。领导班子成员逐一进行个人对照检查、严肃开展批评和自我批评。

【工商业联合会第六次代表大会】 2017年3月9日，华宁县工商业联合会第六次代表大会在宁州街道城关社区举行。县工商联第五届执行委员会主席张平代表县工商联（商会）第五届执行委员会做工作报告。召开了县工商联第六届执行委员会第一次会议，选举产生县工商联第六届执行委员会主席（会长），何文珠当选县工商联第六届执行委员会主席（会长）。

【全县统战工作会议】 2017年9月14日，全县统战工作会议召开。县委书记黄云鹍出席会议并讲话。会议指出，中共十八大以来，县委坚决贯彻落实中央、省委、市委的决策部署，全县统一战线各领域工作得到较好发展。做好新形势下的统战工作，要切实提高政治站位，从战略和全局的高度准确把握新形势下对统战工作提出的新要求，准确把握习近平总书记统一战线重要思想、准确把握统一战线服务全县跨越发展的原则方法、准确把握统战工作面临的突出问题，高度重视、认真研究、及时解决，不断提高统战工作水平。

【统一战线理论培训】 2017年10月25日，全县统战干部、少数民族干部、党外干部和党外知识分子代表人士培训班在县委党校开班，全县各部门、各乡镇（街道）“四支干部”200余人参加了培训。县委常委、县委统战部长周士坤在开班仪式上作重要讲话。培训班邀请了省社会主义学院钟瑞华教授专题讲授习近平总书记关于统战工作重要讲话精神及《中国共产党统一战线工作条例（试行）》；县委统战部常委副部长、民宗局长张秀篁讲授了华宁县民族宗教情况及有关政策；统战部副部长、工商联党组书记束勇做了题为《华宁县统战工作概述》的专题讲座。

（谢志能）

机关党建

【概　况】 2017年，县直机关工委所属基层党组织共127个。其中，基层党委2个，党总支13个，党支部112个。共有党员1562名，女党员454名，占党员总数的29.07%。35岁以下党员220名，占党员总数的14.08%；60岁以上的党员550名，占党员总数的35.21%。少数民族党员294名，占党员总数的18.82%。大专以上党员1038名，占党员总数的66.45%。

【思想建设】 2017年，县直机关工委一是始终坚持思想建党和制度建党，扎实推进“两学一做”学习教育常态化制度化。将中央和省市、县委重大会议精神纳入“两学一做”学习教育重要内容。先后5次组织机关党员集中学习，学习了中共十八届六中全会精神、习近平总书记系列讲话暨考察云南重要讲话精神、《中华人民共和国宪法》《中华人民共和国民法总则》，参加党员达2000多人次。宣讲中共十九大精神3场次，做到机关党员全覆盖。积极开展“千堂党课下基层”，县委书记黄云鹍和县委常委等领导亲自带头讲党课，宣讲中共十九大精神。工委书记邓从寿讲党课7堂，深入联系点华溪小寨讲党课2场次。各工委委员深入基层党支部讲党课12堂，各单位领导和支部书记到联系点讲党课共106堂，广大党员积极撰写微党课、轮流讲党课。以建党96周年“七一”纪念活动为契机，组织开展“微党课”“红土地之歌”演讲比赛。纪委、财政、国税、地税、检察院、法院等党组织联合组织“忠于党颂党恩跟党走”演讲比赛，围绕“家风”主题先后轮流主办“道德讲堂”。二是高度重视意识形态工作。工委设立网评网宣员53人，网评网宣队伍建设得到加强，全年撰写网评文章200余篇。积极提供新闻线索、多次接受采访、发布信息24篇、传播正能量微信若干，积极营造了良好的思想宣传和舆论氛围。

县直机关工委举办2017年入党积极分子培训

【组织建设】 2017年，县直机关工委一是加强班子自身建设。领导班子分工明晰，职责明确，紧密团结协作，加强指导、分块联系，整体推进机关党的建设。全年共召开工委会8次、书记办公会18次、机关党建推进会5次，按季度分析总结研究工作。二是加强基层党组织建设。经请示批准设立老干局党委、财政局党总支和投融资公司党支部，组织结构进一步优化。根据基层党组织任期和干部人事调整，督促指导农业局等38个党组织进行换届，选举委员117人；指导水利局等18个党组织进行了支委补选，改补选委员28人、书记13人、副书记3人。组织开展了县直机关和社会组织党务干部培训，培训人数达300余人次，党务干部履职能力不断提升。三是加强队伍建设。组织入党积极分子培训一期73人，按照5个步骤25个环节吸收预备党员18人，转正18人。完成2个党委、13个总支、112个党支部党员信息采集、录入工作和党统工作（转入86人，转出56人，内转55人，去世12人），党员管理信息化水平提升。四是强化机关党建提升。细化实施方案，全面推行党建工作台账一本清、制度上墙等建设，基层党建规范化大幅提升。加大基层党建工作经费和示范点建设投入有力推进13个示范点建设，示范引领作用明显增强。五是规范党费收缴工作。县直机关工委认真执行党费日制度，严格规范收缴党费，对不按时、四舍五入和机械填写党费证问题进行了专项清查和整改，对不足额的进行了补缴。党费收缴和管理使用做到手续完备、账账相符、账款相符、公开、透明。六是层层压实党建责任。及时制定和下发了《2017年机关党建工作要点》和工作计划，认真细化“基层党建提升年”实施方案，明确机关党组织书记抓党建责任清单、任务清单和问题清单，认真组织实施月评季推、年终考评和书记抓党建述职评议，切实整治机关党建“灯下黑”和“软弱涣散”，机关党建成效明显提升。七是严格规范组织生活。严格规范“三会一课”制度，并按照县纪委、县委组织部联发《关于召开2017年度基层党组织组织生活会和开展民主评议党员的通知》部署，紧密围绕深入学习贯彻中共十九大精神，牢固树立“四个意识”，坚定“四个自信”，提升基层党组织组织力，查找纠正“四风”突出问题。严格按照《关于转发〈在“两学一做”中召开民主生活会和开展民主评议党员操作规程〉的通知》要求，严格会前报审制度，工委班子成员按分工联系制度到会督导和点评，逐级推进，层层把关，做到会前报审、会中督导、会上点评全覆盖。截至2018年3月30日，县直机关52个单位共112个党支部召开了组织生活会，实有党员1547名，全部参加民主评议，民主测评情况为“优秀”的155名、其他为合格，无基本合格、不合格党员。

县直机关工委领导深入农户开展脱贫攻坚工作

【作风建设】 2017年，县直机关工委一是从严从紧抓作风带队伍。以“基层党建提升”为抓手，深化党员积分管理，强化措施、狠抓落实，持续整治机关党建“灯下黑”和“庸懒散浮拖”。二是推行“双联系一共建双推进”。积极响应县委号召，紧密联系“科教引领创新发展”、文明县城创建、卫生城市创建等中心工作深化党员积分管理，积极发挥基层组织战斗堡垒和党员先锋模范作用。推进机关农村党建共建联建，派驻工作队员长年驻村，发动广大机关党员积极投入“挂包帮、转走访”，每人直接联系1—3户建档立卡贫困户进行帮扶，聚力推动脱贫攻坚。机关工委积极协调、努力推进雨勒冲水库和三大路等项目建设，完成承包村老里冲进村道路浇筑、饮水池及输水管道改造、农危房改造和科技文化活动场所建设及桌凳配套。机关工委一名工作人员长年驻华溪小寨村委会，全体工作人员坚持每周深入联系点，积极参加建档立卡贫困户动态管理，进村入户走访。三是积极创新“43210”党建工作法。工委实施党组织目标任务、党建提升、学习教育、服务群众工作“4”个计划；完善党建工作问题清单、任务清单、责任清单“3”个清单；开展基层党组织书记抓党建述职考核评议和组织生活会党员民主评议“2”个点评；以圆满完成县委、县政府下达的各项目标任务为第“1”目标；执行违纪“0”容忍、推动工作“0”懈怠、服务群众“0”距离。

【党风廉政建设】 2017年，县直机关工委一是勇于担当“两个责任”。县直机关工委成立党风廉政建设和反腐败工作领导小组，由工委书记负总责承担“一把手”责任，由工委副书记承担分管领导责任，具体分管本单位党风廉政建设工作；其他委员按照“一岗双责”要求承担联系党组织党风廉政建设工作的指导和监督责任。工委书记与全体工作人员签订党风廉政建设责任书，认真执行“一岗双责”层层压实责任。二是强化学习。认真学习了《中国共产党章程》《中国共产党廉洁自律准则》《中国共产党纪律处分条例》

《中国共产党巡视工作条例》《中国共产党问责条例》《中国共产党党内监督条例》《关于新形势下党内政治生活的若干准则》等党章党规和系列重要讲话精神。组织开展“千堂党课下基层”和微党课比赛，5次参与机关党组织道德讲堂，3次参加警示教育，组织收看了《人民的名义》《决不饶恕》等警示教育片，并撰写心得体会。对中央第十一巡视组云南巡视“回头看”反馈意见作了专题学习，召开了专题民主生活会，认真查找整改问题。邀请市委宣讲团成员、市县委党校老师和县纪委等领导开展专题讲座，将党风廉政建设和纪律作风学习教育纳入党务干部和入党积极分子培训重要内容。三是统筹安排定期研究。制定县直机关工委2017年度工作要点、党风廉政建设和反腐败工作计划。全年召开工委会议8次，书记办公会15次，党风廉政建设专题会议5次（向县纪委复函违纪党员处分意见5份），“三重一大”会议4次，先后3次约谈了2个党总支、1个党支部负责人。组织实施了基层党组织书记述职考核评议和组织生活党员民主评议2项点评，有力推进违纪、违法“0”容忍、推动工作“0”懈怠、服务群众“0”距离。四是强化权力制约和监督。严格执行中央八项规定，全面加强权力监督制约，严格执行领导权力清单、书记责任清单和主要领导“四不直管”和会计出纳分设财务制度。严格执行民主集中制度，“三重一大”决策全程纪实，主要领导末位表态。自觉遵守党的政治纪律和规矩，严格执行请示报告制度和领导干部报告个人有关事项制度。先后参加市委组织部、市直机关工委、县委组织部组织的广州、江西、深圳学习培训都经过请示同意和报备，全年无出国出境。贯彻落实中央八项规定，严格执行公务用车申报和公务接待、差旅费用报销标准等制度，严格“三公”经费管理。全年申请公务用车8次，公务接待5次支出1700元，差旅报销11843.5元（含往返机票等费用），驻村工作队员补贴10000元，下乡补贴3600元。积极开展办公用房、“小金库”“吃空响”等自查自纠和清理整顿领导干部在社会组织、企业兼职等专项行动，办公用房不超标，下乡自觉缴纳伙食费，无私设“小金库”和单位领导干部在社会组织、企业兼职情况。

【密切联系群众】 2017年，县直机关工委倡导督促各基层党组织充分发挥党组织思想政治工作优势和密切联系群众工作优势，注重干部职工的人文关怀，了解掌握干部职工思想动态，利用“七一”建党节、党员民主评议、召开专题民主生活会等，有针对性地开展党员领导干部、党员职工间的交心谈心活动，沟通思想、增进团结，创建文明机关、和谐机关。利用“七一”建党节和春节，积极发动各基层党组织慰问老党员、困难党员和困难群众，2017年，县直机关工委先后2次慰问老党员和困难党员41人，发放慰问金10300元。发动党员积极捐款、捐物，慰问困难群众12户，支出3770.2元。

（邓从寿）

老干部工作

【概　况】 2017年，县委老干部局围绕中心，服务大局，认真贯彻落实中央“全面做好离退休干部工作”精神，以“让党放心，让老干部满意”为目标，以迎接中共十九大、学习宣传贯彻十九大精神为主线，以引导离退休干部为党和人民事业增添正能为价值取向，加强两项建设，落实两项待遇，完善老干部活动中心的管理与服务，抓好老年大学工作创新，发挥老干部活动中心和老年大学阵地作用，加强自身建设，全县各项工作在全市名列前茅，在2017年全市老干部工作目标管理责任制考核中，被评为优秀一等奖。截至12月31日，经县委组织部批准退休，转由老干部局管理的退休干部23人，病故的离退休干部14人（离休1人、退休13人）。老干部局管理的离退休干部 503 人，按居住地或系统编为 16 个学习组，设一个党委、16 个党支部、党员 366 人。

【老干部慰问】 在 2017 年春节和全国第五个老年节期间，县委、县政府采取多种方式对全县离退休干部进行慰问。一是由县委常委、人大常委会主任、政协主席组成 6 个慰问组，对全县副处实职以上老领导开展入户慰问；二是 1 月 18 日和 10 月 27 日在县文化馆礼堂分别召开 2017 年春节和庆祝全国第五个老年节慰问老干部会议，由县政府领导向离退休干部通报工作情况，为每位老干部发放 200 元节日慰问金，与老干部共进晚餐；三是对居住在县外、乡镇（街道）、长期生病及住院的老干部，老干部局采取个别走访和分片集中的方式进行慰问，发放慰问金；四是对 21 名有特殊困难的老干部和遗属，老干部局专门安排了特困经费 10500 元，进行走访慰问。全年县委老干部局看望慰问生病住院的老干部 104 人；为年满 70、80、90 周岁的 21 位老干部送生日蛋糕；慰问病故老干部家属 14 户。

【老干部活动】 2017 年 3 月 29 日，100 多名离退休干部到县爱国主义教育基地开展清明祭奠英烈、文明祭扫活动；6 月 1 日到宁州街道平地小学，与学校师生共同欢庆“六一”国际儿童节；6 月 27 日，召开庆祝中国共产党建党 96 周年大会，对 30 名优秀共产党员进行表扬，受表扬的优秀党员代表进行了发言，并邀请玉溪市党史研究室副主任段利星为参会的党员讲授《重温党的历史，增强党的历史自信》党课讲座；6 月 28 日，组织全县副处级以上老领导到华宁县玉珠水泥有限公司参观学习；8 月 29—30 日，开展离退休干部扑克双扣、赶猪跑、盲人敲锣文体活动比赛，240 人参加；11 月 14—15 日在象鼻温泉度假村举办全县离退休干部党支部支委及在职人员培训班，50 多人参加学习培训，培训邀请委老干部活动中心心理咨询师业艳讲授《平衡心理，幸福晚年》专题讲座，邀请县人民医院内分泌科主任李竹青作“糖尿病及高血压的管理”专题讲座，邀请县委党校常务副校长贾平作《新时代新指南新战略新作为》的学习贯彻十九大精神专题讲座。

【县老年大学办学活动】 2017 年县老年大学十二届学员圆满完成招生工作，办学规模达 18 个教学班，12 个专业，在校学员 587 人，聘请任课教师 12 人。1 月 13 日，举办 2017 年迎新春联欢会；4 月 26 日，举办首届校园趣味运动会；在云南省首届抚仙湖樱花节举办期间，组织老年大学志愿者服务队到世家村参加“民族民间文艺”下乡演出；“五四”青年节组织部分骨干学员到华宁第四中学参与“五四”文艺晚会；6 月 1 日，组织部分教师和骨干学员参加与市文化馆联合举办的基层公共文化培训；6 月 13—14 日，组织教师到嵩明县老年大学学习交流；11 月 7 日，组织老年健康知识讲座。

华宁县老年大学文艺晚会

【联系点扶贫帮困工作】 2017 年，县委老干部局组织全体干部职工深入到部门扶贫联系点宁州街道办事处平地社区为基层群众办实事、做好事。一是根据相关的扶贫政策，积极给联系户出主意，想办法，争取早日脱贫致富；二是开展春节寒冬送暖活动，为扶贫联系户和困难老党员购买大米和食用油，支出资金 3000 元，其中单位出资 1900 元，干部职工捐款 1100 元；三是组织动员离退休干部为扶贫助学捐款，老干部 278 人捐款 17790 元，其中，5000 元用于购置郭家营社区农村幸福养老院冰箱等设备，2378 元用于购置平地小学为 188 名学生的学习用品，2000 元用于平地小学生病的特困学生李柒同学医疗补助，8412元用于平地社区脱贫攻坚农村科技培训补助；四是为高寨、得冲2个村民小组向上级部门争取农村老年人活动室建设资金60000元。

（罗云德）

党校工作

【概　况】 2017年，党校认真贯彻落实中央和省市委党校工作会议精神，深入学习中共十八大、十八届六中全会，中共十九大精神和习近平总书记考察云南重要讲话精神，积极贯彻落实省委、市委、县委关于加强和改进新形势下党校工作的实施意见，以“两学一做”学习教育常态化制度化活动为契机，紧紧围绕县委中心工，认真履行工作职能，各方面工作都取得了较好的成绩。

【党建工作】 2017年，党校制定下发《各科室工作目标考核办法》，全体干部职工进一步明确工作目标、任务和具体要求，班子成员按照分工各司其职，严格督促落实各项分解任务和协办任务。班子成员之间、班子成员与教职工之间开展谈心谈话25人次，通过谈心谈话，相互交流思想，增进共识。以推进“两学一做”学习教育常态化制度化为契机，组织开展集体学习18次、试讲评课3次、外出学习培训15人次落实“三会一课”制度、调整完善党员积分制管理、党员固定活动日（主题党日）、千堂党课进基层、在职党员到社区报到服务等活动，引导党员按照“四讲四有”标准，做到政治合格、执行纪律合格、品德合格、发挥作用合格。年度内召开支部大会4次，支委会12次，组织党课4次；开展党员固定活动日（主题党日）活动12次；组织开好巡视整改专题民主生活会；按时缴纳全年党费4776.78元；办理党组织关系接转手续3人。

【干部教育培训】 2017年，党校抓好党的理论教育，培训主阵地作用不断巩固。与组织部、县直机关工委、人社局协调配合圆满完成华宁县第七期青年干部培训班，科级干部培训班，入党积极分子培训班，村（社区）党总支书记、主任培训班，初聘事业人员培训班等主体班次教学工作。圆满完成了人大代表培训、政协委员培训、县委中心组理论学习、脱贫攻坚会议、全县领导干部大会等重要会议和重大活动服务工作，共承办县级机关各种培训（会议）56期，提供服务6754人次。各类培训中将意识形态、统战、禁毒防艾、维稳反邪教、保密等内容纳入培训日程，聘请相关部门负责人到党校给学员授课，有效发挥了干部教育轮训培训主渠道作用。

【教学科研】 2017年，党校积极组织教师参加全市党校系统科研课题结题和申报。完成上一年度课题结题，成功申报《华宁县人才需求状况调研》《玉溪市职业教育发展研究——以华宁为例》2个科研课题。全年发表学术论文和理论宣传文章7篇，协助市委党校做好科级干部培训班到盘溪民族团结示范区开展现场教学。

【函授教育】 2017年，党校分别与云南农大、云南中医学院、玉溪师院合作办学，为在职人员提供高等学历继续教育服务。以集中面授工作为中心，推行制度化管理，成为全市办学规模较大、综合实力较强的教学点。党校教学点共有15个教学班、457名在校生（其中，将有106名毕业学生陆续领到毕业证书）。2017年，荣获“云南农大成教工作先进集体”“云南农大招生工作三等奖”“云南中医学院招生优秀奖”等荣誉。

【党课宣讲】 2017年，党校选派教师先后到华溪镇、盘溪镇、青龙镇和各部门、社区（村委会）开展十八届六中全会精神、中国共产党党史、“两学一做”学习教育、十九大精神等方面的宣讲活动。党校教师在县内开展宣讲31场，听众2627人次。

【县委中心工作】 2017年，党校参与县委中心工作，先后抽调6名干部职工参加祭祀堂片区棚户区改造工作、凤山片区征地工作、县脱贫攻坚领导小组办公室工作。落实河长制工作任务，协调相关部门解决实际问题。做好盘溪大寨社区挂包帮扶工作，及时开展“找问题、补短板、促攻坚”工作，拨付大寨社区工作经费6.8万元，教职工自行慰问帮扶3000余元，协调解决D级危房户宅基地及建房经费一户，确保16户联系户均实现“两不愁三保障”。

【校园建设】 2017年，党校加强党校设施建设，不断改善办学、办公条件。积极推进党校异地新建项目，成立党校改扩建工作领导小组，完成可行性研究报告的编制、评审工作，办理项目选址意见书、环评、用地等相关手续，积极向上协调争取党校改扩建工作前期经费150万元。全力消化党校建设历史欠账，筹措经费17万元，结清综合楼建设工程款。投入资金4万余元对学校宿舍设施、校园大门进行修缮，安装学员宿舍户户通24套，种植校园绿化树木，改善校园环境。

【工会工作】 2017年，党校年度内安排了1名职工外出疗养；开展教职工生日慰问；对3名生病住院职工进行慰问；重阳节对离退休老职工进行慰问；组织参加全市党校系统第六届职工运动会，获得集体项目3个二等奖，4个三等奖的好成绩。

（韩云宇）

史志工作

【概　况】 2017年，县委史志工作在县委、县政府的领导及省、市史志部门的指导帮助下，以邓小平理论、“三个代表”重要思想、科学发展观、中共十八大、十八届六中全会、十九大和省市史志工作会议精神为指导，继续以“两学一做”为主题，按照“抓好队伍、夯实基础、增强活力、全面发展、开创局面”的工作思路，发扬“淡泊名利、求是修史、团结奋斗、开拓创新”的工作作风，深入扎实地做好全县史志的研究、编纂、宣传等方面的工作，充分发挥史志工作“存史、资政、育人”的作用，在县委中心工作、党史地方志资料征集、史志编纂、史志调研、党史宣传教育和党史联络等各个方面都取得了较好成绩，为加快华宁经济社会发展做出了积极的努力。

【配合完成《滇中·红色记忆》党史专题片拍摄】 2017年5月24日,《滇中·红色记忆》党史专题片摄制组在华宁县盘溪镇地下交通站顺利完成拍摄工作。

《滇中·红色记忆》党史专题片是市委党史研究室与玉溪电视台联合摄制，是玉溪市拍摄的第一部党史专题片，目的是为充分挖掘党史资源，真实记录和客观再现滇中革命斗争的光辉历程，对广大党员干部群众进行爱国主义教育和革命传统教育，为滇中地委成立70周年献礼。

县委史志办积极主动配合摄制组的拍摄改工作：一是多次向县级及盘溪镇的有关领导汇报，得到了有关领导和盘溪镇党委政府的大力支持，帮助解决了拍摄中遇到的各种问题；二是带领导演、制片等三次到拍摄点完成选点、落实场地等问题，采纳摄制组的意见完善准备工作；三是与导演组一起到盘溪政府挑选了7名演员进行拍摄，并向盘溪镇政府的年轻干部宣讲了盘溪地下交通站的革命斗争史。

【“六一”慰问贫困儿童】 2017年5月29日，华宁县委史志办干部职工到盘溪镇方那社区开展慰问活动。干部职工详细了解了贫困儿童的家庭生活状况和学习情况，向20名贫困儿童致以节日的问候，并为他们送去价值4000余元的书包、书本、钢笔等学习文具。

【结对开展庆祝“七一”建党节活动】 2017年7月1日，县委史志办党支部与方那社区党总支部在放那社区共同举行庆祝中国共产党96周年大会，共计55人参加。活动共有6个议程：一是全体党员重温入党誓词。二是史志办副主任张兰以《习近平总书记关于全面从严治党的重要论述》为主题讲授党课。三是组织全体党员观看了廖俊波先进事迹的微电影，四是观看道德讲堂《圆梦中国 · 德耀中华》视频。五是开展“仙湖卫士活动”，到华盘路上清扫垃圾。六是调研方那小组党员活动室和群众活动场所。

【《中国共产党华宁历史》第一卷（1944—1978）出版发行】 2017 年 8 月，《中国共产党华宁历史》第一卷（1944—1978）由云南人民出版社正式出版发行。《中国共产党华宁历史》采用纪事本末体的体例编纂，写法上采取篇章节目体，将每一历史事件按历史分期详其首尾。全书由彩页，引言，上篇新民主主义革命时期（1944.1—1950.3），包括第一章抗战后期党在华宁县的革命活动、第二章华宁县革命斗争的开展及取得的胜利，下篇社会主义革命和建设时期（1950.3—1978.12），包括第三章社会主义改造的基本完成、第四章社会主义建设的曲折发展、第五章“文化大革命”运动、第六章在徘徊中前进的两年，结语，后记 10 个部分组成。全书共 310 千字，彩页图片 50 张，印数 2500 册。

《中国共产党华宁历史》第一卷（1944—1978）出版发行

【党支部换届选举】 2017 年 10 月 11 日，鉴于人事变动和届满实际，依据《中国共产党章程》，按照《中国共产党基层组织选举工作暂行条例》规定，中共华宁县委史志办党支部召开党员大会，对任期届满的党支部进行换届，根据中共华宁县直机关工作委员会要求，史志办党支部只设书记一名。经过选举，杨文桥同志当选为新的党支部书记。

【《中共华宁县委执政纪要（2016 年）》出版发行】《中共华宁县委执政纪要》（2016 年）于 2017 年 12 月由德宏民族出版社出版发行。执政纪要主要内容由彩页、领导关注、重大决策（包括重要讲话、重要文件、重要会议）、重要活动、执政实践、纪委工作、县委部门工作、党委（党组）工作、执政大事、执政论坛、调查视察、附录 12 个部分组成，重点记述了 2016 年县委的执政实践，全面反映了 2016 年全县各党委、党组和县委部门的工作，系统总结了所取得的成绩、经验和教训，积累了党的思想建设、组织建设、作风建设、党风廉政建设等方面的历史资料，对加强党的建设、提高党的执政能力和水平、增强执政意识具有重要的意义。全书共 750 千字，彩页图片 81 张，印数 600 册。

【《华宁年鉴（2017 年）》出版发行】《华宁年鉴》（2017 年）于 2017 年 12 月由德宏民族出版社出版发行。主要内容由彩页、特载、大事记、综述、党政机关、群众团体、军事、法制、民族宗教、经济管理、农林水利、工业、交通 · 邮电、建设 · 环保、贸易、财政 · 税务、金融保险、科学技术、教育、文化 · 广播电视 · 旅游 · 体育、卫生 · 计生、社会、乡镇（街道）概况、人物、附录、索引 26 个部类组成。全书共 750 千字，彩页图片 70 张，印数 600 册。

【做好方那社区的扶贫工作】 方那社区共有建档立卡贫困户 20 户，县委史志办联系 14 户，盘溪镇计生站联系 6 户。2017 年主要做好以下几方面的工作。一是开展扶贫慰问。在春节和儿童节等节，对贫困户、贫困儿童、贫困党员开展慰问活动，共慰问 4 次 52 户次，慰问品和慰问金共 11400 元。二是做好档案规范管理。全体干部职工先后多次到结对帮扶户家中进行走访，根据实际情况填写精准扶贫明白卡、贫困户信息卡、贫困户扶贫手册、脱贫双认定卡等。10月23日，专门安排一名干部进驻社区协助做好建档立卡户精准扶贫档案整理，通过对联系的14户贫困户信息再次对照采集，完善了台账资料，做到一户一册。三是坚持每周六扶贫集中攻坚。按照县扶贫办的要求，由领导带队到方那开展周六扶贫集中攻坚，进一步查缺补漏，补齐短板，力争各项工作圆满完成。同时，还选派一名干部进驻社区帮助完善各项工作。

史志办干部实地察看贫困户建房进展情况

（杨有文）

保密工作

【概　况】 2017年，县国家保密局通过强化保密组织领导，深化保密宣传教育，持续推进“三大管理”，不断提高依法治密能力，积极构建保密综合防线，充分发挥保密工作“保安全、保发展、保稳定、促和谐”的职能作用。县委保密委员会机构健全、人员调整及时、职责分工明确，有成员20人。全年召开两次保密委员会会议，第一次在3月份召开，会议总结了2016年的保密工作，通报2016年市对县的考评结果和全县各机关单位2016年的保密工作考评情况，讨论通过2017年度保密工作计划。第二次会议在8月召开，专题学习中保委，省、市保委主要领导讲话和部分保密文件精神，通报近期失泄密案例。

县国家保密局举办保密知识培训

【保密法制宣传教育】 2017年，保密委主任讲党课1次，保密局领导到重点机关单位、纪委巡察组、青干班等讲保密课12次，组织订阅《保密工作》198份、《保密科学技术》20份，推广“保密观”“保密科学技术”微信公众号200余人次，发放“五法”法制宣传手册280本、商业秘密保护宣传资料45份，制作并发放机关单位和个人保密管理清单200份，开展计算机保密知识培训1次，收到了较好的宣传效果。狠抓保密联络员培训管理。为增强保密管理实效，使联络员学习和掌握保密专业知识技能，明确联络员职责，华宁县采取讲保密课，组织联络员、计算机管理员参加市保密局知识技能培训，到机关单位开展保密检查指导等多种方式，增强联络员的保密法制观念和防范意识，提升他们履行保密职责的能力和水平。开展好以“学习保密法规知识，树牢总体国家安全观”为主题的保密法制“宣传月”活动。期间，组织保密知识培训1次，保密课1次，发送保密提醒短信2000余人次，发放《致全市副县级以上领导干部的一封保密提醒信》37份，《定密工作知识手册》180余份。

【保密“三大管理”】 2017年，县国家保密局多次组织保密干部深入到全县各乡镇（街道）、机关单位开展保密检查指导，以强化定密规范管理、涉密人员管理、网络保密管理“三大管理”为突破口，推动华宁县保密工作转型升级。在定密管理方面，对县委办、人大办、政府办、政协办、检察院和法院几家重点单位开展检查，重点检查定密工作是否符合规定的程序、定密是否准确、审批程序是否齐全，指导机关单位的定密责任人、承办人做好规范定密工作。在涉密人员管理上，继续完善涉密人员管理台账，要求各单位指定保密工作联络员和计算机系统管理员，及时报送人员变更情况，实地指导单位对新增涉密人员进行保密审查、签订承诺书并开展上岗培训，将涉密人员的增减情况按季度报备。对临时性的借调、聘用人员进行清理、自查和备案，通知各单位认真排查和清理涉密事项，及时健全完善涉密人员动态管理台账。加强“三书”管理，年内与新提拔的领导干部签订领导干部保密工作责任书52份，督促各机关单位做好涉密人员在、离岗保密承诺书的签订工作。在计算机及网络保密管理上，新增《华宁县电子政务内网保密管理制度》，落实《党政机关和涉密单位网络保密管理规定》、计算机及网络自检自查和保密自查自评规定，重点检查计算机及其网络，及时发现问题并限期整改，有效杜绝各类计算机失泄密隐患。同时，要求全县各机关单位按季度开展好自检自查工作，以排查风险隐患、堵塞漏洞为重点和工作目标，对全县计算机及互联网门户网站进行了一次全面排查、汇总和统计，并有针对性地进行检查抽查，做到边查边改。

【涉密载体管理】 2017年，县国家保密局一是将玉溪市涉密载体定点制作和涉密计算机及系统设备定点维护单位名单告知县内各机关单位，要求单位维修维护涉密设备必须到指定的单位进行。二是向县内的打复印店及办公设备维修维护点宣传《国家秘密载体印制资质管理办法》的相关内容，教育他们在未取得涉密载体印制资质或维修资格的情况下，不得承接国家秘密载体的印制和维修维护业务。三是重新确定县内的涉密纸介质定点销毁单位为华宁县裕丰纸业有限公司，县国家保密局于每个季度最后一个月下旬安排专人到销毁点监督销毁。涉密硬盘、U盘等电、磁介质由单位移交县保密局统一集中销毁。

【保密依法行政】 2017年，县国家保密局一是规范保密执法检查。新增《华宁县保密检查工作制度》，在日常保密检查中主动出示执法证件，递送保密检查通知书，反馈计算机检查报告和保密检查记录表，并由被检单位主要领导对反馈意见进行签字认可，确保保密检查和执法工作做到依法依规、真实有效。全年开展保密执法检查2次，覆盖单位79个，与单位主要领导座谈、进行保密提醒79次。二是严肃涉密会议、统一考试保密纪律。全年共参与涉密会议信号屏蔽工作4次，未出现违规使用通信设施和失泄密情况。为切实做好试卷的安全保密工作，县保密局专门明确一名保密干部，进行试卷押送、信号屏蔽、保密监督指导，统一考试的安全保密工作得到较好保障，未出现失泄密事故。为确保2017年华宁县高考的顺利进行，市、县两级保密行政管理部门对教育局的试卷保密室进行保密安全专项检查，对存在的问题提出了具体整改意见。2017年，县保密局共参与高考、中考、学业技术水平考试、事业单位招考等系列考试17场，考生人数15596人，圆满完成2017年的各类统一考试卷保密工作任务。

（普有敏）

档案管理

【概　况】 2017年，县档案局（馆）以科学发展观为统领，紧紧围绕县委、县政府中心工作，深入学习贯彻落实中共十九大及习近平总书记系列重要讲话精神，以服务民生为己任，全面强化档案馆藏资源、业务建设，不断提高档案工作科学化水平，做好机关档案规范化管理示范认定工作，推进档案信息化建设，为全县经济社会的健康发展做好服务。

【丰富馆藏】 2017年，县档案局（馆）接收了县公证处、档案局、县委党校、群众路线办、团县委、重大活动办、林改办、史志办、关工委27个全宗档案4512卷、74938件，收集整理棚改、抗战老兵等照片225张、实物2件、光盘13盘、图书资料41册入库，华宁县档案馆的馆藏达160个全宗，档案66532卷、124364件、声像实物电子档案779件，照片7211张，资料8482册。馆藏档案门类齐全，形成了以纸质档案为主、多种形式和载体并存的馆藏结构。2017年对馆库房内不规范的全宗档案进行核对、整改、换盒、编目、录入，共整理干部档案、纪委、落办、盘溪糖厂、黄磷厂、民陶厂、盘溪五金厂等的人事档案共6276卷、公证档案1097卷。

【安全保管】 2017年，县档案馆库房管理人员严格执行档案消防安全"八不准"制度，对新进馆的档案进行消毒杀虫灭菌处理，定期对库房的电气线路、门窗、通风、温湿度控制设备等进行检修，定期检查档案的虫蛀、霉变、破损情况，及时清扫库房、更换药片，做好"十防"工作，未出现档案资料虫蛀霉变现象及档案遗失、损毁、泄密等安全事故。

【档案利用】 2017年，县档案馆接待档案查阅利用者1119人次，查阅档案1450卷、642件，复印档案2594页，查全率、查准率高。同时重视档案利用事例编写工作，编写利用事例9条。

【档案信息开发】 2017年，县档案局（馆）围绕县委、县政府中心工作，整理续编《华宁县党代会汇编》《华宁县人代会汇编》《中国·华宁县柑橘节专题文件汇编》《华宁县大事记》等资料汇编共30.83万字，档案信息资源在经济建设和社会发展各个方面起到了积极作用。

【档案资源信息化管理】 2017年，县档案局（馆）共录入馆藏档案目录案卷级706条、文件级208847条，累计录入馆藏档案目录111个全宗案卷级42929条，文件级872921条，处理并挂接37个全宗488626件档案原文2230888页。投入40万元资金，对馆藏部分利用率较高的纸质档案及珍贵档案进行数字化加工，2017年共全文扫描档案97个全宗3454896页，累计扫描4825721页。截至2017年底，县档案馆档案数据库总量为案卷级37887条，文件级609590条，原文665985页。

【档案年度归档】 2017年，县档案局（馆）抓好68个党政机关、企事业单位的年度归档工作，2017年完成年度立卷归档工作60家，整理文书档案42310件，其中，永久26018件、30年4160件、10年12132件。科技档案66卷，其中，永久66卷、长期00卷。会计档案2216卷，其中，凭证卷2107卷、账簿65卷、财务报告44卷。业务档案168卷，其中，永久168卷、长期00卷；照片225张、电子档案10盒；实物22件；图书资料225册。

【"国际档案日"宣传】 2017年，县档案局（馆）以"6·9国际档案日"为契机，充分发挥档案馆的爱国主义教育基地作用，在档案馆门口张贴宣传挂图4张、宣传标语1条、印发宣传单1000份，在档案信息网站、政务公开栏上广泛开展档案工作系列宣传活动。

"国际档案日"宣传活动　　黄云源　摄

【档案开放鉴定】 2017年，县档案局（馆）按照《中华人民共和国档案法》和《云南省各级档案馆开放档案暂行办法》及有关规定，对馆库保管的1987年形成的期满30年的档案进行了鉴定，一年来鉴定档案共59个全宗777卷，已开放档案646卷（14261件），控制使用的档案131卷（2624件）。至2017年年底，县档案馆先后向社会开放98个全宗10440卷档案，达到开放年限的档案已全部开放。开放档案均进行了公告，手续齐全、完备。

【示范单位复查】 2017年度，省档案局对县档案馆、县委办公室、人力资源和社会保障局、县公安局、县信用联社5个单位档案馆（室）进行实地检查，县档案局按照省档案局《关于印发云南省档案工作规范化管理示范档案馆及示范单位复查办法的通知》要求，认真对照示范档案馆复查内容明细表，逐条逐项进行整改完善档案馆的相关工作，经云南省档案局专家组的实地考评验收，复查组指出了5个单位存在的问题并公布复查分数。省档案局局长向5个顺利通过复查单位颁发规范化管理示范单位证书。

【乡镇（街道）档案工作认定】 2017年12月26日，受省档案局委托，县档案局组织评审组到宁州街道办进行档案工作规范化管理示范单位认定，通过听、查、看、评、议，宁州街道办综合评分为95分，达到《云南省党政机关社会团体档案工作规范化管理示范单位认定标准》，成为华宁县首家乡镇（街道）档案工作规范化管理示范单位。

【综合考评】 2017年，县档案工作纳入全县各乡镇（街道）、县级各部门年度综合考评内容。考评采用日常督查和年终考核相结合，考核工作由县档案局具体负责实施，考核结果报县委综合考评领导小组办公室，作为乡镇（街道）和县属各单位2017年度档案工作考核的依据。根据考核文件精神，华宁县档案局领导高度重视，成立考核领导小组，结合全县各单位档案工作实际，从档案制度建设、资源建设、业务建设、安全保障4个方面制定考核实施细则，于2017年12月18—21日派出4个考核小组共8人对列入县级综合考评的单位和乡镇进行实地查看及评分。

【国家综合档案馆建设】 中西部地区县级国家综合档案馆建设于2010年启动，华宁县国家综合档案馆建设列入中央支持项目。2017年，县档案局通过招标方式，完成了环评、水保、地灾、矿压、地勘等相关前期工作，积极推动华宁县国家综合档案馆建设项目。

（黄云源）

华宁县人民代表大会及其常务委员会

【概　况】 2017年，县人大常委会认真贯彻落实中共十八届三中、四中、五中、六中全会和中共十九大精神，围绕统筹推进“五位一体”总体布局和“四个全面”战略布局，落实五大发展理念，以党的建设为引领，以服务发展大局为己任，以推进法治华宁建设为根本，以促进民生改善为重点，切实履行宪法和法律赋予的职责，充分发挥地方国家权力机关作用，较好地完成各项工作任务，为地方民主政治建设和经济社会发展做出了积极的贡献。全年共召开9次常委会，听取和审议专项工作报告23个，做出相关决议决定15项、审议意见11项，开展执法检查1次，开展视察、调查12次。依法任免国家机关工作人员109人，确认终止代表资格3人，补选代表2人。

【县十七届人大二次会议】 华宁县十七届人民代表大会第二次会议于2018年1月19—22日在华宁县文化馆召开。应到会代表165名，实到会代表165名，列席人员241名。

会议共有十项议程：听取和审议华宁县人民政府工作报告；审查华宁县2017年国民经济和社会发展计划执行情况与2018年国民经济和社会发展计划（草案）的报告（书面），审查和批准华宁县2018年国民经济和社会发展计划；审查华宁县2017年地方财政预算执行情况和2018年地方财政预算（草案）的报告（书面），审查和批准华宁县2018年地方财政预算；听取和审议华宁县人大常委会工作报告；听取和审议华宁县人民法院工作报告；听取和审议华宁县人民检察院工作报告；补选华宁县第十七届人民政府县长；选举华宁县监察委员会主任；补选华宁县第十七届人大常委会委员；选举华宁县出席玉溪市第五届人民代表大会代表。会议审议通过了县第十七届人民代表大会第二次会议《关于政府工作报告的决议》《关于华宁县人民代表大会常务委员会工作报告的决议》《关于华宁县人民法院工作报告的决议》《关于华宁县人民检察院工作报告的决议》《关于华宁县2017年国民经济和社会发展计划执行情况与2018年国民经济和社会发展计划的决议》《关于华宁县2017年地方财政预算执行情况与2018年地方财政预算（草案）的决议》。选举出华宁县人民政府县长张燕华；选举出华宁县监察委员会主任施永林；选举出华宁县人大常委会委员李飞。会议期间，共收到议案共55件，经大会表决，将宁州代表团汪毅等12名代表提出的《关于进一步规范县城临时停车位管理的议案》列入大会议案。代表所提的其他54件议案，有的条件不成熟，有的达不到立案标准，建议将54件议案转作建议、批评和意见处理。此外，大会秘书处议案组还收到代表提出的建议、批评和意见34件。

【县人大常委会会议】 2017年共召开常委会会议9次。

华宁县十七届人大常委会第一次会议于2月27日在县人大常委会机关举行。会议听取并通过《华宁县人大常委会2017年工作要点（讨论稿）》的起草说明；听取和审议县人民政府关于《华宁县城至象鼻温泉度假村安装路灯的议案》办理方案的报告；听取县人民政府关于2015年度华宁县县级地方预算执行和其他财政收支审计查出问题整改情况的报告；听取和审议县人大常委会主任会议关于设立华宁县第十七届人大常委会代表资格审查委员会的报告。

华宁县十七届人大常委会第二次会议于3月7日在县人大常委会机关举行。会议听取和审议《华宁县人民政府关于华宁县矣则河水库扩建工程和雨勒冲水库新建工程政府购买服务协议资金列入财政预算的议案》的报告；听取和审议《华宁县人民政府关于云南省南盘江华宁县盘溪段治理工程项目政府所需资金纳入县级财政预算的议案》的报告。

华宁县十七届人大常委会第三次会议于4月27日在县人大常委会机关举行。会议听取和审议县人民政府关于全县工业固定资产投资工作的报告；听取县人大常委会调查组关于全县工业固定资产投资工作的调查报告；听取和审议县人民政府关于全县城乡人居环境综合整治工作的报告；听取县人大常委会视察组关于全县城乡人居环境综合整治工作的视察报告；听取和审议县人民政府关于全县棚户区改造工作的报告；听取县人大常委会调查组关于全县棚户区改造工作的调查报告；听取和审议《华宁县人民政府关于将华宁县通自然村道路硬化建设工程项目政府购买服务所需资金列入财政预算的议案》的报告。

华宁县十七届人大常委会第四次会议于6月29日在县人大常委会机关举行。会议听取和审议县人民政府关于全县医药卫生体制改革工作的报告；听取县人大常委会调查组关于全县医药卫生体制改革工作的调查报告；听取和审议县人民政府关于全县食品安全工作的报告；听取县人大常委会调查组关于全县食品安全工作的调研报告；听取和审议县人民政府关于华溪镇整乡推进精准脱贫项目实施情况的报告；听取县人大常委会视察组关于华溪镇整乡推进精准脱贫项目实施情况的视察报告；听取和审议县人民政府关于《中华人民共和国老年人权益保障法》和《云南省老年人权益保障条例》贯彻执行情况的报告；听取县人大常委会执法检查组关于《中华人民共和国老年人权益保障法》和《云南省老年人权益保障条例》执法检查情况的报告；听取和审议华宁县人民政府关于将县城至莲花工业片区道路工程前期工作经费纳入县级财政预算的议案；听取和审议华宁县人大常委会工作评议办法（试行）（草案）；听取乡镇（街道）人大半年工作汇报；审议县人民政府关于草原生态保护补助奖励机制实施情况的报告；审议县人大常委会调查组关于草原生态保护补助奖励机制实施情况的调查报告。

华宁县十七届人大常委会第五次会议于8月30日在县人大常委会机关举行。会议听取和审查批准《华宁县人民代表大会常务委员会代表资格审查委员会关于个别代表的代表资格终止的审查报告》；听取和审议县人民政府关于2017年上半年国民经济和社会发展计划执行情况的报告；听取县人大常委会调查组关于2017年上半年国民经济和社会发展计划执行情况的报告；听取和审议县人民政府关于2017年上半年地方财政预算执行情况的报告；听取县人大常委会调查组关于2017年上半年地方财政预算执行情况的报告；听取和审议县人民政府关于提请审议2016年地方度财政决算报告（草案）的议案，审查和批准华宁县2016年地方财政决算；听取和审议县人民政府关于2016年地方财政决算报告；听取和审议县人民政府关于2016年地方财政预算执行和其他财政收支情况的审计工作报告；听取县人大财政经济委员会关于2016年地方财政决算审查结果报告；听取县人民政府关于全县职业教育改革与发展工作的报告；听取县人大常委会调研组关于对全县职业教育改革与发展工作的报告；听取和审议县人民政府关于全县农业供给侧结构性改革工作的报告；听取县人大常委会调查组关于全县农业供给侧结构性改革工作的调查报告。

华宁县十七届人大常委会第七次会议于10月31日在县人大常委会机关举行。会议听取《华宁县人民代表大会常务委员会代表资格审查委员会关于个别代表的代表资格终止的审查报告》；听取县人民政府关于华宁县2017年地方财政预算调整方案（草案）的报告；听取县人大财政经济委员会关于《县政府关于华宁县2017年地方财政预算调整方案（草案）报告的议案》的审查结果报告；听取县人民政府关于华宁县2017年度县本级政府债务限额情况议案的报告；听取县人大财政经济委员会关于《县政府关于华宁县2017年度县本级政府债务限额情况的议案》的审查结果报告；听取县人民政府关于《白塔至象鼻温泉度假村路灯安装议案》办理工作的报告；听取县人大常委会视察组关于《白塔至象鼻温泉度假村路灯安装议案》办理工作的视察报告；听取县人民政府《关于县十七届人大一次会议代表建议、意见和批评办理情况》的报告；听取县人大常委会选举联络工委《关于县十七届人大一次会议代表建议、批评和意见督办情况》的报告；听取县人民政府关于华宁县生态文明建设示范县规划（2016—2020）的报告；听取县人民政府关于2017年环境状况及环境保护目标完成情况的报告；审议县人大常委会调查组关于环境状况和环境保护目标完成情况的报告（书面）。

华宁县十七届人大常委会第八次会议于11月17日在县人大常委会机关举行。会议听取和审议《县人大常委会代表资格审查委员会关于个别代表的代表资格终止的审查报告》；听取和审议《华宁县人大常委会关于澄江县撤县设立抚仙湖市的意见》（草案）。

华宁县十七届人大常委会第九次会议于12月29日在县人大常委会机关举行。会议听取和审查批准《华宁县人大常委会代表资格审查委员会关于补选县第十七届人大补选个别代表的代表资格审查报告》；审议通过《华宁县人大常委会关于召开华宁县第十七届人民代表大会第二次会议的决定》；审议通过县十七届人民代表大会第二次会议有关事项；审议通过《县第十七届人大二次会议县长县监察委员会主任县人大常委会委员选举办法（草案）》；审议通过《华宁县出席玉溪市第五届人民代表大会代表选举办法（草案）》；听取和审议《华宁县人大常委会工作报告》的起草说明；听取和审议通过《华宁县人大常委会国有资产管理监督办法（试行）（草案）》；听取县人民政府关于2017年公安工作的报告。

【主任会议】 2017年县人大常委会共召开主任会议10次。

1月24日，县人大常委会主任魏德锦主持召开县十七届人大常委会第1次主任会议。会议通报了县人大常委会党组会议精神；研究和讨论县十七届人大常委会领导分工事宜。

2月23日，县人大常委会主任魏德锦主持召开县十七届人大常委会第2次主任会议。会议研究研究和讨论县人民政府关于2015年度华宁县县级地方预算执行和其他财政收支审计查出问题整改情况的报告，县人民政府关于《华宁县城至象鼻温泉度假村安装路灯的议案》的办理方案；听取和讨论关于批准《华宁县第十七届人民代表大会第一次会议〈华宁县城至象鼻温泉度假村安装路灯的议案〉办理方案》的决定（草案）；研究县第十七届人大常委会领导联系乡镇、常委会组成人员分工联系人大代表建议名单、县乡（镇）两级人大代表活动组编组名单；研究和讨论县人大常委会牵头督办十七届人民代表建议事宜；传达学习习近平、王岐山同志在十八届中央纪律检查委员会第七次全体会议上的讲话和报告习近平同志的讲话；研究中共华宁县人大党组2017年中心理论学习计划；研究县十七届人大常委会第一次会议筹备相关事宜；研究和讨论关于对施学光政纪处分问题征求意见的复函、县人大常委会主任会议关于设立县第十七届人大常委会代表资格审查委员会的议案、县人大常委会关于设立县第十七届人大常委会代表资格审查委员会的议案；听取和讨论县人大常委会关于设立华宁县第十七届人大常委会代表资格审查委员会的决定（草案）；听取和讨论机关工会换届人选事宜及有关行政事项。

3月6日，县人大常委会主任魏德锦主持召开县十七届人大常委会第3次主任会议。会议通报了县人大常委会党组会议精神；研究和讨论县了人大常委会各工委委员人选方案、关于批准《华宁县人民政府关于华宁县矣则河水库扩建工程和雨勒冲水库新建工程政府购买服务协议资金列入财政预算的议案》的决定（草案）、关于批准《华宁县人民政府关于云南省南盘江华宁县盘溪段治理工程项目政府所需资金纳入县级财政预算的议案》的决定（草案）、县十七届人大代表培训方案；研究了县十七届人大常委会第二次会议筹备相关事宜。

4月24日，县人大常委会主任魏德锦主持召开县十七届人大常委会第4次主任会议。会议研究和讨论了县人大常委会调查组关于全县工业固定资产投资工作的报告，关于批准《华宁县人民政府关于将华宁县通自然村道路硬化建设工程项目政府购买服务所需资金列入财政预算的议案》的决定（草案），县人大常委会视察组关于对全县城乡人居环境综合整治工作的报告，县人大常委会调查组关于对全县棚户区改造工作的报告，县人大代表议案建议办理工作考评细则，县人大常委会对乡镇人大主席团（街道人大工委）目标管理考评办法，县十七届人大常委会第三次会议筹备相关事宜，人大机关工会参加县首届运动会经费不足部分申请行政经费补助事宜，县人大机关网络改造相关事宜。

6月23日，县人大常委会主任魏德锦主持召开县十七届人大常委会第5次主任会议。会议研究和讨论了县人大常委会调查组关于全县医疗卫生体制改革工作的调查报告、县人大常委会调研组关于全县食品安全工作的调研报告、县人大常委会视察组关于华溪镇整乡推进精准脱贫项目实施情况的视察报告、县人大常委会调查组关于全县草原家庭承包和草原生态保护补助奖励机制实施情况的调查报告、县人大常委会执法检查组关于《中华人民共和国老年人权益保障法》和《云南省老年人权益保障条例》执法检查情况的报告，县人大常委会关于加强规范性文件备案审查工作的实施方案，县人大常委会工作评议办法，县十七届人大常委会第四次会议筹备相关事宜，县人大常委会组成人员、人大工作者赴全国人大青岛培训基地培训相关事宜。

华宁县十七届人大常委会第五次会议　　陈志莲　摄

8月27日，县人大常委会主任魏德锦主持召开县十七届人大常委会第六次主任会议。会议研究和讨论了县人大常委会调查组关于2017年上半年国民经济和社会发展计划执行情况的报告、县人大常委会调查组关于2017年上半年地方财政预算执行情况的报告、县人大财政经济委员会关于2016年度财政决算初审报告、县人大常委会视察组关于对全县职业教育改革与发展工作的报告、县人大常委会调查组关于全县农业供给侧结构性改革工作的调查报告、县人民代表大会常务委员会代表资格审查委员会关于华宁县第十七届人民代表大会代表的代表资格终止的审查报告，县十七届人大常委会第五次会议筹备相关事宜，普茶寨村委会经费安排相关事宜，县人大常委会机关工会工作制度。

9月14日，县人大常委会主任魏德锦主持召开县十七届人大常委会第七次主任会议。会议通报了县人大常委会党组会议精神；研究县十七届人大常委会第六次会议筹备相关事宜。

10月26日，县人大常委会主任魏德锦主持召开县十七届人大常委会第八次主任会议。会议通报了县人大常委会党组会议精神；研究和讨论县人大财政经济委员会关于2017年地方财政预算调整方案（草案）的初审报告、县人大常委会视察组关于《华宁县城至象鼻温泉度假村安装路灯的议案》办理工作的视察报告、县人民政府关于华宁县生态文明建设示范县规划（2016—2020）的报告、县人大常委会调查组关于环境状况和环境保护目标完成情况的报告、县人大常委会代表资格审查委员会关于个别代表的代表资格终止的审查报告、县人大常委会选举联络工委关于县十七届人大一次会议代表建议、批评和意见督办情况的报告，县人大常委会关于开展县乡人大代表述职评议活动的实施意见，县人大常委会关于建立县乡人大代表履职档案的相关事宜，县第十七届人大一次会议代表建议办理专项资金安排相关事宜，县十七届人大常委会第七次会议筹备相关事宜。

11月17日，县人大常委会主任魏德锦主持召开县十七届人大常委会第九次主任会议。会议通报了县人大常委会党组会议精神；研究和讨论了县人大常委会主任会议关于李敏灿任职的议案、《县人大常委会关于撤销澄江县设立抚仙湖市的意见（草案）》、县十七届人大常委会第八次会议筹备相关事宜。

12月28日，县人大常委会主任魏德锦主持召开县十七届人大常委会第十次主任会议。通报了县人大常委会党组会议精神；研究和讨论华宁县人大常委会代表资格审查委员会关于华宁县第十七届人民代表大会补选代表的代表资格审查情况报告、县第十七届人大二次会议补选县人民政府县长、县人大常委会委员选举县监察委员会主任办法（草案）、县第十七届人大二次会议选举华宁县出席玉溪市第五届人民代表大会代表办法（草案）、县人大常委会主任会议关于王劲松辞去十七届人民代表大会常务委员会委员职务的议案、《华宁县人大常委会国有资产管理监督办法（试行）（草案）》、关于召开县十七届人大二次会议的决定（草案）、县十七届人大二次会议相关事宜、《华宁县人大常委会工作报告》（讨论稿）、县十七届人民代表大会二次会议筹备组分工情况、县十七届人大常委会第九次会议筹备相关事宜。

【调研监督检查】 2017年3月15—17日，县人大常委会抽调相关人员组成工业固定资产投资工作调查组，到各乡镇（街道）、县属相关部门和部分企业，对华宁县“十二五”以来工业固定资产投资工作情况进行了专题调查。通过调查，调查组认为在工业固定资产投资工作中存在以下方面的困难和问题：一是对工业固定资产投资认识不足，重视不够；二是工业产业结构单一，发展不平衡；三是部分企业投资意愿不足，项目难推进；四是受各种因素影响，导致项目招商难落地更难。针对存在的问题和不足，提出如下建议：一是进一步提高对工业固定资产投资重要性认识；二是进一步优化工业投资结构，切实增强工业经济发展后劲；三是进一步完善工业园区基础配套设施，全面提升园区产业承载能力；四是进一步提高服务能力与水平，切实优化投资环境；五是落实土地利用收回机制，切实解决企业长期占地而无投资或产出问题。

3月14—16日，县人大常委会抽调相关人员组成两个视察组，对全县城乡人居环境综合整治工作推进情况进行了视察。通过视察认为，县政府高度重视农村人居环境卫生整治工作，加强组织领导，牵头单位切实履行职责，做了大量工作，取得了一定的成绩。针对乡镇（街道）思想认识不到位、宣传发动不到位、乡村规划不到位、投入保障不到位、环境卫生整治工作不到位等问题提出5点建议：一是提高认识，加强领导；二是理顺机制，多元投入；三是科学规划，示范带动；四是强化宣传，营造氛围；五是强化督查，严格考核。

4月19日，县人大常委会组成调查组，对县城棚户区改造项目工作进行调查。调查组认为棚户区改造项目工作推进存在5个问题：一是统筹推进不够，措施落实不到位；二是项目可研修编、规划完善工作推进缓慢；三是对棚户区改造政策研究深度不够；四是与各片区工作统筹协调配合不够；五是部分领导和工作队员精力不集中。针对以上问题，调查组提出5点建议：一是强化工作统筹；二是强化规划引领；三是强化政策研究；四是强化决策指挥；五是强化工作协调。

5月10—16日，县人大常委会组成调查组，深入全县5个乡镇（街道）卫生院、部分村卫生室、县卫计局和县级医疗机构对全县医药卫生体制改革开展调查。针对调查中发现的全县医药卫生体制改革存在思想认识不到位、卫生服务能力总体不强，人才瓶颈制约、对改革中出现的新问题研究不足、中医药发展弱化等问题，并提出5点建议：一是强化政府医药卫生工作责任；二是加强医药卫生人才队伍建设；三是加大政府财政保障力度；四是高度重视中医药事业发展；五是着力解决群众反映的热点问题。

5月11—12日，县人大常委会组成调查组，深入到青龙镇、宁州街道及农业、财政等部门，对全县2016年草原生态补助奖励政策实施情况进行了调查。调查组发现全县的草原生态保护存在以下问题：一是保护意识淡薄；二是监管工作缺位；三是资金兑现滞后；四是惠农效果不明显。针对以上问题，调查组提出4点建议：一是加强领导，明确职责；二是健全机构，监管到位；三是广泛宣传，齐抓共管；四是及时兑现，加强监管。

5月16—18日，县人大常委会组织了由副主任王明清任组长的执法检查组，对《中华人民共和国老年人权益保障法》《云南省老年人权益保障条例》在华宁的实施情况进行执法检查。检查组采取座谈会，实地走访等形式对17个老龄工作委员会成员单位，5乡镇（街道）进行检查。通过检查发现乡镇（街道）老龄工作机构设置与老龄工作不适应、不匹配；老龄事业经费投入不足；居家养老服务中心等涉老项目建设推进不畅；部分单位对老年人权益保障落实不够到位；老年人养老服务落实还不够完善等问题。检查组对深化“一法一条例”的实施提出以下4点意见：一是加强对全县老龄工作的领导、指导和机制建设；二是健全多层次的老年人权益社会保障体系；三是继续加大宣传力度，营造深化“一法一条例”贯彻落实氛围；四是借鉴探索养老社会化机制，尽力适应社会多层次养老。

5月18—19日，县人大常委会抽调相关人员组成视察组，对华溪镇整乡推进精准脱贫项目实施情况进行视察。视察组通过取实地察看、走访贫困户、查阅台账资料、召开座谈会等方式，发现华溪镇整乡推进精准脱贫项目存在以下6个问题：一是项目实施推进缓慢；二是资金不能及时足额到位；三是安全住房建设未能解决；四是社会协调工作难以推进；五是脱贫攻坚工作不够精准；六是思想认识不到位。针对以上问题，视察组提出5点建议：一是加强领导，压实责任；二是协同配合，加快实施；三是整合资金，及时到位；四是抓住关键，精准发力；五是强化督查，跟踪问效。

6月15—16日，县人大常委会组成食品安全调研组，对全县食品安全工作进行了调研。通过调研发现全县食品安全工作存在以下3个问题：一是广大群众食品安全意识淡薄；二是食品生产、加工、销售监管难；三是食品监管及行政执法环境不容乐观。针对以上问题，调研组提出5点意见：一是高度重视食品安全工作，确保职责任务落到实处；二是加强源头监管，提高食品安全保障；三是加大执法检查力度，严厉打击违法行为；四是重视监管队伍建设，不断提高监管能力；五是强化宣传引导，提高全民食品安全意识。

7月13—14日，县人大常委会组成职业教育工作调研组对全县职业教育改革与发展工作进行调研。通过调研发现职业教育存在以下4个问题：一是缺乏现代职业教育理念，对职业教育的重要地位和作用认识不足；二是职业教育与产业发展融合不深；三是职业学校的就业优势还未充分体现；四是融入现代职业教育体系力度不够。针对以上问题提出4点建议：一是树立大教育观，促进职业教育健康发展；二是发挥政府主导作用，统筹职业教育资源；三是积极推进职业教育基础性工作，打造省级重点职中；四是整合各类资源，切实抓好社会培训。

7月25—26日，县人大常委会抽调相关人员组成两个调查组，到各相关部门和各乡镇（街道）、企业采取召开座谈会、走访等方式，对今年上半年国民经济和社会发展计划执行情况进行调查。通过调查发现4个问题：一是农业增收形势不容乐观；二是工业经济下行压力较大；三是固定资产投资后劲不足；四是财政收支矛盾依然突出。针对以上问题提出4点建议：一是重视“三农”工作，促进农村经济发展；二是强化工业产业发展，增强对县域经济的支撑；三是强化队伍建设，提高融资效益；四是加强项目前期工作，完善重点项目储备。

7月26—27日，县人大常委会抽调相关人员组成两个调查组，到各相关部门和各乡镇（街道）对今年上半年财政预算执行情况进行了调查。通过调查发现4个问题：一是因政策性减收影响，收入未能实现时间过半任务过半；二是欠拨专款数额加大，专项资金拨付缓慢；三是下半年面临较大支出缺口；四是专项资金监管有待加强。针对以上问题提出4点建议：一是强化税费征管，完成全年收入任务；二是加强财源建设，努力向上争取资金；三是优化资金支出结构，提高专项资金拨付率；四是强化财政监督，提高资金使用效益。

7月26—31日，县人大常委会抽调相关人员组成调查组，分别到全县5个乡镇（街道）及农业等部门，采取实地查看、走访农户、查阅台账资料、召开座谈会等方式，对全县农业供给侧结构性改革工作情况进行了调查。通过调查发现以下5个问题：一是科技支撑力不强；二是农产品和产业内部结构不优；三是产业发展与产业化经营不对称；四是产业发展与生态保护矛盾突出；五是农业基础设施建设滞后。调查组针对以上问题提出6点建议：一是必须以提高实用科技推广为抓手，大力提高农业科技支撑能力；二是必须以提质增效为目标，着力调整优化农产品和产业结构；三是必须以转变经营方式降低成本为手段，大力培育新型农业经营和服务主体；四是必须以特色品牌为导向，全面提高农产品质量和品牌知名度；五是必须以保护生态环境为前提，切实加大生态治理和保护力度；六是必须以改善生产条件为基础，加快推进农业基础设施建设步伐。

9月4—5日，县人大常委会组成调查组，对全县2017年环境状况和环境保护目标完成情况进行调查。通过调查发现存在4个问题：一是污染减排矛盾突出；二是污染治理存在薄弱环节；三是环保监管未形成合力；四是全民参与环保的意识不强。针对以上问题调查组提出4点建议：一是加大污染减排工作力度，确保主要污染物减排目标顺利完成；二是加大环境污染治理力度，着力解决环保难题；三是加大执法力度，强化综合防治；四是加大宣传力度，增强全民环保意识。

【人事任免】 2017年，县人大常委会坚持党管干部和依法任免的有机统一，加强与组织部门和“一府两院”沟通联系，对拟提请任免人员严格实行常委会集体审议、投票表决、发布公告等制度。全年共依法任免机关工作人员109人次。依法按程序做好代表资格审查及代表补选工作，依法审查终止3名人大代表的代表资格，补选2名县人大代表。

【人大代表工作】 2017年，华宁县人大常委会坚持把尊重代表主体地位、提高代表素质能力、充分发挥代表作用，作为开展人大工作的重要基础和关键环节，加强代表思想政治作风建设，提升代表服务保障工作水平。一是抓好代表培训。加强对新一届县人大代表的学习培训。2017年3月，组织新当选的十七届县人大代表和全体人大干部共200余人参加了新一届县人大代表培训班。坚持为代表寄送学习资料，按时为市、县人大代表免费发送《华宁人大》期刊，为他们提供沟通、交流平台。为了密切联系群众，发挥代表作用，将166名县代表和255名乡镇代表共421名人大代表进行混合编组，共编为47个县乡镇人大代表活动小组，确定各代表小组的组长，以便代表小组多角度、多方位、多领域开展闭会期间代表活动。二是建章立制，规范联系代表工作。研究出台《关于开展县人大代表述职评议活动的实施意见》，把代表向选民述职接受选民评议工作纳入制度化、规范化轨道。研究出台《关于建立县乡人大代表履职档案的实施意见》，将166名县人大代表和255名乡镇人大代表的履职情况量化、细化。继续开展常委会主任、副主任联系乡镇（街道）、常委会组成人员联系代表、代表联系选民“三联系”制度，29名人大常委会组成人员联系137名县人大代表，455名各级人大代表联系1365名（户）群众。三是加强代表联络活动站建设，完善代表联系群众机制。加强全县代表联络活动站建设，截至2017年9月底，全县已建立乡镇（街道）代表联络活动站5个，村（社区）代表联络活动室11个。对已建立的代表联络活动站加强指导管理。全年各级人大代表与代表联络活动站为阵地，开展代表学习培训26次346人，交流讨论45次、召开会议65次；宣传党的方针、政策和人大工作130次。公开代表信息121条，开展代表接待选民活动50次123人，开展代表联系选民群众45次1564人。开展代表视察40次、执法检查3次。开展专题询问2次、评议工作3次。四是扎实做好代表建议办理工作。2017年，110件代表建议交办率、办复率为100%，收回代表对建议办理结果征询意见表110份，其中，满意108件，基本满意2件，满意率98.2%。110件代表建议，已解决、部分解决、正在解决的56件，占50.9%；列入计划、规划的32件，占29%；目前不具备条件解决的22件，占20.1%。

【上级领导视察调研】 2017年3月15日，市人大常委会副主任周继武率市人大农工委、市烟办领导一行到华宁调研烤烟育苗管理工作。

7月24日，市人大预算工作委员黄太武率市水利局李霁涛副局长一行到华宁调研有关水利项目政府购买服务资金管理使用和2017年上半年预算执行情况。

8月14日，市人大常委会主任李洪云到华宁调研脱贫攻坚和人大工作。到华溪镇实地察看了小兴寨异地扶贫搬迁项目、雨勒冲水库建设项目进展情况和华溪镇人大换届以来工作开展情况。

8月15日，省人大常委会环资工委和市人大城建环资工委，组织省市级多家新闻媒体组成云南环保世纪行记者采访团，以“推进乡村生态文明，存进美丽乡村建设”为主题，到青龙镇玉泉山村民小组、华溪镇甫甸社区桐油科村民小组、华溪镇下拖卓村民小组、华大牧业有限责任公司进行环保世纪行采访。

9月18日，市人大常委会调研组到华宁县调研民族团结进步示范区建设推进工作。调研组一行先后深入盘溪镇同心文化广场、和谐商贸城和盘溪镇盘江社区认一村实地查看民族团结进步示范区建设配套项目实施工作。

10月19日，市人大法制委主任委员、市人大常委会法工委主任徐映东和市人大常委会内务司法工委主任杨正昌到华宁调研森林防火，为《玉溪市森林防火条例》立法做好前期准备。

【信访工作】 2017年，华宁县人大常委会完善人大信访和矛盾化解工作机制，认真处理群众来信来访，及时交办、积极督办，回应群众合理诉求，畅通与人民群众联系的渠道，竭力维护群众合法权益。2017年受理群众来信来访来访33件，其中，来信1件，来访32起70人次，为维护社会和谐稳定起到了积极作用。

（郑雪琴）

华宁县人民政府

综　述

【常务会议】 2017年2月22日，召开县十七届人民政府第一次常务会议。会议听取了中央环境保护督察反馈意见问题整改工作情况汇报。主要研究事项如下。一是研究华宁县首届运动会有关事宜。二是研究拨付铁埂等五个村（社区）基础设施建设资金有关事宜。三是研究《华宁县象鼻温泉旅游生态示范区招商方案》。四是研究华宁县华融投资有限公司建设新庄2号标准厂房、挡土墙、边坡应急工程项目贷款有关事宜。五是研究华宁县宁州街道中心幼儿园、盘溪镇中心幼儿园、青龙镇中心幼儿园建设用地及模式有关事宜。六是研究《华宁县法治政府建设实施方案》。会议原则同意，由县政府法制办公室根据县政府常务会议意见修改完善后按程序组织实施。七是研究《华宁县关于深化供销合作社综合改革的实施意见》。八是研究矣则河水库扩建工程和雨勒冲水库新建工程向华宁县农村信用合作联社城关信用社贷款有关事宜。九是研究华宁县党政机关公务出行租车经费管理办法及关于调整华宁县机关工作人员差旅费标准和省内部分城市间交通费报销标准有关事宜。十是研究《华宁县城区三轮摩托车通行秩序整治实施方案》。十一是研究华宁县妇幼保健计划生育服务中心房地产处置有关事宜。十二是研究解决华宁县创建国家卫生县城前期工作经费事宜。十三是研究县国有资产经营有限公司向县农村信用合作联社贷款解决项目前期工作经费有关事宜。

3月21日，召开县十七届人民政府第二次常务会议，主要研究事项如下一是研究《华宁县贯彻落实市政府促进经济持续平稳发展28条政策措施的意见》。二是研究华宁县通自然村道路硬化建设工程向中国农业银行股份有限公司华宁县支行贷款有关事宜。三是研究《华宁县完善法律援助制度实施意见》。四是研究表扬华宁县“六五”普法先进单位和个人有关事宜。五是研究《华宁县人民政府与中港建设集团有限公司盘溪民族（旅游）特色小镇建设项目投资合作协议》。六是研究组建华宁县电子商务办公室等有关事宜。七是研究调整充实华宁县招商引资工作委员会有关事宜。八是研究《华宁县2017年招商引资绩效考核奖励办法》。九是研究《华宁县全面推行河长制工作方案》。十是研究2017年烤烟生产有关事宜。十一是研究江华公路交界处旅游标识牌工程资金有关事宜。十二是研究《华宁县县级公务用车综合服务保障平台管理办法》及华宁县机关事务管理中心运行经费有关事宜。十三是研究华宁县国有资产经营有限公司与云南省信用再担保有限责任公司合作组建政策性融资担保机构有关事宜。十四是研究《华宁县人民政府与中国农业银行股份有限公司华宁县支行政府增信贷款工程合作协议》。十五是研究《华宁县人民政府与中国农业银行股份有限公司玉溪分行金融战略合作框架协议》。十六是研究《华宁县人民政府向社会力量购买服务实施方案》。十七是研究提高华宁县森林公安局辅警待遇有关事宜。

5月8日，召开县十七届人民政府第三次常务会议。会议听取了2017年一季度安全生产工作情况汇报和听取脱贫攻坚工作督查情况汇报。主要研究事项：一是研究解决华宁县2017年基层党建工作经费有关事宜。二是研究华宁县2013年巩固退耕还林成果后续产业养殖建设项目补助资金有关事宜。三是研究象鼻温泉度假村固定资产处置有关事宜。四是研究解决华宁县广播电视台政府购买服务岗位有关事宜。五是研究调整华宁县环境、林业、农业和畜牧兽医等岗位津贴有关事宜。六是研究解决华宁县小叶黄杨保护经费有关事宜。七是研究华宁县2017年向上争取资金目标任务分解有关事宜。八是研究解决华宁县社区戒毒社区康复专职工作人员有关事宜。九是研究华宁县公安局盘溪派出所维稳力量建设有关事宜。十是研究华宁县2016年招商引资绩效考核奖金发放有关事宜。十一是研究人员处分事宜。

6月15日，召开县十七届人民政府第四次常务会议。主要研究事项如下。一是研究《华宁县提高森林覆盖率五年专项规划》。二是研究拨付华宁县2013年度林木良种补贴中央财政项目资金有关事宜。三是研究华宁县创建国家卫生县城工程项目及所需经费有关事宜。四是研究舍木多公墓搬迁经费有关事宜。五是研究华宁县参加第五届中国聂耳音乐（合唱）周“聂耳杯”合唱展演活动经费有关事宜。六是研究进一步加强基层治安保卫委员会建设有关事宜。七是研究《华宁县县级储备粮管理办法》。八是研究华宁县县级储备粮（小麦）轮换价差亏损经费有关事宜。九是研究华宁县国有资产经营有限责任公司拟成立车辆公共租赁服务平台公司有关事宜。

7月4日，召开县十七届人民政府第五次常务会议。主要研究事项如下。一是研究《华宁县“科教创新”功能区规划建设实施方案》。二是研究《华宁县科技创新实施方案》。三是研究《华宁县教育创新实施方案》。四是研究《华宁县产业创新实施方案》。五是研究《华宁县加快县域经济发展的实施意见》。六是研究《华宁县加快民营经济发展的实施意见》。七是研究《华宁县加快园区经济发展的实施意见》。

7月17日，召开县十七届人民政府第六次常务会议。会议学习了习近平总书记考察云南时的重要讲话精神。会议传达了省纪委《关于7起违反中央八项规定精神典型问题的通报》和《关于龙顺英等人违反工作纪律问题的通报》。会议听取了汛期安全生产工作汇报。主要研究事项如下。一是研究《华宁县人民政府工作规则》。二是研究进一步加强华宁县老年人体育工作有关事宜。三是研究《华宁县治理超限超载运输行为工作实施方案》。四是研究《华宁县加快园区经济发展的实施意见》。五是研究《华宁县重大行政执法决定法制审核暂行办法》。六是研究县中医医院新建项目选址及有关事宜。七是研究县中医医院签订多方协议及成立项目公司有关事宜。

8月14日，召开县十七届人民政府第七次常务会议。主要研究事项如下。一是研究华宁县公安消防大队购置水罐泡沫消防车有关事宜。二是研究解决公安派出所消防警组电动行政执法车购置经费有关事宜。三是研究推进华宁县非警务类报警求助应急联动处置工作有关事宜。四是研究《华宁县机关事业单位政府购买服务人员管理办法》。五是研究《华宁县非税收入管理实施细则》。六是研究《华宁县领导干部自然资源资产离任审计试点实施方案》。七是研究建立普通高中生均公用经费财政拨款制度有关事宜。八是研究2017年中国·华宁柑橘旅游文化节系列活动有关事宜。

9月4日，召开县十七届人民政府第八次常务会议。会议传达学习玉溪市推进法治政府建设工作会议精神。主要研究事项如下。一是研究《华宁县青砖青瓦生产企业综合整治提档升级实施方案》。二是研究《华宁县红砖生产企业关闭实施方案》。三是研究《华宁县生态文明建设示范县规划（2016—2020年）》。四是研究解决华宁县环保重点工作经费有关事宜。五是研究《华宁县“泉乡英才计划”实施意见》。六是研究《华宁县第33个教师节活动方案》及所需经费有关事宜。七是研究2015、2016年教育附加费追加拨付有关事宜。八是研究《华宁县县级财政专项资金审批管理办法》。九是研究解决县殡仪馆火化炉维修改造资金有关事宜。十是研究《年产20万件陶瓷卫浴洁具生产项目建设入园协议书》。

10月23日，召开县十七届人民政府第九次常务会议。会议听取前三季度安全生产工作情况汇报。主要研究事项如下。一是研究组建华宁县工程投资建设咨询有限公司有关事宜。二是研究组建华宁农润投资开发有限公司有关事宜。三是研究购买森林防火应急通信和森林消防水车有关事宜。四是研究把原轻工局内国有土地及地面建筑物无偿划拨给宁州示范小学有关事宜。五是研究县人民政府办公室政府购买服务岗位有关事宜。六是研究县城棚户区改造项目签订房屋征收补偿协议享受奖励政策时限有关事宜。七是研究华宁县城市报警与监控系统（三期）建设有关事宜。八是研究华宁县环卫工作推行市场化运作有关事宜。九是研究华宁县乡镇（公社）老放映员生活补助补发有关事宜。十是研究华宁县机关事业单位退休人员待遇统筹外项目资金支付有关事宜。十一是研究《华宁县2017年财政半年预算调整方案》。

12月11日，县委常委、常务副县长罗勇主持召开县十七届人民政府第十次常务会议，主要研究事项如下。一是研究人员处分有关事宜。二是研究《华宁县贯彻落实省市〈各级党委、政府及有关部门环境保护工作责任规定（试行）〉的实施意见》。三是研究《华宁县城近面山绿化实施方案》。四是研究《华宁县人民政府完善县乡财政管理体制促进财政增收的实施意见》。五是研究《华宁县城市建设投资有限责任公司资产整合重组方案》。六是研究《华宁县县属投融资公司薪酬管理暂行办法》。七是研究2017年县本级财力安排非八项支出科目调整有关事宜。八是研究县国资公司补交2013年资产处置收入及资产划转有关事宜。九是研究云南蓝天重工有限公司边坡治理项目协议有关事宜。十是研究华宁县国家综合档案馆建设用地划拨价款有关事宜。十一是研究华溪镇小新寨易地搬迁项目整改方案有关事宜。

12月18日，县委常委、常务副县长罗勇主持召开县十七届人民政府第十一次常务会议。主要研究事项如下。一是研究华宁玉珠水泥有限公司产业发展资金补助有关事宜。二是研究华宁玉珠水泥有限公司日产5000吨熟料生产线项目补助有关事宜。三是研究《华宁县2017年风电设备制造企业扩销促产补助资金实施意见》。四是研究地方审计工作和人员保障缺口经费纳入县级财政专项补助有关事宜。五是研究新增财政预算对华宁县政策性农房地震保险经费予以保障有关事宜。六是研究云南华宁兴宁彩印有限公司国有建设用地使用权类型由划拨用地变更为协议出让用地有关事宜。七是研究华宁县“两新”组织选聘党建专职工作人员有关事宜。八是研究《华宁县从事生产经营活动事业单位改革实施方案》。九是研究华宁县公务用车报废有关事宜。

华宁县十七届人民政府第一次廉政工作会议

李 艳 摄

【重要会议】 2017年1月12日，县政府班子及县属相关部门负责人到华宁工业园区冲麦片区现场办公，确定工业园区建设范围，要求加快冲麦片区项目建设，推动园区经济成为全县工业经济的重要增长极。

1月19日，华宁县十七届人民政府第一次全体（扩大）会议召开。

同日，召开华宁县十七届人民政府第一次廉政工作会议。

同日，召开土地利用总体规划调整完善专题汇报会。

1月20日，召开全县安全生产工作会议。

2月15日，召开专题会议研究全县农村工作暨扶贫开发工作。

2月22日，召开创建国家卫生县城动员大会。

2月27日，召开县城市棚户区改造建设推进会。

3月13日，召开民营经济、县域经济、园区经济现场推进会。

3月20日，召开中央环保督察反馈意见整改工作推进会议。

3月23日，召开创建国家卫生县城指挥部第一次会议暨推进会。

4月7日，召开烤烟生产工作会。

4月11日，实地调研华宁玉珠水泥有限公司日产5000吨熟料新型干法水泥项目建设情况，召开现场推进会议。

5月19日，召开脱贫攻坚工作推进暨业务培训会。

7月3日，召开违法违规建筑拆除工作推进会议。

7月17日，召开脱贫攻坚推进会。

7月18日，召开中央环保督查反馈意见问题整改工作推进会。

7月25日，县政府党组召开巡视整改专题民主生活会。

8月8日，召开旅游市场秩序整治工作现场推进会议。

8月24日，召开华宁县农村公路建设指挥部2017年第三次会议。

8月25日，召开易地扶贫搬迁推进会。

9月29日，召开2017年政企交流座谈会。

10月23日，县十七届人民政府党组理论学习中心组举行2017年第二次集中学习。

10月25日，召开全县全面推行河长制工作推进会。

10月30日，召开全县干部大会。

11月7日，召开专题研究华宁县易地扶贫搬迁工作会议。

同日，召开今冬明春火灾防控工作动员部署会。

12月21日，召开华宁县中医医院新建项目建设工作领导小组会议。

12月23日，召开提升城乡人居环境行动推进会。

【通知指示】 2017年1月11日，县政府发出《华宁县人民政府关于华宁县2016年粮食安全行政首长责任制考核的自检自查报告》，根据《2016年玉溪市粮食安全行政首长责任制考核办法》的要求，华宁县认真开展自检自查工作。

1月25日，县政府发出《华宁县人民政府关于易地扶贫搬迁存在问题的整改报告》，按照《云南省易地扶贫搬迁工作推进协调小组办公室关于坚决做好我省易地扶贫搬迁整改工作的紧急通知》和《玉溪市易地扶贫搬迁工作推进协调小组办公室关于印发玉溪市易地扶贫搬迁存在问题整改方案的通知》的要求，对全县2016年易地扶贫搬迁工作情况进行了认真的自检自查。

2月3日，县政府发出《华宁县人民政府关于县政府领导分工调整的通知》，县十七届人民政府领导班子已经县十七届人大一次会议选举产生，确保各项工作平稳推进。

2月6日，县政府办发出《关于加强困难群众基本生活保障有关工作的通知》，进一步加强困难群众基本生活保障工作，建立困难群众生活保障工作协调机制。

2月10日，县政府办发出《关于县十七届人大一次会议审议通过的〈政府工作报告〉主要任务分解督查的通知》，确保2017年全县经济社会发展各项目标任务的圆满完成。

3月10日，县政府办发出《关于印发华宁县城公交车和出租车站点整治方案的通知》，为改善县城交通拥堵现状，促进公交事业健康发展，营造县城良好交通秩序。

3月13日，县政府办发出《关于印发华宁县2017年森林防火工作要点的通知》，研究制定本辖区本部门森林防火年度工作要求，细化分解任务、明确工作要求，落实责任分工，狠抓工作落实。

3月14日，县政府办发出《关于印发华宁县2016年度土地矿产卫片执法监督检查工作方案的通知》，进一步推动国土资源执法监察工作，落实责任，持续加强对土地矿产开发利用情况的全面监管。

3月23日，县政府办发出《关于印发华宁县城大气环境专项排查整治工作方案的通知》，切实保障人民群众身心健康，推进华宁生态文明建设。

3月31日，县政府发出《华宁县人民政府关于成立“华宁县城至莲花塘工业园区市政道路一期、二期工程建设指挥部”的通知》，为确保县城至莲花塘工业园区市政道路一期、二期工程顺利建设，经县人民政府研究，决定成立“华宁县城至莲花塘工业园区市政道路一期、二期工程建设指挥部”。

4月10日，县政府办发出《关于推进华宁县非煤矿山转型升级工作的通知》，确保按时完成转型升级任务，全面完成36座非煤矿山淘汰关闭和改造升级工作。

4月20日，县政府办发出《关于印发华宁县人民政府向社会力量购买服务实施方案的通知》，进一步深化行政管理体制改革，加快转变政府职能，完善公共财政体系，提高公共服务的质量和效率。

4月26日，县政府发出《华宁县人民政府关于明确2017年度县长副县长“一岗双责”安全生产责任的通知》，为严格落实“党政同责、一岗双责、齐抓共管、失职追责”要求，确保全县安全生产形势持续稳定向好。

5月3日，县政府发出《华宁县人民政府关于切实抓好2017年烤烟生产工作的通知》，烤烟产业是华宁经济社会发展的支柱产业，切实抓好烤烟生产，对推动全县跨越发展具有十分重要的意义。

5月4日，县政府办发出《关于印发华宁县农村留守儿童合力监护相伴成长关爱保护专项行动实施方案的通知》，促进救助保护机制有效运转，完善关爱服务体系，依法落实家庭监护责任、政府属地责任及各相关部门职责，创造农村留守儿童健康成长的良好环境。

5月31日，县政府办发出《关于印发华宁县2017年大气污染防治工作方案的通知》，明确污染防治方案，进一步细化分解任务，明确工作责任。

6月20日，县政府办发出《关于印发2017年华宁县打击破坏林地资源违法犯罪专项整治行动实施方案的通知》，加快推进华宁县生态文明和绿色发展，依法保护和合理开发利用好全县林地资源，有效遏制破坏林地资源违法犯罪行为发生，建立林地资源保护管理工作长效运行机制。

6月23日，县政府办发出《关于印发国营华宁东山林场改革实施方案的通知》，加快推进国营华宁东山林场改革步伐，全面推进国有林场转型升级，充分发挥国有林场在推进生态文明建设中的重要作用。

6月30日，县政府发出《华宁县人民政府关于2017年度重大安全隐患整改实施挂牌督办的通知》，为有效消除各类重大事故隐患，坚决预防和遏制各类事故发生，确保全县安全生产形势好转，根据《玉溪市人民政府办公室关于印发玉溪市安全生产事故隐患排查治理管理办法的通知》规定，县人民政府决定对宁州街道华宁恒利烟花爆竹经营部等处3项重大安全隐患实行挂牌督办。

7月10日，县政府发出《华宁县人民政府关于印发华宁县县级储备粮管理办法的通知》，为了加强县级储备粮的管理，保证县级储备粮数量真实、质量良好和储存安全，有效发挥县级储备粮的调控作用，维护本县粮食市场稳定。

7月26日，县政府办发出《关于印发华宁县2017年全国精神卫生综合管理试点工作计划的通知》，确保全县试点工作顺利通过各级考评。

8月10日，县政府发出《华宁县人民政府关于易地扶贫搬迁整改中剔除的搬迁对象资金需求的报告》，根据《云南省扶贫开发领导小组关于对易地扶贫搬迁对象进行动态调整的通知》、云南省扶贫开发办公室《关于对65万国家核定规模易地扶贫搬迁第二次动态调整的通知》和玉溪市扶贫开发领导小组《关于开展易地扶贫搬迁动态调整的通知》等通知要求，华宁县人民政府经认真排查、反复核实，决定将不符合易地扶贫搬迁范围的15个安置点741户2419户调出易地扶贫搬迁范围，调出的15个安置点建档立卡贫困户86户298人和同步搬迁655户2121人纳入农村危房就近就地改造和农村人居环境整治等项目，不再申报易地扶贫搬迁资金。

9月4日，县政府发出《华宁县人民政府关于审计署审计发现问题的整改报告》，2016年至2017年上半年，审计署先后对华宁县2015—2016年农林水专项资金分配、管理和使用情况；2015年至2016年上半年医疗保险基金筹集使用管理情况；2016年保障性安居工程进行了审计。下发了3份审计报告和审计决定，收到报告和决定后，华宁县人民政府分别召开涉及各自领域的专项审计发现问题整改会议，对照所存在的问题，认真分析研究，制定整改措施，明确整改单位和责任人，要求限期整改到位。

10月10日，县政府发出《华宁县人民政府关于申报2018年度土地储备专项债券项目的报告》，根据《云南省国土资源厅云南省财政厅关于申报2018年度土地储备专项债券项目和资金需求的通知》《财政部国土资源部关于印发〈地方政府土地储备专项债券管理办法（试行）〉的通知》以及市财政局的有关要求，华宁认真落实申报2018年度土地储备专项债券项目和资金需求相关工作。

10月25日，县政府办发出《华宁县人民政府办公室关于印发华宁县信息通信基础设施建设情况专项督查反映问题整改实施方案的通知》，针对督查组发现的问题，结合华宁县实际，特制定整改实施方案。

华宁县公务用车改革专场拍卖会　　邓　瑜　摄

10月26日，县政府发出《华宁县人民政府关于省发改委易地扶贫搬迁第十督导组反馈督导意见的整改报告》，2017年10月6—7日，省发展改革委易地扶贫搬迁第十督导组对华宁县易地扶贫搬迁工作进行了督导，根据《云南省发展和改革委员会易地扶贫搬迁第十督导组关于对华宁县反馈督导意见的函》所列问题清单，结合《云南省人民政府办公厅关于印发云南省易地扶贫搬迁工作整改方案的通知》要求，华宁县高度重视，真改实改，查摆全县在易地扶贫搬迁工作中存在的问题。

10月30日，县政府办发出《华宁县人民政府办公室关于贯彻落实云南省健康扶贫30条措施的通知》，努力让建档立卡贫困人口看得起病、方便看病、看得好病、尽量少生病，有效防止因病致贫、因病返贫，确保全县2017年率先实现脱贫。

11月22日，县政府发出《华宁县人民政府关于印发华宁县青砖青瓦生产企业综合整治提档升级实施方案的通知》，为加快建设节约型社会，淘汰落后产能，保护土地资源和生态环境，加快全县新型墙体材料推广应用和禁止使用实心黏土砖工作步伐，促进产业转型升级，特制定本方案。

11月30日，县政府发出《华宁县人民政府关于废止〈华宁县人民政府关于崩塌滑坡、危险区、泥石流易发区的划分及预防公告〉的决定》，由于一些法律法规的修订或废止，原公告的制定依据已无法律效力。为适应当前生态文明建设要求，预防和治理华宁水土流失，保护和合理利用水土资源，决定废止《华宁县人民政府关于崩塌滑坡危险区、泥石流易发区的划分及预防公告》。

【决策批复】 2017年1月11日，县政府批复县扶贫开发办公室，同意取消青龙镇禄丰村矣则小组扶贫整村推进养殖项目，项目资金严格按相关规定和程序收回；同意青龙镇中村马郎小组建档立卡贫困户户数由14户调整变更为12户，该12户建档立卡贫困户肉牛养殖头数均调整为5头，且肉牛总数和财政扶贫补助资金不变；同意青龙镇山羊养殖项目地点由倒马坎、老田、糯租、中村、大母公竜、矣马白、矣甫7个行政村15个村民小组调整变更为倒马坎、老田、糯租、中村、大母公竜、矣马白、矣甫、马鹿塘、海迤9个行政村16个村民小组。其中，建档立卡贫困户户数由30户调整变更为37户，养殖规模由446只调整变更为460只，养殖类别由419只母羊、27只公羊调整变更为440只母羊、20只公羊；同意青龙镇矣甫村向家沟小组种植项目由冬桃种植调整变更为苹果种植，且种植面积和财政扶贫补助资金不变。同意将宁州街道红坡村整村推进项目基础设施建设土老依灌溉管道安装直径110PE（聚乙烯）引水管变更为直径160PE；同意取消宁州街道那果村红泥坡小组整村推进养殖项目，项目资金严格按相关规定和程序收回。同意《盘溪镇产业扶贫柑橘种植建设项目调整方案》。同意《青龙镇黄牛养殖建设项目调整方案》。同意《青龙镇矣甫村向家沟小组整村推进项目调整方案》。同意《青龙镇大母公竜村整村推进下营柑橘基地三面光沟项目调整方案》。

1月16日，县政府批复玉溪云天电力设计工程有限公司，同意35千伏新庄工业园区线新建工程路径方案。

1月22日，县政府批复县卫生和计划生育局，同意将县人民医院原址土地使用权及地上建筑物、附着物等房屋所有权划拨给中医医院新建项目建设。

1月24日，县政府批复华溪镇人民政府，同意大新寨和黑牛白2个贫困行政村脱贫退出；批复盘溪镇人民政府，同意矣得贫困行政村脱贫退出；批复宁州街道办事处，同意火特、红坡和岔纳3个贫困行政村脱贫退出；批复青龙镇人民政府，同意倒马坎和大母公竜2个贫困行政村脱贫退出。

2月20日，县政府批复县扶贫开发办公室，同意《青龙镇大母公竜村整村推进项目调整方案》；同意《青龙镇倒马坎村整村推进项目调整方案》；同意《盘溪镇矣得村整村推进项目调整方案》；同意《盘溪镇平坝村小铺子村民小组整村推进项目调整方案》；同意《宁州街道岔纳村整村推进项目调整方案》。

3月9日，县政府批复公安局，同意将公安局请示调整的29个单位定为2017年消防安全重点单位；批复县抚仙湖管理局，原则同意工程变更主要内容和新增项目主要内容；批复县财政局、县人民政府扶贫开发办公室，同意将2016年度财政专项扶贫结余资金安排用于：2017年，华溪镇整乡推进项目周转金1331940元；2017年，小额信贷风险补偿金500000元；2017年，建档立卡贫困户D级危房改造2436977.01元。

5月3日，县政府批复华宁县民政局，同意对祥云路、民和路2条街道的命名。

7月27日，县政府批复县国土资源局，同意华宁县第三中学迁建项目和县委党校异地新建项目（凤山片区）征收土地方案和补偿安置方案。

7月30日，县政府批复华宁县工业商贸和科技信息局，同意茂地村及小寨子村搬迁项目规划用地，位于宁州街道茂地村及小寨子村以北，面积为15.88公顷，地理坐标：北纬24° 18′ 34″—24° 18′ 51″，东经102° 57′ 20″—102° 57′ 38″。

10月25日，县政府批复华宁县国土资源局，同意开发玉溪市华宁县华溪镇甫甸村土地整治（补充耕地）项目区内的4.6108公顷未利用。

11月16日，县政府批复县教育局，原则同意将原轻工局内2581.9平方米国有土地及826.1平方米地面建筑物无偿划拨给宁州镇示范小学作为新建教学楼建设用地。

同日，县政府批复华宁供电有限公司，原则同意华宁客运站新建充电站线路路径方案，即：新建电源接入线路从珠山水泥厂公路旁10千伏城南II回线49号塔起，至华宁县客运站后，线路向原珠山水泥厂公路人行道内退让11米，新建线路为沿珠山水泥厂公路至华宁县客运站出站口附近为止，线路全长约0.397千米。

11月30日，县政府批复县住房和城乡建设局，按照华宁县土地矿产储备管理委员会2017年第一次会议纪要决定事项，同意华宁县阳光家园保障性住房建设用地中的1号地块面积1565.2平方米、3号地块408.8平方米、4号地块面积1170.5平方米土地性质由划拨的保障性住房建设用地调整为商品房用地，2号地块面积1037.1平方米土地用途由划拨的保障性住房用地调整为商服用地。同意将以上地块，由资质达标的土地评估公司评估，经县国有建设用地供应及矿业权出让审查领导小组集体决策，报经县政府批准，补缴土地出让价款后，协议出让给原划拨用地单位华宁县城市建设综合开发公司。

【政府督查】 2017年，围绕全县重点、热点和难点工作，采取实地督查、书面督查和电话督查等方式，深入乡镇（街道）和部门，围绕县委、县政府的重大决策、重点工作和重大项目，加大督查力度，截至12月初，共督查重点项目100多项，发出督查简报、通报32期。分别对“争先创优跨越发展”和“科教引领创新发展”大讨论、大行动及“民营经济、县域经济、园区经济”等工作的落实完成情况；省政府2017年10件惠民实事和重点督查的20个重大建设项目和市政府确定的20项重要工作和10件惠民实事涉及全县的完成情况；县委常委会、县政府常务会、专题会议、现场调研会等重要会议决定事项及县政府主要领导讲话要求事项落实情况；2017年县政府工作报告主要任务分解落实情况、脱贫攻坚工作、农村危房改造和抗震安居工程、农村公益性公墓建设、森林防火、环境卫生、生态农业庄园建设等进行多次跟踪督查。开展华宁县政府系统工作纪律作风督查，通报违反工作纪律作风6次。积极与县人大、政协协调配合，参与2017年代表、委员建议提案的督办工作。参与组织对华宁县各乡镇、街道和各部门的综合考核。认真办理省、市、县级领导的批示件，全年共办理领导批示件108件。

【议案提案办理】 2017年1月，华宁县召开第十七届人民代表大会第一次会议期间，县人大代表提出建议109件，闭会期间代表提出建议1件，总计110件。其中，水利、农业、林业等方面的41件，占37.27%；交通、城建等方面的39件，占35.45%；民政、社会保障等方面的17件，占15.45%；文教卫生等方面的9件，占8.18%；其他方面的4件，占3.65%。大会闭幕后，县人民政府及时对代表建议进行梳理，于2017年2月召开交办会，将代表所提建议交由21个部门具体办理。截至2017年9月，82件代表建议已按要求办理完毕。回复率和面商率均达100%；满意率98.2%。

县政协九届一次会议期间，共收到委员提案54件（闭会期间新增1件），其中，委员撤案2件，同意立案52件。52件提案中，委员活动组、县政协各专委会提出的集体提案28件，委员个人提案5件，委员联名提案19件。根据提案审查分类办法，经审查立案的提案，经济建设类23件，占提案总数的44.2%；教科文卫体类16件，占30.8%；政法社会保障13件，占25%。县人民政府于2017年2月召开提案交办会，将提案交由县属相关部门研究办理，截至2017年8月，52件提案全部办理完毕，提案中所提问题得到解决和落实的25件，占48.1%；列入规划和计划逐步予以解决的27件，占51.9%。提案委员对承办单位办理结果满意52件，满意率100%。

【信息工作及电子政务】 2017年，县政府办公室主动公开政府信息共12017条，其中，华宁县人民政府网站发布5118条，华宁县政府信息公开网站发布8537条（由于部分发布信息有重复，故统计数少于“两网”相加总数）。

2017年，主动公开机构职能类信息515条；主动公开规范性文件信息492条，公开制发规范性文件信息298条；主动公开行政许可类、重大建设项目、民生实事类、民政扶贫救灾社会保障就业类、国土资源城乡建设环保类、科教文体卫生类、安全生产、应急管理类等业务工作信息2376条；主动公开动态工作类信息4718条；主动公开规划计划类、报告类、总结类等其他类别信息3618条。

2017年，通过政府公报公开政府信息数共计1条；通过政府网站公开政府信息数共计8479条；通过政务微博公开政府信息数共计170条；通过政务微信公开政府信息数共计2712条；其他方式公开政府信息数共计655条。全县共40个单位参加政府信息与政务公开工作，共设置40个政府信息公开查阅点数；共举办新闻发布会、新闻通气会2次。

2017年，全县公开发布政策解读稿件信息共计66篇。开展政府网站在线访谈2次，其中县长参与1次，其他部门负责人1次。全县共回应公众关注热点或重大舆情38次，涉及县交通局、县环保局、县住建局等多家部门。华宁县通过政务微博、微信及其他方式回应网友提问共18次，问题涉及县住建局、县公安局交警大队、县农业局、青龙镇人民政府等多个部门及乡镇（街道），县政府领导亲自督办，切实解决群众的困难及疑问，办结率均为100%。

2017年，县政府办公室共编印政务信息280条，上报市政府办公室280条，采用104条，得分825分。根据玉溪市人民政府办公室印发的《2017年1—12月政府系统各县区、各部门政务信息任务完成情况通报》，华宁县圆满完成2017年度政务信息考核任务。

【调研视察】 2017年1月5日，市委常委、市委秘书长李洪云率队到华溪镇督查调研脱贫攻坚工作，对华宁脱贫攻坚工作再部署、再督促、再落实。

1月18日，市总工会主席范志华带领的市级慰问组到华宁走访慰问烈属、残疾人。

2月6日，县人大常委会主任魏德锦，副县长郭艳等领导到华宁一中调研。

2月10日，市人大常委会副主任周继武率调研组一行到华宁县就外向型农业发展情况进行调研，了解外向型农业发展中存在的困难问题，提出助推外向型农业发展的意见建议。

3月2日，云南省政协副主席、省工商联主席喻顶成率队到华宁就工商联和非公企业发展情况进行调研。

3月8日，省招商合作局局长杜勇率队到华宁就招商引资落地项目情况进行调研，先后到中复连众年产400套风电叶片制造项目、上海电气风电云南有限公司、七彩虹窑陶艺有限公司等地进行实地调研。

3月9日，云南省教育科学研究院副院长方贵荣一行到华宁，就华宁一中晋级升等工作筹备情况进行调研指导。

3月16日，市委书记罗应光到华宁调研“三大战役”，强调要推动玉溪跨越发展，重点在县域，县域兴则经济兴，县域强则经济强。

同日，省地税局局长唐新民来到华宁，就全县地税工作开展情况进行调研。

3月31日，农业部发展计划司领导到华宁调研农业可持续发展试验示范区创建及耕地休耕试点情况。

4月6—7日，以市教育局党委书记、副局长鲁志明为副组长的市政府义务教育均衡发展督导评估组一行13人到华宁，就华宁县创建全国义务教育发展基本均衡县进行了全面、细致的督导评估。

4月11—15日，水利部稽查特派员贺平带领稽查组来到华宁，对南盘江华宁县盘溪段治理工程项目前期、建管、工程质量和资金配套等方面进行专项稽查。

4月14日，部分驻玉溪市的省政协委员深入华宁县工业园区，对华宁当前的风电产业发展情况开展调研。

4月21日，副市长杨洋到华宁调研碗窑村历史文化遗存保护与开发项目推进情况。

5月8日，省交通运输厅副厅长周游斌一行到华宁督查农村道路硬化建设情况。

6月6日，市工信委主任康凌华率领调研组一行，深入到华宁盘溪镇调研指导工业经济发展工作。

6月30日，玉溪市委常委、常务副市长王力到华宁县玉珠水泥有限公司就企业发展与日产5000吨水泥生产线项目建设情况进行实地调研。

7月19日，副市长解仕清到华宁实地调研企业稳增长工作，了解企业生产经营情况。

7月20—21日，省政府党组成员高树勋到华宁调研指导产业发展工作。

7月31日，省政府副省长张祖林巡视第十二届中国云南普洱茶国际博览交易会华宁陶展区，了解华宁陶企业参展情况。

8月3日，国家新闻出版广电总局规划发展司副司长李建臣一行到华宁县就文化产业发展等情况进行调研。

8月16日，致公党云南省委主委、省侨联主席李嵘一行到华溪镇就低碳乡村建设集成技术应用示范项目实施情况进行调研。

8月21日，副市长解仕清深入华宁县青龙镇红岩村委会调研指导软弱涣散党组织整改工作，围绕党组织服务发展意识差等方面与该村“两委”班子成员进行交流讨论，并就整顿软弱涣散基层党组织工作等提出意见和建议。

8月23日，国家煤矿安监局行管司司长辛广龙带领国务院安委会第五督导组到华宁县，对煤矿安全生产大检查工作进行督导。

9月27日，副市长解仕清到青龙镇调研指导贫困村脱贫攻坚工作时要求，要切实做好农业产业这篇文章，带领群众走好脱贫致富路，打好精准脱贫百日攻坚战，确保脱贫目标任务如期实现。

10月11日，省审计厅党组书记、厅长吴绍吉一行到华宁审计局调研指导审计工作。

11月7日，省农业厅副厅长左荣贵、省民委副调研员王晓萍一行到华宁督查食品安全专项整治工作。

11月21日，台盟中央社会服务部副部长张骏、中国林业科学研究院林业研究所副研究员张俊佩、台盟中央社会服务部扶贫工作处调研员刘晓英及台盟云南省委主委、省台联会长杨晓红，台盟云南省委副秘书长、省台联秘书长何原文等领导深入华宁县青龙镇马鞍山进行“两岸同心”核桃产业扶持资金捐赠，开展核桃栽培技术培训，并向当地中学捐赠爱心图书。

同日，省政协常务副主席白成亮带领督察督导组到华宁，对河长制落实工作及南盘江华宁县盘溪段治理项目进行督察督导。

（许　帆）

政务服务管理

【概　况】华宁县政务服务管理局下设华宁县人民政府政务服务中心、华宁县公共资源交易中心、政府采购和出让中心，根据《华宁县政府职能转变和机构改革实施意见》文件通知，加挂“华宁县公共资源交易管理局”牌子，履行公共资源交易管理职责，形成“两局三中心”格局，单位核定编制17人，现有职工11人，党员6人。设有6个股室（局办公室、业务股和交易中心的综合股、政府采购股、产权交易股、工程建设股）。主要职能集行政审批服务、政府采购、管理协调、监督投诉等为一体，实行“一站式办公，一条龙服务”的工作模式。

【政务服务】2017年，发挥“一站式”功能，政务大厅进驻部门18个，窗口工作人员20名，进驻的行政许可及服务事项141项。2017年，全年受理办结事项22312件，办结率100%。2017年7月至9月，政务服务中心设立教育局临时窗口为华宁大学生办理生源地助学贷款，共为918人办理贷款680万。针对上班时间没赶到，办事窗口为服务对象延迟下班办理约200件次。

县政务服务大厅办理生源地助学贷款　　王伟辉　摄

【互联网＋政务】2017年，政务局做好政务服务平台和投资项目在线监管平台的建设、运行、维护工作。一是加快政务服务平台建设。2017年年初，充分利用互联网思维创新政务服务模式，全面整合线上线下服务资源，依托实体办事大厅和网上办事大厅，调查了县级政府政务服务体系建设情况。年中积极承担牵头责任，联合县委编办、县发改局组织全县相关部门，全面梳理行政许可和公共服务事项目录，完成政务服务事项录入工作。为保证录入事项要素规范、准确完整，组织全县各乡镇（街道）和29个职能部门开展平台业务培训6期500余人次。政务服务平台共计录入3686项政务服务事项。二级以上办理深度事项达670项，占比90.05%（行政处罚除外），达到省级统一、规范、多级联动的要求。平台自2017年12月1日起开始试运行，截至12月31日，政务服务平台共计受理办理各类审批服务事项2205件次。二是夯实投资项目在线监管平台的运行和维护。在2017年7月，投资项目在线监管平台正式投入运行。政务局组织业务人员到省、市相关业务部门进行在线监管平台的学习，组织县级投资项目审批部门开展业务操作培训和实际项目操作。全县所有涉及投资项目审批、核准和备案的有关办理事项纳入投资项目在线审批监管平台进行审批，统一项目代码，实现投资项目“一项一码一表”，达到了审批全流程、全生命周期监管。2017年，在投资项目在线监管平台受理审批各类投资项目76项，投资金额25.66亿元。

（王伟辉）

烟草管理

【概　况】 2017年烤烟生产，各级各有关部门及广大烟农在县委、县政府的坚强领导下，以中共十八大和十八届三中、四中、五中、六中全会精神为指导，继续深入贯彻落实五大发展理念，按照“控制总量、优化结构、降本增效、完善体系”的工作方针，“依靠红塔不变、服务红塔不变和支持红塔不变”的工作思路，“好田好地种好烟”的工作要求，以“市场、质量、绿色、生态、安全”为主线，认真贯彻落实市县烤烟工作会议精神，采取措施，强化科技，加大投入，应对灾害，抗灾降损，狠抓落实，全力巩固提升烤烟在华宁经济社会发展中的支柱地位，确保烟草产业持续稳定健康发展。

【烤烟种植计划】 2017年，市级下达华宁县烤烟种植计划8.32万亩，烟叶收购计划946万千克，其中，指令性计划866万千克、出口备货803万千克。宁州街道290万千克，青龙镇568万千克，通红甸乡45万千克，华溪镇41万千克，盘溪镇3万千克。全县共有48个村（居）委会、337个村（居）民小组、8201户烟农种植烤烟。

【烤烟收购】 2017年的烤烟收购工作，华宁县于8月28日开磅收购，至10月20日收购结束，历时54天，收购烟叶946万千克，上等烟比例55.88%，均价28.23元，交售金额26707万万元，亩产值3245.07元，户均收入3.3万元，实现烟叶税及附加5876万元。

【烤烟品种纯度】 2017年，华宁县高度重视品种纯度，多次组织召开专题会议，研究部署品种纯度工作。制定了《华宁县2017年提高烤烟品种纯度工作实施方案》，成立了工作领导小组，建立健全考核机制；采取层层告知，层层承诺，建立保证金、责任追究制，实施品种纯度与合同、计划挂钩，烟苗到田验收移栽，严把育苗、供苗移栽关，设卡（4个卡点）堵截防流入等措施办法。严厉打压非规定品种，不自行铲除非规定品种的不签订合同。华宁县共铲除非规定品种育苗点2175个坐落，涉及户数5629户，共可移栽大田面积60313.4亩。其中，铲除零星分散漂浮育苗146261盘，可移栽大田面积21352.5亩；铲除常规育苗56744.4平方米，可移栽大田面积38960.9亩；铲除营养袋育苗26035个，可移栽大田面积23.4亩；大田移栽的田块发现种植非规定品种的坚决进行拔出，拔出14560株，面积16.8亩。持续强化严铲严打非规定品种高压态势，确保了品种纯度。

【烤烟实用技术推广】 2017年，华宁县一是抓规划。围绕稳定优质核心烟区，规划集中连片的好田好地种植烤烟，海拔2200米以上或氯离子含量超标的不适宜区域坚决退出烤烟种植。规划337片，面积8.32万亩，其中田烟1.8万亩，占21.63%，500—1000亩17片1.11万亩，1000—10000亩2片0.22万亩，100亩以上连片面积占98.05%。抓流转。积极开展土地流转，涌现20亩以上种植大户137户，土地流转5447.1亩，规模连片种植水平好于往年。二是抓育苗。严格落实《华宁县2017年烤烟育苗方案》，全面推行专业化育苗，商品化供苗，强化育苗考核管理，确保培育适龄小壮苗，保障8.32万亩大田移栽；全县35个育苗点，育苗株数9984万株，壮苗率

95.6%，苗龄与移栽期高度匹配。三是抓整地。实施机械深耕、整地，墒高不低于30厘米，完成机耕面积8.09万亩，占97.24%。抓移栽。突出膜下小苗，抓节令标准化移栽，实行倒排计划办法，任务安排到天，加强技术培训宣传、示范带动引导，集中资源，于2017年5月9日完成8.32万亩移栽任务，100%实现膜下小苗移栽。四是抓施肥。采集检测300个土样，制定亩施纯氮6—8千克/亩3个施肥配方，氮磷钾比例达1∶1∶(4.6—5.4)；控氮增钾，每亩增加10千克的供应量，亩施硫酸钾增供到30千克（“2260”高端特色烟叶示范区每亩供应到50千克）；推广商品有机肥3276.3吨，面积32763亩；腐熟农家肥堆捂16608.9吨，面积34293亩；合计67056亩，占计划面积的80.60%；以水调肥，推广节水滴灌水肥一体化技术1300亩，兑水浇施28∶0∶5的提苗肥千克/亩，提高肥料利用率。五是抓管理。抓好膜下小苗破膜通风降温、掏苗追肥覆土盖塘、补水、补肥等关键环节技术落实，促早栽、早发、早长；抓揭膜促管理，推广机械中耕，培土后田烟墒高40厘米以上，地烟墒高35厘米以上；抓病虫害防治、封顶留叶、化学抑芽、田间卫生等措施落实；分类指导，促平衡生产，努力向大田管理要产量要质量要效益。

【烤烟防灾减灾】 2017年，加强与气象部门沟通联系，密切关注天气变化，及时会商分析，科学研判灾害发展动态，及早预防，做好防灾减灾工作。抓防洪防汛防涝措施落实。镇（街道办）、村（居）委会及相关部门及时筹集资金，修复河道，排水沟渠，确保排水畅通，确保有洪能泄、有涝能排；对积水烟田，迅速组织人力和抽水设备，排除田间积水。加强防雹工作，全县设立10个防雹点，配备防雹作业人员30名，就位防雹炮弹1500枚，配套防雹经费50.0万元，为应对极端天气提供保障。

【烤烟科学烘烤】 2017年，加强烧烤培训，组织覆盖所有种烟村组烟农的成熟采收和烘烤技术的培训与现场指导，提高烘烤操作员、烟农的成熟采收和烘烤水平。依托密集烤房群，积极引导综合服务型合作社、村组组织成立烘烤专业队，全面开展专业化、商品化烘烤，烘烤业主与烟农签订商品化烘烤协议，明确烘烤业主责任及权利，烟农权利与义务，建立烤坏烟叶赔偿协调机制。华宁县107个密集烤房群2010座实行商品化烘烤，承担烟叶烘烤任务10.34万担。组建烘烤专业队，专业化指导烟农互助烘烤，积极引导有烘烤技术的师傅承包操作烘烤等多种模式，努力推动烟叶烘烤规范化、精细化、高效化运作。华宁县实现了植烟区域密集烤房利用率92.9%，科学烘烤工艺覆盖率达到100%，上部叶4—6片一次性采烤率达94.6%，专业化烘烤比例达92.9%，商品化烘烤比例50.44%。

【“2260”高端特色烟叶开发】 2017年，华宁县委、县政府全面贯彻落实《2017年“2260”高端特色烟叶开发工作方案》，把“2260”项目区建成高端烟叶生产先行区、优质烟叶生产示范区、绿色烟叶生产展示区、烟叶生产规范管理引领区。县委、县政府综合分析，认真研究，制定下发了工作、技术、考核方案，把“2260”高端特色烟叶开发规划在宁州街道办的新城、阿路、郭家营、王马、平地，青龙镇的斗居、马白、落梅、青龙、大村共10个村（居）委会，52个村（居）民小组，烟农1308户，种植面积1.0万亩。

【基础设施建设】 2017年的烟区基础设施建设，通过多方协调，积极争取，认真组织实施，新建烤房320座，投资960万元，已全部完工，投入使用。宁州新城烟区项目建设，计划投资223万元，于12月已开工建设，2018年栽烟时投入使用。核桃冲水库有序推进，截至2017年年底，完成工程量的90%，大坝已封顶，整个工程能够按质按时完成。争取国家烟草援建的宁州小箐水库，计划投资10566.12万元，已通过了国家烟草专卖局专家评审。争取国家烟草援建的青龙三家村水库，计划投资8186.68万元，已通过省烟草专卖局的评审。

（李海湖）

信访工作

【概　况】2017年，华宁县信访工作始终坚持以“减存量、降增量”为目标，积极回应群众利益诉求，拓宽信访渠道。全县信访总体形势保持平稳可控。全县接待处理群众来信来访1182件次，办结1165件次，办结率98.6%。同期相比，增加157件次，上升15.3%。信访总量中，县委县政府信访局、乡镇（街道）信访办及县属部门直接待受理群众来信来访654件次，同期相比，减少40件次，下降5.8%。其中，来信44件次，同比下降42.1%；来访610批1927人次，同比批次下降1%、人次上升31.6%；集体访64件78人次，同比批次下降1.5%，人次上升27.5%；个访504件781人次，同比批次下降8.5%，人次下降7.8%；重复访42批359人次，同比批次上升32.2%，人次上升303.4%。上级交办件528件次，同比增加197件，上升59.5%。其中来信137件，来访192件，网上信访、邮箱及热线电话199件。书记、县长信访接待日及信访局信访总数418件次，同期相比，增加109件次，上升35.3%；办理399件次，办结率95.5%。其中，县委县政府信访局直接接待受理351件次，办理332件次，办结率94.6%。来信4件，同期相比，减少19件，下降82.6%；来访347批1187人次，同期相比，增加134批496人次，分别上升62.9%和71.8%。来访中，集体访49批699人次，同期相比，增加14批308人次，分别上升40%和78.8%；个人访298批488人次，同期相比，增加120批188人次，分别上升67.4%和62.7%。省、市信访部门交办95件次，办结71件次，办结率74.7%。

华宁县公共资源交易中心在淘宝网举行拍卖公车活动

杨　迪　摄

【省委督查组督导检查中共十九大安保维稳信访工作】2017年10月13日，省委督察组进驻华宁县对华宁中共十九大安保维稳信访工作进行督导检查。县政府副县长、公安局局长殷智才在县委常务会议室代表华宁县委县政府向省委督察组汇报华宁县中共十九大安保维稳信访工作情况。县委书记黄云鹍，县委常委、县委政法委书记李乔有，县政府副县长、公安局局长殷智才对省委督察组提出的问题逐一进行了全面解答。会议结束后，省委督察组对县委政法委、县公安局、县安监局、县信访局等部门相关台账进行查阅并进行实地工作检查。

【市领导调研廉洁乡村（社区）建设】2017年5月12日，信访局副局长张永慧带领市委、市政府信访局网信科人员到华宁调研廉洁乡村（社区）建设工作，县委常委、县纪委书记施永林，副书记吴红玲陪同调研。调研组一行分别深入宁州街道甸尾社区、青龙镇海迤村委会和中村村委会，了解信访情况，工作热点、难点问题及廉洁乡村（社区）建设的做法、经验，实地查看村（社区）为民服务站、信访接待室和廉洁乡村（社区）宣传展板及上墙制度情况。

【信访积案化解】认真贯彻落实省、市关于2017年信访积案化解工作的相关要求，梳理排查市级领导包案信访积案2件，争取特殊疑难信访专项资金29.5万元，化解久拖未结的重点信访事项5件。

【视频接访应用】 视频接访系统实现市、县、乡镇（街道）、村（社区）四级互连互通，拓宽使用范围，把每月的书记、县长接待日与视频接访及信访工作有机结合，把视频接访系统充分应用到信访件交办、办理、约访、答复、送达、督办、回访等业务环节及信访工作会议、培训等方面，提高视频接访系统使用效率，让数据多流转、群众少跑路，降低群众信访成本和信访机构的行政成本。2017年利用视频接访群众49批59人次，解决问题55件。

【接约下访制度】 2017年，华宁县在坚持每月书记、县长接待日制度的同时，实施书记、县长阅批信访件和县处级领导不定期接访、重点约访、带案下访等制度。县委书记、县长坚持阅批信访件带头接访群众，以上率下倾听群众呼声，为群众解难题。2017年，书记、县长接待日接访群众43批51人次，书记、县长阅批信访件43件，占县信访局信访总量的12.3%。全县各级领导干部也结合“挂包帮，转走访”活动，走向基层、走入农户访民情听民声，着力解决群众最关心最现实最直接的问题。全年全县各级领导干部接待群众来访615批1570人次，约访群众226批481人次，下访981批3162人次，解决问题1006件。

【信访基础业务规范化建设】 2017年，县信访局以信访“三率”（及时受理率、按期办结率、群众满意率）指标为抓手，开展信访基础业务常态化检查，积极贯彻落实《玉溪市信访案件评查办法（试行）》，深入推进信访案件评查工作，督促责任主体部门查缺补漏、完善措施、补齐短板，切实纠正工作不规范问题，推动信访基础业务全面规范，促进全县信访基础业务工作整体水平和信访“三率”指标进一步提升。全县46个县级职能部门和5个乡镇（街道）全面使用《云南信访信息系统》办理日常信访工作，全年录入信访系统324件，做到来访人情况、办理情况可查询、可跟踪。

【律师参与信访工作】 华宁县从2017年4月份起聘请律师参与信访工作。律师参与信访工作形成长效机制，费用列入财政预算，与县政府法律顾问相统一，每年县政府在聘请法律顾问时，把参与信访工作写入合同，明确要求，每月书记县长接待日必须参与接访工作，平时随叫随到。聘请工作实行一年一聘请，日常管理由县政府法制办负责。2017年，律师参与接访群众49批59人次（市级接访6批8人），参与做群众工作1人次。

【信访维稳重要会议】 2017年6月30日，召开2017年半年信访工作会议。华宁县人民政府副县长、公安局局长殷智才出席会议并作重要讲话，县政府办副主任魏艳主持会议。县属有关单位分管领导，各乡镇（街道）分管领导、信访办主任参加会议。一是县政府办副主任魏艳组织学习了《玉溪市信访工作责任制实施细则》；二是县委县政府信访局副局长王兴波总结了2017年上半年工作，研究分析下半年信访形势；三是华宁县人民政府副县长、公安局局长殷智才提出工作要求。

10月20日，华宁县委书记黄云鹍到县委县政府信访局督导信访工作。听取信访局负责人对2017年信访工作和十九大期间信访工作情况汇报，查看了县级领导到信访局接访群众台账，利用视频接访系统检查了5个乡镇（街道）党政领导到信访接待场所接访和值班情况，对乡镇（街道）十九大期间的信访情况和重点群体、重点人员包保稳控及重点矛盾纠纷化解情况进行督导。县委常委、县委办主任黄汝刚，县委常委、政法委书记李乔有，县政府副县长、公安局局长殷智才参与调研督导。

（靳党坤）

外事工作

【概 况】2017年，县政府外事办公室按照中央、省、市对外事工作的要求，结合华宁实际，认真落实因公出国（境）年度计划，及时掌握非政府组织在华宁县的活动情况，重视来人来电出国（境）咨询，严把出国（境）关，严格按程序申报、办理因公出国（境）手续。2017年华宁县共办理两件领导因公临时出国（境）参团手续，全年无自组团出国（境）事项发生，做到因公出国（境）自组团人员和经费零增长。做好华宁与以色列及周边国家合作情况、对美工作情况、社会组织走出去开展民生项目有关情况、地方政府签订涉外协议情况及非政府组织在华宁县活动情况的排查等工作，并将情况及时上报。积极配合做好报送蓝厅云南全球推介活动外事礼品选送工作；配合市外侨办做好第十五届东盟华商会相关工作，积极协助县级相关部门做好东盟华商会玉溪专场推介会活动布展筹备工作。2017年，共接待来人来电出国（境）咨询9人。全年共编写《华宁外事信息》十五期，并及时报送市外侨办、县政法委、公安局等相关单位，逐步搭建信息资源共享平台。全年华宁县无违反外事纪律事件发生。

（周 婷）

中国人民政治协商会议华宁县委员会

【概　况】 2017年，在中共华宁县委的坚强领导下，县政协常务委员会全面贯彻落实中共十八大和十八届五中、六中全会，十九大精神，深入学习贯彻习近平新时代中国特色社会主义思想，坚持人民政协性质定位，突出团结和民主两大主题，坚决贯彻中央、省、市、县委决策部署，带领全体政协委员，广泛团结社会各族各界人士，围绕中心、服务大局，认真履行职能，提升履职实效，彰显履职担当，各项工作取得新成效。召开政协华宁县第九届委员会第一次会议，召开县政协县政协常委会4次、主席会议8次、省与市政协（含县政协）开展24个方面工作视察调研。

【县政协九届一次会议】 中国人民政治协商会议华宁县第九届委员会第一次会议2017年1月4—6日在县文化馆礼堂举行。应出席委员160名，实到154名。会议听取和审议主席白应海代表政协华宁县第八届委员会常委会所做的《政协华宁县第八届委员会常务委员会工作报告》和副主席袁慧芬代表政协华宁县第八届委员会常委会所做的《政协华宁县第八届委员会常务委员会提案工作情况报告》，听取了《政府工作报告》，协商讨论了《政府工作报告》《华宁县2016年国民经济和社会发展计划执行情况与2017年国民经济和社会发展计划草案的报告》《华宁县2016年地方财政预算执行情况和2017年地方财政预算草案的报告》《华宁县人民法院工作报告》和《华宁县人民检察院工作报告》。大会期间，委员们就全县经济社会发展和如何做好新一届政协工作，积极建言献策，提出了很多有价值、有见地的意见和建议。会议选举产生了政协华宁县第九届委员会主席、副主席和常务委员。会议表决通过了县政协九届一次会议提案审查情况报告、县政协九届一次会议决议。

【常委会议】 2017年召开九届县政协常委会议4次。具体如下。

3月16日，县政协召开九届一次常委会议，县政协主席白应海主持会议，应出席常委会成员29人，实到会29人；县委办、县纪委第一纪工委、县委组织、人大办、政府办领导应邀参加会议，县政协各委室副主任，机关党支部书记、工会主席及各委员活动组长列席会议。主要议程：审议人事任免事项；学习传达中共十八届六中全会精神、市政协四届十九次常委会精神、县委“科教引领创新发展”大讨论大行动动员会精神；副主席何文珠组织学习中共中央办公厅《关于加强和改进人民政协民主监督工作的意见》；副主席高双全通报县政协党组民主生活会情况并作《政协华宁县委员会2017年工作要点》；审议通过提案联络委主任杭德江作《政协华宁县委员会履职工作规则（试行）》《政协华宁县委员会提案办理协商实施办法（试行）》说明；审议通过副主席万燕所作《关于华宁县樱花发展情况视察报告》。

8月8日，县政协召开九届二次常委会议，县政协主席白应海主持会议，应出席常委会成员29人，实到会28人；县委副书记张洪坤、县纪委第一纪工委领导应邀参加会议，县政协各委室副主任，机关党支部书记、工会主席及各委员活动组长列席会议。主要议程：会议听取县委副书记张洪坤通报《华宁县半年经济运行情况》；听取提案联络委主任杭德江通报《委员活动组半年情况》；审议通过民宗法制委主任黄云鹤所作《关于华宁县党外干部队伍建设情况调查报告》；副主席张进文所作《关于县城南过境路200米范围土地收储及对上建筑物拆迁情况视察报告》；副主席万燕所作《关于华宁县困境儿童情况调查报告》；县政协何文珠所作《关于金融对华宁县域经济发展的支持服务调研报告》的说明。

11月14日，县政协召开九届三次常委会议，县政协主席白应海主持会议，应出席常委会成员29人，实到会28人；县人民政府副县长王平伟、县农业局长马光磊应邀参加会议，在职的八届县政协副主席、县政协各委室副主任、机关党支部书记、工会主席及各委员活动组长列席会议。主要议程：听取王平伟副县长通报《华宁县精准扶贫工作情况》，农业局局长马光磊作题为《华宁县高原特色农业》的专题辅导；审议通过副主席高双全所作《关于盘溪镇经济社会发展及项目建设推进情况视察报告》，副主席张进文所作《关于华宁县核桃产业发展情况调查报告》，副主席万燕所作《关于华宁县妇幼保健院迁建项目实施情况视察报告》《关于华宁县科技人才队伍建设情况调查报告》，副主席何文珠所作《关于华宁县工业产业发展建设情况视察报告》，办公室主任杨佳所作《关于华宁县柑橘产业异地开发情况调研报告》的说明；审议人事任免事项。主席白应海就学习贯彻落实中共十九大精神提出要求：一是要求每位县政协机关干部职工、县政协委员必须深刻领会、准确把握中共十九大精神的思想精髓、核心要主，做政治生活中的明白人；二是深入贯彻落实中共十九大精神，做政协工作中的有心人；三是以中共十九大精神为指引，着力自身建设不松劲，做理想信念的坚定人。

12月28日，县政协召开九届四次常委会议，县政协主席白应海主持会议，应出席常委会成员29人，实到会29人；县人民政府副县长沐华斌、县纪委、县棚改办负责人应邀参加会议，在职的八届县政协副主席、县政协各委室副主任、机关党支部书记、工会主席及各委员活动组长列席会议。主要议程：听取副县长沐华斌通报《华宁县棚户区改造工作情况》，书面通报了绿色华宁建设工作情况、全县公安工作情况、社管综治维稳工作情况、县政府2017年提案办理情况，并分组协商讨论县城棚户区改造工作；审议通过了县政协九届二次会议议程、日程，会议秘书长、副秘书长名单，执行主席及主持人名单、九届县政协常委会工作报告、九届县政协提案工作情况报告、县政府提案工作情况报告、提案审查委员会组成人员名单、邀请及列席人员名单、全会期间提案截止日期的决定、会议表扬事宜。

【主席会议】 2017年召开九届县政协主席会议8次。具体如下。

2月9日，县政协召开九届一次主席会议。县政协主席白应海主持会议，副主席张进文、高双全、万燕、何文珠参加会议。会议通报了2016年县政协委室及公务员（工勤人员）考核结果；研究2017年县政协向上级争取财政性资金工作、县政协机关财务管理补充规定；各委室负责人汇报2017年工作打算。

2月23日，县政协召开九届二次主席会议。县政协主席白应海主持会议，副主席高双全、万燕、何文珠参加会议。会议审议通过县政协2017年工作要点、专委会组成人员建议名单。

3月14日，县政协召开九届三次主席会议。县政协主席白应海主持会议，副主席张进文、高双全、万燕、何文珠参加会议。会议学习传达中共十八届六中全会精神与玉溪市“科教引领创新发展”大讨论大行动动员会精神；审议通过《关于华宁县樱花发展情况视察报告》《政协华宁县委员会履职工作规则（试行）》《政协华宁县委员会提案办理协商实施办法（试行）》《政协华宁县委员会关于常委、委员活动经费使用管理的暂行办法》《政协华宁县委员会九届一次会议重点提案督办和委室督办提案意见》，并决定提交政协常委会审议；研究县政协机关2017年职工疗休养、召开县政协九届一次常委会事宜。

5月23日，县政协召开九届四次主席会议。县政协主席白应海主持会议，副主席高双全、万燕、何文珠参加会议。会议审议通过《政协华宁县委员会机关请休假制度》《政协华宁县委员会委员培训方案》；审议通过《关于华宁县人员编制管理与需求情况专题调研报告》《关于华宁县党外干部队伍建设情况调查报告》《关于华宁县困境儿童情况调查报告》的说明，并决定提交县政协常委会审议；专题学习《中国共产党统一战线工作条例》和全县统战工作会议精神。

8月5日，县政协召开九届五次主席会议。县政协主席白应海主持会议，副主席张进文、高双全、万燕、何文珠参加会议。会议通报党风廉政建设上半年工作总结，并对下半年党风廉政建设工作提出意见；审议通过《政协华宁县委员会机关差旅费管理意见实施细则》《政协华宁县委员会机关宣传报道工作奖励办法》《政协华宁县委员会机关信息稿酬发放办法》；研究提案办理经费建议；审议通过《关于金融对华宁县城经济社会发展支持与服务专题调研报告》《关于华宁县城南过境路200米范围土地收储及地上建筑物拆迁情况视察报告》的说明，并决定提交政协常委会审议；研究召开县政协九届二次常委会议日程；研究意识形态工作。

11月9日，县政协召开九届六次主席会议。县政协主席白应海主持会议，副主席高双全、万燕、何文珠参加会议。会议审议通过《关于盘溪镇经济社会发展及项目推进情况视察报告》《关于华宁县核桃产业发展情况调查报告》《关于华宁县妇幼保健院迁建项目实施情况视察报告》《关于华宁县科技人才队伍建设情况调查报告》《关于华宁县工业园区发展建设情况视察报告》《关于华宁县柑橘产业异地开发情况调研报告》的说明，并决定提交政协常委会审议；研究召开县政协九届三次常委会有关事宜；研究意识形态工作。

12月8日，县政协召开九届七次主席会议。县政协主席白应海主持会议，副主席张进文、高双全、万燕、何文珠参加会议。会议审议通过《关于召开县政协主席会议专题协商“自然村通公路工作”会议方案》《第五届玉溪市政协委员推荐人选名单》《关于召开华宁县政协九届二次会议方案》的说明；通报了县政协领导班子2017年工作总结。

12月26日，县政协召开九届八次主席会议。县政协主席白应海主持会议，副主席张进文、高双全、万燕、何文珠参加会议。会议学习贯彻了习近平总书记关于进一步纠正“四风”、加强作风建设重要批示精神；审议通过《县政协九届二次会议筹备工作方案》《九届县政协常委会工作报告与提案工作报告》的说明，并决定提交县政协村委会审议；研究县政协九届四次常委会议程、提案承办单位、委员活动组考评、个别政协委员任免、增补与委员活动组长、副组长调整、委员编组，提交全会表彰承办提案先进单位、优秀提案、先进委员活动组、优秀政协委员、优秀活动组长等有关事宜；研究召开县政协九届二次会议相关事宜。

县政协表彰优秀集体提案和个人提案

【协商议政】 2017年，县政协着眼于准确把握人民政协协商民主的性质定位和基本要求，凝聚共识、拓宽渠道，提升履职实效。

政治协商。结合县委、县政府重点工作、重大项目和群众关心关切的重要事项，向政府主动请题、与部门沟通立题，制定好政协年初协商计划和具体实施方案，建立健全协商制度、协商程序，创新协商的方式方法，构建和巩固全会全面协商、常委会专题协商、主席会重点协商、专委会对口协商的政协协商格局。全会期间就“一府两院”工作报告和财政报告、国民经济和社会发展工作报告进行全面协商，届期内提出不少意见建议。常委会、主席会、专委会重点就全县自然村通公路、县城棚户区改造、水库坝塘运营管理、樱花发展与绿色华宁建设、档案管理与开发利用调查成果转化、不葬改革推进落实情况等进行专题协商，并形成专题协商意见书报县委决策，并加强对协商意见建议落实情况的跟踪问效，注重协商议政的成果转化。

民主监督。2017年，县政协综合运用提案督办、专题视察、专项监督、政协例会政情通报、招考巡视、委员监督员监督等多种形式，扎实推进政协民主监督职能创新发展。围绕党政关切、民生关注的重点领域，邀请县委、县政府领导和部门负责人，参加政协调研视察活动12次，参与专题协商议政会10次，通报重点工作、重大工程项目推进情况6项次。围绕县委、县政府中心工作和人民群众关心的热点难点问题，广泛征集提案线索，形成提案参考题目55条，为提案者选准题、早调研、撰写高质量提案提供参考。做好提案提出的统筹工作，县政协九届一次会议以来共收到提案54件（其中闭会期间1件），委员撤案2件，同意立案52件。52件提案中，集体提案28件，委员个人提案5件，委员联名提案19件。提案送交21个承办单位办理，均按规定时限办理完毕。提案者对承办单位办理态度、办理结果满意率均为100%。

参政议政。2017年，县政协党组（主席）班子、各专委会与县委、县政府及对口联系的单位部门沟通协商、精心选题，认真组织开展了全县人员编制管理应用与需求关系、华宁县柑橘产业异地开发情况、金融对华宁县域经济发展的支持与服务等7次专题调研调查，形成7个专题调研报告，提交县政协常委会审议通过后，报送县委供决策参考。认真组织开展了华宁工业园区发展建设情况、县妇幼保健院迁建项目建设等5次专项视察，形成5个专项视察报告，提出有针对性的意见建议；认真组织开展了华宁县创建国家卫生县城工作情况、自然村公路硬化工程推进情况、重点提案办理情况等4次随机调研，助推重点工作，促进职能部门的作风转变。《华宁县柑橘产业异地开发情况调研报告》《华宁工业园区发展建设情况视察报告》《华宁县人员编制管理与需求情况专题调研报告》被县委、县政府主要领导批示、批转，所提的建议被县政府采纳并着手实施，较好地推进调研视察成果的转化。

【专门委员会工作】 按照机构设置，县政协设置有提案联络委、经济委、科教文卫体委、民宗法制委、人资环委、文史委6个专门委员会。2017年，6个专门委员会主要开展与做好以下工作。

提案联络委工作。指导政协委员撰写提案，特别引导政协委员提出集体提案，达到了减少提案数量、提升提案质量的目的，与县委办、县政府办完成提案交办工作任务，积极协调各承办单位加大提案办理力度，对提案办理落实情况进行跟踪问效，使52件提案全部办理完毕。完善提案办理协商机制，制定出台提案办理协商实施办法（试行），把协商贯穿提案工作的始终，提升了提案办理的实效。举办一次“学习政协基本知识认真履行委员职责”专题讲座和2期委员履职能力提升研修班。制定出台县政协履职工作规则（试行）、委员活动组工作考评办法（试行）》、常委经费和委员活动经费使用管理，切实加强对委员活动组的指导、督促和管理，开展“十佳政协委员”推选工作。加强“三胞”工作，牵头编辑出版《华宁澴泉》书籍，加强委室履职能力建设。

经济委工作。始终把学习放在首位，积极参加县政协机关组织的各种学习教育活动，积极组织专委委员学习业务知识，重点学习了中央经济工作会议精神以及招商引资、“十三五”规划、金融支持脱贫攻坚、县域经济发展、园区经济发展、民营经济等方面基础知识，不断提升了大家的理论水平与履职能力。突出重点，认真履职，主要对全县工业园区发展建设情况进行视察，金融对县域经济发展的支持与服务进行专题调研，组织《华宁县装备制造业发展现状与对策》专题协商，组织《国家宏观调控政策对县域经济发展的影响》专题学习研讨活动，统筹兼顾，完成交办工作，认真落实机关交办的委员提案督办工作，督促提案承办单位按时完成提案办理工作，协助主席及分管领导完成随机调研相关工作及完成委室随机调研工作。

科教文卫体委工作。在强化政治理论学习教育的基础上，加强与委员活动、对口联系单位联系，积极做好县高考、中考巡视，参与妇幼保健院项目工程招标、教育系统食堂招标巡查方面工作，切实履行监督工作。开展全县樱花发展情况专题视察、县妇幼保健院迁建项目实施情况专项视察、科技人才队伍建设情况调查、创建国家卫生县工作情况调研，并参加全市政协科教文卫体委员会工作座谈会与外调和考察学习活动，开展多形式交流活动，牵头做好政协九届一次会议宣传服务工作，参加联系点精准扶贫联系困难户工作，做好抽调县城棚户区改造改造工作与“创卫”督查、调研工作，抓好机关平安法治建设，关心关爱贫困大学生资助和山区民族优秀教师表彰工作，争取市山区民族促进会资助3万元帮助10名贫困大学生上学，推荐的5人优秀教师得到表彰。

民宗法制委工作。以学习为主题，组织专委会委员学习人民政协理论和党的统一战线理论、党的民族宗教政策和法律法规、相关知识。不断提高专委会委员的政治理论素养和参政议政能力。组织对全县党外干部队伍建设情况进行调查调查、开展对盘溪镇经济社会发展及项目推进情况的视察。对全县殡葬改革工作推进情况的视察报告落实情况和目前的困难问题进行专题协商。组织政协机关干部与委员举办“党的民族宗教政策的理解与把握”专题轮值学习，加强与对口联系部门的沟通联系及县政协各专门委员会之间的协调配合，参与提案的跟踪督办，加强与民族宗教界人士紧密联系，参与统战、民宗部门做好民族地方稳定工作，在促进民族团结、社会和谐稳定上发挥积极作用。较好完成县政协九届一次会议服务与其他各项工作。

人资环委工作。强化政治理论与业务知识学习，特别利用轮值学习机会，以推动绿色华宁发展为专题，邀请县国土局领导讲授《中华人民共和国土壤污染防治法》。通过学习，提升做好新形势下政协工作和群众工作的能力和思想觉悟。制定专委会全年工作计划，加强与对口单位的协商联系。全年组织开展《关于县城南过境路200米范围土地收储及地上建筑物拆迁情况的视察》《华宁县核桃产业发展情况的调查》，并撰写出视察调查报告，为促进全县经济社会发展建言献策。针对现阶段全县水库管理存在的问题，组织政协委员、有关部门负责人对水库管理开展随机调研，促进了水库蓄水与管理的加强。此外，认真参加和指导委员活动组活动，落实好县政协交办的各项工作。

文史委工作。注重政治理论、文史资料知识的学习，编辑出版由37篇调查视察报告（专题调研报告）、28幅图片、32万字构成的《政协华宁县第八届委员会资料汇编》。文史委干部积极配合走访、联系收录《华宁古今人物》对象，对收录资料进行整理编审，目前整理出稿件130多篇，为下一年出书奠定了基础。开展全县困境儿童情况调查，召开专委会工作会议与档案管理与开发利用专题协商会，开展“毛泽东诗词中的正能量”专题轮值学习。提出《关于对县医院门口交通安全隐患整治的建议》的集体提案，对《关于陶瓷文化进校园的建议》提案进行督办。向省文史馆、市政协文史委争取文史资料与工作经费21.5万元，协助政协机关做好党风廉政建设、宣传报道工作，两位同志被抽调支持做好“创卫”、精准扶贫工作。

华宁县政协到甫甸社区讲党课　　范学友　摄

【经常性工作】 2017年，县政协健全完善管理制度。严格贯彻执行中央八项规定精神，严格执行各项财务管理制度，出台《政协华宁县委员会关于2017年常委经费和委员活动经费使用管理的通知》《政协华宁县委员会关于财务管理补充规定的通知》《华宁县政协机关差旅费管理实施细则（试行）》，加强机关财务内控管理。规范委员履职程序，出台《中国人民政治协商会议华宁县委员会委员履职工作规则（试行）》《政协华宁县委员会委员2017年活动组工作考评办法（试行）》《中国人民政治协商会议华宁县委员会提案办理协商实施办法（试行）》，为委员履好职创造条件。严肃机关工作纪律，完善各项管理制度，补充出台《关于华宁县政协机关工作人员带薪年休假制度的实施意见》，形成一套靠制度管人、用制度管事的制度和机制。

加强文化建设。积极响应绿色华宁建设和国家卫生县城创建的号召，及时启动了绿色文化进机关、党建文化进机关、社会主义核心价值文化进机关、政协文化进机关“四进”活动，不断改善机关环境。扎实开展外宣工作，利用政协舆论宣传的平台优势，及时宣传报道华宁的政治经济和人文社会。认真组织政协委员和机关职工，积极开展扶贫助困、主题拓展训练活动，增强人文关怀，加强政协系统的文化建设。

积极参与重点工作。坚决执行县委、县政府的决策部署，鼓励政协委员站到一线，创先争优，勇挑重担。抽调办法多、作风实、能力强的10余名机关领导干部，全力参与县城棚户区改造、国家卫生县城创建、精准脱贫、“双百”攻坚督查和征地拆迁工作。扎扎实实做好精准脱贫联系点“挂包帮、转走访”各项工作，积极协调争取上级有关部门对联系点的甫甸大沟修缮、美丽乡村建设、村内道路和田间道路硬化等给予资金支持。

举办委员培训。3月16日，县政协在县委党校举办新一届委员培训，邀请市政协副主席李平作题为《学习政协基本知识认真履行委员职责》的专题讲座，九届县政协委员和县政协机关干部职工共130多人参加。

全市政协系统职工运动会。9月26—29日，在元江县举办的玉溪市政协系统第十五届职工运动会上，华宁县政协机关代表团分别夺得团体总分、乒乓球团体比赛项目第一名，并夺得篮球比赛项目第二名、羽毛球团体比赛项目第二名、中国象棋比赛项目退休组第六名的优异成绩。

机关职工服务工作。春节期间争取县总工会慰问了3名困难职工，尽力为他们排忧解难。同时，按照上级总工会要求，对3名困难职工进行了调查，其中2户已经达到脱贫解困标准，1户仍处于困难阶段，并报县总工会备案存档，继续参加全省第十三期职工医疗互助活动，按时上缴职工医疗互助费。继续对生病住院职工及生病住院的职工直系亲属进行看望慰问，确保女职工享受“三八”节假日并举行《中华人民共和国妇女权益保障法》知识竞赛。组织8名职工到北戴河、哈尔滨疗休养。组织职工进行身体检查。

联系点工作。继续加强与政协联系点甫甸社区的沟通，扎实做好惠民帮扶工作。机关党员与干部职工深入到田间地头和农户家中摸情况、查穷根。召开座谈会，听取联系点甫甸社区汇报，认真了解村情、社情及产业发展情况，进行实地调研，指导开展“挂包帮、转走访”活动。开展干部职工结对帮扶。在调查摸底的基础上将甫甸社区的67户困难户确定为结对帮扶对象。采取机关党员与干部职工“一帮一”的方式，县政协机关26名干部职工对67户困难户进行结对帮扶。春节期间，对甫甸社区7个居民小组的10户困难群众进行走访慰问，分别为他们每户送去价值360元的蚕丝被。围绕扶贫攻坚、精准脱贫和“挂包帮、转走访”“农危房改造、抗震安居工程”和“环境卫生三年整治”行动等，贯彻执行联系服务群众制度、在职党员到社区报到服务群众制度、党员活动日制度，深入基层为民办实事做好事。全年共协调60万元支持下拖卓美丽乡村建设、甫甸大沟建设、小铺子小组修路等。协调31万元资助小寨小学校园大门改造及购置篮球架、独家村修建公厕。

【视察调研】 2017年1月5—7日，市政协副主席马良昌带领九三学社玉溪市委、共青团玉溪市委的同志，到华宁县宁州街道和盘溪镇，就精准扶贫项目推进情况、联系户脱贫情况进行实地调研和走访座谈。

1月20日，县政协组织部分市、县政协委员，邀请县委、县政府分管联系领导、政协领导班子成员、委室领导和县农业等10个部门分管领导，对全县樱花发展情况进行视察。

2月15日，省政协副主席、省工商联主席喻顶成，在市政协主席夏立洪，县委书记黄云鹍，县政协主席白应海等领导陪同下，对华宁兴非公有制经济发展情况和县工商联工作进行调研。并到七彩虹窑、蓝天重工、上海电气实地参观企业生产车间、产品展厅，了解企业生产经营情况、存在困难和问题及华宁陶产业、风电制造产业发展情况，对企业提出许多好的意见建议。

3月15日，市政协副主席李平带领市政协办公室、提案委的同志到宁州街道碗窑村、华溪镇甫甸社区，就市政协四届四次会议《关于在华宁县碗窑村慈云寺建设华宁陶技艺传习馆的建议》和《关于在华宁县华溪镇推进精准脱贫项目中实施甫甸社区荷包田居民小组亮光工程的建议》提案办理专项补助资金使用情况进行实地检查。

4月4日，县政协组织部分县政协委员和组织、统战、人社等相关部门领导组成调查组，对全县的党外干部队伍建设情况进行调查，对全县人员编制管理与需求情况进行调研。

4月14日，省政协常委、市政协原主席黄宪庭，省政协副秘书长颜希权等部分省政协委员深入华宁县工业园区，对风电产业发展情况展开调研。市政协副主席李少华，市政协原副主席张炜、市政协秘书长张卫参加调研活动。调研组一行先后实地调研了云南蓝天重工有限公司、上海电气风电设备云南有限公司等企业，全面了解企业运营情况及企业在发展中的实际困难和问题，并登上将军山，实地查看风机运行及风力发电情况。

4月18日，市政协副主席李平带领市政协办公室、提案委有关人员到华宁县随机调研柑橘产业发展情况。李平一行深入通红甸、华溪、盘溪等乡镇的柑橘果园，实地查看柑橘种植情况，与果农交谈。

4月19日，县政协组织部分县政协委员和文史委委员，邀请县妇联、宁州街道办妇联领导组成调查组，对全县困境儿童情况进行调查。

6月6—22日，县政协组织部分委员，对县财政局、统计局、人行、农行、建行、红塔银行、农信社、邮储银行等金融对县域经济发展与服务情况进行调查研究。

县政协工商联活动组、财贸金融活动组委员调研工业生产经营情况　　范学友　摄

6月29日，县政协组织相关部门领导成员，对县城南过境路200米范围内的土地收储及地上建筑物拆迁情况作了实地视察。

7月31日，市政协副主席汪燕平一行，到青龙镇山岐小学调研华宁教育创新发展情况。

8月3日，县政协组织县“创卫”办等部门人员，就“创卫”工作涉及的小餐馆、单位食堂、商场超市、宾馆、食品生产加工企业等病媒生物防制情况进行随机调研。

8月24日，县政协组织部分委员，对盘溪镇近年经济社会发展及项目推进情况进行视察。

6—9月，县政协主席班子领衔、办公室牵头，组织部分政协委员、各乡镇（街道）、县农业局、县科协等相关领导深入各乡镇村组开展柑橘产业异地开发走访座谈和调查统计，并组成4个调研组分赴县外开展实地调查。

9月15日，市政协副主席马良昌率市政协社会和法制委，到华宁县盘溪镇矣得村调研督查脱贫攻坚工作。

10月12日，县政协组织政协各委室负责人和部分县政协委员，对县妇幼保健院迁建项目实施情况进行专项视察。

10月17日，三届市政协主席冷明德，副主席李平、李少华率市政协部分委员赴华宁县视察陶产业发展情况，县政协主席白应海陪同视察。视察组一行到七彩虹窑有限责任公司、舒氏陶艺有限责任公司和碗窑村进行视察，详细了解陶企业生产、经营情况和碗窑村建设情况，并提出工作建议。

10月23—27日，县政协组织部分县政协委员和县核桃办人员，到楚雄州大姚县和县内乡镇（街道）就核桃产业发展情况进行调研。

10月31日至11月7日，县政协组织部分委员与县农业局、县林业局等部门领导，对全县科技人才队伍建设情况进行专题调查。

11月7日，县政协组织部分委员与县发改局、县工信局、县环保局、县工业园区管委会等部门领导组，对县工业园区发展情况进行专题视察。

11月20—21日，省政协常务副主席白成亮带领省政协提案联络委、省财政厅等相关部门领导在市政协主席夏立洪、市政府副市长王力等陪同下，实地查看南盘江华宁县盘溪段河道治理项目与河长制工作进展情况。

11月29日，市政协主席夏立洪带领相关部门领导到华宁调研稳增长工作。

12月11—12日，市政协副主席李平带领市政协文史委相关人员到华宁县盘溪镇调研特色小镇建设工作。

（范学友）

责任编校　李　英

纪检监察

【概　况】 2017年，全县各级党组织深入学习习近平新时代中国特色社会主义思想和中共十九大精神，统筹推进“五位一体”总体布局，协调推进“四个全面”战略布局，坚持党要管党、从严治党，切实担负起全面从严治党的政治责任。全县纪检监察机关在市纪委和县委的坚强领导下，坚守职责定位，强化监督执纪问责，持续正风反腐，深入实践运用“四种形态”，坚决减存量遏增量，以党风廉政建设和反腐败工作新成效，推动全面从严治党向纵深发展。

【县纪委十二届二次全会】 2017年3月7日，中国共产党华宁县十二届纪律检查委员会第二次全体会议在华宁县文化馆召开。会议由县委常委、县纪委书记施永林主持会议。会议一是传达学习十八届中央纪委七次全会、省纪委十届二次全会、市纪委五届二次全会精神；二是宣读《中共华宁县委办公室关于华宁县2016年度党风廉政建设责任制检查考核结果的通报》和《中共华宁县委办公室关于对华宁县2016年度廉洁乡村（社区）建设优秀村（社区）进行表扬的通知》；三是表彰2016年度党风廉政责任制考核优秀单位，表扬2016年度廉洁乡村（社区）建设优秀村（社区）；四是县委书记黄云鹍同志讲话；五是签订2017年党风廉政建设“一岗双责”责任书和主体责任书。县委、县人大常委会、县政府、县政协领导班子成员，县人民法院院长，县人民检察院检察长，县公安局政委，县委党校常务副校长，保留原职级待遇的处级领导；县纪委委员；各乡镇（街道）党（工）委书记、乡镇长（街道办主任），纪（工）委书记、副书记、纪检监察专干，副科（实职）以上党员领导干部，中央、省、市驻华单位主要负责人，纪检组、监察室负责人，县纪委监察局全体干部职工；三个优秀廉洁乡村（社区）代表共计400余人参加会议。

中国共产党华宁县纪律检查委员会十二届二次全体会议

李　艳　摄

【落实党风廉政建设责任制】 2017年，县委严格执行《中共华宁县委关于落实党风廉政建设党委主体责任、纪委监督责任的实施办法》，县委常委会专题研究党风廉政建设责任制工作14次。县委主要领导带头落实“四个亲自”“六个表率”要求，督促各级各部门主要负责人认真履行从严治党第一责任人责任。县四套班子签订“一岗双责”责任状26份，县委领导与责任单位签订党风廉政建设主体责任书58份、监督责任书8份，责任单位逐级签订责任书358份。严格执行《中共华宁县委反腐败协调领导小组工作暂行规定》，召开反腐败协调领导小组会议2次，反腐败整体合力有效发挥。

【监督执纪问责】 2017年，县纪委开展脱贫攻坚、环境卫生整治、办公用房清理等专项纪律检查8次，其中脱贫攻坚专项纪律检查3次，发现问题11个，提出建议14条。开展重点项目建设进度、创建国家卫生县城、涉农涉林重点工作督查51次，参与考录监督12次、"三重一大"监督440次。严格落实党内监督制度，503名科级干部外出报备，21名科级干部对婚丧喜庆事宜进行报告，20名县管干部在纪委全会上述责述廉。严把"党风廉政意见回复"关，对653名干部、62个单位提出廉政意见，对226名新提拔和调整的领导干部开展任前廉政谈话，县纪委领导与责任制单位负责人谈话38人次。严格执行《中国共产党问责条例》，制定《华宁县贯彻落实〈中国共产党问责条例〉实施办法》。全年问责干部33人，其中通报问责21人、诫勉问责11人、停职检查问责1人。组织开展"小金库"问题清理整治，针对发现问题发出督促整改监察建议6份。对虚列支出套取专项资金、收受慰问金、接受企业出资旅游等方面的违纪问题坚决查处，全县通报。制定《华宁县加强脱贫攻坚监督执纪问责工作方案》，建立扶贫领域监督检查工作机制，开展督查55次，对19名干部给予通报问责、7个单位9名干部全县通报批评，保持监督执纪力度不减、节奏不变。巡察、信访和执纪审查发现"四风"问题线索88个，其中青龙镇科级领导干部3人被诫勉问责、3人被立案审查。

【开展"六个严禁"专项整治】 把落实中央八项规定精神、纠正"四风"作为一项长期政治任务，对违规发放加班补贴、过节费和购物卡、各类评审费和劳务费、职工福利等行为进行专项检查。紧盯重要节点，开展明察暗访32次，对31个单位40人次进行通报。中秋国庆期间在华宁电视台滚动播出《华宁县关于深化作风建设的通知》，公布监督举报电话和邮箱，重申"九个严禁"。印发《中共华宁县纪委贯彻落实市纪委〈关于进一步规范领导干部操办婚丧喜庆事宜的规定〉有关事项的通知》，用制度管住全体公职人员。

【落实提醒谈话制度】 2017年，县纪委对党员干部身上的苗头性、倾向性问题早打招呼早提醒。全年提醒谈话24人，诫勉谈话20人，工作约谈22人，警示约谈2人，让咬耳扯袖、红脸出汗成为常态。运用"四种形态"监督执纪53人，其中，第一种形态16人，第二种形态22人，第三种形态5人，第四种形态10人，动辄则咎、惩前毖后，运用"四种形态"成效凸显。

【规范问题线索处置】 2017年，县纪委出台《华宁县纪委书记专题会会议制度》，建立"集中管理、集体研判、全程监管"的问题线索处置办理工作机制。盯紧"三类重点人"，把握"三个重要时间节点"，做到"四个从严"，切实提高执纪审查质量。全年受理信访件40件（次），处置问题线索42件。立案32件35人（司法移送8件10人），同比增加14件16人，挽回经济损失100余万元。其中，涉及乡科级干部9人、一般干部6人、其他人员20人，给予党内警告5人、党内严重警告11人、留党察看3人、开除党籍10人、免予党纪处分1人，行政警告1人、行政记过1人、行政记大过1人、降低岗位等级3人、开除公职4人，双处分5人。

【改善纪律审查条件】 2017年，完成5个乡镇（街道）和县级谈话室建设，实现执纪审查谈话全程同步录音录像、视频监控，充分保障执纪审查安全。在全市率先消除区域性执纪审查空白点，每个乡镇（街道）均有县管干部被查处，每个乡镇（街道）均有自办案件，执纪审查能力大幅提升。

【政治巡察】 2017年，县委巡查办以问题为导向，把意识形态工作责任制落实情况纳入巡察内容，充分发挥巡察监督震慑、遏制、治本作用。全年开展巡察4轮，巡察党组织35个，其中县级单位14个、乡镇1个、村（社区）20个，形成巡察报告35份，发现问题373个，线索34个，提出意见建议276条，巡察期间未发现党员有反党反社会主义倾向和参与邪教组织活动。发挥巡察“显微镜”和“探照灯”作用，开展脱贫攻坚专项巡察1轮，发现扶贫领域问题线索5个，其他问题17个，立案审查4件4人，开除党籍1人。

【廉洁乡村建设】 2017年，县纪委严格执行《华宁县廉洁文化传播实施方案》《华宁县开展领导干部廉洁从政教育实施方案》，充分发挥廉洁文化在反腐倡廉工作中的基础性作用。深化廉洁乡村（社区）建设，投入资金70万元，建设县级廉政文化示范点2个、村级廉政文化示范点11个。完成廉洁乡村（社区）建设35个，其中2017年建设20个。授予盘溪镇富民、通红甸乡大龙树和青龙镇海迤3个村“华宁县廉洁乡村（社区）流动牌”，示范带动作用有效发挥。制定《华宁县廉洁乡村信访举报箱管理办法》，畅通群众诉求渠道，利用五级联动平台录入群众诉求677件，办结633件，办结率93.5%。投资4万元，制作廉洁乡村（社区）建设专题片、编印《华宁县推进廉洁乡村（社区）建设违纪案例剖析》读本，通过正反典型案例，宣传廉洁乡村（社区）建设成效，崇廉尚洁意识深入人心。

【廉政宣传队伍建设】 2017年，县纪委立足真学实用，着力规范监督执纪权力。深入学习运用《中国共产党纪律检查机关监督执纪工作规则（试行）》，组织纪检监察干部开展知识测试，规范监督执纪权力运行，解决“谁来监督纪委”的问题。严明工作纪律，强化内部管理，印发《华宁县纪委监察局各委部室2017年度工作考核办法》《华宁县纪委监察局2017年度干部职工工作考核办法》，营造争先创优的良好氛围。注重干部素质提升，以“三个一”为载体开展读书月活动，举办业务培训31期，道德讲堂5期，其中总堂1期。交流、提拔干部16人，外出培训20余人次，到省市纪检监察机关跟班学习4人，队伍精神面貌和能力素质明显提升。

华宁县道德讲堂

【党性党风党纪教育】 2017年，县纪委加强宣传引导和舆论监督，发送廉政短信12条6000多人次，讲授廉政党课100余节，观看廉政专题片4部5000人次。中央省市媒体采用宣传稿件289条、同比增加74条，“清风华宁”微信平台编辑信息131期568条、同比增加70期218条，华宁党风廉政网更新信息655条、同比增加372条，崇廉尚洁氛围逐步形成，党员干部纪律规矩意识明显增强。纪检监察体制改革顺利推进，完成县监察委员会组建挂牌工作，走稳国家监察体制改革试点工作第一步。同步推进派驻纪检机构全覆盖，设立派驻机构12个，组建巡察组4个。

（张瑞春）

群众团体

总工会

【概　况】 2017年，全县各级工会组织自觉接受党的领导，团结动员广大职工认真贯彻落实县委、县政府和上级工会的重大决策部署，依法依章程建会管会，主动服务职工群众，围绕党政中心扎实开展“一活动一工程一行动”、“企业工资集体协商”、厂务公开民主管理、劳动法律保护和监督、工会组织规范化建设、经费收缴及财务经审、工运理论研究、安康杯竞赛活动、职工创新等工作，努力推进会员普惠服务，凝心聚力、创先争优，全县各级工会的桥梁纽带作用、社会支柱作用、职工利益维护作用发挥明显，工会系统内外、县内外的工作环境不断优化，县总工会连续第四年荣获市总工会重点工作考核一等奖，考评分全市第一。

【十届四次全委会】 2017年4月17日，召开华宁县总工会十届四次全委（扩大）会议，县总工会第十届委员会委员、第十届经费审查委员会委员、第六届女职工委员会委员，各乡镇（街道）和系统工会工会主席、副主席，目标责任管理单位工会主席参加会议。大会听取和审议了县总工会主席龚紫龙代表县总工会十届常委会所做的常委会工作报告，县总工会副主席、经费审查委员会主任张王华代表县总工会经费审查委员会所做的经审报告，书面审议了女职工工作委员会工作报告。全委会全面总结回顾了2016年工会工作，提出2017年全县工会工作要强化“四个意识”，汇聚职工创新发展正能量；强化“五项行动”，助力华宁创新跨越发展；强化团结服务，推进职工服务体系建设；强化改革意识，推动工会改革创新，撸起袖子加油干，改革创新助发展，不忘初心、凝心聚力，勇立潮头、砥砺前行，团结和动员广大职工在全县科教引领创新发展、争先创优跨越发展中建功立业，以优异的成绩迎接中共十九大胜利召开。

【十届五次全委会】 2017年9月21日，召开华宁县总工会十届五次全委会，县总工会第十届委员会委员、第十届经费审查委员会委员、第六届女职工委员会委员参加会议。按照县委的决定，钱伟同志因工作调整，不再担任华宁县总工会第十届委员会常务副主席，县委和市总工会依法确定董红丽同志为华宁县总工会第十届委员会常务副主席人选。根据《中华人民共和国工会法》《中国工会章程》《华宁县总工会第十届委员会选举办法》《华宁县总工会第十届委员会委员和经审委员替补、增补办法》，华宁县总工会十届五次全委会议依法确认替补委员。

【六届女工委第五次全体会议】 2017年9月21日，召开华宁县总工会第六届女职工委员会第五次全体会议，全体女工委员参加会议。按照华宁县总工会第十届委员会第五次全体会议决定，根据《中华人民共和国工会法》《中国工会章程》，华宁县总工会第六届女职工委员会第五次全体会议，依法补选董红丽为华宁县总工会第六届女职工委员会主任。

【工会改革】 按照市总和县委安排，主动承接和开展“突破开发区（工业园区）工会建设、加强工会经费资产管理”两项工会改革试点工作，成为全市工会改革的排头兵。2017年，县总工会聚焦工会改革，创新开展园区建会，于11月29日依法依章程成立了园区总工会，为全市工业园区建会进行了大胆探索。认真贯彻实施市总《关于乡镇（街道）工会财务集中到县区总工会管理的试点实施方案》，在深入调查研究的基础上制定下发《关于乡镇（街道）工会财务由县总工会集中代管的通知》。乡镇（街道）工会财务由县总工会集中代管，保持乡镇（街道）工会主席的签批权限，乡镇（街道）工会设出纳一名，会计由县总工会工作人员罗保华兼任，经费支出由会计审核、主席审批；乡镇（街道）开设的银行账户保持不变。在移交前，对各乡镇（街道）工会进行了资产清查，清理了往来款项和债权债务，对没有登记入账的固定资产进行登记入账。通过努力，各乡镇（街道）工会财务于11月1日起实现了由县总工会集中管理。

【“六有”基层工会建设】 2017年，全县选树“六有”基层工会典型10家，年度验收合格“六有”基层工会25家，累计达标单位185家，占全县基层工会的84.09%，超额完成了市总下达的80%的任务。各级工会依法依章程建会管会、团结和服务职工群众的水平明显提高。

【“一活动一工程”】 2017年，适应“科教引领创新发展”新要求，找准工会服务发展切入点，聚力全县劳动密集的陶瓷文化产业，全面创新和提升一活动一工程。全年投入经费103.35万元，其中，技能竞赛和劳动竞赛75.5万元、云岭职工素质建设工程技能培训27.85万元，争取上级补助55万元。承办云南省云岭职工第十四届陶瓷工艺品成型帅技能大赛，宣传华宁陶，将华宁制陶工人推上省级舞台，树立华宁制陶工人自尊自信。开展“科教引领创新发展——华宁县职工系列技能竞赛”，组织县级竞赛项目15项，涉及工种19个，参赛人数8994人次，其中，陶产业职工2371人次。继续在磷化工行业开展行业劳动竞赛，在兴宁彩印有限公司、玉珠水泥有限公司、牛山柑橘实验场、新村柑橘有限责任公司开展企业劳动竞赛，助力全县供给侧改革。紧扣脱贫攻坚，组织就业创业培训450人、农民工引导性培训2100人。按照党委有号召、工会有行动的要求，亮出工会品牌，筹措资金10万元参与举办华宁首届运动会，25万元参与举办柑橘节。各级工会突出“素质技能提升和创新发展”年度主题，深化拓展一活动一工程，活动内容丰富、特色鲜明、职工喜爱、基层欢迎，形成了“共性活动普遍推进、特色活动充分展示、个性活动广泛覆盖”的新格局。县总工会成功打造“聚力陶产业、助力脱贫攻坚”新模式，时代主题突出，被省级称赞为工会促进地方产业发展助力脱贫攻坚“华宁模式”。

【脱贫攻坚行动】 2017年，县总工会以精准识别、精准分析重点，协调推进为着力点，努力开展困难职工解困脱困工作。制定《华宁县职工解困脱困方案》《华宁县工会困难职工解困脱困工作规划（2017—2020）》，启动华宁工会系统“新工人、新成长、新市民”脱贫攻坚行动计划。推动县政府出台《华宁县人民政府办公室关于进一步做好困难职工解困脱困工作的实施意见》，明确人社、民政、教育、卫生、住建等部门职责，协力推进困难职工解困脱困。组织召开相关部门联席会议3次，全县工会系统内部会议5次，完成全县在档481名困难职工精准识别建档立卡、农村贫困家庭务工人员调查。落实精准帮扶措施，实现145名困难职工解困脱困。

【厂务公开民主管理】 全县应建厂务公开制度单位（基层工会）155个，已建155个，建制率100%，涵盖职工14130名，其中，国有企事业单位60个、职工4941名，国有企业5个、职工216名，事业单位55个、职工4722名；非公有制企业基层工会95个，涵盖企业248个、职工9192名。全县企事业单位职工代表2986名，召开职工（代表）大会的基层工会155个，占100%。全县建立董事会的单位9个，建立职工董事制度的单位5个，其中，国有企业1个、非公有制企业4个，共有职工董事10名；建立监事会单位9个，建立职工监制度的8个，其中，国有企业1个、非公企业7个，共有职工监事12名；进入董事会的工会主席1名、进入监事会的6名。

【企业工资集体协商】 继续坚持把推进“工资集体协商”作为构建和谐劳动关系的有效载体和重要抓手，全力以赴增实效，做细做实工资集体协商。印发致全县企业主的公开信，向全县企业主发出企业工资集体协商要约。采取法律手段，依法送发《工会劳动法律监督意见书》，强力推进玉珠水泥有限责任公司、工业园区协商开展工资集体协商。2017年，依法重点规范开展工资集体协商企业40家，全县已建会企业工资集体协商动态保持率96.04%、案件评查合格率96.42%。全县在册企业227户，签订企业工资集体协商合同218户，涵盖职工7392人，其中，企业单独签订82个、涵盖职工4375，区域性5个（宁州街道、盘溪镇、华溪镇、青龙镇、工业园区）、涵盖企业128家、涵盖职工3193人，行业性合同3个（医药、建筑、汽修）、涵盖企业34家、涵盖职工1010人，合同有限期限均为2年。

【创建“劳动关系和谐企业”活动】 2017年，继续将创建和谐企业与厂务公开民主管理作为全县工会的基础性工作，找准新时期创建和谐劳动关系的切入点，完善创建原则、创建标准，积极稳妥推进创建和谐企业活动，发挥活动的试验示范和带动促动作用，助推华宁和谐发展。命名表彰县总工会、人社局、工商联、工信局、安监局共同评审出的劳动关系和谐企业8户：宁州香食品有限公司、兴宁彩印有限公司、鑫辰食品有限公司、活发磷业有限公司、新村柑橘有限责任公司、跳石头水电有限责任公司、万家红园艺有限公司、华宁瑞丰机动车驾驶人考试服务有限公司。

【职工服务体系建设】 2017年，完成投资50多万元的职工服务中心建设一期工程，建成集“维权、帮扶、服务”三位一体职工服务大厅、乡镇（街道）职工服务站，以及度假村职工服务示范站，实现县总工会办公室搬迁、职工服务中心正常运转，争取到县委、县政府同意划拨紧连县总工会斜坡地965.8平方米，连同县总工会占地1468平方米共2433.8平方米，统一规划建设职工服务中心。

【技能培训】 2017年，全县工会开展技能培训55次，培训职工2577人，其中，取证培训450人，农民工引导性培训2127人。培训的重点对象为制陶、种植、修理、制造和服务行业中的一线职工，培训工种包括制陶、电焊工、按摩、柑橘种植、烤烟生产、汽车修理、蔬菜田间管理等，培训机构为玉溪农职院、玉溪二职中、玉溪市厨师培训学校、玉溪汝智美容、华宁职中。组织技能鉴定450人，取得高级职业资格证4人、中级8人、初级438人。支持华宁职中扩办陶艺班，培养制陶专业学生，选送优秀学生到景德镇陶瓷工艺学院进行三年全日制学习。5个乡镇（街道）工会立足区域特色，主动上门服务，组织开展了苗族刺绣和高原特色产业培训、柑橘、核桃、柿子等种养植业培训。扎实开展名师带徒技能提升和工匠、金牌工人、首席员工、技术技能带头人等典型选树活动，推进17个“名师工作室”、3个“职工创新工作室”建设，建成牛山柑橘实验场“劳模（职工）创新工作室”，培养选塑玉溪工匠2名。组织职工参加云南省职工创新创意成果展，“华宁陶”工艺作品获创新创意银奖。

【技能竞赛】 2017年，县总工会坚持“以赛选人、以赛育人、以赛励才”原则，做强县级大赛，推进乡镇（街道）、工业园区、系统大赛。围绕职工群众普遍关心的行业、县委、县政府重点发展的产业，突出抓好“科教引领创新发展——华宁县职工系列”，着力提高和扩大技能竞赛的规模、水平、层次和影响。全年组织开展了制陶拉坯技能、陶瓷装饰技能、教师教学技能、旅游饭店行业服务技能、书画摄影技能、法律文书技能、医疗护理“三基技能”和护理操作技能、卫生应急技能、电工技能、电焊工技能、电子商务技能等15项县级技能竞赛，涉及工种19个，参赛人数8994人，通过竞赛取得职业资格证12人。承办云南省“云岭职工第十四届陶瓷工艺品成型师”技能大赛，全省各地州市通过预赛挑选出来的46位选手参加决赛，华宁县12名选手参加决赛，将华宁制陶工人推上省级舞台，宣传华宁陶，树立华宁制陶工人自尊自信，助推华宁陶瓷产业发展。

【劳动竞赛】 2017年，县总工会围绕县委、县政府重大战略、重大工程、重大项目、重点产业，以“践行新理念·建功十三五”为主题，以“节能降耗、创新增效”为主要内容，积极探索和实践新常态下劳动竞赛新模式，唱响“劳动光荣·劳动最美”主旋律。服从全县大局，突出增强劳动竞赛实效，以班组团队为竞赛单位，重点开展了磷化工行业劳动竞赛和兴宁彩印有限公司、玉珠水泥有限公司、康盛磷业有限公司、活发磷业有限公司、新村柑橘有限公司、牛山柑橘场等企业劳动竞赛，助力全县供给侧改革，打造工会劳动竞赛品牌。继续在法院、检察院开展机关劳动竞赛，推动了全县主题劳动竞赛活动全面深入开展，得到了市总的好评。

【职工文体活动】 2017年，县总工会主动回应职工需求和党政要求，突出“劳动铸就中国梦”时代主旋律，结合实施“五大主题”活动，组织开展“健康向上·创优争先”职工文体系列活动。继续依托县文联、乒协、篮协等单位，开展了职工读书征文、道德讲堂、健康知识讲座、书画作品、篮球、羽毛球、乒乓球、围棋、女职工健身操和元旦、春节等节庆日职工文体活动。按照党委有号召、工会有行动的要求，亮出工会品牌，发挥工会作用，筹措资金10万元参与举办华宁首届运动会，25万元参与举办柑橘节，展现工会组织活力和职工时代风采。各基层工会围绕活动主题，结合单位实际，自行或者联合开展健康向上的职工文体活动。全县文体活动气氛活跃、俭朴热烈，丰富了职工业余文化生活，加强了职工文化阵地建设，培养了职工健康向上的生活习惯，深受职工欢迎和上级好评。

【“安康杯”竞赛】 2017年，县总工会继续加强“安康杯”竞赛和“一法三卡”活动检查考核，深入开展“安康杯”竞赛活动，强化企业与职工的“安全双赢”理念，全县安全生产工作防线更加牢固，避免了参赛企业重大安全事故的发生，有力地维护了职工生命与健康合法权益，促进了企业的健康科学发展。全县共组织28户企业参加2017年度全国“安康杯”竞赛活动，培植华宁供电有限公司为市级优胜单位，选树市级优秀班组2个、先进个人4个，“安全双赢”的“安康杯”竞赛理念更加深入人心。

【维权帮扶促稳定】 2017年，县总工会尽工会所能，千方百计争取筹集资金，努力为困难职工排忧解难，努力开展维权帮扶促稳定工作。继续加大困难职工救助力度，深入开展“困难职工”调查，扎实推进“依档帮扶、因困施助”工作，健全帮扶台账和困难职工档案，着力提高困难职工帮扶实效。严格按照帮扶资金专款专用规定，邀请纪委全程监督，在规定年度内、范围内使用完帮扶资金。全年争取到救助慰问资金107.57万元，发放111.33万元，救助慰问困难职工1947人次，发放救助慰问资金比上年增加31.62万元，完成了华溪镇独家村精准扶贫任务。加强对重点地区、重点行业和特殊职工群体不稳定因素的调研排查，积极参与社会矛盾调处，切实履行了工会凝心聚力促和谐工作职责。

【省外务工人员慰问】 2017年中秋、国庆期间，华宁县总工会联合人社局、教育局及职业中学开展省外务工人员慰问活动，促进外出务工人员成长，助力全县脱贫攻坚。2017年9月29日至10月2日，县总工会主席龚紫龙带慰问组赴华宁县省外务工人员集中的广东省惠州市博罗县华通电脑有限公司慰问，集中慰问华宁籍在博罗县务工人员119名，发放慰问金2.38万元，将县委、县政府的关怀送给外出务工人员。慰问组实地考察了博罗县华通电脑惠州有限公司、欣旺达新惠州能源有限公司、南亚塑胶工业（惠州）有限公司等企业用工情况，代表县总工会、人社局与博罗县总工会、人社局达成了华宁县劳务输出合作意向、华宁县总工会博罗县华宁籍务工人员服务站建设意向。慰问省外务工人员，关心关爱外出务工人员成长，被省、市总工会列为先进典型事例、重要创新措施。

【职工医疗互助活动】 2017年，全县参加第十四期活动单位160个、职工10857人，比上期增加3个单位、437人，发放补助金96.22万元1759人次。完成参加医疗互助活动在职职工和退休人员分开管理、核算工作，互助金管理做到了互助金及时足额上缴、专款专用；补助金支出按要求进行核销，核销金额上下一致，财务结算及时准确，得到了广大职工群众的认可，“有病人帮我、无病我帮人”的职工医疗互助理念更加深入人心。

【职工疗（休）养】 2017年，县总工会积极回应职工期盼，主动争取县委及县纪委支持，努力落实《中共玉溪市委办公厅、玉溪市人民政府办公厅关于进一步加强和规范在职干部职工疗（休）养工作的意见》。研究制定《华宁县2017年职工疗（休）养实施方案》，报经县纪委备案，报请县委同意，落实了272名职工、6名劳模疗（休）养，依法维护了干部职工的休息、休养和疗养的权利。

【工会组织建设】 2017年，县总工会认真贯彻党的群团工作会议精神，切实落实中央和省、市《关于加强和改进党的群团工作的意见》，全力推进工会组织建设。坚持“党建带工建、党工共建”原则，借助党政力量，依法依章程规范组建华宁县工业园区总工会。全县全年新建企业工会5个，现有工会组织220个，涵盖单位562个，会员21194，净增会员，1373人，其中，农民工会员净增1043人，达到13811人，扣除“名存实亡、注册未建”等企业，包括“两新组织”和农民工在内的职工，基本实现了全覆盖。以对待“个人身份证办理”的态度，严格按照省、市总工会要求，举办全县工会统一社会信用代码赋码培训，严肃认真开展工会统一社会信用代码赋码工作，完成106个基层工会办理。

【职工之家建设】 2017年，县总工会以工会改革为契机，扎实开展“双争”活动，巩固卫生系统工会、兴宁彩印公司工会等市级“先进职工之家”，青龙小学工会小组、县医院综合科等市级“先进职工小家”，带动全县建家、评家工作。结合“六有”工会建设，指导基层工会开展评“家”活动，水利局、自来水厂工会等各级工会，结合各单位实际，广泛发动会员，开展评“家”活动，具有单位特色、地区特色的评“家”机制进一步完善。

【经审工作】 2017年，县总工会以强化经审工作规范化建设为载体，认真贯彻《中国工会审计条例》，依法履行经审监督职责，加大审查审计工作力度，提高审查审计工作质量，充分发挥工会经费审查审计“监督有为、服务有方、免疫有效、保障有力”功能。继续对5个乡镇（街道）工会、6个系统工会和目标管理基层工会进行考核，强化经审工作规范化建设。健全财务、经审工作互通制度，形成了正常的财务、经审工作交流、沟通、协调机制，实现了财务的事前、事中管理和经审的事后监督有效结合。结合华宁工作实际，及早安排和精心开展了审计审查监督工作，全年开展审计项目16项，其中，县总工会5项，即年度经费预算执行情况、年度工会经费预算、半年经费预算执行情况和职工医疗互助金收支情况、帮扶专项资金使用情况。审计基层工会11项，其中，乡镇（街道）工会5个、系统工会6个，出具审计意见和审计报告11份，审计资金总额368.23万元，查出存在问题16项，提出审计意见和建议17条。根据审计意见，被审单位研究制订了相应的整改措施，县经审会开展审计回访，督促审计成果转化，全部审计工作于9月底完成。全县经审工作安排早、实施有力、工作规范，收到了“审计一项、规范一块、促进一片”的实效，达到了以审促管、以审促廉的目的。

【女工工作】 2017年，县总工会继续将女工工作纳入全县工会工作重点目标考核体系，全面加强女工工作。始终坚持“三同时”制度，全县有女职工的219个基层工会全部依法依章程组建了女职工组织。突出开展“和谐家庭好家风”活动，共评选表彰和谐家庭好家风56户。继续抓好“三八”节春风行动和金秋助学活动，慰问困难单亲女职工16人次1.6万元、帮助困难职工家庭子女上学35人10.6万元。全面开展“五一巾帼能力提升行动”，加强华宁县教师建修学校为女职工培训基地建设，对335名困难女职工（农民工）家庭进行了家政和种植等技术培训。将女职工“四期”保护及女职工在孕、产、哺育期不得与其解除劳动合同写入企业工资集体协商合同和女职工专项保护集体合同，将女职工权益保护专项集体合同签订工作与企业工资集体协商工作一并开展，确保签订率达到100%，全年签订女职工专项集体合同192份，覆盖企业264户、覆盖女职工5723，从制度上保障了女职工的特殊权益。截至2017年12月，全县共有女职工组织219个，女职工会员7610人，其中，女性农民工会员4272人，专兼职女职工干部498人。

【工会干部培训】 2017年10月30—31日，县总工会举办全县基层工会主席培训班，学习宣传贯彻中共十九大精神，提高基层工会干部素质，加强基层工会建设，做好新形势下职工群众工作，全县175名基层干部参加培训。授课教师为云南省总工会专职教师、云南省“工资集体协商专家指导委员会”委员蒋继寿，玉溪市总工会改革领导小组副组长、调研员李树华。培训内容为十九大精神引领工会工作、工会劳动法律监督、职代会代表履职能力提升、工会改革暨“一活动一工程一行动”（云岭职工跨越发展先锋活动、云岭职工素质建设和“新工人、新成长、新市民”脱贫攻坚行动），全县99名企事业工会干部通过培训考试取得工会劳动法律监督证。

【表彰奖励】 县总工会获玉溪市总工会2017年度工会工作重点工作目标考核一等奖、经费审查工作一等奖。华宁县水利系统工会、华宁县青龙中心校工会、华宁瑞丰机动车驾驶人考试服务有限公司工会被评为“玉溪市基层工会发挥作用先进单位”；华宁县盘溪镇中心卫生院工会、华宁县象鼻温泉度假村工会、华宁县盘溪镇中心校工会、华宁瑞丰机动车驾驶人考试服务有限公司、中国共产党华宁县纪律检查委员会工会5个单位被评为“玉溪市一活动一工程示范单位”；华宁县象鼻温泉度假村工会被评为“玉溪市工资集体协商示范单位”；华宁供电有限公司被市级表彰为“安康杯”竞赛活动优胜单位，华宁胜美琉璃瓦厂制泥班、云南省华宁县金鹿拖拉机制造有限公司装配组被市级表彰为“安康杯”竞赛活动优胜班组，郭冲强、陈太寿、华凯、汪华被市级表彰为“安康杯”竞赛活动先进个人；汪华、汪海涛荣获首届“玉溪工匠”称号。

（李　刚）

共青团

【概　况】2017年，团县委在团市委和县委的正确领导下，围绕党政工作大局，进一步解放思想，开拓进取，狠抓工作落实，较好地完成了全年的各项目标任务，团的各项工作取得了新的进展。

【基层团组织建设】2017年，团县委巩固和提升乡镇及学校团委工作。大力引导乡镇及学校从组织领导、人员调配、制度建设、经费保障等方面着手抓好基层共青团工作。继续推进《进一步加强少年儿童和少先队工作的实施方案》的落实，团县委走访调研了5个乡镇、7所中学、22所小学实施方案落实情况，真正实现团委和少先队工作有作为，有地位。对全县团建工作开展好的团组织进行了表彰，5个乡镇团委、11个中学团委、2个团支部荣获表彰。开展“一学一做”学习教育活动。在全县团组织和团员青年中开展“学习习总书记讲话，做合格共青团员”活动。通过规范主题团课、开展入团仪式、创建团员先锋岗等活动，增强团组织的政治性、先进性、群众性，教育引导广大团员更加紧密地团结在以习近平总书记为核心的党中央周围，在决胜全面建成小康社会进程中发挥生力军和突击队作用。开展“互联网＋团建”工作。利用“青年之声”“1+100”团干部直接联系青年、“青春华宁”微信公众号和微博等平台，开展了系列线上线下结合的活动，包括“微心愿”认领活动，共发布、认领、实现微心愿3期240个，为240名山区留守儿童实现了微小心愿；志愿者活动，共开展9期，参与人数1223人，在植树造林、环境卫生整治等方面发挥了积极作用。同时，充分利用青年喜好新媒体的特点，利用团属微信微博发布与青年就业、维权、公益等有关的信息万余条，真正做到了吸引、凝聚和引领青年。2017年，开通“青春华宁”微信公众号，打造了一支素质过硬的信息宣传员队伍，截至12月底，共发布信息1000余条，关注用户达2万余人。华宁青年之声累计浏览量达187340，问题总数为51个，累计回答数为5个，点赞数为9个，拥有专家人数9人。“青春华宁”公众号从2017年年初运行至今，共有5个月份进入云南共青团微信公众号影响力前30名排行榜，实现了对团员青年积极、健康、正面的引领。开展县、乡镇（街道）换届选举工作，完成了新一届县、乡领导班子的换届选举工作。本次选举首次将兼职、挂职干部加入领导班子成员中，打造专、兼结合的团干部队伍。

中国共产主义青年团华宁县第十八次代表大会

【少先队辅导员队伍建设】2017年，团县委按照要求配置少先队总辅导员、副总辅导员，华宁县现有71名大队辅导员，6名乡镇总辅导员，1名县总辅导员，2名县副总辅导员，此外，实行双主任制，全县共有80名少先队辅导员。落实少先队辅导员分级全员培训工作。以知识讲座、经验交流、互观互学等形式，加强辅导员的思想政治素质、少先队工作基本理论和专业知识能力培训，做到凡上岗必培训，努力提升全县辅导员队伍综合能力水平。各乡镇辅导员全员参与乡镇培训；组织5名辅导员老师到延安干部培训学校参加玉溪市组织的少先队辅导员培训。动员少先队辅导员以“少先队活动”科目参加职称评审，解决少先队辅导员待遇问题。

【少先队活动课建设】2017年，团县委落实好每周一节的少先队活动课，进一步加强少先队工作，提高中队辅导员思想道德素质和业务水平，把少先队课程建设搞好。各级少先队组织认真贯彻落实中央、省、市、县少工委工作的总体部署和要求，以“3·5”学雷锋日、“六一”儿童节、国庆节、“10·13”建队日、“11·9”等为契机，广泛开展了“喜迎十九大·听党话、感党恩、跟党走、做好少年”系列活动、开学第一课、“迎国庆、升国旗、唱国歌、颂党恩、喜迎十九大”系列活动、消防安全知识宣传活动，培养了少年儿童对党和祖国的朴素感情，把社会主义核心价值体系的种子播撒在少年儿童的心田。

【创新开展团的主题活动】 2017年，团县委以增强团的吸引力和凝聚力为出发点，开展了系列团的主题活动。在春节到来之际，开展“青年志愿行·温暖回家路”暖冬行动。通过青春暖流、互联书香、筑爱港湾、热情好客四个方面活动，20名青年志愿者为1000余名回家过年的乘客提供了服务和便利，塑造了共青团良好的社会形象。在“五四”青年节之际，开展青春誓言、青春风采、青春信仰、青春担当系列活动。在“六一”儿童节之际，开展“喜迎十九大·听党话、感党恩、跟党走，做好少年”系列活动。举行了全县第一届少先队活动课比赛，通过规范、推广活动课程，向少先队员们传播了“热爱党、热爱祖国、热字人民”的要求和希望。活动中，宁州中心校、盘溪中心校、青龙中心校获得一等奖；华溪中心校、通红甸中心校、示范小学获得二等奖。举行了全县第一届少先队鼓号展演，全县25000余名少先队员全部参与到活动中来，从少先队层面推动了全县义务教育均衡发展。活动中，示范小学、宁州中心校、青龙中心校获得一等奖；盘溪中心校、华溪中心校、通红甸中心校获得二等奖。成功举办华宁少先队“欢庆十九大·童声心向党”合唱比赛。让少先队员们在祖国历史性的时刻，表达了自己的爱国、爱党之情。赛后的“我最喜爱的合唱团”投票换届活动，群众关注度达到空前热度，截至活动结束，访问量达到了133.7万。在七夕节之际，开展青年联谊活动。丰富华宁县未婚青年业余文化生活，拓宽青年沟通交流渠道，搭建未婚青年相识、相知的交流平台，更好地发挥共青团组织服务青年的职能。

【稳步推进青年创业就业】 2017年，团县委以青年创业扶持为基础，以完善青年创业服务体系为依托，扎实做好平台搭建、拓展融资渠道、提升能力素质等工作，全方位服务青年创业就业。一是认真开展青年创业扶持工作，圆满完成“贷免扶补”和“创业担保贷款”任务。2017年，来团县委报名“贷免扶补”总数166人，初审93人通过，报资料数69户，放贷60户，放款金额600万元。其中，大学生贷款7户，占比11.6%。创业担保贷款报名总数21人，初审16人通过，报资料数14户，放贷10户，放款金额600万元。其中，大学生贷款1户，占比10%。二是开展青年创业就业培训。联合就业局举办青年创业培训6期195人；举办技能培训3期198人，其中烹调1个班73人，美容2个班125人；联合华溪镇乡团委开办了电商培训班，4名青年团员及36名村组干部参加免费电商培训；联合通红甸乡开展了肉牛肉羊养殖实用技术培训，50户建档立卡贫困户参加了培训，其中有40户愿意发展养殖业，部分贫困户还申请了创业贷款。三是举办创业分享活动。于2月15日举办了“梦在远方路在脚下”优秀外出务工青年经验分享交流活动。华宁县第一届十佳创业青年代表（同盛经贸有限公司总经理曹灿华），华宁县第二届十佳创业青年代表（神牛广告有限公司总经理刘刚）。华宁县文明办、共青团华宁县委、县青年联合会于2017年10月下旬组织开展了“青年之声·华宁县第三届十佳创业青年”评选活动。经过前期的初审，优中选优，共评出12名创业青年进行网上公示及微信投票。11月30日，团县委及时召开“十佳”终评会，启动终评环节，最终评选出普长伟、赵旭川、杨强、姜伟、雷琴、曹栋、李宜蔓、朱伟、戴云明、孟有元10名“十佳创业青年”，仲燕波、胡文森获“十佳创业青年”提名奖，刘顺元、庄恒获优秀创业青年奖。

【青年助力脱贫攻坚】“心连心”公益活动是团县委2017年主抓的特色、创新工作，目前，共开展活动9期，协调投入资金达100万元。一是“心连心”公益慈善活动之一——“青春志愿行·温暖回家路”暖冬行动，为回家过年的群众提供秩序维护、行李帮提等常规服务，并为他们送去春联、春节吉祥物等小礼品。二是“心连心”公益慈善活动之二——慈善情暖万家。为切实帮助生活困难群众渡过困境，1月初，团县委在玉溪市慈善总会的大力支持下，举行了“创维送温暖”惠民公益慈善活动，为全县9298名困难群众送去了价值9万元的750床过冬棉被和9298张惠民卡。三是“心连心”公益慈善活动之三——春暖童心。为了切实服务好农村留守儿童和进城务工人员子女等青少年群体，1月初，团县委在华宁县通达投资有限公司的大力支持下，在通红甸乡山羊母小学举行了“春暖童心”活动，为学校的141名孩子送去价值3万元的羽绒服和学习用品。四是“心连心”公益慈善活动之四——青年相伴、志愿同行。在“3·5”学雷锋日到来之际，团县委组织20名青年志愿者开展“青年相伴、志愿同行”五关爱活动。为全县范围内的8名建档立卡贫困户、8名困难团员、8名留守儿童、8名孤儿、8名孤寡老人共计五类40名人员送去每人400元慰问金和200元生活必需品，同时也结合不同人群的需要开展了志愿服务活动。五是“心连心”公益慈善活动之五——希望工程。为了做好联系点火特村委会的脱贫攻坚工作，4月中旬，团县委在玉溪市青基会的大力支持下，为9名贫困联系户的孩子争取到3.3万元的就学补助，为他们贫困的家庭送去了帮助和关心。六是“心连心”公益慈善活动之六——“我的中学梦”活动。团县委在玉溪市青基会和爱心企业的大力支持下，为华宁一中32名贫困中学生发放30万元就学补助。七是“心连心”公益慈善活动之七——“我的大学梦”活动。在爱心企业和爱心人士的支持下，团县委筹取资金为全县40名贫困大学新生发放40.08万元就学补助，帮助他们圆梦大学。八是“心连心”公益慈善活动之八——“国酒茅台·国之栋梁”助学活动。为了帮助华宁县贫困家庭能够通过教育脱贫，团县委为10名建档立卡贫困户大学新生发放5万元就学补助。九是“心连心”公益慈善活动之九——建设华宁首个“青年之家”——青爱小屋。针对通红甸乡119名孤儿、留守儿童、困境儿童开展长期帮扶、救助。第一批爱心企业已入驻，并捐赠了3万元物资。2017年，青爱小屋共开展4期活动，帮助儿童80人，通过系列关爱活动的开展，凝聚了青年、温暖了人心。

【预防青少年违法犯罪】 2017年，团县委一是建立预青联席会议制度。每个季度组织成员单位召开预青工作联席会议。旨在建立起成员单位之间互通信息、共同协作的工作长效机制，形成“各司其职、各尽其能、齐抓共管、形成合力”的工作局面。全年共召开4次联席会议。二是对六类重点青少年开展健康体检。一方面，可以让青少年们掌握自己的健康状况，另一方面，也是团县委服务青少年的一种惠民手段，最重要的是，可以以此拉近和校外青少年之间的距离，为预防青少年违法犯罪工作的进一步深入开展奠定基础。2017年共有300名校外青少年参加体检。三是开展预防青少年违法犯罪培训。2017年3月30—31日，共青团华宁县委针对预青成员单位、各级团组织负责人、各级少先队辅导员等180余名青少年事业工作者开展了为期一天的预防青少年违法犯罪工作培训。

【召开共青团第十八次代表大会】 2017年9月12—13日，在华宁县文化馆召开中国共产主义青年团华宁县第十八届代表大会，全县190名代表出席会议。团市委书记朱莉、县委书记黄云鹃，县人大常委会主任魏德锦，县政协主席白应海，县委常委、县委宣传部部长李军，县委常委、县委组织部部长师琼华出席开幕式，开幕式由石雪峰同志主持。县妇联主席梁丽庆同志代表群团组织致贺词，团市委书记朱莉，县委常委、宣传部部长李军分别作重要讲话。大会听取并审议通过了李婷同志代表共青团华宁县第十七届委员会所作题为《高举旗帜牢记使命奋发有为团结带领广大团员青年为全面建成惠及全县人民的小康社会贡献青春》的工作报告。大会选举产生21名委员、10名候补委员组成的共青团华宁县第十八届委员会。十八届一次全委会选举产生7人组成的常委会，李婷同志当选为书记，石雪峰为副书记，李晓龙同志为挂职副书记，何敏、温佛莹两位同志为兼职副书记。

【召开中国少年先锋队华宁县第一届工作委员会第二次全委会】 2017年12月26日，中国少年先锋队华宁县第一届工作委员会第二次全委会会议在华宁县文化馆101号会议室召开，中国少年先锋队华宁县第一届工作委员会委员出席会议。会上，县教育局党工委书记普婷莹发表讲话，会议听取了县少工委副主任、县少先队总辅导员张绍兰同志所做的工作报告，通过了《中国少年先锋队华宁县第一届工作委员会委员卸职确认案（草案）》，表决通过了《关于华宁县少工委主任、副主任调整的决定（草案）》。最后，团县委书记李婷作总结讲话，肯定少先队辅导员和少先队工作者的成绩，同时，也向少先队辅导员和少先队工作者提出更高的要求，希望各级少先队工作者继续努力，共同推进华宁县少先队事业向前发展。

【禁毒宣传】 2017年，团县委充分发挥共青团的宣传优势和组织优势，积极开展各项禁毒教育宣传活动。一是认真抓好禁毒防艾青年志愿者的招募工作，在原注册登记的330名禁毒青年志愿者的基础上，利用“禁毒日”开展禁毒宣传活动之机，采用现场招募志愿者的方式，新招募志愿者30名，新招募的志愿者来自学校、农村、社区等，有效扩大了禁毒防艾的宣传覆盖面，为今后禁毒宣传教育活动奠定了更扎实的基础。二是狠抓网络宣传员队伍管理，利用网络开设禁毒防艾专栏、简报。先后在新闻媒体、网络平台刊登反映本单位禁毒工作相关信息，直接、间接受教育群众2800多人次。三是强化服务职能，增强青少年拒毒防毒能力。积极组织禁毒青年志愿者开展“结对帮教禁毒宣传志愿行动”“社区禁毒宣传志愿行动”“普法禁毒宣传志愿行动”活动，联合县禁毒委、防艾办开展进农村、进学校、进家庭、进社区、进单位进机关的“六进”宣传教育活动。四是丰富宣传手段，营造良好的禁毒氛围。3月31日，团县委组织全县180名团员青年召开“预防青少年违法犯罪”为主题的禁毒宣传教育培训会。此次培训邀请了云南大学法学院李申俊教授授课。县禁毒大队教导员和民警为在场的青年团员现场展示了毒品的种类。在6月1—30日“全民禁毒宣传月”期间，青龙镇团委、宁州街道团工委、盘溪镇团委、华溪镇团委、通红甸乡团委开展了一系列以“珍爱生命，拒绝毒品”为主题的禁毒宣传活动。

【防艾宣传】 2017年，团县委一是发挥优势，大力开展宣传教育活动。以“3·5”“五四”“6·26”禁毒宣传日、“12·1”世界艾滋病日为契机，开展进学校、进社区、进农村志愿宣传活动，发放宣传材料3500余份；二是积极举办防艾培训班。2017年，团县委组织全县5个乡镇（街道）分别举行防艾青年骨干志愿者开展防艾培训8次。通过年年开这样的培训班，让更多的人认识艾滋病、认识到艾滋病给人类带来的危害。三是进一步做好防艾进村入户宣传教育活动。以禁毒防艾青年志愿者、团员为宣传主体，在各乡镇开展防艾知识入户宣传教育活动，共出动200人志愿者，到全县

30%以上的村委会进行宣传，发放《防艾，你我共参与》《云南省预防未成年犯罪条例》等主题宣传单3000余份，避孕套2000只。四是加强校外青少年宣传教育工作。利用多渠道、形式的宣传形式，团县委共对501校外青少年进行宣传教育，发放调查问卷200份，并对302名校外青少年进行血清检测，结果全部为阴性，艾滋病、梅毒、丙肝防治知识知晓率分别达到96%、92%、58%。团县委组织5个乡镇开展校外青少年摸底调查，团县委、各个乡镇组织防治艾滋病的培训，到年底共计培训校外青少年1033人。会前发放问卷调查，其知晓率为90%；通过对艾滋病疫情的分析、艾滋病的危害等进行讲解后再发放艾滋病问卷调查，其知晓率达到96%。校外青少年对什么是艾滋病、什么人会感染艾滋病、艾滋病传播的途径有了更深的认识。

【受表彰情况】 2017年4月，共青团华宁县委授予共青团华宁县宁州街道委员会等15个团（工）委2016年度“五四红旗团委”称号；授予华宁一中高二文科一班团支部等24个团总（支）部2016年度“五四红旗团总（支）部”称号；授予刘株含等24人2016年度“华宁县优秀共青团干部”称号，授予何奕瑾等53人2016年度“华宁县优秀共青团员”称号。5月，共青团玉溪市委授予华宁县盘溪镇团委2016年度“玉溪市五四红旗团委”称号，授予华宁县通红甸乡山羊母村团总支和华宁瑞仁医院团支部2016年度“玉溪市五四红旗团支部”称号，授予缪湘、杨晓娟等10名团干部2016年度“玉溪市优秀共青团干部”称号，授予李康宁、马希雅等30名团员2016年度“玉溪市优秀共青团员”称号。

（张　雯）

妇　联

【概　况】 2017年，在县委、县政府的正确领导和市妇联的关心指导下，县妇联紧紧围绕县委、县政府的中心工作，服务大局，开拓创新，认真贯彻落实中央、省市群团工作会议精神，切实在保持妇联的政治性、先进性、群众性方面找准切入点，围绕妇联改革任务，积极发挥联系广大妇女的桥梁与纽带作用，全面推进妇联各项工作的落实。

【加大教育培训力度】 2017年，县妇联共组织21名妇女同胞参加省市组织的巾帼创新业、关爱救助、新型女农民、农村妇女养殖、居家养老服务等培训，为华宁县城乡妇女扩宽就业渠道，提升就业能力奠定了基础。与县就业局联合组织开展了“春风行动招聘会”，25家企业参加，提供岗位1022个，达成协议282人。3月23—24日，组织女能人协会会员到通海、峨山学习种养殖、刺绣等产业发展模式及协会的运作模式，为女能人们进一步拓宽创业奠定了一定基础。

【实施小额信贷】 以贷款促创业，2017年，县妇联实施小额担保贷款40个，贷款额400万元，贷免扶补120个，贷款额1200万元，支持妇女创业就业发展。

【“三八”系列活动】 一是开展“三八”维权宣传。2017年3月3日，由县妇联牵头，组织县就业局、司法局、政法委、公安局、共青团、卫计局等12个部门61人，在邮政局门前开展了以“建设法治华宁·巾帼在行动”为主要内容的“三八”维权月暨“春风行动”咨询服务活动。二是组织开展集中培训。在“三八”节期间，各乡镇（街道）妇联结合同心工程的开展，邀请省、市、县专家对反家暴法、禁毒防艾、家庭教育知识进行专题讲座5场次，1600人参加培训，提升了基层妇女工作者的工作能力。三是组织开展“三八”职工趣味运动会。3月10日，县妇联与县总工会、县文旅广体局举办了“三八”节职工运动会。

【“六一”系列活动】 一是各类庆祝活动精彩纷

呈。2017年“六一”期间全县共举办家庭教育知识讲座35场，9600名家长聆听了讲座；组织召开学习座谈会47次，发放宣传材料15000多份。全县各小学都结合实际，开展系列庆“六一”系列活动。二是深入开展“书香飘万家”家庭亲子阅读活动。县妇联以“相伴共读书香润德”为主题，在全县广大家庭中开展“书香飘万家”“亲子阅读”活动。三是慰问活动温暖童心。“六一”期间，县妇联积极动员各单位组织开展慰问关爱活动，全县共慰问残疾、贫困儿童186人，支出慰问金15960元；做好事、办实事91件。县妇联带头为黑牛白小学的61名儿童送去价值2400元的学习用品。

【开展“两癌”免费筛查项目并慰问患病困难妇女】 县妇联积极争取“两癌”免费筛查项目，为全县2000名妇女进行“两癌”检查。为5名患乳腺癌的困难妇女进行了救助，每人给予2000元的救助。

【开展关爱慰问活动】 在2017年春节前，县妇联争取市妇联的支持，对16名困境儿童进行了走访慰问，为每名困境儿童发放了500元的慰问金，共计8000元。“三八”节期间，县妇联慰问贫困妇女16名，每人500元慰问金，共计8000元。对盘溪镇小龙潭村的省级困难“三八红旗手”李桥仙给予1000元生活救助。

【开通华宁县妇女联合会微信公众号】 2017年，县妇联按照省市妇联要加强网上妇女工作的要求，3月9日，开通了华宁县妇女联合会微信公众号平台，加强对妇联工作和相关法律法规的宣传。

【实施妇女循环金项目】 2017年，县妇联争取到云南省妇女发展循环金项目资金50万元，项目在宁州街道、盘溪镇实施，为每名妇女提供2万元循环金，循环金使用期限2年，每年600元管理费，共扶持了50名创业妇女。

【启动并实施华宁县第二期社区儿童保护项目】 根据一期项目推进的情况，全国妇联及联合国儿基会决定继续在华宁实施社区儿童保护项目二期。2017年5月26日，在青龙镇落梅村委会举行了项目启动会暨调查摸底培训会，对参加调查摸底人员进行了专题培训，6月中旬完成了调查摸底工作。8月29—31日，全国妇联、儿基会到华宁探访社区儿童保护项目工作情况。11月1日，省市专家到华宁对社区儿童保护项目实施情况进行督导。

【实施“母亲邮包”活动】 2017年，县妇联结合脱贫攻坚工作的开展，为华溪镇500名贫困母亲争取到了价值5万元的“母亲邮包”，助推全县的脱贫工作。“母亲邮包”是由全国妇联主办，中国妇女发展基金会承办，以中国邮包开启的邮政绿色通道为服务支撑的公益项目。每个“母亲邮包”价值100元，内装有一些日常生活必需品，旨在帮助贫困母亲解决生活中的一些实际困难，提高安全健康意识，传递社会温暖。

【实施“春蕾女童班”助学金项目】 “春蕾女童班”助学项目是为了帮助贫困家庭学生改善学习生活，由爱心人士李易峰先生捐助，资助对象是六年制小学四年级女生，每人每学年400元，连续资助三年。在省、市妇联及省妇女儿童发展基金会支持帮助下，县妇联争取到“春蕾女童班”助学金项目两期，受益女童200名。2017年6月1日，县妇联联合县教育局把第一期爱心助学金送到青龙镇青龙、革勒、禄丰及通红甸乡的通红甸、小河边、山羊母六所小学小朋友手中。12月28日，将第二期助学金送到青龙镇落梅小学和通红甸大龙树、小得勒、所梅早小学的学生手中。

【开展“百村妇女争创秀美庭院”活动】 2017年，华宁县妇联确定“秀美庭院”示范点共4个，即：宁州街道王马社区小河边小组、青龙镇斗居村委会玉泉山小组、盘溪镇方那社区方那小组、通红甸乡小得勒村委会的小梁山小组。结合实际，县妇联采取因村施策的方式，确定各个示范点的创建模式，其中，3个村民小组采取发放清洁桶的方式进行创建，共为108户发放了清洁桶，1个小组采取健全日常管理制度，加强教育管理的模式来开展创建工作。

【开展“最美家庭”评选活动】 县妇联组织开展了2017年“最美家庭”评选活动，制定下发了方案。共收到县直各单位、各乡镇（街道）报送的“最美家庭”56户，择优推荐参加市妇联评选5户，其中，杜丽萍家庭荣获2017年玉溪市“最美家庭”，坝仙丽、杨会兰、赵艳、邢飞4户家庭获2017年玉溪市“最美家庭提名奖”。县妇联与县委宣传部、县文明办联合发文授予陈玉梅等30户家庭华宁县2017年“最美家庭”荣誉称号。

【信访接待处理】 2017年，县妇联共接待信访案件19件，已成功办理19件，12338热线来电3件，办结3件，取得了良好的效果。

【召开十三届三次执委会议】 2017年4月18日，华宁县妇联召开十三届三次执委会议。会议听取并审议了县妇联十三届三次执委会议工作报告，报告回顾总结了2016年县妇联在促进妇女发展、维护妇女合法权益等方面开展的工作，指出2017年是妇联改革创新重要的一年，各级妇联组织要认真学习贯彻落实省十一次妇代会和市妇联四届五次执委（扩大）会议精神，紧紧围绕县委全委会及人代会确定的目标任务，以科学发展观为统领，认真实施“巾帼创业创新”“巾帼维权”“巾帼脱贫”“巾帼关爱”“巾帼家庭文明”和“巾帼共建美丽家园”六大行动，为实现华宁跨越发展凝聚巾帼力量。会上传达了云南省第十一次妇女代表大会精神及市妇联四届二次执委会议精神，就执委工作进行了交流。

【完成村（社区）会改联及乡镇（街道）妇联扩大组织成员工作】 2017年8月30日，全面完成了全县村（社区）妇代会改建妇联工作。5个乡镇（街道）的75个村（社区）顺利完成“会改联”工作，选举产生妇联主席75名，副主席222名，妇联执委名995名（含主席、副主席），当选的执委中有村（社区）女主任、小学女教师（女校长）、乡村女医生、企业女职工、文艺骨干等，把知妇女、懂妇女、爱妇女的优秀女性吸纳到妇联班子，改变了原来妇代会仅有妇代会主任一人做妇女工作的状况，扩大了基层妇女组织队伍。结合乡镇（街道）妇联换届工作的开展，全面完成乡镇（街道）妇联组织扩大成员工作。5个乡镇（街道）经召开妇女代表会议，选举出5个乡镇（街道）妇联主席，由乡镇（街道）党政班子女成员担任，专职副主席5人，兼职副主席20人，执委共有123人。

【召开2017年妇儿工委（扩大）会议】 2017年9月26日，召开妇儿工委（扩大）会议，县妇儿工委主任、副县长郭艳；县妇儿工委副主任、妇联主席梁丽庆；县妇儿工委成员单位分管领导、联络员及乡镇（街道）妇联专职副主席共60人参加了会议。会上，总结了华宁县2016年妇儿工委工作，对下一阶段工作做了安排部署。县妇儿工委主任、副县长郭艳从县政府全局的高度，就做好妇女儿童工作做了重要讲话并提出要求。

【制定印发华宁县妇联改革实施方案】 2017年12月16日，县委书记、县委全面深化改革领导小组组长黄云鲲主持召开县委全面深化改革领导小组第十一次会议。县妇联主席梁丽庆对《华宁县妇联改革实施方案的》的相关事宜进行了汇报，会议审议并通过了《华宁县妇联改革实施方案》，12月25日按规定程序由华宁县委办公室印发了《华宁县妇联改革实施方案》。

（郭毓姣）

科　协

【概　况】 2017年，华宁县科学技术协会围绕县委、县政府“科教创新引领发展”的安排部署，开拓创新，埋头苦干，努力做好全民科学素质、农函大、科普宣传、协会组织发展等各项工作，在提升公民科学素质、科学技术普及、服务科技工作者等方面取得了新成绩，为打造“实力华宁、开放华宁、绿色华宁、法制华宁、实干华宁”发挥了积极作用。围绕中心，服务大局，积极做好反邪教、综治维稳、扶贫开发、创卫、创文、保密、统战、法治宣传教育等工作。

【全民科学素质工作】 2017年，根据省、市关于全民科学素质行动计划纲要的工作要求，起草了《华宁县全民科学素质行动计划纲要实施方案（2016—2020年）》，制定了华宁县2017年公民科学素质工作要点和成员单位工作职责，组织筹备召开了华宁县全民科学素质工作推进会，县政府与5个乡镇（街道）签订了责任书，把公民科学素质工作纳入对乡镇（街道）的年度综合考核。为到2020年本地公民科学素质比例达到9.58%的目标，22个成员单位和乡镇（街道），各司其职，积极推进公民科学素质建设。

县政府召开全民科学素质建设推进会　　李艳　摄

【科普宣传】 2017年，在春节、科普日、柑橘旅游文化节等重大节日组织科普宣传，牵头组织开展了“创新驱动发展科学破除愚昧”为主题的科普宣传、科普咨询、展览活动，参加组织宣传活动人员共计105人，出动科普大篷车1辆，科普展板131块，发放各种科普书籍、杂志、报纸、科技资料35150份。组织举办科普讲座6场次，邀请知名科技专家4人，围绕“气候异常与自然灾害”“柑橘栽培”“乡村旅游发展新思路”开展讲座。动员、组织全县在职干部职工、农技协参加省、市科协组织的公民科学素质知识竞赛。开展科普、反邪教进校园活动2次。

县科协举办科普活动进校园活动　　董家凯　摄

【首个科技工作者日系列活动】 2017年5月30日是全国首个科技工作者日，为激发科技工作者的干事、创业热情，组织开展系列庆祝活动，举行了一次科技研讨会，邀请县内科技专家、企业和协会负责人围绕“脱贫攻坚与科技支撑”主题进行研讨；组织一次科技专家服务基层活动，邀请国家现代农业柑橘技术体系岗位科学家、原中国柑橘研究所副所长彭良志研究员培训全县柑橘科技工作者，到县内柑橘产区实地进行技术指导和科技培训，邀请县内蔬菜专家，指导冷凉山区开发蔬菜栽培种植；开展了一次宣传活动，联合老科技工作者协会，在人口密集的宁州街道，结合科技下乡，组织宣传活动，营造浓厚的节日氛围；召开了一次座谈会，组织科技工作者代表和公民科学素质纲要领导小组成员单位主要负责人、乡镇（街道）主要领导召开了一个座谈会，6个部门负责人、3名科技工作者交流了科技工作及科技工作者现状、困难问题及下一步打算，座谈会由副县长罗勇主持，县委副书记何国斌作了总结讲话。

【农函大培训再创佳绩】 2017年，坚持“实际、实用”原则，围绕县委、县政府“三棵树”的产业发展决策，办好农函大科技培训。根据群众对科技的需求，组织举办不同层次、不同特色的农函大培训班，2017年，覆盖全县开办柑橘、核桃、蔬菜、养殖9个专业18个班次，参训学员1382人，其中，男劳力957人、妇女425人；党员124人、基层干部400人。为调整优化产业结构，引进新技术发挥了积极作用，培养了一批有技术，用得上的乡村科技人才。由于成绩突出，被省农函大表彰为一等奖。

【编制《科技精准扶贫实用技术》手册】 2017年，为发挥科技对扶贫开发的支撑作用，县科协、华溪镇科协组织相关专业技术人员编制了《科技精准扶贫实用技术》，内容包括柑橘、核桃、蔬菜栽培和养殖技术，经多方征求意见和修改后，邀请专家进行了评审，并印成科普册子8000册，手册集科学性、实用性、可操作性于一体，发给广大群众及贫困户，为群众脱贫致富提供了科技支撑，也可作为科技培训教材。

【流动科技馆巡展活动】 由中国科协主办，云南省科技馆、玉溪市科协和华宁县科协等部门共同承办的“中国流动科技馆云南·玉溪·华宁站第二轮巡展活动”，2017年9月4日，在华宁烟草综合大楼正式开馆。县科学素质工作领导小组成员单位领导、联络员、乡镇（街道）分管领导、党政办主任、科协专干65人和中小学生120人参加启动仪式，县委常委、常务副县长张洪坤致辞、市科协副主席陈晓静宣布巡展活动启动，县人大常委会副主任黄永祥、县政协副主席万燕参加启动仪式。巡展活动设有声光体验、电磁探秘、生命奥秘、数学魅力、运动旋律等主题展区，50余件小型化经典互动展品，为公众提供参与科学实践的场景，展示科学的魅力，体验现代科技成果，在推动科普工作和科技创新，促进科教事业发展中发挥了重要的作用。在一个月的巡展活动中，参观体验人数3278人次，其中，中小学生2593人，普通公众685人。

【科普中国e站落户华宁】 2017年，高度重视科普信息化工作，华宁科普信息在省科协网站采用6篇、市科协网站采用26篇。发挥《华宁科普网》宣传阵地的同时，开通了“科普华宁”微信公众号。按照有场所、有终端、有网络、有活动、有管理人员的创建标准，积极协调、整合项目资金，建成了6个乡村e站、4个社区e站、1个校园e站，“科普中国e站”在华宁落地应用，为提升公民科学素质，应用互联网推广普及实用技术，拓宽科学技术普及的覆盖面发挥了积极作用。

【青少年科技创新大赛】 2017年，在第32届云南省青少年科技创新大赛作品中，华宁县选送的科普作品中有2个获得二等奖，24个作品获得三等奖。2017年9月，县科协和县教育局共同组织华宁县第五届青少年科技创新大赛，收到作品363件，组织科学教学专家评审，评出一等奖21名，二等奖43名，三等奖31名。推荐上报省市8类105件作品参与评选。

【科普项目实施情况】 2017年，主持验收了省级项目“科普综合措施服务华溪镇高原特色农业”“平坝村委会惠农兴村计划”，实施了“抚仙湖保护科普活动”“华宁陶艺宣传推广”“独家村村委会科普惠农兴村计划”“华溪特色果品协会建设”等5个科普项目、8个子项目。通过项目实施，引进了新的理念，把科普元素与本地特色产业结合起来，用新技术改造提升传统产业，实现了提质增效，为本地特色产业发展注入了活力。

县科协在红坡村现场组织新品种试验示范培训

【恢复县科协党支部】 因人事变动频繁，县科协党支部一段时间无法正常活动。2017年恢复党支部后，党建工作得到加强，坚持“三会一课”制度，规范进行党员积分制管理，“两学一做”常态化，不断加强干部队伍建设，学英模、学时事政治政策、学党规党纪、学法律经常化。认真落实从严治党要求，党风廉政建设和反腐败工作责任有效落实，不折不扣执行中央八项规定、“三重一大”等制度。

【挂钩联系村委会工作】 2017年，县科协挂钩联系帮扶宁州街道红坡村委会，认真落实“挂包帮”“转走访”工作，安排一名领导驻守红坡村委会，主动邀请市科协、宁州街道联系领导，专题与村委会研究扶贫思路、项目建设、产业帮扶等工作，协调落实扶贫资金8万元、美丽乡村建设资金3万元、文化活动场所建设资金10万元、产业发展资金1.2万元，邀请市农业局专家培训养殖技术1期50人，邀请县农业局专家实地到红坡指导蔬菜发展2次。与市科协共同开展新品种、新技术的引进和试验示范，引进美国白芽豌豆尖试验示范70亩、黄甜玉米示范种植100亩。

（文　娇）

工商业联合会

【概　况】 2017年，县工商业联合会围绕县委县政府中心工作，牢牢把握“两个健康”工作主题，坚持“团结、服务、引导、教育”的方针，扎实工作，成效明显。截至2017年年底，华宁县规模以上企业30户，小微企业有1211户，个体户有13174户。共有乡镇（街道）商会5个，行业商会8个，分别是柑橘商会、医药商会、食品加工行业商会、餐饮行业商会、汽车运输商会、煤炭商会、砖瓦商会、农资商会。其中在民政局注册的有3个：分别是柑橘商会、食品加工行业商会、餐饮行业商会，异地商会1个为华宁福建商会。

【工商联换届】 华宁县工商业联合会第六次代表大会于2017年3月8—9日召开，会上县委、县政府、人大、政协四套班子主要领导以及市统战、工商联亲临会议指导，会上选举出了主席（会长）1名、专职副主席（副会长）2名，兼职副主席（副会长）4名，秘书长1名，执委31名。

【创业贷款】 2017年，县工商联合会齐心协力克期完成市工商联下达改革性创业扶持贴息贷款的指标。华宁县工商联把鼓励创业促进就业工作作为服务民营经济发展的重要工作抓紧抓好，进一步增强责任意识，采取“早动员、早安排、早落实、早放贷”的措施，力推任务的落实。按时、按量全面完成200户“贷免扶补”任务数，共发放贷款2000万元；个人创业担保贷款60户，600万元；实施小微企业担保贷款5户，920万元。为全县就业、创业青年和民营企业发展壮大提供了资金保障。

【招商引资】 2017年，县工商联合会围绕县委、县政府分配工商联5000万元的招商引资任务开展招商引资工作，树立以商招商、企业招商、委托招商意识，积极捕捉信息开展招商引资工作，完成招商引资5000万元的任务数，以及完成向上争取项目资金24.4万元的任务数。

【光彩事业】 “万企帮万村”精准扶贫行动开展以来，广大民营企业积极响应，通过光彩活动、捐资助学等方式主动投身全县脱贫攻坚，为贫困地区、贫困群众做了很多好事、实事，取得了较好成效。2017年6月1日，华宁县工商联在华宁大酒店召开华宁县“万企帮万村”签约工作会议，10家民营企业代表和8个贫困村主任签订了《华宁县“万企帮万村”精准扶贫行动村企结对扶持协议书》，实现了华宁县村企结对帮扶全覆盖。10家企业合计帮扶资金22.76万元，其中产业帮扶2万元；就业帮扶7.8万元；公益帮扶7.08万元；科技培训5.88万元，合计帮扶人数2187人。在县委县政府的统一领导和高度重视下，通过县工商联及各部门的大力倡导和积极动员，8月21日，在县委县政府召开的全县精准脱贫百日攻坚战推进会会议上，云南活发磷化有限公司等26家企业累计为全县精准脱贫百日攻坚战捐助帮扶资金112万元。

华宁县工商联组织召开"万企帮万村"签约工作会议

【民营企业评议政府职能部门】 为深入贯彻落实、省委、省政府和市、县政府支持民营经济发展政策措施，充分发挥民营企业监督作用，推动政府职能部门改进工作方法，转变工作作风，提高办事效率，根据省、市文件精神，2017年11月15日，由工商联牵头，县监察局、县督查室参与召开了15户规模以上民营企业，25户中小微企业，10户个体工商户代表进行网络评议27个县级部门，评议将进一步推进县级各部门转变作风，提高服务质量。

【会员发展】 2017年，县工商联把会员发展和行业商会建设作为组织建设的首要工作来抓，按照"积极引导、坚持标准、确保质量、突出重点、优化结构"的方针抓会员发展。共发展新会员174个，其中，企业会员20个，个人会员153个，团体会员1个。坚持以商会章程为主要依据，重点在指导行业商会加强思想政治建设、指导商会开展好活动。

【商会建设】 华宁县工商联高度重视基层组织建设，把会员发展、乡镇（街道）商会、行业商会建设作为组织建设的首要任务来抓。截至2017年，华宁县工商联共有乡镇（街道）商会5个；行业商会3个，分别是食品加工商会、柑橘商会、餐饮商会；并于2007年12月20日协调相关部门，新组建成立了华宁福建异地商会，成为全县首家依法、依规、依程序注册的异地商会，为商会组建开展活动、助推民营经济发展搭建平台。

【非公有制经济人士统一战线】 为加强统一战线工作，进一步落实新时代全县非公有制经济工作，提升非公有制经济代表人士政治理论素养，发挥工商联统一性，民间性参谋助手作用，县委统战部、县工商联联合举办华宁县2017年非公有制经济人士理想信念教育实践活动，邀请省委党校教授讲授习近平总书记考察云南重要讲话精神及实施"一带一路"给民营企业发展带来的机遇与挑战讲座，动员民营企业要树立"服务、市场、共赢、品牌"四个意识，树立好的经营理念。

【创全国"五好"县级工商联】 为进一步提升华宁县工商联建设水平，更好地发挥在促进"两个健康"中的作用，在2015年荣获省级、国家级"五好"县级工商联荣誉的基础上，按照"五好"县级工商联创建标准，将建设"五好"县级工商联纳入重要议事日程，继续争创全国"五好"县级工商联，经过全国工商联评审认定，华宁县工商联再获2017年全国"五好"县级工商联荣誉。按照市工商联关于开展2017年市级"四好"商会创建要求，县工商联按照"四好"标准指导县柑橘商会参与市级"四好"商会创建工作，经市工商联组织综合评审，华宁县柑橘商会荣获2017年玉溪市"四好"商会荣誉。

【扶贫攻坚工作】 按照《关于做好干部结对帮扶自查整改工作的通知》要求，2017年，县工商联全体干部职工深入贫困村，安排驻村干部进一步摸底排查，准确掌握盘溪小龙潭村委会情况。全年共开展春节慰问、党员大会、科技培训等活动共计8次。认真落实“挂包帮、转走访”制定工商联干部职工深入联系点小龙潭村委会进行精准帮扶、精准施策，协调组织柑橘商会科技人员对贫困户两次100人次进行柑橘栽培管理、防病治病科技。支持贫困户张文义修缮住房资金1.5万元，拨付村委会扶贫科技培训费1万元，协调解决水渠沟道经费5万元。共完成8户建档立卡户资料填报、整理归档，做到小龙潭村脱贫不拖权限后脚。

华宁县工商联走访慰问贫困户

（杨　雄）

责任编校　冯　惠

残疾人联合会

【概　况】 2017年，华宁县残疾人工作以中共十八届六中全会、十九大和省、市、县党代会精神为指导，认真贯彻“四个全面”战略布局，以“创新、协调、绿色、开放、共享”新发展理念为引领，以帮助残疾人与全县人民一道共建共享小康社会为目标，以满足残疾人基本服务需求为出发点和落脚点，按照“两不愁”“三保障”和“两扩面”的要求，锐意进取，主动作为，统筹安排，精心组织，扎实有效抓好残疾人康复、教育、就业、扶贫、社会保障、组织联络、文体宣传工作，残疾人事业各项指标任务圆满完成，全县残疾人事业蓬勃发展，残疾人安居乐业。

【残疾人基本服务状况及需求数据动态更新】 2017年，全国残疾人基本服务状况和需求信息数据动态更新以华宁县持有第二代《中华人民共和国残疾人证》的残疾人为主要对象，对2016年7月1日至2017年6月30日时间段内残疾人个人基础信息变动情况、残疾人享受基本服务落实情况、村（社区）残疾人基本公共服务改进情况、残疾人基本服务需求变化情况进行动态收集、审核上传和数据分析。全年共更新残疾人动态数据6142条，入户率达98%。

【市政府惠民实事】 2017年，华宁县的惠民实事任务是为10名残疾人提供适用技术服务、100名贫困残疾人适配辅助器具、11户贫困残疾人家庭提供无障碍改造服务。全年共完成适用技术培训170名，完成市下达任务的1700%；为220名贫困残疾人适配辅助器具，完成市下达任务的220%；为56户贫困残疾人家庭提供无障碍改造服务，完成市下达任务的509%。

【残疾人就业培训】 2017年，组织输送2名残疾人参加市就业中心举办的青铜器工艺制作培训、4名专职委员参加残疾人就业指导员远程培训及就业指导员岗位能力提升培训、7名参加市级盲人中级按摩及计算机培训、3名参加北京联合大学特殊教育学院成人继续教育单考单招（高起专）培训，并全部考起北京联合大学特殊教育学院中医学类针灸推拿学专业学习、1名参加盲人医疗按摩人员继续教育培训、1名参加省级盲人按摩机构认定培训。

【残疾人就业保障金征收】 2017年，残疾人就业保障金征收工作，严格执行相关文件精神，用人单位残疾人比例达到1.5%的，不再征收残保金，用人单位安排残疾人就业未达到在职职工总数1.5%的，按照差额人数和本单位在职职工年平均工资之积计算缴纳残保金，由地税统一征收，全县全年共依法征收残保金145个单位270万元。

【举行“云南省残疾人康复中心康复医疗联合体医院”揭牌仪式】 9月28日，云南省残疾人康复中心康复医疗联合体医院揭牌仪式在华宁瑞仁医院举行。云南省残疾人联合会党组书记、理事长王兴宁、康复中心主任刘芳、辅助器具资源中心主任洪学伟、办公室副主任程鹏、玉溪市残疾人联合会理事长普建蓉、县人大副主任陈宁、县人民政府副县长郭艳、县政协副主席张平等领导出席揭牌仪式。云南省残疾人康复中心和瑞仁医院签约成为康复医疗联合体后，将进一步整合、共享资源，发挥双方优势，致力于残疾人康复项目的合作，为华宁残疾人开展更加精准、便捷的康复服务。

【白内障复明】 2017年，华宁县残联与玉溪华山眼科合作组织开展“慈善光明玉溪行”免费白内障复明手术活动，为1500多名眼病患者进行白内障、翼状胬肉术前筛查，对符合手术的348名白内障患者、761名翼状胬肉患者免费实施手术，帮助千名眼病患者解除疾苦。

【用品用具供应】 2017年，共为残疾人免费发放轮椅、拐杖、坐便器等辅助器具220件，补助5名截肢残疾人安装假肢。

【残疾儿童康复】 2017年，共组织输送8名脑瘫儿童到玉溪市第三人民医院进行康复训练，2名脑瘫儿童到省康复中心进行康复训练；组织输送10名唇腭裂、烫伤儿童到昆明福华国际援助中心接受手术康复术前筛查，5名儿童经筛查合格接受了唇腭裂修补术及烫伤儿童功能康复术，其中2名唇腭裂儿童属第三次手术，均在手术后全面康复。

【残疾人精准康复】 2017年，华宁县正式启动残疾人精准康复需求入户调查及数据录入工作。全县有康复需求的残疾人1800人，全年完成服务1450人，服务率达80%，辅具适配率100.00%。

【精神病康复救助】 2017年，华宁县残联对精神病患者采取3项救助措施，一是开展机构托养，对重度精神病患者统一送到玉溪市精神病托养院进行托养。二是开展免费住院救助，对需要入院治疗的精神病患者补助每例5000元的住院费，其中市残联补助2000元，县残联补助3000元。三是开展免费服药救助，对需要服药的精神病患者每人每年补助医药费600元，其中市级残联补助240元，县残联补助360元。全县全年共投入资金8.8万元输送40名精神患者到玉溪市第二人民医院住院治疗，投入资金2.64万元为110名精神病患者实施服药补助。

【启动“阳光家园”居家托养政府购买服务】

2017年10月25日，华宁县“阳光家园”居家托养政府购买服务工作正式启动，此次开展的“阳光家园”居家托养政府购买服务是中央“阳光家园”居家托养项目，每人每年可享受到1500元的托养服务经费，由玉溪百乘好家政服务公司为残疾人开展服务，全县共有116名智力、精神和重度残疾人将在一年内得到服务队提供的包括生活照料和护理、社会适应能力辅导、运动功能训练在内的5次专业服务。

【残疾儿童慰问】 2017年“六一”儿童节，华宁县政府副县长郭艳率残联、关工委、妇联、共青团、教委、财政相关领导组成慰问组，看望慰问玉溪市特殊教育学校的10名在校华宁籍残疾学生及24名送教上门学生，给每名学生送去慰问金400元及价值100元的糖果一袋。

【救助考取大中专院校残疾人及残疾人子女】 2017年，出资11.1万元资助考取大中专院校的残疾人及残疾人子女52人，其中本科18人、大专28人、中专3人、市内重点高中3人，残疾学生14人，残疾人子女38人。每人按照学历层次、残疾等级分别获得1000至5000元的一次性助学金。补助标准为本人残疾，考取中专、玉溪市内重点中学的一次性补助1500元、大专2500元、本科4000元。父母残疾考取大中专院校的，按父母残疾人证等级享受相应标准的补助：三级以下残疾人子女考取中专及玉溪市内重点高中的一次性补助1000元、大专1500元、本科2500元；二级以上重度残疾人子女考取中专及市内重点高中补助1500元、大专2000元、本科3000元。

【为重度残疾儿童开展送教上门服务】 2017年，积极配合特殊教育学校开展重度残疾儿童送教上门服务，选配6名在校教师及康复员为24名重度残疾儿童开展送文化知识送康复知识上门服务，将24名重度残疾儿童纳入玉溪市特殊教育学校学籍管理，每年为每名残疾儿童发放教科书及生活费补助1250元。

【补助在校残疾学生生活费】 2017年，对在校的170名小学至高中残疾学生发放一次性生活补助5.19万元，补助标准为每人每年小学补助200元、初中300元、普通高中600元。

【春节走访慰问贫困残疾人】 2017年春节，为使广大贫困残疾人和全县人民一道过上一个欢乐、祥和、喜庆的春节，玉溪市残联领导深入华宁慰问贫困残疾人50户，每户慰问现金500元，共慰问25000元；县委、县政府领导入户慰问贫困残疾人10户，每户慰问现金500元，合计慰问现金5000元。

【助残日活动】 在第27个全国助残日到来之际，玉溪市残联共慰问华宁贫困残疾人40户，每户慰问现金500元；接受爱心人士捐赠款项2000元资助贫困残疾人2人。

【残疾人适用技术培训】 2017年，出资5.7万元在青龙、宁州、王马社区举办烤烟、蔬菜栽培技术培训班3期，培训残疾人170人。

【“精准脱贫·百日攻坚”捐赠仪式】 2017年9月28日，云南省残联助推华宁县“精准脱贫、百日攻坚”捐赠仪式在华宁县残疾人综合服务中心举行。云南省残疾人联合会党组书记、理事长王兴宁、康复中心主任刘芳、辅助器具资源中心主任洪学伟、办公室副主任程鹏、玉溪市残疾人联合会理事长普建蓉、县人大副主任陈宁、县人民政府副县长郭艳、县政协副主席张平等领导出席捐赠仪式。此次捐赠仪式省残联共向华宁捐赠价值321万元的助听器100只、普通轮椅100辆、电动轮椅10辆、贫困残疾人家庭无障碍改造45户，此次善举将帮助100名听障人士重新回到有声世界，110名双下肢瘫痪的残疾人解决出行难的问题，45个贫困残疾人家庭将得到每户6000元标准的无障碍改造项目，改善这些残疾人的学习、工作、生活条件，提高他们的生活质量，促进他们平等充分参与社会生活。

【残疾人信访维权】 2017年，接待来信来访1173件，信访结案率100%，其中接待办理维权信访案件1件，办理残疾人证200本，全县共办理6727本，办证率达6.68%。

【发放困难残疾人生活补贴及重度残疾人护理补贴】 2017年，对生活困难的残疾人每人每月发放生活补贴50元，一级残疾人每人每月发放护理补贴70元，二级残疾人每人每月发放护理补贴40元。2017年，共补发2016年1—12月份两项补贴4794人，发放补贴资金257.5万元；按月发放2017年度生活补贴38061人次188.8万元；护理补贴16463人次81.9万元。

【信息上报】 2017年，华宁县残联被上级残联采用信息57篇81次，其中中残联41篇次，省残联18篇次、市残联22篇次，在政府信息公开网发布信息57篇次，泉乡网站57篇次。

【残疾人机动轮椅车燃油补贴】 2017年，向505名肢体残疾人发放2016年度残疾人机动轮椅车燃油补贴75750元，向中残联系统录入申报2018年燃油补贴515人，争取到中央补贴2295人596700元。

【为低保残疾人缴纳新农合参合资金】 2017年，

县残联为481名低保户及一二级重度残疾人缴纳2017年度新农村合作医疗参合资金，每人交纳120元，共计缴纳新农合参合资金72150元。

【开展“挂包帮、转走访”干部帮扶活动】 2017年，县残联切实履行部门职责帮扶挂包联系点，出资3000元帮助王马小学购置电子显示屏，购买价值3540元的米、油入户慰问挂包帮转走访联系户27户，多次组织干部深入挂包户家中宣传政策、了解家庭情况、帮扶各种困难，动员协调4户农村C、D级危房户完成修缮、重建。

【贫困残疾人家庭无障碍改造】 2017年，按照每户6000元的标准，投入资金336000元为56户贫困残疾人家庭开展坡道、卫生间、扶梯等家庭无障碍设施改造，以方便残疾人生活和出行。

【向上争取资金】 2017年，共向上级争取残疾人事业资金154万元，争取残疾人辅助器具折合人民币294万元，两项合计448万元。

（张　莉）

红十字会

【概　况】 2017年，华宁县红十字会以邓小平理论、“三个代表”重要思想、科学发展观、习总书记系列重要讲话精神为指导，围绕县委、县政府要求及市红十字会工作部署，在红十字精神弘扬、“三献”宣传、卫生救护公益培训、救灾救助等领域积极工作，取得了新的进展，切实发挥了红十字会在政府人道事务领域的助手作用。

【红十字法规及“三献”宣传】 2017年，为弘扬“人道·博爱·奉献”的红十字精神，凝聚人道力量，提高公众参与红十字事业发展的积极性和主动性，华宁县红十字会采取多种形式，深入推进以“三献”宣传为重点的红十字宣传活动。利用“5·8”博爱周、“5·12”防震减灾日、“6·14”献血日等重要纪念日开展宣传活动。先后开展街头宣传活动2次，悬挂宣传条幅3条，展出宣传展板20块（次），散发造血干细胞捐献、遗体器官捐献、无偿献血、艾滋病防治、急救知识等宣传资料3000余份。

【卫生救护取证培训】 为提高公众在意外伤害发生时的科学自救、互救能力，华宁县红十字会继续开展以人工呼吸、止血、包扎、固定、搬运等院前救护知识为主的初级卫生救护取证培训工作。2017年1—7月，华宁县红十字会共组织开展卫生救护取证培训14期，培训卫生救护员972人，发放合格证972本。根据发改部门关于取消卫生救护培训行政许可收费的决定及玉溪市红十字会工作部署，2017年8月，华宁县红十字会全面停止卫生救护收费培训工作。

【公益性卫生救护培训】 2017年，卫生救护培训收费工作取消后，为继续履行红十字会卫生救护培训职能，华宁县红十字会加大公益性卫生救护培训工作力度。3月10日，在县林业局开展公益性应急卫生救护培训，包括县森林防火队员、县林业局干部职工在内的100余名工作人员参加了培训。培训内容围绕森林防火人员在野外作业中可能遇到的烟熏溺水触电窒息、蛇虫咬伤、外伤、骨折等突发情况，重点讲授了徒手心肺复苏、外伤包扎、伤员搬运等方面的救护、预防理论知识和实际操作。8月31日，在华宁胜美琉璃瓦厂开展公益性应急卫生救护培训，该厂职工100余人参加了培训。9月1日在华宁广电网络公司开展公益性急救知识培训，该公司员工及聘请外勤安装工89人参加了培训。以上两场培训，侧重讲解了触电、溺水、蛇虫咬伤等野外作业突发伤害的处理。9月5日，在县总工会开展公益性应急卫生救护培训，县总工会、县工商联全体30余名干部职工参加了培训，培训重点围绕办公室工作人员身体保健与疾病防治展开，同时讲授创伤包扎、心肺复苏等急救技能。通过培训，参训人员掌握了应急救护的必要知识和技能，强化了防护意识，提高了应对突发情况的自救、互救能力，深受参训人员喜爱和好评。

【“博爱送万家”活动】 2017年春节前夕，华宁县红十字会组织开展了“博爱送万家活动”。1月23日，在宁州街道城关社区卫生所的配合下，为贫困病人和患儿发放共计价值6784元的连花清瘟胶囊和兵兵退热贴。1月24日联合县卫计局、县疾控中心到青龙麻风病院看望慰问16位麻风病康复患者，为他们带去价值6058元的军用毯和家庭急救包；1月24日下午到宁州街道城关社区慰问困难群众，发放价值17218元的毛毯、棉被、棉衣等慰问品；1月25日到华溪镇甫甸社区开展物资发放仪式，为建档立卡贫困户和困难群众发放价值22902元的棉衣、棉被、鞋袜等慰问物资。此次“博爱送万家”活动，共惠及困难群众430余户900多人次，发放救助物资价值52962元。

【水灾救助物资发放】 2017年6—8月，华宁县境内持续强降雨，境内四镇一乡遭受了严重的水灾，尤其是一些边远、高寒山区受灾较为严重。在省、市红十字会的关心和支持下，华宁县红十字会争取到一批救灾物资，救助慰问因强降雨受灾群众。8月上旬，接收市级下拨水灾救助物资棉被200床、夹克衫300件，华宁县红十字会及时召开会议研究制定救助慰问方案，并于一周内完成救助对象摸底、公示及走访慰问工作，将红十字大爱精神及时送到受灾群众心中。此次水灾救助慰问活动共救助宁州街道舍木多村委会棉被50床、夹克衫100件，通红甸乡小得勒村委会棉被30床、夹克衫100件，青龙镇矣甫村委会棉被30床、夹克衫100件，华宁八中棉被90床，惠及4个乡镇3个村委会1所中学322户群众。

【先心病救助】 2017年，继续开展先心病救助工作。配合卫计系统做好先心病患儿情况收集、整理、上报、诊治联络等工作。全年新收集、登记先心病患儿7例，待统一组织复诊、治疗。

【造血干细胞志愿者回访】 为巩固稳定已有造血干细胞志愿者队伍，华宁县红十字会于2017年9月组织人员对136名造血干细胞志愿者进行了为期一月的一对一电话回访。回访率100%，98%的志愿者坚持原来的捐献意向，仅2%志愿者表示放弃捐献意向。

【公益救助项目】 2017年，配合玉溪市红十字会开展博爱救急、博爱助医、玉禾助学、彩云端救助等公益项目救助活动，完成第一批、第二批救助对象信息采集、审核、公示、慰问金发放工作，救助困难群众14人，发放救助金20196元。

【六个核桃读书慧项目】 2017年，完成甫甸小学、暮车小学六个核桃读书慧项目申报、图书接收及发放工作，两所小学各收到书柜1个，图书18件。

【博爱图书角】 2017年，开展博爱图书角申报工作，马鞍山小学、咱乐小学博爱图书角获批，两所小学分别获赠图书各5件。

【机关党建工作】 经华宁县直机关工委批准，于2017年3月21日召开党员大会，选举牛成武同志为中共华宁县红十字会党支部书记，完成单位党支部组建。

【联系村委会工作】 2017年，认真做好甫甸、小得勒两个村委会的“挂包帮、转走访”、农村危房改造等联系点工作。会领导高度重视，认真研究扶贫联系工作，多次到联系村调研、指导工作。派出一名干部驻村负责“挂包帮、转走访”扶贫联系工作。单位联系的4户贫困户已按时间节点和要求完成了脱贫任务。农村危房改造联系点通红甸小得勒村委会，已超额完成了乡党委政府下达的指标任务。

（李明芬）

责任编校　雷银凤

法 治

政法委及综治

【概　况】 2017年，华宁县政法工作在县委、县政府的领导下，在市委政法委的指导下，全面贯彻落实中共十八大和十八届三中、四中、五中、六中全会，中央、省委、市委政法工作会议和县委十二届二次全会精神，紧紧围绕为中共十九大胜利召开营造安全稳定社会环境这条主线，坚持一手抓从严从实从细做好保安全、护稳定工作，一手抓深入解决源头性、基础性问题，把着力点放在平安华宁、法治华宁、过硬队伍建设上，为推进华宁经济平稳健康发展和社会和谐稳定提供坚强保障，以优异成绩迎接中共十九大胜利召开。

【维护政治安全】 2017年，县政法委以中共十九大安保维稳工作为抓手，教育和引导全县政法机关和广大干警牢固树立“四个意识”，强化政治警觉和风险意识，全力维护国家政治安全，加强国家安全宣传教育，完善内部安全防范，筑牢国家安全人民防线。坚持情报先行，织密社会面防控网，严防敌对势力、恐怖势力、分裂势力、宗教极端势力渗透破坏活动。持续深化对邪教组织防范打击力度，加强教育转化工作，深入开展精准“四送一创”，坚决打击渗透破坏活动，未发生危害国家安全和政治稳定的案（事）件。多次召开十九大安保维稳相关工作会议并签订《华宁县党的十九大安保维稳信访责任书》，印发了《华宁县党的十九大安保维稳信访工作任务分解方案》《关于交办影响社会稳定矛盾问题清单的通知》。建立灵敏、高效的情报信息收集工作、报告机制。坚持信息月报告、周分析研判、重要信息及时上报制度，在“两会”、“两节”十九大会议期间，实行日排查、零报告制度，确保重点人员不失控、不漏管、矛盾纠纷排查不留死角。落实领导包案化解和稳控责任制度，为中共十九大胜利召开营造安全稳定的政治环境。

【维护社会治安稳定】 2017年，县政法委以申报全国“长安杯”为目标，7月19日、25日两次召开会议安排布置提升群众安全感宣传工作，利用华宁广播电视台、华宁新闻手机台、长安网、网格化“6995”平台、“华宁微综治”微信公众平台等新媒体全面宣传，通过发放宣传资料，全方位展示了华宁县政法综治维稳工作，为加快平安华宁建设营造了强大的正面舆论声势。一是严厉打击各类违法犯罪活动。围绕提升群众安全感、执法满意度目标，政法各部门适时组织开展了专项斗争，依法严厉打击各类违法犯罪活动，营造和谐稳定社会环境。截至11月底，全县公安机关共立刑事案件644起，破案514起，抓获犯罪嫌疑人239人，打掉犯罪团伙23个，缴获赃款赃物折合人民币88.73万余元；查破毒品案件72起，抓获犯罪嫌疑人66人，缴获毒品75.921千克；经济犯罪案件立案30起，破获24起，抓获犯罪嫌疑人26人，协助调查、稳控华宁籍“泛亚”投资人员13人、“e租宝”投资人员13人、“拓农”投资人员36人，“善心汇”投资人员273名，未发生聚众串联上访等事件；受理治安案件1209起，查处1151起，查处违法人员294人，拘留116人。检察机关：共受理公安机关提请批准逮捕刑事案件95件158人，与去年同期受理112件149人相比，案件数下降6.3%，人数上升9人。其中，依法批准逮捕各类犯罪嫌疑人132人，不捕26人（含上年积存数）。受理移送审查起诉175件260人，与去年同期受理160件250人相比，件数上升15件，人数上升10人。其中，依法提起公诉174人，不起诉20人。突出打击影响人民群众安全感的严重刑事犯罪，起诉故意伤害、强奸、抢劫、放火等犯罪58人；起诉信用卡诈骗、非法经营等破坏市场经济秩序犯罪10人；起诉毒品犯罪18人。审判机关共受理各类案件1732件（含旧存263件），结案1356件，结案率78.3%；受理民商事案件1057件（含旧存137件），结案857件，结案率81.1%，共调解和撤诉533件，调解撤诉率62.2%；受理刑事案件175件（含旧存31件），结案141件，结案率80.6%；共受理执行案件496件（含旧存95件），执结356件，执结率82.5%；受理行政案件4件，结案2件，结案率50%。二是强化社会治安防控体系建设。整合街面巡防力量，发展群防群治力量，构建起“六张网”，有效提高对社会治安的防范控制能力。开展视频巡查工作，抓获违法犯罪嫌疑人186人，协助查处行政案件158起、破获刑事案件197起，辅助调查处理交通事故230余起；通过街面巡防工作现场抓获各类嫌疑人96人，协破刑事案件80起、协查治安案件53起、制止聚众斗殴10起。三是积极开展地网工程“铠甲卫士”工作。印发《华宁县摩托车电动车智能防盗系统工程建设推广工作指导意见》《关于在华宁县全面推进地网工程“铠甲卫士”智能防盗系统建设的通知》和《关于继续推进地网工程“铠甲卫士”智能防盗系统建设工作的通知》，积极协调组织五个乡镇（街道）和县综治委成员单位进一步推进“铠甲卫士”工作。截至11月底，共安装10127辆，完成市级下达任务7500辆的135%。四是加强特殊人群的服务管理。加强流动人口、刑释解教人员、社区矫正对象、吸毒人员、肇事肇祸精神病人等特殊人群的服务管理工作。2017年接收社区矫正对象87人，累计解除137人。现在册社区矫正对象132人，其中，缓刑118人，假释10人，暂予监外执行4人。共新增安置帮教对象247人，其中刑释人员109人，解矫转安置帮教人员138人，落实责任田230人，其他方式安置17人，无脱管、漏管人员，无重新犯罪，衔接率达100%，安置率达98%，帮教率达100%。组织开展了监狱服刑人员和亲属之间的远程探视5人次。五是网格化管理稳步推进。通过近三年来的实践探索，把网格化、6995和信息化工作纳入年度综治考核，下发网格员管理工作制度，进一步提升了网格化和6995工作的有序推进。截至11月底，全县按行政区划共有网格709个，网格员305人，全县75个村（社区）信息平台基础数据已收集并录入系统，录入人口数208940人，录入楼栋信息47337条，房屋信息58901条，矛盾纠纷2619件，护路护线信息37条，特殊人群信息302条，违法青少年信息31条，通过网格化平台发送信息21000余条，上报信息8651条，“6995”

华宁县法治讲座

语音公众服务平台十户联防编组完成 355 组 2779 户“十户联防”群组，拨打次数 2044 次。

【维护社会和谐稳定】 2017 年，县政法委一是强化矛盾纠纷排查调处力度。坚持日常排查、专项排查和特殊时期集中排查相结合，及时发现矛盾纠纷和不稳定因素，对新排查出的矛盾纠纷，逐一建立台账、明确责任、动态更新、销号管理。印发了《华宁县 2017 年重点矛盾纠纷稳控化解任务分解方案》的通知，全县共排查出 10 类 39 件不稳定（不安全）隐患。截至 11 月底，全县排查的 39 件矛盾纠纷，按照“大事不出乡镇（街道）、小事不出村、矛盾不上交”的工作原则，认真开展“化疑难案件、促平安和谐”专项攻坚活动，共 17 名副处级领导 5 个乡镇（街道）15 个部门落实了管控责任，化解 6 件，把矛盾纠纷化解在基层，解决在萌芽状态。截至 11 月，全县共受理和调解各类矛盾纠纷 1950 件，调解成功 1923 件，矛盾纠纷调处率达 100%，成功率达 98.6%。二是严格落实社会稳定风险评估和重大矛盾纠纷预警机制。印发了《中共华宁县委政法委员会关于切实做好 2017 年度重大事项社会稳定风险评估工作的通知》，对重要决策和涉及征地拆迁、居民安置、环境保护等重大工程项目的实施，开展合法性、合理性、可行性、可控性评估，从源头上预防和减少影响社会稳定的矛盾问题。针对 2017 年华宁县实施的多个重大项目（包括新建和续建），严格按照应评尽评的原则，责成联系单位按照相关文件要求对具有一定风险性的项目实施风险评估工作。坚决按要求做到“不评估不实施、要实施先评估”。截至目前，华宁县对 4 个重大项目按上级要求开展了社会稳定风险评估。一年来，针对影响较大的纠纷隐患，下发预警通知书 7 份，督促矛盾纠纷管辖部门（乡镇）高度重视，采取有力措施稳控、调处，并按要求在规定时限内反馈工作情况，维护了群众的合法权益。三是加大信访工作力度。坚持县委、县政府领导每月 10 日亲自接待来访群众，听取群众呼声，对反映的问题责成相关部门落实化解，并及时反馈相关情况。对排查出的信访隐患实行了包案负责制，明确了责任单位、责任人、包案领导，从而使每一个信访案件都做到包片、包点、包案、包责任、包落实。截至 11 月底，全县信访总量 931 件次，办结 925 件次，办结率 99.4%。其中，直接接待受理 516 件次，上级交办 415 件；与上年同期相比，信访问题增加 122 件次，上升 15.1%，直接接待受理减少 18 件次，减少 3.4%；上级交办增加 140 件，上升 50.9%。四是积极预防和妥善处置群体性事件。通过工作组的不懈努力，矛盾纠纷得到稳控，未发生群体性矛盾纠纷和上访、越级上访的情况。五是继续巩固平安县成果，进一步强化创建工作措施。在全县范围内全面推进平安创建进家庭、进社区、进学校、进机关等活动，进一步巩固提升平安乡镇（街道）、平安单位、平安村委会（社区）创建成果，并按照“五防五无”要求开展“平安家庭”创建工作，全县形成了纵向到底、横向到边的平安创建工作格局。深化行业平安创建。结合行业系统特点，在全县 20 多个行业开展了平安小区、平安边界、平安文化市场、平安医院、平安校园、平安交通、平安林区等平安细胞工程创建工作，努力实现积“小安”为“大安”的目标。巩固“平安铁路”创建。华宁县管段铁路为 31.8 千米，以“保畅通、保安全、无事故，促稳定和谐”工程为抓手，全面落实铁路沿线社会治安综合治理责任制，形成了群防群治，齐抓共管的义务护路网络。

【推进依法行政、法治政府建设】 2017 年，县政法委一是规范行政执法行为，有效推动公正文明执法。全县共 212 人参加了市政府法制办组织的全市行政执法证件审验培训，确保行政执法人员持证上岗。二是建立重大执法决定法制审核制度。形成《华宁县重大行政执法决定法制审核暂行办法（送审稿）》。三是健全完善法律顾问制度，推行法律顾问全覆盖。全县各乡镇（街道）、各部门合计32个单位共聘用法律顾问37人（次），目前全县政府法律顾问工作开展情况正常。各乡镇（街道）、各部门积极响应共聘用法律顾问44人（次），支出法律顾问经费32.4万元。

【加强法律监督和司法公正】 2017年，县政法委一是加强执法监督，确保公正执法。审核各类案件98件118人，报捕23件46人，移送起诉案件28起50人，处理治安案件47件72人，无冤假错案、绝对不起诉和行政复议、行政诉讼案件。二是加强干部监督，确保依法执政权利公开透明。开展廉政谈话教育78人，排查关键岗位36个、风险点54个，制定防控措施52条，实现了队伍清廉。

【法治文化建设】 2017年，县政法委一是推进社会主义核心价值观与法治文化建设融合。印制社会主义核心价值观华宁风光日历2万份发到全县农村千家万户。积极开展善行美德光荣榜建设及道德模范评选和先进事迹宣讲报道等活动。在跨路天桥，大型户外广告牌制作宣传版面15块，制作发放社会主义核心价值观、法制宣传等材料8万余份，积极营造村寨文化氛围营造良好氛围。二是推进“互联网+法制宣传”行动。在华宁电视台，每周五晚上都播出普法节目《法治视界》，截至11月底，共40期，通过一些具体案例，耳濡目染宣传守法意识，努力营造家庭和睦、遵纪守法的环境。共制作播出华宁新闻790条，有关违法犯罪工作方面的新闻21条。三是深入开展法治文化实践活动。为进一步宣传与人民群众生产生活密切相关的法律法规，文化馆（站）共辅导文艺队11支706人次，帮助编排法治文化节目40个。共组织开展各类法制文艺演出活动10场，参与演出的文艺队伍有36支次，演员530人次，演出节目75个，观众达10300余人次。

【法治宣传】 2017年，县政法委一是抓实基础，推进“七五”普法。制定印发了《华宁县2017年法治宣传教育工作要点》，为法治宣传工作的顺利开展奠定基础。二是组建“七五”普法宣讲团。在全县范围内遴选了96位政治觉悟高，社会责任感强，热心公益宣传，具有较好法律基础，有良好的沟通能力和授课经验的法律工作者及执法机关工作人员，组建华宁县“七五”普法宣讲团。三是召开法治宣传教育工作会议。表彰了“六五”普法先进集体19个和先进个人24名，安排部署了“七五”普法工作任务。四是多形式深入开展法治宣传教育活动。以“法律六进”、“三八”妇女维权周、安全生产月、“6·26”禁毒日等重大活动日为契机，组织律师、公证员和基层法律服务工作者广泛开展有关法律法规的宣传。邀请省司法厅副厅长、巡视员吉志勇为华宁县领导干部200余人讲授《推进依法行政、建设法治政府》，进一步增强了领导干部的法治思维和法治方式。组织开展了宪法、涉烟种植收购法律法规、禁毒防艾、殡葬改革等法治宣传活动，宣传法律80余部，共发放宣传资料20余万份，光碟300盘，小册子4150份，法律书籍7500本，展出展板148块，购物袋15000个，悬挂布标145条，咨询300人次，发放安全套10万余只。“春风行动”中，25家企业参加，提供岗位1022个，达成协议282人。五是顺利完成国家工作人员在线学法考试。组织全县国家工作人员2483人参加了2017年全省“国家工作人员在线学法考试”，参考率为94.74%，合格率达99.99%。

【司法体制改革】 2017年，县政法委严格落实司法责任制实施办法、司法权力清单等制度，推进审判委员会和检察委员会制度改革，探索开展办案组织和内设机构改革，加快完善主审法官、合议庭及主办检察官办案责任制，严格落实和完善办案质量终身负责制和错案责任追究制，认真贯彻落实员额制法官检察官遴选制度，建立员额动态管理和退出机制，积极稳妥推进职务序列套改，全面落实法官检察官、司法辅助人员、司法行政人员工资增资政策。目前，全县共有18名入额法官、15名入额检察官。

【玉溪市确保成功创建全国长安杯华宁动员部署会】 2017年8月7日，华宁县召开玉溪市确保成功创建全国长安杯华宁动员部署会。县委常委、县委政法委书记李乔有，县人大副主任王明清等出席会议。各乡镇（街道）、县综治委成员单位分管领导共100余人参加会议。

【迎接中共十九大安保维稳信访工作会】 2017年9月6日，华宁县委、县政府召开全县迎接中共十九大安保维稳信访工作会，县委书记黄云鹍在会上作重要讲话，全县四套班子成员，县属各有关单位，各乡镇（街道），中央、省、市驻华单位，各驻华军警单位主要负责人共100余人参加了会议。会上，县委书记黄云鹍与各乡镇（街道）党（工）委书记签订了《华宁县党的十九大安保维稳信访工作目标责任书》，各乡镇（街道）党（工）委书记和县公安局作了表决心发言。

（郭保德）

法治政府建设

【概　况】 2017年，华宁县政府在市委、市政府的正确领导下，认真学习贯彻中共十八大、十八届三中四中五中六中全会、十九大和习近平总书记系列重要讲话以及考察云南重要讲话精神，积极落实国务院《全面推进依法行政实施纲要》和《法治政府建设实施纲要（2015—2020）》，依据宪法法律治县理政，全面推进依法治县工作，深入推进依法行政、建设法治政府工作。

【《法治政府建设实施方案》】 对照中共云南省委、云南省人民政府《云南省法治政府建设规划暨实施方案（2016—2020年）》、中共玉溪市委、玉溪市人民政府《玉溪市法治政府建设实施方案（2016—2020年）》，结合华宁县工作实际，2017年6月15日，县政府印发了《华宁县法治政府建设实施方案暨规划（2017—2020年）》，为实现华宁县到2020年基本建成职能科学、权责法定、执法严明、公开公正、廉洁高效、守法诚信的法治政府的目标，做出规划指引。

【领导干部法治思维建设】 2017年，县政府共组织开展政府常务会议集体学法2次，学习了《中华人民共和国民法总则》和《中华人民共和国网络安全法》；举办领导干部依法行政专题法制讲座2期，邀请市司法局李卫华局长作了《深入学习十八届四中全会精神，落实“谁执法谁普法”责任制》专题法制讲座，邀请玉溪师院法学院院长罗家云教授作了“学习宪法、遵守宪法”专题法治讲座，邀请市委党校张冬老师作了《以党的十九大精神为引领深入推进依法行政工作》专题讲座。通过领导干部带头尊法、学法、用法、守法，切实提高领导干部运用法治思维和法治方式深化改革、推动发展、化解矛盾、维护稳定的能力。

【县政府和各部门文件和合同协议审核把关】 政府法律顾问室认真做好县政府文件、招商引资等合同的审核把关，从法律方面提出修改和补充建议，为县政府重大决策提供法律服务。2017年以来，县政府法律顾问室先后对39个文件及协议文本进行了认真审查，并提出反馈意见，解答各类咨询20余件次，为华宁县政府进一步提高政府文件质量，确保重大行政决策和行政决定的科学性、合理性，有效防范行政管理活动中的法律风险，促进依法决策、依法管理、依法行政起到较大的帮助和辅助作用。

【政府法律顾问工作】 2017年，在法律顾问全覆盖的基础上进一步巩固提升政府法律顾问的服务质量和水平，扩大政府法律顾问工作服务领域，力促政府法律顾问全面介入政府依法行政、依法决策和行政执法各领域、各环节。确保法律顾问在推进法治政府建设、提升行政决策水平、增强行政机关干部法制观念、加强法治工作队伍建设工作中发挥积极作用，有效提升依法行政能力和整体水平。

【坚持依法科学民主决策】 2017年，县政府始终坚持依法科学民主决策，充分发挥法治机构职能作用。建立完善《华宁县人民政府常务会议重大决策事项会前听证、风险评估、合法性审查工作制度》《华宁县重大行政决策程序规定（试行）》及《华宁县人民政府常务会议议题申报审批流程》。结合《云南省重大行政决策程序规定》《玉溪市人民政府办公室关于认真贯彻落实云南省重大行政决策程序规定的通知》《华宁县人民政府办公室关于认真贯彻落实云南省重大行政决策程序规定的通知》，从制度上确保重大行政决策的法治化、科学化，并将县政府法制办列席政府常务会议、参与重大行政决策审议等工作制度化、常态化。

【严格执行重大行政决策听证制度】 2017年，县政府严格遵守《玉溪市人民政府重大决策听证制度实施细则》及《华宁县重大决策听证制度实施细则（试行）》的规定，认真落实重大决策听证计划报送制度及听证报告层级报送审查备案制。截至年底，组织重大决策听证2项（均为委托部门组织实施重大决策听证），均按程序依法组织并按要求将听证报告报送市法制办审查。有效确保人民群众的知情权、表达权、参与权、监督权，提高行政决策的科学性、民主性。

【严格执行《玉溪市行政诉讼行政机关法定代表人出庭应诉暂行规定》】 2017年，县政府严格执行《玉溪市行政诉讼行政机关法定代表人出庭应诉暂行规定》，增强行政机关主动接受司法监督的自觉性。努力加强与人民法院、监察部门、信访部门的沟通联系，形成社会矛盾纠纷解决的多元化渠道。

【组织开展行政执法案卷评查】 2017年，县政府法制办按照省、市要求，结合华宁县实际，制发了《关于认真组织开展2017年行政执法案卷评查工作的通知》，严肃认真组织开展2017年行政执法案卷集中评查工作。全县共办结的行政执法案件4671件，其中行政处罚案卷共计290卷，行政许可案卷4381卷。县政府法制办根据全县各执法行政部门上报行政处罚、行政许可案卷数，结合行政案卷评查工作及部门执法具体情况实际，依据各单位上报的目录，每个单位行政处罚、行政许可案卷各抽1—2卷，坚持做到以点带面，点面结合，力争使所抽取案卷具有更广泛的覆盖面、更充分的代表性。共评查案卷34卷，优秀卷25卷（其中，行政处罚案卷16卷，行政许可案卷9卷）；合格卷8卷（其中，行政处罚卷1卷，行政许可卷7卷），不符合评查条件1卷。

【深化行政体制改革】 县政府法制办认真组织2017年行政执法人员培训工作。按照市政府法制办的安排部署，结合华宁县行政执法人员的实际情况，认真组织2017年新办执法证及证件到期审验换证人员培训，全县共212人依法取得行政执法资格。通过对行政执法工作相关知识的系统培训，进一步增强行政执法人员依法行政观念，提高行政执法人员的综合素质及业务水平。

【建立重大执法决定法制审核制度】 参照《玉溪市重大行政执法决定法制审核办法》，进一步规范和做好重大行政执法决定法制审核工作，县政府法制办结合华宁实际，认真阅研，并分别向各乡（镇）人民政府、宁州街道办、县属各办、局，各人民团体和企事业单位征求意见，经县政府常务会研究通过后2017年6月23日印发了《华宁县重大行政执法决定法制审核暂行办法》，要求各执法部门对重大行政执法行为的合法性、适当性进行审查，对发现的问题进行纠错，并报县法制办进行备案。

【推进行政复议规范化建设】 2017年，县政府法制办认真贯彻落实《华宁县行政复议工作规范化建设实施方案》要求，深入推进行政复议规范化建设工作。严格按照《华宁县人民政府行政复议委员会工作规则》等7项制度认真履职，同时加大宣传力度，进一步畅通行政复议渠道，方便人民群众寻求行政救济。2017年，共收到行政复议申请1件。

【行政调解促进社会矛盾纠纷化解】 2017年，县政府法制办认真落实《云南省行政调解规定（试行）》，健全完善由县政府统一领导，县政府法制部门负责协调、指导和监督，各部门法制机构负责协调、指导，部门业务机构具体承办的行政调解工作机制，充分发挥行政机关在化解行政争议和民事纠纷中的作用，切实维护社会稳定。2017年，全县共受理治安调解案件154件，调解结案126件。

（方　菲）

公　安

【概　况】 2017年，华宁县公安局在县委、县政府和上级公安机关党委的坚强领导下，以贯彻落实中共十八届六中全会、习近平总书记系列重要讲话和中央政法工作会、全国公安厅局长会议及省、市、县相关会议精神为指导，以开展“迎接十九大忠诚保平安跨越式发展铁警勇争先”主题教育实践活动为载体，紧扣十九大安保维稳这条主线，牢牢把握稳中求进总基调和华宁经济社会发展总体思路，破难题、补短板、细谋划，全面深化公安改革，深入推进“四项建设”，各项公安工作和队伍建设保持良好发展态势，年内未发生影响国家安全和政治稳定的重大案（事）件、暴恐案（事）件、重大恶性公共安全事件，社会政治和治安形势持续向好，人民安全感和满意度不断上升。在全市9个县区公安机关年度工作综合考评中排名第二名。

2017年，华宁县公安消防大队锐意进取，主动作为、真抓实干，全面推动消防工作和部队建设迈上新台阶，确保了部队的高度安全稳定和全县火灾形势的持续稳定。

【反恐维稳】 2017年，县公安局坚持总体国家安全观，坚守国家政治安全、政权安全、制度安全和反恐维稳不打响、不炸响“两条底线”，以中共十九大安保维稳为主线，严密防范，坚决打击各种危害国家安全、社会稳定的犯罪活动。年内，收集研报维稳信息157期，稳控信访人员11名，排查化解各类矛盾纠纷572起，未发生影响社会稳定的群体性、突发性事件；扎实开展基础调查等工作，成功侦破“全能神”邪教专案1起；开展反恐应急演练6次、宣传26次，更新动态信息67条，无涉恐案（事）件发生；圆满完成重大会议、活动安保和警卫任务20余场次，实现了安保、警卫工作“零失误”的目标。

【打击刑事犯罪】 2017年，县公安局准确把握社会治安形势和刑事犯罪活动规律，坚持严打方针不动摇，重点围绕“黄赌毒”“黑拐枪”“盗抢骗”等人民群众反映强烈的突出治安问题，严打违法犯罪活动。年内，共立各类刑事犯罪案件719起（含年前积案81起），破案554起（含年前案件320起），破案率为77%，与2016年同比立案数、破案数分别减少了206起、98起。立、破命案2起，继2005年以来连续13年实现命案全破。通过破案抓获犯罪嫌疑人130人，打掉犯罪团伙24个69人，缴获赃款赃物103.05万元。

2017年，县公安局立足服务侦查破案，充分发挥刑事科学技术在打击、揭露、证实犯罪中的职能作用，强化能力建设，为侦查破案、打击犯罪提供了有力的科技支撑。年内，采录DNA样本698份，通过DNA系统破获案件6起；法医活体检验293人，尸体检验44具，出具鉴定文书151份。勘验、录入各类案件现场777起，串并案件10串26起；通过指掌纹系统查中案件15起，带破案件40余件。

2017年3月26日15时53分，家住华宁县盘溪镇乐士堂村的李某某到华宁县公安局盘溪派出所报称：其母亲周某某于昨天下午离开家至今未回，请求帮忙查找。经大量案侦工作查明：犯罪嫌疑人赵某某（男，44岁，华宁县盘溪镇人，系死者周某某的女婿）因家庭矛盾，于2017年3月25日13时许，将岳母周某某骗至弥勒市五山乡四家村委会一粪场处杀害，并将周某某掩埋在事先挖好的土坑内。

2017年10月，县公安局以盘溪镇夏某某被伤害案为突破口，成功打掉以胡某某为首的恶势力团伙，对抓获的11名团伙成员依法采取强制措施，其中逮捕6人、取保候审5人，破获故意伤害案1起、寻衅滋事3起。

2017年7月25日，县公安局刑事侦查大队在接到贵州省盘州市警方关于开展在逃人员协查的情况通报后，成功在华宁县宁州街道右所村委会大箐村将涉嫌抢劫杀人后潜逃12年的犯罪嫌疑人王某某抓获归案。

【打击毒品犯罪】 2017年，县公安局充分发挥打击毒品违法犯罪主力军作用，继续深化对本地毒品违法犯罪的打击力度，深入开展“春季缉毒破案”“5.14”堵源截流等专项行动。年内，共破获毒品犯罪案件72起，其中零星贩毒案件30起，抓获毒品犯罪嫌疑67人，缴获毒品75.92千克，立破市级、省级目标案件各1起，破获千克以上至万克以下毒品案件8起、万克以上毒品案件2起，打掉吸贩毒窝点7个。与2016年同比，破获毒品案件数和缴获毒品数分别上升了1.4%、105.9%。

2017年，县公安局全面落实吸毒人员“重嫌必检”工作，立足本地吸毒人员日常管控，大力开展清理排查收戒专项行动。年内，查获吸毒人员118人，收戒81人，其中强制隔离戒毒44人，社区戒毒13人，社区康复24人。

2017年3月，县公安局禁毒大队在工作中发现玉溪市红塔区男子和某有贩卖毒品到华宁的重大嫌疑。经工作，禁毒民警于4月6日在玉溪市红塔区内将涉嫌贩卖毒品的和某抓获，并从其出租房内缴获毒品甲基苯丙胺片剂67.43克，随后禁毒民警又分别在玉溪市红塔区邹家花园、冯井抓获涉嫌贩卖毒品的喻某某、高某某二人，缴获毒品甲基苯丙胺片剂371克、冰毒晶体0.79克。

2017年7月24日，县公安局禁毒大队在工作中获得线索，一男子长期从缅甸走私毒品入境，再贩卖到内地。经工作，禁毒民警于9月9日凌晨1时许在红河州个旧市鸡街镇一宾馆停车场内，将涉嫌贩卖毒品的贾某某、王某某、王某三名犯罪嫌疑人抓获，当场从三人驾乘的马自达轿车后备箱内查获冰毒片剂23.68千克。

2017年9月，县公安局禁毒大队在工作中获悉，一伙昭通籍男子准备从中缅边境购买毒品后，经临沧将毒品运输到内地贩卖。获此线索后，华宁县公安局于9月14日成立专案组立案开展侦查工作，9月30日凌晨0时许，专案组民警在云南省临沧市耿马县四排山乡双耿线路段分别将驾乘一辆长安微型车和一辆白色丰田轿车贩运毒品的犯罪嫌疑人赵某、刘某、肖某抓获，并从长安微型车内查获用绿色迷彩背包装着的毒品海洛因可疑物80块，净重28181.5克。

【打击经济犯罪】 2017年，县公安局立足全县经济和社会发展大局，紧盯涉众型经济犯罪，集中优势警力，深入开展打击非法集资、网络传销、网络诈骗等涉众型经济犯罪专项行动，最大限度控赃追赃，严防经济金融风险向社会重点领域传导。年内，立经济犯罪案件31起，破24起，涉案金额720万元，挽回损失576万元，抓获犯罪嫌疑人26人，缴获假币40万余元及一批制假工具，缴获案值达503.25万元的烟叶121.58吨、卷烟云烟（软珍品）650条、云烟（紫）1900

条。协助烟草专卖部门查处涉烟行政案件101起，查获涉案卷烟3318条，案值45.03万元。打处涉案犯罪嫌疑人11人，查破非法经营案件8起。

2017年3月16日，在玉溪市公安局相关业务指导部门的大力支持下，县公安局多警种协作配合，成功破获“3·16”制贩假币案，捣毁假币制贩窝点一个，抓获犯罪嫌疑人7人，缴获假币40万余元以及用于伪造货币的电脑、裁纸机等工具。

2017年，县公安局经侦大队根据金融部门反映的信用卡恶意透支突出问题，深入全县涉案金融部门开展走访调查及案侦工作，抓获犯罪嫌疑人5人，破获信用卡诈骗案件8起，挽回经济损失9.25万元。

2017年，县公安局有效推进警税协作，县国税局、地税局成立派驻税务部门联络办公室，积极主动开展打击和防范涉税违法犯罪工作，配合国税、地税等部门辗转成都、宜宾多地，向2家开发公司追回拖欠税款共计111万元，较好地维护了全县税收征管秩序。

【立体化社会治安防控体系建设】 2017年，县公安局继续深化平安社区创建，进一步推动立体化社会治安防控“六张网”建设。整合社会资源，发动800余名“红袖标”治安志愿者参与治安巡防，有效守护社区；科学规划专业警种巡防勤务，全面开展重点部位武装定点执勤、人员密集场所高峰勤务、公安武警联勤武装巡逻、重大活动安保等常态化工作，打压发案势头；公开招聘巡特警辅警20名在盘溪派出所组建全市首个乡镇巡特警中队；盘溪二级公安检查卡点按要求开展堵卡查缉勤务，严守出入华宁要道；利用699路前端视频监控开展视频巡查工作。全年发案数与2016年相比下降了24.24%。

【查处治安违法行为】 2017年，县公安局紧盯突出治安问题，深入推进“缉枪治爆”、“扫黄禁赌”、打击“食药环”等专项整治行动，着力整治治安突出问题。年内，共受理治安案件1667起，查处1232起，查处违法人员330人、拘留118人。

2017年，县公安局以“不炸响、不流失、不被盗”为工作目标，按照省公安厅、市公安局缉枪治爆专项行动工作总体部署，及时落地查控网上网下涉枪线索，追根溯源，消除隐患；严格落实寄递物流查验3个100%制度，堵死非法枪支贩运、流通渠道；加强对出租房、废旧厂房等重点行业场所的清查整治，铲除非法制造枪爆土壤的窝点。年内，开展宣传活动60余次，发放缉枪治爆公告等宣传资料3600份；排查整治危爆从业单位12家，规范审批炸药1418吨、雷管16.02万发，全部安全使用；收缴射钉枪18支、火药枪9支、气枪11支、仿真枪2支、军用弹1009发、射钉弹852发、雷管46发。

2017年，县公安局继续开展“扫黄禁赌”专项行动，日常管理与集中统一清查相结合，全面清理检查旅馆205家、网吧21家、歌舞娱乐场所13家、出租房屋1002家，查处涉黄涉赌治安案件55起，破获涉黄涉赌刑事案件2起，打击处理违法犯罪嫌疑人员98人，收缴赌资9.25万元。

2017年7月19日，平安华宁“两车”智能防盗地网工程系统（也称“铠甲卫士”防盗系统）建设启动仪式在泉乡广场隆重举行，县委常委、政法委书记李乔有，县政府副县长殷智才等领导出席启动仪式并讲话，全面拉开在全县范围内推广安装“铠甲卫士”防盗系统工作的序幕。通过广泛宣传发动，各综治成员单位、乡镇（街道）及村组、社区干部带头，群众主动安装的积极性空前高涨。年内，全县共有10142辆摩托车安装了“铠甲卫士”防盗系统，超额完成上级下达的安装任务。自“铠甲卫士”防盗系统推广安装工作开展以来，全县“两车”被盗案件同比下降50.79%。

【“一标三实”基础信息采集】 2017年7月，县公安局按照上级公安机关的部署要求，全面部署开展“一标三实”（即标准地址、实有人口、实有房屋和实有单位）基础信息采集工作。自工作开展以来，累计采集“一标三实”基础信息27.95万条，其中，标准地址信息6.48万条、实有房屋信息5.24万条、实有单位信息969条、实有人口信息16.06万条，所采集的标准地址信息已入户53021条，入户率达82%。

【常住人口管理】 截至2017年11月30日，全县登记常住人口75486户212830人，同比2016年度的74566户212266人增加了920户564人，其中男性109154人，占总人口的51.3%，女性103676人，占总人口的48.7%，男女性别比为1.05∶1。2017年，全县出生落户2945人，其中男性1477人，占出生人口的50.15%，女性1468人，占出生人口的49.85%，出生登记人口男女性别比为1.01∶1。从全县男女人口比例和出生登记男女比率分析，全县男女人口基本持平。

【出入境管理】 2017年，县公安局出入境管理部门以业务需求为导向，按要求完成出入境业务信息系统升级换代工作，共受理出入境证件申办业务5472人次，与2016年同比上升了35.42%，未发生违法违规办证情况。深化“放管服”工作，开展周六延时办公、免费照相、免费邮政快递等便民利民服务措施，为群众提供周六延时办证服务157人次，免费照相743人次，免费邮政快递5104份，免费邮政快递率达93.27%，为办证群众节省开支14.74万余元。将境外人员纳入实有人口管理，登记管理常住县内的境外人员11名，登记境外人员临时住宿信息76人次，立案查处“三非”外国人案件1起，遣返2名。

【流动人口管理】 2017年，县公安局结合出租房管理等工作，扎实开展流动人口居住登记和服务管理工作，按照“人来登记、人走注销”，“底数清、情况明”的工作要求，进一步完善流动人口服务管理工作长效机制，登记新增流动人口6004人，变更登记613人，累计有效数8126人，办理居住证601人，切实做到人来登记、人走注销，确保信息准确、及时、鲜活。

【道路交通安全管理】 2017年，县公安局前移道路交通安全防控关口，按照“保安全、保畅通、控风险、降事故”的总体要求，围绕创建“平安畅通县市”、丘北经验推广暨“县乡平安出行”等活动，全面强化路面管控，着力构建布控网、路面秩序管控网、高等级公路防控网、县城区疏堵保通网、农村事故防控网等。年内，深化“五小工程”建设，全面排查上报道路交通安全隐患点段104处，投入治理资金28万元对江华公路、华盘公路、澄华公路及农村道路部分事故多发路段、危险路段进行治理。强化“两客一危一微一货”等重点车辆安全管理，查处“三超一疲劳”、酒驾、无证驾驶、超速超员等严重交通违法行为5.32万起，暂扣机动车2264辆、驾驶证175本，吊销驾驶证25本，查处报废、套牌、脱检车辆230辆。实施文明交通行动计划，投入宣传经费15.52万元，开展交通安全“五进”宣传教育活动144场次、讲座113场次，悬挂、摆放宣传布标、挂图、展板580块（幅）次，播放宣传公益广告片、警示宣传教育片359场次，发放宣传资料5.2万份，发布短信13.94万条、路况信息提示617条。受理道路交通事故1094起，造成22人死亡、437人受伤、直接经济损失165.27万元，与2016年同比事故数、受伤人数、经济损失分别下降了6.66%、12.07%、24.59%，死亡人数持平，未发生一次死亡3人以上的较大道路交通事故。

【车管驾管服务】 2017年，县公安局交警部门推出“放管服”29项措施清单及办理时限，办理车辆注册登记2472辆、转移登记421辆、变更登记997辆、注销登记2682辆，年检机动车8155辆，其他车管业务993笔；办理驾驶证申领业务6612人、补换驾驶证3931本、注销登记79本，其他驾管业务1461笔；组织科目一考试10608人次。集中清理五类重点车辆和重点驾驶人，督促运输企业车属单位、私车车主及驾驶人及时办理相关手续；持续推行摩托车下乡检测和驾驶人考试业务，流动下乡检测摩托4585辆、补换行驶证6本，办理摩托车学驾考试923人，方便群众就近办理摩托车相关业务。

【公安消防安全管理】 2017年，县公安消防部门深化消防安全治理，全力开展冬春火灾防控、高层建筑、电气火灾、文物建筑、旅游市场等消防安全专项治理和整治工作，进一步落实消防安全责任，全面排查消防安全隐患。强化农村火灾防控工作，按照标准为全县70个村委会（社区）微型消防站配发了消防车辆、灭火救援装备器材及个人防护装备等，并投资49万元购置了7辆四轮电动行政执法车配备到7个派出所消防警组。年内，共检查单位2507家，发现并督促整改火灾隐患及消防违法行为6234处，下发责令改正通知书2283份，实施消防行政处罚11起，处罚款15.5万元，责令“三停”2起，临时查封3起。全县共发生火灾34起，过火面积1571.5平方米，受灾群众40户46人，造成直接财产损失30.28万元，无人员伤亡。

消防官兵检查消防设施情况

【监所管理】 2017年，县看守所和拘留所以“防事故、压病亡、保安全”为重点，以推进监所管理“五化建设”工作为抓手，进一步落实监管责任，创新监管措施，着力解决影响公安监管工作安全规范文明的突出问题。年内，看守所累计收押各类犯罪嫌疑人349人，办理出所253人；拘留所执行拘留81人，办理出所80人，监所管理秩序安全、规范、有序，未发生监管安全事故。

【基础信息化建设】 2017年，县公安局继续加强信息化手段的建设和应用，有效整合视频监控、350兆警用数字集群对讲机、4G执法记录仪、指挥调度平台等科技手段和信息系统，实现公安勤务点对点和可视化指挥调度。强化信息化应用培训，举办全县公安机关信息化应用技能比武暨信息应用培训，积极参加全市信息化应用技能大比武暨擂台赛，全局信息化应用能力的水平明显提升。强化基础信息采录工作，采集社会零散信息4.53万条，治安管理系统上传入住信息56.29万条，移动警务终端采录信息6.44万条。深度应用信息化建设成果，通过旅馆信息系统抓获逃犯9人，利用刑事技术手段串并案件12串32起、查中案件15起、带破案件13起，利用视频监控系统协助查破案件533起、调查交通事故270起。

【警务实战化建设】 2017年，县公安局整合资源，建立情报信息主导警务、情指一体化合成作战、扁平化指挥调度等警务运行机制，抓获嫌疑人员12名、在逃人员1名，破获案件5起。发起情报协作请求54次，受理办案请求110件，提供24小时查询服务700余次，协破刑事案件80起，研判锁定和抓获犯罪嫌疑人150名。合成作战中心查破主侦案件17起，抓获犯罪嫌疑人10人，受理办案请求308起，协破各类刑事案件186起，打处团伙22个，抓获犯罪嫌疑人156人。突出岗位练兵，在全市警务实战技能抽考中获得团体总分第二名；抽调3名民警代表市公安局参加全省特警第一片区比武，荣获团体第一名。

【执法规范化建设】 2017年，县公安局全面推进执法规范化建设。强化执法主体建设，组织集中执法培训2场150余人，开展案例指导9次，点评案例15起。强化执法安全，对全局1个办案中心和9个办案场所进行全力维护，确保视频监控全覆盖、功能设施全配套、流程制度全上墙，同时强化执法记录仪的使用，有效杜绝各类执法安全事故发生。强化执法质量监督，严格落实案件考评、办案质量终身负责和错案责任倒查问责等制度，于5月1日在全市率先推进受案立案和刑事案件“两统一”改革，成立“案件管理中心”负责对全局案件办理情况进行审核、监督、管理，年内组织案件考评5次，考评案件86件，发现并督促整改问题262条，审核受立案1921起，其中报捕106件163人、移送起诉136起168人，处理治安案件167件242人，无冤假错案、行政复议被撤销及行政诉讼败诉等情形，执法公信力明显提升。强化法制宣传，组织法治宣传教育活动6场次，张贴发放宣传资料6万余份，提供咨询服务160余人次，发布博文200余条，受教育群众达3万余人。

【公安信访】 2017年1月，县公安局信访接待窗口被省公安厅评为“云南省公安信访示范窗口”，年内共受理群众来访7件10人次，其中初访的5件8人次，重访2件2人次，办结率100%；办理上级交办信访案件14件14人次，办结14件，办结率100%；接受群众咨询62人次，终结信访积案1件，稳控信访人员11名。

【公安网络安全管理】 2017年，县公安局以开展网上网下维稳工作为主线，充分发挥网络安全监督管理服务和网络技术手段两个优势，强化网络安全监管措施，及时发现、防范和打击涉网违法犯罪活动，全面有效维护全县网络信息安全。年内，收集上报互联网舆情信息600余条、有害信息227条，处置本地舆情16条，牢牢把握网上主动权；严格网吧管理服务，查处违规网吧6家，处罚不按规定实名登记上网人员10人。

【警务督察】 2017年，县公安局督察部门充分履行抓监督、抓落实、抓规范的职责，加强对日常业务工作和队伍正规化建设的督导检查力度。年内，出动警力442人（次），开展明察暗访216次，检查部门225个（次）、民警1782人（次），发现问题26个，提出督促整改意见26条；开展网上视频督查1250次、语音督查205次、警务评议67次，发网上督察通报27份，督促整改问题19个；开展“短信评警，语音回访”工作，对30条群众不满意短信进行电话回访；受理检举控告、群众投诉5起，办结5件；受理民警维权案（事）件1起，办结1件。

【警务保障】 2017年，县公安局有力推进无房危房派出所项目建设，盘溪派出所新建项目顺利竣工入驻，宁州派出所因棚改顺利搬迁入驻新址，新城派出所建设项目中央配套建设资金86万元已拨付到位，项目建设稳步推进。规范公安装备管理，在深入调研的基础上投入资金200万余元，按标准和规定为全局各部门采购、更换各种办公设备和警用装设备，对局机关大楼、拘留所、青龙派出所等房屋、功能区进行维修改造。增强警务保障能力，各种公安经费均按标准和规定全额拨付到位，民警职工工资、津补贴及保险、个税缴纳等发放保障到位，合理分配和使用办公用房、执勤用车，做到不超标、不浪费、不闲置。

【110接处警】 2017年，县公安局按照精细化、规范化要求，致力提高指挥中心110接处警工作规范化管理水平和指挥调度业务水平，确保接警调度及时到位、警情处置规范高效。年内，110报警服务台共接有效报警4813起，其中刑事类警情446起、治安类警情610起、交通事故类警情1850起、公民求助438起、民事纠纷1093起、其他警情376起，接警回访满意率达100%。建立健全社会应急联动机制，招聘专职辅警8名，配备调度专用对讲机30台，落实每年3万元的专

项工作经费，推动非警务类报警求助应急联动处置工作实体运行。

【信息通信及网络维护】 2017 年，县公安局全力做好通信保障和网络维护工作，强化对全局 350M 通信设备和公安三级、四级网络设备的定期检查和维护保养，开展公安网络安全保密检查 30 余次，提供设备维护维修服务 380 余次、会议保障服务 230 余次，无因设备故障或保障不到位影响工作正常开展的情况发生。强化对机房、网络、通信等场所和设备的日常检查和维护保养，发现故障隐患及时排除，各类公安信息应用系统、平台正常运行，未发生“一机两用”、网络中断、网络安全等事故，为顺利开展各项公安业务工作提供了强有力的网络通信服务保障。

【公安宣传】 2017 年，县公安局紧紧围绕打击“盗抢骗”“禁毒百日攻坚战”等工作，积极开展全方位的宣传报道，在各级媒体发表稿件 400 余件，真正做到电视中有画面、报刊上有文章、网络上有消息。发挥先进典型的示范引领作用，挖掘陈伟、李江平、向云顺、左绍荣等民警的先进事迹，并进行全方位的报道，其中向云顺先进事迹在玉溪电视台“见证”“大众新闻”等栏目相继播出。进一步丰富警营文化，积极策划“三·八”节、父亲节专刊等《警察故事》系列报道，其中《我们家的两套警服》《熠熠警徽照亮前行的路》《我的从警之路》等被玉溪日报采用，取得了良好的社会宣传效应；拍摄制作警营 MV《因为有你》及国庆、中秋双节祝福小视频，进一步聚集警心，激励斗志，并向社会各界展示华宁公安民警在维护社会稳定中做出的积极贡献，争取群众对公安工作的更加理解和支持。

【教育培训】 2017 年，县公安局投入教育培训经费 54.8 万元，举办各类业务培训 8 期，培训民警 121 人次，参训率达 47.8%；选派民警 224 名参加上级公安机关举办的各类培训 53 期，培训训练合格率均达 100%；组织民警 79 名分 5 期参加全市公安局机关“战训合一，值守玉溪”轮值轮训，全面完成了各项教育培训任务及上级调训任务。培养市级教官 3 人，并长期被聘担任玉溪市警察训练基地驻训教官，其中 2 人被选派参加省厅警务实战区域教官扩容训练，教管队伍实力不断壮大。

【深化公安改革“放管服”】 2017 年，县公安局深入开展“迎接十九大忠诚保平安跨越式发展铁警勇争先”主题教育实践活动，5 月 22 日上午召开新闻发布会，通过媒体向社会公布华宁县公安机关深化“放管服”52 项便民利民措施，治安、交警、消防等部门进一步细化“放管服”措施清单及办理时限，110 接报警服务台、户政（出入境）、交警车管等服务窗口进一步深化简政放权、放管结合、优化服务改革，推出了延时错时服务、异地办理居民身份证、免费照相和免费邮递出入境证件等便民服务，治安管理部门推行的“互联网 + 证像合一”管理模式有效破解散装汽油销售实名登记难问题，公共服务质量和服务效率全面提升。

组织志愿者　　葛晓东摄

【警察协会】 2017 年，县公安局警察协会人员组成：警察协会主席魏正权，副主席高志峰、乔冬梅、莫文彬，秘书长葛晓东，理事为各部门主要负责人。严格按照《华宁县警察协会章程》的要求，加强协会组织建设，积极组织全局民警结合岗位职责任务，开展以“保稳定、护安全、促和谐”为主题的专项调研和论文撰写活动，全局各部门先后撰写调研、理论文章22篇，经过认真筛选，向上级警察协会推荐上报理论文章6篇。

【表彰奖励】 2017年3月15日，县看守所、拘留所及警务保障室、禁毒大队、网络安全保卫大队、经济犯罪侦查大队、新城派出所、青龙派出所、通红甸派出所被县公安局记集体嘉奖一次；在2016年度全县公安工作综合考评中，法制大队、禁毒大队、盘溪派出所荣获一等奖，新城派出所、网络安全保卫大队、看守所荣获二等奖，拘留所、经济犯罪侦查大队、青龙派出所荣获三等奖；中共华宁县公安局第二支部委员会、第四支部委员会、第十八支部委员会被县公安局评为先进党支部。4月，华宁县公安局在“六五”（2011—2015）法治宣传教育工作中，被县委县政府评为先进集体。4月26日，华宁县公安局被县人民政府评为禁毒工作先进单位。5月3日，法制大队、盘溪派出所荣立集体三等功一次。8月8日，盘溪派出所被共青团玉溪市委评为2017年度市级“共青团员先锋岗”。9月，华宁县公安局被云南省档案局复核再次评为“云南省档案管理工作示范单位”。9月30日，华宁县公安局在十九大安保维稳工作中成绩突出被云南省公安厅通令嘉奖。10月19日，华宁县公安局国内安全保卫大队在十九大安保维稳工作中成绩突出，被云南省公安厅通令嘉奖。10月24日，华宁县公安局“2017.07.24”特大贩卖毒品案专案组被云南省公安厅记集体二等功一次；12月21日，禁毒大队被玉溪市公安局通报表扬。

2017年，华宁消防大队盘溪政府专职队荣获支队2017年度实战化练兵先进集体。2人被表彰为十九大安保先进个人，6人被表彰为十九大安保个人嘉奖，1人荣立个人三等功，1人被支队党委表彰为优秀党务工作者，2人被总队评为优秀基层干部，2人被支队党委表彰为实战化练兵先进个人，1人被支队评为优秀红旗车驾驶员，1人被支队评为优秀文员，7名专职消防员被县公安局党委表彰为优秀辅警。

（乔冬梅、魏娜）

检　察

【概　况】 2017年，华宁县人民检察院在县委和市检察院的正确领导下，在县人大及其常委会的有力监督、县政府的大力支持和县政协的民主监督下，深入学习贯彻中共十八届六中全会、中共十九大精神和习近平新时代中国特色社会主义思想，认真贯彻落实县十七届人大一次会议决议，紧紧围绕统筹推进“五位一体”总体布局和协调推进“四个全面”战略布局，忠实履行宪法法律赋予的法律监督职责，各项检察工作取得新进展。

【打击刑事犯罪】 2017年，县人民检察院依法履行批捕、起诉等职能，共批准逮捕各类刑事犯罪嫌疑人147人，同比下降2%；提起公诉180人，同比下降15%。严惩严重影响人民群众安全感的犯罪，起诉故意杀人、故意伤害、强奸等暴力犯罪46人，起诉抢劫、盗窃、诈骗等侵财犯罪64人，起诉交通肇事、危险驾驶等危害公共安全犯罪38人，起诉毒品犯罪18人，全力维护社会安全稳定。

【查办腐败犯罪】 2017年，县人民检察院坚持有

县检察院举行“知党恩·颂党情·勇担当·永远跟党走”诗歌朗诵比赛　　陈瑞华　摄

腐必反、有贪必肃。共立案侦查涉农扶贫、工程建设、医疗卫生、司法等领域职务犯罪11件12人，同比上升83.3%和50%。其中，贪污贿赂犯罪9件10人，渎职侵权犯罪2件2人。挽回经济损失198.4万元。坚持受贿行贿一起查，立案查办受贿犯罪4人，行贿犯罪3人，从源头上遏制腐败滋生蔓延。加强和改进反渎职侵权工作，查办玩忽职守、滥用职权等渎职侵权犯罪2人，推动治理为官不为、为官乱为问题。坚持问题导向、狠抓专项，严肃查办重点领域案件，部署开展集中整治和加强预防扶贫领域专项工作，严惩侵害民生民利职务犯罪，服务保障脱贫攻坚，持续开展查办涉农领域职务犯罪专项工作，加强贿赂犯罪源头治理，持续打击拉拢腐蚀干部行贿犯罪。

【预防职务犯罪】 2017年，县人民检察院按照“标本兼治、综合治理、惩防并举、注重预防”的方针，结合查办案件，到发案单位开展预防调查，提出风险防控、堵塞监管漏洞检察建议3件。深入税务、金融、烟草、村委会等行业系统单位开展预防职务犯罪警示教育宣传23次，着力营造不敢腐、不想腐、不能腐的良好氛围。开展集中整治和加强预防扶贫领域专项工作，紧盯扶贫项目实施、扶贫资金管理和使用等关键环节职务犯罪，积极与华溪镇政府构建职务犯罪预防协作机制，挂牌督建华溪镇集镇区人饮改工程，真正让国家惠民利民政策落到实处，切实为脱贫攻坚提供司法保障。

县检察院“志愿同行·爱心同行·文明同行”志愿者为群众抢抓节令移栽烤烟 董维平 摄

【刑事诉讼监督】 2017年，县人民检察院加强立案监督和侦查活动监督，监督侦查机关立案2件，追加逮捕犯罪嫌疑人2人，追加起诉9人；监督纠正侦查活动违法17件次；对疑难复杂案件适时介入引导侦查4件次，确保侦查机关全面、及时、客观收集证据。加强审判活动监督，对确有错误的刑事裁判依法提出抗诉并获改判1件，检察长列席县法院审判委员会2次。

【刑事执行监督】 2017年，县人民检察院依法保障被羁押人合法权益，对刑事执行和监管活动中存在的违法情形提出检察建议9件；对不需要继续羁押的5名在押人员建议变更强制措施；及时向相关办案部门提示催办案件，严防超期羁押。加强对人民法院直接判决暂予监外执行案件开展同步监督，确保正确适用法律。全面核查2012年以来人民法院判处的财产刑案件，提出检察建议1件，推动财产刑案件规范执行。保持与社区矫正中心的长期联系，对照数字，重点对交付执行、监督管理、变更执行、执行中止等环节进行监督，预防和加强对监外执行罪犯脱管漏管的监督纠正。积极到各乡镇司法所、派出所，通过查阅档案、询问社区矫正工作人员、与被矫正人员谈话、与部分暂予监外执行人员见面、发放社区矫正检察联系卡等5种方式切实履行监外执行的法律监督职责。

【民事行政诉讼监督】 2017年，县人民检察院受理民事行政检察监督案件40件，依法对民事审判程序违法、民事裁判执行活动、行政机关不当履行职责等开展检察监督，提出检察建议31件。拓宽民事行政检察工作途径，加强与法院、司法行政等部门沟通联系，积极寻找案源；深入街道、乡镇、村社区开展民事行政检察宣传，“两会”期间，将以“民行检察　与民同行”为主题的《民行检察宣传手册》纳入“两会”会议材料，发放至参会的每一名人大代表、政协委员、列席人员等社会各界人士手中。在“参与法治建设，共建平安华宁”主题宣传活动中，配合县检察院控申部门到县城主要街道设点宣传，发放宣传材料1500余份，进一步提升了民事行政检察工作的社会认知度和群众知晓率。

【公益诉讼监督】 2017年，县人民检察院落实绿色发展理念，深入开展“破坏环境资源犯罪专项立案监督活动”，受理审查起诉破坏环境资源犯罪5件5人。探索开展以生态环境和资源保护领域为重点的公益诉讼，对行政机关履行生态环境监管职责不到位的7起案件启动行政公益诉讼诉前程序，主动出击创新办案，深入开展以生态环境和资源保护领域为重点的公益诉讼，通过积极摸排案件线索，调查收集证据，对行政机关履行环境监管职责不到位的6起案件启动行政公益诉讼诉前程序，向行政机关提出检察建议6件，督促职能部门依法履行职责，恢复生态原貌。积极履行河长制职责，与责任单位共同开展水资源保护、水污染防治、水环境治理等综合保护工作。

“爱洒重阳节，情暖老人心”志愿者入户送爱心　董维平　摄

【控告申诉检察】 2017年，县人民检察院严格落实宽严相济刑事政策，对涉嫌犯罪但无逮捕必要的，决定不批捕9人，对犯罪情节轻微，不需要判处刑罚或与被害人达成刑事和解的，决定不起诉13人，对5名生活困难的刑事被害人或其近亲属予以司法救助，尽量减少社会对立面，促进社会和谐。依法妥善处理来信来访23件次，认真排查社会矛盾纠纷，落实领导包案责任制和“零报告”制度，制定依法妥处理和化解矛盾纠纷预案，动态掌握重点信访对象情况，加强预警监控，全力做好疏导和稳控工作全力做好十九大期间安保维稳信访工作。围绕“谁执法谁普法”的普法责任制要求，认真落实检察官以案释法制度，积极开展法治宣传教育，增强群众法治意识。坚持把化解矛盾贯穿司法办案始终，严格落实首办责任制、检察长接待日制度，注重释法说理、答疑解惑，力求实现群众合法诉求。

【未成年人检察监督】 2017年，县人民检察院坚持“教育为主，惩罚为辅”的原则，成立未成年人刑事检察科，实现“捕、诉、监、防”一体化办案模式，针对未成年人犯罪，坚持少捕、慎诉、少监禁，注重教育感化，加强对未成年人特殊司法保护，认真落实合适成年人到场制度，依法保护未成年被害人名誉、隐私等合法权益，积极为未成年被害人开展司法救助。落实帮教考察制度，完成社会调查报告18份，对犯罪情节较轻或确有悔改的未成年犯罪嫌疑人不捕8人，不起诉1人，附条件不起诉5人，有针对性地做好教育、感化、挽救工作。依法对未聘请辩护人的17名未成年犯罪嫌疑人申请法律援助，充分保障未成年人诉讼权利。加强预防未成年人犯罪法制宣传，发放宣传资料，利用“两微一端”信息平台发表未检信息，开展“防治校园欺凌，护航未成年人成长”检察开放日和“法治进校园”

成立学雷锋志愿服务队　董维平　摄

巡讲活动，强化法治意识，促进政府部门、学校、家长、司法机关等社会各界形成合力，共同有效防范校园暴力，增强未成年人自我保护意识和能力，营造有利于青少年健康成长的良好社会环境。

【社会治安综合治理】 2017年，县人民检察院积极参与处置和化解社会矛盾纠纷，切实做好重大敏感案件的审查起诉和释法说理工作，全力维护民族团结和社会稳定。深入开展惩治“村霸”和宗族恶势力犯罪专项行动，推动完善乡村治理。加强社区矫正检察监督，发出规范执法检察建议9件，有效预防社区矫正人员脱管、漏管和重新犯罪。提供行贿犯罪档案查询服务647人次，防止有行贿记录的企业参与投标。高度重视十九大期间综治维稳，加强机关内部安全保卫，专门成立应急处突小分队，严格落实值班制度，对机关内部重点部位、要害部门开展不定期巡逻检查。深入乡镇社区、监管部门，开展查阅档案、询问社区矫正工作人员、与矫正对象谈话、发放检察联系卡等工作，对社区矫正工作中存在的违法情形发出检察建议。深入乡镇开展森林防火、河道治理、禁毒防艾等综合治理工作。积极开展以“参与法治建设、共建平安华宁”为主题的综治维稳宣传月活动，为平安华宁建设营造法治氛围。

【司法体制改革】 2017年，县人民检察院落实检察官员额制，科学合理配置员额资源，切实把愿办案、能办案的检察官充实到办案一线。落实检察官办案责任制，按照“谁办案谁负责，谁决定谁负责”的原则，结合职能性质和岗位要求，制定完善检察官权力清单，改变过去多层级审批办案模式。严格落实入额院领导带头办案制度，率先垂范，带头办理重大疑难复杂案件，所办案件占入额检察官办案数的10.8%。逐步落实检察官职业保障制度，完成检察官单独职务序列套改和等级晋升，建立与办案数量、质量、效果直接挂钩的绩效考核办法。围绕司法人员分类管理、司法责任制、司法人员职业保障和省以下检察院人财物统一管理等司法体制改革任务，着力从归类管理到人、司法责任到岗、绩效考核量化、健全检察官办案组织、理顺内设机构、完善工作机制、落实经费保障、实行检察官工资套改、做好思想工作等，全力将各项司法改革任务落到实处。

【监察体制改革】 2017年，县人民检察院认真贯彻落实中央改革部署，坚决拥护、坚定支持国家监察体制改革。积极配合做好反贪、反渎和职务犯罪预防部门职能、机构、编制、人员转隶工作，深入细致做好检察人员思想政治工作，引导干警理解改革、支持改革、参与改革。准确把握改革时间节点，顺利完成资产设备和案件线索交接工作，共划转编制12人，转隶10人，确保改革有序推进。

【开展外部监督】 2017年，县人民检察院认真梳理“两会”代表、委员提出的意见建议，逐条研究整改。向人大及其常委会报告检察工作，认真做好人大专题调研和视察，全力协助相关部门办好政协提案。组织人大代表、政协委员、人民监督员、特约检察员现场观摩评议出庭公诉，邀请社会各界代表参加检察开放日、举报宣传周和申诉案件公开答复会，让社会各界走进检察、监督检察。深化检务公开，向社会公开法律文书330份、案件程序性信息674条、重大案件信息36条，利用“两微一端”等新媒体，及时发布检察工作重要信息，以公开促公正。全面运行电子卷宗系统，方便律师查询信息，认真听取律师意见建议10次，通过案件信息公开微信平台及时向当事人及律师推送案件进展情况，依法保障律师执业权利。

【完善内部监督】 2017年，县人民检察院深入推进案件精细化管理，依托统一业务应用系统受理流转案件548件，实现网上办理案件全程留痕、动态监控。健全常态化案件质量和效果评查机制，规范涉案款物管理。加强对职务犯罪案件侦查工作的监督，依法规范使用指定居所监视居住强制措施，严格执行讯问犯罪嫌疑人全程同步录音录像。严格执行检察机关内外部人员干预、插手具体案件处理的记录和责任追究制度，排除干扰、公正司法。

【维护市场经济秩序】 2017年，县人民检察院认真贯彻中央决策部署，把防范金融风险、维护市场经济秩序摆在更加突出的位置。批捕持有假币、信用卡诈骗、非法经营等破坏市场经济秩序犯罪8人，起诉10人，审查办理昆明“泛亚金属”玉溪分支机构涉嫌非法吸收公众存款重大案件1件，切实保障经济安全。

【检务公开】 2017年，县人民检察院依托案件信息公开系统，向社会公开法律文书151份、程序性信息278条、重要案件信息30条。利用官方微博、微信和新闻客户端网络新媒体，及时宣传检察机关重大工作动态、部门工作情况及法律法规等信息444条，保障人民群众对检察工作的参与权、知情权、监督权。拓展便民服务平台，开通律师微信预约阅卷通道，推送律师代理案件相关信息。建立新闻发言人制度，主动与媒体沟通，加强涉检网络舆情管控。

【表彰奖励】 2017年，付云龙被玉溪市检察院记个人三等功；罗敏被中共华宁县委、华宁县人民政府评为“六五”法治宣传教育工作先进个人；叶芷伶、郭紫阳共同撰写的《以审判为中心背景下的存疑起诉制度研究》理论课题被玉溪市检察院评为三等奖；华宁县检察院在玉溪市检察机关、国税系统共同主办的“知党恩诵党情勇担当”诗歌朗诵比赛中荣获三等奖。

（陈　蕾）

法　院

【概　况】 2017年，县人民法院在县委的正确领导，县人大及其常委会的有力监督，县政府、县政协以及社会各界大力支持下，紧紧围绕“努力让人民群众在每一个司法案件中都感受到公平正义”目标，坚持司法为民、公正司法工作主线，全力打造“五个司法”，不断提升司法公信力，各项工作取得新进展，实现新突破。2017年共受理各类案件1774件，同比增加266件，增长17.64%，结案1585件，结案率为89.35%，案件质效明显提升，实现了“六升一降”，即结案率、服判息诉率、民商事案件调撤率、自动履行率、执行案件实际执结率、标的到位率上升，发回重审改判率下降。

【刑事审判】 2017年，县人民法院严格落实宽严相济刑事政策，依法保障人权，做到宽严有据、罚当其罪。2017年，共受理各类刑事案件177件，结案164件，结案率92.66%。依法严惩严重危害人民群众安全犯罪，审结“两抢一盗”、危害公共安全等犯罪案件87件。严惩腐败渎职犯罪，审结贪污、贿赂、渎职案件7件，判处罪犯9人，其中涉及本县科级干部2人。严厉打击危害群众财产安全犯罪，审结各种诈骗犯罪案件8件。审结朱某某持有假币案，判处有期徒刑11年，并处罚金10万元；审结潘某某等3人以销售假金元宝方式诈骗老年人8.43万元案件，判处潘某某有期徒刑3年10个月，并处罚金5000元。加大对妇女儿童权益保障，审结侵犯妇女儿童犯罪案件4件。

【民商事审判】 2017年，县人民法院审结民商事案件1076件，结案984件，结案率91.45%，其中调解撤诉606件，调撤率61.59%。针对建设工程合同、民间借贷等纠纷大幅上升的新情况，本着利民便民原则，在依法做好调解的同时，坚持依法裁判，引导社会树立诚信、守法意识。高度重视涉民生案件的审理，通过多方协调，调解处理了泉乡新城业主委员会与玉溪福鑫物业服务有限公司的物业管理合同纠纷。切实履行司法审判对修复家庭关系、维护社会和谐的重要职能，依法引导当事人树立正确的婚恋观，弘扬孝老爱亲的中华传统美德，审结婚姻家庭、继承等纠纷264件。针对青龙镇农村群体性建盖住房发生的纠纷，在做好协调工作的同时，认真分析引发纠纷的原因，向青龙镇人民政府和县住建局提出司法建议，帮助改进服务、监督、管理等方面存在的问题。

【行政审判】 2017年，县人民法院共受理行政诉讼案件4件，审结2件，结案率50%。认真贯彻新修改的行政诉讼法，配合推进行政机关负责人出庭应诉等工作，通过司法审查支持“放管服”改革，助推法治政府建设。

【执行工作】 2017年，县人民法院共受理执行案件517件，结案435件，结案率84.14%，有财产可供执行的案件实际执结率81.9%，执行标的到位率72.49%，到位金额4713.2万元。加强立审执协调联动，积极做好诉前财产保全、督促履行，实施诉前财产保全28件，自动履行率35.4%。规范执行行为，将执行案件全部纳入案件流程信息管理系统，实行统一管理和全程监控。加大无财产可供执行案件审核，严格终结本次执行案件结案程序，终结本案件必须由承办人提出，经局务会审核通过，并提请员额法官进行裁定方可结案。在严格依法查控的同时，强力推进“晒一批、限一批、拘一批”的惩治措施，促进形成“一处失信、处处受限”的信用监督、警示和惩戒工作体系。通过全国总对总查控系统查询案件623件次，依法控制资金480万元。分9批次公布159名失信被执行人和5家单位法人及其他组织的失信信息，并通过本院微博、微信、门户网站以及泉乡广场、县医院公告显示屏等载体公开曝光，107名被执行人受到乘机、乘高铁、高消费、银行贷款等方面限制，依法拘留被执行人19人次。首次实施网络拍卖，3宗被执行人财产在淘宝网成功拍卖，成交金额1750万元，平均溢价率56.32%。选择典型案件邀请人大代表、政协委员、检察机关和基层干部群众参与监督执行，并在县电视台公开播出，进一步增强了执行威慑力。

【司法为民】 2017年，县人民法院积极推进诉讼服务中心和人民法庭诉讼服务站建设，完善服务功能，提高办事效率。坚持有案必立，有诉必理，当场登记立案率达99.9%。积极探索矛盾纠纷多元化解决机制，诉前调解各种纠纷35件。针对部分山区群众诉讼能力弱等情况，改“坐堂审案”为“就地办案”，深入到当事人居住地、田间地头实地进行现场勘验、调解和开庭。对经济确有困难的当事人减缓免诉讼费3.29万元，救助困难申请执行人14件19.62万元，为当事人指定辩护人8件13人次，华宁县法律援助中心县人民法院工作站为当事人提供法律服务19件次，确保弱势群体的诉权，彰显司法人文关怀。为有效处理棚户区改造中的各种纠纷，选派经验丰富的老法官参与，依法就地化解矛盾，共化解矛盾纠纷58件，减轻了群众诉累。充分发挥盘溪人民法庭化解矛盾纠纷的前沿阵地作用，采取“巡回法庭、预约法庭、周末法庭、夜间法庭”等方式方便当事人诉讼。

【司法体制改革】 2017年，司法人员职业保障和人财物统一管理改革稳步推进。重构审判组织模式，按照刑事、民事、商事、行政、审判监督、执行等工作需要，共组建5个办案团队，完成了审委会工作规则等配套制度建设。完善合议庭工作机制，合议庭成员在法官团队或人民陪审员范围内随机搭配，合议案件时一律由职务较低或年轻法官优先发言，切实解决合而不议、简单附议等问题。审委会讨论案件仅对法律适用提出意见或建议，由合议庭再次合议后决定是否采纳审委会意见。落实入额法官办案制度，院庭长带头办理案件，办案数量均达到上级要求。严格贯彻执行《最高人民法院关于落实司法责任制完善审判监督管理机制的意见（试行）》，院庭长主要负责对案件管理指导，实行以事后监督为主，事中监督为辅的监督管理。积极推进以审判为中心的刑事诉讼制度改革，严格落实罪刑法定、疑罪从无、非法证据排除等法律原则和制度，建立庭前会议与庭审的衔接机制，规范证人和鉴定人等出庭制度，推动速裁程序改革，提高律师辩护率和当庭宣判率。贯彻刑事证据裁判原则，强化对人权的保障，禁止让刑事在押被告人穿着识别服、马甲等具有监管机构标识的服装出庭受审。

【信息化建设】 2017年，县人民法院投资40余万元改造中心机房，50余万元建成桌面云平台，为“智慧法院”建设奠定了坚实基础。随着数字审委会、执行专用查控、数字化法庭、通达海办公系统运用，网上办案和无纸化办公基本实现。

【司法公开】 2017年，审判执行全面公开平台得到完善，在中国庭审公开网进行庭审直播203件，上网公布裁判文书263份，凡在法庭开庭审理的案件做到全程同步录音录像。采取定期通报，督促整改，网上办案信息录入的时效性和准确性得到加强。年内裁判文书录入率、电子卷宗制作率、电子签章使用率等指标均达100%。自觉接受县人大及其常委会的法律监督和县政协的民主监督。采取走访代表和委员、召开座谈会、邀请旁听庭审、向代表和委员编发法院工作宣传资料等形式，加强与人大代表、政协委员的联络沟通。完善接受检察机关诉讼监督机制，加强民意沟通，主动接受新闻媒体、社会团体和人民群众的监督，及时回应社会期待，共同维护司法公正。加强和改进人民陪审员工作，充分发挥好人民陪审员的作用。

【社会管理】 2017年，县人民法院扎实开展“挂包帮”“转走访”，深入推进脱贫攻坚工作。组织科级干部与党员干警结对帮扶，严格做好走访调查、帮扶措施、跟踪管理、协调监督等工作，抓实基础设施建设、科技引导、外出务工、政策宣传等措施。筹措资金4.5万元进行帮扶，完成了7户D级危房重建，4户C级危房加固。6户享受农村危房改造、3户享受扶贫畜牧业补贴、10户享受贴息贷款，为35户建档立卡户顺利脱贫奠定了基础。通过到联系点讲党课、宣传中共十九大精神和习近平总书记治国理政新理念新思想新战略，加强对基层党员干部的教育引导，指导好农业生产、党建等工作。认真落实“河长制”管理责任制工作，主要领导以县级河长身份多次深入通红甸乡龙洞河水库和长塘子水库进行巡查并开展清河行动。在创建卫生城市、文明县城等工作中，积极做好责任区管护。负责软弱涣散党组织整顿，及时走访调研，帮助研究整改措施，筹措资金5000元支持环境卫生整治。组织干警维持宁州片区烤烟收购秩序，确保了收购工作的顺利开展。

【法制宣传】 2017年，县人民法院深入推进“法律六进”活动，坚持以案释法、以案促教，组织开展阳光司法活动，组织干警到华宁二中、盘溪镇、那果小学等地讲授法治课6次；挑选青少年易发高发的典型刑事案例到华六中开展模拟法庭活动，真正实现审理一案教育一片的社会效果。

【表彰奖励】 2017年，县人民法院信息化工作被玉溪市中级人民法院考核为第三名，1名干警被评为信息化工作先进个人；2017年参加全省法院、全市法院书记员技能竞赛被市中院表彰集体三等奖，1名书记员荣获二等奖，1名书记员荣获优秀选手；1名干警被玉溪市中级人民法院给予个人嘉奖。

（罗青松）

司法行政

【概　况】 2017年，华宁县司法行政工作以中共十八届三中、四中、五中、六中全会及十九大精神为指导，认真贯彻落实中央、省、市、县政法工作及全市司法行政工作决策部署，紧紧围绕县委、县政府的工作部署和华宁县司法局年度工作目标任务，按照“抓好队伍、夯实基础、强化管理、提升服务、扩大宣传、开创局面”的工作思路，迎难而上、奋力拼搏，开拓创新、真抓实干，充分发挥司法行政机关在法制宣传、“七五”普法教育、人民调解、社区矫正、法律援助、办理公证、法律服务等方面的职能作用，为全县经济社会发展、建设平安华宁、法治华宁服务。

【干部队伍建设】 截至2017年12月30日，县司法局局机关及5个司法所、2个律师事务所、1个公证处、5个法律服务所共有干部职工64人，其中，在职在编干部职工24人、社区矫正协勤人员13人、法律援助公益性岗位12人、律师9人、公证员3人，专职法律工作者3人，党员22人，占34.4%。2017年，华宁县司法局党支部及行政领导一是始终将抓好全体党员、干部职工的学习、培训教育作为做好党支部及全县司法行政工作的基础和重点，以“两学一做”“科教引领创新发展”为契机，采取集中学习、专题讲座、警示教育等多种形式，强化对全县司法行政系统党员、干部职工对中共路线方针政策、党建、党纪党规、法律法规及司法行政业务知识的学习，提升政治和业务素质，增强廉洁自律、爱岗敬业的责任和意识。在学习的基础上，全体党员、干部职工认真撰写党建和中共十九大学习心得体会109篇。二是高度重视党支部及局领导班子建设、全县司法行政系统干部和人才队伍建设。年内按干部选拔的程序和规定任用股室长、中心主任3人，系统内岗位变动3人，系统外县内选调4人。与此同时，加强对全县司法行政系统干部的培养力度，积极向县委组织部推荐年轻、优秀的干部，选送1名干部参加县委青干班学习，推荐上报年轻民族后备干部4人，党外干部8人，年内新提拔副科实职领导2名，副科实职司法所所长平级调动到县政法委、县委机要局任职各1名，交流司法所所长1名，试用期副科实职司法所所长按期转正1名。

【制定法治宣传教育工作要点】 2017年是实施“七五”法治宣传教育规划、推动法治宣传教育转型升级的关键之年。年初印发了《华宁县2017年法制宣传教育工作要点》和《2017年度法治宣传工作考核标准》，督促各级、各部门深入开展法治宣传教育工作、适时开展检查考核。

【组建华宁县“七五”普法宣讲团暨普法志愿者】 为推动全县“七五”普法工作的深入开展，全面落实“谁执法谁普法、谁主管谁普法”的普法责任制。2017年，县委依法治县领导小组法治宣传专项组和县司法局在各单位推荐的基础上，在全县范围内分别遴选了96名和101名政治觉悟高、社会责任感强、热心公益宣传、具有专业法律知识、有良好的沟通能力和授课经验的法律工作者及执法机关工作人员，组建了华宁县“七五”普法宣讲团和普法志愿者。

【法治宣传教育工作会】 2017年7月20日，华宁县召开全县法治宣传教育工作会议，总结表扬“六五”普法暨安排部署“七五”普法。县委、县人大常委会、县政府、县政协分管联系法治工作的领导，县属各部门、乡镇（街道）副科实职以上领导干部，上级驻华宁单位领导，受表扬的先进单位和先进个人代表等共350余人参加了会议。县人民政府副县长、县公安局局长殷智才主持会议，县委常委、政法委书记李乔有作讲话。会议表扬了19个“六五”普法先进单位和24名先进个人，总结了“六五”普法工作取得的成绩和经验，指出了存在的问题，安排部署了“七五”普法工作。

【六月法治宣传月活动】 2017年，县司法局制定印发《关于开展六月法治宣传月活动的通知》，县属各行政执法部门按照“谁执法谁普法”的要求，利用安全生产月、世界环境日、献血者日、全国土地日、国际禁毒日契机，到企业、学校、乡村、社区，多形式组织开展系列法律法规宣传活动。县依法治县领导小组法制宣传专项组于6月23日牵头组织县人大机关、县公安局、县司法局、县妇联等20个单位96人在县城中心城区集中开展法制宣传。在宣传月中，参与单位共81个、245人，宣传法律法规35部，发放宣传材料61600份、法律书籍4650本，展出展板140块，悬挂横幅标语33条，出动宣传车14辆次，播放宣传录音50场次，设咨询点41个，解答法律咨询495人次，受教育人数达4万余人。

华宁县2017年6月法治宣传月活动

【网络在线学法用法及考试】 2017年8月11日，县委组织部、县委宣传部、县司法局、县人社局联合下发《华宁县进一步加强国家工作人员学法用法制度的实施意见》。根据省司法厅要求，8月17日，转发了中共玉溪市委依法治市领导小组法治宣传教育组、玉溪市司法局《关于参加全省2017年度网络在线学法用法及考试工作的通知》，要求全县各乡镇（街道）、各单位组织干部职工参与全省在线学法考试。10月31日，县委组织部、县委宣传部、县司法局、县人社局又转发了市委组织部、市委宣传部、市司法局、市人社局《关于建立玉溪市领导干部和国家工作人员学法用法档案的通知》。2017年，全县2604人参加了网上在线学法，2441人参加了学法考试，参考率达93.64%，合格率达93.42%，平均分75.05分。

【领导干部法治讲座】 2017年7月20日，华宁县举办全县领导干部法治知识讲座，邀请市司法局局长李卫华、玉溪师院罗家云教授为全县350余名副科级以上领导，分别讲授了《深入学习党的十八届四中全会精神，落实"谁执法谁普法"责任制》和《中华人民共和国宪法》《中华人民共和国民法总则》。通红甸乡、青龙镇、盘溪镇等五个乡镇（街道）于7月25日至8月4日先后召开会议和开展法治讲座，及时贯彻落实县委7月20日召开的"华宁县法治宣传教育工作会议暨领导干部法治知识讲座"精神。10月30日，县政法委举办了2017年综治维稳、依法治县业务培训班，全县各成员单位、各乡镇（街道）、社区260余人参加培训。培训中，县综治办、维稳办、司法局、公安局领导针对综治维稳工作、网格化管理、反邪教知识教育、依法治国、群防群治等方面内容进行讲解，并安排了2017年综治工作考核事项。

【"国家宪法日"宣传活动】 2017年11月23日，县委宣传部、县委依法治县领导小组办公室、县司法局联合下发了《关于开展国家宪法日暨全国法制宣传日系列宣传活动的通知》。从12月1日开始，华宁县组织开展为期一个月的2017年"国家宪法日"系列宣传活动。一是"12·4"全国法制宣传日，全县各机关、政法部门、行政执法部门、乡镇（街道）和企事业单位悬挂宣传横标18条，开展学习宣传活动80余次，8400余人次参加学习，共学习法律法规20余部。二是12月5日，县委宣传部、县委依法治县办、县人大法工委和县司法局牵头组织县属21个单位在县城中心城区组织开展"国家宪法日"宣传活动。活动以"学习贯彻党的十九大精神，维护宪法权威"为主题，采取发放宣传材料及法律书籍、悬挂宣传布标、摆放宣传展板、开展现场法律咨询等形式，宣传宪法、交通安全法、环境保护法、法律援助条例、妇女权益保护法等20部法律法规。宣传活动中，组织了144人的宣传队伍参加宣传活动，发放宣传材料34000份、法律书籍1100本、展出展板32块、挂图200幅、挂历700幅、围裙800条、购物袋6400个、设咨询点20个、悬挂横幅标语20条，出动宣传车2辆，解答法律咨询270人次，使广大干部群众受到了法治教育。三是12月1—9日，各乡镇（街道）利用群众赶集的时机，组织开展了以宪法为核心、与群众密切相关的法律法规宣传活动，130人参加宣传，出动宣传车15辆，展出展板75块，悬挂挂图47幅，发放宣传资料11500份、法律书籍2450本，解答法律咨询560人次。四是县属各单位认真履行法制宣传主体责任和联系指导责任，深入到联系村、社区、学校、企业宣传宪法和法律，围绕新农村建设、化解矛盾纠纷、重大事件处置、安全生产、禁毒、防艾、妇女权益保护、丧葬改革等，讲授法律知识，提高村组党员、干部和代表的法律意识。截至12月18日，各单位共组织人员68人次到乡村、社区、企业、学校、景区、民族聚居地、小区等宣传法律知识121次。

【烤烟专项法制宣传】 2017年开展了烤烟生产收购专项法治宣传活动。成立以县司法局局长为组长，县司法局、县烟草专卖局各1名副局长为副组长的领导小组，负责烟草法制宣传、涉烟矛盾纠纷调处工作，并于3月初联合下发了《关于认真做好2017年烤烟生产收购及打击涉烟违法犯罪法规政策宣传工作的通知》，对烤烟法治宣传工作进行安排部署，要求所属各股、室、中心、处、所、站人员明确职责，各司其职，各尽其责，组织开展好涉烟法制宣传。2—10月，县司法局、县烟草专卖局在烤烟育苗、种植和收购期间，分3个阶段认真开展烤烟生产收购及打击涉烟违法犯罪法规政策宣传。组织200人次，先后9次开展以《中华人民共和国合同法》《中华人民共和国烟草专卖法》《烟草种子管理办法》为主要内容的专项法制宣传。共出动宣传车20辆次，深入全县烤烟主产区和9个烟叶收购站（点）、30个村委会（社区）及村民小组，采取张贴、散发宣传材料等形式进行宣传，张贴、发放宣传材料3万余份、挂历3000份，解答法律咨询358人次，出板报专栏75期，广播宣传64次，受教育人数达3万余人。宣传期间，充分发挥全县各司法所、法律服务所、调解会及400余名调解员扎根基层、贴近群众的优势，根据烤烟种植过程中反映出来的热点、难点问题，有针对性地开展法制宣传，提供法律服务，及时依法调处涉烟矛盾纠纷。

【法律进机关、进单位】 2017年，县属机关单位和各乡镇（街道）集中学法218次、法治讲座86次，12840人次参加学习了《中华人民共和国宪法》《中华人民共和国公务员法》《中华人民共和国保密法》《中华人民共和国行政诉讼法》《中国共产党廉洁自律准则》等30部法律法规和党纪法规。

【法律进学校】 2017年10月13日，县教育局、县司法局联合召开“法律进学校”工作推进暨培训会，安排部署法律进学校工作。会议对县教育局相关股室负责人、全县中小学法治副校长、各司法所所长共60人进行依法治国基本方略知识培训，并安排部署法律进学校工作。5月至10月，在全县中小开展法律进学校活动，组织法治副校长、各司法所送法进校园，向学生发放《中华人民共和国未成年人保护法》《中华人民共和国预防未成年人犯罪法》宣传资料共8200余份，张贴宣传画20幅，上法治课56次，使36200余名在校学生受到普法教育，部分学校还组织了学生家长参与。此外，利用“3·15”国际消费者权益日、“6·26”禁毒日、“12·4”宪法宣传日等节日或法律纪念日、颁布日，组织中小学师生观看禁毒防艾、防震减灾、环境保护、道路交通安全等法治展览118次，受教育师生53000余人次。与此同时，各学校开设了法治教育课，做到计划、课时、教材、师资四落实，采用法治主题班会、校园文艺会演、小品、舞蹈等形式开展法治教育，培养了青少年学法、守法的意识，进一步提高了师生的法律素质。

送法进校园活动

【法律进企业】 2017年5月22日，华宁县工商联举办《中华人民共和国劳动合同法》培训班，全县30余名民营企业家、劳资负责人参加了培训。9月15日，县工商联、县司法局在城关社区举办全县法律“三进”（进企业、进商会、进工商联机关）培训班，县委统战部、工商联机关干部、县工商联执委，乡镇（街道）商会、行业商会（会长、副会长、秘书长），企业代表、有关单位负责人共计130余人参加培训。县秀实律师事务所律师李茂昌从《中华人民共和国劳动合同法》的立法精神、劳动合同的订立及变更、合同违约责任、违约金等方面进行了讲解，对企业在用工中必须遵守和应该注意的问题作了详细讲解。10月27日，县工商联、县司法局在华宁大酒店举办法律“三进”专题讲座暨《中华人民共和国合同法》《中华人民共和国食品安全法》培训班。县食品加工行业商会、县餐饮行业商会、县柑橘商会负责人及会员，各乡镇（街道）商会负责人，县工商联、县司法局干部职工，相关单位负责人共60余人参加了培训。县供电公司组织员工参与玉溪市供电局的法律诊所活动，通过OA、邮箱、QQ群、电话等形式建立电网法律问题咨询网络，强化企业法律风险管理。1—3月组织开展法治文化网络培训，350余人参加了培训，学习了《中华人民共和国合同法》《中华人民共和国电力法》《中华人民共和国安全生产法》《电力设施保护条例》等。电信公司利用6月安全生产月的有利时机，组织全体职工认真学习了《中华人民共和国安全生产法》《中华人民共和国道路交通安全法》等9部法律法规。县农业银行年内组织20名女工参加了《女职工劳动保护特别规定》《中华人民共和国会计法》等相关法规知识竞赛，组织54名员工参加了普法考试，并利用营业网点电子显示屏开展了反假币、反洗钱法律知识宣传。

【法律进乡村】 2017年，县依法治县办和各单位根据农村的不同季节和不同特点，组织人员深入田间地头、进村入户开展法制宣传，增强农村党员、村组干部、农民带头遵纪守法的意识。县司法局5—8月深入宁州街道、盘溪镇、华溪镇等乡镇（街道）的新庄、各纳甸、方那、九甸、华溪等10个村（社区）开展宣传，进行法治知识讲座3次，散发宣传材料10000余份，展出展板15块，解答法律咨询500余人。2017年，县属各单位先后开展了防震减灾、禁毒防艾、道路建设、新农村建设、生态建设、妇女权益保护等一系列法治宣传活动，共出动宣传车27辆次，向广大干部群众散发宣传材料3万余份。利用农村法治学校、妇女学校平台，宣传了《中华人民共和国婚姻法》《中华人民共和国森林法》《中华人民共和国道路交通安全法》等20多部法律。组织青年团员、村组干部、妇女开展法治讲座41次，受教育群众3467人。各乡镇（街道）召开法制宣传群众会651次，出黑板报457期，张贴宣传标语13700条，法治文艺演出56场次，受教育干部群众达67200人次。

【人民调解】 2017年，全县共有各类人民调解委员会92个，其中，行业性、专业性调解委员会12个、乡镇（街道）调解委员会5个、村级调解委员会75个。年内，县司法局认真贯彻落实“调防结合、预防为主”的人民调解工作方针，充分发挥人民调解工作在维护全县社会和谐稳定中的职能作用，认真做好节假日、“两会”及中共十九大期间矛盾纠纷的排查调处工作。2017 年，全县各级调解组织共排查纠纷 687 件，预防纠纷 155 件，参与相关部门调解社会矛盾纠纷 83 件，疑难、复杂纠纷 37 件，代表基层人民政府调处纠纷 26 件，全年共受理纠纷 2323 件，调解纠纷 2323 件，调解成功 2294 件，纠纷调解率达 100%、成功率达 98.7%。年内 5 个乡镇（街道）开通人民调解实务微博，共发布微博数 4334 条，粉丝达 755 人，关注 1063 人。

【村级人民调解委员会规范化建设】 2017 年，县司法局投入资金 6 万元，按照“先行试点、建立示范，以点带面、全面推动”的工作思路，在全县 5 个乡镇（街道）选择了基础好、具有代表性的 12 个村级调委会开展规范化建设，分别是：宁州街道的右所社区、新庄社区、新城村委会；盘溪镇的东升社区、乐士堂社区；青龙镇的青龙社区、革勒村委会、紫马龙村委会；华溪镇的华溪社区、甫甸社区；通红甸乡的通红甸社区、所梅早村委会。至 11 月 30 日，12 个村级规范化调解会建成并投入使用。

【以案定补】 县司法局认真落实“以案定补”奖励机制，充分调动全县广大人民调解员的工作积极性，确保奖励经费兑现到每一名调解员手中，确保县配套经费落实到位。2017 年，人民调解“以案定补”经费全部由县司法局财务人员通过银行部门兑付到调解人员个人账户。全年共兑付案件 2078 件，兑付经费共计 158320 元。

【社区矫正】 2017 年，接收社区矫正人员 96 人，解除矫正 143 人，在册列管 134 人（其中，缓刑 121 人、假释 9 人、暂予监外执行 4 人）。全县社区矫正工作在县委、县政府的正确领导和市司法局的指导下，认真贯彻落实《社区矫正实施办法》和《云南省社区矫正实施细则》，围绕“监督管理、教育矫正、帮困扶助”三项工作任务，创新工作机制，强化工作措施，社区矫正工作步入规范化正规化发展轨道。认真抓好社区矫正信息化监管平台建设，矫正对象信息录入率达 100%，加强教育监管和帮困扶助，每周口头或电话汇报、每月个别走访、集中教育、每季度提交社区服刑季度小结，通过案例讲解、发放资料、观看警示教育视频等方式开展教育活动。全年开展 30 次社区矫正对象集中教育、公益劳动，共 352 人次参加。严格执行惩处制度，年内对不按时报到、不按时参加社区矫正对象集中教育、公益劳动、受治安处罚等原因的 25 人做出警告处分。认真办理矫正衔接、矫正执行、监督管理、考核奖惩、矫正解除等工作，档案、台账完整。定期开展检查，年内由分管社区矫正工作的副局长带队，社区矫正中心工作人员参加，先后 4 次对 5 个司法所的社区矫正工作进行执法检查。与此同时，玉溪市检察院和市司法局组成的联合检查组，先后 3 次对华宁县的社区矫正工作进行执法检查。2017 年，县司法局社区矫正中心接受监狱、法院委托对 8 件拟假释案件、1 名犯罪嫌疑人进行调查评估，所提意见和建议全部被采纳。

【安置帮教】 利用刑释人员信息管理系统，加强与监所沟通对接，做好出监所人员的信息对接，共同做好服刑人员的思想稳定工作。加强与村组干部的配合和与相关部门的联系，理清对接工作程序，按要求将刑释通知单与出监所交接单送达村（社区）及家属，确定接送人，落实必接必送制度。2017 年实现 5 名重点帮教对象必接必送，其中 1 名特殊对象由县司法局直接到省一监接送到户籍所在地青龙社区。对有重新犯罪倾向、“三无”人员、未成年及生活特别困难等重点帮教对象，采取跟踪帮教、结对帮教等措施，密切掌握其思想动态和行动去向，发现并解决出现的问题。经县司法局多方协调联系，为历年来接收的 2 名“三无”人员妥善解决了吃住问题。春节前，县安置帮教办组织人员走访、慰问 12 名矫正对象、刑释回籍困难人员，每人发放慰问金 300 元。

2017年，全县新接收安置帮教人员263人，其中，刑满释放117人，社区矫正期满解矫转帮教146人，帮教率达100%、安置率达98%，重新违法犯罪率低于3%，无严重危害社会稳定、造成恶劣社会影响的重大刑事案件发生。截至12月30日，全县在册安置帮教对象859人，衔接率达100%、安置率达98%，无脱管、漏管人员，无重新犯罪情况。年内组织6名监狱服刑罪犯家属开展远程探视帮教，6户家庭与监狱服刑亲属完成了探视会见帮教。

【法律援助】 2017年，深入贯彻落实《玉溪市关于完善法律援助实施意见》精神，积极争取县委、县政府的重视，研究、讨论、下发《华宁县完善法律援助制度实施意见》，有效落实政府购买县法律援助中心、乡镇（街道）法律援助工作站公益性岗位13个，并于6月15日前公开招录分配到岗。充分发挥法律援助中心、法律援助工作站的作用，整合公证、律师、基层法律服务、人民调解等法律资源，全方位开展法律援助工作，做到应援尽援。全年共办理各类法律援助案件189件（其中，刑事96件、民事93件），受援人数189人，兑现法律援助案件补助经费17.33万元。

【公证工作】 县公证处开辟新证源，巩固发展公证工作。2017年，共办理各类公证1535件（其中，民事公证1305件、经济事项公证230件），公证事项涉及标的额达2.6亿元，提出法律建议87条，被采纳80条，代写与公证事项有关的法律文书1300余件，免费解答法律咨询5300余人次，及时调处公证事项履行过程中产生的各种纠纷，无一件发生激化和转化。

【公证体制改革】 按照司法部、省司法厅、市司法局对公证体制改革的要求，县司法局领导积极向县委、县政府分管领导、县委编办、县人社局、县财政局主要领导汇报协调改革事宜。经过不懈努力，县委编办于2017年12月15日下发了《关于调整云南省华宁县公证处机构编制事项的批复》，将华宁县公证处从生产经营类事业单位改革为公益二类事业单位，核定事业编制3名、设主任1名（相当于股所级），在全市县区级公证机构改革中率先完成改革。

【律师工作】 2017年，加强执业律师职业道德、执业纪律、执业素养的学习和教育，完善律师执业权利保障，改善执业环境，开拓创新，开辟新的服务领域，抓好律师和律师事务所年度检查考核，认真抓好秀实律师事务所合伙制改制工作，完善内部管理，积极推进律师事务所规范化建设，促使其发展上规模、上档次。全县2个律师事务所9名专职执业律师和2名辅助人员，全年代理民事诉讼88件，刑事案件28件，办理法律援助案件167件，担任法律顾问21家，代写法律文书43件。

【基层法律服务】 2017年，提高对乡镇（街道）法律服务所性质、地位、作用的认识，切实增强做好乡镇（街道）法律服务工作的紧迫感和责任感。投入资金1万元，支持盘溪法律服务所改善办公设施及办公条件。加强基层法律服务队伍建设及工作者的教育管理，积极构建面向广大农村的基层法律服务体系，不断满足广大基层人民群众对法律服务的需求。全县5个法律服务所全年共调解纠纷15件，代理诉讼29件、非诉讼事务1件，承办法律援助案件3件，为当事人挽回经济损失2万元，解答法律咨询619人次。

【公共法律服务中心建设】 2017年，县司法局认真贯彻落实“全省公共法律服务体系建设推进会”精神，投入资金近20万元，9月上旬开工、11月底竣工，建成华溪镇、青龙镇公共法律服务中心和盘溪镇乐士堂社区公共法律服务中心，并投入使用。投入使用后的公共法律服务中心包括法治宣传教育服务、基层法律服务、人民调解服务、法律援助服务、社区矫正及安置帮教服务等窗口，实现了服务功能的拓展、服务环境的改善、服务机制的创新。使原先较为单一的服务转化为综合服务，打造“一站式”法律服务平台，实现“群众进一扇门，办好司法行政所有事”，为群众提供了快捷、方便的法律服务。

【业务培训】 为进一步提高全县司法行政系统全体干部职工的政治理论、法律知识，增强法治意识，提高依法行政的能力和水平。2017年7月27—28日、9月27—28日，县司法局先后2次组织全系统干部职工、社区矫正协勤人员、法律援助公益性岗位人员、公证员、律师、乡镇（街道）法律服务工作者共63人在县委党校集中培训，培训了《党的纪律和作风建设》《“四个全面”战略布局》专题理论学习、司法行政机关职能任务学习、社区矫正及法律援助业务培训、档案、保密、烟草、禁毒、统战、民宗、反邪教、预防艾滋病法律法规。

华宁县司法局在万松山爱国主义教育基地开展党史教育活动

【走访慰问困难党员、群众】 2017年1月5—9日，县司法局由局领导带队，深入5个乡镇（街道）12个村（社区）12个村民小组及联系点盘溪镇乐士堂社区4个小组，走访慰问困难群众家庭10户、社会服刑人员困难家庭10户、刑满释放人员困难家庭2户，在2017年春节前慰问22户困难群众，每户送去慰问金300元，送去党和政府及县司法局全体干部职工的关怀与温暖，帮其度过一个欢乐、祥和的春节。6月27日，在建党96周年到来之际，县司法局党支部以联系点困难党员和联系户的冷暖为己任，组织系统内全体党员、在职在编干部职工每人捐款100元，共捐款2400元，购买大米和食用油，开展“七一”走访看望困难党员和联系贫困户，给困难党员和联系贫困户送上党组织及党员的节日关怀和慰问。走访看望组先后深入2户困难党员、8户贫困户。8月31日，系统内党员、干部职工自愿向患病联系户赵爱玲捐款4400元。

【表彰奖励】 2017年2月，县司法局2016年度社会治安综合治理工作被县委评为优秀单位；4月，县司法局被县委、县政府评为“六五”（2011—2015年）普法先进单位，县司法局法治宣传教育股股长柯家红、宁州司法所所长张铭、华溪司法所所长马明英、盘溪司法所司法员范宗勇被评为“六五”（2011—2015年）普法先进个人，道路交通安全工作被县人民政府评为先进单位；5月，盘溪镇新村村委会调解主任刘建华被司法部授予“全国模范人民调解员”称号；7月，华溪司法所被省司法厅评为“省级规范化司法所”。

（李妍青）

责任编校　冯　惠

军　事

武　装

【概　况】 2017 年，武装部党委在军分区党委的正确领导下，深入学习贯彻中共十九大精神，认真学习践行习近平主席强军思想，以迎接学习贯彻十九大精神为主线，坚持聚焦大事奋力推进主责主业，坚持服从大局确保调整改革落地，坚持把握大势从严管党治党，坚持服务大局维护保持安全稳定，人武部全面建设呈现出向上向好的发展态势。

【思想政治建设】 2017 年，武装部党委坚持把学习贯彻习近平主席新时代中国特色社会主义思想作为首要政治任务抓紧抓实。在深化理论武装中立根固本，扎实开展党委中心组带机关理论学习，分阶段推进、分专题研讨、分层次学习。认真参加省军区和军分区理论培训，观看国防大学、军事科学院专家教授录像辅导，集中组织学习讨论，人人写出心得体会。十九大召开后，按照学懂弄通做实的要求，研究制定学习贯彻十九大精神实施计划，在高标准完成“规定动作”上下实功，采取集中领读、个人自学、讨论引导等方式，原原本本、反反复复学习十九大报告和党章，兴起学习宣传贯彻热潮。在强化教育引导中坚定信念，扎实开展“维护核心、听从指挥”主题教育，落实四个专题学习教育，组织观看《将改革进行到底》《辉煌中国》《强军》《不忘初心、继续前进》等电视专题片，切实运用赞颂新成就、展示新面貌这个载体，打牢忠诚核心、拥戴核心、维护核心这个根本。在经常性教育中纯正思想，扎实抓好形势政策、“四反”和法纪警示教育，突出一人一事的经常性教育，协调驻地国家安全机关为单位开展隐蔽斗争形势辅导，积极打好了意识形态领域斗争主动仗。

【党风廉政建设】 2017 年，武装部党委注重以上率下，坚持常抓不懈，强化分类指导，不断教育督促党组织和党员坚强党性、履行职责、发挥作用。扭住常态关键抓党性，以“两学一做”为基本内容，以“三会一课”为基本制度，以党支部为基本单位，以党员干部为重点，积极推进“两学一做”学习教育常态化制度化，针对性解决组织观念不强、发挥作用不够等 3 个方面 7 个具体问题。突出“关键少数”抓教育，认真传达学习上级关于党风廉政建设的文件精神，集中观看《浴火·强军》警示教育片，跟进开展廉政党课和警示教育，让党员干部受警醒、明底线、知敬畏，坚决与郭伯雄、徐才厚划清界限，从思想根源上切除病灶、肃清余毒影响。紧盯热点问题抓整治，落实廉洁征兵制度规定，组织县征兵工作领导小组成员专题学习廉洁征兵“十条纪律规矩”，面向社会公示廉洁征兵举报电话和定兵人员名单，对应征青年本人和家长进行回访调查，确保公开公平公正处理敏感热点问题，全县征集新兵 60 名没有出现廉洁问题。

【战备训练】 2017年，武装部党委坚持以国防动员使命任务牵引推进双应准备，以能打胜仗为标准，以实战化训练为重点，严格训练、扎实备战。狠抓战备基础建设，深入开展形势战备教育，常态落实值班员24小时值守制度，修订完善抢险救灾、处突维稳、应急动员三类预案，投资10余万元用于购置180人的民兵训练物资，不断提高战备建设水平。狠抓基础科目训练，干部突出组织指挥和业务技能训练，职工重点组织共同课目和专业基础训练，人武部每月制定训练计划，主官每周进行训练值班，干部每天组织训练带班，切实把早操、体能、业务等训练时间管紧落实。狠抓使命课题训练，以推动训练向应急应战靠拢、向能打胜仗聚焦，10月底，全程参与组织指挥华宁县地震应急演练，组织县民兵常驻分队、宁州街道民兵应急排参加军警民联合抗震救灾实操演练，通过军地密切协作训练，重点掌握力量运用、指挥协同、特情处置等内容，为应对地震、山体滑坡等突发事件奠定坚实基础。11月下旬至12月上旬，积极克服冬季艰苦环境和年底工作叠加繁多的影响，坚持从使命任务出发，组织民兵应急连开展10天、9个科目的军事训练集训，实实在在提高了战争支援保障行动能力，延伸拓展了非战争军事能力。

【国防后备力量建设】 2017年，武装部党委围绕解决国防后备力量建设中存在的矛盾问题，大力推进国防后备力量建设创新发展。拓展国防教育广度，协调地方宣传、教育等部门，将国防教育内容纳入党政领导干部教育培训计划，纳入初高中生思想政治教育课程，纳入主流媒体及新媒体宣传推送内容，厚植全社会爱国拥军情怀。增进参军报国温度，以学习宣传贯彻习主席给南开大学新入伍大学生回信精神为主线，组织力量编写国防教育教案，制作宣传展板，抓住大学生寒暑假返乡、高中新生入学军训、毕业生填报志愿等时机，集中开展国防教育进校园、进社区、进村寨活动，受理咨询300余条，印制兵役登记指南1200册、公告120张，征兵宣传手册1250份，广泛掀起参军报国热潮。提升适龄青年入伍热度，抓实征兵工作组织领导，抓细省市县参军入伍优待金兑现落实，抓好对退伍就业安置优惠政策落地执行的督促，抓紧推动县级优待金增长、退伍创业扶持等措施进入党委政府议事日程，有效增强适龄青年参军入伍吸引力，圆满完成年度新兵征集任务，华宁籍新兵未出现一例退兵。

【后勤保障】 2017年，武装部党委坚持后勤管理制度规定，严格落实经费的审批程序和审批权限，严把预算、审计、审批“三关”，加强经费管理，确保经费用于必需，用之得当，发挥出最大效益。开展构建节约型军营活动，制定《华宁县人武部厉行节约反对浪费措施》，完善压减行政消耗性开支、严格公务用车、严控公务接待等，从源头上制止铺张浪费。积极探索营门安保、生活保障、营区物业等社会化保障路子，不断提高精细化保障水平。开展“安全行车”专题教育，严密组织驾驶员管理，人人签订“安全驾驶承诺书”，提高了军车运行安全系数。

【安全稳定】 2017年，武装部党委坚持把安全稳定工作作为改革转型期间的固本工程来抓。全员全岗齐动员，结合改革实践与迎接学习贯彻十九大进程，先后广泛开展“百日安全竞赛”“迎接贯彻十九大　安全稳定做贡献”活动，组织干部职工学习熟知安全法规文件，邀请国安、网监、交警等地方专家授课，切实增强干部职工履行“三责”的内在自觉。严防严治保稳定，扭住“人车枪弹密集网”等重点领域，着力在完善制度抓规范、强化检查抓监督、紧绷底线抓执纪上下功夫，严密杜绝不安全的行为和事件，有效消除不安全的状态。围绕应对突发事件，开展安全问题预想，做实做细应对预案，组织针对性训练和检验性演练，使部队安全防范能力得到有效提高。群策群力除隐患，以迎接上级安全检查为契机，围绕14个方面53项具体内容，按照自查自纠、普查抽查、整改落实的步骤，发动全部人员认真开展拉网式隐患大排查，专题组织迎接十九大安全大检查，对清查出的问题矛盾和风险点，立知立行、即知即改，有效消除安全隐患。

【双拥工作】 2017年，武装部党委利用民兵集训、下乡扶贫等时机，向民兵预备役人员、扶贫联系点村委会群众宣讲十九大精神，组织少年军校学员开展爱国教育。在完成任务中当好突击队，派出11名应急民兵在3个点执行烤烟堵卡任务，出动民兵600余人次参加防汛防涝、环境保护等工作，受到了地方党委政府和人民群众的高度赞誉。做好联系群众的工作队，组织干部职工与扶贫联系点困难群众开展一对一帮扶活动，今年以来投入经费7万余元，捐赠大米400千克、食用油100斤，圆满完成联系点21户困难群众脱贫任务。

【先进集体和个人】 2017年12月，华宁人武部被军分区表彰为“践行强军目标先进单位”和“安全稳定工作先进单位”，人武部军事科参谋杨富超同志被军分区表彰为“爱军精武标兵”。

（杨汝清）

责任编校　冯　惠

农业与农村经济

农 业

【概 况】2017年，华宁县农作物播种面积48.9268万亩，其中，粮食作物17.6401万亩，经济作物面积31.2867万亩。实现农林牧渔业总产值305905万元，比上年286956万元增加18949万元，增长6.6%；实现农村居民人均可支配收入12723元，比上年11693元增长1030元，增长8.8%；实现农业增加值192358万元，增速达6.45%；种植蔬菜195133亩，实现蔬菜产量32389万千克，产值57083万元。出栏肉猪375804头，肉牛37866头，肉羊47734只，家禽出笼3013959只，实现肉蛋奶总产量4824.4万，同比增长6.5%，畜牧业产值9.78亿元，同比增长5.7%。全年新植柑橘2680亩，累计种植柑橘10.65万亩，总产量总产量250830.2吨，总产值8.61亿元。渔业产量156万千克，产值5600万元。

【粮油作物高产创建和农作物生产科技措施落实】2017年，全县实施了25.15万亩农作物间套种、2.22万亩粮油作物高产创建、6.7万亩地膜覆盖、10.2万亩良种推广、晚秋粮食6万亩、玉米“三干”播种6.5万亩、20.56万亩测土配方施肥、0.4万亩集中育苗、水稻机插秧示范0.04万亩、60万亩次农作物病虫害防控、有机肥替代化肥试验示范、5000户科技入户培训等科技措施，为华宁县粮食增产、农民增收奠定了坚实基础。

【中低产田（地）改造】2017年，全县投资1600万元，完成中低产田（地）改造1.2万亩。其中，农业部门完成投资400万元，改造中低产田（地）4160亩。

【农作物病虫草鼠害防治和农产品质量安全整治】2017年，县农业局共及时、准确地发布病虫发生预报信息12期1120份，测报准确率达97.6%。发生病虫草鼠害105.84万亩次，防治病虫害171.91万亩次，挽回农作物损失2656.56吨。分别在蔬菜、玉米、烤烟和柑橘上实施绿色防控示范面积233880亩次，其中，性诱剂诱杀面积16950亩次，杀虫灯诱杀面积65710亩次，色板（黄板和蓝板）诱杀面积20960亩次，生物防治（释放蚜茧蜂）116240亩次，推广生物农药防治14020亩。在小麦、玉米、水稻、蔬菜、烤烟和柑橘等作物实施统防统治539700亩次，其中，小麦40120亩次，玉米12010亩次，水稻1380亩次，蔬菜34740亩次，烤烟130090亩次，果树321360亩次。进行农药残留快速检测33个批次72个品种，检测样品1777个，抽样合格率达98.08%，配合市农业局对华宁县辖区的农产品生产基地、农民专业合作社、农贸市场的蔬菜、水果、畜禽肉蛋、水产品等鲜活农产品进行6次监督抽查，共抽样60个批次送检。4个乡镇共组织4次柑橘病虫害统防统治，参加统防橘农48375户次，统防面积356217亩，统防率97.1%。

【对农产品产地环境和农业投入品日常监管】 2017年，在春耕备耕、传统节日，中央、省、市、县重要会议等关键时节，由县农业局牵头，联合县公安局、县法院、县检察院、县市场监管局、县供销社等农资打假成员单位组成联合检查组，共出动执法人员407人次，检查农资经营市场81个次、各类农产品生产企业和农资生产经营企业、单位、网点1663户次，立案查处5起，罚款0.85万元。在重要节日、全国"两会"和省、市、县重要会议期间对全县集镇农资市场、农资产品和超市农产品进行专项检查。重点检查农资经营户的证照、农资的进销台账、农资商品的标签及有效期等，从源头上杜绝假冒伪劣、过期等不合格农资商品上市。净化了农资市场，确保了食用农产品的质量安全。

【创办种植业示范样板】 2017年，创办百亩以上连片蔬菜核心区34个9110亩、千亩烟后菜示范样板1200亩；以盛泉、万豪、龙华、兴泉等公司为龙头，通过订单农业形式，打造千亩以上连片的蔬菜生产展示区13个14900亩。油菜样板2个600亩。天门冬等中药材种植示范10809亩。

（普　艳）

农村经济管理

【概　况】 2017年，华宁县农村经济工作紧紧围绕全面深化农村土地承包经营权确权登记颁证、农村集体"三资"管理、农村土地承包经营及流转、农村土地承包合同管理与纠纷仲裁、农民负担监督管理、家庭农场发展、农民专业合作社建设等工作主线，深入调查研究，抓住主要矛盾，加强协调配合，创新方式方法，推动多种经营方式共同发展，推进新型农业经营体系加快构建。

【农村经济基本情况】 2017年，全县有5个乡镇（街道），75个村（社区）委会（数据不含海关、海镜），629个村（居）民小组，总农户53767户，农业总人口180799人，农村劳动力141934人。农村集体所有农用地总面积1463249亩，人均占有8.09亩。其中，耕地158356亩，人均占有0.88亩；园地26120亩，人均占有0.14亩；林地488311亩，人均占有2.7亩；草地744568亩，人均占有4.12亩；养殖水面4373亩，人均占有0.02亩；其他面积41521亩，人均占有0.23亩。

【农村土地承包耕地流转】 2017年，华宁县家庭承包经营的耕地总面积143193亩，农业家庭承包经营的农户47432户，家庭承包合同份数47032份，颁发土地承包经营权证书46893份，机动地面积391亩。家庭承包耕地经营权流转面积26667亩，占承包耕地面积的18.62%，其中，出租（转包）25359亩，转让3亩，互换366亩，股份合作5亩，其他形式流转934亩。从流转去向来看：流转入农户面积19320亩，流转入合作社面积234亩，流转入企业面积6976亩，流转入其他主体面积137亩。流转用于种植粮食作物的面积11854亩。流转出承包耕地的农户6394户，签订耕地流转合同6362份，签订流转合同的耕地流转面积22047亩，土地规模经营（50亩）以上有20263亩。

【农村承包土地权属争议纠纷现场调解处】 2017年，随着农村土地承包经营权确权登记颁证工作不断深入，县与县交界的农村土地承包地块权属争议集中显现。为保证农村土地承包经营权确权登记颁证工作顺利推进，华宁县土地确权办于12月22日联合通海县土地确权办，组织有承包地块权属争议的村、组（咱乐村委会、法果村委会、吗达村委会、五瑙山村民小组）60多名农户到咱乐村委会进行土地权属争议调解。现场调解权属争议问题23件。

【农村承包土地纠纷仲裁庭建设】 2017年11月，华宁县农村承包土地纠纷仲裁庭建设完工，仲裁庭、合议调解室、案件受理室、档案会商室"一庭三室"，总投资38.5万元。

【召开财政支农政策培训暨农经工作会】 2017年12月，华宁县农经局联合华宁县财政局，组织全县县、乡（镇）两级从事农经工作的人员，召开财政支农政策培训暨农经工作会。会议主要内容：党的纪律和作风建设、财经政策法规、公文写作、会计资料装订、村集体经济组织会计核算的方法和程序、会计报表编制、会计档案的管理、会计电算化软件操作规程、2017年农经工作总结及2018年的计划。

【家庭农场】 2017年，华宁县在农业部门备案的家庭农场69个，按行业分布情况划分，其中，种植业44个，畜牧业22个，种养结合的3个。家庭农场经营土地面积4348亩，劳动力244个，其中，家庭成员劳动力178个，常年雇工劳动力66个。家庭农场年销售农产品总值1305万元，购买农业生产投入品总值2292万元。年内获得市级财政扶持的家庭农场9个，扶持资金9万元。

【农民专业合作组织】 2017年，华宁县在农业部门备案的农民专业合作社97个，按从事行业划分，其中，种植业专业合作社70个，林业专业合作社11个，畜牧业专业合作社13个，服务业专业合作社3个。加入农民专业合作社的成员数10920个，带动非成员农户24058户。年内获得扶持资金的农民专业合作社2个，扶持资金4万元。全县农民专业合作社统一销售农产品总值17949万元，统一购买农业生产投入品总值703万元，培训成员数17193人次。

【农民负担情况】 2017年，全县农民上交集体各种款项60万元，其中，土地承包金43万元，共同生产费用16万元，其他款项1万元；农业生产性收费总额149万元，其中，农业灌溉水费80万元，农业灌溉电费69万元；行政事业性收费总额22万元，属农机、摩托车、三轮车和低速载货汽车收费；政府补贴补偿总额2053万元，其中，农业支持保护补贴1003万元，农机具购置补贴219万元，退耕还林还草补贴307万元，其他补贴524万元。

【农村集体资产财务管理】 2017年，全县5个乡镇（街道），75个村（社区）委会，629个村（居）民小组，都实行了农村集体“三资”委托代理制。村组两级集体资金14799万元，比2016年的14244万元增555万元。委托代管资金14799万元，其中，代管村委会资金4715万元，代管村民小组资金10084万元。成立乡（镇）级委托代理机构5个，人员38人，配备电脑31台，全部实行电算化。

【村集体经济组织收益分配及资产负债】 2017年，村集体经济组织总收入8275万元，其中，经营收入80万元，占总收入的0.97%；发包及上交收入909万元，占总收入的10.98%；投资收益20万元，占总收入的0.24%；补助收入3766万元，占总收入的45.51%；其他收入3500万元，占总收入的42.3%。总支出5993万元，其中，经营支出45万元，占总支出0.75%；管理费用2632万元，占总支出的43.92%；其他支出3316万元，占总支出的55.33%。本年收益2282万元。2017年无经营收益的村（社区）委会全县共68个，占全县75个村（社区）委会的90.67%，有收益的村（社区）委会7个，占全县75个村（社区）委会的9.33%；有经营收入的村（社区）委会45个，占全县75个村（社区）委会的60%，无经营收入的村（社区）委会30个，占全县75个村（社区）委会的40%。

2017年，村集体经济组织资产总额50581万元，其中，流动资产16326万元，农业资产80万元，长期资产34175万元。2017年，村合作经济组织负债及所有者权益总额50581万元，其中，流动负债2088万元，长期负债769万元，所有者权益47724万元。

（李　玮）

农村能源

【沼气池建设】 截至2017年年末，全县累计建成户用沼气池36953口，覆盖全县5个乡镇；大型沼气工程3座，建设项目总投资1051万元，争取中央资金420万元，市级配套资金14万元，企业自筹资金617万元，其中完成1000立方米1座，在建800立方米2座。养殖小区沼气池10口，其中100立方米5口，50立方米5口。开展对全县沼气用户的安全知识宣传培训，举办沼气村级服务网点安全知识培训班1期，培训技术人员120人。利用广播、科技下乡、宣传资料发放等多种沼气安全知识宣传方式，发放宣传资料53600份，使沼气安全生产知识进村入户、进校园，全年无沼气安全事故发生。

【农村太阳能项目建设】 2017年，农村省级太阳能热水器安装项目700套，总投资168万元。其中，省级补助资金70万元，农户自筹资金98万元。实施地点为全县4个乡镇，涉及群体包括扶贫开发贫困建档立卡户、危房改造户等。

【"三品一标"开展情况】 坚持把农业产业化与标准化、现代化、生态化有机结合起来，通过调优作物种植结构，依托农业龙头企业、农民专业合作社、家庭农场，积极开展"三品一标"认证申报工作，以"认证"带动农业生产标准化建设，提高农产品品质。2017年，申报绿色食品认证1个，为云南省华宁县同盛经贸有限责任公司核桃1200余亩148吨。截至2017年年末，全县取得无公害农产品认证证书16个，绿色食品认证证书4个，地理标志证书2个。

（段海斌）

农　机

【组织实施春耕备耕】 2017年春耕从3月上旬开始，至5月上旬结束。农机部门组织检修农机具12640台次，农机技术人员下乡150人次，共有大中型拖拉机99台、配套机具234台、微耕机12378台次、抽水机9128台投入到农田作业中，完成机耕面积13.52万亩。

【实施中央购机补贴项目】 2017年华宁县申报国家补贴资金规模为300万元，批准实施资金300万元，2016年结余资金0.1206万元，补贴资金合计共300.1206万元。

补贴项目自2017年7月初开始实施至12月底结束，县农机管理站利用网络、短信和通告等方式开展宣传，把补贴通告公示在华宁县政府信息公开网上，纸质通告张贴到自然村。

按照《农业机械购置补贴专项资金使用管理暂行办法》的有关规定，规范操作，严格管理，完成补贴资金规模300.097万元，其中，中央农机购置补贴资金260.097万元，农机深松整地作业补贴40万元。

中央农机购置补贴资金260.097万元，受益户数480户，带动农户投入资金635.939万元，补贴机具数量518台，其中，微耕机221台，补贴资金17.42万元；旋耕机3台，补贴资金0.56万元；果蔬烘干机290台，补贴资金229万元；简易保鲜储藏设备1台，补贴资金1.287万元；动力机械3台，补贴资金11.83万元。

农机深松作业面积完成10000亩，补贴资金40万元，受益户数2160户。

【农业机械总动力】 通过一年的推广工作，华宁县的农机化水平得到了大幅提升，农机化作业面积达到77.11万亩，耕种收综合机械化水平达到50.02%，农机总动力达35.65万千瓦。

【组织农机安全学习】 2017年，县农机管理站积极组织全县的农机手参加农机安全学习243次，学习人数10246人，发放宣传材料11000份。

【加强拖拉机静态管理】 2017年，核发拖拉机驾驶证108本，办理各种补证2本，办理审验换证529本，办理拖拉机注册登记4台，注销登记3台。在涉及农机监理收费中严格执行收费标准，做到"未经批准不收费，未经公示不收费"，实行"政务公开，办事程序公开"，为机手提供优质服务。

【加强拖拉机动态管理】 2017年，开展农机春运安全宣传和检查，出动执法人员20人次，检查农机销售、维修网点45家，发放宣传资料3000份。在全县开展农机安全生产大检查2次。组织监理执法人员48人次，出动车辆12台次，开展农机春耕备耕安全生产检查。

【开展“六月农机安全生产月”宣传活动工作】 2017年，组织监理人员和宣传车到全县5个乡镇，开展农机安全生产宣传。共出动农机工作人员20人次，宣传车5辆次，展出警示图片展板30张次，发放宣传资料3000份。组织单位职工学习应急救援知识和《华宁县重特大农机事故应急救援预案》，与相关部门开展应急演练。

【拖拉机及驾驶员年度检审】 为切实解决影响和制约农机安全生产的突出问题，防止农机重特大事故的发生，有效保护人民群众生命财产安全，促进农机安全生产，结合2017年拖拉机及驾驶员年度审验工作，华宁县农机、公安、交警部门联合在全县三镇一乡一街道办组织召开农机安全生产工作会。在全县检审宣传工作中共发放检审告知书2400份，送检验下乡共检拖拉机1935台，签订交通安全责任书1935份。

【整顿农机市场】 2017年，开展农资打假10次，出动执法人员50人次，检查经营企业24个次，农机专业合作社1个，发放农机质量宣传资料6000份。

【变形拖拉机整治】 2017年，制定了《华宁县变形拖拉机整治工作方案》，完成对变形拖拉机的档案清理，共有1570台拖拉机脱检，其中，一年脱检拖拉机362台；二年脱检拖拉机232台；三年以上脱检拖拉机976台，完成档案与监理系统相关数据核对。

组织农机工作人员开展入户调查登记和整治政策宣传，累计出动工作人员90人次，发放告知书1570份，收回告知书回执1570份，发放变形拖拉机整治宣传资料1570份，入户调查登记脱检变形拖拉机1570台。

【水稻机械化育插秧推广】 2017年，市级下达推广任务400亩，完成推广面积410亩，其中，宁州街道办210亩、盘溪镇80亩、青龙镇120亩。

【农机事故应急救援演练】 2017年11月8日，为检验农业及其农机监理部门处置突发农机事故的能力，提升农机监理人员处理农机事故的实际操作水平，查找存在的问题和不足，组织开展农机事故应急救援演练活动，该活动得到了华宁县安监局、华宁县交警大队、华宁县120急救中心、华宁县财产保险公司等部门的大力支持。

【“平安农机”创建】 根据《玉溪市“十三五”时期创建“平安农机”活动实施方案》文件精神，与安监部门联合制定了《华宁县“十三五”时期创建“平安农机”活动实施方案》。2017年，组织开展“平安农机”示范县申报工作，推荐农机监理岗位标兵4名。经云南省农业厅和云南省安全生产监督管理局进行综合考评，华宁县被评为“平安农机”示范县，杨兴平、郭水全被评为农机监理岗位标兵。

（钟　静）

农技推广

【确定基层农技人员】 2017年，县、乡两级共100名基层农技人员参与项目（县级58名、乡镇42名），其中，柑橘等产业75人（柑橘66人，蔬菜9人），生猪产业25人。

【组建专家组建设示范基地】 2017年，围绕县委、县政府确定的柑橘、生猪2个主导产业，建设农业科技试验示范基地2个，圆满完成指标任务。基地分别是华宁县农业局亚热带水果示范园柑橘示范基地、华宁华大牧业公司生猪示范基地。

【培育示范主体】 2017年，培育农业科技示范主体502户（整村推进309户），圆满完成指标任务。柑橘等产业377户（整村推进285户），其中，柑橘332户，蔬菜45户。分布为盘溪镇129户、华溪镇110户、青龙镇61户、通红甸乡32户、宁州街道办49户。生猪产业125户（整村推进24户），分布为宁州街道办59户、盘溪镇20户、华溪镇10户、青龙镇26户、通红甸乡10户。

【项目物化补助发放】 2017年，项目物化补助经县招标办同意，批准为单位询价采购，已严格按照相关程序，实行合同订购，统一足额全部发放到示范主体和示范基地。

【加强基层农技推广体系建设】 2017年，按照全国基层农技推广体系改革与建设项目的要求，设置乡（镇）农技推广中心5个（其中加挂农技站、畜牧兽医站牌子），单位人事和行政权隶属当地乡（镇）人民政府，技术指导由县农业局负责。核定了人员编制，明确了公益性职能，人员经费和工作经费纳入县级财政预算，建立健全了人员聘用、推广责任、工作考评、人员培训等工作制度，具有相应的事业单位法人资格，对办公用房进行改扩建设，对检测设备和办公设备进行更新，提高服务现代农业的技术装备水平，改善基层农业技术推广条件，每个乡镇农技推广单位都有独立办公场所及交通工具。

【筛选主导产业、主导品种、主推技术】 2017年，根据项目要求，结合华宁县高原特色农业生产实际，由县委、县政府确定柑橘、生猪2个产业为华宁县农业发展主导产业。针对2个产业，通过专家组的遴选，选出适宜华宁县发展的5个主导品种和9项主推技术，制定了9项主推技术操作规程，加大各主导产业推广实效，主导品种及主推技术通过华宁县农业局便笺在全县发布。

【农技人员包村入户培育示范主体】 2017年，围绕2个主导产业，按照“能优则优、集中连片”的原则，华宁县制定了示范主体遴选规程，在全县5个乡镇（街道）农户中筛选502户的农户担任示范主体，其中整村推进309户。示范主体应具有初中以上文化程度、种养水平较高、乐于助人、有一定影响力、能带动更多农户提高生产能力的种养大户、科技带头人、绿色证书获得者、村农科员等。示范主体遴选按农户自愿申请、村民委员会择优推荐、县乡两级各参与单位评议并张榜公示，报县项目领导小组审定后与基层农技人员签订服务指导协议书。

100名基层农技人员实行挂牌服务，通过“三定”（定产量、定成本、定效益）、“四落实”（政策落实、组织落实、任务落实、措施落实）对示范主体开展技术指导和服务，落实物化补贴。统一上牌和发放《科技示范主体手册》502本，按照每户200元的物化补助标准进行补助，进行公示发放，并附有花名册，有住址、电话号码、身份证号码、由户主签字、按手印和基层农技人员签名认可发放。

【农技人员业务能力提升】 2017年，根据项目批复，华宁县积极选派59名农技人员参加培训，其中，选择6名农技人员参加重点培训班，其余53人参加省里认定的培训基地培训，其中水稻18人，蔬菜10人，水果8人，生猪5人，肉牛6人，禽蛋5人，畜禽粪便资源化利用1人。本着公开原则，华宁县制定了基层农技人员分类培训计划，按照各单位参与项目人数来确定各单位参加培训名额，各单位按照名额上报各单位培训人员名单并在各单位公示。名单汇总后经领导讨论同意后人员名单在农业局公示栏、QQ群和微信群内进行公示，公示期满后名单才上报市农业局。各期人员培训结束后要求上交培训心得及满意度调查表，以便掌握各期人员培训情况。培训于12月20日前全部完成，培训59人，完成率达100%。

【整村推进建设】 2017年，结合财政体系改革“大专项＋任务清单”的模式，以科技扶贫为突破，以整村推进为目标，以深化农业科技体制机制创新为出路，整合资源、因地制宜、突出特色，在宁州街道办新庄村委会红石岩小组、盘溪镇九甸村委会元宝山小组、华溪镇华溪社区蚱蚌小组、青龙镇禄丰村委会小黑者小组、通红甸乡所梅早村委会山脚小组，实施整村推进科技示范，涉及农户309户，截至12月21日，完成整村推进全覆盖培训5期，共计467人次。整村推进示范主体的物化补助已经按方案批复标准全部足额发放到农户手中。

【农技推广信息化建设】 截至12月5日，华宁县安装中国农技APP安装138人次，安装率达100%，使用率53.62%以上。中国农技推广网上报并采用信息234条，计划200条，完成率达117%。

【农科教产学研一体化农技推广联盟建设】 依托广西特色作物研究院、云南农业大学、云南省现代农业技术体系玉溪柑橘试验站，并与云南农业大学签订技术服务合同，在柑橘基地开展新品种、新技术试验示范推广。全年共引进省内外引进“青桔、苔丝”等新品种13个，其中12个品种为引进枝条，有待出圃观察品种是否适应华宁环境气候，引进“红香”品种进行高改，2017年挂果50余个。试验化肥、农药对比观察试验；新品种种植适应性观察；柑橘果园免耕试验；水肥一体化技术等。解决了水肥一体化技术和柑橘果园免耕技术2项技术难题。广西特色作物研究院等省市专家在进行基地观摩培训中，同时对示范主体及基层农技人员进行技术培训共计培训4期，基层农技人员业务能力不断提升。

（陈青云）

种　子

【种子市场管理监管】 坚决打击无证经营、未审先推、经营散种等违法行为，2017年，全县共出动执法人员105人次，车辆23辆次，对133个种子经营户（持有种子经营备案书）和1家注册公司进行种子质量、品种真实性、种子标签、种子经营档案、经营备案登记情况、品种审定及授权情况进行检查，全县销售的种子符合销售要求。共检查玉米杂交品种62个，经营备案229300千克；水稻杂交品种10个，经营备案1480千克；水稻常规品种9个，经营备案12994千克；小麦品种3个，种子5200千克；油菜品种3个，种子920千克；蚕豆品种1个，种子4350千克；豌豆（包括长寿仁）品种35个，种子30435千克。

【种子检验】 2017年，共对县种子经营市场进行8次抽检，抽取45个作物种子样品进行监督检验，其中大春种子样品25个（玉米18个、水稻4个、蔬菜3个），秋季作物种子样品20个（小麦3个、蚕豆2个、油菜1个、豌豆12个、蔬菜2个），对净度、发芽试验、水分进行测定。经过检测所抽检，样品全部符合标准。

【种子质量纠纷的调解】 2017年，接到群众种子投诉案件7起，成功调解7件，调解率100%，化解了经营户和农户之间的矛盾纠纷，调解结果让双方比较满意，保护了种子经营户和用种农民的合法权益。

【2017年玉米高产创建】 根据云南省农业厅《关于下达农业生产发展专项（粮食生产）计划任务的通知》《云南省农业生产发展专项资金管理办法》和玉溪市财政局、玉溪市农业局《关于下达省级2017年农业生产发展专项资金和绩效目标（县区）的通知》等文件相关要求，在华宁县实施万亩玉米高产创建示范种植，项目下达补助金15万元。项目由县种子管理站组织实施，严格按照文件规定要求和实施方案进行，突出合理化、规范化、效益化，完成了目标任务。在青龙镇创建1个百亩核心区（120亩）、1个千亩展示区（1025亩）、1个万亩示范区（10018亩），共涉及6个村（居）委会。百亩核心区加权平均亩产达786.73千克，千亩展示区达732.675千克，万亩示范区达699.57千克，非示范区574.79千

克，项目区亩产比非示范区增加 129.01 千克，增长 22.44%。项目通过县级专家组的验收。

【种子经营户培训】 2017 年 6 月、11 月组织全县种子经营户培训，共培训两期 260 人次，通过培训让种子经营户掌握相关的法律法规以及网络备案业务知识。

【晚秋作物菜豌豆种植】 2017 年，为进一步增强华宁农业综合生产能力，促进粮食持续稳定发展、农业增效和农民增收。根据云南省财政厅、云南省农业厅《关于下达 2017 年农业生产发展专项资金和计划的通知》和云南省财政厅《关于云南省农业厅 2017 年部门预算的批复》的文件精神要求在华宁实施食粒菜豌豆种植 30000 亩，通过开展晚秋种植，力争达到“三个提高一个降低”，即单产、品质和效益明显提高，生产成本明显降低。与此同时，将示范区建成行政领导抓粮食生产的“指挥亩”、农技人员抓技术推广的“样板田”、科研人员抓科技成果的“展示田”，成为良种和良法结合的载体和平台，最大限度地发挥品种和技术的增产潜力。

（史忠伟）

柑橘产业

【重点病虫害防控】 2017 年 3 月、5 月、6 月、10 月在全县范围内组织了 4 次大规模的柑橘木虱统防统治工作，补助统防经费 42.09 万元，发放告橘农书 25000 份。

病园整体更新改造工作取得实质性进展，全县完成老果园、病园改造面积共 4768 亩，挖除黄龙病树 332239 株，其中盘溪镇改造 475 亩，挖除黄龙病树 149997 株；华溪镇改造 3880 亩，挖除黄龙病树 132000 株；青龙镇改造 206 亩，挖除黄龙病树 45100 株；通红甸乡改造 207 亩，挖除黄龙病树 5142 株。

做好失管果园清理工作，全县共清查失管果园 318 亩，其中华溪镇 300 亩，盘溪镇 18 亩；全县共清理失管果园 105 亩。

认真做好“两病两虫”监测工作。在牛山、新村、农业局亚热带水果示范园设立“黄龙病、溃疡病”监测点，分别于夏梢萌发和第二次生理落果期各调查 1500 株 10 龄大树和 1500 株幼树样本，感染黄龙病病树 0 株，感染溃疡病有大树 500 株，幼树 0 株。同时在盘溪镇、华溪镇不同海拔高度设立木虱、果实蝇监测点 7 个，分别于每月 10 日、20 日、30 日定期上报数据，截至 2017 年 12 月 31 日，全县共监测木虱 47 头，果实蝇 44358 头。

【柑橘生产销售】 2017 年 7 月 11 日，华宁县组织召开了全县柑橘销售工作会，根据往年经验及 2017 年生产实际，要求重点做好市场秩序，交通运输，果品质量安全，品牌保护，客商权益等方面的工作，确保圆满完成 2017 年柑橘销售任务。2017 年，全县柑橘累计种植面积 106811 亩，总产量 250830.2 吨，总产值 75933 万元。其中盘溪镇累计种植面积 49744 亩，总产量 137800 吨，总产值 38399 万元；华溪镇累计种植面积 25138 亩，总产量 74850 吨，总产值 28660 万元；青龙镇累计种植面积 7037 亩，总产量 5078.9 吨，总产值 1657 万元；通红甸乡累计种植面积 22575 亩，总产量 31610 吨，总产值 6322 万元；宁州街道累计种植面积 2317 亩，总产量 1491.3 吨，总产值 895 万元。

【“华宁柑橘”品牌建设】 华宁柑橘品牌建设工作取得显著成效，自 2012 年以来先后获得国家农产品地理标志登记保护及地理标志注册商标、国家绿色食品 A 级产品认证、玉溪市知名商标认证、云南省著名商标认证、全国“名、特、优、新”产品称号。2017 年 9 月，参加第十五届中国国际农产品交流会宣传“华宁柑橘”，2017 年 12 月获“2017 年云南名优水果”称号。

【柑橘科技入户培训】 为提高橘农的科技素质，

华宁县2017年共举办柑橘技术培训81期，入户培训1159户，完成年初培训计划1000户的115.9%，培训橘农10550人次，发放技术资料38398份。其中，盘溪镇培训32期456户4700人次，发放技术资料21000份；华溪镇培训24期542户4150人次，发放技术资料7600份；青龙镇培训9期51户520人次，发放技术资料1310份；通红甸乡培训16期110户1180人次，发放技术资料8488份。

县柑橘办举办培训并作现场示范　　代龙彪　摄

【玉溪市水果试验站建设】 2017年，华宁县承担了云南省水果产业技术体系玉溪试验站建设工作，试验站设在华宁县农业局亚热带水果示范园。一年来，试验站从云南农业大学引进根部水肥一体化智能灌溉新技术1项，从省外引进“青桔”“苔丝”等柑橘新品种12个；开展了柑橘新品种试验、柑橘长短枝轮流生长试验、柑橘扭枝试验、柑橘主枝环割试验、柑橘促花试验，推动了水果试验站的建设。

【柑橘种质资源挖掘】 为挖掘柑橘优质种植资源，华宁柑橘（蜜柑、冰糖橙）分别于2017年8月29日和11月12日参加了玉溪市农业局组织的柑橘芽变选种大赛。华宁县参赛的111个样品，获品质最优奖1个，最佳果面奖3个，果肉颜色特别奖3个，其他特异性奖4个。

【柑橘异地开发】 2017年，根据要求各乡镇（街道办）认真组织调查：华宁县到异地开发（县外）的农户有159户，种植柑橘面积共59783.3亩，总投资84024.06万元，贷款23156万元，开发年限10—35年，种植品种有沃柑、芦柑、茂谷柑、爱媛30、默科特、冰糖橙、早熟温州蜜柑“大浦”“宫本”“兴津”9个品种，涉及红河、保山、昆明、普洱、景洪、文山、玉溪7个州市。

（赵美琼）

蔬菜产业

【蔬菜种植情况】 2017年，华宁县蔬菜种植面积达195133亩，种植面积较大的是鲜食豌豆（主栽品种“长寿仁”）、结球甘蓝（主栽品种“曙光”“真美99”“展旺”等）、青花菜（主栽品种“强汉”“优秀”等）、菜豆（主栽品种“翠宝8号”“优美908”“双清12”等）、花椰菜（主栽品种“雪雷”“金刚”“白雪”等）、辣椒（主栽品种长角椒）等，面积分别达到62371亩、25659亩、15456亩、14095亩、12304亩、10826亩。2017年华宁县蔬菜产量达到32389万千克，产值达到57083万元。

【质量安全建设】 2017年，加大农产品质量安全监管力度，把蔬菜产品质量安全作为一件大事来抓，加强源头控制，强化蔬菜生产基地农业投入品和农资市场的监管，对种子、农药和化肥等生产物资进行市场巡查。2017年度，华宁县蔬菜农药残留快速检测合格，全县未发生重大蔬菜产品质量安全事件。华宁县通过实施无公害农产品产地环境质量认证工作，农产品质量安全工作得到全面加强，蔬菜质量安全水平明显提高，现在华宁县的蔬菜通过无公害农产品认证的品种有12个，分别是盘溪金泉蔬菜有限责任公司的洋葱、鲜食玉米、苦瓜、茄子、番茄，青龙镇金银山蔬菜专业合作社的马铃薯、花椰菜、结球甘蓝，盛世蔬菜专业合作社的荷兰豆、花椰菜，华宁县登楼山蔬菜专业合作社的鲜食长寿豌豆、花椰菜。

【基地建设与标准化推进】 通过多年的调整和优化，蔬菜生产区域化布局特征日趋明显，蔬菜生产基地逐步向优势区域集中，形成了盘溪、华溪冬早蔬菜区，盘溪高海拔蔬菜区，华溪大兴寨蔬菜区，青龙坝子蔬菜区，青龙高海拔蔬菜区，宁州坝子蔬菜区，宁州高海拔蔬菜区，通红甸高海拔蔬菜区等八大优势区域，华宁县现有出口备案基地一个，面积860亩，位于普茶寨村委会。

【新型经营主体培育】 2017年，华宁县有蔬菜合作社21个，蔬菜龙头企业5家（县级以上），分别是：华宁盛泉果蔬有限公司、玉溪市华冠蔬果有限责任公司、玉溪市华宁县兴农蔬果开发有限公司、华宁县龙华有限公司、华宁原野农产品有限公司，其中省级1家，即：华宁盛泉果蔬有限公司，地级2家，即：玉溪市华冠蔬果有限责任公司、玉溪市华宁县兴农蔬果开发有限公司；出口备案企业1个，即：华宁原野农产品有限公司。华宁县有农产品加工企业26户，从业人员850多人，其中，鲜菜初加工11户，酱菜加工企业1户，有3家企业获得出口经营权，有2家企业具有蔬菜加工销售1万吨以上的能力。

【市场运行情况】 由于特殊的气候环境，土地的复种指数高，全年都可以生产蔬菜，常年都有新鲜的蔬菜上市，实现了均衡供应。有效缓解了淡季蔬菜供求矛盾，为保障全国蔬菜均衡供应发挥了重要作用。华宁县鲜菜80%以上销往县外市场，主要销售往香港、深圳、广州、虎门、南宁、海口、乌鲁木齐、呼和浩特、太原、杭州等30多个大中城市；并出口到香港、泰国、新加坡、韩国、马来西亚、越南等东南亚市场。本年度供应市场的蔬菜既有产自高海拔地区和中海拔地区的蔬菜，也有产自低海拔地区的蔬菜，品种主要有结球甘蓝、青花菜、菜豌豆、花椰菜、辣椒、萝卜、苦瓜、茄子等。2017年蔬菜价格波动情况如下：一季度由于受2016年暖冬气候等因素影响，本地蔬菜价格低迷，大多数蔬菜价格与上年同期相比下滑很多；二季度由于受外面市场等因素影响，本地蔬菜价格总体来说还是低迷；三季度由于受气候因素（降雨太多）影响，蔬菜产量下降，上市量相应减少，本地蔬菜价格普遍较好；四季度，由于发生低温冻害，造成蔬菜短缺，本地蔬菜价格上涨。

【品牌化推进】 2017年，华宁县通过抓蔬菜种植区工作，逐步培育一批“一村一品”特色专业村，如青龙镇大村村委会的青花、青龙镇山岐村委会的结球甘蓝等形成了“一村一品”的区域化连片种植格局。青龙镇山岐村委会的蔬菜还打造出自己的品牌“聚仙山”。特色产业形成一定规模，大力实施标准化生产，产生明显经济效益。

（韩　丽）

渔　业

【渔业指标完成情况】 2017年，全县养殖水面4205亩，年内调入水花300万尾，自繁水花1000万尾。完成鱼产量1588吨，比上一年增加18吨，增速1.2%。渔业经济总产值5456.9万元，比上一年增加63.9万元，增速1.2%。

【加强渔业安全生产监管】 渔业安全主要有4个方面，即：渔业生产安全、渔业船舶安全、水产品质量安全、渔业生态环境安全。2017年，县水产站与县管水库、各乡镇（街道）分别签订了两个安全生产责任状共18份，年底认真对考核对象进行考核。各乡镇（街道）与养殖企业、重点养殖户签订水产品质量承诺书56份。

【继续实施珠江禁渔期制度】 2017年是实施珠江禁渔期制度的第5年，在维护好华溪、盘溪、通红甸、青龙四块沿江永久性禁渔宣传标志石碑的同时，新制作安装了15块不锈钢禁渔告示牌，进一步扩大了宣传面。积极开展巡查执法活动，出动执法车26台次，出动执法人员176人次，张贴《中华人民共和国农业部关于实行珠江禁渔期制度的通告》18份，发放华宁县人民政府《关于南盘江、曲江禁渔期制度的通告》共450张，进村宣传20次，针对重点捕鱼户入户宣传20户，劝诫捕鱼人员40人，接受沿江群众咨询300人次，通过玉溪、华宁农业信息网发布简讯12条，营造声势，多渠道扩大宣传面，提高了群众保护鱼类资源的意识，收到了较好的效果。

【做好渔业基础培训】 2017年，县水产站先后与5个乡镇水管站、4个县管水库及盘溪鲟鱼场等相关生产单位联合办培训班35期，培训基层渔政人员、渔业生产从业人员2070人次。培训内容主要是渔政执法、安全生产规章制度、渔业新技术推广、鲟鱼等名优品种养殖技术。通过培训，基层渔政人员提升了执法水平、渔业科技人员提升了农技推广水平，加强了从业人员的安全意识。

【推行渔业健康养殖、标准化养殖】 云南阿穆尔鲟鱼集团有限公司盘溪鲟鱼养殖场是农业部第六批健康养殖示范场，2017年，县水产站积极督促企业抓内部管理，强技术规程，做好养殖记录、用药记录、经营台账，严格按标准化养殖生产，确保产品质量安全。

【开展水生野生动物保护宣传及专项执法检查】 2017年，县水产站积极宣传水生野生动物保护法律法规，普及水生野生动物保护知识。开展水生野生动物专项执法检查，对持有水生野生动物驯养繁殖证的，查看养殖、经营品种与核准品种是否一致，证件是否过期。经执法专项检查，华宁县无非法捕捞、经营珍稀水生野生动物行为，无非法走私、贩卖珍稀水生野生动物行为。

（张志雄）

畜牧业

【概　况】 2017年，在县委县政府的领导和上级业务部门的支持帮助下，按照年初确定的目标任务，以“扩量、提质、增效、安全”的发展思路，突出生猪、家禽两个重点，大力发展牛、羊等草食畜禽养殖，推进适度规模养殖，不断加强动物疫病防控工作，加大兽药、饲料和屠宰场监管力度，加快畜牧业发展方式转变，强化各项科技措施落实，确保畜产品质量安全，稳步提高规模化、产业化水平，积极推进全县畜牧业持续、健康发展，促进农业增效，农民增收。2017年，全县肉蛋奶总产4824.4万千克，同比增长6.5%，畜牧业产值9.78亿元，同比增长5.7%。

【畜禽存出栏】 2017年，全县生猪存栏249143头，同比增长3.9%，肉猪出栏375804头，同比增长2.7%；牛存栏41536头，同比增长1.4%，肉牛出栏37866头，同比增长4%；羊存栏83110只，同比增长1.9%，肉羊出栏47734只，同比增长8.2%；家禽存栏1262310只，同比增长3.7%，出栏3013959只，同比增长2.4%。

【畜禽疫病防控】 2017年，华宁县以高致病性禽流感、猪瘟、高致病性蓝耳病、口蹄疫等重大动物疫病防控为重点，严格按照“宣传到位、责任到人、冷链到底、疫苗到员、档案到户、标识到畜禽”的要求，坚持“政府部门保免疫密度、业务部门保免疫质量”的总体原则，切实做到了“县不漏乡、乡不漏村、村不漏组、户不漏畜、畜不漏针”，通过组建小分队，以拉网式防疫为主要形式，突击抓好禽流感、鸡新城疫、口蹄疫、猪蓝耳病等的免疫注射工作，全县春秋“两防”累计免疫高致病性禽流感230.9844万羽次，防疫密度达到100%；鸡新城疫累计免疫227.4152万羽次，防疫密度达到100%；猪口蹄疫累计免疫44.3326万头份，防疫密度达到100%；羊口蹄疫累计免疫14.7101万只份，防疫密度达到100%；牛口蹄疫累计免疫8.2981万头份，防疫密度达到100%；猪瘟累计免疫42.9477万头份，防疫密度达到100%；猪蓝耳累计免疫42.9477万头份，防疫密度达到100%；小反刍兽疫疫苗接种9.7936万只，防疫密度达到100%。采集畜禽血清样品

1630份，其中，猪血清140份，牛血清120份，羊血清740份，禽血清630份。采集其他样品：猪脾、肺30份，羊棉拭子140份，禽口腔、泄殖腔棉拭子30份，按质、按量、按时完成了省、市下达的采样送检任测任务，畜禽疫病死亡率控制在猪3%、大牲畜1.5%、羊2%、禽6%以内。

【监督检疫】 2017年，华宁县高度重视畜产品质量安全，切实加强兽医卫生监督，强化畜产品源头管理，净化兽药、饲料销售市场，建立畜产品上市准入制，全面开展动物及其产品的产地、流通、运输和屠宰检疫检验，严防未经检疫检验合格的动物及其产品上市销售和流通，按“常态监管、例行监测、重点监控”的方针，切实加强兽药、饲料等投入品日常监督和抽检力度，提高质量检测水平，确保兽药、饲料质量安全；严厉打击生产经营假冒伪劣兽药和无证无标饲料的行为，加强对规模养殖场兽药饲料使用环节的监管，规范兽药饲料使用行为，强化安全监管责任，抓好落实。共检猪肉35300头、牛肉7221头、羊肉5600只、禽120518羽，屠宰生猪持“一证一标”率达100%，屠宰检疫率为100%。

【加强畜牧科技推广】 加大猪人工授精和牛冻精改良技术推广力度，全年累计完成猪杂交改良32498窝，其中，本交17654窝、人工授精14844窝，全县累计生产优良仔猪198542头；年内引进杜洛克种公猪2头，长大母猪100头猪，约克母猪10头；建有肉牛冻精改良点8个，推广肉牛冻精改良527头；全县生猪、牛、羊的良种覆盖率大幅提高；大力推广生猪“321”防疫技术、人畜共患病防控技术、秸秆养畜技术、牛冻精改良技术等，加速推进养殖新模式、新技术的示范和应用。全年组织畜牧业科技培训4期，培训农户300余人次，共发放宣传资料1000余份，通过培训，养殖户科学养殖水平不断提高。制作青贮氨化饲料4万吨，为华宁县节粮型养殖业的发展提供有力保障。

【新一轮草原生态保护补助奖励政策实施】 “十三五”期间，云南省启动新一轮草原生态保护补助奖励政策，华宁县2017年草原生态保护补助奖励政策实施涉及5个乡镇（街道办）76个村委会（社区），共补助8858户、32775人。其中，宁州街道办3352户牧民12403人、青龙镇2823户牧民10445人、华溪镇977户牧民3615人、盘溪镇876户牧民3241人、通红甸乡830户牧民3071人。开展草原承包到户并实施草原生态保护补助奖励政策的草原面积共76.51万亩，其中，实施禁牧补助草原面积9.96万亩、实施草畜平衡草原面积66.55万亩。禁牧补助标准每亩7.5元，补助资金74.7万元；草畜平衡补助标准每亩2.5元，补助资金166.375万元，共补助资金241.075万元。

【草地资源清查】 2017年的草地资源清查是继20世纪80年代草地调查后的首次大规模草地资源清查，其目的主要是摸清草地资源状况、摸清生态状况、摸清利用状况。华宁县草地资源清查工作涉及5个乡镇（街道），点多面广，任务十分艰巨，县农业局于6月26日全面安排和部署草地资源清查工作，从相关站所抽调5名业务精英集中组织开展全县的草地资源外业清查工作。通过51天的辛苦工作，完成了3个草地类型（热性灌草丛、暖性灌草丛和山地草甸）、人工草地类和非草地类的调查工作，共计完成42个样地、237个样方；完成入户调查30户。通过开展此次草原及草地资源调查工作，剔除不符合的图斑16块，初步了解了华宁县草地资源状况、生态状况和利用状况，摸清了草地资源家底。

【开展养殖环节“瘦肉精”专项监测】 根据《云南省农业厅办公室关于印发2017年云南省养殖环节“瘦肉精”专项监测计划的通知》和《玉溪市农业局关于开展2017年养殖环节“瘦肉精”专项监测的通知》的文件要求，积极组织人员抽检2个肉牛养殖场、2个肉羊养殖场和5个肉猪养殖场，抽检监测结果均为阴性。按照省市业务部门的要求，组织人员对3个肉牛规模养殖场和1个肉猪规模养殖场自配饲料抽检，所抽检的规模养殖场均无违规添加违禁添加物的行为。

【草原监理】 华宁县国土面积1313平方千米，共有草山草坡面积110.07万亩，其中可利用面积96.55万亩，有适宜草食畜禽采食的牧草，草山资源丰富，具有发展草食畜牧业的丰富资源条件。但从调查总体情况分析，华宁县现有草地资源中出现了不同程度的退化，5个乡镇均有不同程度的分布，其中宁州街道办、通红甸乡、盘溪镇3个乡镇的山坡草地石漠化现象严重。为加强华宁县草原生态和保护工作，巩固草原家庭承包中央补奖工作成果，结合华宁县的实际情况，按照市级要求，2017年不断提高思想认识，强化工作目标，严格工作程序，一是积极推行禁牧休牧和划区轮牧制度，在全县范围内开展草原法律法规宣传活动4期，发放宣传材料5000余份，划定禁牧区，认真贯彻执行县人民政府制定的禁牧、休牧和划区轮牧政策，实行禁牧、休牧管理规定，为华宁县草原生态恢复和治理打下了基础。二是开展好草原监测工作，制定了《华宁县2017年草地监测工作计划与实施方案》，以落实技术措施为重点，认真搞好草原资源生态监测工作，对草原监理工作做到目标任务明确、时间进度详细、技术要求严格，认真开展好草原监理工作。

【召开2017年春季重大动物疫病防控暨畜产品质量安全工作会议】 1月19日，华宁县召开2017年秋季重大动物疫病防控暨畜产品质量安全工作会议。会议由县农业局副局长李波主持，各乡镇（街道）分管畜牧兽医工作的领导、局属相关站所共27人参加会议。华宁县人民政府副县长、县防治重大动物疫病指挥部指挥长王平伟出席会议并做了讲话。副县长王平伟指出，华宁县2017年春季重大动物疫病防控重点抓好八项工作：一是抓好强制免疫和疫情监测工作；二是抓好动物卫生监督工作；三是抓好疫情应急日常管理工作；四是抓好疫情应急处置工作；五是抓好人畜共患病防控工作；六是抓好畜产品质量安全监管工作；七是抓好小反刍兽疫消灭工作；八是抓畜牧系统党风廉政建设工作。

【2017年基层农技推广项目生猪产业培训班开班】 2017年华宁县基层农技推广项目生猪产业项目建设生猪养殖示范主体125户，生猪养殖示范基地1个。9月21日，华宁县农业局邀请省市专家对全县125名示范主体代表、基地负责人及25名基层农技推广人员进行了规模养殖场母猪产仔原因、猪常见病防治等知识培训。通过培训，示范户主体代表、基地负责人、基层农技推广人员对生猪养殖过程中的品种选择、疫病防治、饲养管理、饲料配制、粪污资源化利用等一系列技术有了更深层次的认识和了解，示范主体及基层农技人员知识得到提升，他们将所学到的知识用于指导生产，从而辐射带动全县生猪养殖产业发展。

【市级2017年重大动物疫病防控工作交叉检查考核】 2017年10月9—11日由市重大动物疫病防制指挥部、澄江县农业局共4人组成的玉溪市农业局2017年重大动物疫病防控工作交叉检查组，到华宁县开展重大动物疫病防控工作交叉检查考核。

检查组分别抽查了华宁县华溪镇华溪社区型本典居民小组和通红甸乡通红甸社区通红甸居民小组，对30户畜禽养殖户、1个肉羊规模养殖户、1个规模养禽户和1个规模养猪户、1个生猪定点屠宰场、1个活畜交易市场进行了检查。随机抽散养户猪血清20份，禽血清20份；规模户猪血清10份，牛血清10份，禽血清15份；活禽交易市场禽血清采集了15份；生猪定点屠宰场采集猪血清10份。经检测抗体合格率达75%。

检查组在听取汇报的基础上，针对华宁县重大动物疫病防控工作组织安排情况，规模养殖户、散养户畜禽免疫标识的佩戴、免疫证持有情况，免疫档案记录记载、规模养殖场养殖档案建立情况，动物防疫工作经费落实情况，重大动物疫病防控免疫、督查、监测工作开展情况，应急物资贮备，制度建立与执行情况等7个方面进行了全面检查。

检查组一行对华宁县2017年度重大动物疫病防控工作取得的成绩给予了充分肯定，并就检查过程中发现的问题提出建议和意见。

【2017年市级种养循环养殖建设项目】 2017年，市级种养循环养殖项目由华溪鼎晶牧业有限责任公司实施，该项目完成水、电、路投资44.7万元，其中，建800立方米蓄水池1个，投资12万元；安装抽水管道1000米，投资10万元；安装132千万电机配270米扬程水泵1台，投资9.6万元；电线700米，投资5.6万元。建粪污实施投资10.4万元，其中，建堆粪间80立方米，投资2万元；建化粪池120立方米，投资2.4万元；建污水储存池600立方米，投资6万元。柑橘灌溉系统投资30.3万元，其中，安装喷灌管道50000米，投资30万元；建20立方米滴灌池1个投资0.3万元。项目完成总投资85.4万元，市级补助资金20万元，养殖场自筹65.4万元。项目已2017年12月14日通过县级验收，投产后，可年出栏肥猪800头，收入180万元，获纯利18万元；年产柑橘500吨，收入200万元，获纯利120万元。

【新一轮畜牧贴息贷款】 新一畜牧贴息贷款自2017年开始，2020年结束，周期为3年，贷款指标2000万元，农业银行负责发放1000万元，邮储银行负责发放1000万元。贴息贷款政策为全县规模养殖户解决了投资、融资难题，为广大规模养殖户提供了资金保障，促进了全县畜牧业健康稳步发展。

【2017年能繁母猪保险】 2017年，全县完成能繁母猪参保7203头，其中，宁州街道4590头，华溪镇370头，盘溪镇1207头，通红甸乡242头，青龙镇794头。能繁母猪保险提高了全县广大母猪养殖户抵御疫病风险能力，增加了养殖收入，提高了养殖效益。

（王　冉）

烟草专卖

【概　况】 华宁县烟草专卖局（分公司）成立于1984年1月，2006年12月更名为云南省华宁县烟草专卖局、玉溪市烟草公司华宁县分公司〔简称“华宁县局（分公司）”〕。2017年，华宁县局（分公司）下设综合办公室、财务室、监察科、人事劳资科、生产科技室、专卖监督管理室、区域市场部、安全保卫科、现代烟草农业基础设施建设办公室、物流中转站10个职能科室和宁州、青龙、通红甸、华溪4个烟叶工作站（下辖前所、新城、葫芦冲、青龙、红岩、大村、干坝、禄丰、糯租、通红甸、华溪11个烟叶收购点）。至12月31日，华宁县局（分公司）有在册在岗职工88人，其中，女职工14人、男职工74人，大学专科及以上学历74人（含研究生1人），具有专业技术资格人员60人（初级56人、中级4人）；具有职业技能人员67人（二级4人、三级21人、四级31人、五级11人）。

【经济效益】 2017年，华宁县局（分公司）实现税收14133.31万元，其中，国税7850.09万元、地税6338.22万元，同比2016年的16103.30万元减少1969.99万元。

【烤烟生产】 2017年，全县5个乡镇（街道）48个村（社区）337个村小组8201户农户签订烟叶种植交售合同8201份，种植烤烟8.32万亩（其中，田烟1.8万亩、地烟6.52万亩）。全县收购烟叶945.96803万千克（18.91万担），比2016年减少218.03197万千克，减幅18.73%。其中上等烟叶5285882.0千克，占比55.88%，比2016年的上等烟叶8177352.5千克，占比70.25%减少2891470.5千克，减幅35.36%，比例降低14.37

个百分点；烟农烟叶交售收入267069076.90元，比2016年的烟农烟叶交售收入388275603.57元减少121206526.67元，减幅31.22%；平均交售单价28.23元/千克，比2016年的平均交售单价33.36元/千克减少5.31元/千克，减幅15.38%；亩产值3245.07元，户均收入32565.43元，比2016年的亩产值4578.72元/亩减少1333.65元/亩，减幅29.13%；户均收入44122.23元减少11556.80元，减幅26.19%；实现烟叶税及附加58755196.92元，比2016年烟叶税及附加85420632.79元减少26665435.87元，减幅31.22%。

【卷烟营销】 华宁县2017年销售卷烟6402.87箱，同比增加130.54箱，增幅2.08%，完成全年目标6296箱的101.7%；实现卷烟含税销售收入1.84亿元，同比增加15528.5万元，增幅9.22%；实现单箱销售收入28724.58元/箱，同比增加1877.9元/箱，增幅7%。销售一类烟1115.88箱，同比增加180.7箱，增幅19.32%；二类烟销售163.57箱，同比增加106.12箱，增幅184.73%；三类烟销售5000.98箱，同比增加110.79箱，增幅2.27%；四类烟销售110.26箱，同比减少162.44箱，减幅59.57%；五类烟销售11.26箱，同比减少104.9箱，减幅90.31%。

【专卖管理】 2017年，全县共出动打假打私636人次，查处各类涉烟违法犯罪案件106起，案值502.57万元，其中，烟叶案件7起，卷烟案件99起；查获涉案卷烟66.262万支（真品卷烟61.71万支，假冒卷烟4.552万支），查获烟叶128.392吨；无烟草专卖品零售许可证经营烟草制品案33起，未在当地烟草专卖批发企业进货案60起，销售非法生产的卷烟案3起；无烟草专卖准运证运输烟草专卖品2起；非法经营烟叶案7起，非法经营卷烟案1起。侦办5万元以上大要案件9起，刑拘2人，逮捕2人。抢夺卷烟市场空间34.76箱。与2016年相比，查处案件数减少24起，减少18.46%；查获烟叶数量增加5.082吨，增长4.12%；查获卷烟数量增加43.868万支，增长195.89%。

【优化布局】 全县共规划植烟片区337片，面积8.32万亩，其中田烟1.8万亩，地烟6.52万亩，田烟占计划总面积的21.63%，其中，100亩以下24片0.16亩，100—500亩294片6.83万亩，500—1000亩17片1.11万亩，1000—10000亩2片0.22万亩，100亩以上连片面积占98.05%。2017年大田种植规划力度大，连片情况好，大大地提升了规模连片种植水平，有力促进了烤烟生产规范化作业和科技措施的落实。

【烤烟育苗管理】 2017年，按照适当规模、方便烟农、缩点扩容的原则，围绕有水源点、交通便利，全县科学规划育苗点35个。共建设育苗大棚14个，小棚10267个，育苗342032盘9984万株，供大田移栽面积8.32万亩。烤烟育苗依托专业合作社，全部实行分批次、专业化、商品化育苗，严格执行育苗技术规程，加强育苗管理，规范育苗操作，确保育出壮苗、好苗、无病苗、适龄苗，让烟农真正买到放心苗。全县各育苗点于3月1日开始播种，至3月20日全部结束，经市级检查，成苗率达90%以上，确保8.32万亩的大田移栽面积及100%壮苗移栽大田。呈现出管控科学、操作规范、时间合理，育苗与移栽茬口衔接对口更准等特点，确保了烟苗健壮、苗龄适合、节令吻合。

【膜下小苗移栽推广】 膜下小苗移栽是提高山地烟生产水平的关键。2017年，华宁县继续把膜下小苗移栽技术作为重点科技措施进行大力推广。全县8.32万亩烤烟100%实现推广膜下小苗移栽，取得了"节水、减工、降本、早发"的良好效果。

【示范样板】 按照"以点带面、典型引导"的思路，有"板"有"样"办好各类示范样板，通过层层规划示范样板，充分发挥样板辐射、带动、示范效应。建立了乡镇（街道办）规模连片面积不少于500亩、村（居）委会规模连片面积不少于200亩、村（居）民小组规模连片面积不少于

100亩、烟站和烟点规模连片面积不少于300亩的五级示范样板。共建立示范样板田317片，其中县示范样板3片（2260高端优质烟叶示范区），面积1.0万亩（宁州街道1片、青龙镇2片）；乡镇（街道办）示范样板4片，面积1864亩；村（居）委会示范样板48片，面积10185亩；村（居）民小组示范样板250片，面积33790亩；烟站示范样板5片，面积1726亩；烟点示范样板8片，面积2993亩，合计示范样板面积50558亩，占计划种植面积的60.77%。在示范样板区内加大适用技术的集成和先进管理经验的推广应用，加快科技成果转化和先进适用技术普及，发挥样板示范、辐射、带动功能，推进大面积整体烟叶生产总体水平进一步提升。

【绿色防控】 坚持绿色植保，加强预测预报，强化统一组织实施，推行统防统治，努力提高烟叶安全性。一是采取生物防治。100%推广烟蚜茧蜂防治烟蚜生物防治技术，设立6个繁蜂点，建立2个大棚、4个中棚和750个小棚，繁蜂面积9550平方米，覆盖全县8.32万亩和19万亩非烟作物的蚜虫的防治，现已放蜂防蚜两次，对蚜虫的防治效果较好。二是在田间安插黄板30000片、蓝板30000片、性诱剂4000套和太阳能杀虫灯324台，防治烟青虫、斜纹夜蛾、烟蓟马、有翅蚜等田间虫害，减少农药使用量，降低对环境的污染、烟叶农药残留。

【科技推广】 一是测土配方，科学平衡施肥。根据测土结果和前作情况，确定施肥量及养分配比，分片区、田地烟设计施肥方案，向烟农发放施肥通知单8201份，指导烟农科学施肥、精准施肥，控氮增钾，推广有机肥应用。全县完成商品有机肥推广使用3276.3吨。二是推广节水滴灌技术。全县在宁州街道新城和普茶寨两个村委会组织实施，验收合格面积1300亩。三是推广废旧地膜污染治理，通过加强烟田面源污染治理、保育植烟土壤、拓宽烟农增收渠道，实现烟叶生产可持续发展；目前结合揭膜培土工作完成了1.4万亩田烟地膜回收工作，地膜回收率达90%以上。

【专业化服务】 对已建设的4个合作社重组成2个合作社，切实开展好烟叶生产育苗、大田管理、烘烤工作、专业化分级和烟叶收购助收等服务工作。一是专业化育苗。共育苗株数9984万株，服务大田面积8.32万亩，实现100%专业化育苗、商品化供苗。二是专业化机耕。完成专业化机耕作业面积5.409万亩，专业化机耕比例达65.01%，专业化起垄面积5.409万亩。其中大型机械深耕服务面积14860.2亩，旋耕服务面积14978.2亩。三是专业化烘烤。以集群烤房为单位开展专业化、商品化烘烤，集群烤房专业化烘烤达到92.9%，开展107群2010座卧式密集烤房商品化烘烤，烟区密集烤房投烤率达到92.9%。四是专业化分级。按约时、定点的原则做好烟农委托分级计划安排，按照收购指导样品，定时、定量完成烟叶分级任务。认真组建分级队，经政审、培训考试、体检合格，聘用654人专业化分级人员，按计划收购量每1万担左右烟叶设置一支分级队，全县组建23支分级队，组织完成散叶收购服务。

【专业化分级散叶收购】 2017年，以专业化服务为抓手，着力提高烟叶分级专业化、组织化、规范化水平，提升烟叶收购等级纯度和等级质量，坚持烟叶收购标准，以合同管理为主线，全面推广“约时定点、专业分级、统一运输、验证入站（点）、检验定级、过磅入库、验级堆码”的收购流程，强化收购管理，坚持平稳和谐收购，全面体现出管控严、秩序好、纯度高、进度快、效益好，全面提高烟叶收购效率和管理水平。

【“2260”优质烟叶项目】 2017年，华宁县继续成为“2260”高端特色烟叶开发项目20个县（市）中的一个县，项目区规划在光热充沛、基础设施配套比较完善、有充足水源保证、连片规模集中、肥力中等的宁州街道新城、阿路本片区、郭家营片区、王马平地片区、青龙河谷沿线沿岸及大村村委会公路沿线，示范共涉及10个村（居）委会，52个村（居）民小组，烟农1308户，种植面积1.0万亩，100亩以上连片面积达100%。整个项目区严格按照技术方案要求，狠抓适时集中早栽、平衡施肥、节水滴灌、中耕培土、开片剂施用、绿色防控、防灾减灾、成熟采收、专业化烘烤、堆捂醇化等科技措施落实，田间烟株营养协调，田间落黄层次分明，中棵烟长相明显，株高均在110厘米以上，有效留叶数均在18—22片之间。“2260”项目收购烟叶146.20万千克，其中上等烟95.75万千克，占65.49%，中等烟50.45万千克，占34.51%，亩产量146.20千克/亩；收购金额4393.50万元，均价30.05元/千克，亩产值4393.50元/亩；与全县平均相比，上等烟比例提高9.61个百分点，均价提高1.82元/千克，亩产值提高1183.53元/亩。

【基础设施建设】 2017年，华宁县2017年建设基础设施项目354件，烟草补贴资金概算1218.54万元。其中：烟水配套工程34件（含斗白项目区水池30个、管网3件和董家山项目区管网1件），烟草补贴资金概算223.68万元；密集烤房项目320座，烟草行业补贴资金概算960.00万元；综合配套费烟草补贴资金概算34.86万元。2015年7月核桃冲水库获国家局批复，项目总投资11507.85万元，其中烟草援建资金9659.79万元，政府配套资金1848.06万元。项目于2016年1月1日正式开工建设，截至2017年12月31日，完成工程总体形象进度85%左右，拨付烟草援建资金4449.16万元；小箐水库于2017年12月28日获国家局批复，烟草援建资金7323.88万元，进行招投标准备工作。

【表彰奖励】 2017年8月，刘满昌、李松伟、岳炳财被云南省玉溪市烟草专卖局（公司）评为“优秀共产党员”；华宁县局（分公司）被华宁县市场监督管理局评为2017年度“诚信计量示范单位”。

（施艳妃）

林 业

【概　况】 2017年，在县委、县政府的正确领导下，华宁县林业局始终坚持“创新、协调、绿色、开放、共享”的发展理念，坚持“生态建设产业化，产业发展生态化”和“保护优先”的发展思路，认真践行“绿水青山就是金山银山”的理念，以生态文明建设为总目标，以发展生态林业、民生林业为总任务，以造林绿化为重点，以改革创新为动力，以科技兴林为支撑，以依法治林为保障，着力改善林业生态环境，构建绿色生态屏障，加快推进绿色华宁建设步伐。

【营造林】 2017年，县林业局一是扎实推进营造林工作。全面完成了2016年、2017年新一轮退耕还林14200亩，陡坡耕地治理5000亩，完成4个小流域区人工造林27753亩、封山育林68236亩，坡改梯2380亩，田间生产便道8234.2米、配套小水窖820口，新建饮水渠1086.7米，分别新建100立方米蓄水池128个、200立方米4个，完成了第三次石漠化综合治理工作。二是加大绿化造林力度。编制完成了《华宁县提高森林覆盖率五年专项规划》《华宁县城近面山绿化实施方案》，以公路沿线、城镇近面山、水源点为重点，积极开展义务植树等绿化造林活动，全年完成植树43万株，完成造林绿化23300亩。有效改善城镇、水源地、公路交通沿线绿化状况，提高了华宁县森林覆盖率和植被覆盖度，并顺利通过了代表市政府迎接省政府的“林业双增”考核，取得优异成绩。

【核　桃】 2017年，县林业局通过木本油料基地建设、退耕还林、陡坡地治理、核桃提质增效等项目，大力发展华宁县核桃产业。完成核桃种植

30000亩，核桃提质增效38000亩，核桃种植累计达31.8万亩，投产面积3.28万亩，产量1122.5吨，产值2339.7万元；在昆明举行的首届核桃博览会上，华宁大砂壳核桃获金奖、小砂壳核桃获铜奖。华宁大砂壳核桃可作为中国南方良种薄壳核桃广泛推广栽培。成果主要创新点有三：一是晚实良种，经多目标良种选育，进行品种比较试验、区域性试验、生产线试验选育得出；二是具有速生、丰产、稳产、优质、抗逆性强等优良性状，经良种性状的鉴别、评定和通过试验研究，证明产量和质量符合良种标准，且具备完整的良种鉴定材料，达到规定的良种指标；三是优异性状稳定，经建立华宁大砂壳核桃种质资源圃，长期观测得知，并确定了其适生栽培区。在核桃遗传资源调查的基础上，确定对华宁紫瓤核桃进行调查。通过调查，华宁紫瓤核桃含脂肪60%，蛋白质16.43%，口感香甜无涩，品质优良，品相整齐，且3—5年即进入试果期。调查的一号树1994年嫁接，1997年试果，最高产值4600元/年，具有很高的推广价值。

【柿　子】 柿子是华宁县重点发展的“三棵树”之一，“阿贝楚”柿子主产地华宁县盘溪镇龙潭营村委会具有得天独厚的自然优势，所产柿子早熟质优。产品已远销越南、香港、广东、福建等地。由于华宁生产的柿子果大、颜色好、含糖量高、存储期长、耐运输，因此，每年都会吸引大批外地的客商到盘溪收购柿子。据调查，2017年龙潭营柿子销售价格整体趋向较为平稳，从7月中旬上市到9月27日，果农柿子销售完成已近90%，按产品收购评判等级标准“大（好）果、中（中）果、小（差）果”3个等级，收购价格保持在4元、3元、1.5元每千克的整体水平。前期好果达到了6元/千克，果农对2017年的柿子销售价格较为满意。2017年完成柿子种植2000亩，柿子种植累计达4.4万亩，产量18301.2吨，产值4272.8万元。

【古树名木保护】 稳步推进名木古树普查成果的转化，华宁县境内共有古树1794株，无名木。其中，宁州街道836株，华溪镇213株，盘溪镇235株，青龙镇476株，通红甸乡34株。单株分布555株，群状分布1239株，国家一级古树11株（树龄在500年以上的树木）、国家二级古树155株（树龄在300—499年的树木）、国家三级古树1628株（树龄在100—299年的树木）；按所在区域统计，城市10株、农村1784株；按生长场所统计，远郊野外174株、乡村街道1607株、城区10株、风景名胜区13株。华宁县境内古树名木株数排列前10的树种有：黄连木、高山锥、清香木、四蕊朴、侧柏、光叶高山栎、黄葛树、榕树、栓皮栎、雅榕。2017年完成古树名木保护牌、宣传图册制作，完成县域国家一级、国家二级古树166株，名木24株的挂牌，完成《华宁县古树名木保保护办法》初稿。

【林政资源管理】 2017年，县林业局严把限额采伐工作，共办理林木采伐许可证49件，审批采伐蓄积5070.35立方米，材积2805.85立方米；办理木材运输证103份，运输木材1064.76立方米；审核上报征占用林地4件，征用林地60.2799公顷；收缴森林植被恢复费604.3932万元。

【林业执法】 2017年，县林业局强化林业执法，组织开展专项行动，保持对涉林违法犯罪打击的高压态势。共受理涉林案件117起，查处116起，查处率99.1%。其中，立刑事案件9起，破9起，破案率100%，移送检察院审查起诉9人；受理行政案件108起，查处107起，查处率99.1%；打击和查处各类犯罪违法人员72人。受理违规野外用火案件1起，查处1起，查处率100%，收缴救助野生动物6条（只）。清理木材交易市场、经营加工场所43处，清理野生动物驯养繁殖、加工场所3处。

【公益林管护】 2017年，县林业局扎实做好森林生态补偿工作，完善53.08万亩公益林管护，落实管护人员256人，签订管护责任状77份；完成了2016年公益林补偿资金685.16的兑现工作；完成了国家级公益林布局完善方案和全县天然林停伐保护方案的编制，落实天然林停伐保护面积15.8244万亩，涉及农户2469户。

【森林防火】 2017年，县林业局发放防火户主通知书60000份，防火命令3000份；林区路口悬挂宣传标语、布标、刷新宣传标牌986条（块），出动宣传车1045台次，发放森林防火光碟100份，广电宣传193次。全面贯彻“预防为主，积极消灭”的方针，严格落实“山山有领导，段段有人管，重点有人盯，责任全覆盖”的总体要求，积极践行“管火必先管人”的理念，出实招、下猛药，及时开展“无火清明”武装巡护专项行动，广泛宣传，全民动员，社会参与，齐抓共管。全年未收到卫星热点，未发生森林火灾和人员伤亡事故，圆满完成市政府下达森林火灾防控目标任务，被市政府考核为优秀。

县防火办讲解森林防火措施　　李　艳　摄

【林业有害生物防治】 坚持“谁经营，谁防治”责任制，推进林业有害生物防治机制创新，抓好林业有害生物灾害的监测、预警。加强检疫宣传，严格检疫执法，确保林区有害生物可控不成灾。2017年，全县累计实施监测面积98.7万亩监测率为99.99%，林业有害生物防治率为99.4%，无公害防治作业率为99.11%，苗木产地检疫率为100%。制作永久性宣传牌6块，布标6幅，安装、悬挂在江华路、澄华路、华盘路显眼位置。

【林产业】 2017年，县林业局加大涉林企业扶持力度，完成1400万元林业贴息贷款财政贴息资金的网上录入申报，完成录入申报12笔，其中涉及农户10户、企业2家，申报财政贴息资金46.4167万元；兑付省级林业贷款贴息补助资金16.2333万元。

【种苗生产】 2017年，县林业局培育良种，种苗站及冲麦苗圃繁育核桃种子6.5吨，出圃合格苗13万株；并繁育红叶石楠、雪松、天竺桂、青香苗、紫薇1万多株。同时，加大良种推广力度，在全县范围内大力开展大砂壳、大白壳为重点的良种核桃种植，加强对实生苗、组织嫁接苗的检疫和管理，确保种苗品质，为产业发展奠定良好基础。

【野生动植物保护】 2017年6月21日，华宁县森林公安局依法对涉嫌非法猎捕野生动物案的嫌疑人普某某采取取保候审的刑事强制措施，收缴的一只国家二级保护野生动物——白腹锦鸡被移交玉溪市野生动物救助中心进行救助。7月25日晚8时30分，华宁县森林公安局根据报警求助，到宁州街道普茶寨村麻栗树小组一宋姓人家门口捕获一条眼镜王蛇，及时消除了一个安全隐患。经森林公安民警称量，这条蛇长2.56米，重达3千克多。

（崇春芬）

东山国有林场

【概　况】 2017年，华宁县东山国有林场在县委、县政府和林业局的领导下，以中共十八大、十九大精神和习近平总书记关于生态建设的系列重要讲话和到云南考察时重要讲话精神为指导，把开展“两学一做”巩固学习教育与林业工作结合起来，以造林绿化为主线，以保护资源为底线，坚持生态效益、社会效益和经济效益并重的原则，创新森林经营模式，全面推进国有林场改革，全场各项工作保持良好的发展势头。

【国有林场改革】 2017年2月1日，华宁县人民政府启动国有林场改革工作，2017年8月30日，由玉溪市国有林场改革工作领导小组组织的玉溪市国有林场改革工作验收组共6人，对华宁县国有林场改革工作进行了验收。达到了围绕保护生态、保障职工生活的两大目标，初步建立了有利于保护和发展森林资源、有利于改善生态和民生、有利于增强林业发展活力的国有林场新体制。合理界定了国有林场属性，将东山林场界定为公益一类事业单位，核定了必需的事业编制，人员经费和机构经费纳入了华宁县人民政府财政预算。妥善解决了国有林场职工基本养老、基本医疗等社会保障问题。进一步明确了国有林场管理岗位、专业技术岗位和工勤技能岗位设置，初步建立了实行以岗位绩效为主要内容的收入分配制度。初步建立了以购买服务为主的公益林管护机制，国有林场生产性用工实行了政府购买服务。林场保护森林资源、发展林业生产的积极性得到提升。国有林场改革各项档案资料基本齐全，手续完备，档案管理基本规范。

【登楼山自然保护区管理】 一是健全保护区管理机构。2017年3月，上报了《国营华宁东山林场关于核定国营华宁东山林场及华宁县登楼山自然保护区管护局机构编制的请示》。2017年6月16日，玉溪市委机构编制办公室批复同意成立华宁县登楼山自然保护区管护局。2017年8月24日，华宁县机构编制委员会《关于成立华宁县登楼山自然保护区管护局的通知》文件明确了如下内容。单位名称：华宁县登楼山自然保护区管护局（加挂华宁县东山国有林场牌子）。主管部门：华宁县林业局（华宁县自然保护区管理局）。经费形式：财政全额拨款。机构规格：相当于副科级。事业单位类别：公益一类事业单位。人员编制：核定事业编制30名，设局长1名（相当于副科级），副局长2名；设置内设机构4个，即综合股、资源保护股、资源监测股、科普宣教股；下设管护站6个，即丫口管护站、羊槽管护站、三台寺管护站、龙潭河管护站、西山管护站、大新寨管护站。二是严格加强自然保护区管理。森林病虫害。认真做好森林病虫害的监测、调查、普查上报工作，做好红火蚁的监测；松材线虫病春季、秋季两次普查工作。加强森林资源管护。在涉及自然保护区的建设项目管理方面，保护区均能严把项目审批关，严格控制建设工业污染项目，并对其他建设项目严格执行环境影响评价。对重点核心保护区，实施特别保护。2017年7—9月，开展了《保护区资源保护督查行动》，9—10月开展《保护区违法违规活动清理整治专项行动》，10月起草上报《自然保护区专项保护方案》到县政府。

【森林防火】 一是落实责任制，加大宣传力度。场长与林区主任、外来住户、开发户签订责任状，全场共签订28份责任书，建立扑火预案3份。在防火期间召开3次职工会，专门强调森林防火工作。结合林场日常管护工作到村组宣传《中华人民共和国森林法》《森林防火条例》《云南省森林防火条例》等森林防火知识。发放户主通知书500份，省、市政府令160份，粘贴防火宣传标语82条，挂防火宣传牌20块，维护防火宣传碑2块。二是建立扑火专业队伍，维修通信器材，储备防火物资。建立一支16人的专业扑火队伍。对于原有的2部车载电台、1部坐式电台、16台对讲机、3台灭火机进行维修。储备预购3万元的森林防火燃油。三是修铲防火隔离带，设立固定卡点。人工修铲防火隔离带17千米，建立活动板房3间，设立7个固定卡点，外请堵卡人员2人，对进入林区的入山人员进行造册登记。到5月底共查堵登记入山人员7055人次，登记入山车辆1923车次，收缴打火机45个，把火源堵在林区之外。四是严格值班制度，确保信息畅通。在护林防火期实行专人负责制，进入防火期明确24小时值班制，确保场部和林区信息畅通，在高火险期主要抓住林区主任及重点地段护林员定位手机在线跟踪，强调在岗、在线，让护林员定位电话发挥应有的作用。在年内的森林防火工作中，未出现火情、火警。

扑灭山水演习　　李　艳　摄

【公益林管理】 华宁县东山国有林场总经营面积91545亩，共实施生态公益林面积61127亩，占林业用地总面积的91.78%，其中，国家级公益林41396亩，涉及7个管护责任区17个林班165个小班，西山营林区4372亩，龙潭河营林区7552亩，三台寺营林区3800亩，丫口营林区6198亩，微波站营林区9185亩，羊槽营林区7529亩，大新寨营林区2760亩；省级公益林19731亩，涉及7个管护责任区14个林班66个小班，西山营林区715亩，龙潭河营林区942亩，三台寺营林区4667亩，丫口营林区3328亩，微波站营林区1572亩，羊槽营林区5195亩，大新寨营林区3312亩。林场设立公益林办公室，由专人负责公益林管护合同签订、巡护记录收集、日常及年终检查考核、档案整理等各项工作，共聘请19名公益林管护人员，签订19份管护合同，做到每个山头地块都有专职护林员管理。

【基础设施建设】 一是西山林区道路改造工程项目。西山林区1.3千米林区道路改造项目，总投资50万元，经上报实施方案到市林业局批复后，按规定组织了招投标确定施工单位，工程于2017年3月1日开工，4月15日竣工，9月23日通过竣工验收并经审计单位做好决算审计，项目经费按照合同支付95%给施工单位。二是丫口林区公益林管护站建设工程项目。根据要求，国营华宁东山林场丫口林区公益林管护站建设工程于2015年8月21日在华宁县公共资源交易中心进行竞争性谈判，确定华宁县宁州建筑工程有限责任公司为施工单位。主体工程自2015年9月11日开工，于2015年12月11日竣工，附属工程按补充协议约定于2015年12月12日开工，2016年3月12日竣工，2017年8月23日完成整个管护站工程建设的竣工结算审计，达到验收条件，请示上级主管部门组织验收。

【林药模式合作试验示范】 2017年，结合国有林场改革，林场利用资源优势，与华宁县永强中药种植有限公司合作，搞林药模式开发试验示范，示范基地位于羊槽林区内，面积约100亩，现已完成天门冬种植60000余株，育苗3亩约300000株。

【义务植树】 2017年7月13日，华宁县东山国有林场组织场部党员干部职工开展义务植树活动，在林场羊槽林区，共种植华山松80亩，11000株。

【国家储备林补植补造】 2017年7月30日，完成大新寨林区、羊槽林区共2000亩国家储备林补植补造。

（胡从伟）

水　利

【概　况】 2017年，全县水利工程固定资产投资40123万元；完成冬春修总投资18389.44万元，其中，中央投资3685.59万元，省投资2662.1万元，市投资2937.4万元，县投资9055.05万元，乡镇投资3.1万元，群众筹资28.2万元，烟草部门投资18万元。投入工日4.549万个。出动机械10664台班。完成工程14件，其中，岁修7件，小型水库1件，人畜饮水4件，其他工程2件。完成工程量230.07万立方米，其中，开挖回填土方196.903万立方米，石方33.964万立方米，浇筑混凝土5.918万立方米。新修加固堤防0.26千米，新修干支渠道2.8千米，清淤渠道11.81千米，建设乡镇供水工程3处，维护坝塘8处，新修水池水窖1处，新修水库2座，新修田间渠道5.45千米，修复水毁工程13处，新增蓄水能力292.61万立方米。新增灌溉面积10760亩，恢复或改善灌溉面积18092亩，新增节水灌溉面积2600亩，新增除涝面积1312亩。新增供水受益人口0.68万人，为全县经济发展社会稳定发挥重要作用。

【玉溪市水网建设重点项目正式启动】 2017年1月7日，玉溪市水网建设重点项目开工仪式在华宁县盘溪镇矣则河水库举行，集中开工项目440件，总投资12.5亿元，涉及重点水源工程、农业高效节水减排项目、小坝塘综合整治三大类。其中，华宁矣则河水库扩建工程、雨勒冲水库工程计划总投资2.57亿元，建成后可解决2.46万亩农田、1.8万人的用水问题。将为当地培育和壮大柑橘、冬早蔬菜种植等经济增长点，全面建成小康社会提供有力的水利支撑和保障。

【华宁成立河长制】 2017年6月20日，华宁县委下发华宁县委、县政府两办关于成立华宁县河长制领导小组通知，根据通知，县委书记黄云鹍担任组长，县委副书记、县委党校校长何国斌任常务副组长；县人民政府副县长沐华斌、王平伟任副组长。成员由各委、办、局和各相关单位主要负责人共40人组成。领导小组下设办公室，由水利局长普兴华担任主任，由县环境保护局副局长李春生、县水利局副局长魏红军担任副主任，工作人员从县环境保护局、县国土资源局、县林业局、县住房和城乡建设局、县水利局等相关部门抽调组成。

【华宁河长制工作启动并取得阶段性成效】 全面推行河长制，是党中央、国务院为加强河湖管理保护做出的重大决策部署，是落实绿色发展理念、推进生态文明建设的内在要求，是解决中国复杂水问题、维护河湖生命健康的有效举措，是完善水治理体系、保障国家水安全的制度创新，是华宁县生态文明建设的需要。2017年1月，华宁县全面推行河长制工作，在全市率先启动。并顺利开展工作。经过调研和论证，华宁县纳入县级河长制管理的河流15条，水库共37座，重要水源地2个，灌溉渠道2条；全县设置河长210名，其中，县级河长28名，乡镇（街道）级河长54名，村（社区）级河长128名。全县安排联系部门175个，其中，县级45个，乡镇（街道）级130个。全县共设立河长公示牌392块，县级141块（其中单独设立省级公示牌17块、南盘江公示牌3块），乡镇（街道）级河长公示牌251块（其中，青龙镇44块，华溪镇置11块、通红甸乡12块、宁州街道151块、盘溪镇33块）。公示牌注明河湖库渠概况、河长姓名、职务、负责河段的起止地点、管护目标、监督电话等内容。

上半年，主要完成方案制定及审批、工作机构组建、办公设施的配备等基础性工作。下半年，市县领导多次开展实地调研，召开工作推进会。在此基础上，相关单位和部门对河道清理整治、对河道采砂进一步规范、非法捕捞综合执法制度的执行、水环境的监测等措施的落实，华宁河长制工作取得阶段性成果。12月11日，玉溪市全面推行河长制督查及中期评估验收第一组，对华宁县开展全面推行河长制现场督导检查的同时，对华宁县全面推行河长制开展了中期评估工作。2017年12月23—24日，对各乡镇（街道）开展了全面推行河长制督查及中期评估验收工作。

【分水岭水库竣工】 2017年8月，分水岭水库工程竣工。该水库于2016年1月15日开工，是玉溪市唯一一座列入《全国抗旱规划实施方案

（2014—2016年）》的水库，为小（2）型规模水利工程。水库位于华宁县境内青龙镇属珠江流域南盘江水系左岸一级支流。水库坝址以上控制径流面积8.2平方千米，河长4.99千米、河道平均比降117.6‰。分水岭水库大坝为埋石混凝土重力坝，设计年供水量40.1万米。由枢纽工程和输水工程组成。枢纽工程包括大坝、溢洪表孔、冲砂导流孔、输水孔。输水工程为人畜管道工程和渠道工程两个部分。水库总投资2643.35万元，可解决青龙镇分水岭、合本得两个自然村376人、大牲畜112头的生活供水，可解决青龙镇斗居、城门硐、矣马白3个村委会1350亩（新增灌溉面积1044亩，改善灌溉面积306亩）农田的灌溉供水。

【水法宣传】 2017年3月22—28日是第二十八届“中国水周”。水利局利用“世界水日”“中国水周”开展宣传活动，组织对《中华人民共和国水土保持法》宣传月以及县上组织的防灾减灾、安全生产月等宣传活动进行宣传，共出动执法人员20人次，出动宣传车辆8（台）次，播放宣传录音3种共50次，发放宣传资料3种，共9000多张，张贴宣传画15套，悬挂宣传布标4条，环保宣传袋600只，充分利用县广电局公益广告播放宣传口号2条、县气象局的电子气象预告显示屏点多面广（全县77个村委会全部安装）的特点，24小时滚动显示宣传口号2条，宣传面达全县5个乡镇（街道）的主要集市。水利的法律法规深入到了各村委会，深入到广大人民群众心中。通过宣传活动，增强了全县人民共同关爱水环境、珍惜水、节约水、保护水的意识，全面推进可持续发展水利，营造全县人民人水和谐的良好环境，为推进依法行政、实现依法治水奠定了良好的基础。

【农村饮水巩固提升工程】 农村饮水巩固提升工程是在历年实施农村以水工程基础上实施的重要措施。其目的是通过项目的实施，使受益区饮水安全得到巩固提升，提高受益区群众的生活质量和健康水平，促进农村精神文明建设和社会稳定。主要措施是泵站提水、自流引水、增加消毒设施等方式，提高水质标准，确保人饮安全。华宁县2017年中央预算内农村饮水安全巩固提升工程规划解决村镇人口5434人、学校师生253人饮水安全问题。项目涉及二镇一街道20个村民小组。其中，宁州街道2255人，青龙镇910人，盘溪镇1246人，华溪镇1023人。工程总投资403.01万元，其中，中央76万元，市级投资100万元，县及群众投资151.01万元。工程分为建筑工程、机电设备及安装工程、管道安装工程三部分。其中，建筑工程量为：建水源取水池10座；泵房（砖混结构）36平方米；泵站蓄水池（圆形）3口；C15混凝土镇墩10.56平方米；消毒房78平方米；50立方米调节池（圆形）10口；架设变压器1台；10千伏高压输电线路1200米；0.4千伏低压输电线路600米；电杆（6米）40根；0.22千伏低压输电线路3484米。机电设备及安装工程：安装水泵2套；启动柜2台；电解法二氧化氯发生器13套。管道设备安装工程：安装直径15毫米国标热镀锌管38米；直径20毫米国标热镀锌管22356米；直径25毫米国标热镀锌管18453米；直径40毫米国标热镀锌管15631米；直径50毫米国标热镀锌管2362米；直径65毫米国标热镀锌管8821米；直径80毫米国标热镀锌管4477米。

【小型水库建设】 2017年，完成小型水库2座，完成投资16562.14万元，其中，中央2808.79万元，市2290万元，市投资2440万元，县9023.35万元，投入工日4.3万个，出动机械10500台班。共完成总工程量为230.07万立方米，其中，土方190.97万立方米，石方33.77万立方米，混凝土5.33万立方米，新增蓄水能力292.6万立方米，新增灌溉面积10760亩。

【小坝塘建设】 2017年，完成坝塘维护8处，完成市级投资205.2万元，投入工日0.012万个，改善灌溉面积1770亩。

【人畜饮水工程】2017年，完成人畜饮水工程4件。完成总投资45.92万元，其中，中央16.8万元，省2.1万元，市2.1万元，县6.92万元，烟草部门18万元，投入工日0.02万个，出动机械17台（班）。完成工程量0.05万立方米，其中，土方0.02万立方米，混凝土方0.03万立方米，新修水池水窖1处，新增供水受益人口0.16万人。

【沟道岁修】2017年，完成沟道岁修工程7件，完成总投资38.99万元，其中，市级投资20万元，县级投资8.89万元，乡镇投资3.1万元，群众投资7万元，投入工日0.105万个，出动机械18台班。完成工程量为土方5.34万立方米，混凝土0.05万立方米，新修干支渠道1千米，清淤渠道11.81千米，改善灌溉面积1900亩，新增除涝面积650亩。

【水毁修复工程】2017年，完成工程总投资58.59万元，其中市21.5万元，县15.89万元，群众21.2万元，投入工日0.052万个，出动机械19台班。完成土方0.43万立方米，石方0.16万立方米，混凝土方0.46万立方米，新增田间渠道0.95千米，新增渠道1.8千米，改善灌溉面积2700亩，修复水毁4处，新增除涝面积662亩。

【中央小型农田重点县】2017年，完成中央小型农田重点县建设投资1298.6万元，其中，中央700万元，省级配套350万元，市级配套248.6万元，投入工日630万个，出动机械90台班，完成工程量0.12万立方米，改善灌溉面积2600亩，新增节水灌溉面积2600亩。

【其他工程】2017年，完成工程2件，完成其他工程投资150万元，其中，中央130万元，省20万元，投工0.03万个，出动机械20台班，完成工程量0.1万立方米，其中，土方0.082万立方米，混凝土0.028万立方米。

（陆所建）

2017年华宁县中央预算内农村饮水安全巩固提升项目明细表

表7

序号	工程名称	工程规模（立方米/天）	供水人口（人）	投资计划（万元）				
			总人口（人）	总投资	中央预算内投资	省级投资	市级投资	县及群众自筹
合计	共20项工程	711.01	5434	403.01	76.00	76.00	100.00	151.01
1	落水洞村民小组中央预算内农村饮水安全巩固提升工程	8.16	63	25.21	5.00	5.00	7.00	8.21
2	土老依（上营）村民小组中央预算内农村饮水安全巩固提升工程	19.44	150	3.72	1.00	1.00	1.00	0.72
3	土老依（下营）村民小组中央预算内农村饮水安全巩固提升工程	16.8	130	9.11	2.00	2.00	2.00	3.11
4	白玉冲村民小组中央预算内农村饮水安全巩固提升工程	81.96	630	75.22	12.00	12.00	15.00	36.22
5	下新寨村民小组中央预算内农村饮水安全巩固提升工程	68.52	530	3.36	1.00	1.00	1.00	0.36
6	煤炭窝村民小组中央预算内农村饮水安全巩固提升工程	97.2	752	28.22	6.00	6.00	7.00	9.22
7	大糯节村民小组中央预算内农村饮水安全巩固提升工程	33.36	258	12.24	3.00	3.00	3.00	3.24
8	斗居新寨村民小组中央预算内农村饮水安全巩固提升工程	41.4	320	11.74	2.00	2.00	3.00	4.74

续表 7

序号	工程名称	工程规模（立方米/天）	供水人口（人）	投资计划（万元）				
			总人口（人）	总投资	中央预算内投资	省级投资	市级投资	县及群众自筹
9	泥火箐（上营）村民小组中央预算内农村饮水安全巩固提升工程	5.52	43	14.22	3.00	3.00	4.00	4.22
10	泥火箐（下营）村民小组中央预算内农村饮水安全巩固提升工程	7.08	55	5.18	1.00	1.00	1.00	2.18
11	马郎村民小组中央预算内农村饮水安全巩固提升工程	18.36	142	11.63	3.00	3.00	3.00	2.63
12	大黄草岭村民小组中央预算内农村饮水安全巩固提升工程	11.88	92	18.1	3.00	3.00	5.00	7.10
13	大新寨村民小组中央预算内农村饮水安全巩固提升工程	71.95	537	53.71	10.00	10.00	13.00	20.71
14	清水塘村民小组中央预算内农村饮水安全巩固提升工程	58.56	453	34.71	6.00	6.00	10.00	12.71
15	三家村民小组中央预算内农村饮水安全巩固提升工程	4.32	33	10.04	2.00	2.00	3.00	3.04
16	矣得村民小组中央预算内农村饮水安全巩固提升工程	71.94	514	23.61	3.00	3.00	7.00	10.61
17	小白厂村民小组中央预算内农村饮水安全巩固提升工程	33.84	262	8.43	2.00	2.00	2.00	2.43
18	矣菠萝箐村民小组中央预算内农村饮水安全巩固提升工程	8.04	62	9.07	2.00	2.00	2.00	3.07
19	蒿枝箐村民小组中央预算内农村饮水安全巩固提升工程	12.36	96	8.43	2.00	2.00	2.00	2.43
20	杨柳井村民小组中央预算内农村饮水安全巩固提升工程	40.32	312	37.06	7.00	7.00	9.00	14.06

2017 年 1—12 月华宁水利固定资产项目明细表

表 8　　单位：万元

序号	管理级别	项目名称	行业编码2012	计划总投资	自开始建设至本年底累计完成投资（或自开始建设累计完成投资）	本年完成投资（或自年初累计完成投资）	剩余投资
合计	华宁县	—	—	254265	240078	40123	16003
1	530424	青龙河上游红泥坡滑坡泥石流治理工程	7610	2369	1975	1962	394
2	530424	华宁县小坝塘除险加固工程	7610	3570	4210	1180	—
3	530424	华溪镇小型农田水利建设项目	7620	3600	3600	3600	0
4	530424	玉溪市东片区“三湖”生态保护水资源配置应急工程项目	7620	198963	196797	10255	2166
5	530424	董家山高效节水灌溉项目	7630	1299	842	842	457
6	530424	华宁县宁州街道农田水利基础设施建设项目	7630	1605	1878	1878	—
7	530424	华宁县分水岭水库工程	7630	2643	2919	309	—
8	530424	华宁县盘溪镇农村泵站工程建设	7630	1005	1107	1107	—
9	530424	华宁县核桃冲水库工程	7630	11508	11117	3357	391
10	530424	华宁县矣则河水库扩建工程	7630	14781	6416	6416	8365
11	530424	华宁县雨勒冲水库工程	7630	9542	5312	5312	4230
12	530424	华宁县青龙镇水利基础设施建设	7690	2280	2625	2625	—
13	530424	华宁县新庄片区供水工程（二期）	7690	1100	1280	1280	—

2017年华宁县小坝塘除险加固项目完工统计表

表9

序号	坝塘名称	主要建设内容完成情况	项目批复投资（万元）	资金到位情况（万元）		完成投资	主体工程完工时间	防洪效益		供水效益	灌溉效益		养殖效益
				市级	县区			保护人口（人）	保护耕地（亩）	解决人饮（人）	改善灌溉（亩）	增加灌溉（亩）	（万元）
合计	华宁县（52座）	—	2557.68	2250.00	—	2501.62	完工（52）座	28959	17470	1647	10998	5333	60.70
1	槽子田	水环境整治，塘内清淤	30.86	50.00	—	30.86	2017年3月25日	600	400	—	212	200	2.20
2	红岩子	对大坝、左右坝肩及基础进行帷幕防渗处理	22.48	50.00	—	22.48	2017年3月18日	—	166	—	212	166	3.20
3	落可不得	新建引流沟2205米，断面尺寸为0.5×0.5米、0.6×0.5米	50.50	50.00	—	47.50	2017年6月1日	460	300	—	750	200	—
4	平田	水环境打造，塘内清淤	42.01	50.00	—	42.01	2017年3月29日	800	120	—	75	200	—
5	水井冲	①采用黏土料加补整形内坝坡及库区，全库采用土工膜防渗，C15砼预制块护坡；②库区清淤；③新建溢洪道	82.38	50.00	—	82.38	2017年5月9日	—	300	520	300	100	—
6	拖白	①新建防浪墙，库区垃圾清除，新建溢洪道；②更换涵洞输水管道；③新建排污沟，避免村中污水进入塘中；④采用1.5m围栏防护。⑤排污沟外侧景观植草	32.73	50.00	—	32.73	2017年3月29日	250	200	—	300	100	—
7	瓦厂脚	采用黏土料加补整形内坝坡及库区，采用土工膜防渗；溢洪道采用C20混凝土衬砌，控制段断面为1.2×0.7米，尾水泄入下游河床原沟渠	93.42	50.00	—	93.42	2017年5月18日	—	255860	—	150	90	1.20
8	黑箐哨坝塘	内坝坡：原浆砌石拆除、混凝土预制块拆除、修坡整形、土工膜防渗处理、铺设C15预制块；新建溢洪道；坝顶处理：新建路缘和泥结石路面；涵洞改造：Φ200闸阀更换、涵洞进口处理	32.84	50.00	—	33.00	2017年4月12日	—	200	—	110	60	—
9	滴水上塘	新建溢洪道；新建Φ300输水涵管；内坝浇筑混凝土挡墙；外坝坡处理：培厚整形，草皮护坡，增设岸坡排水沟；坝顶处理：新建路缘和泥结石路面；库区淤积清淤	33	50.00	—	40.00	2017年11月20	460	360	—	82	82	—
10	滴水下塘	溢洪道延长扩建；采取坝体灌浆防渗；内坝坡C15混凝土预制块修补；内坝左岸坡修坡整形铺设C15预制块，管理房脚增设混凝土挡墙护脚；坝顶处理	93.16	50.00	—	81.87	2017年6月12日	460	260	—	126	50	2.60

续表 9

序号	坝塘名称	主要建设内容完成情况	项目批复投资（万元）	资金到位情况（万元）		完成投资	主体工程完工时间	防洪效益		供水效益	灌溉效益		养殖效益
				市级	县区			保护人口（人）	保护耕地（亩）	解决人饮（人）	改善灌溉（亩）	增加灌溉（亩）	（万元）
11	牛屎坡	对坝基采取灌浆，扩建溢洪道，改造输放水设施，对外坝坡进行整形，对内坝坡及部分岸坡进行护坡	58	50.00	—	58.00	2017 年 12 月 5 日	—	75	—	300	60	3.50
12	红诺坝塘	采用土工膜进行库区防渗，底部留一圈盲沟排水，池底土工膜上覆盖 6 厘米混凝土，池壁土工膜外压 12 厘米砖，修建进库道路，增设溢流口	30	50.00	—	30.00	2017 年 3 月 15 日	450	100	—	52	52	—
13	小马哒塘坝	新建倒滤体，内坝坡整形铺设 C15 混凝土预制块，外坝坡培厚，坝体加高 3 米，涵洞进口改造（采用斜拉闸），在原溢洪道处建中涵洞	145.7	50.00	—	118.45	—	650	110	—	398	60	4.00
14	李合寨坝塘	对塘埂采用混凝土浇筑防渗处理修建溢流口和排水沟，处理放水涵管。坝顶满足 1.2m，内坝坡预制块护坡，两边加 0.2m 宽路缘石，在原位置修建溢流口和排水沟，溢流口和排水沟共用，与老沟衔接	26.8	50.00	—	26.80	2017 年 4 月 5 日	—	200	—	66	66	—
15	杨家箐坝塘	培厚坝体、新修溢洪道、内外坝坡整形，新建道路 300m，处理放水洞设施	36.3	50.00	—	55.60	2017 年 6 月 22 日	—	300	—	260	120	1.00
16	大沟底坝	内坝坡整形铺设 C15 混凝土预制块；外坝坡增设岸坡排水管；坝顶处理：新建防浪墙、路缘和泥结石路面，新修进库道路 1Km，复核溢洪道	34.9	50.00	—	35.00	2017 年 12 月 25 日	150	20	86	200	80	1.50
17	文碧山	1. 灌浆，培厚；2. 护坡；3. 踏步及鸽子眼（堵住原来的输水管道）；4. 泥结石路面及路缘石。5. 泄洪道按照水文要求复核，并且修复下有一段泄洪道	60.27	50.00	—	70.50	2017 年 12 月 25 日	1700	700	—	310	200	3.50
18	山阴沟	1. 灌浆，培厚；2. 护坡；3. 踏步及鸽子眼（堵住原来的输水管道）；4. 泥结石路面及路缘石；5. 泄洪道按照水文要求复核，并且修复下有一段泄洪道	64.29	50.00	—	60.00	2017 年 12 月 25 日	321	80	410	220	140	—
19	老虎山	1. 灌浆；2. 护坡；3. 踏步及鸽子眼；4. 泥结石路面及路缘石。5. 新建泄洪道	44.54	50.00	—	48.20	2017 年 12 月 10 日	—	250	—	267	40	3.00
20	毛驴箐	1. 灌浆，培厚；2. 护坡；3. 踏步及鸽子眼；4. 泥结石路面及路缘石；5. 泄洪道复核水文，整修。	36.87	50.00	—	38.00	2018 年 1 月 10 日	—	220	—	381	160	2.20

续表 9

序号	坝塘名称	主要建设内容完成情况	项目批复投资（万元）	资金到位情况（万元）		完成投资	主体工程完工时间	防洪效益		供水效益	灌溉效益		养殖效益
				市级	县区			保护人口（人）	保护耕地（亩）	解决人饮（人）	改善灌溉（亩）	增加灌溉（亩）	（万元）
21	青松	1. 护坡；2. 踏步；3. 泥结石路面及路缘石；4. 泄洪道复核水文，整修	29.49	0.00	—	30.00	2017 年 9 月 15 日	5000	650	—	243	160	2.60
22	杨家坟	塘堰：1. 按平均 1 深度进行清淤。2. 护坡；3. 踏步及鸽子眼；4. 泥结石路面及路缘石。5. 新建泄洪道，复核水文	48.96	0.00	—	55.00	2017 年 12 月 10 日	204	100	—	207	160	—
23	青年	只做外坝坡整形，复核溢洪道，处理溢洪道底板，溢洪道旁边做冲砂孔	27	50.00	—	30.00	2017 年 7 月 15 日	5000	1200	—	433	120	1.80
24	赵家坟	塘堰：按平均 1.0m 深度进行清淤。新建涵洞放水闸（换闸门）；复核溢洪道，无坝坡整形，无路面	30.22	50.00	—	38.00	2017 年 5 月 30 日	448	200	—	256	160	1.20
25	西门	采用土工膜进行库区防渗，底部留一圈盲沟排水，池底土工膜上覆盖 6cm 混凝土，池壁土工膜外压 12cm 砖，增设溢流口	38.89	50.00	—	41.00	2017 年 9 月 15 日	100	200	—	160	60	—
26	山居寨坝塘	培厚坝体、坝基坝体灌浆新修溢洪道，整体新建	60	50.00	—	60.00	2017 年 6 月 20 日	450	120	—	71	30	0.60
27	坟棵脚	按平均 1m 深度进行清淤。新建输水设施。加溢流口，浇 2m 高的帮子，在水池内壁开挖做邦子，邦子顶宽 30 厘米	95.8	50.00	—	96.00	2017 年 12 月 5 日	320	120	—	100	100	—
28	大龙潭蓄水池	水池水深 0.7—1.4m，总开挖 1.3—2m 左右，北部浅水区，南部留用地，四周钢混防渗，周边留 1.5 走道，护栏，底板不做防渗处理，用双层鹅卵石	42.05	50.00	—	47.60	2017 年 12 月 25 日	—	50	658	70	70	—
29	普家营坝塘	库区防渗：采用土工膜进行库区防渗，塘底 C15 砼保护层浇筑；池周边新建围栏，输水涵管更换闸门设备；安全防护栏空心砖支砌	33.8	50.00	—	33.80	2017 年 4 月 8 日	—	120	—	60	60	—
30	王伟坝塘	水环境整治	41.5	0.00	—	39.60	2017 年 5 月 5 日	460	300	—	80	—	1.20
31	阿尖上塘	新增溢洪道，下游坝坡培厚整形，新建路沿石，大坝帷幕灌浆。输水涵管更换闸门设备，修建进库防汛公路	36	50.00	—	65.00	2017 年 6 月 23 日	320	30	—	71	30	1.50
32	阿尖下塘	新增溢洪道，下游坝坡整形，新建防浪墙 0.8m，周边新建围栏，输水涵管进口鸽子眼改造	30.33	50.00	—	30.33	2017 年 6 月 20 日	320	150	—	80	30	3.20

续表 9

序号	坝塘名称	主要建设内容完成情况	项目批复投资（万元）	资金到位情况（万元）		完成投资	主体工程完工时间	防洪效益		供水效益	灌溉效益		养殖效益
				市级	县区			保护人口（人）	保护耕地（亩）	解决人饮（人）	改善灌溉（亩）	增加灌溉（亩）	（万元）
33	抄保大箐坝塘	主、副坝下游坡培厚坝体、外坝坡整形，副坝及山体结合部灌浆，新建坝顶路沿石，溢洪道下段改造，库区周边新建围栏，空地绿化。输水涵管更换闸门设备，新建临时施工道路 3km	65.1	50.00	—	60.56	2017 年 8 月 5 日	273	240	—	380	150	1.50
34	来保康山神庙坝塘	下游坝坡整形，库区新建围栏，径流区新建 2 条引洪沟。新增溢洪道，新修进库道路 200 米	63.66	50.00	—	64.00	2017 年 8 月 3 日	450	400	—	70	30	1.00
35	三家村坝塘	下游坝坡培厚整形，上游坝坡铺设砼小块护坡，新建防浪墙、路沿石。输水涵管更换闸门设备，扩修道路 1 千米，泥结石路面	35	50.00	—	36.00	2017 年 8 月 9 日	366	500	—	146	85	1.10
36	住姑斗坝塘	防渗：采用土工膜进行库区防渗，底部留一圈盲沟排水，池底土工膜上覆盖 0.06 米混凝土，池壁土工膜外压 12cm 砖，周边新建围栏，增加溢流口直径 350 的 PE 管，空地绿化	41.42	50.00	—	41.42	2017 年 4 月 6 日	330	500	—	169	100	—
37	来保康营门前坝塘	周边新建围栏，空地绿化	38.6	0.00	—	38.00	2017 年 5 月 16 日	951	743	—	210	100	1.60
38	住姑斗老坝塘	新建混凝土溢流挡墙，挡墙外土方回填	49.56	0.00	—	50.00	2017 年 6 月 16 日	330	1500	—	169	100	—
39	老营水塘	下游坡局部培厚，坝顶整形，增加溢流口直径 350 的 PE 管，周边新建围栏，空地绿化	41.6	50.00	—	41.60	2017 年 4 月 10 日	240	800	—	137	60	—
40	鲁佰比坝塘	库区防渗：采用土工膜进行库区防渗，底部留一圈盲沟排水，池底土工膜上覆盖 0.06 米混凝土，池壁土工膜外压 12 厘米砖，周边新建围栏	38.88	50.00	—	38.88	2017 年 4 月 16 日	420	350	—	126	80	—
41	母坝冲坝塘	顺流左侧山体新建挡土墙、排水沟，扩修进库道路，左坝肩及山体结合部灌浆	59.62	50.00	—	60.00	2017 年 5 月 16 日	650	400	—	200	100	2.50
42	起则下塘	库区落水洞处理采取土工膜，上下游坝坡整形，内坝坡铺设砼小块护坡，坝顶新建路沿石，泥结石路面，新增溢洪道，输水涵洞更换闸门设备	62.62	0.00	—	65.00	2017 年 8 月 20	1246	1196	—	600	300	—

续表 9

序号	坝塘名称	主要建设内容完成情况	项目批复投资（万元）	资金到位情况（万元）		完成投资	主体工程完工时间	防洪效益		供水效益	灌溉效益		养殖效益
				市级	县区			保护人口（人）	保护耕地（亩）	解决人饮（人）	改善灌溉（亩）	增加灌溉（亩）	（万元）
43	水井弯坝塘	采用土工膜进行库区防渗，底部留一圈盲沟排水，池底土工膜上覆盖6厘米混凝土，池壁土工膜外压12厘米砖，周边新建围栏，增加溢流口直径350的PE管，空地绿化	40.82	50.00	—	40.82	2017年4月12日	350	1000	—	82	50	—
44	大里拉坝塘	截污沟从北部中接到公路排水沟100m，尺寸0.5*0.5，加坝1m，迎水面用混凝土挡墙1m高，外坝坡整形及岸坡截水沟，右岸新建溢流口进入右岸公路排水沟，距离100厘米	32	50.00	—	30.40	2017年6月22日	235	110	—	93	42	2.80
45	女嫁斗坝塘	1. 新建溢洪道；2. 做1.2米环形通道，基础10厘米少砂混凝土，路面铺混凝土预制块，局部坝顶加高2米，路边靠水面方向做2米绿化带	38	50.00	—	43.00	2017年11月22日	282	120	—	380	260	3.10
46	小婆左坝塘	按照3万立方清淤，修1.5千米公路，上坝坡护砌，下坝坡整形，坝顶整形。新建鸽子眼及下塘踏步	99.31	50.00	—	15.00	2017年12月25日	345	140	—	280	100	2.20
47	小得勒坝塘	按平均0.5米深度进行清淤.1. 原坝加高培厚；2. 修建3m款泥结石进塘道路；3. 新建下塘踏步；输水设施：1. 拆除重建塘剅：引洪沟500米，下游培厚整形，建鸽子洞	50.3	50.00	—	56.75	2017年8月20日	—	210	—	90	60	—
48	山岩坝塘	外坝坡及坝顶整形	16	50.00	—	16.00	2017年3月18日	2100	300	—	600	300	1.60
49	树米罗坝塘	增加溢流口，西边村子边加截污沟	47.48	50.00	—	50.00	2017年7月15日	360	400	—	94	45	—
50	大丫喜坝塘	清淤0.5米，改造溢洪道	61.81	0.00	—	—	2017年7月15日	408	200	—	70	50	—
51	八哥岩坝塘	岸坝：1. 新建3米宽泥结石道路；2. 坝体内外坡整形；3. 增设下塘踏步。输水设施：1. 拆除重建塘剅。复核溢洪道坝体内坝坡整形铺预制块；上游建滚水坝及引洪沟引至溢洪道，清淤	54.15	50.00	—	75.50	2017年9月10日	420	500	—	380	35	1.50
52	白云庵坝塘	1. 灌浆；2. 护坡；3. 踏步及鸽子眼；4. 泥结石路面及路缘石；5. 新建泄洪道	56.66	50.00	—	65.56	2017年8月20日	280	200	—	120	80	1.80

扶贫开发

【概　况】 2017年，华宁县脱贫攻坚工作，紧紧围绕市委、市政府提出的“2017年全面脱贫，在全省率先全面建成小康社会”的脱贫攻坚目标，坚持“精准扶贫、精准脱贫”的基本方略，以整乡整村推进为平台，以项目建设为抓手，加大统筹整合专项扶贫、行业扶贫、社会扶贫力度，着力实施基础设施、产业发展、易地扶贫搬迁、农村危房改造等项目。2017年共实施扶贫项目42个，其中，新增项目25个，规划总投资0.92亿元，项目受益14003户47443人；续建项目17个，规划总投资3.23亿元，项目受益6968户23184人。通过产业扶贫、农村危房改造、转移就业技能培训、小额到户贷款、社会保障等项目的实施，脱贫退出贫困户都得到了扶贫项目的帮扶。按照农村居民人均可支配收入高于3200元的贫困标准，华宁县2017年度有4403人达到脱贫标准。2017年年底，全县共有建档立卡贫困户3270户10743人，其中已脱贫2741户9106人，未脱贫529户1637人，贫困发生率0.92%。1个贫困乡（华溪镇）、8个贫困行政村和11个提质增效村均达到脱贫出列标准。

【整乡推进精准脱贫项目】 华溪镇整乡推进精准脱贫项目于2016年7月8日正式启动实施，规划总投资1.92亿元，其中，中央、省级财政补助资金0.2亿元，市级财政投入资金0.1亿元，县级投入资金0.05亿元，整合部门资金1.06亿元，群众自筹资金0.51亿元。共涉及产业发展、基础设施、安居工程、素质提高、社会事业、生态环境保护与建设和基层党组织建设等7大类93个项目。项目一次规划，分2016—2017两年实施，由于在项目推进过程中，8个整合项目不具备实施条件没有实施，调整变更新增了6个部门整合项目，专项资金调整新增2个项目。项目共计93个，截至年底，开工项目93个，未开工开工率100%，其中正在实施16个，已完工77个。完成方案内投资16717.59万元，新增方案外投资4110.01万元，累计完成总投资20827.6万元，完成规划总投资108.43%。

华溪镇贫困乡镇退出奖补项目，计划总投资631.47万元，其中，财政专项资金500万元，整合资金130万元，群众自筹1.47万元。实施内容主要有清水塘小组群众活动场所建设、小寨党基层党建活动阵地建设、华溪六组群众活动场所建设、槽子田引水沟建设、槽子田小坝塘除险加固工程、华溪六组水池建设、平田道路建设、黄豆地村内挡墙工程、蚱蚌村内道路建设、华溪四组机耕路建设、型本典村内道路建设等12个项目，已全部完工。

【贫困行政村整村推进项目】 2017年，华宁县实施行政村整村推进奖补项目8个，规划总投资700.53万元，其中，财政扶贫资金500万元，整合资金198.72万元，群众自筹1.81万元。实施的内容主要有村内道路建设1406米，架设饮水管道13390米，硬化活动场地3件，修建沟渠2件，修建蓄水池12个，新增台变工程2项，机耕路扩建16条，公厕1个，党员活动室建设610平方米，群众活动场所建设770平方米，为民服务站126平方米，厕所建设（水冲式含化粪池及水电）40平方米，田间生产道路建设5100米，已全部完工。

续建2016年整村推进精准脱贫项目8个，项目建设点为火特、岔纳、红坡、矣得、大母公

红坡驻村工作队员查看危房建设

竜、倒马坎6个行政村和向家沟、田房2个自然村。规划总投资3851.22万元，其中，财政扶贫资金1620万元，整合资金1905.21万元，群众自筹326.01万元。完成投资3851.22万元，完成率100%。项目受益1420户5171人，其中，建档立卡贫困户583户1891人。

【产业发展项目】 2017年，华宁县实施产业发展项目7个，分别为青龙镇生猪养殖项目、宁州街道冲麦村委会贫困户养殖项目、宁州街道咱乐村委会蔬菜产业发展项目、盘溪镇龙潭营村委会路舍格小组产业发展项目、盘溪镇小水窖产业发展项目、华溪镇黑牛白村委会产业发展项目、宁州街道办事处养殖业脱贫攻坚项目。项目规划总投资560.4万元，其中，财政专项扶贫资金383.3万元，群众自筹177.1万元。项目实施蔬菜（甘蓝）2409亩，养殖羊30只，养殖鸡460只，养殖猪1434头，养殖牛26头，水窖109口，产业配套基础设施（灌溉用蓄水池、管网建设、机耕路建设等）。通过项目实施，为贫困户找到了适合自身脱贫致富的产业，增加了贫困户科学文化知识，方式带动其他农户共同致富，实现经济社会、生态效益双丰收。截至目前项目已经全部完工。

续建产业发展项目4个，分别为青龙镇黄牛养殖、宁州街道养殖、盘溪镇黄牛养殖和柑橘种植。规划总投资523.196万元，项目已全部完工。项目的实施，对加快贫困地区人民脱贫致富、保护环境及促进青龙镇养羊业的可持续发展将起到积极的推动作用。

【易地搬迁项目】 2017年，华宁县续建易地扶贫搬迁项目3个，分别是华溪镇小寨村委会小新寨小组、宁州街道阿路本村委会舍阴寨小组和嶜车村委会柒树林小组。共涉及农户117户457人，其中，建档立卡贫困户26户102人。3个项目计划总投资3810.65万元，截至2017年年底，共计完成投资2388万元，占计划完成的62.67%。建档立卡贫困户房屋建设全部竣工，搬迁入住12户，14户还在装修未能搬迁入住。

【美丽宜居乡村建设项目】 2017年，华宁县实施美丽宜居乡村建设项目3个，分别为：华溪镇美丽宜居乡村建设项目、青龙镇倒马坎村美丽宜居乡村建设项目、盘溪镇矣得村委会蒿枝箐村美丽宜居乡村建设项目。项目规划总投资518.08万元，其中财政专项资金380万元，部门整合资金59.6万元，群众自筹78.48万元。项目建设内容道路工程2条、公厕3所、绿化工程2项、挡墙工程2项、两污工程2项、科技文化室3个、基层活动阵地1个、供水工程1项、土方工程1项等。通过加强村庄两污治理、改造或新建公厕、绿色村庄建设、民房改造、多功能活动室、科技文化普法活动场地建设、村内道路、饮水安全工程等建设，更进一步改善居民的生产生活条件和环境。截至目前，已全部完工。

【建档立卡贫困户危房改造项目】 全县建档立卡贫困户危房912户2935人（C级危房406户1296人，D级危房506户1639人）。2017年年底，全县C、D级危房改造已开工912户，开工率100%；竣工912户，竣工率100%。脱贫户危房全部竣工，达到入住条件。通过危房改造项目，解决了建档贫困户住房安全问题，确保如期脱贫。

【信贷扶贫项目】 2017年，华宁县新建扶贫到户贷款项目1个。规划总投资5307.5万元，其中下达扶贫信贷资金5000万元，贷款贴息资金307.5万元。华宁县共发放扶贫到户贷款5056万元，贷款覆盖4个乡（镇）街道69个村居委会，获贷农户1026户，帮助贫困户发展优势特色种植业、经济作物、经济林果、养殖大牲畜、家禽等。对帮助贫困地区群众发展生产、扩大生产规模、加快经济发展、促进增产增收、强化扶贫造血功能、增强脱贫致富后劲发挥了重要作用。

续建信贷项目1个，规划总投资4246万元，其中下达扶贫信贷资金4000万元，贷款贴息资金246万元。华宁县共发放扶贫到户贷款4013万元，完成任务的100.33%。贷款覆盖4个乡（镇）街道69个村居委会，获贷农户816户、受益人口3019人。

【劳动力转移培训项目】 2017年，华宁县实施劳动力转移培训项目1个，投入财政专项扶贫资金12万元，实施贫困地区农村劳动力转移技能培训120人；引导性培训项目1个，投入财政专项扶贫资金25.5万元，实施贫困地区农村劳动力转移培训850人。

副市长解仕清带队调研倒马坎村蔬菜交易市场工程

【贫困监测抽样调查项目】 2017年，为及时、全面掌握全县农村贫困状况，准确判断脱贫进程，科学制定脱贫攻坚政策措施，按照上级的要求，县扶贫办配合县统计局、调查队启动实施农村贫困监测抽样调查项目。此项目涉及盘溪镇和华溪镇的10个村（社区）、108户建档立卡贫困户。共举办培训3期，开展督查1次，加强对“两员”记账业务督促指导。

【精准扶贫大病救助项目】 为切实减少因病致贫、因病返贫，2017年启动实施了精准扶贫大病救助保险项目。此项目投入资金53.188万元，为全县13297名建档立卡贫困人口购买人身意外/健康保险。

【贫困对象动态管理】 2017年4月开始，华宁县认真落实省委、省政府和市委、市政府决策部署，扎实开展脱贫攻坚“找问题、补短板、促攻坚”专项行动，通过开展乡镇之间交叉检查、开展脱贫攻坚专项纪律检查、专项督察等方式，围绕贫困对象、脱贫退出、帮扶措施、资金使用等重点方面是否精准进行了问题查找，完成全县1个贫困乡镇、8个贫困行政村、260个贫困自然村、13178人建档立卡贫困人口入户再调查、再核实工作，进一步找准了问题。6月13日贫困对象动态管理视频会议之后，华宁县高度重视、认真部署，严格按照上级指示，制定《华宁县贫困对象动态管理实施方案》，开展贫困对象动态管理工作，华宁县成立了75支贫困对象动态管理工作队，队长由行政村联系领导担任，副队长由村主要领导担任，队员由县、乡镇（街道）联系村（社区）的干部职工、驻村扶贫工作队员、村组干部、党员代表和村民代表组成，共有队员1013人。工作队以村民小组为单元，对全县75个行政村、630个村民小组、43977户农业户进行了贫情分析，并逐户进行入户调查。工作中坚持实事求是、公平正义。最终，审定正常退出959户2844人；剔除862户2994人，错评率为22.72%；新识别纳入339户1161人，漏评率为0.78%；返贫149户491人，错退率为6.75%。动态管理工作后实有建档立卡贫困人口3455户11221人，其中已脱贫1456户4906人，未脱贫1999户6315人。11月，延续上一次动态管理的工作要求，再次开展2017年度动态管理，通过两轮动态管理工作，审定识别不精准剔除1065户3741人，新识别纳入建档立卡贫困户360户1231人。2017年年底全县共有建档立卡贫困户3270户10743人，其中已脱贫2743户9106人，未脱贫529户1637人，贫困发生率0.92%。

【“挂包帮”工作】 2017年，全县共有83个单位2421名领导干部职工联系挂包3270户10743人贫困人口，做到贫困乡镇、贫困行政村、贫困户全覆盖。二是扎实推进驻村帮扶。按照市联席会议要求，从市、县、乡三级选派62名政治素质好、业务能力强，有农村工作经验或涉农方面专业技术特长的干部到全县12个贫困村担任驻村扶贫工作队员，确保每个贫困村至少有1名科级领导干部驻村帮扶。同时，从各挂包单位中选派了71名中层以上干部到全县63个非贫困村担任驻村工作队员，帮助研究帮扶措施，不断巩固“挂包帮”“转走访”工作成果，为精准脱贫奠定基础。三是动员各方广泛参与。加大脱贫攻坚宣传和动员力度，着力构建专项扶贫、行业扶贫、社会扶贫互为补充的大扶贫格局，全县26户国有、民营企业响应县委、县政府精准扶贫百日攻坚号召，积极履行社会责任，自觉、自愿、踊跃投身扶贫攻坚行动，捐款112万元，为华宁县扶贫、脱贫事业献出了一份爱心。

扶持贫困户发展养殖业

【扶贫档案管理】 2017年，华宁县严格按照户有卡、村有册、乡有簿、县有档的要求，围绕做到精准到户、精准到人，确保资料完整、信息准确、数据符合逻辑等目标，构建县、乡镇（街道）、村（社区）、组四级管理网络，落实档案管理各项制度，明确规范要求，实行“一件一档”“一项目一档”“一户一档”纸质档案和电子档案双管理。

【产业扶贫增加贫困户经济收入】 2017年，全县6个贫困村种植烤烟8863亩，交售89.33万千克，均价28.86元，烟农交售收入2577.66万元，户均收入达36152元，是建档立卡户主要稳固的收入来源。全县有3镇1乡37个村（社区）246个村民小组12460户农户种植柑橘。2017年，全县柑橘种植面积达10.68万亩，产量达25.08万吨，产值8.61亿元，占全县农业总产值的26.8%。全县有10亩以上连片基地199块，其中，10—100亩161块，100—1000亩35块，1000亩以上连片基地3块。经工商登记注册的省、市龙头企业有4家（其中省级龙头企业1家），从事柑橘种植经营的个体经营户1536家，柑橘分选（打蜡）厂55家，专业合作社22个，柑橘商会1个，形成“公司+专业合作社+农户”的产销一体化模式，促进柑橘生产销售、农民稳步增收。

【建好“四好”农村路】 为了解决老百姓便捷安全出行，县委、县政府抓住创建“四好”农村路之机，提出2015—2016年行政村通硬化路两年行动计划、2017年自然村通硬化路的“村村通”目标，全力推进农村公路建设。2015—2016年建设了通40个建制村共35条363.5千米农村公路，总投资2.9亿元，实现了建制村道路硬化率100%。2017年计划新改建、硬化农村公路307项829.4千米，计划总投资6.3亿元，已完成建设559.8千米，完成投资5.25亿元，未完工程计划2018年上半年全部完工，届时将实现全县自然村100%通硬化路。项目全部建设完成后，将实现省道、县道、通建制村道路、通自然村道路“四个百分百”通硬化路，为老百姓出行提供安全便捷保障。

（杨煦湄）

责任编校　冯　惠

工业与信息化

工业运行

【概　况】 2017年，华宁县紧紧围绕市、县年初确定的发展目标，认真贯彻落实"三大战役"的安排部署，主动适应经济发展新常态，实施产业强县战略，加快转变发展方式，优化工业产业结构，推动工业转型升级，大力培育五大产业，狠抓项目建设和协调服务，着力提升企业创新能力，切实抓大壮小扶微，全力遏制工业经济下滑局面，全县工业经济平稳较快增长。

【规模企业平稳增长】 2017年，全县共有规模以上企业31户，完成工业总产值39.8亿元，增长18.8%；完成工业增加值12.4亿元，可比价增长21%；完成主营业务收入28.4亿元，增长1.1%；实现利税总额1.3亿元，减少20.2%。

【重点产业"五增一减"】 2017年，全县31户规模企业中，装备制造、建筑建材、新能源、造纸、生物加工五个产业实现稳步增长，磷化工产业降幅收窄，6个产业共完成工业总产值32.9亿元，占规模以上工业总产值的82.7%，增长17.9%；完成工业增加值10亿元，占规模以上工业增加值的80.6%，增长24.4%。

【非电工业投资高位增长】 2017年，全县完成非电工业固定资产投资186416万元，增长68.2%。

【工业用电降幅收窄】 2017年，全县累计用电量71111万千瓦时，减少13832万千瓦时，下降16.3%，其中工业用电56244万千瓦时，减少15354万千瓦时，下降21.4%，占全县用电量的79.1%。

【新纳规企业贡献明显】 2017年5月、9月和12月，组织云南华宁火特新能源开发有限公司、中复联众（玉溪）复合材料有限责任公司、云南金晨纸业有限公司进行纳规申报，3户企业入库报送数据，累计完成工业总产值2.4亿元，对规上工业总产值增长贡献38.1%；累计完成工业增加值1.2亿元，对规上工业增加值增长贡献47.9%。11月组织华宁昌盛工贸有限公司进行升规申报。

【重点工业项目建设】 2017年，云南华宁火特新能源开发有限公司大丫口、将军山风电场44台发电机组全部建成发电；中复连众（玉溪）复合材料有限责任公司年产400套风电叶片项目建成投产；华宁金振环保科技有限公司泥磷无害化处理项目已完成6000吨/年高品位泥磷制酸及10000吨/年精细磷酸盐设备建设、安装，完成土建工程建设，因环评问题处于停工状态，环评已通过专家评审，待省环保厅审批；云南金晨纸业有限公司年产9万吨高档生活用纸项目一期工程建成投产一条生产线，另一条生产线正在进行设备招标采购，二期工程待一期工程两条生产线达产后适时建设，累计完成投资33859万元，其中，2017年累计完成投资8332万元；华宁玉珠水泥有限公司日产5000吨熟料生产线土建工程基本完成，正在进行设备安装，累计完成投资63735万元，其中，2017年累计完成投资38310万元，预计2018年6月点火试车；云南鸿翔中药科技有限公司中药饮片产能扩建项目一期工程于2017年8月正式动工，已完成土建、道路等辅助设施改造、设备仪器采购等工作；华宁县裕丰纸业有限公司年产10万吨果袋纸项目厂房及土建施工接近尾声，正在重新布置生产车间、仓库及成品库，累计完成投资1.4亿元。

【节能降耗成效明显】 2017年，紧紧围绕市政府下达的节能降耗目标任务，强化节能降耗监察、节能评估、能源管理体系建设、电机能效提升、电力市场化交易等各项措施的落实，提高工业固体废弃物利用率，打好节能降耗攻坚战。全县能耗总量67.1万吨标煤（等价热值），比上年上升0.7%，GDP总量885028万元（2010年可比价格），比上年增长11.2%，单位GDP能耗0.7576吨标煤，比上年下降9.44%，完成市政府下达下降2%的目标任务。全县实际参加电力市场化交易的企业25户，实际成交电量54707万千瓦时，退费优惠金额5363.3万元，涉及磷化工、水泥、造纸、印刷、采选、食品加工、陶瓷等行业，为企业降低了产品电力成本。由于磷化工企业连续停产3户，2017年的电力成交量比2016年减少14.3%，退费优惠金额减少4321.1万元，下降44.6%，参与交易的企业户数比上年增加2户。全年为磷化工企业争取到扩产促销奖励资金51.66万元，争取上级节能补助资金52万元（其中省级6万元、市级46万元）。组织云南华宁鑫辰食品有限公司270千瓦太阳能光伏发电节能改造项目、华宁玉珠水泥有限公司日产5000吨熟料生产线9WM余热发电项目向市级申请节能补助资金，两个项目共争取到市级节能补助资金40万元。270千瓦太阳能光伏发电项目总投资368万元，为公司6.5吨的速冻库供电，年均可发电39.6万度，年均节约标准煤141.4吨，减少二氧化碳排放1560吨，年均节约电费38万余元，现已完成建设，上网手续已办好，准备投入使用。9WM余热发电项目总投资7050万元，采用纯低温余热发电技术，利用水泥生产线窑头熟料冷却机及窑尾预热器废气余热发电，烟气通过余热锅炉沉降下来的窑灰回收并用于水泥生产，达到资源综合利用及环境保护的目的，可每年提供水泥生产用电约4830万千瓦时。预计年节约标准煤15939吨（每度电按0.33千克标煤计算），现已完成基础建设，预计2018年6月投入使用。督促2015年完成能源管理体系建设工作的华宁玉珠水泥有限公司、云南活发磷化有限公司2户企业继续完善能源管理体系建设手册中的工作，推行规范化管理，全面提升企业节能管理水平和技术水平。2017年6月，宣传发动华宁裕丰纸业有限公司和华宁康宏球团工贸有限责任公司开展能源管理体系建设工作，7月启动开展工作，11月顺利通过市工信委组织的评价验收。2户企业共获得市级节能补助资金6万元，1户企业获得省级节能补助资金6万元。组织开展“节能有我，绿色共享”和“工业低碳发展”为主题的节能周宣传活动，充分利用单位微信群和QQ群发送节能有关知识倡导节能低碳的生产方式、消费模式和生活习惯，普及生态文明、绿色发展理念和知识。6月15日，联合华宁供电有限公司共同开展节能主题日宣传活动，利用布标、实物、宣传展板、发放节能宣传资料等方式向广大群众宣传节能知识，提供家庭节电小锦囊，耐心回答群众的科学用电、安全用电、节约用电疑问，进一步提高全民节能意识。活动期间共发放“企业节能”“家庭节电”等一系列宣传册1500余份，节能低碳宣传画和布标11条。9月分别指导帮助华宁玉珠水泥有限公司日产5000吨水泥熟料生产项目和华宁金振环保科技有限公司2.2万吨/年泥磷无害化处理暨2万吨/年精细磷酸盐项目完成节能评估审查工作，并分别通过省市的审查。

【民营经济快速发展】 2017年，认真贯彻落实省、市加快民营经济发展政策措施，出台了《华宁县加快民营经济发展的实施意见》《华宁县关于做好领导干部挂钩联系民营企业的通知》《华宁县关于做好领导干部挂钩联系重点企业的通知》。落实打好“三大战役”决策部署，3月13日，县委、县政府组织召开“三大战役”推进会，着力构建“亲”“清”新型政商关系。实施微型企业培育工程，县工信局牵头先后组织联席会工作组成员、各乡镇企业服务站及全县小微企业近300人、分两次进行政策普及宣传和创业辅导培训，推动全县“大众创业、万众创新”向纵深发展。全年小微企业服务券申领户数14户，完成申请金额42万元。积极引导企业争取政策扶持资金，有效发挥财政资金引导和拉动作用，全年为33户民营企业向上级争取民营经济发展扶持资金1057万元。普惠金融小微企业贷款贴息中央、省、市级资金共计1488.13万元，扶持企业13户。全县共有民营企业14443户，比上年增长10.5%，其中个体工商户13211户，私营企业1232户；注册资金496297万元，比上年增长15.4%，其中私营企业333727万元，个体工商户162570万元，户均34.4万元；工商登记从业人员49237人，完成市下达目标48813人的100.9%，比上年增长8.9%；完成增加值44.1亿元，比上年增长11.9%，完成市下达目标44.1万元的100%，占全县GDP的50.6%；实缴税金13451万元，比上年增长35.7%。

【培育壮大骨干企业】 2017年，实施“成长型中小企业”和“小巨人”培育工程，着力培育壮大规模企业，积极落实企业纳规奖励及上台阶奖励政策。全县有省级成长型中小企业6户、市级成长型中小企业13户、市级民营小巨人企业3户。全年培育产值上亿元企业8户，云南活发磷化有限公司、华宁康宏球团工贸有限责任公司、华宁供电有限公司、华宁玉珠水泥有限公司、华宁裕丰纸业有限公司、云南蓝天重工有限公司、上海电气风电云南有限公司、云南华宁火特新能源开发有限公司8户骨干企业完成工业总产值30.9亿元，占全县规上工业总产值的77.7%，其中产值上2亿元的企业6户，产值上3亿元的企业5户，产值上4亿元的企业2户。全年新增工业规模企业3户。

【招商引资深入推进】 2017年，做好精准招商引资项目协调服务工作，立足全县资源优势和产业基础，以市场为导向，认真包装项目，完成华宁县年产1000台（套）垃圾处理设备生产、年产1500万平方米陶瓷墙地砖生产、风能控制系统设备生产、年产65万吨磷化工产品、黄磷下游系列产品开发生产等5个项目包装。全年完成招商引资项目投资7.1亿元，完成全年目标7亿元的101%；向上争取资金1200万元，完成全年目标1026万元的117%。

【加强企业协调服务】 2017年，围绕县委“产业强县”战略，转变工作作风，深入企业调研，全面了解企业情况，帮助企业解决生产经营中的困难和问题。一是对规模企业和重点培育纳规企业开展帮扶活动，促进停产半停产企业复产、负增长企业扭负为正、达规企业尽快纳规，并将帮扶责任分解落实到人。二是帮助企业争取国家、省、市专项资金扶持政策。2017年组织4户民营企业申报2017年省级民营企业暨中小企业发展财政补贴专项资金；组织4户企业申报市级中小企业发展项目建设专项资金，其中3户获市级专项资金补助50万元；组织2户装备制造企业申报市级装备制造产业重点项目建设资金，2户共获市级专项资金补助50万元；组织2户食品加工企业申报市级生物医药及食品加工业发展专项资金，其中1户获市级专项资金补助20万元。三是制定《华宁县2017年风电设备制造企业扩销促产补助资金实施意见》，支持风电设备制造企业恢复和扩大生产，3户风电设备制造企业共获市级装备制造产业发展专项资金补助100万元。

【银政银企合作】2017年，深化银政银企合作，县委、县政府先后与各金融机构签订银政银企长期战略合作协议，不断创新金融服务方式，健全完善担保体系，促进征信系统建设，银政银企合作取得一定成效。2017年3月31日，举行华宁县人民政府与农行玉溪分行《金融战略合作框架协议》签约仪式，进一步加强华宁县与金融机构的合作，促进全县经济社会持续稳定发展。全县各金融机构共为104户中小微企业发放贷款109361万元，其中，信用社发放企业贷款21452万元、农行发放企业贷款20300万元、红塔银行发放企业贷款64926万元、建行发放企业贷款2683万元。两户承贷银行微型企业贷款共上报申报户数61户，初审会审通过26户，市级审核通过享受10—50万元免担保和贷款贴息补助，审批金额共690万元，信用社已发放贷款530万元。小额担保贷款全年共扶持13户小微企业创业，共发放创业贷款2100万元，带动就业260人。

【淘汰落后产能】2017年，贯彻落实国家淘汰落后产能政策，按照供给侧结构性改革去产能要求，推进工业产业转型升级，有效化解过剩产能。12月28日淘汰拆除华宁玉珠水泥有限公司年产36万吨水泥熟料旋窑生产线1条，预热器及有关辅助设施全部拆除完毕，实现落后产能的按期退出，置换技改建设年产水泥熟料150万吨（日产5000吨）新型干法水泥生产线1条，争取到淘汰落后产能专项资金省级180万元、市级118万元。华宁玉珠水泥有限公司此次淘汰拆除水泥生产线涉及职工170人，公司提前研究并制定出职工内部分流方案，做好职工安置等工作，妥善处理各方面利益关系，有效维护社会稳定。完成《华宁县红砖企业关闭工作实施方案》《华宁县青砖青瓦生产企业搬迁转型实施方案》，并经县第十七届人民政府第八次常务会议研究通过。目前，已完成公众参与调查、淘汰落后产能社会稳定风险评估工作，并多次深入企业同业主沟通交流，听取业主的意见和建议，向业主进行法律法规宣传，宣传企业搬迁转型的目的意义，做好业主的思想动员工作。

【中小微企业管理培训】2017年，推动互联网在中小微企业各个行业领域内的拓展普及，全面启动新一轮微型企业培育工程，准确把握贷款贴息和小微企业的后续服务政策支持，推动全县“大众创业、万众创新”。6月12—18日，在昆明滇池国际会展中心举行2017年南亚东南来国家商品展暨投资贸易洽谈会，按照《玉溪市工业和信息化委员会2017年南亚东南亚国家商品展暨投资贸易洽谈会制造业馆玉溪组展工作方案》要求，配合市工信委完成华宁风电产业园有关文字、图片、影像等资料收集整理工作。6月30日，中广核新能源云南分公司组织玉溪市内华宁磨豆山风电场、元江羊岔街风电场、通海五垴山风电场开展“消防安全综合应急救援演练”活动，华宁县消防大队、华宁县瑞仁医院参加联合演练，华宁县人民政府、县安监局和县工信局组织人员参加观摩。本次演练模拟磨豆山风电场35千伏配电室发生短路起火，1名巡视人员被困在配电室内，脱离险情人员拨打应急值班电话求救，风电场立即启动应急预案，现场组织员工疏散。8月10日，组织7户企业管理人员及业务人员10人参加玉溪市中小企业管理能力提升工程——中小微企业生存风险与竞争分析培训。8月25日，在华宁大酒店举办第二期“互联网+中小微企业”专项行动——“互联网+移动办公”及中小企业志愿服务专项行动培训班，由玉溪市中小企业服务中心主办，华宁县工信局联合各乡镇企业服务站，组织部分中小微企业负责人及业务人员近70人参加为期一天的培训。11月9日，中广核云南分公司所有风电场受邀到中广核玉溪华宁风力发电有限公司磨豆山风电场开展2017年售电业务强化培训，围绕“电力营销”主题，云南分公司培训团队针对云南省电力市场化交易规则及云南电力装机情况进行了集中讲解，并着重对2017年省内外消纳市场进行了对比分析，对交易操作平台进行了实战演练。通过各种政策讲解、业务培训和应急演练，增强全县中小微企业竞争实力，促进企业持续健康发展。

【煤矿安全监管】 2017年，华宁县煤矿已连续13年未发生煤矿伤亡事故。签订责任状分解落实安全生产责任，建立“点对点、矿对矿”的专人负责联系机制。加强教育培训，提高煤矿职工素质，组织煤矿职工参加各级各类安全生产教育培训325人。加强煤矿监管，共开展煤矿安全监管检查136次，查出各类安全隐患159条，现已督促整改159条，整改率达100%。开展煤矿安全体检和安全生产大检查，共检查发现53条安全隐患，已全部整改完毕。全县未发现非法开采、私挖盗采现象。开展“安全生产月”“安全生产法宣传周”等系列活动，做好安全宣传教育。共发放煤矿安全生产宣传材料2000份，悬挂横幅6条，粘贴标语100余条，受教育面达1000余人。完成国务院安委会第五、第十督查组综合督查发现的19条安全隐患整改治理工作，其中安全大检查期间国务院安委会第五督查组综合督查发现12条，十九大期间国务院安委会第十督查组综合督查发现7条。

【项目投资备案】 2017年，严格落实服务承诺事项，认真贯彻执行国家产业政策、准入条件，坚持依托优势资源，调整优化产业、产品结构、促进工业转型升级的原则，进行工业投资项目的审查、登记备案工作。全年县工信局共办理项目投资备案81个，备案项目投资总额18.6亿元。

工业产业

【磷化工产业】 2017年，受市场和原料、经营资金不足等因素的影响，黄磷价格持续低迷，售价低于成本，导致磷化工产业经济持续下滑。华宁汇鑫磷化工有限公司、华宁县万兴磷业有限公司、云南康盛磷业有限责任公司全年停产。云南活发磷化有限公司、华宁县祥磷制品厂等3户磷化工企业全年共生产黄磷26851吨，比上年34885吨下降23%；完成工业总产值34593.9万元，比上年36213.7万元下降4%；完成工业增加值6220万元，比上年6174.4万元微增0.7%；实现销售收入31699.3万元，比上年41101.4万元下降23%；利润总额–671.4万元，与上年113.1万元相比为亏损；实缴税金3082.9万元，比上年2678.8万元减少15%。

【新能源产业】 2017年，新能源规模企业3户，全县风力、水力发电量58762万千瓦时，比上年28622万千瓦时增长105%；完成工业总产值24454.9万元，比上年9322.2万元增长162%；完成工业增加值15824.8万元，比上年6032.4万元增长162%；实现销售收入19525.9万元，比上年9081.2万元增长115%；利润总额6070.7万元，比上年2000万元增长204%；实缴税金527.5万元，比上年98万元增长438%。

【电力行业】 2017年，华宁供电有限公司售电量59442万千瓦时，比上年49188万千瓦时增长20.8%；完成工业总产值19707.4万元，比上年18173.9万元增长8.4%；完成工业增加值5924万元，比上年5463.1万元增长8.4%；实现销售收入19679.5万元，比上年18165.5万元增长8.3%；利润总额344.6万元，比上年1205.7万元下降71.4%；实缴税金2711.3万元，比上年2484.7万元增长9.1%。

【煤炭行业】 2017年，煤炭规模企业1户，全县生产煤炭136428吨，比上年106320吨增长28.3%；完成工业总产值2840.2万元，比上年2143.8万元增长32.5%；完成工业增加值1735.6万元，比上年1310.1万元增长32.5%；实现销售收入2483.2万元，比上年2225.3万元增长11.6%；利润总额–3422.8万元，比上年–2432.7万元增亏53.8%；实缴税金288.6万元，比上年345.3万元减少16.4%。

【水泥行业】 2017年，水泥规模企业1户，全年生产水泥141.9万吨，比上年138万吨增长2.7%；完成工业总产值47276万元，比上年37924.7万元增长24.7%；完成工业增加值13582.4万元，比上年10895.8元元增长24.7%；实现销售收入47280.1万元，比上年37882.9万元增长24.8%；亏损176.8万元，与上年亏损338万元相比减亏47.7%；实缴税金1829.6万元，比上年的732万元增长150%。

【印刷行业】 2017年，全县印刷规模企业2户，共生产多色印刷品14.8万对开色令，比上年17.4万对开色令下降14.9%；完成工业总产值4024.6万元，比上年4416.2万元下降8.9%；完成工业增加值1485.1万元，比上年1569万元下降5.3%；实现销售收入7611.5万元，比上年6770.2万元增长12.4%；利润总额866.3万元，比上年1153万元下降24.9%；实缴税金605万元，比上年666万元下降9.2%。

【造纸行业】 2017年，全县造纸规模企业3户，新增1户，全年生产纸制品68698吨，比上年70662吨减少2.8%。其中，华宁县裕丰纸业有限公司生产机制纸板60995吨，同比减少9.8%，玉溪华宁昊兴纸业有限公司生产铝箔衬纸3498吨，同比增长14%，云南金晨纸业有限公司生产生活用纸4205吨。行业完成工业总产值25915.2万元，比上年18380.7万元增长41%；完成工业增加值7423.9万元，比上年5199万元增长42.8%；实现销售收入25728.2万元，比上年19192.6万元增长34%；利润总额2661.3万元，比上年2153万元增长23.6%；实缴税金233.6万元，比上年180万元增长29.8%。

【装备制造业】 2017年，全县装备制造规模企业5户，新增1户。行业完成工业总产值154405.5万元，占规模以上工业总产值的38.8%，比上年140023万元增长10.3%；完成工业增加值50034.1万元，占规模以上工业增加值的58.2%，比上年45396.7万元增长10.2%；实现销售收入49454.8万元，比上年84160.7万元减少41%；实现利润总额1424万元，比上年3626万元减少60.7%；实缴税金1591万元，比上年1351万元增长17.8%。其中，云南蓝天重工有限公司生产风电塔筒320台，比上年272台增长17.6%，完成工业总产值32074.9万元，比上年27488.3万元增长16.7%；完成工业增加值10552.6万元，比上年9043.7万元增长16.7%；实现销售收入19335.4万元，比上年的19459.6万元减少0.6%；实现利润660.7万元，比上年1820万元减少63.7%；实缴税金780.2万元，比上年1007万元减少22.5%。华宁金鹿拖拉机制造有限公司生产拖拉机983台，比上年985台减少0.2%；完成工业总产值3527.5万元，比上年3426.4万元增长3%；完成工业增加值837.8万元，比上年813.8万元增长3%；实现销售收入2893.1万元，比上年3425.8万元减少15.5%；实现利润76.5万元，比上年263万元减少71%；实缴税金109.4万元，比上年的92万元增长19.6%。上海电气风电云南有限公司生产风力发电机191台，比上年的190台增长0.5%；完成工业总产值107224.1万元，比上年106019.9万元增长1.1%；实现工业增加值35276.7万元，比上年34880.5万元增长1.1%；实现销售收入16557.3万元，比上年58290万元减少71.6%；利润总额-790.9万元，比上年1102万元减少172%；实缴税金585万元，比上年246万元增长137.7%。云南科力电器设备有限公司完成工业总产值3824.5万元，比上年3088万元增长23.9%；完成工业增加值815.8万元，比上年658.7万元增长23.9%；实现销售收入3650.2万元，比上年2985.2万元增长22.3%；实现利润528万元，比上年440.7万元增长19.8%；实缴税金9.2万元，比上年的6.4万元增长43.8%。

【生物加工业】 2017年，以柑橘分选加工为主的规模企业有8户，冻银鱼生产规模企业1户，洋葱加工规模企业1户。行业完成工业总产值42291.1万元，比上年36954.7万元增长14.4%；完成工业增加值7051.1万元，比上年6158.1万元增长14.5%；实现销售收入39427.4万元，比上年34063.2万元增长15.7%；利润总额1575.8万元，比上年1842.2万元减少14.5%；实缴税金3万元，比上年4.5万元减少33%。其中，云南华宁鑫辰食品有限公司生产冻银鱼1089吨，比上年943吨增长15.5%；完成工业总产值5546.2万元，比上年5181.1万元增长7%；完成工业增加值878万元，比上年813.8万元增长3%；实现销售收入5298.9万元，比上年4102.5万元增长29.2%；利润总额129.3万元，比上年60.8万元增长112.7%；实缴税金1.2万元，比上年的0.3万元增长300%。华宁万豪实业有限公司生产洋葱酥1333吨，比上年933吨增长42.9%；完成工业总产值6869万元，比上年的5847.5万元增长17.5%；完成工业增加值1154万元，比上年982.4万元增长17.5%；实现销售收入5086.9万元，比上年6406万元减少20.6%；利润总额80.6万元，比上年235.1万元减少65.7%；实缴税金1.4万元，比上年2.5万元减少44%。

【风电产业】 2017年，全县风电规模企业5户，全年风力发电量40508万千瓦时，比上年14320万千瓦时增长183%。风电产业完成工业总产值168433.6万元，占规模以上工业总产值的42.3%，比上年140257.3万元增长20%；完成工业增加值62215.6万元，占规模以上工业增加值的50%，比上年48291.5万元增长28.8%；实现销售收入59362.5万元，比上年84498.9万元减少29.7%；利润总额6916.7万元，比上年5579.9万元增长24%；实缴税金1935.3万元，比上年的1273.5万元增长52%。

【普法依法行政】 2017年，华宁县工业商贸和科技信息局立足部门工作职能，调整充实普法依法治理领导小组，制定了《华宁县工业商贸和科技信息局2017年普法依法治理实施意见》《华宁县工业商贸和科技信息局2017年度依法行政执法工作计划》；加大普法经费投入，全年共订阅报纸杂志21种，投入普法宣传教育培训经费17720元。全年组织39名干部职工集中学法10次。主要学习了《中华人民共和国宪法》《中华人民共和国公务员法》《中华人民共和国安全生产法》《中华人民共和国保密法》《中华人民共和国中小企业促进法》《中华人民共和国专利法》《中华人民共和国行政诉讼法》《中华人民共和国节约能源法》《中华人民共和国食品安全法》《中华人民共和国无线电管理条例》等法律法规知识。组织6名科级领导参加科级领导干部全员培训、党性教育专题培训、贫困对象动态管理业务培训、党风廉政建设宣传业务培训、科级领导干部综合能力素养提升培训班，3名干部参加玉溪市行政执法人员资格培训、12名干部参加公务员初任培训、职业资格培训、青年干部培训班、市场运行监测及商贸统计业务培训、网络安全法暨大数据产业发展培训等学习培训。统一组织全体干部职工参加2017年“法宣在线”学习和在线考试，考试成绩均合格。在开展科技文化卫生“三下乡”、“防灾减灾”、“六月法治宣传月”、“安全生产月”、节能宣传周、食品安全宣传周和无线电管理宣传月等活动期间，组织开展法治宣传教育，通过华宁电视台、华宁新闻手机平台、华宁县人民政府网进行无线电科普宣传，全年共悬挂布标10条，发动宣传人员25人次，发放各种宣传资料8350份、宣传手提袋800个、宣传抽纸4箱，累计播放宣传视频2547分钟，电子显示屏文字宣传7条528次，提供宣传展板16块，受教育面达1124人。推行权力清单制度，完善7名科级领导干部的岗位职责和权力清单，共梳理领导干部权力25条，对14个关键岗位的权限进行梳理，共梳理关键岗位权力83条，并分别填报了领导干部和关键岗位权力清单登记表。规范政务服务平台录入事项清单34项，并按规范编制办事指南。认真贯彻落实《全面推进依法行政实施纲要》《云南省行政机关规范性文件制定和备案办法》和《中华人民共和国行政复议法实施条例》等法律法规和制度，执行重大行政决策程序实施办法、法律顾问管理制度、合同审查制度和法律顾问考核办法，做好县委、县政府重大会议议题材料收集整理上报，聘请秀实律师事务所律师为本单位法律顾问，清理全局干部职工行政执法证，按时分类统计上报。严格执行行政执法工作责任制，坚持依法行政、文明执法和依法办事，推行"双随机一公开"制度，全年全局没有一人违反党纪国法，在执法工作中没有出现侵害行政相对人的违法违规行为。

【建议提案办理】 2017年，全年共接到人大建议、政协提案11件，其中，人大代表建议8件，政协委员提案3件，内容主要涉及农产品交易市场建设、滑坡搬迁村组电网架通、电力设施建设、通信基站建设等事项。为确保办理质量，召开了专题会议，明确了由主要领导负总责、分管领导牵头抓、责任股室具体落实的工作机制，健全完善《华宁县工业商贸和科技信息局人大代表建议和政协委员提案办理工作制度》《华宁县工业商贸和科技信息局政务督办工作制度》。在办理过程中积极与县人大代表、县政协委员沟通和面商，按期完成答复办理工作，县人大代表和县政协委员对建议和提案办理结果均表示满意。

【机关自身建设】 2017年，县工业商贸和科技信息局围绕全年各项目标任务，推动"两学一做"学习教育常态化制度化，坚持依法行政，坚持群众路线，坚持勤政廉政，不断加强机关自身建设，明确主要领导为第一责任人，分管领导为直接责任人，突出抓好机关制度建设、效能建设、作风建设。一是加强领导，明确责任目标。年初制定下发《华宁县工业商贸和科技信息局2017年工作要点》，将目标任务分解落实到各股室、中心、站所，权责利相统一，加强督促落实，确保分解任务按计划完成。二是完善制度，加强内部管理。进一步完善"三重一大"集体决策等制度，本单位出台并实施差旅费管理办法。实行党风廉政建设和党建目标管理责任制，加强宣传教育，规范权力运行，严明制度纪律，努力提高执行力、监督力，切实转变思想作风、工作作风、纪律作风、生活作风，提高干部职工的责任意识、效率意识、服务意识，不断提升局机关对外窗口形象。三是统筹协调，落实目标任务。组织全局干部职工重点学习中央、省、市、县的重大决策和部署、重要讲话、政策文件会议等精神。以工业发展、科技创新、商贸流通、煤矿监管、无线电管理等工作为重点，规范行政行为，公开和简化办事程序。按照行为规范、运转协调、公正透明、廉洁高效的要求，全面推行行政执法责任制，查找和纠正工作中的缺位、错位、越位等现象。全年共受理涉及服务承诺事项报件数为24件，报件涉及的服务承诺事项1项，限时办结数24件，限时办结率100%；首问首办数24件，首问首办率100%。无投诉案件或被投诉，无推诿、拖拉、扯皮等现象。推行政府信息公开制度，主要通过政府信息公开网、华宁县人民政府网公开信息，本局全年共公开信息361条，其中在政府信息公开网发布信息203条，华宁县人民政府网发布信息158条，全年完成政府信息公开保密审查154条。提升局机关行政效能，加强行政成本控制，年内因公出国（境）和公务用车购置为零，无建盖楼堂、馆所、庆典、论坛等事项，严格落实中央八项规定和厉行节约有关要求，大力压缩"三公"经费；以人、财、物的管理使用等为关键岗位，接受公众监督。推行电子政务协同办公系统，提高政务工作效率，明确专人负责OA协同办公系统（电子公文交换系统）运行和维护。多措并举履行帮扶责任，对联系村委会紫马龙和落梅52户贫困户开展“挂包帮、转走访”工作239人次，派出蹲点干部2人；帮助引进项目6个，举办培训班2期110余人；寒冬送暖慰问等投入贫困户帮扶资金近12万元，其中，个人出资7590元。截至2017年12月底，还有11户未脱贫，D级危房户已全部入住。

（许光辉）

陶产业

【概　况】 2017年，华宁县坚定“走出去”战略不动摇，积极组织陶瓷企业参加各类知名会展，推介产品，扩大交流。组织陶企业参加了南博会（中国—东盟博览会）、第二十三届法国国际非物质文化遗产展览会、省市文化产业博览会、云南省第十二届茶博会、七彩云南·少数民族文化推介、第七届澜沧江·湄公河流域国家文化艺术节，取得了较好的宣传推介效果。加快“三园一村”建设，搭建陶产业发展平台。做实陶艺人才培养。华宁陶产业呈现出良好发展态势和强劲的发展潜力，12月被省文产办评为云南省文化产业30强县。截至2017年年底，华宁县制陶企业、个体户增至64户，其中，建筑生活园林陶23户，工艺陶41户。工艺陶比2016年增加13户。华宁陶从业人员约1800多人，据测算，2017年完成陶产值约5.67亿元。

【展销推介】 2017年12月1—10日，组织10户企业到香港中央图书馆参展，其中制陶企业7户，玛瑙企业3户，部分企业展后收到了订单。目前，华宁陶产品仍持续不断地销往香港。2017年11月2日，第二十三届法国国际非物质文化遗产展览会在罗浮宫的卡鲁赛尔厅举办，25位中华当代陶瓷艺术家作品亮相，陶艺家邓红锦创作的华宁陶艺作品《简》位列其中。这是华宁陶艺作品首次亮相法国罗浮宫。2017年12月12—18日，组织16户陶企业、4户玛瑙企业参加了第七届澜沧江·湄公河流域国家文化艺术节。委托云南省工艺美术协会编辑出版了以陶为主，兼有木（根艺）、石（玛瑙）、布（刺绣）内容的宣传展示期刊《华宁文产专刊》。

【人才培养】 2017年，舒氏陶艺工艺师刘希被评为省级陶艺大师，胡文森、汪海涛被省人社厅评为首届云岭技能工匠。全县已有9人被省工美协会评为云南省陶瓷工艺大师，其中，有5人同时获得云南省工艺美术大师称号。华宁陶技术型人才培养取得新突破。华宁职中陶艺中专班已累计招生235名，现在校58名，毕业177名，为华宁陶发展输送了大量技能人才。2017年10月，通过与国家技能大师、全国五一劳动奖章获得者占绍林（景德镇占绍林拉坯培训学校）合作，在华宁职中开展为期一个月的陶艺成型技能拉坯专项培训，共培训学员50多名。

【三园一村】 碗窑村传统村落的保护建设第一期工程已完成，完成投资1710万元，陶文化展示中心、销售中心、慈云寺修缮、古窑遗址公园、特色民居改造全面完成，于2017年9月8日华宁柑橘旅游文化节顺利开街，云南省文产办授予华宁碗窑村国际陶艺村云南省文化创意与相关产业融合发展示范基地称号，目前，碗窑村已成为华宁一个热点旅游景点。当前，二期项目正在规划建设之中。莲花塘陶瓷建材园片区建设取得明显成效，长新新型建材、凯烽陶业、永清陶业等企业相继入驻。陶文化产业园已与投资方签订投资协议书。陶文化创意园建设取得一定进展。

（李永平）

电力工业

【概　况】 2017年，华宁供电有限公司围绕以优异成绩迎接中共十九大胜利召开和深入学习贯彻中共十九大精神主线，聚焦玉溪供电局总体工作要求和地方经济社会发展实际，强党建做保障、保安全守底线、优服务惠民生、稳增长提效益、抓改革促发展，各项工作稳中有进。全年未发生人身、设备、电力安全事故和有责任的四级及以上事件。

全年用工总人数360人，平均年龄41.92岁，其中，劳动合同制员工347人，劳务派遣制员工10人，非全日制员工3人。有离退休员工154人。具有大学本科学历员工67人，专科学历员工125人，中专及技校学历员工57人，高中及以下学历员工111人。取得专业技术资格人员145人，其中，中级技术资格18人，初级技术资格123人。获得技能等级人员213人，其中，高级技师4人，技师6人，高级工173人，中级工29人，初级工1人。设有13个职能管理部门，5个供电所。

2017年，县境内有500千伏变电站1座，主变压器2台，容量200万千伏安；有220千伏变电站1座，主变压器2台，容量36万千伏安；有110千伏变电站5座，主变压器10台，容量51.5万千伏安；有35千伏变电站5座及三岔河电站近区变电站1座，主变压器10台，容量5.74万千伏安。10千伏开闭所2座，主变压器4台，总容量1260千伏安。10千伏配电变压器2340台，容量30.75万千伏安。管辖110千伏线路2回28.44千米，35千伏线路15回157.92千米，10千伏线路48回1186.872千米。

技术经济指标一览表

表10

指标名称	单位	2017年完成	2016年完成	同比增减（%）	备注
供电量	万千瓦时	61391.20	51231.89	19.83	—
售电量	万千瓦时	59400.00	49187.71	20.76	—
售电收入	万元	19707.48	18165.52	8.49	净收入
最高日供电量	万千瓦时	147.78	115.31	28.16	—
最高日负荷	万千瓦	8.17	6.62	23.41	—
综合线损率	%	3.17	3.99	0.82	百分点
主设备完好率	%	100	100	持平	—
综合电压合格率	%	98.79	99.29	–0.5	百分点
综合供电可靠率	%	99.90	99.91	–0.01	百分点
电费回收率	%	100	100	持平	—
企业总资产	万元	10700.00	10489.31	2.01	—
实现利润	万元	217.16	1205.70	–81.99	净利润
上缴税金	万元	1872.08	2472.43	–24.28	—
全员劳动生产率	万元/人年	20.51	21.18	–3.16	—

【安全生产】 2017年，针对电网8大风险制定23项重点工作管控电网风险。应用生产安全状态评价、安全生产绩效考核工具，推行问责处置、生产安全状态预警、整改闭环机制工作常态化，强化责任处置和问题整改，开展约谈9次，处置512人/次。开展安全生产事故案例大反思、大讨论活动6场次。围绕8个部门417项作业任务，评估低风险危害2281项，可接收风险危害1545项，针对风险制定控制措施96项，重点管理计划24项。开展春季暨迎峰度夏等安全生产大检查6次，发现问题302个，整改完成率100%。开展现场安全监督检查887次，发现问题661项。安

全风险体系建设内审得分 76.03 分。排查配电线路安全隐患 289 项，整改完成率 100%。

全年生产计划 1478 项，完成 1458 项，计划完成率 98.65%；生产作业计划 1001 项，完成 981 项，计划完成率 98.00%。开展输变电精益管理，完成输变电运行管理优化，实现输变电“一体化、专业化、集约化”管理。实施供电可靠性提升，完成转供电 24 次、带电作业 149 次，节约停电时户数 7.43 万时・户数，供电可靠性专业管理评价 A 级。开展配网“三分两自一环”项目，86 台“就地型”分段开关运行信息接入玉溪配网主站。开展应急演练 46 次，成功应对强降雨等自然灾害。完成中共十九大特级保供电、重要节日、活动保供电任务 17 次。

【改革发展】 2017 年，华宁供电有限公司组织 22 户大工业用户参与市场化交易，成交电量 4.01 亿千瓦时。与县工业园区管委会签订配电业务合作框架协议。接收客户资产原值 839.07 万元。完成业扩投资界面延伸项目 2 项，投资 57.72 万元。完成华宁客运站充电站、县政府办公区充电桩等项目规划。完成职工持股企业非公股权清退，建立了公有企业董事会、监事会，完善公有企业法人治理结构。

【供电服务】 2017 年，活发磷业公司转由公司供电，新增供电容量 5.32 万千伏安，新增电量 2.05 亿千瓦时。细化 5 个方面 21 项增供扩销措施，促进华宁主要行业开工率由年初的 16.66% 提升到 38.46%。实施业扩报装办理“减证便民”，业扩办理“五大环节”时限同比上年压缩 40%。非现金缴费比例 99.81%。全年客户投诉 3 起。开展营销领域权力寻租治理，全面防控 22 项营销业务流程 114 个风险点。电能替代完成 855 万千瓦时，完成年度指标的 189.06%。印发《电子服务渠道推广运用工作方案》，统筹推进“互联网 + 服务”落地，电子服务渠道 4 个推广目标顺利实现，服务平台绑定为 10174 户，完成年度指标的 203.48%。

【电网规划与建设】 2017 年，华宁供电有限公司完成新一轮农村电网和县城配网网格化规划修编。取得 35 千伏大远仓输变电工程规划用地调规许可。完成 29 个配网项目前期可研。开展“电力建设工程施工安全年”活动，落实企业主体责任，严守施工安全底线。完成续建项目投资 4247 万元，项目竣工投产率 100%，年末实现配网联络率 84.09%，可转供率 72.73%。物资需求计划准确率 100%，库存物资周转率 794.67%，合同签订及时率 100%。

【经营管理】 2017 年，华宁供电有限公司开展“财务管理年”专题活动。回收陈欠电费 18 万元。年末“两金”余额 1439.94 万元。收回历史遗留房改住房款及利息 4.15 万元。开展资金安全、内部控制和会计基础专项检查。调整审计整改组织机构，明确工作职责。完成 2 项项目审计。开展信息系统实用化提升和数据质量治理专项行动，财务域数据质量综合得分 84 分，排名玉溪电网县级供电企业第一名，实用化 100%。主网生产域、人资域、基建域、物资域数据质量综合得分 100 分，实用化 100%。

农网工程施工现场　　李咸融　摄

【精益管理】 2017 年，华宁供电有限公司开展营配数据价值利用率和生产工作效率提升活动，供电台区实现“网格化＋专业化”管理，台区异常率4.98%、10千伏线路异常率4.17%，两项指标均控制在7%以内。开展低压集抄“宽带＋双模”试点建设，完成华溪片区3个台区1000户试点，试点台区月均数据采集成功率从90%提升至99%。明确2017—2020年费控建设目标、任务，完成10户十大高耗能产业以及习惯性欠费专变客户高压费控装置改造。负控、配变、集抄分别提升4.43%、2.69%、1.49%。信息化水平评价得分96.74分，排名玉溪电网县级供电企业第二名，保持A级。上报QC课题3个，1个荣获玉溪电网成果评选二等奖、1个荣获三等奖。17个班站所编制81条精益管理行动计划，稳步推进班站所创一流。

【电力扶贫攻坚】 2017年，华宁供电有限公司投资742.75万元开展扶贫搬迁、美丽乡村电网建设。562户低压零散居民、219户非居民客户装表接电全免费。减免3539户城乡“低保户”、农村“五保户”电量63.56万千瓦时、电费22.88万元。开展“党建＋脱贫攻坚”活动，与联系点联合开展“五个一”活动，开展帮扶活动12次，捐赠扶贫资金3万元，24户贫困户已通过双认定脱贫。

（魏忠洪）

信息化建设

【概　况】 2017年，华宁县以电子政务外网建设维护为重点，全面推进玉溪市电子政务协同办公系统使用，切实管理维护好各个平台系统，取得了一定成效。通信基础设施建设实现质的飞跃，全县互联网出口总带宽100G，5个传统环路，共铺设光纤4660千米，光纤杆路1200千米，建成2G基站379个、3G基站307个、4G基站549个，行政村覆盖率100%，自然村覆盖率98%。信息化发展和应用突飞猛进，全县宽带用户达4万户，手机用户达16万户，电信业务总量增长133.4%。

【网络建设】 2017年，支持各电信运营商开展基础设施建设，加快4G网络建设，推进光纤入户工程，全面提升宽带接入能力，移动、电信华宁分公司完成全部行政村及近半的自然村建设，联通华宁分公司已实现县城80%的小区“全光网络”覆盖，完成盘溪、华溪、青龙的宽带接入设备建设。推进光纤专线覆盖单位电子政务外网建设，2次组织各单位网络维护人员参与电子政务外网使用维护培训，解决电子政务外网安全认证和手机版电子政务客户端登录连接问题，积极协调电信华宁分公司调通维护由办公区（单位）机房到电脑终端的电子政务外网；推进VPDN电子政务外网建设，加强电子政务外网VPDN账号管理，关停电子政务外网光纤专线覆盖单位VPDN账号68个，根据各单位需要增开VPDN接入账号，目前共有VPDN账号近100个；受理60多个单位提出的办理OA系统数字证书申请，共办理OA系统数字证书450多个，受理40个单位提出的办理网站数字证书申请，共办理网站数字证书101个，指导各单位安装使用数字证书，协调解决数字证书登录时出现的问题，确保各单位正常使用数字证书访问电子政务外网。

【网络维护】 一是明确电子政务外网维护责任，确定维护人员，加强维护培训，及时处理有关问题，确保网络畅通，保障通过电子政务外网运行的电子公文交换系统、政府视频会议系统、OA系统、财政一体化管理系统、信息报送系统、网格化管理系统、视频接访系统、信访系统、扶贫视频会议系统、应急视频会议系统、药监视频会议系统和工业经济运行分析视频会议系统等正常使用；二是加强对县委、县政府办公楼互联网的维护，确保涉及单位正常使用互联网开展工作。

【系统管理】 推广使用玉溪市电子政务协同办公系统（OA系统），开展OA系统使用情况调查，

2017年4月24日起正式启用OA系统，2017年4月20日、5月5日、8月11日3次组织开展OA系统使用培训，帮助各单位解决使用中遇到的故障问题。2017年共有86个单位通过OA系统发文，共发送公文13801件，113个交换账号共收文305928件，已签收300318件，未签收5610件，签收率为98%，113个交换账号都已签收公文，占已建系统账号的100%。集中更新电子印章，因2015年统一制作的电子印章于2017年5月28日到期，县网络管理中心发文通知各单位将到期的电子印章上交，由县网络管理中心到玉溪市电子政务网络管理中心集中更新，共更新电子印章104个。管理好县政府视频会议系统，明确人员责任，严格工作纪律，重新安置摄像头，加挂遮光窗帘，解决了“摄像头不正，光照效果差”的问题，按照要求更换了视频会议室背景标识，会前做好调试，会中做好跟踪服务，确保会议顺利召开。

【网站管理】 2017年，做好政府门户网站建设、升级改造、信息安全维护，进一步加强管理，及时更新信息，在华宁县人民政府网首页设置“国务院总理李克强回答中外记者提问”和“12388”举报网站链接，增加学习贯彻十九大精神、理论与实践、预决算公开、重点领域栏目，以适应现时需求。2017年6月15日，将中国泉乡华宁网更名为华宁县人民政府网，2017年10月31日迁移到市政府网站集群，按照要求设置栏目模块，做好规范化管理。

（普留勇）

【无线电管理】 2017年，组织开展无线电宣传活动2次，共发放宣传手册600份、宣传彩页4000份、宣传手提袋800只、宣传抽纸4箱，悬挂布标6条，播放宣传视频2547分钟，电子屏文字宣传7条528次，咨询人数64人。全年参加全市公务员考试无线电安全保障1次、全县高考无线电安全保障1次、事业单位招考无线电安全保障3次，完成中共十九大期间无线电安全保障、无线电频谱使用评估、民用航空专用频率保护和监测工作。稳步推进全县基站建设，新建站点27个，存量站点改造93个。

（许光辉）

【持续开展脱贫攻坚工作】 2017年，中国电信华宁分公司经理带领干部职工组成工作组，长期坚持华宁县盘溪镇富民村委会“挂包帮”结对贫困户开展走访慰问和实地调研活动。先后深入华宁县盘溪镇富民村委会富亩土村和白云奄村进村入户，就帮扶项目建设情况开展调研，并走访慰问了“挂包帮”9户贫困户，为他们送去大米、香油等慰问品。10月为新增贫困户每户送上2头小猪，鼓励他们靠劳动致富。

华宁分公司党支部按照华宁县扶贫办的要求，组织党员干部到挂钩联系点盘溪镇富民村委会开展脱贫攻坚找问题、补短板、促攻坚专项行动。华宁分公司在扶贫攻坚工作中做到真帮实帮，切实提高帮扶工作精准度和成效，提高群众满意度。2017年11月向富民村委会捐款4000元，2017年8月完成富民村委会富亩土、绿房箐、大坟角3个自然村的光纤改造工程，让3个自然村的村民实现了农村宽带户户通，共投入建设资金9万多元。2017年10月，与富民村委商谈电视村事宜，准备为富民村民解决电视难的问题，为富民村民提供高清4K电视接入，给予村民一定的优惠，由电信公司提供光猫、机顶盒，为村民接入50M的高速光纤线路，建设成为电视村，给农户真正观看到高清的4K电视节目。体现为民办实事、为民办好事。

11月，为深入贯彻落实《华宁县扶贫开发领导小组关于做好2017年度扶贫对象动态管理工作的通知》，按照华宁县精准脱贫百日攻坚战推进会会议精神，全面实施《华宁县精准脱贫百日攻坚战实施方案》和《云南省“完成全年扶贫目标任务百日行动”任务清单》，华宁分公司选派一名干部直接驻村帮助所挂钩联系村的脱贫攻坚工作。驻村工作队员积极协助挂钩联系村做好脱贫攻坚工作，坚决打赢精准脱贫百日攻坚战，确保华宁实现2017年全面脱贫目标任务。

12月12日，华宁电信分公司党支部书记王庆带领帮扶工作队，深入华宁县盘溪镇富民村委会开展“挂包帮”“转走访”回访工作，对9户精准扶贫挂钩户进行回访调查。与帮扶户面对面交流和座谈，详细了解扶贫对象家庭生产生活情况、当前发展现状，帮扶措施落实情况及挂钩户急需解决的困难和问题等，并认真填写相关调查问卷和表册。同时结合当地实际，向贫困户宣传中共方针政策和精准扶贫的各项政策措施，与贫困群众和村干部共商帮扶措施、共谋脱贫思路，坚定贫困户脱贫致富的信心。

【先进集体】 2017年6月，中国电信股份有限公司华宁分公司党支部被中国电信云南公司评选为2016年中国电信云南公司先进基层党组织。2017年6月，中国电信股份有限公司华宁分公司党支部被中国电信玉溪分公司评为2016年度中国电信玉溪分公司先进基层党组织。

【先进个人】 2017年6月，王庆同志被中国电信云南公司评为2016年度优秀党务工作者。2017年6月，张爱萍同志被中国电信云南公司评为2016年度优秀共产党员。2017年6月，张爱萍、普忠权同志被中国电信玉溪分公司评为2016年度优秀共产党员。

（张　庆）

【经营服务】 2017年，中国联合网络通信有限公司华宁县分公司营业厅改革工作开展，营业员由服务型向销售、服务型转变，销量有较大的提升，营业员在销售、维系、培训方面能力逐步得到提高。渠道终端运营水平得到较大提升，华为、vivo、oppo合作逐步深入，公司具备下一步渠道扩展实力。

【网络建设】 2017年是加大优质网络建设的一年，基站覆盖面更广，城区和主要乡镇均已覆盖；中国联通沃家光宽带建设发展更迅捷，联通光宽带覆盖华宁县城99%区域及华溪镇中心区域，200M宽带满足上网需求。4K高清电视，高质量的数字媒体服务直播70余套，点播21000部更有4K基础包，娱乐、咨询、教育、商务等。

联通公司开展街头宣传活动

【社会责任】 为认真贯彻落实全县精准扶贫“挂包帮、转走访”工作要求，2017年，中国联合网络通信有限公司认真参与帮扶规划制定，抓各项项目规划的落实，加强沟通联络工作，及时反映工作开展情况。对通红甸大婆左村委会困难群众进行一对一帮扶，上门走访慰问困难群众。关心他们的生产生活，提供科技致富信息、筹措资金、为贫困户购买生产资料、进行扶贫开发等方式，让困难群众早日脱贫致富。

【综治维稳】 中国联合网络通信有限公司华宁县分公司按照县维稳办的安排和要求及时调整充实社会治安综合治理工作领导小组，组长由总经理赵志勇担任，副组长由王翼龙担任，成员为内设各部门负责人组成。各项工作落实到人，并专门指派了华宁分公司的员工负责综治工作的日常工作，切实地加强了队伍的素质建设，做到机构健全，职责明确。将社会治安综合治理工作列入年度工作计划，摆上议事日程，并坚持总经理负总责的原则。同时，与各部门签订责任书，实行目标管理，落实内部防范责任制。

做到制度明确，职责分明。贯彻落实社会治

安综合治理目标管理责任制，围绕社会稳定和社会治安综合治理的工作大局和总体部署，开展社会治安综合治理各项工作。

【表彰奖励】 张敏艳同志荣获2017年中国联合网络通信有限玉溪市分公司先进个人称号，秦元喜同志荣获2017年中国联合网络通信有限公司玉溪市分公司工会积极分子称号。

（普奕珺）

责任编校　杨有文

园区经济

园区管理

【概　况】 华宁工业园区始建于2006年，2008年10月成立工业园区管理委员会，2013年6月晋升为省级工业园区。园区下辖有华宁县华融投资有限公司、华宁县顺丰水务有限公司、华宁县三江工程有限公司3个公司。2017年，华宁工业园区完成工业总产值69.6亿元，比2016年增长8.6%；完成主营业务收入50.5亿元，比2016年增长7.6%，完成省级工业园区发展任务分解目标48亿元的105.2%；完成工业增加值24.63亿元，比2016年增长25%，完成市级园区经济目标责任书考核任务数24.63亿元的100%；完成招商引资22.54亿元，比2016年增长15.2%，完成市级园区经济目标责任书考核任务数22.51亿元的100.1%；完成固定资产投资17.83亿元，比2016年增长15.8%，完成市级园区经济目标责任书考核任务数17.7亿元的100.7%；建成标准厂房5.12万平方米，完成市级园区经济目标责任书考核任务数5万平方米的100.4%；新开工投资5000万元以上工业项目7个，完成市级园区经济目标责任书考核任务数7个的100%；新竣工投资5000万元以上工业项目5个，完成市级园区经济目标责任书考核任务数5个的100%；县级财政安排园区基础设施建设资金3720万元，完成市级园区经济目标责任书考核任务数3000万元的124%；县级财政安排园区综合目标考核奖200万元，完成市级园区经济目标责任书考核任务数200万元的100%；拥有入园企业81户，从业人员6480人。

【园区建设】 完善园区修编，提高园区的整体承载能力。截至2017年年底，华宁工业园区共组织开展园区总体规划修编4次，将华宁工业园区规划从原来的“一园三片区”定格为“一园五片区”，园区规划面积调整为13.98平方千米，园区主导产业为以“磷化工、陶瓷建材、装备制造、生物资源加工”四大产业及相关配套产业为主导，打造云南省重要的磷化工产业基地、主要的陶瓷建材产业基地，滇中特色生物资源加工基地，同时发展冶金铸造和加工制造等产业，建设多业并举的现代化特色工业园区。截至2017年12月，园区共完成“一园四片区”土地收储2002.83亩，共支付土地收储费用10326.72万元，完成土地平整920.38亩，支付土地平整项目资金4657万元。

截至2017年年底，园区完成水利投资125万元，投资150万元完成天然气管道铺设，解决了园区入园企业的用水、用气问题。加大园区标准厂房建设力度，截至2017年年底，园区自主投资共完成园区标准厂房建盖5.12万平方米，完成投资23083万元。园区已完成新庄片区4号路、5号路、金昌路、莲花片区主干道、科力电器入厂路、同创工贸入厂路及盘溪片区入园主干道的建设投运，共修建道路全长5.92千米，完成投资4543.7万元。园区筹措资金开展边坡治理工程，共投入资金2448万元对新庄片区上海电气、中复连众、云南蓝天重工等园区企业因土地平整后产生的高边坡进行彻底治理，解除企业的安全生产隐患。同时，管委会还成立了安全生产领导小组，设置安全生产管理股室，按照“党政同责、一岗双责”的要求抓好、抓实园区安全生产工作，2017年，园区无重大安全事故发生。

2017年，工业园区紧扣园区发展主题，围绕重点产业确定招商方向，着力抓好重大项目的招商落地工作。围绕风电产业，打造西南风电产业示范基地。先后引进：上海电气云南有限责任公司投资25000万元，主要从事年产400台（套）风电风机生产；中复连众（玉溪）复合材料有限责任公司投资33000万元，主要从事年产400套风电叶片生产；云南蓝天重工有限公司投资20000万元，主要从事年产400套风电塔筒生产及华宁沪华新材料有限公司投资200万元，主要从事年产400套风电风机机舱罩生产。围绕磷化工、陶瓷建材产业招商，加大园区产业链的延伸。针对园区磷化工、陶瓷建材行业产品单一、高耗能低产能的特点，园区有针对性地开展招商，2017年先后引进华宁玉珠水泥有限公司投资75000万元，主要从事日产5000吨水泥熟料生产线建设；华宁金振环保科技公司总投资7220万元，主要从事年产2.2万吨泥磷无害化装置暨年产2万吨精细磷酸盐生产；华宁长新新型建材有限公司投资3067.81万元，主要从事年产8000万块页岩砖生产；华宁凯丰陶业有限公司投资4960万元，主要从事年产6000万块页岩砖生产等项目入园生产，进一步解决了园区产业链短、产品单一、高耗能低产能的矛盾。围绕园区空白，寻求新的招商途径。2017年，园区围绕造纸行业、药材加工和食品行业开展招商，先后引进华宁金晨纸业有限公司投资28000万元，主要从事年产9万吨高档生活用纸生产；华宁裕丰纸业有限公司投资15000万元，主要从事年产5万吨果袋纸生产；云南鸿翔药业有限公司投资11000万元，主要从事年产3000吨中药饮片生产；华宁原野农产品有限公司投资5800万元的高原特色农产品冷储加工等项目入园生产，填补了园区造纸行业和药材加工行业的生产空白。

【基础设施建设】 加强与项目业主的沟通对接，及时处理项目建设过程中发生的与周边村组协调、企业员工招聘、供水供电、网络互通、农民工工资、社会维稳等困难和问题，确保项目早日竣工投产。2017年，园区着力于新庄、莲花片区的开发建设，投资5818万元的新庄2号标准厂房顺利竣工并交付中复连众（玉溪）复合材料有限责任公司使用，投资2596万元的2号标准厂房边坡治理工程顺利竣工验收，投资498万元的云南蓝天重工有限公司边坡治理工程顺利推进，投资4543.7万元的新庄片区5号路、金昌路、莲花片区科力电器入厂路、同创工贸入厂路工程顺利完工进入结算，园区路网工程基本形成。

【重点项目建设】 2017年，投资33000万元的中复连众（玉溪）复合材料有限责任公司年产400套风电叶片项目基础投产，投资1100万元的华宁长新新型建材有限公司（二期）年产8000万块页岩砖生产项目基础投产。投资4960万元的华宁凯丰陶业有限公司年产6000万块页岩砖生产项目建成投产，投资28000万元的华宁金晨纸业有限公司年产9万吨高档生活用纸生产项目建成投产。投资15000万元的华宁裕丰纸业有限公司年产5万吨果袋纸生产项目建成试生产，投资75000万元的华宁玉珠水泥有限公司日产5000吨水泥熟料生产线建设项目顺利推进，投资84399万元的华宁顺昌工贸有限公司年产30万吨不锈钢连铸连扎生产项目顺利推进，投资5800万元的华宁原野农产品有限公司高原特色农产品冷储加工项目入园建设。

【招商引资】 2017年，加强与省市相关部门的沟通对接，捕捉招商信息，吸引项目入园。重点围绕园区基础设施建设、装备制造、陶瓷建材、生物加工、磷化工、新能源几大版块进行招商，依据国家产业政策，储备一批投资规模大、具有发展潜力的工业项目，建立园区项目库。年加工60万吨磷矿浮选项目、年加工2万吨塑料颗粒项目、华宁县华都食品有限公司2万吨酱菜产品等项目前期工作有序推进。目前正积极洽谈的项目有：年产2万吨精细磷酸盐生产项目、年产10万吨金属铯铷项目、山西天宝法兰盘制造加工等，洽谈总投资额超过50000万元。

【园区实体化改革】 2015年7月6日，县政府召开县十六届人民政府第三十四次常务会议专题研究《华宁省级工业园区管委会实体化改革方案》，2015年7月7日，县委召开十一届县委第77次常委会议研究《华宁省级工业园区管委会实体化改革方案》，玉溪市人民政府于2015年8月6日批复同意了《华宁工业园区管理委员会实体化改革方案（试行）》，但具体的实施办法还未出台，实体化改革推进缓慢。2017年10月，华宁县委、县人民政府出台了《华宁县加快园区经济发展的实施意见》。下一步由园区进一步完善《华宁县工业园区管理委员会实体化管理实施办法（试行）》报各单位征求意见，待意见征求结束后报县政府审批实施。

【园区总工会】 2017年11月29日，华宁县工业园区总工会成立并召开第一届第一次会员代表大会，共56名代表出席大会，会议选举产生了县工业园区第一届工会委员会和经费审查委员会。华宁县工业园区管委会党工委副书记梁云伟当选为华宁县工业园区总工会主席。

一园五片区情况

【园区规划修编】 2015年修编的《云南省华宁工业园区总体规划》（2016—2030），园区总规划面积为13.98平方千米，布局为“一园五片区”。新庄片区：规划面积4.08平方千米，重点发展装备制造产业。莲花片区：规划面积1.34平方千米，重点发展陶瓷建材产业。盘溪片区：规划面积4.69平方千米，重点发展磷化工、新能源、冶金铸造产业。青龙片区：规划面积1.44平方千米，重点发展磷化工产业。冲麦片区：规划面积2.43平方千米，发展装备制造、轻工产业和现代物流业为主。已建成区面积6.17平方千米。

【园区规划调整】 2017年，第四次修编的《云南省华宁工业园区总体规划》，在原来“一园四片”区的基础上，新增冲麦片区，构成了“一园五片区”的基本格局，同时调整管理和功能布局，把原华宁县陶艺创艺园（原城关红砖厂位置）纳入新庄工业片区管理，并更名为华宁县小微企业创业园，体现出华宁工业园区的创新、承载的省级工业园区的基本功能。规划布局涉及宁州街道（县城所在地）、盘溪镇、青龙镇3个镇，规划面积13.98平方千米通过这次修编，园区规模达到15.1平方千米。产业经济承载能力基本能适应国家和云南省“十三五”和未来20年经济社会发展战略，适应云南工业跨越发展以及滇中经济圈建设，增强华宁对接收东部产业转移的承载能力，满足华宁未来工业发展的需要，从而壮大华宁工业园区发展。

【新庄片区】 云南省华宁工业园区新庄片区位于县城东北侧龙洞河沿岸，片区范围北至泉乡变电站，南至阿矣寨新村，西起沙果村，东到新庄，规划总面积为408公顷。

新庄片区作为云南省华宁工业园区的重要组成部分，规划面积4.08平方千米，由南北两个片区组成，布局“一心、二翼、三片区”的功能结构，“一心”即以现有的华盘路进入县城入口为中心，周边坤泰碳素、酒厂等形成综合服务及行政中心；“二翼”包括北侧采选铸造制造区、南侧的制造加工区；“三片区”包括制造北部区域、南部加工运输区、东南生产区。其发展方向是结合产业基础和发展现状，利用区位、土地和劳动力优势，承接中东部及周边地区产业转移，重点发展两头在外的装备制造、冶金铸造和加工制造业及相关配套产业，欲将项目区建设成集采选、铸造、制造、加工、仓储、物流、生活等功能于一体的高端综合化工业园区。

2012年，新庄工业片区列为云南低丘缓坡土地综合开发利用试点项目区，项目规划区东邻基左村，西靠华宁县城，南临阿矣寨，北至李家坟，规划区域1120.50公顷，在规划区内土地利用现状中有农用地861.06公顷，其中耕地258.78公顷，林地518.86公顷；建设用地48公顷；其他土地211.44公顷。项目区规划新增建设用地429.98公顷，项目区共分四期建设，第一期2012年拟开发的建设用地为154.24公顷，第二期2013年拟开发的建设用地为151.98公顷，第三期2014年拟开发的建设用地为16.48公顷，第四期2015年拟开发的建设用地为107.28公顷。规划于2012年6月获得云南省国土资源厅批复，从而为新庄工业片区的项目建设获得了建设用地条件或保障。

为确保《云南省华宁工业园区总体规划（2012—2030）》中有关新庄工业片区规划的正确实施，工业园区管委会根据《中华人民共和国城市规划法》、建设部颁布的《城市规划编制办法实施细则》的要求，于2012年9月委托云南省西部智库规划院在《云南省华宁工业园区总体规划》的基础上，编制了《云南省华宁工业园区新庄工业片区控制性详细规划》，确立了围绕自然山体，以组团式，把新庄片区建设成为产业集中、交通便捷、设施齐全、环境优美、具有地方特色的山地型生态工业新区，使其成为面向玉溪市乃至整个云南市场的以冶金铸造及相关配套产业、装备制造及相关配套产业、加工制造及相关配套产业、仓储物流产业等多元化产业为一体的现代化综合产业园区的发展目标。

《云南省华宁工业园区新庄工业片区控制性详细规划》明确提出凡在规划区范围内的一切建设活动，均应符合《云南省华宁工业园区新庄工业片区控制性详细规划》；明确提出对未来土地使用的控制指标与引导方向。对已建项目土地使用性质与《云南省华宁工业园区新庄工业片区控制性详细规划》用途不符的，继续保持原有的使用功能。但这类土地要求进行改造与重建时，必须与规划规定的用途相符；明确提出所有入园项目在签订入园投资协议后，凭华宁县工业园区管委会签发的入园通知书，获取项目勘测定界图和规划意见书。入园项目在进行可行性研究、建设设计时必须依据项目勘测定界图、规划意见书进行项目的规划设计。项目规划设计方案经园区管委会批准后，再报县人民政府规划行政主管部门获取项目建设规划用地许可证；明确提出在执行本规划中所规定的土地用途时，必须同时遵守其他有关法则以及有关政府契约条款规定。依法、依规，明确、具体进行规划管理及相关的标准控制，尽量减少人为因素，依法管理园区建设与发展。

经过控制性规划疏理，云南省华宁工业园区新庄工业片区实际纳入控制性详细规划的面积为4.08平方千米，控制性详细规划控制范围为：北至全乡变电站，南至阿矣寨新村，西起沙果村，东到新庄。到2017年12月，新庄片区建成区面积达到3.41平方千米，占规划面积3.69平方千米的83.6%。园区入园企业达到41户，其中入园企业29户，县城周边纳入园区统计管理的12户。

【盘溪片区】 盘溪片区依托原华宁县盘溪黄磷厂而规划建设，规划面积4.69平方千米，功能定位为磷化工产业园区，规划范围北至盘溪镇公墓南面一带，南到南盘江，西起湾得箐、方那后山一带，东至县界。规划为磷化和新能源两个产业片区，同时在临304省道规划一个综合服务区。在规划未来的发展中，因磷化工属于资源枯竭型产业，在研究发展磷产品深加工的基础上，积极探索发展其他新型技术产业，根据地块情况灵活安排符合环境容量要求的产业。至2017年12月，片区共有13户，其中入园企业8户，园区外纳入园区统计管理的企业5户。

【青龙片区】 青龙片区位于青龙镇北侧的者白村，规划范围东至中南长兴东侧，南至者白村，西起至青龙选矿厂一带北至青龙选矿厂一带，规划面积1.44平方千米。功能定位磷化工产业片区，功能主要分为产业A区和B区，片区的北部受地形地貌限制为景观绿地防护区，片区西南角为综合服务区。因青龙片区主要是因为落户中南长兴而设，建有35千伏变电站，后由于中南长兴建成未能投产，与之配套的吉松工贸也未能投产，园区建设没有起色，至2017年12月，有中南长兴和吉松工贸两户入园企业，青龙镇周边纳入园区统计管理的企业5户。

【莲花片区】 莲花片区位于县城北部的莲花塘和华宁向阳煤矿一带，规划范围东至现状企业同创工贸以东、南至莲花塘村，西至那里山山脚，北至采矿场。规划面积1.34平方千米包括玉珠水泥厂片区，功能定位是以陶瓷建材为主的产业片区，配套发展其他符合环境容量要求的其他产业加工，交通服务设施，并沿澄华路两侧规划一个商业配套服务中心。至2017年12月，建成区面积0.79平方千米，入园企业14户，不在园区内的玉溪市东方煤业有限公司纳入园区统计管理。

【冲麦片区】 冲麦片区是2015年新修编时新增片区，位于县城所在地宁州街道西侧，原规划范围，东至木羊水库以西，东南至绿林庄，西南临江华一级路，西临冲麦村，北至养牛寨一带，规划面积3.85平方千米。规划范围有165公顷位于白龙河水库上游，冲麦小学以北，养牛寨以南的白龙河水库径流区，与华宁到白龙河水库水源保护区规划有交叉，环境影响评价未获通过。经华宁工业园区管委会、华宁县水利局、华宁县环保局多次与上级部门进行工作对接，均不能按照县委、县政府的要求完成规划任务。2016年11月29日，受县委、县政府的委托，华宁县工业园区管委会与华宁县环保局、华宁县水利局共同主持召开了《云南省华宁工业园区总体规划（修编）（2016—2030）环境影响报告书环境影响报告书》专家咨询会。与会专家认为：新增冲麦片区下游有白龙河水库，白龙河水库功能为饮用水源，同时还作为滇中调水工程、大龙潭调水工程蓄水库项目。冲麦片区有165公顷面积位于饮用水源白龙河水库准保护区，根据生态保护红线、《饮用水水源保护区污染防治管理规定》及《中华人民共和国水污染防治法》，为保护饮用水水质安全，保证调水工程项目不受影响，全部参会专家及与会人员一致认为在准保护区内的165公顷面积不能纳入工业园区范围，应调出工业区。会后，华宁县工业园区管委会书面向县人民政府进行了汇报了专家咨询会的情况。2017年1月6日上午，召开会议专题研究华宁工业园区冲麦片区规划调整相关事宜，并进行了现场查勘。会议认为在准保护区内的165公顷面积不能纳入工业园区范围，需调出工业区，由华宁工业园区管理委员会尽快组织进行总体规划调整，重新编制工业园区总体规划和环境影响评价报告。同时，冲麦片区所余下的220公顷继续作为工业用地开发使用，纳入华宁工业园区总体规划范围。

华宁县工业园区管委会进行了冲麦片区总体规划范围的调整，调整后的冲麦片区总体规划东至万安公墓，南至老寨子，西至大路南、北至杀马坪公路的麦村委会新寨子一带，规划面积2.43平方千米。功能定位为轻工业区，严禁发展重污染的企业。依照产业功能分为装备制造及配套加工区、轻工产业及配套加工区，配套规划综合配套服务中心。

【园区产业建设】 云南省华宁工业园区自2006年正式建立以来，建设规模、经济总量、就业水平、经济效益不断提高，初步形成了以康盛磷业、活法磷化为代表的基础磷化工产业；以玉珠水泥、长新新型建材、活法石材、白塔山建筑陶瓷、宁州舒氏陶艺、慧涵制陶为代表的陶瓷建材产业；以上海电气、蓝天重工、金鹿农机、科力电器为代表的装备制造业，以宁州香食品、黄师傅食品、雅昇食品为代表食品制造业，以昊兴纸业、金晨纸业、裕丰纸业为代表的造纸产业、以华宁沪华、中复连众（玉溪）为代表的新材料制造业。

【园区承接产业转移】 2012年编制的《云南省华宁工业园区总体规划》提出：以滇中及全省市场为依托，面向全国和东南亚等国际市场，以“磷化工、陶瓷建材、装备制造、生物资源加工”四大产业及相关配套产业为主导，利用国家东部产业转移机遇，重点发展风电设备制造，以新庄工业片区为基础，突出整机设备制造、零部件产业服务、售后技术跟踪报务三个基本环节，把华宁工业园区建成云南省重要的磷化工产业基地、主要的陶瓷建材产业基地，滇中特色生物资源加工基地，同时发展冶金铸造和加工制造等产业，建设多业并举的、具有现代化特色的综合性工业园区。用3—5年的时间，把华宁工业园区建设成云南省省级工业园区。

通过承接产业转移，现已初步建成了以风电设备制造为主体的装备制造产业群，以建筑陶、生活陶、水泥为主体的陶瓷建材产业群，以黄磷、磷酸盐为主体的磷化工产业群的特色产业园区。在承接东部地区的产业转移中，引进青岛天能重工，成立云南蓝天重工有限公司，建成年产400套风电塔架生产基地；引进上海电气，成立上海电气云南风电设备有限公司，建成年产400台风力发电机生产基地；引进上海培生船泊设备公司，成立华宁沪华新材料有限公司，配套生产风力发电机所需要的风电机仓罩；引进中复连众复合材料有限公司，成立中复连众（玉溪）复合材料有限责任公司，建立了年产400套风电叶片生产基地；初步形成完整风电设备的配套生产产业链。2016年，基地生产风力发电机190台，风电塔架272套，机舱罩190套，完成风电设备产业产值9.2亿元。

引进海南金鹿拖拉，建立了年产2000台农用拖拉机的华宁金鹿拖拉生产基地，2016年完成工业总值3475万元。引进中广核、中电集团等央企开发新能源，先后建成三座68台（套）风电发电场机组，完成装机13.6万千瓦，完成工业产值7420万元。

在承接东部产业转移的同时，也根据华宁实际，积极承接其他地区的产业转移工作。一是根据自己的环境容量，承接部分造纸产业，一是来自河南省的裕丰纸业，建成10万吨瓦楞纸项目，2016年完成工业产值12636万元。来自本市元江县的昊兴纸业，新建9万吨高档生活用纸项目和一万吨特种用纸项目，2017年6月建成投产。二是来自本县和周边县区的食品加工项目，陶瓷制品项目。先后安排了华宁永清陶业、长新建材、金穗面条等县内外搬迁企业入驻新庄、莲花片区，项目总投资1.2亿元，2017年地区工业总产值完成1.5亿元。

（唐正龙）

责任编校　杨有文

商 贸

商 务

【概　况】 2017年，华宁县以科学发展观为指导，统筹协调，狠抓落实，突出外贸出口、市场流通、电子商务等工作重点，全力推动商务经济发展取得新突破。全年完成外贸进出口总额974万美元，减少60%。完成社会消费品零售总额20.6亿元，增长12.5%，与全市增速持平，低于全市最高县（区）增速0.1个百分点，增速全市排名第四。

【外贸进出口额下降】 2017年，全县完成外贸进出口总额974万美元，比上年的2456万美元减少60%，减少的主要原因是全县出口龙头企业华宁盛泉果蔬实业有限公司和华宁万豪实业有限公司资金周转出现困难，加之世界经济增长疲软，企业抗压能力差等不利因素的影响，导致全县外贸进出口总额下滑。其中，华宁盛泉果蔬实业有限公司出口量为0；华宁万豪实业有限公司完成出口218万美元，占出口总额的22%，同比减少81%；华宁县金鹿拖拉机制造有限公司完成出口201万美元，占出口总额的21%，同比增长39.6%；云南阿穆尔鱼子酱有限公司完成出口183万美元，占出口总额的19%，同比增长238.9%；华宁鑫辰食品有限公司完成出口156万美元，占出口总额的16%，同比增长6.1%。2017年4月，华宁县新增出口企业华宁县龙鑫燃气有限责任公司，主要向缅甸出口液化石油气，12月新增出口企业华宁华农特贸易有限公司，主要出口干花生、葵花籽，单月出口131万美元。全县共出口洋葱酥30万千克、蔬菜42.3万千克、冻银鱼56.9万千克、冻虾7.4万千克、金鹿拖拉机417辆、液化石油气24.6万千克、葵花籽50.6万千克等，出口地主要是意大利、泰国、德国、日本、葡萄牙、缅甸、越南、马来西亚。

【内贸四大行业增长】 2017年，全县批发业、零售业、住宿业和餐饮业增长势头良好，分别完成140093万元、268711万元、7844万元、52963万元，分别增长22%、16.7%、18.5%和18.5%，增速分别排名全市第8、第6、第2、第1。其中限额以上批发和零售业分别增长20.1%、20.2%。

【服务外贸企业】 2017年，华宁县积极培育新的外贸出口企业，扩大对外贸易企业规模和数量，加快推进外贸出口企业项目建设，重点对华宁万豪实业有限公司新建洋葱加工厂房建设，加强工作协调，积极研究有关解决办法，力促新建、在建项目早日建成投产，全面提高项目的开工率、达产率和产销率。及时掌握联系企业外贸发展动态、提供政策信息和业务指导、帮助解决困难，有效利用网络平台帮助企业做好对外宣传工作，增加企业知名度。积极组织企业参加各类市场考察和国际展览活动，为企业搭建便利平台。

【市场建设】 2017年，华宁县向玉溪市商务局申报了盘溪镇龙潭营农产品交易市场建设项目，并获得了25万元的市场改造项目资金。目前该市场已完成了土地平整、部分土地硬化等工作，彩钢瓦大棚建设等其他工作正在推进中。

【成品油市场监管】 华宁县严格执行《成品油管理办法》规定，抓好成品油市场监管工作，认真开展2017年度成品油经营资格年度检查工作。全年共销售成品油32573吨，比上年的33461吨减少2.6%，其中，销售95号汽油1419吨，92号汽油15617吨，比上年的14051吨（与93号对比）增长23%，0号柴油15532吨，比上年的17904.6吨减少13%。

【电子商务发展】 2017年2月14日，举办全县科级领导干部电子商务及互联网大数据培训会，培训人数300余人。本次培训邀请了杭州淘宝大学高级讲师杨跃波先生主讲，培训内容主要围绕目前农产品电商渠道分析、“互联网＋农业”的基本走向、扶贫和大数据、品牌突围等方面展开讲解，列举了瓷都德化、甘肃成县核桃上行等案例，结合县情实际进行分析。通过此次培训，提高了全县领导干部和有关部门对电子商务尤其是农产品电商的深入认识，为下一步全县电子商务发展顶层设计提供了决策思路。

4月14日，华宁县人民政府与阿里巴巴（中国）软件有限公司正式签署了华宁县农村电子商务合作协议。双方共同发挥自身资源和渠道优势，充分开展合作。通过多方选址，最终将华宁县电子商务产业园定址于华宁县园山路和环城东路交汇处，截至2017年12月，该产业园已完成部分装修，阿里巴巴、菜鸟物流、七彩虹窑陶艺等企业已入驻，其他企业的入驻和企业招商等工作持续推进。华溪镇电子商务服务站于7月正式投入运营，争取到市级项目补助资金10万元。盘溪镇、青龙镇、通红甸乡3个乡镇的电子商务服务站项目共向上争取项目补助资金40万元，正在推进建设中，预计2018年4月前竣工，建成后全县将实现乡镇电子商务服务站全覆盖。12月25日，召开了全县天猫优品服务站合伙人培训和招募大会，50余人参加了招募，目前正在抓紧招募合伙人，下一步将加快完成站点建设。

【商贸流通市场监管】 2017年7月11日，华宁县开展2017年食品安全宣传周活动，按照华宁县食安委要求，华宁县工业商贸和科技信息局积极参加了食品安全宣传活动。在东市街上段悬挂宣传标语1条，设置了咨询台，向过往群众发放《消除碘缺乏危害教育宣传手册》《食盐专营办法》《云南省盐业管理条例》《食盐加碘消除碘缺乏危害管理条例》等宣传资料200份，出动人员4人次，街头宣传接受咨询人数60人。通过以食品安全宣传活动为契机，促进公众树立健康饮食理念，提升消费信心，提高了群众的食品安全意识与防范假冒伪劣商品的警惕意识，增强了食品生产经营者守法经营责任意识。

（叶丰睿）

招 商

【概 况】 2017年，华宁县招商合作局紧扣高原特色农业、磷化工、陶瓷建材、装备制造、新能源、生物加工和文化旅游七大产业，加大华宁县优势资源、投资环境、招商项目宣传推介力度，着力推进项目落地建设，全面提高招商引资合同履约率、项目开工率和资金到位率，招商引资工作呈现出良好的发展态势。

【招商引资完成情况】 2017年，市级下达华宁县招商引资目标任务为：全年引进市外国内资金52亿元，其中，引进省外资金40亿元，实际利用外资200万美元。2017年，华宁县引进市外国内资金53.36亿元，同比增长32%，完成全年目标任务数的102.5%；引进省外国内资金44.02亿元，同比增长40%，完成全年目标任务数的110%；圆满完成年初下达的目标任务。新签约项目20

个，签约金额56.3亿元，暂无国外资金引进。

完善招商政策：通过华宁县政府办公室将2017年招商引资工作目标任务（引进县外资金56亿元；项目包装38个）分解下达到5个产业招商小组对应的24个责任单位，并纳入年度单位目标管理责任制考核。明确各单位一把手为第一责任人，立足改善投资环境，抓好重点项目，收集招商信息，研究制定相关政策和加强检查督办，进一步强化责任意识，在全县上下形成了“齐心合力抓招商、想方设法引资金、全力以赴促发展”的良好局面。

【狠抓项目包装】 2017年，按照玉溪市第五次党代会提出的“5577”总体思路和“四带多园”布局，紧扣华宁生态立县、产业强县、特色兴县、开放活县战略，围绕高原特色农业、装备制造、陶瓷建材、生物加工、磷化工、新能源、旅游文化七大产业，包装有优势、有基础、具潜力、能落地的竞争性招商项目和“五网”基础设施建设项目，2017年新包装储备项目36个，投资额149.5亿元，其中，10亿元以上储备项目3个，5亿元以上储备项目10个。先后两次组织县级招商项目评审专家10余名就华宁县今年包装的项目进行评审，筛选出重点项目21个上报市招商局参加省、市级重点项目的评审。通过市级专家评审，被列为省级重点项目1个、市级重点项目14个，争取到省市项目开发经费42万元。

【创新招商手段】 2017年，围绕华宁五大战略、七大产业，重新设计、筛选、印制了2017版《中国·华宁投资指南》1500册。同时，为充分反映华宁近年来经济社会发展取得的巨大成就，全方位推介华宁投资优势，与玉溪电视台合作，精心筹备，拍摄制作了2017年华宁招商引资专题宣传片。

【做好平台招商】 2017年，充分利用南博会、云台会、东盟华商会等省级平台，以及“相约春天共筑梦想”——2017玉溪重点产业（深圳）投资推介活动等市级平台，强化招商推介，扩大对外影响，发放招商引资项目宣传册600余份。同时紧盯重点区域、重点企业和重点项目，广泛开展点对点、精准式的招商活动，共组织省内外项目对接活动10余场次，接待各类客商100余人次。

【加强产业招商】 2017年4月12日，与县工业园区联合承办了“中复连众叶片下线仪式暨云南省风电产业创新联盟技术论坛活动”，邀请了云南省风电产业创新联盟成员共19户企业，推介了华宁县风电产业的储备项目，与企业家共谋华宁县风电产业发展前景，突出华宁县精准招商、产业招商的决心和动作。

【主动上门招商】 2017年，围绕把华宁打造成高原特色现代农业示范县、云南风电设备制造产业基地、云南陶文化产业基地、云南磷化工产业基地、滇中康体休闲旅游度假目的地，建成传统产业提质增效示范区、新兴产业培育壮大聚集区和经济繁荣、生态宜居、民族团结、社会和谐、健康幸福的“玉溪东部门户”，不断增强招商工作的针对性、时效性，提高招商项目对接率、成功率。一年来，县级领导亲自带队，先后10余次赴山东、山西、广州、贵州、江苏、上海、海南、浙江等地考察装备制造、陶瓷、旅游、城建、医疗卫生等10余个项目，接洽、商谈企业30余户。

【开展春节“送温暖”活动】 2017年1月20日，华宁县招商合作局组织全体干部职工赴扶贫联系点——青龙镇山岐村委会，开展“为贫困户送温暖”活动。此次“送温暖”活动共慰问山岐上营、下营、新玉、玉碗水、矣百甸、菜园坡等村民小组的24户贫困户，共发放大米48袋，食用油24桶。

【省招商局局长到华宁调研】 2017年3月8日，省招商合作局局长杜勇、市招商合作局局长李明荣到华宁县调研招商引资重点项目推进情况，考察了华宁县年产400套风电叶片制造项目、华宁县年产400套风力发电机制造项目、华宁县年产

4万吨高档生活用纸1万吨特种纸项目等重点招商项目建设情况。

【考察佛山陶企学习借鉴佛山经验】 2017年5月16—18日，县委书记黄云鹍带领华宁招商团成员，先后考察了佛山中国陶瓷总部、金意陶、石湾陶瓷、南风古灶等陶瓷企业的先进技术和装备、创新工艺，学习借鉴了佛山陶瓷在产品研制和工艺创新上的经验做法，并提出华宁要以金意陶、浪莎卫浴等陶瓷行业优秀企业为榜样，做好“华宁陶”的发展壮大等工作，力争到2020年实现华宁陶产值20亿元。

【举办“华宁陶”产业专题招商推介活动】 2017年5月17日，由县委黄书记带队，到广东佛山开展了“华宁陶”产业专题招商推介活动，较好的推介了华宁陶部分招商项目，向广大佛山陶瓷企业家发出了邀请。会上，佛山市陶瓷行业协会与玉溪市华宁县陶瓷协会签订了友好合作协议书，华宁县工商联与禅城区工商联签订了“友好工商联”协议书，为华宁与佛山企业家架起了一座沟通的桥梁。

【河北省唐山市工商联到华宁参观考察】 2017年6月15—16日，在唐山市工商联副主席武振新的带领下，部分商会会长及民营企业家一行10人到华宁县参观学习考察。15日，华宁县人民政府副县长罗勇及华宁县政协副主席、县招商局局长、工商联主席何文珠，县发改局、工信局及工业园区管委会主要领导与唐山市工商联开展座谈。16日，考察组一行还到新庄工业片区、莲花工业片区进行了参观学习。

【赴浙江台州开展招商推介活动】 2017年6月20—21日，市工信委副主任张伟红，副县长罗勇，县政协副主席、工商联主席、招商局局长何文珠组成工作组，赴浙江省台州市开展招商推介活动。在台州市路桥区统战部、工商联有关负责人陪同下，工作组拜访了欧路莎股份有限公司高层并进行了座谈交流，谈资源、话合作，积极主动寻求合作机会。工作组还到台州昆明大厦、台州吉利汽车城参观考察，了解台州招商引资政策，学习服务企业先进经验。

【参加第十二届中国云南普洱茶国际博览交易会】 2017年7月28日，第十二届中国云南普洱茶国际博览交易会在昆明国际会展中心开幕。在华宁陶展区内，七彩虹窑、沁心陶艺、舒氏陶艺、宁陶坊等十余家华宁陶生产企业参展。华宁县以茶为媒，以陶会友，巧借茶博会平台，用做工精细、古朴实用的作品吸引了众多客商眼球，为华宁陶产业的改造提升和创新发展奠定了市场基础。

【“泉润橘乡·陶冶华宁”招商引资推介活动】 2017年9月8日，华宁县一年一度的柑橘旅游文化节期间，举办了2017华宁柑橘节招商推介会，市级有关领导、县级领导及有关部门负责人、企业家、特邀嘉宾共200余人参加。市委常委、常务副市长王力为新整合的华宁长美陶瓷建材有限责任公司、云南华陶陶业有限公司、云南自轩陶业有限责任公司3家公司举行了授牌仪式。此次招商推介会共签约项目13个，签约总额达26.65亿元，涉及文化产业、房地产开发、陶瓷建筑、中药材种植、再生资源利用等领域。

【象鼻温泉旅游生态示范区建设项目签约仪式】 2017年8月17日，华宁县象鼻温泉旅游生态示范区建设项目签约仪式在华宁大酒店举行。市旅游发展委员会主任何雪峰，县委书记黄云鹍，县人大常委会主任魏德锦，县政协主席白应海，玉溪市云溪香精香料有限责任公司董事长、总经理陈永斌等出席签约仪式。县委常委、常务副县长张洪坤代表华宁县人民政府与玉溪市云溪香精香料有限责任公司签订华宁县象鼻温泉旅游生态示范区建设项目合作框架协议，与会领导共同见证签约。此项目由玉溪市云溪香精香料有限责任公司与华宁县共同合作开发，计划投资5亿元，将象鼻温泉打造成全市乃至全省生态旅游产业典范，推动华宁旅游文化产业实现跨越式发展。

【华宁陶文化产业园项目合作签约仪式】 2017年11月16日，华宁县人民政府于华宁大酒店举行华宁陶文化产业园项目合作签约仪式，副县长罗勇与玉溪青花瓷文化产业发展有限公司董事长在县四套班子领导的见证下签订了华宁县陶文化产业园项目框架协议。项目包括原城关红砖厂核心区、凤山森林公园、县城西入城口至核心区沿线立面和陶文化景观提升打造子项目开发建设，概算投资5亿元。

【选聘法律顾问】 2017年，县招商局为进一步提高依法行政能力，贯彻落实科学发展观，解决重大项目投资问题。继续聘请云南华信律师事务所陆俊、施刚为招商局常年法律顾问工作的日常工作者，聘期一年；签订合同书，明确其职责，主要负责参与重要项目洽谈和协议文本的审定。

（王欢欢）

供销合作

【概　况】 2017年，华宁县供销社认真贯彻落实中共十九大、中央经济工作会、中央农村工作会议精神，以县委、县政府和市社考核的各项目标任务为重点，坚持“抓合作社建设立社、抓社有企业发展强社”的发展理念，紧紧围绕“三农”工作大局，着力抓好社有企业建设和规范提高，积极推进现代流通服务体系建设，大力发展“两社一会”，为农综合服务能力进一步增强，综治维稳、党建工作取得新的成效。

【综合改革】 2017年，根据《中共中央国务院关于深化供销合作社综合改革的决定》《中共云南省委云南省人民政府关于深化供销合作社综合改革的实施意见》和《中共玉溪市委玉溪市人民政府关于深化供销合作社综合改革的实施意见》文件精神，为大力推进全县供销合作社综合改革，县委、县政府领导通过充分调研、了解实际情况后，研究制定了《中共华宁县委华宁县人民政府关于深化供销合作社综合改革的实施意见》，为华宁县供销合作社综合改革指明了方向。

【经营情况】 2017年，全系统以综合改革为契机，顺势而上、攻坚克难，狠抓各项工作落实，经营业绩成效明显，为农服务综合能力显著增强。实现销售总额84788万元（含“两社一会”），同比增长41.52%；实现农副产品购进6238万元，同比增长40.21%；实现化肥销售111378吨，同比增长9.93%；实现汇总利润589万元，同比增长18.51%；实现资产总额12629万元，同比增长21.42%；实现所有者权益完成6749万元，同比增长18.21%。

【农资供应】 2017年，县供销社一是开展打假活动，严把农资质量。配合工商、农业等部门，对农资市场进行了多次检查，净化了市场，打击了坑农害农行为，保护了农民利益，保证了农业生产的安全。二是强化服务措施，便民利民惠民。春耕期间，供销社农资公司组织营销队伍深入农村、集镇和田间地头，听取农资经营点和农民群众的需求反应、意见建议，摸清农资市场动态，明确2017年春耕生产的实际需求，确保化肥淡储品种齐全、价格合理、储备有据可依。各基层供销社农资门店、村级农资农家店进一步强化服务措施，完善预约供肥、延时经营、送货上门、质量承诺等便民利民措施，方便群众，保证了生产的需要。三是加强农业科技培训，不断提高农资经营水平。农资公司和各基层社采取不同形式，对农资经营人员进行了业务培训和农业科技知识培训，指导农民科学用肥、安全用药，服务质量和水平得到了有效提升。全年全系统销售各种化肥111378吨，其中尿素48766吨、碳铵3036吨、磷肥35386吨、钾肥4462吨、复合肥18584吨、有机肥1144吨；销售化学农药221吨。

【“两社一会”】 2017年，县供销社把领办创办各类专业合作社、综合服务社和协会作为供销合作社服务“三农”的平台，以“两社一会”为载体，全面开展农村社会化服务工作，不断完善全县农村流通服务体系建设，使“两社一会”成为引领农民进入市场的重要力量、农村现代化物流的骨干力量和推进农业产业化经营、助农增收的有效力量。2017年，创建基层社示范社1个，发展“两社一会”12个，其中，专业合作社5个，农民合作社联合社1个，综合服务社6个。至2017年底，累计发展“两社一会”208个，其中，合作社98个，综合服务社105个，协会5个。

【教育培训】 2017年，县供销社依托市供销合作社干部学校，多形式、多方式组织开展种植技术、果园管理、病虫害防治以及农产品储存、营销等知识培训宣传。2017年，在盘溪镇平坝村、华溪镇大新寨村等地举办柑橘种植管理技术培训班、蔬菜种植施肥与防虫治病培训班，培训各类人员321人。其中，培训柑橘种植管理技术人员187人，培训蔬菜种植施肥与防虫治病技术人员134人。通过培训，把农村劳动力有效的组织起来，让农产品和与市场需求对接，使农产品能够顺利的销售，增加农村生产者的经济收入，为发展农村经济注入了强劲的动力。

县供销社在大新寨举办农民种植技能培训

【“三会”制度】 2017年，县供销社切实履行供销合作社章程，建立健全社员代表大会、理事会、监事会制度，强化民主管理、民主监督。按照合作制原则规范建设基层社，推动完善基层社治理结构，提高农民社员在经营管理事务中的参与度和话语权。将改革向基层延伸，结合各基层社的实际情况，2017年，在青龙和恒供销社召开基层社代会，选举产生了华宁县青龙和恒供销社第一届理事会和监事会。基层供销社“三会制度”的成功恢复建设，让供销社综合改革取得的了新突破，为今后供销社综合改革提供了组织保障，创造了发展的有利条件。

【农村现代流通服务体系建设】 2017年，为进一步做好供销社综合改革工作，打造供销合作社系统为农服务新平台，全力构建农业生产资料、日用消费品、农产品购销、农村现代信息服务网络，更好地为“三农”服务。县社积极支持供销商场改造提升项目建设，市、县等部门领导多次深入供销商场改造提升项目建设地点察看工程进度，为工程推进解决实际困难。供销商场改造提升项目建设总投资30.375万元，对供销商场主体外墙进行改造、增加夜景灯光。

【挂钩联系脱贫攻坚工作】 2017年，县供销社积极做好驻村扶贫工作队员轮换调整工作。县社领导及干部积极参与联系村的服务工作，为大新寨村委会的发展排忧解难，积极争取项目资金10万元；安排2万元资金给村委会，支持村委会D级危房改造。县社干部主动入村，深入群众，做好烤烟移栽工作；对困难群众、困难党员、低保户等群众进行了慰问，送去慰问金2500元。针对大新寨村委会种植烟后蔬菜的特点，市、县供销社加强教育培训扶贫工作，组织举办蔬菜种植施肥与防虫治病培训班，大新寨专业合作社社员、建档立卡贫困户、蔬菜种植户共134人次参加培训，支持培训经费0.9万元，邀请通海县富农商社果蔬栽种、测土配方施肥方面的专家进行授课，着力帮助广大农户解决好“如何种好地”“如何销售”等问题，提高群众生产经营性收入。

【安全维稳】 2017年，县供销社高度重视安全维稳工作，采取有力措施，为供销系统各项工作的开展营造了安全稳定的发展环境。一是结合县社和公司的实际，层层签订了2017年华宁县供销社所属企业社会管理、综合治理、财产统筹及安全工作目标管理责任书、华宁县供销社干部职工社会管理、综合治理、安全工作责任书等。二是创新机制，加大责任书的考核力度，细化考核要求。三是采取措施，强化管理。采取人防、物防、技防等有效措施，认真抓好各项工作。四是重视排查，化解矛盾。认真做好矛盾纠纷的排查处理，做到早发现、早控制、早化解。2017年，县社共组织安全检查5次，检查的重点是所属公司、农资农家店和社有资产等，全系统未发生任何安全事故。围绕改制遗留问题上访等重点人群，按照“预防为主、教育疏导、依法处理、防止激化”的原则，在全系统范围内对各种矛盾纠纷进行排查，共接待群众各类上访3次，没有发生大的集体上访事件，维护了社会稳定。

（李　瑞）

责任编校　杨有文

交通·邮政

交　通

【概　况】2017年是全面实施“十三五”规划的关键之年，也是交通运输行业抢抓机遇、改革创新的一年。全县交通运输工作围绕必须服从和服务于地方经济和社会发展的目标，紧紧抓住全省加快推进滇中经济圈一体化发展和“五网”建设的重大战略机遇，积极探索交通运输发展的新理念和新方式，加快交通基础设施建设，着力于提升公路等级，高速公路建设和农村公路建设同步推进，改善路网结构，加快推进自然村道路硬化；努力提高交通运输服务保障水平；不断提升农村客运水平，促进全县交通运输全面发展。2017年全县完成交通固定资产投资74086万元，同比增加146%。向上争取资金2000万元。完成招商引资25000万元。公路运输总周转量增长速度为16.50%。全县通车里程达1818.8千米，省道、县道、通建制村公路硬化率100%。在2016年创建省级“四好农村路”示范县的基础上成功被评为全国首批53个“农村路四好”示范县之一。一是交通路网建设。新改建、硬化农村公路313项826.7千米，估算投资5.5亿元，完成212项614.38千米，累计投资39620.09万元；弥玉高速（华宁段）和澄华高速公路稳中有进；民族示范工程盘溪镇永平大桥及引道工程开工建设。二是公路养护。完成列养县道日常养护249.249千米；乡道1425.234千米，村道58.49千米。其中，县地方公路管理段管养里程273.595千米，宁州街道管养里程482.352千米，青龙镇管养里程498.316千米，盘溪镇管养里程201.454千米，华溪镇管养里程141.217千米，通红甸乡管养里程160.385千米。全县的农村公路养护工作通过全面自检自查，按照《公路技术状况评定标准》，全县农村公路技术状况指数（MQI）：县道优良率为83.6%，乡道优良率为70.3%，村道优良率为68%；路面使用性能指数（PQI）中等率：县道84.1%，乡道56.8%，村道61.2%；经常性养护率：县道100%，乡道80%，村道70%；绿化率为：县道97.27%，乡道70%，村道55%。完成农村公路日常养护、小修保养工程、安保工程及主要县道小修工程投资761万元，养护大中修工程完成投资345万元，确保公路安全畅通。三是公路路政管理。依法查处损坏路产案件58起，收回路产284平方米，查处超限运输车辆169辆，与多部门开展联合治理超限超载运输车辆专项行动，共出动80人次，24车次，检测车辆405辆，处罚扣分1辆，处理非法改装180辆，超49吨4辆，劝返23辆；制止泼、洒、漏现象781起。四是道路运输管理。提高运输管理服务，规范整治运输市场。对道路运输企业、维修企业、驾校进行定期监督检查，实施打击非法营运专项整治活动。建立起适应县域经济发展的农村公路网络，大大推进了城乡交通运输一体化和县、乡、村三级农村物流网络建设。全县共有道路旅客运输企业2家，危货企业1家，客运车辆125辆（班线运输车75辆，公交车34辆，出租车16辆），班线车线路26条，农村客运线路24条，其中采取公交化运营方式的农村客运线路7条，农村客运班线17条；危险货物运输车3辆，班线运输车辆及危险货物运输车辆已全部实施了动态监控，危险货物运输电子运单系统已投入使用。全县建制村通客车率实现100%，乡镇通客车率达100%，实现道路客运运输37.7万人，旅客周转量2635.5万人千米，客运事故率为零；货运量完成706万吨，货运周转量完成97422.51万吨千米，公路运输总周转量增速为16.5%。

【高速公路项目】 2017年，县交通局紧紧抓住全省加快推进滇中经济圈一体化发展和“五网”建设的重大战略机遇，统筹推进全县高速路网建设。一是弥玉高速公路。国家高速公路网规划（2013—2030年）中G80广昆高速公路联络线（编号G8012），华宁县境内里程33.85千米，估算投资74亿元。按要求，华宁县已开工建设华宁试验段，路线长7.92千米，工程概算投资13.68亿元，完成投资49844.77万元，现准备启动华宁段全线建设，开展盘溪段（南盘江特大桥至登楼山隧道）征地拆迁安置工作；二是澄华高速公路。路线全长83.584千米（其中主线长73.939千米，环湖公路连接线9.645千米），项目估算总投资100.6794亿元。目前已完成工可初步成果编制，现正在进行方案调整、完善。

【民族示范建设】 民族示范工程盘溪镇永平大桥及引道工程。与云南公投建设集团有限公司达成框架协议。项目全长1728.663米，项目估算总投资6520万元。2017年已开工建设，累计完成投资4324.98万元。预计2018年7月完工。

【农村公路建设】 2017年，农村公路建设成绩突出，新改建、硬化农村公路313项826.7千米，估算投资5.5亿元。其中，建制村通畅工程库外项目9个65.52千米，估算投资3750.78万元，目前7个项目47.743千米已完工，累计投资3162.12万元；通村油路建设项目14个26.7千米，计划投资2011万元，目前14个项目已完工，累计投资2371.7万元；窄路基路面农村公路改造工程11个32.18千米，估算投资639万元，目前4个项目12.84千米已完工，累计投资322.8万元；通自然村道路硬化工程279条702.35千米（包含2017年上级下达的计划30户以上贫困发生率在35%以上自然村建设项目13条60.64千米；建制村通畅工程库外项目4条37.841千米；通村油路建设项目2条22.3千米；撤并建制村通硬化路项目5条18.12千米；旅游路线项目8条63.21千米），估算投资4.86亿元。目前开工建设212条614.38千米，完成混凝土面板浇筑411千米，累计投资39620.09万元。项目完工后华宁县将率先在全市范围内实现100%村村通硬化路。

【小修保养工程】 2017年投入37.14万元完成小修工程澄华路、华温路、分盘路、阿法路、盘山路、东过境线、温泉老线和树密罗道班、法底道班、海迤道班修复工程；完成清扫路面411万平方米，补坑塘1.9万平方米，清路肩1024千米，清坍方1.4万立方米，开挖标准水沟189千米，采备维修砂石料8.4万立方米。

【水毁修复工程】 2017年投资68.07万元完成水毁修复工程大铁线、阿法路、华山路、澄华路、分盘路、环湖公路、红山路；共计清理坍方5765.74立方米，水沟73.03千米，修复挡墙855.8立方米。

【完成养护大中修】 完成2016年澄华路养护中修扫尾工作，开工建设2017年华宁县大中修工程项目分盘路、弥勒—海口养护中修工程，计划总投资为512万元，完成投资345万元。

【生命安全防护工程】 2017年，投资410万元完成磨面路、拖小路和华山路3条农村公路的波形防护栏工程；按照县农村公路指挥部会议要求，计划投入1.2亿元对全县所有已完工通建制村道路实施生命安全防护工程，实现在建的通建制村公路的生命安全防护工程与主体工程同步设计、同步施工、同步验收。

【危桥改造工程】 2017年，开工建设大花水桥、大石洞桥、上拖卓桥、二亩地桥、清明桥5座危桥改造项目，预计投资1197万元，已完成投资122万元。

【道路绿化种植工程】 2017年完成华温线绿化植树349棵；澄华路绿化植树64棵；阿法路绿化植树19442棵；2017年绿化植树共计19855棵。共计投入3.9万元。

【路政管理】 强化路政管理，加强对破坏路产路权行为的打击力度。2017年依法查处损坏路产案件58起，收回路产284平方米，收取损坏赔补偿费13.34万元；查处超限运输车辆169辆，收取罚款4.78万元，按照省、市、县关于治理超限超载运输车辆相关工作精神，与多部门开展联合治超专项行动，共出动80人次，24车次，检测车辆405辆，处罚扣分1辆，处理非法改装180辆，超49吨4辆，劝返23辆；制止泼、洒、漏现象781起。在全县5个乡镇（街道）70个村（社区）设置交通协管站，配备固定工作人员68人，配备锥形桶1000只，全年投入路政经费75.94万元。

【客运市场整治】 2017年12月，为整治华宁县道路交通运输违法违规行为，联合多部门开展为期3个月的华宁县客运站及周边交通环境综合治理工作，对为及客运站周边交通秩序开展的综合治理行动。抽调县公安交警大队、县住建局、县道路运输管理局共16人，对7座及以上车辆路检路查，共查获涉嫌非法营运私家车8辆；出动执法人员148人次，出动执法车辆39辆次对重点检查点（江华公路收费站、华盘路游泳馆路段及澄华公路莲花塘路段）进行路检路查，共检查车辆204辆次；联合检查组到客运站对出站客运车辆进行安全检查，共检查88辆次，针对站外揽客口头教育班线车辆29辆次，接到群众举报出租车辆2次。

【客运市场发展】 2017年，完善通往集中居住点等重要村落农村公路的招呼站点设置，提高农村公路网络化水平，开通剩余14个建制村的客运班线，实现全县建制村通客车率100%。

【维修市场管理】 维修市场管理继续推进安全文明生产制度的贯彻和落实，督促企业建章立制，落实各项安全生产技术管理制度，加强车辆技术管理，确保车辆运输安全。同时加强了对维修协会的协调管理。2017年，华宁县有汽车维修企业201家，其中一类汽车1户，二类汽修8户，三类汽修152户，摩托车维修40户。从严做好车辆技术等级签章和行政许可等工作。年内按上级通知加强对车辆技术档案建立的相关工作。

【驾驶员培训】 全面完善驾校的相关台账，做到单车单挡、单人单挡，加强了对教练的再培训，严格学员教学签章审核制度，并按要求做好学员的测试，严格把好驾驶员培训的各个环节。进一步严格建立管理台账，确保各项资料的存档。2017年共对授课计划审核137次，学员报名2020人，学员结业2300人。

【水上交通】 根据水上交通安全工作职责划分，定时或不定时地对各有船单位进行安全生产监督检查，发现隐患及时处理。2017年以来继续做到了无沉船、无死亡、无经济损失的工作目标。

【交通安全生产】 2017年，县交通局持续加强行业安全监管，健全完善“一岗双责”安全工作管理体系。以“预防为主，安全第一”的原则和方针，认真落实安全生产责任制。层层签订责任书，完善应急救援预案。建立道路交通安全重点督查、重点预防控制目标的落实制度，加强安全隐患排查、督促整改落实，确保行业安全生产。全年共开展安全生产大检查51次，发现排除各类安全隐患27处。完成对永兴砂场安全隐患整治恢复治理的勘察设计工作；对市政府挂牌督办的隐患澄华路K72+500（铁埂村待客处）确保100%的生产经营单位全覆盖检查，100%的隐患挂牌整改和100%建立安全生产检查档案。

【交通维稳形势】 县交通局始终坚持“稳定压倒一切”的方针，从讲政治、讲大局、讲稳定的高度，把综治维稳工作列入重要议事日程，2017年共办理信访件34件次，较好维护了交通工作的稳定发展。为维护社会稳定，排查矛盾纠纷，重视债务化解工作。通过向上借款，债券资金置换，与施工单位谈判工程欠款打折支付等方式，着力化解遗留的公路建设欠债问题，清欠工程款2320万元。集力做好中共十九大期间安保维稳工作，抓好客运站安保维稳、危货运输及客运车辆运输和建设工地安全生产管理、社会协调等重点工作。

【交通扶贫建设】 2017年，按照县委、县政府安排部署，县交通运输局明确责任，始终把扶贫脱贫攻坚工作作为一项重要政治任务。充分发挥行业优势抓好扶贫工程项目建设，群众的生产生活条件和农村交通运输环境，对海迤、禄丰、小得勒3个村委会共12户困难户进行结对帮扶。全年共到联系点开展“挂包帮、转走访”活动和走访调研20余次；帮助联系点禄丰、海迤两个村委会引进通自然村道路建设项目16个、建制村通畅工程1个，引进各类资金4471.72万元。其中，海迤项目5个、引进公路建设资金1054.41万元；禄丰项目12个、资金3417.31万元。

【创建“四好”农村路全国示范县】 2017年，按照交通运输部下发《交通运输部关于印发2017年“四好农村路”交通扶贫督导考评方案的通知》，2016年6月，交通运输部办公厅下发《交通运输部办公厅关于创建“四好”农村路全国示范县的实施意见》精神。在获评“四好”农村路省级示范县的坚实基础上，经县委、县政府研究，决定申报创建“四好”农村路全国示范县，积极准备申报材料，经省交通运输厅推荐，国家交通运输部审查，华宁县被评为创建“四好”农村路全国示范县，并接受交通运输部“四好”农村路督导组实地督导考评，获得高度评价。

（杨珊珊）

邮　政

【创新转型“金融翼”】 2017年，狠抓专业经营，强力推进网点转型，提升员工营销能力，力争代理金融业务发展再上新台阶。切实推进经营管理整体转型，真正树立“以客户为中心”的经营理念，建立健全客户细化分级管理体系，以提升网点产能为出发点和落脚点，推进网点第二代转型和网点分层分类管理，全面提升客户管理和服务水平，真正做到经营产品向经营客户的转变。充分发挥邮政企业产品丰富、服务种类多的资源优势，整合业务加大发展力度。贯彻落实邮政金融安全管理“三个规定”，牢牢守住“不出风险事件”这一底线，强化依法合规经营意识，加强资金安全防范管理，坚决杜绝各类资金案件的发生，确保邮政金融资金安全万无一失。

【改革“寄递翼”】 2017年，全力推进包裹业务改革，以项目带动，团队营销为重要抓手，以质量为切入点深化网络运营和服务方式转型。华宁分公司在市分公司的统一领导下，整合邮政产品和资源，加强部门间的协调和沟通，进一步优化网点布局，积极推进揽投站和社会加盟站建设，全县建成揽投站2个，促进全县揽投能力提升；抓好窗口营销和业务推荐，推进营业网点包裹快递业务收寄能力的提升；落实网点客户走访工作，建立网点客户档案，以网点为依托，实现一定区域营销和揽收有效覆盖。继续贯彻落实《包裹快递业务窗口积分兑换办法》，进一步加大协议客户开展力度。构建主动客服体系，完善赔偿机制，开展主动客服，强化培训和考核，确保全县包裹快递业务服务质量和水平稳步提升。

【推进农村电商】 2017年，华宁邮政分公司将农村电商作为"一把手"工程抓紧抓好，决不动摇。高度重视与地方政府相关部门的沟通、汇报工作，加强与政府和各单位的对接，最大限度地获取政府对邮政发展农村电商、扶贫电商的理解和支持，努力使邮政作为政府进行农村电商工作的重要渠道。2017年，华宁县邮政分公司抓住政府推进兴边富民电商服务站建设的时机，积极向华溪镇政府汇报，与华溪镇人民政府签订农村电子商务服务合作协议书，获得建点补助资金10万元，在华溪镇建办农村电子商务服务站，拓展电子商务及相关配套服务在华溪镇广大农村的服务领域和服务深度，解决农村买卖难问题，提高农民收入，改善农民生活，构建农村现代流通体系，利用邮政线上线下销售渠道进行当地特色产品销售，借助政府力量做好农村电商仓储、运输和最后一千米建设和配送服务，取得了良好的经济和社会效益。

【邮政"双代"业务】 2017年，邮政代征税款、代开发票管理系统于4月1日在全省推广使用。在前期多次沟通协调的基础上，3月28日，华宁县邮政分公司与华宁县国税局、地税局签订委托代征协议书、委托代开发票协议书，邮政部门与税务部门共同合作开展代开发票、代征税款业务，三方领导在合作协议上签字。代开发票、代征税款业务是税务部门与邮政部门合作，利用邮政网点渠道资源延伸涉税服务的一项邮政代办业务，是税邮双方服务民生、便民利民的重要举措，旨在利用邮政优势资源促进双方优势互补，共同深化服务、提升能力，为纳税人提供更加便捷周到、统一规范的涉税服务。

【联系点开展走访慰问活动】 2017年1月9日，华宁县邮政分公司总经理荆奕瑾带领各部门负责人到联系点华宁县盘溪镇小龙潭村委会对联系的贫困户开展走访慰问活动。了解他们的生产活动情况，详细询问存在的主要困难是什么，为他们解答精准扶贫政策，力所能及地帮助他们解决一些迫在眉睫的问题，并为他们送去节日慰问品。

【节前开展防抢、消防演练】 春节前，华宁县分公司结合省、市分公司的安排部署，加强全县网点及运钞的安全管理，对辖内所有运钞人员、运钞车辆、业务库管理的制度建立和执行情况进行全面排查，并安排全县邮政每一个网点、运钞车及库房都要组织开展业务培训和应急演练。2017年1月24日，华宁分公司组织宁州营业所员工、保安进行了网点突发危机事件处置和消防演练。演练圆满完成并取得了良好的预期效果。

【开展安全保卫工作培训】 2017年2月28日晚，华宁县邮政分公司组织全体营业人员、保安人员进行安全保卫培训。培训主要针对营业人员、保安人员日常工作的主要规章制度、注意事项进行培训。培训内容：营业网点收寄验视制度、禁限寄管理规定、网点防抢劫应急预案、保安人员工作职责。

【招募电商人才】 为助力华宁县华溪镇农村电子商务发展，2017年6月5日，华宁邮政分公司与华溪镇政府联合举办电子商务人才招募暨人才培训会。现场招募学员30余人。华宁邮政分公司精心制作农村电商策划方案，积极与当地政府协谈，充分利用邮政拥有一站式农村电商服务的体系，拥有"邮乐购""优帮帮""邮掌柜"等社群分销系统，线下网点体系为依托的优势，大力发展农村电子商务服务站建设。经过多次洽谈，终与政府签订协议，在华溪镇建设农村电子商务服务站。此次招募培训会，聘请红河学院副教授，蒙自市电商协会副会长孙良涛讲师为学员培训。此次电商人才的招募及电商知识培训，让学员充分了解电商，熟知通过搭建电商平台，逐步学会改变传统的销售模式，实现电商自主创业，最终达到脱贫增收。邮政通过"互联网+产品+服务"的生态电商运营模式，立足于"商城体系""智能集采体系”“特色小镇体系”的协调建设，将“生态农村、特色小镇、渠道共建、金融普惠、居家创业”置于项目，以农产品品牌化建设为突破点，借助智能分销与智能集采两种形式，打造扎根于华宁，辐射我国大部分区域的销售平台。华溪镇的电子商务运营模式将带动整个小镇经济的迅猛发展。

【参加电子商务技能大赛】 2017年6月12—13日，华宁邮政分公司代表华宁县参加第四届滇中城市经济圈职工技能大赛选拔赛，经过12日的电子商务理论竞赛及13日的电子商务实操竞赛，华宁邮政分公司其中一名选手获得大赛第三名，颁发中级电子商务师职称，其他4名选手均获得初级电子商务师职称。获得中级电子商务师职称及大赛第三名的选手将代表玉溪市参加全省第四届滇中城市经济圈职工技能大赛决赛。

【“一片邮集”进校园】 2017年6月27日，华宁县邮政分公司将“一片邮集”带进青龙小学。活动得到了学校的大力支持，组织各年级学生有序参观“一片邮集”展。在参观过程中，学生们在邮政工作人员的讲解下，从邮票花花绿绿的邮票图案当中读懂了里面的故事，对为什么集邮、集邮的益处有了进一步的认识，萌发出收集邮票的想法。此次活动在普及集邮知识的同时，还明确了集邮的意义——增长知识、陶冶情操、磨炼意志、结交朋友、欣赏艺术、了解世界。通过此次“一片邮集”进校园活动的宣传教育，征集青少年集邮爱好，激发青少年集邮的兴趣，促进全县青少年集邮事业的蓬勃发展。

【寄递安全大检查】 为落实市分公司邮件寄递安全工作现场督办会要求，做好安全保障服务，确保十九大前寄递渠道安全，华宁邮政分公司组成由分管副总经理李刚任组长，办公室、市场部相关人员为成员的检查组，于2017年9月4—5日对全县所辖各邮政营业网点开展寄递安全大检查。检查组采取钓鱼检查方式，在寄递物品暗藏面粉、水果刀，在纸箱中暗藏鞭炮等违禁物品，检验营业员对收寄物品的验视执行情况。经查，所有网点当班营业员均能严格执行邮政收寄“三个百分百”规定，认真落实邮政安全反恐责任。同时，检查组组织各网点营业员认真学习了相关邮件收寄安全管理规定，并与各网点及营业员签订了寄递安全保障承诺书。

【防范金融诈骗】 2017年9月14日，华宁邮政分公司到华宁职业中学开展“金融知识进校园”活动，向学生重点讲解了非法网贷的特征、危害，防范电信网络诈骗，宣传介绍金融系统和正规金融渠道，通过详细剖析诈骗环节，开展咨询、答疑活动，使学生们充分了解到保护证件、卡、折等个人金融信息的重要性，提高了学生们的防范意识和自我保护技能，避免因随意出借个人银行账户等行为对自身造成不良影响，使学生们对现代金融知识及相关法律知识更加了解、掌握与运用，增强了社会诚信和金融消费意识。

【荣获“诚信计量示范单位”称号】 华宁县邮政分公司被华宁县市场监督管理局评为2017年度华宁县诚信计量示范单位，并授予牌匾。

（沈　燕）

责任编校　杨有文

城乡发展

住房和城乡建设

【概　况】2017年，华宁县住建局紧紧围绕年初制定的工作目标，坚持高起点规划、高标准建设、高水平管理，以国家卫生县城创建为契机，抓住当前新型城镇化建设的大好机遇，以增加固定资产投资为重点，加大城乡建设的力度，各项工作成效明显。完成规模以上固定资产投资12亿元，完成商品房销售面积6.4万平方米，完成招商引资8.1亿元，完成县委、县政府下达的目标任务；完成资质以上建筑企业总产值5.3亿元。城乡规划建设管理工作取得了新突破，县城建成区面积4.74平方千米，城区人口3.72万人，城区道路长36.86千米，绿化覆盖面积197.6公顷，绿地面积179.66公顷，环卫清扫面积89万平方米，垃圾处理率93.6%，城乡人居环境进一步改善。

【城乡规划】2017年，围绕“做精县城、做特乡镇、做美乡村”总体目标，加大县域城乡规划的指导和管理，加强各项规划编制力度，进一步健全了规划体系。组织编制了《华宁县域乡村建设规划》《华宁县城海绵城市专项规划》《华宁县城地下综合管廊专项规划》《华宁县城排水（防洪）专项规划》《华宁县城环境设施专项规划》。以实施第二轮“百村示范、千村整治”项目为契机，组织编制完成了7个市级示范村，65个整治村的村庄规划进行的编制提升，4个省级示范村建设规划。优化行政审批，共办理各类审批和许可116件，审批项目总资金161087.3万元，全部按时办结，办结率达到100%，其中建设项目选址意见书7件；建设用地规划许可证9件，总用地面积170457.088平方米；建筑工程规划许可证28件，建筑面积共计206576.92平方米；临时建设工程规划许可证1件，建筑面积共计144平方米；乡村建设规划许可证52件，用地面积36727.43平方米；云南省村镇房屋建设准建证12件，建筑面积4052.55平方米；规划竣工验收7件，竣工建筑面积9527.62平方米。

【城市建设】2017年，县住建局进一步优化梳理城市路网结构，充分利用支路、巷道、社区道路，打通“丁字路、断头路”等城市交通梗阻，打造城市“密路网”。对东门路、宁兴街西段、东市街等八条市政道路市政道路进行罩面处理，人行道铺设透水砖、交通标线画线等修缮改造；完成松山路改建及宁阳路的路面修缮。完成园山路延长线可研评审，已取得县环保局环评报告表的批复，取得规划单位的项目选址意见书，建设用地规划许可证。县城至莲花塘市政道路建设一期改造工程完成投资4600万元。县城至莲花塘市政道路建设二期新建工程，完成施工及监理招标，地勘工作已完成。绿色休闲漫道已取得发改委批复，正在进行其他前期工作手续的办理。

2017年按城市二类厕所标准进行新建公厕1座、改造公厕6座。

【推进“一水两污”项目】 2017年，严格按照《华宁县城供水应急方案》《华宁县自来水厂水源受污染应急演练预案》《华宁县自来水厂投毒应急演练预案》及《华宁县城近郊部分村民小组解决饮用水问题的应急救援预案》等供水安全应急措施，进一步加大饮用水源地保护力度，确保二龙山泵站周围环境整洁卫生，无二次污染问题。加强三条原水主干管和县城区范围内的主干管巡查，抢修大小主管60余次，查漏9次。自来水厂生产部全年进厂水210万立方米，回收水量141万立方米。完成全县近100家机关事业单位、学校、酒店宾馆高位及二次供水专项调查统计。以提升人居环境行动为抓手，进一步加快推进城镇供水、污水和生活垃圾处理设施项目建设，完成污水管网完善工程6.75千米，华宁县供水扩建工程（县城自来水直供象鼻温泉片区、华溪镇）一标段已完工。青龙、华溪、盘溪三个乡镇“一水两污”项目正在有序推进中。2017年城区98个收集点垃圾做到日产日清，生活垃圾每天清运垃圾约72吨，全年清运垃圾19917吨，无害化处理18640吨，无害化处理率93.6%。全年污水处理量335.95万立方米，平均每天处理水量为0.9204万立方米/天，化学需氧量（COD）年平均进水浓度为266.21毫克/升，年平均出水浓度为16.75毫克/升；氨氮年平均进水浓度为26.04毫克/升，年平均出水浓度为0.66毫克/升。2017年化学需氧量（COD）削减量为838吨，氨氮削减量为85.3吨，完成上级下达的减排任务量。

【城市美化亮化】 2017年在创建“国家园林县城”的基础上，出台了《华宁县县城绿化管理办法》《华宁县城同城异地补绿代建制度》《华宁县绿色图章管理制度》等规范性文件，巩固了国家园林县城的创建成果。县城绿地总面积179.7公顷，公园绿地面积36.45公顷，累计完成绿化投资187.63万元，县城区绿地率37.9%，绿化覆盖率41.68%。编制《华宁县县城“增绿添色·点亮华宁”实施方案》，启动西入城口、东入城口、北入城口、南过境路中段等景观节点的打造，完善县城规划区内周边面山绿化，开展“拆围透绿”。以县城道路沿街的公共产权建筑和入城口节点为主开展“点亮华宁”工程，广泛动员发动社会各界积极参与夜景照明改造提升，全面提升县城夜景照明水平，完成白塔至象鼻温泉路段路灯安装474盏，县城形象和品位得到提升。

住建局环卫工人开展职工技能竞赛

【城市管理】 2017年，华宁县实施县城“四治三改一拆一增”，提高城市精细化管理水平，城区每天出动不低于20人的执法人员上街执法，共出动执法人员3500余人次，车辆700辆次，共查处整治占道经营情况6573件、整治乱摆乱放情况3714件、整治乱贴乱画情况607件、整治乱吐乱扔1095件，整治乱排乱倒情况562件、整治乱搭乱建118件，整治重点区域脏迹1268件。投入资金52万元新安装交通红绿灯36盏，投入资金2.5万元在县城街道增设摩托车行道口25个。组织工作力量开展县城治污工作，开违法占道经营排污及油烟排放整治，对农贸市场内家禽宰杀摊位进行规范整治；对企业及个体工商户进行检查，规范固体废物管理，严禁乱排乱放。按照“控制增量、消除存量”的原则，制定工作方案，每天有专人巡查，杜绝新增的违法违规建筑。自2016年

10月以来，全县整治“两违”建筑367宗，查处用地面积24661平方米，查处建筑面积29250平方米。

【城市棚户区改造】 截至2017年12月31日，华宁县已完成房屋征收补偿协议签约2161户，占2452户的88.1%，其中，实物安置362户、货币安置1799户。完成房产评估810户，占需评估852户95.1%，评估建筑面积78012.27平方米，评估价值4.64亿元。签约户累计移交房屋1620户。一户一档资料审查通过1820户并在国开行报账6.26亿元。4个安置房地块完成勘测定界，除实际征地工作外，其他供地的前期手续已办理完成。5号地块138套1.9万平方米安置房建设工程已完成98套14725平方米安置房的建设。为保障实物安置工作顺利进行，组织了463套公共租赁住户作为棚户区改造过渡安置房房源，已全部分配。

【保障性住房】 华宁县公共租赁住房市级下达建设任务3280套，实际建成3441套，2017年已累计分配3343套，其中，出租2754套，出售589套，剩余98套未分配，分配率达97%。发放廉租住房补贴1064户187.15万元。

【燃气建设】 2017年，天然气项目投资完成570万元，目前已完成门站选址、土地供地、土地平整、绿化和县城南过境路主管网铺设、进城主管网铺设，完成天然气管道铺设273米，累计铺设5203米。项目专项规划、可行性研究报告、水土保持评价、地质灾害评价、矿产压覆、加气站初步设计方案等已通过评审，完成环境评价报告、安全评估报告编制。

【建筑业】 县住建局扎实开展“打非治违”、“安全大检查”和“工程质量治理两年行动”等专项行动。编制了《安全隐患排查检查方案》《华宁县住建局建筑市场行为暨质量安全专项整治方案》等专项实施方案。2017年，共计检查项目98项，查出质量问题、安全隐患486条，下达停工通知书8份、安全隐患限期整改通知书36份，作出行政处罚18项。同时，组织各项目施工、监理、建设单位累计教育培训6次，培训人次达662人次；组织召开安全质量生产工作部署会议4次，累计参会380人次。在安全生产月期间，通过组织房屋建筑和燃气安全应急演练，有效提高了应急处置能力。确保全年未发生安全生产事故，安全生产得到稳步提升。

西门二类公厕改建施工

【村镇建设】 2016—2017年，第一轮“百村示范、千村整治”行动华宁县实施6个示范村、66个整治村，省、市级项目补助资金8650万元。6个示范村和66个整治村已全部开工。竣工26个（示范村1个，整治村25个），验收13个，审计结算9个；在建46个（示范村5个，整治村41个）。2016—2017年，华宁县“百千工程”市级下达村组建设补助资金8650万元，于2016年已全部拨付到各乡镇（街道）资金7650万元，拨付施工单位3397.96544万元。2016—2017年，第二轮“百村示范、千村整治”，实施7个示范村、65个整治村（包含4个省级示范村），已完成规划编制评审及项目上报工作。强力推动脱贫攻坚工作，组织4类重点对象比对和危房认定，成立联合办公室，将县扶贫办提供的建档立卡贫困户人员信息、县残联提供的贫困残疾人信息、县民政局提供的农村分散供养人员和低保人员信息导入云南省脱贫攻坚四类重点对象电子信息系统开展比对，根据信息比对结果及时进行信息补录，请第三方玉溪市建筑设计院组织专业技术人员开展危房认定工作。补录6065户，完成认定6065户，认定率100%。通过信息比对和危房认定，华宁县4类重点对象危房存量共1678户，其中，C级危房703户，D级危房942户，无房户兜底帮建33户。2017年，华宁县计划实施C、D级危房建档立卡户共934户，其中，C级危房425户，D级危房509户。D级危房开工478户，未开工31户。各乡镇（街道）完成C级危房修缮加固项目招标工作，开工5户，竣工5户。

华宁县义工联捐赠环卫工人发光马甲

住建局环卫工人开展职工技能竞赛——20米推桶

【房地产】 2017年，华宁县完成房地产固定资产投资4.51亿元，与上年同比下降21.33%；商品房预售面积8.78万平方米，与上年同比增长30.15%；房地产开发企业从业人员384人，与上年同比增长10%；从业人员劳动报酬14532仟元，与上年同比增长18.89%。办理房地产开发企业资质初审10家；办理房地产交易1340起，交易面积16.2万平方米，交易金额4.8亿元；办理商品房预售备案350起，备案面积5.6万平方米，备案金额1.83亿元。累计收到维修资金款3023.82万元，其中，2017年收到维修资金款61.52万元，支出4.43万元。开展公产房安全检查，发出整改通知30份。

【人民防空】 2017年进一步优化行政服务环境，提高行政服务效能，压缩审批时限，简化审批环节，最大限度为人民群众提供高效、便捷的行政审批通道，打造一流经济社会发展软环境，加强对行政审批行为的管理和监督，共办理行政审批事项8项，其中，防空地下室易地建设许可项目7项，防空地下室建设许可项目1项。收取防空地下室易地建设费212663.92元，免收防空地下室项目1项（校安工程）。在建人防工程项目3个。根据《华宁县人防工程建设规划》，为提高防空警报播放效果，新增2台电声警报器，设备已正常使用。

（张海铃）

住房公积金管理

【加大催缴力度】 归集是公积金事业发展前进的基石，是整个住房公积金体系的核心。华宁管理部采取各种措施，不断加大资金归集和缴存的执法力度，通过调查核实各单位的缴存情况，对欠缴、断缴单位进行催缴，督促华宁部分私营企业为职工建立住房公积金制度，不断扩展缴存职工范围。截至2017年12月，华宁管理部本年度共新增18家缴存单位，新增缴存职工164人。与此同时，华宁县2017年度审批缴存住房公积金工作积极开展。按玉溪市住房公积金管理中心《关于认真做好2017年度审批企业及非财政供养事业单位缴存住房公积金工作的通知》要求，华宁县管理部及时召开会议，安排部署相关工作，认真组织人员负责此项工作，截至2017年8月，2017年度缴交单位（企业及非财政供养事业单位）总数为68个，实际年度审批单位数：54个，实际审批缴交人数：1923人。月增加缴存额30万元。

按玉溪市住房公积金管理中心《关于认真做好2017年度审批国家机关及财政供养事业单位缴存住房公积金工作的通知》要求，华宁县管理部及时联系县财政等相关部门，积极安排部署相关工作，认真组织人员负责此项工作，截至2017年10月，2017年度缴交单位（财政供养行政事业单位）总数为187个，实际年度审批单位数：187个，实际审批缴交人数：5433人。月增加缴存额179万元。

【规范公积金支取手续】 2017年，按照《住房公积金管理条例》和《玉溪市住房公积金缴存、提取管理暂行办法》《玉溪市住房公积金管理中心关于提取住房公积金支付物业管理费的通知》等文件要求，放宽提取条件，所有正常缴存住房公积金职工每年可提取一次公积金用于支付物业管理费，由单位每年8月申报办理。管理部严格执行文件各项规定，在公正、公平、公开的前提下严格规范公积金的支取手续，坚决制止不合理支取。在实际工作中，坚持严格把关，严格按提取规定审批办理公积金提取手续，堵塞漏洞防止个别人违规套取公积金，由于办事公正、透明，宣传到位，公积金支取得到了进一步规范。公积金支取的规范，增加了存量，为减少损失、开展职工个人贷款等工作提供了有力的保障。

【住房公积金条例宣传】 2017年，为加强住房公积金缴存职工的合法权益，根据《玉溪市住房公积金管理委员会的公告》，印刷住房公积金支取、个人贷款两种宣传资料分发在各有关单位和职工，共发8000余份。

【住房公积金查询】 公积金查询是职工的基本权利。目前有多种渠道可查。上网即可查询公积金有关业务及政策解答，可查询公积金明细账、余额及贷款明细账、余额，网址：www.yxgjj.com，也可到公积金管理部查询或直接在微信钱包内查询。

（王思琪）

新农村建设

【概　况】 2017年，全县新农村建设项目有省级重点村建设项目5个：宁州街道阿路本村委会舍阴寨小组、华溪镇大新寨村委会大新寨小组、青龙镇紫马龙村委会紫马龙村小组、盘溪镇法高村委会法高小组、通红甸乡小得勒村委会小凉山小组。

截至2017年年底，华宁县5个省级重点村项目共完成投资294.92万元，其中，省级补助资金225万，其他整合资金69.92万。省级重点村共完成村内道路硬化2条3000平方米，支砌排灌沟渠5条132立方米，修建挡墙1250立方米，修建垃圾房2间9平方米，修建公厕2座2420平方米，建成村内公共活动场地300平方米，村内文化活动室321平方米，安装路灯62盏，修建排污管网500米，修建公厕3间142平方米，修建垃圾池5间40.5平方米，人畜分离牲畜房建设24间。受益村民643户，受益人数达2379人。5个建设点已全面完工，成效显著。

【2016年省级重点村验收】 组织实施2016年省级重点村建设项目，2017年9月完成验收。全县2016年省级重点村涉及宁州街道吗哒村委会亮木箐小组、华溪镇小寨村委会小新寨小组、华溪镇华溪社区居民委员会华溪五组、青龙镇中村村委会马郎村小组4个村组，项目涉及宁州街道、青龙镇、华溪镇，4个村（社区），4个村民小组，受益村民328户，受益人数达1239人。4个建设点已全面完工，成效显著。共完成道路硬化4条3707.15平方米，修建挡墙3400立方米，建成村内公共活动场地1800平方米，村内文化活动室

1155.04平方米，村内公共绿化55平方米，安装路灯32盏，修建排水沟2条125.5立方米，修建公厕3间101.39平方米，修建垃圾池2间9平方米，危旧房改造拆除重建38户。项目预计投资757.7万元。其中，省级应补助资金180万元，农村危房改造4.04万元，整合各类资金573.8万元。

【申报2018年市级美丽宜居乡村项目】 积极组织开展2018年市级美丽宜居乡村项目申报工作。认真贯彻市2018年市级美丽宜居乡村建设选点要求，在自然人文和经济条件好、村组干部得力、群众积极性高、基础扎实的自然村中选择，通过实施能够实现引领乡村振兴的经济美、生态美、村容美、乡风美、生活美“五美”示范村，突出产业发展、村容村貌整治、公共服务设施建设等重点，对备选点一一到实地调查研究后进行申报。完成2018年市级美丽宜居乡村项目建设点4个。

（马庆辉）

责任编校　杨有文

环境保护

环保建设与管理

【概　况】 2017年，华宁县环保局坚持以改善生态环境质量为核心，坚定不移实施生态立县战略，实行最严格的环境保护制度，紧扣“1个实施意见、3个考核方案、12个目标责任书、17项重点工作”确定目标和县委、县政府安排的各项工作任务，切实抓好。1个实施意见即《玉溪市关于贯彻落实生态文明体制改革总体实施意见》、3个考核方案即《华宁县2017年国家重点生态功能区县域生态环境质量考核工作实施方案》《华宁县创建国家环保模范城市工作方案》《环境监察工作量化考核方案》；12个目标责任书是市政府与县政府签订3个，即2017年度主要污染物总量减排目标责任书、水污染防治目标责任书、大气污染防治目标责任书，县委县政府与环保局签订9个；17项工作目标为综合考评确定的任务，全面落实各项目标任务，各项工作顺利开展，为建设美丽华宁再创新业绩。

【环保督察】 根据《玉溪市贯彻落实中央环境保护督察反馈意见问题整改总体方案》的要求，华宁县明确了工作目标和工作措施，实行书记、县长任组长的双组长制。2017年3月20日，召开了中央环境保护督察反馈意见问题整改工作推进会，重新修改完善并印发了《华宁县贯彻落实中央环境保护督察反馈意见问题整改总体方案》，调整了领导小组成员，细化了工作职责。各部门党政“一把手”亲自抓、负总责，逐级传导压力，层层细化落实，做到“一个问题、一套方案、一套班子、一抓到底”，为整改工作的顺利推进提供了组织保障。将整改任务逐一分解落实到各有关部门，逐一建立台账，明确了整改主体、整改措施、整改目标和整改时限，对照中央环境保护督察整改方案细化表，涉及华宁县的共有17个问题。12个问题完成整改，并制定措施，常抓不懈，其余5个问题正在持续推进。积极配合完成省委、省政府于2017年11月20日至12月4日进驻玉溪开展环保督察工作，按时按质按要求上报各类调阅资料6批次18份，牵头处理转办投诉件4件。

【环境应急体系建设】 2017年，完成华宁县人民政府和县环境保护局突发环境事件应急预案编制，并通过专家评审印发实施，督促19户企业完成突发环境事件应急预案编制备案。

【环境监管能力建设】 努力加强环境监察能力建设，按照中央环保督察整改及云南省环境保护厅、云南省机构编制委员会办公室《关于进一步加强州县两级环境监测监察机构建设的通知》要求，加强协调，县编办于2017年4月27日下发了《关于调整部分事业单位人员编制的通知》，增加县环境监察大队事业编制3名，使核定编制达10名，在编在岗人员3人；积极争取上级环保部门的支持，强化环境监察队伍教育培训，共组织6人次参加上级环保部门组织的环境监察岗位培训、环境应急岗位培训、挥发性有机物排污收费培训、工业污染源全面达标排放等培训，切实提高环境执法能力水平。

【政务信息公开】 推进环境保护工作信息公开，提高公众对环境保护工作的参与程度。充分发挥政府网站作为环境保护信息发布重要平台的作用，认真梳理信息公开相关要求，凡是不涉密的，都主动公开，2017年共公开各类环保信息248条，被市环保局考核为全市信息工作第一名。推进环境监察执法、核查与审批信息、环境监测信息公开，在门户网站设立“环境违法曝光台”等信息公开专栏，及时公开行政处罚信息、超标企业名单及处理情况、行政处罚文书等，对已下达行政处罚决定书的10份、停产整治决定2份等违法案件相关信息及时进行了公示，督促10户重点企业按照《企业事业单位环境信息公开办法》落实企业环境信息公开工作，深入推进行政权力公开透明运行。

【人大代表、政协委员、普通公民参与环境监察】 2017年6月21日，邀请县人大代表、政协委员、普通公民及县纪委、检察院、法院、公安局人员参与环境监察活动，对华宁县裕丰纸业有限公司及华宁玉珠水泥有限公司2户企业的环保手续办理情况、污染治理设施运行情况、污染源在线监控设施运行维护情况、企业环境保护主体责任落实情况等进行现场环境监察，并召开座谈会，参会人员对环境监察工作提出相关意见。此次监察活动对推进阳光执法、透明执法、群众参与环境监察执法起到了积极的促进作用，对企业提高环保意识起到积极的推进作用，营造了大家都参与环保的良好氛围，有力推进了环境保护多元共治局面的形成。

【表彰奖励】 2017年3月，华宁县被云南省人民政府命名为第二批生态文明县；2017年5月，华宁县第八中学、盘溪镇第一小学中被命名第十批云南省绿色学校；2017年5月，华溪镇华溪社区被命名第八批云南省绿色社区；2017年，华宁县环保局政务信息考核，全市排名第一；2017年，华宁县生态文明体制改革考核目标任务，全市排名第三；2017年，华宁县污染总量减排考核目标任务，全市排名第三；2017年，华宁县水污染防治考核目标任务，全市排名第三；2017年，华宁县环境监察量化考核，获一等奖；2017年4月，被中共华宁县委评为2011—2015年法治宣传教育工作先进单位；2017年，党风廉政建设责任制考评为优秀单位。

环境质量

【县域生态环境质量】 2017年6月，省环境保护厅、省财政厅对全省129个县（市、区）开展的2016年县域生态环境质量监测评价与考核中，华宁考核为“轻微变好”，在129个县（市、区）中位列第三。

【大气环境质量】 2017年，有效开展县城环境空气质量监测359天，其中，一级191天，二级164天，超标4天，中心城区空气优良率达98.9%，重点工业污染源废水、废气达标排放率满足100%的要求，环境空气质量总体保持稳定。

【水环境质量】 2017年1—12月对辖区内县城及乡镇集中饮用水源点、白龙河水库开展监测30次（其中，县城及盘溪大龙潭18次，乡镇饮用水源点12次），集中式饮用水源点水质保持在Ⅲ类以上，水质达标率为100%；南盘江盘溪大桥和曲江九甸大桥两个断面水质均达功能区要求。

生态环境保护

【生态文明建设】 2017年3月，华宁县被云南省人民政府命名为云南省第二批生态文明县，以此为契机，启到国家生态文明建设示范县创建工作，编制了《华宁国家生态文明建设示范县规划》并通过县人大常委会审议，成为全省第一个完成规划编制和通过技术审查的县（区）；组织盘溪镇申报省级生态乡镇，通过了云南省环保厅组织的审查，上报省政府待命名，实现了省级生态乡镇申报全覆盖。深入开展绿色学校、社区创建工作。盘溪镇第一小学、华宁县第八中学、华溪镇华溪社区于2017年5月25日被命名为第十批云南省绿色学校、第八批云南省绿色社区。

【生态文明体制改革】 2017年，县环保局牵头拟定了生态文明体制改革专项小组2017年工作要点，切实履行领导小组联络员职责，牵头制作工作台账、改革课题等材料，按时报送部门改革信息9条，2017年考核排名全市第三名。

【生态红线划定】 华宁县于2016年8月启动了《华宁县生态保护红线划定方案》编制工作，2016年11月完成划定方案初稿，在2次广泛征集各部门、各乡镇及广大群众意见的基础上，不断完善、优化划定方案，于2017年5月完成了《华宁县生态保护红线划定方案（初稿）》编制。

【创建国家环保模范城市】 2017年，县环保局充分发挥创模领导小组办公室作用，建立创模档案，持续报送创建材料，发送各类创模信息36条，按季报送工作报告4份，力争2018年底全面达到国家环境保护模范城市考核指标要求。

【农村环境综合整治工程项目】 2017年，县环保局严格监管冲麦村、来保康村、小寨村农村环境综合整治工程实施，做好资金管理和工程质量监督工作，通过开展两污治理减少对水环境的影响。小寨村农村环境综合整治工程完成市局组织的现场验收；冲麦村、来保康村传统村落环境综合整治工程完成建设内容90%。

【环保宣教】 2017年，县环保局以宣传教育为导向，引导全民全面参与环境保护工作。紧紧围绕“六・五”世界环境日中国主题“绿水青山就是金山银山”，组织单位职工和环保志愿者共50余人，采取设立宣传咨询点、发放环保知识手册、环保宣传单等方式，开展了“进机关、进社区、进学校、进企业、进酒店”主题系列环保宣传活动，重点对新修订的《中华人民共和国环境保护法》《中华人民共和国大气污染防治法》《水污染防治行动计划》进行宣传，活动当天共发放各类宣传资料1000余份，发放环保袋1000余个。

【创卫工作】 按照创卫工作要求，2017年，县环保局制定了《华宁县创建国家卫生县城环境保护及治理指标达标方案》《华宁县环境保护局创建国家卫生县城实施方案》《华宁县环境保护局关于集中开展爱国卫生活动的实施方案》。认真履行环境保护及治理指标达标组办公室职责，完成达标资料收集工作，组织开展创卫宣传，认真落实街长制和“三无”小区责任制，坚持每周每天巡查和清扫，督促商户履行门前“四包”责任制，联合县住建局等部门组织开展大型清扫活动9次。

【行政许可事项】 2017年，县环保局严把环评审批关，坚持“控制总量，削减存量”的原则，执行“批项目、核总量”制度，把总量指标作为项目环评审批前置条件，提高准入门槛。全年共审批建设项目环评文件19个，建设项目竣工环保“三同时”验收审批24个，建设项目登记表备案32个；完成重要事项公示86项、重点工作通报86项，限时办结43件，限时办结率为100%。服务重点项目建设，全程跟踪服务协调“四个一百”27个重点建设项目，21个项目取得环评批复。

【“放管服”工作】 2017年，按国家、省、市、县深入推进简政放权、加快政府职能转变等相关要求，华宁环保局紧紧围绕优化服务，促进发展主题，以转变工作作风，提高服务效能为着力点，以建设完善服务型机关为载体，大胆探索，用于实践，不断创新服务方式，服务效能提升效果明显。

【排污许可证核发】 加强排污许可证核发工作。督促全县四大行业共5家企业完成新排污许可证申报，全县共有排污许可证持证单位24家，2017年县级新核发排污许可证1家。

【辐射安全许可证换发】 2017年4月，组织华宁县2018年辐射安全许可证到期单位统一开展换证申请培训，截至2017年10月，华宁县辖区内辐射安全许可证换证单位均已完成申报材料准备工作，等待上报。协助玉溪市环保局做好辖区内新增放射源购买审核工作，督促辖区内2017年新购买放射源裕丰纸业、昊兴纸业做好相关材料申报工作，确保放射源购买安全。

【华宁县环保工作会】 2017年3月1日，华宁县召开全县环境保护工作会议。会议主要贯彻落实中共十八大，十八届五中、六中全会和习近平总书记系列讲话及考察云南时的重要讲话精神，总结2016年全县环境保护工作，研究提出2017年华宁县环境保护总体思路，安排部署2017年重点工作。副县长沐华斌代表县政府与各相关部门和重点企业签订了华宁县2017年度主要污染物总量减排目标责任书，要求各乡镇（街道）、各部门，要高度重视生态保护工作，准确把握习近平总书记系列重要讲话精神以及绿色发展理念的科学内涵和精神实质，进一步增强政治意识、大局意识、核心意识、看齐意识，切实担负起解决环境问题的政治责任，要树立“一盘棋”的思想，层层落实责任，加强协作、清正廉洁，强化党员干部“四个意识”，严明政治纪律和政治规矩，培育党员干部求真、务实、开拓、担当的优良作风，务实进取、奋力拼搏、攻坚克难，凝聚智慧和力量共同开创全县环境保护和生态建设的新局面。

污染防治

【水污染综合防治】 2017年，县环保局完成抚仙湖9个传统村落环境综合整治工程竣工验收，委托中介机构开展工程设施运维，督促青龙镇抓快实施牙口村环境综合整治工程；履行水污染防治专项小组办公室职责，提请县人民政府与15家责任的单位签订了《华宁县水污染防治目标责任书（2017—2020）》，督促相关单位履行《华宁县水污染防治工作方案》职责，发出《关于加快推进水污染防治目标责任书工作任务的函》4份。完成国家环境保护部《水污染防治行动计划》专项督导资料准备工作，配合河长办完成河长制相关工作任务，完成5个饮用水源环境状况评估；着力开展饮用水水源保护监管，保障饮水安全；完成了2016年度县城饮用水水源二龙戏珠泉群及乡镇饮用水源共6个饮用水源的环境状况评估工作。开展以饮用水水源地、主要河流为重点的专项执法检查，确保人民群众饮水安全，完成辖区内县城及乡镇集中饮用水源点、白龙河水库监测30次，其中，县城及盘溪大龙潭18次，乡镇饮用水源点12次。2017年水污染防治考核全市第三名。

【污染减排】 2017年总量减排项目5个。其中，管理减排项目3个：华宁县污水处理厂1万吨/日污水处理项目完成化学需氧量（COD）削减795吨、氨氮削减82吨，处理负荷率高于85%；华宁玉珠水泥有限公司3号3000吨/日旋窑实施烟气脱硝工程及2号1000吨/日新型干法窑烟气脱硝工程，脱硝系统投运率80%以上，综合脱硝效率不低于55%。工程减排项目2个华宁宁州劲鑫养殖场、华宁县祥华生猪养殖有限公司污染物治理设施建成投运项目。完成情况：华宁县污水处理厂化学需氧量（COD）和氨氮削减理论值分别为：867.76吨、88.29吨，可以完成全年减排任务。1—12月，华宁玉珠水泥有限公司3号3000吨/日旋窑实施烟气脱硝工程正常运行，脱硝设施投运率为99.7%，综合脱硝效率为68.9%。2号1000吨/日新型干法窑烟气脱硝工程正常运行，脱硝设施投运率为99.5%，综合脱硝效率为81.3%，全年削减氮氧化物973.2吨，可以完成全年减排任务。华宁宁州劲鑫养殖场、华宁县祥华生猪养殖有限公司已建成污染物治理设施并投入运行，2017年考核排名全市第三名。

【大气污染防治】 2017年，华宁县按照《华宁县2017年大气污染防治工作方案》，全面实施大气污染防治行动。认真履行大气污染防治专项小组办公室职责，县人民政府与4家责任单位签订《华宁县大气污染防治目标责任书》，督促相关单位落实《华宁县2017年大气污染防治工作实施方案》工作内容，发出《关于加快推进大气污染防治目标责任书工作任务的函》3份。

【工业污染源防治】 2017年，华宁县按照全市工业污染源全面达标排放计划实施方案要求，制定印发了《华宁县工业污染源全面达标排放计划实施方案》，成立华宁县工业污染源全面达标排放计划领导小组，以源头严控、过程严管、后果严惩为原则，分类分步推进工业污染源达标排放。对列入玉溪市2017年上半年工业全面达标排放重点排污企业的华宁玉珠水泥有限公司、玉溪市东方煤业有限公司、华宁北控环保水务有限公司3家企业，执法人员多次深入企业了解工作开展情况，督促企业认真开展相关工作，确保按期实现达标排放。

【污染综合防治】 2017年，县环保局严格开展危险废物转移许可工作，全年办理危废转移许可4件，危险废物处理规范率100%；强化辐射安全许可证和排污许可证管理，闲置的放射源收储率和辐射安全许可证持证率均为100%。

环保执法

【环境执法监察】 2017年，华宁县环境保护局深入贯彻实施新修订的《中华人民共和国环境保护法》及其配套办法，完善网格化环境监管体系建设，严格按照《华宁县污染源日常监管领域推广随机抽查制度的实施方案》，抽取52户环境监管对象开展检查，按抽取结果开展好现场监督检查，重点检查企业环保审批手续办理情况、污染治理设施运行情况、排污申报与收费情况、排污许可证办理情况、突发环境事件应急预案制定等情况，对存在问题要求排污单位及时进行整改，对环境违法行为依法进行处理，严格环境执法，有效保障县域环境安全。2017年共出动环境监察人员432人次，下达现场监察记录154份，立案查处环境违法行为16件，下达行政处罚决定书10份，责令停产整治决定书2份，其中移送公安行政拘留2件、申请法院强制执行1件，处以罚款121.4万元，移送其他相关部门办理环境违法行为9件。

【环境污染投诉】 2017年，县环境保护局依照法定途径调查处理环境污染投诉38件，处理率100%，其中省级环境保护督察期间共接到省环保督察组交办件3件，办结3件，办结率100%。

【中高考期间环境噪声整治】 2017年中高考前夕，县环境保护局执法人员对考点与考生集中住宿点及周围环境进行了全面检查，在设为考点的学校与考生集中住宿点周边张贴考试期间噪声污染防治公告，向各单位及生产企业发放考试期间噪声污染防治通知和环保宣传资料，宣传环境保护相关知识，中高考期间做好考场周围环境巡查。与行政综合执法局、公安局沟通协作，对各类噪声污染源进行联防联控，共同做好中高考期间噪声防治工作。

【重点污染源在线监控系统建设】 强化污染源自动监控系统的运维监管，2017年按季开展在运行的12套自动监控设施运维考核工作。督促1户企业完成2套废气在线监控设施验收工作；1户企业新安装废水、废气在线监控系统各1套。

【排污费征收】 严格执行排污收费政策和标准，依法开展排污收费工作，按要求开征挥发性有机物排污费，2017年共征收40户企业（含8户建筑噪声）排污费260.3085万元，按要求向县地税局移交环保税改革相关档案资料，配合县地税局做好环保税改革相关工作。

【各类专项排查整治】 2017年，县环保护局组织对饮用水水源地、主要河流进行专项执法检查，确保人民群众饮水安全，开展生态环境监察工作和农村环境整治工作，了解掌握生态和农村环境污染情况，消除隐患。对化工企业进行摸底排查整治，开展砖瓦行业环保专项执法检查，制定《2017年华宁县砖瓦行业环保专项执法检查工作方案》。开展水泥玻璃行业整治专项行动，排查县内水泥生产企业1户华宁玉珠水泥有限公司，不涉及水泥落后产能清理整顿。按照《玉溪市纳污坑塘环境问题整治工作实施方案》要求，及时制定《华宁县纳污坑塘环境问题整治工作实施方案》下发至局各股（室）、大队、监测站及各乡镇（街道）规划建设和环境保护中心，组织开展全面排查，华宁县管辖区域内未发现纳污坑塘。开展排污许可证监察和辐射许可证监察、汛期环境安全整治等各项专项监察和整治工作。

（李　军）

责任编校　杨有文

经济管理

发展改革

【概　况】 2017年，县发改局深入贯彻习近平新时代中国特色社会主义思想和考察云南重要讲话精神，牢固树立和践行新发展理念，牢牢把握稳中求进总基调，围绕市、县目标任务，充分发挥发改部门综合职能，主动适应经济发展新常态，认真落实各项重大决策部署，勇于担当，攻坚克难，开拓进取，真抓实干，扎实推进各项工作迈上新台阶。

【国民经济和社会发展计划执行情况】 2017年，全县实现县内生产总值87.2亿元，增长11.2%，增幅居全市第8位，其中，第一产业增加值18.7亿元，增长6.4%；第二产业增加值27.5亿元，增长14.7%；第三产业增加值41亿元，增长11%。一、二、三产业现价增加值比由上年的22.6∶30.6∶46.8调整为21.4∶31.6∶47，一产比重下降，二、三产业比重略有上升。完成规模以上固定资产投资71亿元，增长31.1%；农业总产值29.8亿元，同比增长4.1%；完成规模以上工业总产值39.8亿元，增长18.8%；完成规模以上工业增加值12.4亿元，增长21%；实现地方公共财政预算收入完成4.2亿元，增长6.5%；实现地方公共财政预算支出完成16.1亿元，增长3.9%；引进市外国内资金53.5亿元，增长32%，完成市级目标任务52亿元的102.8%；实现社会消费品零售总额20.6亿元，增长12.5%；实现城镇居民人均可支配收入34276元，增长8.7%；实现农村居民人均可支配收入12723元，增长8.8%。

【固定资产投资】 2017年，全县在库规模以上固定资产投资项目183项，完成规模以上固定资产投资71亿元，增长31.1%，增幅居全市第6位，超市级目标任务1.1个百分点。其中，基础设施建设项目85项，完成投资32.2亿元；竞争性项目71项，完成投资34.1亿元；社会事业项目27项，完成投资4.7亿元。

【向上争取资金和招商引资】 2017年，县发改局不断加大对上汇报衔接工作，积极争取资金支持，共争取资金680万元，超额完成目标任务。招商引资方面，完成招商引资6.3亿元，超额完成目标任务。

【易地扶贫搬迁】 发改局把易地扶贫搬迁作为脱贫攻坚“五个一批”的头号工程来抓。2017完成全县易地扶贫搬迁信息管理平台基础信息录入。全县纳入云南省易地扶贫搬迁三年行动计划，2016年计划3个安置点117户457人，其中建档立卡贫困户26户102人。2017年，完成3个新村安置点规划编制，开工建设3个安置点，完成易地扶贫搬迁投资2800万元，其中建档立卡贫困户安居房26套全部竣工。

【重点项目策划包装】 2017年，项目策划包装成效明显，全年策划包装重大工程和重点项目12

个，总投资44.9亿元；申报中央预算内投资项目10个，总投资14.6亿元；申报专项建设基金支持项目40个，总投资144.7亿元。列入省级“四个一百”重点项目4个、列入市级“四个一百”重点项目33个，省、市“四个一百”重点项目完成投资11.32亿元。项目争取工作方面，全年向上级发改部门争取前期工作费项目7项，争取项目前期工作经费870万元，其中省200万元、市670万元。

【“五网”基础设施建设】 2017年，县发改局继续贯彻落实《华宁县五大基础设施网络建设行动计划（2016—2020年）》，“十三五”期间拟实施“五网”重点项目67项，规划总投资358亿元。盘溪永平大桥及引道工程开工建设，弥玉高速公路（华宁段）建设顺利，澄华高速公路前期工作稳步推进，改建313条826.74千米农村公路，成功创建“四好农村路”全国示范县；核桃冲水库、分水岭水库、南盘江二期治理等项目全面完工，矣则河水库扩建、雨勒冲水库等项目开工建设，2017年，全县完成“五网”基础设施建设项目投资12.1亿元。县发改局主要负责能源网和航空网两个方面。能源网方面，县城天然气综合利用、城乡电网改造升级进展顺利，大丫口、将军山风电场44台发电机组全部建成发电，全县发电总装机容量达29.6万千瓦时；航空网方面，华宁通用机场建设完成初步选址报告，正进行场址比选论证。

【项目审批上报】 2017年，县发改局共审批项目18项，批复总投资9312.69万元；备案项目10项，备案总投资50691.3万元；上报可研报告、初步设计或实施方案请示4项，上报总投资18885.03万元。争取上级下达批复5项，批复总投资2768269.6万元；上级下达年度投资计划项目6项，争取上级资金补助2021.4万元，其中，中央资金1845.4万元，省级资金76万元，市级资金100万元。

【投资项目在线审批监管平台建设】 县发改局贯彻落实《企业投资项目核准和备案管理办法》《云南省人民政府关于发布政府核准的投资项目目录（云南省2016年本）的通知》精神，2017年录入“云南省投资项目在线审批监管平台”项目14项，实现投资项目“审、核、备”网上办理。

【华宁盘溪橘乡小镇项目创建】 根据《云南省人民政府关于加快特色小镇发展的意见》等文件精神要求，2017年5月编制完成《华宁盘溪橘乡小镇项目创建方案》并通过省发改委评审，2017年6月列入《云南省特色小镇创建名单》。2017年8月编制完成《华宁盘溪橘乡小镇发展总体规划》并于9月提交省发改委备案；2017年8月编制完成《华宁盘溪橘乡小镇控制性详细规划》，并于12月通过省住建厅组织的技术审查。华宁盘溪橘乡小镇规划辐射区面积25.35平方千米，规划区面积3平方千米，其中，核心区面积1平方千米。项目概算投资24.06亿元，共涉及项目33个。2017年开工项目9个，完成投资4.81亿元。

【移民后扶工作】 2017年完成大中型水库移民后期扶持“十三五”规划编制工作；县发改局向上级争取移民后扶资金85万元，全县年末大中型水库移民后扶直补对象468人，全年共发放直补到移民个人的直补资金28.32万元，帮助移民解决生产生活中遇到的困难；发放大中型水库移民小额贷款231万元，帮助移民发展生产，改善居住环境；2017年，完成矣则河水库扩建工程移民投资1060.6万元，生产安置移民22人。

【价格监督检查】 做好价格监督检查职能，2017年开展以春节、“五一”、中秋、国庆为主的市场价格监管工作；以医疗收费和药品价格检查、商业银行收费、商品房明码标价、交通运输价格、旅游市场价格、农产品市场价格、涉农收费、涉企行政事业性收费文件检查等为主的专项检查工作。做好主要民生商品价格监测工作，重点对县城粮油、副食品、燃料、生产资料等主要商品价格进行采集、整理、编制、上报。在重点做好主要商品价格监测的同时，根据市场商品价格动态和商品价格变化情况，认真做好华宁县物价走势分析，上报价格监测66期。做好价格举报查处情况，认真做好“12358”价格举报平台工作，全年办理价格举报1起，开展价格认定工作58起，认定金额90.39万元。

【价格收费管理】 2017年，开展水价、华宁县机动车停放服务收费、旅游景区收费、华宁县公办中学收费、电力价格、明码标价等调查检查。做好价格收费管理，开展涉企经营服务性收费、政府定价目录清理规范工作，清理公布《华宁县涉企经营服务性收费目录清单》《华宁县政府定价目录清单》。联合县财政局对行政事业性收费项目和涉企行政事业性收费项目进行了清理，并对公益性服务收费情况进行清理。完成华宁县2016年行政事业性收费年度报告审验统计工作，全县应参单位47个，收费金额10055.56万元，年审率100%。

【粮油经营】 2017年，全面落实粮食安全行政首长责任制工作，完成各项考核指标任务。完善粮油仓储备基础设施建设，严格“两个安全”底线，抓好董家山国家粮食储备库建设项目后续工程建设，2017年共争取项目缺口资金530万元。做好智能化仓库建设项目申报工作，争取上级资金93万元。做好粮食流通监督检查工作，确保全县粮油市场平稳有序，出台《华宁县县级储备粮管理办法》《华宁县学生粮供应管理办法》，拟定《华宁县县级储备粮询价管理办法》，进一步规范储备粮管理，为学生粮供应奠定坚实基础。落实储粮安全和安全生产责任，全年未发现储粮和生产安全事故。2017年收购（原粮）1073.7万千克，销售（原粮）1152.8万千克，实现销售总收入3014.78万元，调入成品粮油（学生粮油、平价粮油）79.65万千克，金额454.59万元，县粮食收储公司扭亏为盈。完成县级储备粮（小麦）轮换199.4万千克，金额498.5万元。完成省级储备粮（小麦）310万千克轮入。销售平价粮油68.9万千克，销售收入424.78万元。供应学生粮油26万千克，金额153万元。

【表彰情况】 2017年党风廉政建设责任制检查考核为合格单位，2017年党建工作考核为合格党组织，2017年社会治安综合治理责任制考评为合格单位，玉溪市2017年粮食安全行政首长责任制考评为第5名，玉溪市2017年移民工作目标责任制考评为第7名。县发改局被评为华宁县2014—2017年殡葬改革先进单位，李强被评为华宁县2014—2017年殡葬改革先进个人。

（谢成碧）

国有资产经营

【企业概述】 华宁县国有资产经营有限责任公司成立于1998年9月3日，由华宁县财政局全额出资组建的有限责任公司，注册资本2000万元，企业性质为有限责任公司（国有独资）。下辖华宁县宏业房地产开发有限责任公司、华宁风行汽车服务有限公司、华宁县鑫源民用爆破器材经营有限公司3家全资子公司。持股玉溪市抚仙湖投资有限责任公司2%（300万元）股权、华宁县新村柑橘有限责任公司21.2%（100万元）股权。公司目前主要从事国有资产经营、房地产开发、矿山开采、汽车租赁等业务。公司主要履行的职责是确保授权运营和投资形式范围内的国有资产的安全和增值，完成县财政局确定的国有资产保值、增值考核指标；认真清查授权运营和投资形成范围内的国有资产、界定产权、核实资本金，并汇总向县财政局进行产权登记，报送资产统计报表；履行国有资产经营预算的单位职责，按照规定向县财政局报告资产运营情况和报送财务收支报表；在资产经营形式变更和产权变动时，按国家规定履行批准手续；接受县财政局的管理和监督。公司主要以国有资产保值为目标，为政府对行业结构、产业结构、国有资产存量结构调整服务。公司经营范围是公司资本金范围内的投资入股、股权买卖、企业改制上市、企业托管等自营业务；受县政府及相关职能部门的委托，管理和经营财政有偿资金债权转股权；县政府及关部门授权的国有资产管理和政策允许的经营业务；开展农林牧副渔业，农业综合开发，农村基础设施建设，农产品加工项目投资及生态建设项目投资（以上经营范围中涉及国家法律、行政法规规定的专项审批，按审批的项目和时限开展经营活动）。

【完成融资 2 亿元任务】 2017 年年初，完成政府安排 3000 万元融资任务，公司向华宁县农村信用合作联社融资 3000 万元，借款期限 4 年，借款利率 5.225%，利息按月支付，还款计划为第一年偿还 50 万元，第二年偿还 100 万元，第三年偿还 100 万元，第四年还清全部本息。成功为华宁县润物水利投资有限责任公司提供 1.7 亿元借款信用担保，分别是矣则河水库扩建工程借款 1 亿元、雨勒冲水库新建工程借款 7000 万元。按县政府要求担保费为零，担保期限为 15 年。

【成立风行汽车服务公司】 为有效推进华宁县公务用车改革步伐，盘活国有资产资源，发挥国有资产效益，根据华宁县十七届人民政府第 4 次常务会议精神，公司出资组建华宁风行汽车服务有限公司（简称“风行公司”）并从全县涉改待处置的 164 辆公务用车中无偿接收 59 辆到风行公司。2017 年 11 月，在优先满足公务用车的前提下针对社会个人进行尝试性运营。截至 2017 年年底，公司租赁车辆 170 次，圆满完成县政府安排任务，一是实现经济收入 44 万元，优化了国有资产配置，使国有资产保值增值；二是补充政府机关公务用车临时不足；三是解决了私车公用产生的部分社会风险。

【加强固定资产管理】 根据华宁县十七届人民政府第 10 次常务会议要求，为加强国有资产管理，提高国有资产使用效率，合理配置国有资源，夯实国有平台公司实力和增加现金流，结合华宁县国有资产的相关管理办法，国资公司于 2017 年 12 月公司补交资产处置费用 1.14 亿元，接下来将严格按照相关程序和规定，完善与相关涉及单位签订的资产转让手续，同时将移交到公司的商铺资产向社会公开租赁，以及时、有效、公平、公正的经营态度，以资产效率最大化为原则来盘活国有资产。

【实现资产保值增值】 公司管理的商铺、住房及土地等资产 2017 年共收取年租金 84.83 万元。依法对小黑者磷矿进行日常管理，定期进行矿山巡察，积极配合县国土资源局及派出所对私挖盗采活动进行处罚，避免磷矿资产流失。

（蔡　龙）

公共资源交易

【概　况】 县公共资源交易中心主要承担着县级公共资源交易的有形市场职责，主要负责政府采购、药品集中采购、国有产权交易、土地使用权和矿业权交易、工程建设招标、司法机关罚没物品拍卖六大类公共资源交易进场服务、信息咨询工作。

【交易基本情况】 一是业务工作有序开展。全年受理各类交易项目 132 个，交易项目 125 个，开标 110 次，评标 110 次，资格预审 5 次，挂牌 7 次，拍卖 19 次，中标金额 23856.74 万元，节约资金 777.19 万元，溢出资金 27.85 万元，受理投诉 0 件。其中工程建设招投标项目 55 个，中标总价 16226.17 万元，节约资金 569.77 万元；政府集中采购 44 个，中标总价 3546.76 万元，节约资金 207.42 万元；国有产权交易项目 21 个，中标金额 97.41 万元，增值额 20.71 万元；土地交易项目

5个，成交金额3986.40万元，增值额7.20万元。全年发生投标保证金907笔，共计8745.45万元，退还666笔，共计8792.59万元。二是交易服务水平提高。中心工作人员进一步明确了工作职责，本着“服务就是工作、服务就是目的、服务就是责任”的工作理念，强化政治意识、大局意识、责任意识和保密意识，提升服务质量，为进场交易各方提供了洽谈、招标、投标、评标、开标、成交确认等活动场所，提供信息发布、专家抽取、政策咨询等配套服务。三是各专项整治效果明显。贯彻“公平、公正、公开”的交易原则，开展了严禁领导干部违规插手工程建设专项整治、工程建设领域招标投标突出问题专项检查和整治、清理并移除交易系统内工作人员担任评标专家等相关专项整治和自查工作。对内严肃工作纪律，严抓工作作风，打造一支廉洁高效、年轻有活力的交易服务队伍，对外塑造阳光交易平台形象，发挥在遏制腐败等方面的实效创造良好社会效益。四是加强重点领域信息公开。交易信息发布在中国采购与招标网、玉溪市公共资源交易系统中的固定栏目中，对于公共资源交易信息和公共资源交易政策法规等重点项目在华宁县人民政府网、华宁县政务信息公开网上进行公示公开，通过扩大招标公告的覆盖面吸引更多的潜在投标人参与到交易中来；中标结果公示的发布则以一种公开透明的姿态迎接社会的检验。全年在华宁县人民网上发布招标公告189条，中标公告148条。

公共资源交易中心启用电子评标　　陶　敏　摄

【“一网三平台”建设】 2017年中心根据省级公共资源交易标准化建设的部署，紧跟市级业务部门的步伐，把“一网三平台”建设工作当成全年重点工作来抓，建设符合华宁县公共资源交易实际的电子化交易平台。一是完善基础硬件设施。交易场地设2个开标室、3个评标室、1个行业监管办公室、1个受理室、1个专家抽取室、1个询价室，1个档案室。配套的附属设施（卫生间、休息室），也已经建成并投入使用。监控设施覆盖整个办公区和所有功能室，实现了评标区与开标区的隔离和开标评标全过程音视频监控。2017年以电子化平台建设为契机，安装了电子化开评标设备和电子门禁设备、完成了录音监控系统升级工作，完善了综合系统布线、高清监控系统、LED屏信息发布系统、开标厅音视频控制系统的建设。中心各项硬件设施经过不断的升级改造，努力达到交易场所和功能设施标准化要求。二是加强业务培训。为推动项目全流程电子化稳妥顺畅地运行，扩大公共资源交易电子化平台运用推广的影响力，中心以业务培训为抓手，做好组织策划和统筹协调工作，使全县的电子化平台培训工作深入开展。2017年组织相关业务人员参加省市级公共资源交易电子化平台相关培训共6次18人次，组织县级培训7场，参加人数达到120余人次，夯实了本级电子化交易平台的建设基础。

经过前期资源整合、数字证书办理、中心工作人员业务培训、设备调试安装等工作的周密安排，于2017年11月开始全流程电子化开评标，截至目前已开展全流程电子化开评标项目13个。电子化招投标在科学排查围标串标行为，杜绝人为因素的干扰；提高公共资源交易效率，降低交易成本；源头上、制度上预防和治理腐败，促进党风廉政建设等方面发挥了实际成效。

【创新交易模式】 中心以推进“一网三平台”建

设为契机，利用“互联网+”模式申请入驻淘宝拍卖，成功入驻获得淘宝网络交易权限，实现了产权交易线上、线下两种交易模式共同运行。2017年12月，中心利用淘宝网络平台先后分3批次对华宁县的19辆公务用车进行网络竞价转让。共计成交车辆19辆，总围观次数达5万余次，成交总价45.22万元，溢出资金19.26万元，溢出率高达74.19%。其中第一批处置的12号车和第三批处置的1号车，溢出率达194.4%和108.6%。3次淘宝网拍卖公务用车成绩喜人，有力地保障了国有资产的保值增值，让网络多跑腿，群众少跑路。同时，创新了产权交易模式，提高了公共资源的配置效率，真正实现了产权交易增值、交易服务提质增效、平台业务创新的三赢。

（李思润）

财　政

【财政收支】 2017年，全县地方公共财政预算收入完成42090万元，同比增收2565万元，增长6.5%；政府性基金收入完成4832万元，比上年增加385万元，增长8.66%。2017年，全县地方公共财政预算支出完成160719万元，同比增支6024万元，增长3.9%。上解支出13348万元，地方债券转贷还本支出11180万元，安排预算调解稳定基金支出153万元。收支相抵，结余为零。

【向上争取资金】 2017年，全县共争取到中央省市财政各类补助资金93650万元，同比增长5.32%，完成年初任务数的91.4%，在全市排名中位于第9名。

【激励性财政体制】 2017年，按照市对县乡财政体制增收考核相关事项，拟定了《华宁县人民政府关于完善县乡财政管理体制促进财政增收的实施意见》，经华宁县人民政府第十七届人民政府第10次常务会议研究通过。以2016年存量基数超过收入基数至100万元（含100万元）的部分，按5%给予奖补；超过收入基数100万元以上的部分，按10%给予奖补。按照市对县奖补条件对乡镇（街道）进行奖补。对未完成县本级核定收入基数的乡镇（街道），按未完成的比例扣减当年度的综合目标考核奖。县级安排的奖补资金全部用于乡镇（街道）“三保一促”。严格落实《云南省财政厅中共云南省委机构编制办公室云南省公务员局关于加强乡镇财政管理的意见》规定，乡镇财政所配备实职副科级干部一名、在岗在编人员不少于5名，并切实履行乡镇财政职能，加强财政业务培训。

（何春丽　马思源　祈　珊）

【预算绩效管理】 2017年，华宁县执行《云南省财政厅关于印发〈预算绩效管理工作考核办法〉的通知》《玉溪市财政局关于印发〈预算绩效管理工作考核办法〉的通知》精神。在村级公益事业建设一事一议财政奖补资金项目、农业综合开发高标准农田建设项目等方面执行预算绩效指标和方法体系。对于市对下专项转移支付资金绩效管理，实施财政支出绩效评价，严格评价结果运用。建立考核评价与资金安排挂钩机制，将绩效评价重点由项目支出拓展到部门整体支出和政策、制度、管理等方面，将考核评价结果作为次年预算安排和转移支付资金分配的重要依据。

（温学斌　虾　枚　郭仲篪）

【预算公开】 严格按公开程序及公开要求对2017年政府预算、部门预算进行了公开。对于政府预算，在县人大批复后的15天内，在华宁县人民政府网及华宁县政府信息公开网公开了《关于华宁县2017年地方财政预算执行情况与2018年地方财政预算草案的决议》《华宁县2017年地方财政预算执行情况和2018年地方财政预算草案的报告》、华宁县2018年政府预算公开表（整套）、华宁县2018年财政“三公”经费预算情况说明、华宁县2018年举借债务情况说明（年初预算）、华宁县2018转移支付情况说明（年初预算）及华宁县2018年政府预算公开目录等公开资料，并将以上公开资料在云南省财政厅网站统一公开平台上进行了二次公开。同时，请市财政局委托玉溪日报在玉溪网上对华宁县2018年政府预算进行了二次集中公开；对于部门预算，在县人大批复的当天就对县51家县本级预算部门及5个乡镇（街道办）进行了年初预算批复，并下发了《华宁县2018年部门预算公开工作的通知》，按照省厅要求及省厅公开模板，接合华宁县实际情况及2017年市财政局对华宁县预算公开工作检查要求，制作了华宁县部门预算公开目录、公开说明及公开表格，要求县属各部门及各乡镇（街道办）在财政局下达部门预算批复后15日内完成部门预算公开工作，保证部门预算公开的及时性。

【项目库管理】 华宁县对2018年预算编制进行了规范，全县使用市级统一制作的部门预算编制系统进行部门预算编报，在“三保”分类上严格按照云南省“三保”政策清单进行，保证分类的准确性。在2017年项目库管理的基础上，进一步对项目库管理工作进行完善和规范，围绕“无项目不支出”的原则，强化了项目储备，提高了项目编报质量，把县2018年本级项目及中央、省、市转移支付项目均纳入项目库管理，并同步编制绩效目标，实现预算绩效目标编制全覆盖。按照市财政局的要求对项目分类、指标来源、资金性质及政府经济分类等关联事项进行了设置。同时，在《华宁县2018年预算追加（减）审批及资金请拨单》中增设了“政府经济分类”项目，保证请拨内容与指标系统一致。

（何春丽　马思源　祈　珊）

【非税收入管理】 修改完善了《华宁县非税收入实施细则》，经华宁县十七届人民政府第7次常务会议研究通过，于2017年9月4日正式实施。促进了县域经济和社会各项事业发展，全面推进华宁县政府非税收入征管改革工作。

【政府购买服务】 为促进全县机关事业单位人力资源有效配置，进一步规范政府购买服务管理，维护机关事业单位和政府购买服务人员双方的合法权益，节约行政成本，提高行政效率。根据有关法律法规和《华宁县人民政府办公室关于印发华宁县人民政府向社会力量购买服务实施方案的通知》文件，结合华宁县实际，制定《华宁县关于机关事业单位政府购买服务人员管理办法》，于2017年6月1日起实施。

【深化财税体制改革书面考评】 2017年，根据市委、市政府关于综合考评相关文件要求，县财政局认真按照上级要求，根据工作实际，梳理工作开展情况，形成汇总材料，共分为三大类19项101条工作推进情况，为市级检查组提供书面检查资料，做好全面深化财税体制改革加快建立现代财政制度书面检查考评工作。

（黄汝能　范春燕）

【完善改革性补贴和规范奖励政策】 2017年，华宁县认真落实玉溪市人力资源和社会保障局、市财政局2017年11月25日召开的全市完善改革性补贴和规范奖励政策的会议精神，根据国家规范津贴补贴的有关政策以及省委省政府会议要求为进一步完善收入分配制度，规范津贴补贴的发放，稳步推进、积极落实该项工作。

（范春燕）

【扶贫结余结转资金清零】 2017年共筹集财政专项扶贫资金3821.53万元，2017年完成2016年及以前年度财政专项扶贫资金结余结转“清零”工作，财政专项扶贫资金实际报账3675.81万元，结余结转资金145.72万元，报账率达96.19%，超4.19个百分点完成省厅要求，较好地促进全县精准脱贫工作。

（李志成）

【微型企业培育工程】 按照“三转变”和“四叠加”的思路，全面展开新一轮微型企业培育工程，对微型企业贷款在现有担保基金的基础上实行贷款贴息、风险补偿和代偿损失统一担保兑付“四叠加”政策。2017年，县微型企业培育工程联席会进行两批次会审后通过26户，市级审核通过享受10—50万元免担保贷款审批金额共计690万元，下达华宁县贷款贴息补助资金30.015万元。

（张 昆）

【扶持补助文艺精品创作】 为推动全县文艺事业繁荣发展，创作一批具有泉乡特色、本土风貌、时代精神的文艺精品，调动华宁县文艺工作者的积极性和创造性，自2017年9月开始，县财政局协同县文联认真做好此项工作的原始材料收集等各项准备工作，经专家组和领导小组对全县报送作品项目进行了严格评选审议，并对167个创作项目（2015年104个，2016年63个）进行扶持补助，共计补助资金18.36万元，调动了广大文艺爱好者的积极性，在全市文艺界产生了积极的影响。

【执法执勤用车编制核定】 2017年，华宁县成立了以常务副县长任组长、相关单位领导为成员的执法执勤用车定编管理领导小组，下设办公室在县财政局，主要负责执法执勤用车清理与编制核定工作。经清理，全县执法执勤用车编制人员555人，根据有关文件规定应核定总编制为127辆，市财政按照《财政部关于从严从紧核定执法执勤用车编制的通知》精神，第一批下达华宁县编制73辆，华宁县执法执勤用车定编管理领导小组依据中央确定配备执法执勤用车的10个部门机构设置及执法执勤人员编制、执法执勤职能特点及工作量、执法执勤地区的交通、地理、气候条件以及华宁县经济发展水平和财力等客观条件现已将第一批下达华宁县的执法执勤用车编制全部核定到执法执勤用车部门。

（董丽波）

【开展检查及税源调研】 2017年，华宁县财政局严格落实各项政策，发挥部门职能，开展各类税源调研工作。先后协同县地税局、县水利局、县发改局、县环保局等部门开展会计监督检查，地方税结构、水资源税及环境保护税调研工作。对检查中存在的违规问题提出整改意见，督促整改；对调研中存在的问题、影响等情况形成调研报告，上报上级部门作为决策依据。

（郭仲篪）

【采购实行备案制】 2017年，华宁县实行备案制管理。在全县2017年预算布置时加入政府采购计划备案事项，按照《关于编报2017年政府采购计划备案的通知》文件执行，强调落实政府采购政策功能，严格执行节能环保产品、中小微企业、国货、稳增长相关规定，既减轻了采购单位申办的手续程序，又增强了采购的计划性，防止了无预算采购的风险，实现政府绿色采购目标。

【政府采购简政放权】 为简化采购申办手续，提高政府采购效率，加快放管服改革，推进简政放权，降低交易性成本，2017年，华宁政府采购推出新举措，即简化集中采购目录，仅保留技术标准统一，采购人普遍使用的66项；提高采购限额标准，集中采购限额标准从上年的10万元提高至20万元，分散采购限额提高至50万元，既实现简政放权，还责于采购人，又降低交易性成本；集中采购目录内，采购限额标准以下的，经财政监管部门批准后可以自行采购，但每月不超过20万元，全年累计不超过200万元。

（李朝晖）

【政府性债务投资项目清查登记】 严格按照《玉溪市财政局关于开展地方政府性债务投资项目资产清查登记工作的通知》要求，做好华宁县地方政府性债务投资项目资产清查登记、审核工作，于2017年10月30日完成了上报。经核实华宁县涉及项目数量280个，项目投资额349259.89万元，其中一般债务144602.73万元，专项债务11800万元，其他财政性资金906.97万元，其他资金191950.19万元。债务资产情况：资产价值原值313745.04万元，净值312099.04万元。

（王祥林　魏勋伟）

【农业综合开发】 2017年，共实施3个农业综合开发项目，分别是云南省玉溪市华宁县宁州街道响水片区高标准农田建设项目、云南省玉溪市华宁县1194亩柑橘基地扩建项目、云南省玉溪市华宁县12000吨油菜籽深加工流动资金贷款贴息项目。其中响水片区高标准农田建设项目、1194亩柑橘基地扩建项目已于5月底竣工，7月通过验收。同时，认真规划2018—2019年在盘溪镇连续2年实施高标准农田建设示范省级重点项目，并上报了2018年云南省玉溪市华宁县盘溪镇特色小镇北片区高标准农田建设示范省级重点项目可行性研究报告和2019年云南省玉溪市华宁县盘溪镇特色小镇南片区高标准农田建设示范省级重点项目可行性研究报告。上报2018年云南省玉溪市华宁县12000吨油菜籽深加工流动资金贷款贴息、2018年云南省玉溪市华宁县种子研发、生产、经营流动资金贷款贴息、2019年玉溪市华宁县收购1000吨杂交玉米种子流动资金贷款贴息、2019年玉溪市华宁县200吨猪肉深加工流动资金贷款贴息4个产业化发展贷款贴息申报材料。

（胡　文）

【补普惠制项目、新增债券资金项目】 2017年完成了2016年批复的27个一事一议财政奖补普惠制项目验收、资料审查的工作。2017年，全县共批复普惠制建设项目7个、新增债券资金项目4个，涉及9个村民委员会，11个村民小组；受益农户887户，受益3063人。项目总投资686.97万元。华溪镇拉咱小组科技文化室拆除重建项目、华溪镇华溪社区阿几黑小组科技文化室建设项目、华溪镇华溪社区第七组老年活动场所建设项目现已完工，华溪镇已组织完成了乡镇初验；华溪镇小寨村委会尼者小组科技文化活动室建设项目现已完成建设内容的80%；宁州街道咱乐村委会拉朱寨科技文化活动室项目现已完成建设内容的50%、宁州街道舍木多村委会小竹沟烧瓦处科技文化活动室项目现已完成建设内容的80%、宁州街道舍木多村委会纸厂科技文化活动室项目现已完成建设内容的80%；宁州街道阿路本村委会阿路本小组新增债券资金项目、华溪镇甫甸村委会下拖卓小组新增债券资金项目、青龙镇斗居村委会新寨小组新增债券资金项目、青龙镇禄丰村委会矣则村民小组新增债券资金项目现已基本完工，各乡镇正在准备验收资料。

【美丽乡村项目】 华宁县华溪镇甫甸社区下拖卓小组一事一议财政奖补美丽乡村建设项目于2017年4月完工，2017年7月通过验收，受益农户51户，受益171人。2017年，积极向上级争取美丽乡村建设项目2个，分别为华宁县宁州街道办普茶寨村委会登楼山小组2017年一事一议财政奖补美丽乡村建设项目和华宁县王马社区大王马小组2017年一事一议财政奖补美丽乡村建设项目。项目批复总投资435.43万元，两个美丽乡村建设项目于2017年11月底完成了项目招投标工作，2017年12月开工建设。

【"四位一体"及传统村落建设试点项目】 2017年，市级批复"四位一体"项目1个，为华宁县青龙镇城门硐村2017年村级"四位一体"建设试点项目，项目总投资673.61万元。2017年，批复实施青龙镇落梅村委会来保康村第二批传统村落保护建设项目，项目总投资75.6万元，已于2017年10月开工建设，现已完成项目建设内容，青龙镇财政所正在做项目验收资料。

（赵　云）

【财政部内控报告管理系统】 2017年完成了内控报告管理系统的安装使用，于2017年4月20日报送了全县124家行政事业单位的系统软件使用情况并按质按量做了相关数据报送。

（周　华）

地方税务

【**概　况**】2017年，围绕云南“三个定位”的跨越式发展战略布局和市委“5577”经济社会发展总体思路以及县委、县政府的工作安排，根据云南省地方税务局党组提出的九项重点工作和玉溪市地方税务局党组提出的六个方面工作要求，依法治税、深化改革、加强征管、强风肃纪，稳步推进各项地税工作。共入库税费收入51125万元，同比增收1635万元，增长3.30%。其中，入库税收收入18806万元，同比减收3850万元，下降16.99%，在剔除“营改增”因素后，同比减收935万元，降幅4.75%（入库中央收入3880万元，省级收入1613万元，县级收入13313万元），入库地方教育附加和文化事业建设费396万元。入库社会保险费30076万元，同比增收4409万元，增长17.18%，征缴率为100.82%。另代征入库工会经费787万元，征收地方水利建设基金790万元，残疾人保障金270万元。

【**理论学习**】2017年，县地方税务局采取多种形式，深入学习十九大精神：一是组织收看十九大开幕会和省局宣讲，及时下载十九大报告全文分发给全体职工，深入理解报告中提出的新部署、新要求、新思想和新观点。二是与国税局联合举办理论中心组学习，对十九大报告进行深入学习；联合邀请县委宣讲团成员对十九大精神进行宣讲。三是紧扣县委县政府和市局的工作要求部署，以十九大精神为引领，发挥地税部门职能作用，贯彻落实各项税收工作。

【**依法治税**】2017年，县地方税务局成立“七五”普法工作领导小组，推动税收法治宣传教育工作深入开展。做好“法治税务示范基地”创建工作，得到省局考核检查组的好评。梳理政务服务事项，通过云南省网上政务服务平台录入行政职权事项74项。对2016年度结案的行政执法案卷进行集中评查，送省局参评案卷被评为优秀。重大案件审理坚持程序合法、依据准确、文书规范、规档统一，2017年审理并结案重大案件1件。制定税收法律人才培养实施意见，有计划、有步骤、多举措开展税收法律人才培养。拓宽监督渠道，向外部聘请9位执法监督员，对税收法治建设和税务行政执法进行监督。强化税收日常稽查、专项稽查、重点稽查和发票违法整治工作，加大涉税违法案件查处力度，共查办和受理税收案件35件，查补税款、滞纳金、罚款合计326万元。成立公安局派驻国税局、地税局联络机制办公室，严厉打击涉税违法行为，成功追回65.43万元的税收收入。做好欠税的确认、清缴、核销工作，共收回欠税7户，税款及滞纳金437万元。严格开展执法督察，制定税收执法大督察实施方案，按总局要求开展自查整改，开展新一轮“六个严禁”专项整治工作，对重点税收工作和县委、县政府重点工作中涉及地税工作的部分进行任务分解并立项督查。

【**税费征管**】将年纳税额在30万元以上的47户企业列为重点税源企业，实时监控税源变动情况。加强企业所得税汇算管理，2016年，参加所得税汇算企业178户，应缴企业所得税1081.64万元，预缴898.08万元，应补缴183.56万元，预缴率83.03%。完成2016年所得12万元以上个人所得税申报审核。对达到土地增值税清算条件宁阳嘉园和云泉广场2个项目及时进行清算。加强房地产税收管理，坚持“先税后证”的原则，对新增及漏标小区13套标房进行基准价评定。开展增量房税收管理专项检查，对30户房地产开发企业进行检查，入库契税612万元。对“单费种”月缴费额（或欠费额）达5万元以上缴费户，实行重点监控。加强欠费清理，共清欠征收入库社保费欠费1817万元，其中，本年欠费1660万元，历年欠费157万元。做好地方水利建设基金开征工作，共对7596个用电的单位和个人组织征收。

【**税收优惠**】2017年，县地方税务局按照依法收税是成绩，依法减免税也是成绩的理念，严格落实减税降费政策，全年共减免税款2889万元，惠及纳税户2689户（次）。

【税制改革】 2017年，县地方税务局成立贯彻落实环保税领导小组，安排部署环保税开征准备和实施过程中的各项工作；与财政局、环保局联合开展调研并形成调研报告，对大气污染水污染适用税额提出意见建议；联合制定《华宁县环境保护税改革工作方案》，明确工作目标、工作内容，建立联合协作、信息共享的工作机制；完成30户排污单位2016年至2017年上半年的征管资料移交工作；通过微信公众号、信息公开网、电子显示屏及在华宁电视台黄金时段持续播放宣传标语等方式积极开展宣传。

【征管改革】 2017年，县地方税务局一是贯彻落实征管体制改革方案，形成研究改革、支持改革、参与改革的良好氛围。做好"五证合一"和"两证整合"登记制度改革，共办理"五证合一"证照492个、"两证整合"证照2298个。二是深化国地税合作，共联合办理税务登记证410户次、联合办理变更登记5367户次、协同办理注销登记1405户次；地税派人进驻国税服务厅征收零散地方税费1003万元；盘溪联合征收点共征收地方税费68万元；双方共享内部涉税信息24413条。三是做好11项非税收入开征准备：组织参加省局和本局组织的操作培训；利用QQ、微信平台对缴费单位进行宣传动员，共推送政策宣传311户次，入户宣传30户，上门辅导8次；对169户机关事业单位进行登记和税费种认定。四是对省局风险应对中心下发的八批风险涉税事项301户纳税户完成风险应对，补税27户，补缴税款及滞纳金10余万元。

【纳税服务】 2017年，县地方税务局一是优化纳税服务。按照便民办税春风行动和纳税服务规范、税收征管规范的要求，规范纳税服务和税收管理，限定税收行为的随意性、压缩自由裁量的空间。开展蹲企服务活动，共为35户纳税人提供面对面的税收宣传辅导。二是优化办税方式。及时成立推广电子税务局上线领导小组，制定工作实施方案，细化职责任务，开展税务人员和纳税人培训；在办税大厅增添新设备，购置精拍仪、扫描仪、条码打印机、条码扫描枪等，并做好CA证书USBKey电子印章采集、灌装及发放。6月1日，电子税务局成功上线。为房地产一体化税源管控平台上线做准备，与发改、国土、规划、住建、审计等部门协作，获得房地产开发各环节的第三方数据并导入系统；选派业务骨干参加推广上线学习，组成师资力量，对税务干部和房地产企业开展培训。8月1日，房地产税收一体化税源管控平台正式上线，截至12月底，共有6个房地产项目纳入平台管理。与国税局联合委托邮政部门代开发票及代收税款，4月1日，开出第一份增值税普通发票并成功代收税款，截至12月底，邮政代征地方税款32万元。与国税局联合，确定"一窗一人一机"实施内容及步骤，全面整合服务资源，实现一个窗口、一名征收员、一台主机，同时可办理国税、地税业务。

【扶贫攻坚】 2017年春节前夕，组织"寒冬送暖"慰问活动，对西门社区17户困难群众和青龙镇城门硐村委会10户困难群众进行慰问，送上价值8100元的生活用品；中秋节为西门社区17户困难群众每户送去300元慰问金；制定扶贫工作计划，组织帮扶干部深入西门社区开展结对帮扶，每周六开展集中扶贫；共开展5次脱贫攻坚监督执纪问责专项检查工作，督促脱贫工作主体责任和监督责任落实。

（周艳萍）

国家税务

【概　况】 2017年，华宁县国家税务局共有管户10003户，组织收入坚持稳中求进工作总基调，依法组织税收收入。全年共组织入库各项税收收入28243万元，占年度计划25062万元的112.69%，比上年同期的21262万元增收6981万元，增长32.83%。其中，2017年纳入监控的37户重点税源企业共入库税款20723万元，占全部入库税款的73.37%。

华宁县国家税务局已连续三届荣获省、市、县级文明单位称号、连续两届被云南省国家税务局表彰为文明单位。

【收入完成情况】 2017年，华宁县国家税务局共组织入库各项税收收入28243万元，占年度计划25062万元的112.69%，比上年同期的21262万元增收6981万元，增长32.83%。其中，增值税入库19639万元，占年度计划18000万元的109.11%，比上年同期的14860万元增收4779万元，增长32.16%；消费税入库2.45万元，占年度计划2万元的123%，比上年同期的2.30万元增收0.15万元；企业所得税入库7580万元，占年度计划5800万元的130.7%，比上年同期的5301万元增收2279万元，增长42.99%；个人利息所得税入库248元，比上年同期的1030元减收782元，下降75.92%；车辆购置税入库1021万元，占年度计划1260万元的81.05%，比上年同期的1099万元减收78万元，下降7.05%。入库县级收入10797万元，占年度计划9628万元的112.15%，比上年同期的6980万元，增收了3817万元，增长54.69%。

其中，2017年纳入监控的37户重点税源企业共入库税款20723万元，占全部入库税款的73.37%。

【组织收入措施】 2017年，华宁县国家税务局在组织收入工中作，坚持稳中求进工作总基调，依法组织税收收入，不折不扣落实减免税政策，既圆满完成确定的税收收入任务，又激发市场主体活力，服务经济社会发展。一是做好预测分析，按照上级工作要求，各业务部门依据上年税收任务完成情况，结合今年的税源增减变化，深入企业进行税源摸底调查，实时监控税源信息，以强化税收监控分析为抓手，查找税收征管薄弱环节，找准组织收入攻坚点，提出有针对性的堵漏增收措施。二是强化对重点税源的监管，将规模企业和工业园区企业等纳入监控，按月开展重点税源分析，实时把握其发展变化趋势，全年纳入监控的37户重点税源企业共入库税款20723万元，占全部入库税款的73.37%。三是强化税收风险管理抓收入。认真抓好上级推送风险任务的统筹应对，提升堵漏增收能力。全年完成总局下发的1户1条税收任务风险应对，调减留抵税额24万元，补缴增值税0.95万元；完成省级下发的232户234条税收风险任务应对，发现问题户128户，补缴税款53.81万元，加收滞纳金6.63万元，调减留抵税额40.04万元；弥补企业所得税以前年度亏损918万元；对7户纳税人进行纳税评估，补缴增值税款336.88万元，企业所得税33.81万元，加收滞纳金6.94万元，调减留抵税额40.02万元；对医药行业3年纳税情况检查115户次，补缴增值税款7.75万元，加收滞纳金0.8万元；对陶产业专项整治24户，纳税人自查补缴增值税款32万元；协助市外4个地、市国税稽查局，市内2个县、区国税局开展协查工作，完成本地5个乡镇860多户农户2100多份农产品收购发票开具真实情况检查。

【税制改革】 2017年，华宁县国家税务局稳步推进税制改革。把营改增试点向纵深推进。做好“营改增”基础数据核实修改工作，进一步完善了税负分析基础数据质量。做好税负分析工作，采取针对措施对30余户次税负上升较大建筑企业进行逐一分析，帮助企业查找税负上升原因，对申报表填写错误的辅导企业进行更正。对四大行业税负下降纳税人进行分析并作为典型案例上报48例。积极开展政策大辅导，结合纳税人大走访活动、纳税人需求管理工作对全县“营改增”纳税人开展政策大辅导，全年累计辅导150户，发放宣传资料200余册。贯彻落实好简并增值税税率政策。组织开展对纳税人的培训会，并协助服务单位对开票系统进行升级，共计辅导纳税人52户次。

【企业所得税汇算清缴】 2017年，华宁县国家税务局认真做好2016年度企业所得税汇算清缴工作，企业所得税汇算清缴企业357户，汇算面为100%，共实现利润总额2.18亿元，应纳企业所得税额共计3412.80万元，其中预缴收入2057.65万元，汇算清缴收入1355.15万元。汇算清缴享受企业所得税税收优惠的企业共34户。其中，按照政策免税收入的9户，免税收入额4297.52万元。享受减免所得额优惠的共19户，共减免所得6167.80万元。

【出口退税】 2017年，华宁县国家税务局严格遵照《全国税务机关出口退（免）税管理工作规范（1.1版）》做好出口退税相关工作，全年累计申报出口退税金额609.97万元，税款按照规定时限内足额退至企业账户。

【大企业和国际税收重点工作】 2017年，华宁县国家税务局加强大企业和国际税收重点工作。一是加强非居民税收管理工作，不断提高非居民企业税收源泉扣缴和源头管理水平，2017年辖区内居民企业代非居民企业扣缴企业所得税72.3万元。二是做好服务贸易等外汇信息的核查工作，对辖区内相关企业服务贸易等外汇信息逐笔核实，共核实14笔，补缴税款0.31万元。三是通过从系统数据分析、日常管理信息、风控中心风险应对案件等多渠道寻找反避税案源，对辖区内属于典型的“两头在外”型某加工企业进行反避税调查，未发现企业存在与其关联方交易定价偏低现象，对调查中发现的公司购进用于职工福利设备抵扣增值税进项税额2997.24元进行了进项税额转出处理。四是开展大企业税收风险分析工作，减少企业涉税风险。

国税干部走进风电企业调研　　豆思鸿　摄

【国地税合作】 2017年，华宁县国家税务局与地方税务局合作不断取得新突破。共联合办理税务登记证324户、变更登记3795户、办理注销登记738户；采取互设征收窗的方式合作征收税款，互相代征收税款达1013.39万元；将原有的单方面进驻办税大厅扩大为互派工作人员进驻大厅，打造“双厅双服务”办税新模式；开展国地税联合培训，联合共建咨询热线，对纳税人咨询业务，分别采取互相转接的方式进行业务对接，让纳税人享受更方便专业的咨询服务；联合开展砖瓦窑行业税收整治管理，进一步规范砖瓦窑行业税收管理，杜绝漏征漏管现象的出现；联合开展协同管理非正常户，联合协同开展定期定额户的定额核定工作，共核定2940户定期定额纳税人；联合协同开展税收专项整治，对辖区内陆路旅客运输行业的税收管理情况进行专项整治；联合建立常态化的涉税信息交换共享机制，互相协助强化日常税源管理，共享22581条涉税信息；联合协同管理建筑服务企业外出经营税收，交互外来经营报验登记信息326条；联合设立华宁县盘溪镇、青龙镇办税服务点，盘溪国地税办税服务点入库增值税73.7万元，青龙国地税办税服务点入库增值税42.4万元；联合开展纳税信用评价工作，对符合条件的223户纳税人通过“金三”系统进行信用等级评价，评定出A、B、C、D级纳税户，不同信用等级纳税人实施分类管理与服务，切实体现“守信激励、失信惩戒”理念，积极推进税收信用发展。

【税收共治】 2017年，华宁县国家税务局税收共治格局初步建立。华宁县建立由政府领导、财政、国地税主责，29个相关部门配合的《华宁县税收征管保障实施方案》，根据国地税双方的征管职责和需求，确定了相关涉税数据获取和涉税事项合作的框架，初步建立起税收共治格局。与医保中心沟通协调，采集医保中心第三方信息，加强税源管理，有效堵塞税收征管漏洞和税收流失风险；联合华宁县司法局、地税局在华宁县职业高级中学设立税法宣传教育基地，华宁县税法宣传教育形成长效机制；华宁县公安局、国税局、地税局启动警税协作联络机制，成功追缴华宁县某房地产企业的欠税30余万元，“公安＋税务”模式成为应对涉税违法行为的有力手段。

【“放管服”改革】 2017年，华宁县国家税务局深入推进税务系统“放管服”改革，落实国家税务总局30条优化税收环境的具体措施，提升纳税服务水平，持续优化营商环境，纳税人满意度进一步提升，在华宁县2017年民营企业评议37个政府职能部门中排名第六。

国税志愿者帮村民打扫卫生　　豆思鸿　摄

严格按照“五证合一，一照一码”“两证整合”等改革事项的相关要求，切实做到只需填写“一张表”、向“一个窗口”提交“一套材料”，即可办理工商及税务登记，全年华宁“两证整合”到国税进行信息确认394户，其中发票使用218户，发票使用率55.33%；进行申报户265，申报率67.25%；有税申报户48户，有税申报率12.18%；“五证合一、一照一码”到国税进行信息确认的有933户，其中发票使用461户，发票使用率49.41%；进行申报户739户，申报率79.2%；有税申报户155户，有税申报率16.61%。

国地税委托邮政双代、开展通用定额发票代领业务，办税服务更便捷高效。设立网点5个，入库增值税税款68万元，方便了各乡镇纳税人足不出镇就可以办理发票代开和领用。

【志愿者服务】 2017年，华宁县国家税务局建立健全志愿服务正常运行机制。全局56名干部职工全部志愿申请注册为华宁国税志愿服务队的成员，志愿服务队严格按照《华宁县国家税务局志愿服务实施方案》的要求，把志愿服务活动做实做细，将志愿服务活动与党员积分及评先选优进行挂钩，打造国税局的“民心工程”。积极参与地方政府创建全省文明县城活动，志愿者采取轮流值日的方式，走上责任街区广泛宣传创建文明县城相关知识及要求，带头捡拾沿街垃圾，用实际行动传播文明，营造浓厚的创卫氛围。

【扶　贫】 2017年，华宁县国家税务局履行社会责任，积极做好扶贫工作。在落实精准扶贫活动工作中，结合国税部门的实际，制定了精准扶贫、精准脱贫的工作计划，安排党总支志职副书记负责联系扶贫点的相关工作，县局领导带头深入到扶贫联系点村社开展调研活动，与村委干部共同研究扶贫脱贫办法和措施，积极参加“美丽乡村建设”，“关爱民生、寒冬送暖”等活动，按照要求与困难群众结对联系，实现精准扶贫。2017年县局领导班子成员及各支部书记共联系困难群众22户，现已全部脱贫。

国税务干部到联系点开展扶贫慰问

审　计

【概　况】 2017年，县审计局紧紧围绕县委、县政府中心工作，服务大局，突出重点，求真务实，全面加强机关内部管理和队伍建设，进一步深化审计技术应用，积极整合审计资源，认真履行审计监督职责，科学整合审计资源，突出对重点领域的审计。本年共完成审计项目58项，占年初计划数的126%，查出主要问题金额38504万元，其中，违规金额1089万元，管理不规范金额37415万元。审计处理应上缴财政393万元，已上缴662万元，其中，本年度112万元、以前年度550万元，应归还原渠道资金4万元，已归还原渠道资金4万元；审计促进整改落实有关问题资金680万元；审计固定资产投资额89719万元，核减投资额7795万元，核增60万元，审计净核减7735万元，净核减率8.62%；审计后换回（避免）损失7795万元；移送处理事项3项，移送处理人员1人，移送金额369万元；向县委、县政府和上级审计机关提交审计信息、简报、要情34篇，其中信息被上级审计机关采用11篇；出具审计（调查）报告62篇，向被审计单位提出审计建议65条，被采用65条。

【县级财政预算执行审计】 2017年，县审计局为了防范财政风险、提高财政绩效水平、促进清廉政府建设和财政财务管理，扎实开展县级财政预算执行审计。2017年完成预算执行审计6项，查出主要问题资金18866万元，其中，管理不规范金额18856万元；账外资产10万元。在审计过程中，重点审计了地方财政预算收支执行情况、基金预算收支执行情况、财政收支平衡情况、地方财政收支结构及增长情况等及单位部门预算编制、执行和决算情况；专项资金收支、管理及效益情况；“三公”经费及会议费支出等情况，对预算执行绩效情况进行了分析，出具了审计报告，提出了加强资金管理、规范单位会计核算等审计建议。

【领导干部经济责任审计】 2017年，县审计局按照“揭露问题、规范管理、促进改革、提高绩效”的思路，认真开展领导干部经济责任审计。根据县委组织部的委托，对华宁县统计局局长、华宁县人民政府宁州街道办事处原主任、华宁县文学艺术界联合会主席、华宁县青龙镇禄丰村委会党总支书记4位领导干部任期经济责任进行审计；并初次对原华宁县人民政府宁州街道办事处主任进行任职期间履行自然资源资产管理责任审计，积极探索了履行自然资源资产管理责任审计方法，依法依纪反映不作为、慢作为、假作为、乱作为的问题，推动作风建设。通过审计，查出违规金额1541万元，其中，经济责任人应负主管责任金额1017万元，应负领导责任金额70万元；查出管理不规范金额453万元，其中，经济责任人应负主管责任金额67万元，应负领导责任金额386万元。提交审计报告和审计结果报告9篇。提出审计建议10条，被采纳的审计建议10条。

根据《华宁县管干部任职前县委组织部征求廉政意见实施办法（试行）》的相关规定，2017年向县委组织部回复了对277人/次领导干部的审计廉政意见，为县纪委、县委组织部和考核选拔干部提供了参考依据，促进了华宁县经济责任审计工作向纵深发展。

【固定资产投资审计】 2017年，县审计局按照做“大”投资审计的工作思路，将事前介入、事中监督、事后竣工决算审计有机结合，全面开展政府投资建设项目的前置（概算）审计、跟踪审计、竣工决算审计和部分项目的绩效审计。年内，完成投资审计项目45项，审计项目报审投资额89719万元，完成投资总额61770万元，核减投资额7795万元，核增60万元，审计净核减7735万元，净核减率8.62%。其中，完成工程前置（概算）审计23项，审计招标控制总额21967万元，审计审定投资额20213万元，审计核减金额1814万元，审计核增60万元，审计净核减1754万元，核减率7.98%；完成工程决算审计22项，项目投资总额67753万元，审计审定投资额61771万元，审计净核减5982万元，核减率8.83%。审计查问题金额16480万元，主要问题为：概预算编报不规范1873万元、工程结算不实多计5981万元、其他管理不规范金额8624万元。

【专项审计调查】 2017年7月3日至9月26日，按照云南省审计厅的统一安排，开展华宁县水网建设情况专项审计调查，对华宁县污水处理厂管网完善工程、华宁县盘溪镇污水处理设施建设项目等5个污水管网项目的基本建设程序履行情况、项目建设资金管理使用、项目征地拆迁情况、项目建设管理情况进行了调查。审计调查发现的主要问题：管网完善工程存在建设程序不规范；滞留城镇污水处理管网完善工程及污水处理设施建设项目资金；管网完善工程设计、监理及勘察招标方式与批复不一致；建制镇污水处理设施建设项目进度缓慢。

【参与上级统一组织审计项目】 2017年，县审计局围绕建成小康社会这一目标，紧盯涉农资金、精准扶贫资金、保障性安居工程等重大民生资金项目，重点监督检查政策执行、资金整合使用、项目实施等情况，更加关注相关领域改革发展中的新情况、新问题和公共资金、公共资产、公共服务的公平合理分配，促进国家惠民富民政策的落实，推动共享发展。2017年完成全省统一组织的扶贫办预算执行一条线审计，对华宁县精准扶贫政策措施落实相关的财政资金安排分配拨付情况等进行了跟踪审计，推动脱贫政策落到实处。持续开展保障性住房跟踪审计，重点审计华宁县城镇棚户区改造及农村危房改造等保障性安居工程政策措施的落实情况。通过审计，切实维护了人民群众的根本利益，保障民生工程的顺利开展，有力地促进了国家各项惠民政策落到实处。

【信息化建设】 2017年，为进一步推动审计信息化建设，提高计算机审计的质量水平，高度重视人才培养与实际运用并重。一是突出抓好计算机审计骨干人才培养。选送基础条件好，接受能力强，组织能力和责任心强的年轻审计业务骨干参加计算机中级培训和专题培训，通过培训，积累实践经验，带动全局审计信息化水平的整体提升，年内选送1名年轻干部参加省审计厅为期3个月中级计算机培训；3名具有较强计算机能力的审计人员参加了审计署组织的大数据审计培训业务。二是构建信息化条件下的审计机关组织结构模式，大力推行“总体分析、系统研究、发现疑点、分散核实、精确定位”的数字化审计模式，搭建电子数据资源整合分析平台，通过共享资源和交互，提高工作效率。三是继续深化信息系统审计和联网审计，实现对重点单位（财政、税务、社保）资金运行的实时监控、动态监控。四是在市审计局的统一部署下，配合建立了审计信息数据库，提高数据利用率，为实现审计全覆盖夯实基础。通过努力，县审计局信息化建设取得了显著成效，计算机审计在扶贫、医保、财政、地税、保障房等大数据平台的审计中发挥了不可替代的作用。

【审计结果公告】 2017年，县审计局以发行专刊和在政府信息公开网站同时公告的形式。向社会公告审计结果52项，其中，公告2016年审计结果40项，公告2017年审计结果12项。

【联系村组办实事】 2017年，县审计局积极组织开展活动，切实为群众办实事。结合精准扶贫、固定活动日活动、直接联系群众制度等要求，先后沟通协调县人大、国土、水利、林业、宁州街道办等部门到联系点咱乐村委会开展深度调研。结合精准扶贫农危房改造项目，深入地质灾害及涉及整体搬迁小组，分析地理位置、交通条件等因素，向咱乐村委会提出全面规划全村布局，整村推进，大力整治村容村貌，提高村民生活质量等建议；结合基础设施建造项目，建造咱乐村委会办公用房；按照每年协调解决1—2个村民小组的农村安全饮水问题和科技文化室建设的计划，2017年的拉朱寨小组科技文化室建设已进入招标程序；协调解决咱乐村卫生室建设项目，已投入使用；继续开展教育扶贫工作，支持咱乐小学资金，帮助解决小学教育图书不足的困难。春节期间和“七一”建党节期间，开展到联系点走访慰问、讲党课、法制宣传等活动。活动走访慰问困难党员、群众和扶贫户，赠送大米、调和油、慰问金合计17594元；为积极推动咱乐村委会精准脱贫，建设新农村建设，拨付新农村建设资金40000元；为加强农村教育，为孩子营造较好的教育条件，资助咱乐小学购买学习用具852元。

（葛云安）

统　计

【概　况】 2017年，全县统计工作在县委、县政府和市统计局的领导下，在各乡镇（街道）和县属各部门的支持配合下，全县广大统计工作者以邓小平理论和“三个代表”重要思想、科学发展观和习近平新时代中国特色社会主义思想及中共十九大，十九届一中、二中、三中全会精神为指导，紧紧围绕全县中心工作，以推进“两学一做”学习教育常态化制度化为契机，建立健全各项工作制度，抓好自身建设，加大统计改革力度，践行“四大工程”，全力以赴搞好企业一套表联网直报工作，加强统计法制建设，全面完成了国家、省、市布置的各种统计报表任务，认真做好华宁县第三次全国农业普查工作，按时完成了各项抽样调查、重点调查、临时性调查等工作任务，为县委、县政府科学决策和宏观管理提供了可靠的统计数据资料。

【完成年报和定期报表任务】 统计报表是反映一个行政辖区所取得的国民经济和社会发展成果。2017年，县统计局在组织实施统计报表中认真抓好以下工作：一是根据国家报表制度，以基本单位报表为龙头，清理统计调查单位，统一数据处理标准。组织好全局人员学习报表制度，研究报表中应注意的问题，召开县级各部门统计负责人会议，统一思想，加强合作，解决好报表中关键环节的工作。二是采取以会代训的方法，分别召开农业、工业、劳动工资、固定资产投资等专业年报会，把2016年年报和2017年定期报表任务落实到基层。抓住年报的关键环节，加强审核把关，重视各表种和指标之间的衔接关系。三是加强专业人员的协作配合。按照“有分有合，形成整体”的工作机制，有效保证了录入汇总质量。四是加强报表的管理，认真做好原始数据审核。在执行报表制度中，由各专业负责搜集，审核汇总上报，同时各级各部门建立资料审核制度，把技术性和逻辑性的差错消灭在数据源头。五是采取边搜集汇总，边加工整理、边提供统计调查信息服务，保证了县委、县政府及有关部门所需的统计调查信息资料。

【提高统计服务水平】 2017年，县统计局一是强化信息对称，一直重视部门宣传工作。适时编发统计信息，对经济运行情况进行分类分析、动态宣传统计政务工作面貌。全年共编发《华宁统计》（刊头版）33期、《统计专报》5期、《统计调查简报》52期、《行政效能建设简报》34期。二是打造统计资料精品，增强为公众服务能力。首先，以统计年鉴和统计公报为载体，编印200本华宁年鉴、70份统计公报供各级各部门领导和社会各界参详。其次，以常规内部资料为介质，编印《华宁统计》（书刊版）11期快捷反映经济运行监测成果。再次，以统计专报为谏本，秉笔直书话焦点。撰写了《风电装备制造企业订单减少华宁县工业经济形势严峻》《华宁县2017年后100天固定资产投资增长形势严峻》《经济下行趋势严峻完成任务难度加大》专报3期，抽丝剥茧还原真相供县委、县政府主要领导参阅。三是以统计年鉴为“镜”，雕琢经济社会发展“信息窗”，出版2016年年鉴200本，为各级提供详细的文史资料。四是以全省统计论文评选为契机，力求统计论文质量有提升。《华宁高原特色农业发展浅析》和《适应新常态以第三产业为县域经济的新引擎》在全省优秀统计论文评选中分别获二等奖和三等奖。五是以入选《云南统计》期刊为动力，鼓励干部职工勤学多练。《华宁县践行“三新”新理念履行“三员”新角色》被获评云南省优秀连续性内部资料出版银奖的《云南统计》刊载。

【挂图监测】 2017年，县统计局遵循省统计局党组“统计部门要围绕经济社会发展目标挂图监测，对标对表、准确反映，统计部门挂图监测最终是要为党委、政府挂图指挥和主管部门挂图作战服务，当好参谋，提供可靠的决策依据和重要参考”的精准定位，根据《华宁县人民政府办公室关于明确2017年经济发展主要目标任务的通知》要求，制作了《华宁县2017年经济发展主要基础指标重点任务月度“挂图监测”一览表》展板，明确监测责任股室及责任人、责任领导，压实责任按月度重点监测支撑GDP增长的16项主要基础指标进展完成情况，用数据说话、用数据决策，准确把握经济运行态势，有利于牢牢守住统计数据质量生命线，不断提高统计数据的真实性、正确性，客观真实反映全县经济发展的全貌。

【联网直报】 2017年，县统计局一是切实做好基本单位名录库更新维护，夯实企业一套表联网直报根基。严格贯彻“先进库、再有数”和“不进库、不出数”的原则，认真做好基本单位名录库的建库和更新维护，夯实联网直报基础。2017年共纳规纳限入库13户（工业4户、建筑业1户、房地产业1户、投资7户），为挖掘全县经济增量，实现稳健发展提供了强力保障。二是认真做好准规上限上企业的监测工作，为主管部门挂图作战服务。三是热忱服务、悉心指导，积极构建联网直报企业业务操作绿色通道。分管领导负责企业一套表外围协调工作，专业人员认真指导企业统计人员上机操作。全县85户联网直报企业通过指定网络平台成功向国家统计局直报数据，直报率、报送率和验收率均达到100%。

【经济责任和预算执行情况审计】 县审计局于3月6日至5月19日对吕茂华同志任期经济责任和2016年单位预算执行情况进行了审计，并对宁州街道统计站进行了延伸审计。审计报告表明：吕茂华同志2014—2016年任县统计局局长期间，在上级统计部门和县委、县政府的领导下，切实履行统计工作职责，对全县经济社会发展情况进行统计调查、统计分析，提供统计资料和统计咨询意见，实行统计监督；对经济社会发展形势进行分析判断和监测预警，为县委、县政府决策提供依据；统计服务能力不断加强，工作成效明显，很好地履行了任期经济责任。此外，在审计征求意见反馈会议上，县审计局、纪委参会领导表示，县统计局是“发现问题少”“反馈征求意见少”的单位。

【推进扶贫攻坚】 联系点工作是局（队）的一把手工作，直接由局长、队长负责协调、推进。2017年，县统计局一是扶贫攻坚现真情，春节慰问寄关怀。采用干部职工捐一点、单位筹一点的办法，全体干部职工年内5次深入贫困户家中进行走访慰问，详细了解他们的生产、生活情况，为他们送上慰问金和慰问品，表达党和政府的关心和支持，密切了党群干群关系。二是联动协作，认真开展挂包帮、转走访工作。与社区密切协作，对标对表多次组织干部职工对精准帮扶、精准脱贫工作进行跟踪走访、开展动态管理，预防急躁冒进现象出现，帮扶措施具体，成效明显。三是认真开展深查细找整改。社区党建与脱贫攻坚双推进，重点关注C、D级危房改造工作，积极配合进行人居环境治理、定期清洁环境卫生，引导村民开展“七改三清”行动，提高共建美好家园意识。四是全力做好经费支持，助推工作成效。局、队机关强化运行管理，节约费用开支，先后2次“挤”拨资金3万元，为联系点脱贫攻坚、基层组织建设、人居环境整治、农村危房改造等提供资金支持，有效推进各项工作。

【华宁县第三次农业普查】 2017年，县统计局遵循“政府主导、统计牵头、部门协作、分级负责、共同参与”的原则，全县各级普查机构严格执行《中华人民共和国统计法》和《全国农业普查条例》规定，严格执行普查方案标准，县农普办（统计局）“挂图作战”、精准施策，全力以赴牵头做好各阶段工作，有效促进了全县农业普查工作的平稳推进。一是严格遵循普查时点，领导小组组长入户指导登记工作。入户登记是普查工作的核心环节，直接决定着普查数据的质量。1月1日，组织县、街道、村三级普查业务骨干20多人在宁州街道平地社区正式启动入户登记仪式，县委常委、副县长、领导小组组长张洪坤到场指导入户登记工作。同时，县、乡镇（街道）农普办将县农普办（统计局）人员和全县663名业务骨干分成若干小组，对全县各普查小区齐步开展入户登记。二是坚持执行“一天一报”制度。在近1个月的登记期间，始终要求各乡镇（街道）普查办当天总结当天的登记情况，并将工作进度向县农普办汇报。三是坚持先慢后快的入户登记原则。在现场登记开始的头几天，为确保登记质量，要求登记的户数不宜过多，等熟练后再加快登记速度。要求各个指导员先带领普查员一起入户登记5—10户，普查员取得经验后才能回到各自的普查小区开展普查登记工作。四是实行包干负责制和巡回检查制度。县级巡回督查指导组包片包干、始终在普查登记第一线进行督查指导，及时跟踪、及时答疑解惑，严格监控登记质量，确保据实登记、依法普查。五是始终坚持两级会审严把关。集中开展乡、村两级会审，针对普查表登记质量开展拉网式普遍检查，通过查缺补漏，确保把登记差错消灭在PDA录入上报之前。六是张弛有度做好PDA录入、上传工作。按照规定，全县按时按质按量通过PDA录入、上报了普查登记的普通农户44152户、规模户4978户、农业企业单位623户。七是有的放矢进行数据查询、异常数据纠错。根据省农普办审核下返清单，逐条逐项进行核实纠错，并编报修正梳理情况。

【重点任务月度“挂图指挥”】 2017年，县统计局依据云南省统计局党组倡导的“领导重视是关键、部门配合是条件、应报尽报是基础、应统尽统是保障、依法依规是根本、数据质量是核心、真实反映是目的”和“各级党委、政府要围绕经济社会发展目标挂图指挥，查找短板，科学调控”新理念，按照《华宁县人民政府办公室关于明确2017年经济发展主要目标任务的通知》要求，制作了《华宁县2017年经济发展主要基础指标重点任务月度“挂图指挥”一览表》展板，明确了挂图作战的9个主管责任单位及责任人，明确了挂图指挥的5位县政府分管副县长的职责，明晰了须按月作战、按月指挥的农林牧渔业增加值增速（不变价）、固定资产投资增速等16项指标，激发县政府、各部门认真履职，齐心协力共谋经济发展。

【先进集体】 2017年12月被云南省统计局授予全省统计系统先进集体荣誉称号。

（刘景和）

调　查

【概　况】 2017年，华宁调查队全面完成国家、省、市、县布置的各项调查工作，为各级党委、政府科学决策和宏观管理提供了依据，为推动调查工作发展提供了强有力的保障。

2017年考核工作中，农业调查、畜禽监测工作荣获优秀单位；流通消费价格、分析、工作信息、办公室、法治、信息化、人事、财务等专业荣获良好单位。

【完成好国家调查任务】 2017年，华宁调查队认真贯彻落实全省调查工作会议精神，按照总队的要求和部署，以深入学习贯彻落实《关于深化统计管理体制改革提高统计数据真实性的意见》，认真总结2017年的工作，安排部署2018年重点工作，确保顺利完成全年工作任务，达到“各项工作每年都有一点点小进步”的总体要求。严格落实各专业“三个记录本”记录工作。圆满完成了城乡住户、农民工、畜禽监测、遥感测量、粮食产量、消费价格、小微企业等15项统计调查常规工作。农业调查、主要畜禽监测调查专业获得优秀奖；流通消费价格调查、信息分析和课题研究、工作信息、办公室、统计调查法治、信息化建设和信息安全、人事教育管理、财务等专业工作获得良好奖。

【完成城乡住户调查样本轮换工作】 2017年是大样本轮换年，按要求每五年轮换一次。根据国家、省、市关于开展城乡住户调查样本轮换工作的有关文件及会议要求，华宁县人民政府办公室出台了《关于做好新一轮住户样本轮换工作的通知》，成立了相应的领导小组及其办公室，负责具体工作的落实。经过近全队干部职工的共同努力，圆满完成了城乡住户调查样本轮换工作，保证按时启动记账，为调查工作打下坚实基础。新一轮城乡住户调查样本点是：宁州街道上村、莲花塘、养牛寨、新里村、普家营7组；盘溪镇下街4组、绿豆庄、盘江2组；青龙镇上街路、玉泉山、落梅、大黑山；华溪镇西沙井、小总多；通红甸乡小婆左等15个调查小区。

【城乡一体化住户调查】 2017年，华宁调查队对抽中的16个城乡住户调查点、160户城乡家庭进行记账调查，按所发生的收支情况进行逐笔逐项登记，经审核汇总。2017年城镇居民人均可支配收入34276元，比上年增加2743元，增长8.7%。农村居民人均可支配收入12723元，比上年增加1029元，增长8.8%。

2017年乡镇（街道）农村居民人均可支配收入情况表

表11　　单位：元

乡镇（街道）	2016年	2017年	增加	增长（%）
全县	11694	12723	1029	8.8
宁州镇街道	11820	12842	1022	8.6
盘溪镇	11693	12720	1027	8.8
华溪镇	17056	18640	1584	9.3
青龙镇	11711	12702	991	8.5
通红甸	6632	7235	603	9.1

2017年华宁县城镇居民收入构成情况表

表12　　单位：元

项　目	金　额
人均总收入	46236
人均可支配收入	34276
工资性收入	22164
家庭经营收入	9327
财产性收入	1114
转移性收入	1671

2017 年华宁县农村居民收入构成情况表

表 13　　单位：元

项　目	金　额
人均总收入	19438
人均可支配收入	12723
工资性收入	3200
家庭经营收入	9323
财产性收入	66
转移性收入	134

【第三次农业普查农作物面积遥感测量调查】 2017 年，华宁调查队根据国家统计局云南调查总队办公室关于认真做好 2017 年夏收作物遥感实地调查和夏收粮食测产工作的通知要求，华宁调查队领导高度重视，及早准备，不辞辛苦，千方百计克服山高坡陡、箐深，泥滑路烂，烈日暴晒等艰苦条件，披荆斩棘分别深入新庄社区、上村社区、海关社区进行实地勘察和调查，按期完成了农作物面积遥感测量实地调查工作任务及 2017 年夏粮、秋粮实割实测工作。

【中心工作】 联系点工作是队一把手工作，直接由队长负责协调、推进。一是扶贫攻坚现真情，带领干部职工深入贫困户家中进行走访慰问，详细了解他们的生产、生活情况，表达了党和政府的关心和支持，并亲手为他们送上慰问金和慰问物品；二是联动协作，认真开展“挂包帮、转走访”工作；三是认真开展深查细找整改，社区党建与脱贫攻坚双推进。重点关注危房户（尤其是 D 级危房户）改造工作，对涉及 D 级危房的 10 户贫困户进行适时监测、督促和指导，力争按照时间要求完成好改造任务；四是力所能及支持社区党建及扶贫攻坚工作经费 2 万元；五是强化人居环境治理、定期清洁环境卫生，在社区购置两辆垃圾运输车和 20 个垃圾桶的基础上，引导村民开展“七改三清”行动，共建美好家园。

（向仕德）

市场监督

【概　况】 2017 年，县市场监督管理局紧紧围绕县委、县政府中心工作，认真贯彻落实省市食药监局、工商局、质监局工作部署，以服务华宁经济社会发展为主线，以维护食品药品安全为底线，以强化市场监管为抓手，改革监管方式，强化监管手段，全面履行各项职能和落实各项工作，已基本完成全年目标任务。

【企业个体注册登记】 进一步推进“五证合一”“两证整合”“多证合一”工作，支持市场主体增量提质、做优做强。截至 2017 年 9 月 30 日，全县登记注册的非私营企业 223 户，注册资金 192495 万元；非有公有制企业 1190 户，从业人员 13298 人，注册资金 316486 万元。2017 年新发展私营企业 153 户，从业人员 1127 人，注册资金 36485 万元。比上年底户数增长 14.23%（不计注销数）；从业人员增加 8.9%，注册资金增加 12.49%。

个体工商户 12794 户，从业人员 34258 人，资金数额 154974 万元。2017 年新发展个体户 1799 户，从业人员 4659 人，注册资金 26719 万元，比上年底户数增长 14.99%；从业人员增加 14.01%，资金数额增加 19.37%（不计注销数）。

农民专业合作社 149 户，成员总数 3573 人，出资总额 18912 万元，2017 年新发展 11 户，成员人数增加 210 人，出资额增加 3592 万元。比上年底户数增长 7.8%；从业人员增加 6.22%，资金数额增加 22%（不计注销数）。

截至 2017 年 9 月底，已发放“两证整合，一照一码”新版个体执照 2092 户。自 2017 年 10 月 1 日起正式推行“多证合一，一照一码”工作，办理新版营业执照 1495 户。

自 2016 年 4 月 5 日实现企业名称预先核准全程电子化以来，已受理办理和指导网上名称预先核准89户。

2017年10月1日，按照省、市的统一安排，核发了华宁县的第一份多证合一的营业执照，2017年11月1日，办理核发了华宁县的第一张全程电子化的企业营业执照，真正实现了“数据多跑路、群众少跑腿”，让改革的成果、红利惠及广大人民群众。

【扶持企业发展】 落实《关于贯彻落实云南省鼓励创业贷免扶补政策的工作实施方案》，做好华宁县2017年度“鼓励创业贷免扶补”工作，认真落实华宁县《关于贯彻落实云南省鼓励创业贷免扶补政策的工作实施方案》，2017年9月经社保、银行审核通过20户。推荐扶持的小微企业7户，为微型企业争取贴息贷款10—50万元/户。

支持民营企业拓宽出资方式和融资渠道。除实行注册资本实缴制的27个行业和有最低资本要求的65类公司以外，实行注册资本认缴登记制。同时，深入开展股权出质登记等服务工作，搭建民营市场主体融资服务平台，增强企业发展动力。1—9月共办理股权出质设立登记25户次，注销26户次，涉及被担保债权数额约12489万元。

【简化退出机制】 严格落实国家工商总局《关于全面推进企业简易注销登记改革的指导意见》《云南省企业简易注销登记暂行规定》和《云南省工商局关于全面开展企业简易注销登记改革的通知》。对未开业企业和无债权债务企业实行简易注销登记程序，按照条件适当、程序简约的总体要求，公开办理企业简易注销登记的申请条件、登记程序、审查要求和审查期限，优化登记流程，破解市场退出难题。自2017年3月1日起，在全县范围内全面实施企业简易注销登记改革，实现市场主体退出便利化。全年已受理完成5户简易注销，指导3户进行简易注销。

【企业信息公示】 县市场监督管理局一是对办理设立、变更、备案登记的企业在3个工作日内进行公示。二是通过网站、电话、窗口宣传等多种方式帮助引导企业进行年报工作。2017年，需报送2016年度公示信息的企业1279户，已年报1211户，年报率达94.68%；农专需报141户，已年报129户，年报率91.49%；个体户需报11690户，已年报10612户，年报率达90.83%。按时按质完成了上级部门签订的年报率责任目标。

【事中事后监管】 2017年，县市场监督管理局全面完善实施“双随机、一公开”监管工作机制，积极推动工商内部双随机联合检查。依据《玉溪市工商局双随机抽查联合检查工作指导意见》，指导全县做好双随机抽查联合检查工作，实现对企业“一次抽查、全面体检”，按质按量完成好“双随机、一公开”工作。一是按照玉溪市2017年度市场经营主体“双随机、一公开”抽查工作部署，华宁县市场监督管理局2017年9月11日召集各监管所所长、监管巡查人员20余人召开工作安排会，全面启动全县2017年“双随机一公开”抽查监管工作。此次随机抽查是对工商部门随机抽查事项清单中涉企的公示信息、即时信息等进行抽查，为确保抽查工作顺利、有效开展，华宁县市场监督管理局统一思想，强化责任落实，同时，依据2017年市局抽查方案，出台工作实施方案，对抽查工作的任务、时间、分工等进行明确，按照属地归属原则，将抽查的309户市场主体名单下发至各监管所，具体到片区监管巡查员，对被抽查的市场主体进行摸排，此次抽查，对抽取到的企业实施“一次抽查、全面体检”在抽查检查中发现市场主体存在应列入经营异常名录情形的，按照规定做出相应处理。

【企业监督管理】 县市场监督管理局依托“全国企业信用信息公示系统（云南）”等，建立跨部门联动响应机制和失信惩戒机制，对严重违法失信企业和个人在经营、变更、注销、银行授信贷款、评先评优、小微企业扶持等方面进行限制，形成“一处失信，处处受限”的联合惩戒机制。

截至2017年9月，全县累计列入经营异常名录企业225户，农专49户，个体1920户。147户企业、17户农专、633户个体因受到信用约束和联合惩戒，主动整改后申请移出经营异常名录；建立失信被执行人上报制度，对法院通过全国信用信息共享平台提供的失信被执行人信息，在工商企业登记环节限制失信被执行人担任生产经营单位主要负责人及董事、监事、高级管理人员，按规定程序共拦截失信被执行8人次。

【证照管理】 县市场监督管理局按照《中华人民共和国食品安全法》《中华人民共和国食品经营许可管理办法》《中华人民共和国药品经营许可证管理办法》《云南省医疗器械经营企业检查验收标准》等法律法规及《华宁县药品零售企业设置规划（2012—2015年）》，严把许可准入关。共受理食品流通许可新办405户；餐饮服务许可新办323户；食品摊贩21户；小作坊申报5户；华宁县目前持有药品经营许可证的81户，变更7户，新办1户；持有第二类医疗器械经营备案凭证的44户，办理第二类医疗器械备案18户。新增办理使用特种设备登记证27台、新办理压力管道使用证1个（长度1505米）；使用单位注销特种设备5台。

【食品安全监管】 2017年开展元旦春节、中秋国庆食品专项整治15项。共出动执法人员1880人次，检查食品生产经营加工单位5267户次，其中，检查生产企业28户次，食品流通2335户次，餐饮经营单位2332户次，小作坊小摊贩572户次。完成食品抽检国抽任务46批次，省抽任务61批次、市抽任务33批次、食用农产品抽检240批次，共计383批次，完成率100%。开展食品生产加工小作坊和食品摊贩市场主体清查。指导34户餐饮服务主体办理营业执照和食品经营许可证。

【餐饮服务食品安全保障】 2017年，县市场监督管理局积极承担县级重要会议期间和中高考等重大活动食品安全保障工作。为做好保障任务，认真制定保障方案，提前对定点餐饮服务接待单位进行全面监督检查，从环境卫生、食品原料采购、加工、供应、食品留样到餐（用）具消毒进行严格把关。累计为县人大、县委、县政府、县纪委、县政协及其他部门，开展食品安全保障16次，保障人员就餐22511人次，监督留样923份，出动工作人员95人次。

【餐饮服务量化分级管理】 2017年，县市场监督管理局结合日常监督检查、行政处罚等内容，按照省局制定的评定标准进行动态等级和年度等级评定，将量化分级标志粘贴到餐饮单位食品安全公示牌上，使消费者及时了解分级情况，做到知情消费。对达不到C级以上等级的餐饮服务单位限期整改存在的问题，同时对达到C级以上等级的餐饮服务单位认真在网上公示，接受社会监督。2017年，华宁县餐饮单位共有41户评定为A级，332户评定为B级，380户评定为C级，57户为近3个月新办经营单位不参与评级，符合评级要求餐饮企业量化率为100%。在开展量化评级的基础上进行了餐饮服务食品安全示范店创建，截至目前创建食品安全示范店2个。

【药械市场监管】 2017年，县市场监督管理局坚持日常监管与专项整治相结合。相继开展了元旦春节期间、假冒云南南诏药业有限公司骨肽注射液、草乌等毒性中药材（饮片）、体外诊断试剂及定制义齿等药械专项检查工作，共检查药械经营使用单位854户次，收到医疗器械经营使用单位《2017年医疗器械年度自查报告》65份、药品自查报告120份。帮助药店做好GSP认证工作。截至目前，通过新GSP认证企业79户，申报GSP专项认证企业4户。开展抽检工作。抽检药品56批次（其中国家基本药物12批次），已下发检验报告14批次，不合格6批次，监督抽验合格率89.3%，基本药物合格率100%；抽检医疗器械3批次，合格率100%，抽检化妆品3

批次，抽检保健食品2批次。

【四项监测】 2017年，县市场监督管理局上报药品不良反应93例（其中，新重72例，占77%），完成78.8%；器械不良事件68例，超额完成78.9%；药物滥用报表共70例，超额完成40%，化妆品8例，完成72.7%。

【保健品和化妆品监管】 2017年，县市场监督管理局对保健食品标签、说明书所标示的保健功能、适用人群等内容进行专项检查，对非法标示疾病预防、治疗功能、虚假夸大功能等行为进行专项整治。全年监督检查保健品和化妆品经营使用单位396户次。

【质量监管】 2017年，县市场监督管理局一是拟定《华宁县推进质量强县建设2017年度行动计划实施方案》。二是开展名牌产品申报。经认真组织筛选，上报了2家生产企业。质量走廊省级示范企业2家，1家通过了现场评查（华宁宁州香食品有限责任公司）。三是开展计量器具检查。重点对宁阳市场、西门市场等15个集贸市场和农副产品收购（尤其是在柑橘上市销售期间）的地段进行计量器具检查，出动执法人员16人次，车辆12台次，取缔手提称2杆，收缴严重失准的台称1台，检测校正电子秤24台，合格的有540台。立案查处，使用不合格计量器具案件1件。四是加强对重点产品质量监督检查。对钢铁水泥行业、获证企业、电线电缆等进行监督检查，并完成了质量建档工作。

【特种设备监管】 2017年，县市场监督管理局华宁县共有特种设备使用单位135家（含个体工商户、小作坊），设备436台，其中锅炉32台（停用7台），压力容器164台（停用18台），电梯105台（停用7台），起重机械123台（停用15台），场（厂）内专用机动车辆25台（停用1台）；已注册压力管道16条，长度2432.9米；液化气充装气瓶11266只。特种设备持证作业人员495人。为更好地保障市场质量安全，华宁县市场监督管理局强化特种设备监管，落实特种设备安全主体责任。县政府与各乡镇签订2017年特种设备安全责任书。

开展“两节”“两会”期间特种设备安全检查、气体充装单位年度监督检查、油气输送管道安全监督检查、电梯安全检查和危险化学品安全监管。出动执法人员75人次、执法车辆34台次，受理特种设备安装、改造、维修开工告知32份。

检查特种设备使用单位56家次，检查特种设备116台次，填写《特种设备现场安全监督检查记录》56份，下达《特种设备现场安全监察指令书》13份，发现隐患35项，已整改33项。

【红盾护农保春耕专项行动】 2017年，县市场监督管理局加强以农药、农膜、种子、化肥农资商品为重点对全县农资市场进行专项整治，出动执法人员20人次，检查农资经营户43户次，查出到期或将到期6户次，涉及11个品种55瓶（袋），责令下架限期退货处理，未检查出高毒高残留农药，未涉及无照经营问题存在。

【网络市场监管】 2017年，县市场监督管理局对辖区内网络经营主体认领率达100%，巡查170户次，巡查率达100%。共有网络交易平台17户，完成认领及巡查100%；完成电子标识申领13户，悬挂电子标识3户。开展互联网低谷色情信息专项整治，对全县43户涉网企业的网站进行排查，未发现利用网站或其他方式发布互联网低谷色情信息的违法行为。

【钢材市场专项整治】 2017年，县市场监督管理局出动执法人员25人次，车辆5台次，检查钢材经营户24户，其中存在无证经营及经营假冒正规钢材生产厂家钢材问题经营户12户，没收假冒钢材18.54吨，立案查处案件4件，收缴罚没款19810.00元。

【创建平安市场】 2017年，县市场监督管理局根据《玉溪市工商局2017年市场规范管理工作要点》，努力创建组织管理健全、市场安全达标、经营行为规范、消费维权有力、群众满意放心的“平安市场”。经县级平安市场创建领导小组历时半年时间的宣传、指导、申报、审核、公示，“华宁县宁阳综合集贸市场”被评定为县级平安市场。

【消费维权网络建设】 2017年，全县已建立和巩固消费者维权服务站82个，建立和巩固消费者投诉站和12315联络站77个，发展和实现消费维权工作人员165名，消费者投诉站和12315联络站154名。开展“3·15”国际消费者保护权益日宣传活动。以“网络诚信、消费无忧”为宣传主题，累计发放各类宣传材料10000余份，接受现场咨询360人次。

【消费者权益保护】 2017年，县消协共受理各类消费者投诉30件，其中，已调解成功案件28件，移交其他部门处理2件。挽回经济损失4.53万元，调处率100%。

以“3·15”、食品宣传周、法治宣传月、计量日和世界认可日等活动为契机，通过设置咨询台、发放宣传资料、电子显示屏显示等方式，进一步加大市场监管相关法律法规和安全知识的宣传，共发放宣传资料100000余份，接受现场咨询1000余人次。积极编写市场监管信息，宣传市场监管工作动态、取得的成效等，2017年共发布市场监管信息150期。

【商标战略实施和商标保护】 2017年，商标申报与2016年相比增加5.9%，全面完成年增长5%的工作目标；“一所一标”工作任务数8件，已完成28件，超额完成20件；地理标志证明“华宁核桃”正在复审中，有望10月下旬公示。开展对“三环”牌、“白鹇”牌化肥和“依兰”牌洗衣粉注册商标及装潢的假冒行为查处保护。共出动检查人员188人次，检查超市、日用品商店390户次。开展“质量月”活动。出动执法人员286人次，车辆30台次，发放宣传资料380份，立案查处案件5件，其中假冒钢筋2件，假冒服装1件，药品案件1件，受理商标侵权举报案件1件。

【商标回访】 2017年，共走访著名企业14户，知名企业24户，实现走访全覆盖。帮助完善、健全著名、知名商标使用管理制度18条，解答著名、知名商标使用管理中疑问、困惑等问题28个。

【监督抽验】 县市场监督管理局组织开展2017年食用农产品经常性抽检，年计划240批次，现完成240批次；国抽计划44批次，完成46批次；省抽计划64批次，完成67批次；市抽33批次，完成任务33批次。初步推广运用“云南省食用农产品监管系统平台”。

2017年抽检药品56批次（其中国家基本药物12批次），已下发检验报告35批次，不合格10批次，不合格率21.4%，监督抽验合格率78.6%，基本药物合格率100%。抽检医疗器械3批次，不合格1批次，不合格率33.4%，合格率66.6%。抽检化妆品3批次，抽检保健食品2批次。

【食品质量安全全程可追溯管理】 县市场监督管理局制定了《华宁县市场监督管理局食品安全监管电子追溯系统实施方案》，2017年开展食品生产、销售、餐饮服务单位食品质量安全电子追溯系统推广运用培训103户，已开通198户，提升了食品质量安全全程可追溯管理的能力。

【食品药品培训】 2017年，县市场监督管理局先后组织机关、基层监管所食品监管人员、执法人员开展和食品生产经营单位，举办以《中华人民共和国食品安全法》《中华人民共和国食品安全法实施条例》《餐饮服务食品安全操作规范》《云南省食品生产加工小作坊和食品摊贩管理办法》等为重点的食品法律法规培训10期，参加培训人员757人次。

【限制销售塑料购物袋整治】 2017年，县市场监督管理局对超市、商场、集贸市场、旅游景区、商品零售场所及其他商品零售场所禁止限量使用塑料购物袋执行情况开展专项整治，共出动执法人员1545人次，检查各类经营户6244户次，检查各类市场26户次，及时纠正和查处违规行为。

【车用燃油专项整治】 2017年，县市场监督管理局以公路沿线为重点区域，以城乡接合部加油站、农村加油站、社会加油站为重点对象，以清理假冒知名成品油企业名称及注册商标的“山寨加油站”和无照经营的“黑加油站”作为重中之重，与辖区内机动车、成品油经营企业16户签订新一轮安全经营承诺书并对其进行行政指导督察登记。

【开展市场消防安全检查】 2017年，县市场监督管理局贯彻落实消防安全委员会下达的《关于开展“清剿火患”战役排查整治的通知》，与市场、超市、商场签订《市场监管责任书》，华宁县境内共有烟花爆竹批发、经营87户，对其中超范围经营的11户、市场内经营的3户进行了整改。

【创国卫工作】 2017年，县市场监督管理局抽调51人分别组成5个创卫工作小组，由5名副局长任组长分别带队，按照创建要求对创卫区域内的各行业开展检查、指导。二是精心制定方案。制定《华宁县市场监督管理系统创建国家级卫生县城工作实施方案》及《华宁县市场监督管理局创建国家卫生县城工作细化方案》。三是广泛宣传动员。通过召开全局干部职工动员大会、LED电子显示屏、印发创国卫宣传资料宣传等多种形式的宣传教育活动，多渠道广泛宣传创国卫工作。发放各种宣传材料2500份。开展食品从业人员培训4000余人次。四是开展入户摸底调查。全县创卫区域共有经营户2120户，其中，食品生产加工小作坊130户、食品流通经营310户、餐饮经营单位283户、食品生产企业36户、食品小摊贩33户、其他行业1328户。五是按创卫标准进行检查。按规范统一悬挂餐饮、流通业制度牌、公示牌、发放台账、档案盒、各类餐具标识牌达568户。对72户病媒防治重点单位入户查看，确认经营场所面积，积极配合有关单位开展灭杀工作。对食品生产加工小作坊130户、食品流通经营310户、餐饮经营单位283户、食品小摊贩33户共计756户存在不同程度安全隐患的食品生产经营单位发出整改通知，期限整改。

【非公有制企业党建】 2017年，县市场监督管理局一是与2个基层党总支、16个基层党支部签订《华宁县小个专2017年党建工作目标责任书》，明确了小个专党建工作责任以及社会综治工作责任。二是是在上年的基础上，继续按照“成熟一个、组建一个、规范一个、巩固一个”的要求，不断扩大非公有制企业党组织覆盖面。截至目前，华宁县小个专党组织已成立1个党委、2个党总支、16个党支部，党员覆盖全县5个乡镇（街道）的个体工商户小微企业专业市场。三是开展“互联网+非公党建”行动计划。采集党组织、党员等信息录入云南省非公有制企业党建信息系统，截至8月底，全县录入16个基层党组织，531名党员信息，建立了有效的数据库。四是开展“亮党员身份、亮服务承诺、发展强、党建强”为内容的“双亮双强”创建“党员示范店”活动。在华宁县小个专基层党组织党员中广泛通过亮身份、亮承诺、带头诚信守法经营，努力创造安全放心的消费环境，促非公经济发展强、党建强。现已完成第一批13户“党员示范店”的创建，今后将不断深入开展。五是认真制定《关于推进“两学一做”学习教育常态化制度化的实施方案》，组织基层支部开展“两学一做”学习教育，进一步加强发挥好全县各级党组织和广大党员的战斗堡垒和先锋模范作用。六是积极创建党建示范点，按照“基层党建提升年”工作要求，对2017年已打造的小个专党委、城西支部党建工作进一步提升，完善了上墙制度，各种工作台账。2017年协助县委组织部完成对泰安物业支部党建示范点的打造。华宁县小个专党委对盘溪小个专党总支委、宁州西门市场党支部两个示范点按创建要求正在积极打造党群活动服务中心。

（宋金兰）

安全生产监督

【概　况】2017年1—12月华宁县共发生各类伤亡事故1109起，受伤434人，死亡24人，直接经济损失3288308元。其中，道路交通事故1089起，受伤434人，死亡22人，直接经济损失1586650元；火灾事故18起，无人员伤亡，经济损失331658元；商贸（仓储装卸）事故1起，死亡1人，直接经济损失50万元；公路工程施工事故发生1起，死亡1人，直接经济损失87万元；工矿、煤矿、电力等行业走势平稳，未发生伤亡事故。与去年同期相比，事故总起数减少62起，下降5.29%，受伤人数减少58人，下降11.79%，死亡人数与去年同期持平。在以上事故中，生产经营性事故3起，死亡3人，其中道路交通事故1起，死亡1人，仓储装卸事故1起，死亡1人，公路工程施工事故1起，死亡1人。与上年同期相比，事故起数、死亡人数均下降25%。

【全县安全生产工作会议】2017年，在华宁县委、县政府的统一领导下，积极发挥县安委办综合协调、监督指导职能，认真贯彻落实全国全省安全生产电视电话会议、全市安全生产会议精神，进一步统一思想，强化责任，严格落实安全生产“五级五覆盖”的安全监管责任体系，报请县委常委会研究安全生产工作2次，报请县政府常务会研究安全生产工作4次，召开全县安全生产工作会议5次，开展县级安全生产综合督查5次。

【安全监管责任体系建设】2017年，县安委会主任、县人民政府县长分别与副县长签订安全生产责任状，严格执行安全生产工作“一岗双

县政府召开全县安全生产工作会议　　高　屏　摄

责”制度，进一步强化安全生产委员会职责。罗勇副县长代表县人民政府，与5个乡镇（街道）、15个职能部门签订安全生产责任状，安排部署2017年全县安全生产工作，进一步落实安全生产目标责任体系和部门安全监管责任体系。

【安全生产隐患排查治理专项行动】全面彻底排查治理事故隐患，2017年，全县累计检查企业806家，共查出安全隐患1386项、整改1361项，整改率98.2%。

【重大隐患挂牌督办】认真梳理市、县政府挂牌督办的6项重大安全隐患，逐项研究，落实整改责任、时限、措施、资金和应急预案，对隐患整改进行全程跟踪督查，确保安全隐患按时限完成整改。2017年华宁县提请玉溪市政府挂牌督办重大隐患3项，分别为通红甸乡10Kv通红甸线N28号杆双杆道路隐患、S310盘溪至玉溪线K59+650—K64+056道路隐患、澄华线K72+500米（华宁县铁埂村待客处）道路隐患，目前，3项重大隐患已整改完毕并报送市安委办销号；县政府挂牌督办重大隐患3项，分别为华宁和庆烟花爆竹有限责任公司储存仓库库区隐患、华宁恒利烟花爆竹经营部仓库道路及围墙隐患、宁州镇右所小学扩建工程高压线隐患，目前县政府挂牌督办的3项隐患已完成整改并完成销号。

【打非治违专项行动】2017年，全县累计打击非法违法、治理纠正违规违章行为1753起，其中无证、证照不全或过期、超许可范围从事生产经营

建设，以及倒卖、出租、出借或以其他形式非法转让安全生产许可证的1341起，停产整顿、整合技改未经验收擅自组织生产及违反建设项目安全设施、职业卫生“三同时”规定的1起，非法用工、无证上岗的8起，作业规程不完善，缺乏针对性和可操作性，以及现场管理混乱、违章操作、违章指挥和违反劳动纪律的24起，其他违反安全生产法律、法规、规章的生产经营建设行为379起。

【安全生产大检查】 督促企业完善安全生产“五落实五到位”的有关工作，明确领导班子的安全生产责任，配齐监管人力和物资装备，加强平时管理，落实安全生产报告制度，做到安全责任到位、安全投入到位、安全培训到位、安全管理到位、应急救援到位。健全完善“1+3+5”常态化安全生产大检查长效机制，全面提高全县安全监管信息化、规范化水平，严格按照安全生产大检查工作3个100%的要求，再研究、再动员、再部署、再检查。深入现场指导帮助企业量身定制“一企一标准”，突出实效，督促各生产经营单位全面深入开展安全隐患自查自改工作，截至2017年12月，全县累计督促44户企业进行网上填报并开展自查，企业网上填报率、自查率和一企一标制定率均达到100%。2017年度华宁县企业上报自检自查隐患1832条，整改1805条，隐患整改率98.53%，开展部门检查169次，查出问题企业148户，查处一般隐患318项，查出重大隐患3项；开展专家检查2次，查出问题企业2户，查出一般隐患8项；开展综合督查10次，查出问题企业8户，查出一般隐患8项。

县安监局深入黄磷企业检查安全生产工作　　岳立志　摄

【行政执法】 2017年1—12月，华宁县安监局累计检查企业97户，查出安全隐患463项、整改446项，整改率96%；下达行政执法文书250份，实施行政处罚12次、罚款金额43.4万元；市局年初下达的安全监察执法任务10件，现已完成10件，任务达标率100%。依法查处“4・9”“8・18”两起安全生产事故，对有关企业进行处罚，对生产经营单位起到了良好的警示教育作用。

【行政许可】 华宁县安监局2017年共受理非煤矿山企业安全生产许可证注销6户，危险化学品经营企业延期换证4户，烟花爆竹零售户延期换证44户。

【安全监管】 2017年，非煤矿山安全监管方面，根据《玉溪市人民政府关于印发玉溪市非煤矿山转型升级实施方案的通知》要求，为期3年的非煤矿山转型升级工作已基本完成，淘汰关闭12座矿山已全部关闭，列为改造升级的23座非煤矿山其中5座矿山已达到规模，其余18座正在不同程度地开展改造升级工作，除盘溪镇九甸硅石矿和盘溪镇水泥厂石灰岩矿，其余16座矿山均按各部门要求与中介机构签订服务合同，不同程度地编制了各类报告，改造升级完成率91%。危险化学品安全监管方面，结合春节是烟花爆竹销售和使用旺季，极易发生安全事故等特点，华宁县安监局组织烟花爆竹经营安全资格培训，同时联合消防大队、市场监管局和有关乡镇（街道）开展节前突击检查，重点排查人员密集场所，严查进货渠道和经营证照，确保零售点持证上岗、合法经营、不在人员密集场所售卖，从源头上防控烟花爆竹安全事故发生；突出黄磷、烟花爆竹生产（经营）企业，聘请专家对烟花爆竹经营企业开展深层次的隐患排查，排查出的隐患现已督促企业全部完成整改。工贸企业安全监管方面，突出金属冶炼、有限空间、涉氨制冷、粉尘防爆四个行业（领域），以安全设施“三同时”为抓手，督促企业完善安全生产“五落实五到位”的有关工作。县安委办综合协调方面，开展多部门的联合执法检查，集中整治深层次安全隐患，2017年1—12月，县安监局累计联合相关部门和乡镇（街道）对重点行业领域开展联合检查12次。按照省市政府的工作要求，结合全县行业分布特点，集中力量，组织开展了煤矿、非煤矿山、危险化学品、道路交通、建筑施工、城市燃气、消防、农机、旅游、学校、电力、邮政、油气管线、冶金工贸、特种设备、民爆物品、职业病危害等多个行业领域专项整治工作，结合春节、汛期、十九大、岁末年初等重要时段，及时召开会议部署开展安全生产专项检查工作，有力地确保了全县安全生产工作的持续稳定。

【应急体系建设】 华宁县及时组织开展“安全生产应急演练专题行”活动，2017年6月共开展安全生产应急演练活动8次，其中政府部门组织开展6次，督促企业开展2次，共计参与人员420人，演练投入7.38万元；2017年，华宁县安监局共组织9户危化企业、6户非煤矿山企业、1户工贸企业开展应急演练工作，参演人员290人，投入演练经费82.5万元。

【安全生产宣传】 2017年6月15日，由华宁县安监局牵头，县工业园区管委会、工信局、市场监督管理局、水利局、交通运输局等20家单位在县城东寺街开展2017年“安全生产月”宣传咨询日活动，活动以“全面落实企业安全生产主体责任”，为主题，通过面对面解答群众关心的安全生产问题，发放宣传品、有奖竞猜的方式，传播安全生产理念、思路、措施和行为规范，宣传安全生产政策法规、安全科普常识、危险化学品安全知识、职业健康知识、应急处置、自救互救方法等，活动现场共设置20个咨询台，悬挂布标26条，设置展板21块，挂图12份，发放各类安全宣传资料20000余份，在全县营造了“人人关注安全，人人爱安全，人人要安全”的浓厚氛围；12月5日，牵头组织开展第一个《中华人民共和国安全生产法》宣传周咨询日活动，通过发放宣传册、现场讲解安全生产有关法律法规等方式，深入宣贯新《中华人民共和国安全生产法》。

【教育培训】 2017年3月22—23日，县安委办组织5个乡镇（街道）、31个县安委会成员单位和125户重点企业进行安全生产专题培训暨《中共中央国务院关于推进安全生产领域改革发展的意见》宣讲，强化监管部门和企业的安全生产意识，提高监管部门的监管水平和企业的安全生产水平，进一步落实好企业的安全生产主体责任和乡镇（街道）、部门的安全监管责任；2017年6月1日，县安监局深入华宁玉珠水泥有限公司开展“安全生产月”主题宣讲活动，此次宣讲活动，重点宣传了《中华人民共和国安全生产法》和《中共中央国务院关于推进安全生产领域改革发展的意见》主要精神以及对企业落实安全生产主体责任的要求，并结合企业实际，对重点岗位存在的职业病有害因素和有限空间作业场所进行了安全知识讲解，企业负责人、中层管理干部和一线工人共计180余人参加了宣讲活动，通过这次宣讲活动，不仅提高了企业员工安全意识，而且在规范员工安全行为方面起到积极作用；2017年12月7日，为了抓好第一个《中华人民共和国安全生产法》宣传周活动，在全县范围内营造人人讲安全、大家都安全的良好氛围，华宁县召开全县安全生产工作会议暨《中华人民共和国安全生产法》宣传周活动专题讲座，全县各乡镇（街道）、县安委会成员单位分管安全工作的领导、县安监局、乡镇（街道）安监站全体职工及全县煤矿、非煤矿山、危险化学品、工贸、交通运输、建筑施工、水利水电和人员密集型企业主要负责人近120人参训，讲座邀请玉溪市安全监管局监察支队王强宇支队长细致讲解《中华人民共和国安全生产法》及《中共云南省委云南省人民政府关于推进安全生产领域改革发展的实施意见》，副县长李敏灿做动员讲话并提出相关工作要求；扎实开展“三项岗位”人员培训教育工作，突出抓好重点行业领域从业人员的安全教育培训，督促监管行业领域企业相关从业人员100%持证上岗，2017年1—12月，累计组织农药、烟花爆竹和特种作业等培训7期，受训人员达458人次。

【挂钩联系点工作情况】 2017年，县市场监督管理局高度重视脱贫攻坚工作，明确科级领导专职负责，1名中层干部驻村，指导村委会开展好脱贫工作中的政策宣传、资料整理等工作，加强自身对扶贫攻坚政策的学习理解，提高自身理论水平，结合新出台的政策规定，耐心细致地跟贫困户讲深讲透。先后两次督促茂地村开展贫困户动态管理工作，对照精准识别要求，确定精准扶贫48户166人。2017年，班子成员先后到联系点组织开展11次党课教育和业务宣讲活动，结合不同时期的重点工作，领导班子3人分别对村组干部及党员开展党课教育，提高了基层党员的思想觉悟。2017年，华宁县安监局累计向茂地村委会拨款0.5万元对兜底贫困户的房屋进行修建，协调建筑施工水泥5吨，确保兜底贫困户房屋修建完工并入住，兜底贫困户住房得到切实保障；拨付专款3.6万元对茂地村公路进行修建，协调县水利局拨款6.5万元用于村委会基础设施就建设，协调宁州街道拨款1万元用于扶贫攻坚工作；积极开展业务技能培训，鼓励当地村民外出打工；“六一”儿童节、“教师节”开展联系点慰问活动，鼓励干部职工为困难村民捐款活动，很大程度上拉近了干部与村民之间的距离；积极协调街道和其他职能部门经费开展茂地村卫生室建设、饮水池修复、人畜工程、路基维护、烤烟移栽、环境卫生整治等项目设施建设。

【获奖情况】 2017年，华宁县人民政府在玉溪市政府“安全生产责任状”考核中被考核为优秀，华宁县安监局在县政府“安全生产责任状”考核中被考核为优秀。

（高　屏）

责任编校　杨有文

社会管理

机构编制管理

【概　况】2017年，华宁县委编办坚持“机构编制工作为经济社会发展服务”的工作方针，按照省、市编办机构编制管理工作的总体部署和要求，紧紧围绕年初制定的各项工作目标，强化机构编制管理及工作措施，狠抓工作落实，全面夯实机构编制工作基础，不断创新，扎实推进行政审批及政府职能转变工作，开创了机构编制工作新局面。

【控编减编】2017年，华宁县以市级确定的编制总量为基数，核准了县、乡（街道）两级的编制总量。一是严控编制总量。严格以市级下达的行政和事业编制数为基数，按照分级管理与使用的原则，确保华宁县核定的编制数在市级下达的编制限额内，强调不得以任何理由突破编制总量，编制部门在编制调整时必须严格在总量内调整，不得超总量核定编制。二是盘活编制存量。为保障改革重点任务和重点工作用编需求，对长期无人、长期空编、职能弱化、自收自支等事业单位实行收编，收回的编制由机构编制部门集中统一管理、统筹安排、统一调配。三是严格执行编制计划。严格用编审批，严格执行空编补员制度、年度编制使用计划申报制度，编制使用计划实行一年一申报。组织人社部门研究办理相关人员调动、招考（招聘）、选调、安置、工资审批等事项时，必须在机构编制部门下达的编制使用计划内进行。加大对机关事业单位人员增长的控制力度，从严控制机关人员招录规模。四是暂停参公单位公务员流向党政群机关。通过以上措施华宁县各类编制和实有人员均未超出控制标准。

【“放管服”改革】2017年，华宁县持续深化简政放权，进一步释放市场活力和社会创造力。一是积极开展“减证便民”专项行动。在坚持依法依规、便民利民、公平互信、公序良俗四大原则的基础上，针对各部门和乡镇街道、村（社区）、居民小组在实施审批和提供公共服务过程中需要申请人提交证明材料和需要出具证明材料的情况进行了详细清理，对确需保留的证明材料进行严格规范，砍掉各类奇葩证明。经过清理，县级精简取消向当事人索要的证明材料3项，县级提供基本公共服务的企事业单位保留向当事人索要的证明材料4项，县级部门保留向当事人索要的证明材料5项，县级部门保留对外开具（核发、设定）的证明材料1项。二是大力推广“双随机、一公开”。将“双随机、一公开”工作作为加强监督管理事中事后监管的有效手段，精心梳理公布随机抽查事项清单。严格按照省、市要求的清单要素制订随机抽查事项清单，实现随机抽查事项清单对执法事项的全覆盖。三是加强权责清单动态管理。在做好权责清单公布工作的基础上，根据法律法规的立改废释和上级政府取消、调整、下放的行政审批职权，要求各部门将变更的权责清单报县审改办进行备案，并对调整后的权责清单进行公示。年内，取消了公布权责清单部门1家，调整权责清单事项111项，其中，档案局3项，住建局102项，农业局3项，卫计局3项。四是继续精简行政审批事项。要求各部门认真核对法律法规的修改和国务院、省政府、市政府取消、下放、调整行政审批的决定，清理需要取消的行政许可事项，通过清理，取消的行政许可事项7项，分别为市监局1项，文旅广体局3项，水利局1项，住建局1项，交通局1项。五是配合做好政务服务平台建设工作。根据省政府关于2017年推进“互联网＋政务服务”工作任务分解表和省、市政府关于认真做好各级政务服务事项梳理录入工作要求，华宁县共录入政务服务事项3694项，核查事项3694项，核查事项比例为100%。二级以上办理深度事项542项，除行政处罚外，占比72.07%。

【超编制超职数专项清理】 根据《关于进一步开展全省机关和事业单位超编制超职数专项清理整治工作的通知》要求，2017年，县委编办开展了超编制超职数专项清理整治工作。工作中严格依据“一规定两条例四办法”有效开展超编制超职数专项清理整治工作。通过单位自查，编办核查：华宁县各类编制总体不存在超编情况；各类领导职数和非领导职数总体不存在超编情况，各类领导职数和非领导职数均有空余。

【事业单位登记管理】 2017年，县委编办以规范化、科学化管理为工作目标，按照中央、省和市委编办的要求，积极采取措施，推进事业单位法人年度报告公示和新版事业单位法人证书换证工作规范化。及时印发了《关于做好2016年度事业单位法人年度报告公示和证书换发工作的通知》，明确了相关工作要求，加大事业单位法人年度报告公示的宣传力度。对各事业单位网上申报的法人年度报告内容严格审核，对网上提交材料不全、填写不规范的，确保年度报告公示的准确性。按照《事业单位登记管理暂行条例》要求，严格执行各项登记程序，加强对登记事项的监管，及时更新相关法律法规、办事流程、办理登记事项所需材料，促使华宁县事业单位法人年度报告公示和新版事业单位法人证书换证工作圆满完成。加强事中事后监管，做好年度公示信息随机抽查。根据《事业单位法人公示信息抽查办法》和工作方案要求，通过使用《云南省事业单位随机抽查摇号系统》，随机抽取被核查单位和核查人，全面核实事业单位法人年度报告及登记事项的真实性、合法性、规范性。2017年分两个批次共抽查8家事业单位。截至12月，全县共完成事业单位法人年度报告公示148家。办理设立登记7家、办理变更登记25家、注销登记3家。持续推进机关、群团统一社会信用代码赋码及换证工作。县委编办高度重视统一社会信用代码赋码及换证工作，安排专人负责，确保工作做到：材料有问题的，一次性告知；材料齐全且无误的，当天办理。截至12月底，全县共发放机关群团统一社会信用代码证书67本，其中，新增3家，变更15家。

【机构编制管理】 把服从、服务于全县经济社会发展作为机构编制管理工作的出发点和落脚点，强化措施，狠抓机构编制日常管理。一是全面参与工资统发。建立健全了编制、财政、人社、公积金管理中心、地税局5家单位协调配合的工资统发审核机制，为实名制管理奠定了非常坚实的基础，有效加强和完善了机构编制动态管理。二是以加强日常管理为抓手，做好实名制系统数据的有关工作。按照“实名制”管理的要求，建立健全了人员编制管理数据库，适时对人员编制数据进行更新，确保及时全面掌握人员编制及队伍配备情况，实现了编制管理网络化、动态化。三是严格编制使用计划。严把增人计划、人事调配、录用等人员编制关，严禁超编进人。根据市委编办下达华宁县2017年缺编补充工作人员计划，县委编办研究下发了华宁县机关事业单位2017年缺编补充工作人员计划243名，其中，党政群机关补充工作人员45名，事业单位补充工作人员198名。截至2017年12月，华宁县共使用增人计划指标231名。新增145名，县本级选调86名。新增人员具体为：党政群机关补充工作人员11名（乡镇机关公开招考5名、公安部门公开招考6名）、参公管理事业单位补充工作人员9名（均为公开招考）、一般事业单位补充工作人员125名。四是严格机构编制管理。积极开展调研工作，及时掌握全县在设机构部门的运行情况，对部分工作任务重、人员结构老化、长期没有增加人员的单位开展周转编制核定工作；加强对超编超职数部门的管理，实行月报制度，如实上报存在“两超”问题单位的整改台账；按照高效、规范的原则，结合全县重点工作、中心工作，提出编委会议研究事项。截至12月底，共召开编委会议3次。

【网上名称管理】 通过电话沟通联系、QQ工作群指导等方式，答疑解惑，积极主动指导各单位开展中文域名注册；对完成中文域名注册的单位，及时跟踪提醒下一步工作事项，做好网站开办审核、资格复核和网站标识管理工作，做到两个全覆盖。截至2017年12月，华宁县中文域名注册总量达229个，其中，党政群机关51个，事业单位178个。中文域名注册费用已纳入财政统一支付。

【挂钩联系村帮扶工作】 2017年，县委编办积极开展“挂包帮、转走访”相关工作。选派一名有工作经验的干部并经组织任命为驻村扶贫工作队队长，按要求带领工作队牵头落实各项脱贫工作。单位领导干部多次到联系点大母公竜村委会，并深入各村民小组摸清情况，真正做到底数清、情况明，对贫困户中存在的识别不精准等问题专题进行认真分析研究，与镇、村组重新制定了帮扶措施，理清发展思路，制定发展计划，帮助解决实际困难和问题。对实施扶贫项目遇到水利、基础设施、卫生室建设等困难和问题尽力协调，目前，协调相关项目资金41万元，同时，县委编办在自身经费比较困难的情况下，划拨资金1.5万元，用于相关扶贫工作。

县委编办干部到大母公竜走访帮扶贫困户　　艾钰凡　摄

【自身建设】 2017年，加强制度建设，提升干部队伍素质。建立了编制与人事相关业务联审会办制度，加强用编、用人协调配合，强化工作统一调度。加大监督检查力度，严格制度执行，建立制度执行保障机制，使各项制度、规定落到实处。强化信息调研工作，提升决策科学化水平。一年来，县委编办机构编制调研工作更加注重围绕中心工作开展决策性调研、围绕热点难点问题开展对策性调研、围绕工作创新开展经验性调研，并与考核评优挂钩，列入年度工作重点。2017年共撰写信息稿件28篇，其中市编办采用24篇，完成县乡农业技术机构编制情况、全县人员编制管理与需求情况的调查等调研报告2篇。

（艾钰凡）

人力资源和社会保障

【概　况】 2017年，华宁县人力资源和社会保障局全力服务全县经济平稳健康发展大局，深入开展“规范提升年”活动，紧紧围绕“对标一流，争先进位”的目标要求，坚持创业促进就业，深化社会保障制度改革，大力加强人才队伍建设，稳步推进人事制度改革，稳慎推进工资收入分配制度改革，积极构建和谐劳动关系，各项工作取得明显成效。

【公务员队伍建设】 2017年通过报名、笔试、面试、体检、政审、录用审批等招考程序，共录用国家公务员9人（不含党群）。组织2017年招录的公务员9人参加初任培训，完成市级安排的2017年扶贫攻坚及公务员职业道德建设知识测试工作。严格按照规定程序组织全县机关非领导工作人员考核管理，应参加考核1024人，实际参加考核1024人。

【专业技术人员队伍建设】 2017年，全县共有专业技术人员3796人，其中，事业单位3212人，非公有制单位584人；具有专业技术任职资格的有3694人，其中，正高1人，副高760人，中级1442人，初级1491人。2017年推荐到省、市评委会评审高级专业技术职务244人，推荐到市中评委评审中级专业技术职务159人，初评委评审认定初级专业技术人员34人，对符合大中专毕业生考核定职条件的106名大中专毕业生考核认定了初级专业技术职务。平稳推进中小学教师职称制度改革，认真做好流动人员的职称过渡工作和中小学教师的推荐、评审、聘任工作。办理初级专业技术资格证书136本。开展机关事业单位技术工人职业资格申报，推荐上报技师13名、高级工13名、中级工2名参加省、市劳动部门技师学院等组织的培训，考试、考核、评定技术等级工作。组织事业单位工作人员参加年度考核，应参加考核3722人，实际考核人数为3722人（其中，专业技术人员3246人，双肩挑人员1人，职员134人，工勤人员341人）。做好全县专业技术人员继续教育学习培训工作，共完成3000多名专业技术人员继续教育学分登记；首次举办了事业单位新进人员初聘培训班，共培训138人，确保了华宁县2016年事业单位新进人员能够按期转正定级。

【人才选拔、培养】 2017年，一是做好第七届云南省科技兴乡贡献奖的推荐选拔工作，经过逐级推荐评选，华宁县华溪镇中心小学许俊被获得了“科技兴乡贡献奖”荣誉称号。二是做好“云岭技能工匠”的推荐选拔，经评审，华宁县七彩虹窑陶艺有限责任公司汪海涛、华宁县古月窑陶艺文化传播有限责任公司胡文森获得了“云岭技能工匠”荣誉称号。三是华宁县七彩虹窑陶艺有限责任公司汪海涛、华宁胜美琉璃瓦厂汪华获得玉溪市委、政府评选的“玉溪工匠”荣誉称号。四是与华宁县职业中学联合举办了拉坯培训班和模具培训班，共培训陶艺从业人员90余人。

县人社局组织开展就业创业培训并进行现场考核

【落实好工资福利政策】 2017年，一是做好机关事业单位在职人员工资福利工作，按时核准全县事业单位奖励性绩效工资总量，做好全县机关事业单位工作人员的正常晋升，及时办理全县机关事业单位新参加工作人员和工作变动的工资介绍信，认真审批相关部门工作人员符合国家政策范围内的特殊岗位津贴和农林水卫生科技人员浮动固定工资，机关事业单位人员在职务变动、职称岗位变动和受处分、受刑罚时，及时审批工资变动，按时审批全县机关事业单位2016年年终一次性奖金。二是认真执行退休政策，审批机关事业单位工人退休21人，计算机关事业单位新退休人员的退休待遇通知100人，审批企业职工、下岗职工自谋职业者、个体工商户的退休142人，上报市级审批企业从业人员因病、特殊工种提前退休8人，完成"两参人员"补缴企业职工养老保险后办理退休审批61人。三是开展全县机关事业单位工资福利决策支持系统培训，并在全县范围内推广使用该系统，核对现工资津贴补贴执行情况，对确认错误的工资及信息等及时给予纠正。2017年正常晋升使用工资福利决策支持系统顺利完成。四是为审批有毒有害津贴，到华宁县农业局、林业局、环境监察大队以及各个乡镇进行走访调研，在调研基础上结合文件精神和华宁县实际，审批了华宁县农业有毒有害津贴、畜牧兽医医疗卫生津贴、林业有毒有害津贴、环境保护监测津贴，所有津贴均执行3类标准，每人每月260元。五是积极推进公立医院薪酬制度改革工作，完成华宁县县医院、中医院2016年工资总额清算，联合卫计、财政、审计等部门核定两家医院2017年工资总额3603万元。六是完成了全县完善改革性补贴和规范奖励性政策以及提高离退休人员生活补助工作。七是认真收集参加劳动能力鉴定人员33人的病情材料，及时请市级劳动鉴定委员会领导和专家及华宁县领导和专家对参加鉴定人员的病情作出鉴定结果。八是耐心细致做好工资福利政策宣传解释工作，热情接待来访人员，尽量让来访人员满意。九是做好公务员薪酬调查、企业薪酬调查表和工资统计报表。

【人才工作】 2017年，提前招聘紧缺专业人才工作始终做到一个单位一套评价标准，先后为县卫计事业当单位、地震监测预报中心、县教育局事业单位编制和审核了工作实施方案，确保招聘工作有章可行，共签约22人，实际到岗20人，违约2人。促进人才的合理流动，1—12月调整各

县人社局举行"三八"妇女节职工运动会

类人才102人，其中，县内调整77人，调外县23人，县外调入2人，专业技术人员85人、职员10人、工人7人。1—12月共189名大中专毕业生实现了就业。为107名大中专毕业生办理了档案转递。做好2017年大中专毕业生的就业报到登记工作，共录入求职人员个人信息646条。分三批次开展事业单位公开招聘工作，共有3419名毕业生角逐79个岗位，实际派遣上岗86人。做好华宁县2017年事业单位定向招聘5名服务期满的大学生计划任务分配和上报工作。做好在岗大学生村干部的工资发放和保险缴纳，1—12月共发放工资金额3131566元。完成2017年在岗10名"三支一扶"生的年度考核和服务期满3名的考核工作，并根据相关政策为2名服务期满且考核合格的"三支一扶"生办理了正式录聘审批手续。超额完成市级下达华宁县2017年高校毕业生见习工作任务，实际人数21人。协助县国资公司、县农经局、县工业园区、县棚改办、县运政所开展编外专业人才的举荐，举荐各类专业人才16名。

【人事档案管理】 2017年，档案室藏有文书档案25610件，其中永久、30年共22048件，183773页已全部进行全文数字化扫描后移交档案局。会计档案231件，照片档案30张，科技档案15卷，声像档案7盘，实物档案73件，人事档案11045卷（退休干部、工人档案3389卷，在职干部职工

4305卷，企业人员3050卷，失业102卷、辞职人员169卷，开除人员30卷）。全年转出人事档案61卷，查阅人事、文书档案共10953份，接收新录用事业人员、公务员及调入人员档案135份，各类工资表、考核表、学历材料、职称材料1万余份，已全部完整归档。

【促进就业】 2017年，实现城镇新增就业2556人，比去年同期增加221人，完成市级考核指标任务2400人的106.5%；城镇失业人员再就业889人，比去年同期增加204人，完成市级考核指标任务800人的111.21%；帮助“4050”人员和特殊困难群体实现再就业758人，完成市政府督查10件惠民实事考核指标700人的108.3%；开发公益性岗位420个，完成市级考核指标任务400个的105%；农村劳动力就业培训17396人次，完成市级下达目标任务17000人次的102.3%；农村劳动力转移就业18020人次，完成市级考核指标任务17000人的106%；年末失业率3.2%，控制在市级指标≤4.0%以内。

【小额创业贷款发放】 2017年，创业促就业小额担保贷款扶持创业590人，完成市级目标任务590人的100%，新增发放贷款5900万元；“贷免扶补”贷款扶持创业495人，完成市级目标任务495人的100%，新增发放贷款4950万元；小企业贷款扶持13户，完成市里下达全年目标任务13户的100%，新增发放贷款2100万元。三项贷款共带动2462人就业。

县人社局招聘会吸引众多求职者报名

【失业人员和农村劳动力组织管理】 2017年，落实农民工就业失业人员的有关优惠政策，为城镇失业人员、农转城人员、未就业的大中专生办理就业失业登记证3799本，进行就业登记的有2188人，失业登记的有1611人；2017年，共组织了23场招聘会，提供就业岗位5000余个。

【再就业资金管理】 2017年收入409.45万元（不含利息收入、见习补贴、云岭首席技师补助），比上年减少38.05万元，其中，中央就业补助资金393万元，创业担保贷款工作经费9.45万元，云岭大学生创业引领计划扶持资金7万元。本年支391.84万元（不含见习补贴、云岭首席技师补助），比上年减少67.5万元，其中，社保补贴228.84万元，岗位补贴103.84万元，培训补贴40.74万元，鉴定补贴1.98万元，其他就业补助支出16.45万元（创业担保贷款工作经费9.45万元，云岭大学生创业引领计划扶持资金7万元）。

【劳动执法年审】 开展2016年劳动保障执法年审工作，加大劳动执法年审工作的宣传力度，并专门召开会议以劳动执法年审为有利契机作为促进各项劳动保障工作，提高劳动保障部门社会影响力的重要手段，2016年华宁县共参加劳动执法年审的用人单位有359户，与上年相比增加24户，涉及劳动者5420人，顺利完成市人社局下达年审任务。其中，机关事业单位157户、参加年审编外用工人员1023人；企业单位157户、用工人数3580人；其他单位17户、用工人数569人；个体工商户28户、用工人数142人，圆满完成市级下达的任务指标。

【工伤认定】 为更好地督促用人单位签订劳动合同、购买社会保险，减少工伤事故的发生，更好地维护用人单位和劳动者的合法权益，于5—6月开展工伤保险宣传活动，利用微信公众号开展“工伤保险知识微信竞答”活动，通过现场宣传的形式发放450份宣传资料，接受90人次咨询。共受理工伤认定申请90件，依法做出工伤认定

88件，不受理0件，撤销0件，工亡1件，不予认定1件。

【投诉举报案件处理】 2017年，全年接待来电来访720人次，接到投诉案件31件，处理29件；截至目前华宁县共受理农民工工资拖欠案件29起，涉及农民工789人，追讨农民工工资1502.38万元。建设领域存在欠薪隐患29起，非建设领域0起。2017年共缴农民工工资保证金30家，退还农民工工资保证金13家。开展农民工工资支付情况专项检查，发放宣传资料800多份，开展现场、电话等咨询150次，共检查企业110家，其中，建筑企业36家，制造业30家，其他用人单位44家，共涉及劳动者4685人，其中农民工3487人；整顿人力资源市场秩序专项行动1次，共出动执法人员8人次，检查个体劳务4户、个体中介1户、企业劳务3户、企业中介6户，改善了就业环境，为维护求职合法权益奠定了基础。

【农民工工资保证金管理】 2017年，为进一步加强农民工工资保证金管理，建立健全农民工工资保证金管理内控制度，重新研究制定了《华宁县人力资源和社会保障局农民工工资保证金管理规定》，在做好宣传的同时，争取部门间的相互协调配合。截至12月底，农民工工资保证金账户金额达1994万元。

【劳动关系管理】 2017年，登记新签劳动合同2410人，续签2077人，解除劳动合同1484人，变更劳动合同25人。劳动合同签订率达97%；聘用合同备案新签210人，续签416人，解除71人；全年共审查集体合同90份，涵盖企业218户，涉及职工7392人。集体合同签订率达96%；加强仲裁队伍建设，依法受理和办理劳动争议案件，及时处理劳动争议案件40件，其中，裁决14件，调解26件，涉及金额1169647.28元，结案率达100%。

【信访接待】 2017年共接待来信来访23件，涉及人数109人。

【机关企事业单位养老保险】 2017年，全县参加机关事业单位职工基本养老保险单位166个（中央、省属驻华宁县的机关事业单位除外），参保职工5120人，全年共收缴养老保险费19279.91万元（其中补缴历年欠费163.03万元）。2017年，共有参统离退休人员1950人，其中，新增退休人员115人，减少离退休人员48人，基金支出20126.48万元,（其中，离休人员养老金支出126.55万元、退休人员养老金支出19781.06万元、其他支出218.87万元），机关事业离退休人员月人均养老金4826元。全年完成对参保人员个人账户的记载、核对和计算机录入工作。全县共有参保企业4016户（含个体自谋职业者参保3754户），参保人员7501人，完成市级下达目标任务7500人的100%，其中，缴费人员6610人，完成市级下达目标任务7200人的91.8%；企业离退休人员2801人，其中，新增退休人员206人，减少离退休人员50人；年末实有离退休人员2801人，其中，离休9人，新中国成立前工人2人；支付离退休费7467.77余万元，月人均2190元。

【城乡居民养老保险】 2017年，全县城乡居民养老保险实际参保人数122821人，完成市级下达参保目标任务121600人的101%；16—59周岁应缴费人员95167人，截至2017年12月31日，缴费成功人数87538人，完成市级下达目标任务88000的99.47%，个人缴纳养老保险费983.28万元；2017年享受上级补助2942.69万元（其中，中央补助2312万元，省级补助522.43万元，市级补助52.7万元，县级补助55.6万元）；月发放养老金27654人，2017年累计支出养老金2913.02万元。

被征地农民养老保险缴费人数累计达3456人，2017年发放养老金1335人，1—12月累计发放养老金166.40万元。

【金融社保卡发放开启城乡社保新模式】 2017年，卡管系统中采集人员信息211482条，3家银行采集信息208547条，其余2935条为卡管系统自动采集所得。208547条信息中，收到金融社保卡206205张，其中，农村信用社180397张，农业银行8928张，建设银行16880张；制卡失败1014张；运输途中1328张。发放金融社保卡204000张，完成目标任务数203000张的100.49%，其中，2017年以前发放114197张，2017年发放89803张，完成本年目标任务88803张的101.13%。从目前掌握的情况看，下步将处理卡管系统中2935条信息和制卡失败的1014条信息，届时将完成全县所有人员的制卡任务，与全县人口22万人相比，不足的8000余人均属动态管理的范畴。金融社保卡的制作完成将为人社部门各业务系统的应用推广提供广泛全面的基础支撑。

县人社局举办“敬老节”文艺晚会

【城镇职工医疗保险】 2017年，全县有城镇职工基本医疗保险参保单位474户，参保职工13984人，其中，企业4422人、机关事业6449人、个体从业人员参保3113人。在职职工10036人、退休人员3948人，退休人员占全部参保人数的28.23%。全年收缴基本医疗保险基金6376.31万元，其中，统筹基金收入2869.40万元，占45%，比去年同期增长13.53%；个人账户收入3506.91万元，占55%，比去年同期增长22.79%。累计发生支出4285.70万元，其中，统筹金支出1305.22万元，占30.46%，比去年同期增长-4.74%；个人账户支出2980.48万元，占69.54%，比去年同期增长13.31%。

【城乡居民医疗保险】 2017年，城乡居民医疗保险实际参保183824人，其中，成年人145353人，占79.07%；未成年人38471人，占20.93%。2017年，居民医疗保险基金收入11140万元，其中，个人缴费2892万元，各级财政补助资金7486万元。城乡居民医疗保险支出7432万元。

【特殊人群医疗保险】 2017年，特殊人群医疗保险全县共有特殊人群35人，其中，离休27人、二等乙级以上革命伤残军人8人。统筹收入117万元（其中，财政拨款100万元），实际发生支出132万元，同比增加3.13%。

【大病补充医疗保险】 2017年，全县职工大病补充医疗保险参保单位474户，参保职工13984人。收缴大病保险费393万元。发生大病人数81人、154人次，实际赔付276.90万元，赔付率为100%；城乡居民大病补充医疗保险大病参保人数为183824人。发生大病人数294人、2124次，应理赔454.89万元，实际理赔454.89万元，赔付率100%。

【公务员医疗补助】 2017年，参加公务员医疗补助单位216户，参保职工年末数7170人，累计收缴基金2609万元，划入统筹521.80万元，划入个人账户2087.20万元。

【失业保险】 2017年，全县参加失业保险的单位394家，参保职工9032人，完成市级下达全年目标任务9000人的100.4%，征收失业保险金495.63万元，完成市级下达全年目标任务430万元的115.3%，比上年同期减少186.96万元，为376名失业职工发放失业保险金160.36万元，代缴医保费用30.62万元，为83名农民工发放一次性生活补助87.99万元，为符合政策的46户企业2557人发放稳岗补贴83.24万元。

【工伤保险】 2017年，全县参加职工工伤保险的单位有522户，参保职工12030人，完成市级下达目标任务12000人的100%，其中，企业参保户数323户，参保职工6732人，机关事业单位参保户数199户，参保职工5298人。共收缴工伤保险费383.97万元，其中，收缴企业工伤保险费264.86万元，机关事业单位工伤保险费119.1万元。全年共发生工伤保险支付126人，支付工伤保险费740.42万元，其中，企业发生106人次，支付工伤保险648.46万元，机关事业单位发生20人次，支付工伤保险91.96万元。年末，享受工伤保险定期待遇的有42人，其中，1—4级25人，供养遗属17人。春节送温暖活动中，对工伤1—4级及供养遗属中的25人进行了慰问，共发放慰问金12500元。

【生育保险】 2017年，全县参加职工生育保险的单位有480户，参保职工10863人，完成市级下达目标任务10700人的101%，其中，企业参保户数281户，参保职工5565人，机关事业单位参保户数199户，参保职工5298人。共收缴生育保险费295.57万元，其中，收缴企业生育保险费255.64万元，机关事业单位生育保险费39.93万元。全年共发生生育保险支付588起人次，支付生育保险费541.45万元，其中，企业发生320人次，支付生育保险439.76万元，机关事业单位发生268人次，支付生育保险101.69万元。

【基金监督】 2017年，加强社会保险基金风险防控、强化监督管理，促进完善政策制度、规范经办服务，提高基金管理水平，提升基金安全程度为工作重点。加大社会保险基金日常巡查力度，强化财务对账工作；定期分析基金保值增值情况，合理确定存款比例，提高基金收益水平；开展社会保险基金安全评估工作；牵头组织了2017年社会保险基金现场实地稽核工作，稽核24户企业；开展社会保险基金"六个严禁"专项整治行动；加大各种检查力度，确保基金安全平稳运行。

【"两定"机构的监督管理】 2017年，对两定机构实行协议管理，加大稽核巡查力度。日常检查和突击检查相结合，对定点医院检查每周不少于一次，定点药店每月检查不少于一次。根据省市安排，7—12月对定点零售药店进行专项整治工作，对存在问题的单位给予处罚和通报批评。

【退休人员管理】 退休人员社会化管理服务工作，截至2017年12月已实现了全县3986名退休人员的全面管理，其中，机关事业单位退休人员1469人，企业退休人员2517人。坚持"退休一人接管一人"的原则，对全县退休人员进行接管，社会化和社区管理率达100%；中心设1个党总支，下设13个党支部，自管组49个，已形成有组织、有领导的社会化管理服务工作格局，建立健全了退休人员管理服务制度，实现"管理服务规范化，活动形式多样化，内容开展全面化"的退休人员管理模式。

【退休人员活动场地提档升级】 华宁县退休人员活动中心改造项目总投资50万元，经过前期项目审批、招投标等程序，于2017年8月动工，截至11月底竣工。该场地建成后具备气排球场、乒乓球室、舞蹈排练室、阅览室、书画室、棋牌室、麻将室、健身室、大（小）会议室等功能，是集文化娱乐、教育培训、保健服务、党员活动阵地为一体的社会公益性活动场所，是退休人员交流信息的平台，是推动老年事业发展的一个示范性窗口。

【退休人员慰问及业务活动】 2017年，做好生病住院、因病死亡、因病长期卧床、特困孤寡退休人员走访慰问工作，1—12月共慰问1015人次，发放慰问金9万元。完成春节对全县3732名退休人员的春节慰问工作，共发放慰问金37万元，同时还对35名比较困难的退休人员发放了1.7万元的春节困难慰问金。做好退休人员死亡困难遗属生活困难补助发放，涉及645人次，发放资金12万元。全年共发放企业退休人员护理费19万元，涉及649人。在敬老节来临之际，邀请全县退休人员吃敬老饭，共计支出14万元。做好退休人员生存认证工作，有效防范了养老金和遗属补助冒领、错领的现象。完成改制企业退休人员第十四期职工医疗互助收缴工作，涉及1183名退休人员，共缴纳医疗互助金144480元。

【退休人员文体活动】 2017年，县人社局协调组织65周岁以上退休人员进行了免费健康体检。组队参加全市退休人员地掷球、门球、健身操比赛。举办了以“共庆十九大醉美夕阳红”为主题的专场文艺晚会。清明节组织160多名退休党员到万松山进行扫墓，缅怀革命烈士。邀请人社局局长以“回顾这五年共庆十九大”为退休党员讲党课。组织全体退休党员学习十九大精神。

（张潇月）

国土资源管理

【概　况】 2017年，华宁县国土资源局认真贯彻落实国家、省、市、县国土资源管理工作会议精神，进一步认清形势，深化改革，积极克服各种不利因素，扎实有力推进国土资源管理领域各项工作开展，做到保护与保障并举，管理和服务并行，较好地完成全年各项目标任务，为促进华宁县经济社会发展做出了积极的努力和贡献。

【落实耕地保护任务】 2017年，积极落实各级政府耕地保护责任主体，层层签订目标责任书。全县划定永久基本农田保护面积为23856.55公顷，总片块数为1205块。华宁县人民政府与各乡镇（街道）签订责任书5份，乡镇（街道）与村（居）民委员会签订责任书78份，村（居）民委员会与村（居）小组签订责任书715份，永久基本农田划定调查表472份。设基本农田保护界桩1647个，本次共更新界桩总数179个，其中，标准界桩47个，简易界桩132个。更新基本农田宣传标志牌1块。华宁县永久基本农田划定工作于2017年6月12日已通过省厅验收，达到省厅下达的保护比例，成果已下发使用。全县耕地面积51.54万亩，基本农田保护面积35.78万亩，耕地占补平衡。

【土地开发整理】 完成通红甸土地整治项目规划设计变更评审，并收到云南省国土资源厅的规划设计变更评审意见；盘溪平坝土地整治项目规划设计变更评审资料从省厅协调移交到市局，由组织专家进行了评审，并下达评审意见，于2017年6月22日通过评审验收。根据省国土资源厅关于开展土地整治项目备案信息复核确认核实工作的通知，完成了华溪大总多、宁州老纳冲、盘溪九甸、青龙糯租4个二调新增耕地项目的农村土地整治监测监管系统报备，并通过省级专家评审。新城等4个土地整理项目工程部分完工，编制竣工资料，进入审计阶段，力争在2018年6月前通过验收。完成生产及建设项目临时用地土地复垦方案评审3个，复垦义务人累计应预存土地复垦费约334.07万元。

【土地储备】 科学合理制定年度收储计划，制定土地征收补偿安置方案，开展了南过境路200米范围、弥玉高速华宁段、县城至莲花塘道路（一、二期）、永平大桥、裕丰纸业、县第三中学、县委党校等6个重点项目土地收储共计1245.36184亩，兑现征地费补偿11641.1556万元。积极探索开展土地储备专项债券申报。根据〈关于印发《地方政府土地储备专项债券管理办法（试行）》的通知〉等有关要求，制定2018年土地收储计划和出让计划，积极开展土地储备专项债券申报，结合华宁县市场行情及土地储备项目收储出让计划，向上级申报2018年华宁县土地储备专项债券额度58023.7万元。

【土地运营】 2017年，依法组织土地、矿产资源供应，严格执行经营性用地招拍挂出让制度，按“结构调整、保障民生、节约集约”总体思路，采取各种措施，加强建设项目用地供应，安居工程用地“应保尽保”。进一步健全土地市场动态监测与监管，采取有效措施加大土地供应，1—10月以挂牌方式出让供地5宗（工业用地），供应面积161.841亩，成交总价款2534.40万元；其次正在组织报件的8宗，其中出让用地3宗（工业用地2宗，商服用地1宗）；划拨用地5宗（街巷用地1宗、科教用地1宗、医卫用地1宗、机关团体用地2宗），面积共计144.9555亩。

【土地规划引领作用】 一是严格执行土地利用总体规划，积极配合项目用地单位做好项目用地规划选址，对不符合土地利用总体规划项目一律不予报批，2017年受理各类项目用地审查15件，办理了15个项目规划审查意见，面积86公顷，为项目立项、备案、核准提供了用地要件。二是完成华宁县土地利用总体规划调整完善工作，本次规划调整于2016年启动，重点保障2017、2018、2019年民生、基础设施、重点建设项目用地的建设用地需求。市局下达全县新增建设用地规模：334.54公顷（5018.亩），其中城乡建设用地规模308.89公顷（4633.35亩），交通水利及其他建设用地指标25.65公顷（384.75亩）。规划完善调整布局项目99个，新增建设用地3614.63亩，其中城乡建设用地3161.27亩，交通水利用地356.3亩。2017年10月14日县级数据库经省国土资源厅质检通过。县级土地利用总体规划调整方案于2017年10月15日经《云南省人民政府关于玉溪市及红塔区等9个县区土地利用总体规划调整方案的批复》。乡级规划于2017年10月25日上报市人民政府批准实施。三是认真组织开展华宁县第三轮矿产资源总体规划编制工作，成立了领导小组，完成实施方案编制，通过竞争性谈判方式确定了作业单位，初步成果已编制完成，相关成果已上报省国土规划院审查。市国土资源局于2017年10月29日组织专家对县级矿产资源规划成果进行核对检查，审查修改后成果，通过后上报市人民政府批准实施。四是积极开展华宁县“十三五”土地整治规划工作，以竞争性谈判完成作业单位的采购工作，成立了工作领导小组、编制了规划编制工作的实施方案，技术作业单位已开展土地整治规划资料收集整理和外业踏勘，初步成果已编制完成，待上报市局审核。

【不动产登记管理】 2017年，办理不动产权证书1404本，不动产权证明777本，查封21件，不动产登记无房产查询2450件，首套房查询1106件，领导干部有关事项查询750件，贫困户信息查询14577件，无查封无抵押查询601件，注销抵押权登记32件，政策询问450例。分类缩短不动产登记办理时限，按照便民高效的原则，全面梳理现行的不动产登记操作流程，调整了窗口的设置，把数据维护前置，明确权籍调查数据准确规范后才能进入下一个流程。增设了2个收件窗口、2个申请受理窗口，细化工作职责，对每个节点的工作从完成的时间、数量、质量上做出明确要求，以缩短办理时间。全面开展（房地）存量数据整合，按照“零星整合受理一宗整合一宗、片区整合分片区逐步整合”的原则，2017年4月底前完成工作方案的制定，7月14日完成（房地）存量数据整合项目招投标工作，积极争取数据整合经费，进一步规范数据整合技术，严格把好成果资料质量关，按国家、省、市要求完成80%的（房地）存量数据整合9800宗汇交到全国统一的信息平台。

【地质灾害防治】 建立完善地质灾害防治机制。2017年年初印发了《地质灾害防治预案》和《突发地质灾害应急预案》；成立了地质灾害救援抢险应急小分队和党员先锋队；落实了主汛期和非主汛期24小时值班值守制度；完善了县、镇（街道）、村、社、点5级地质灾害群测群防体系，对排查出的88处地质灾害隐患点落实了监测人员、责任人和责任单位；举办地灾防治工作培训会，组织地质灾害应急疏散抢险救援演练，确保了全县人民群众生命财产安全。

积极开展申报的地质灾害避灾搬迁项目，截

至2017年，玉溪市国土资源局已批复华宁县地质灾害避灾搬迁项目13个，共466户1749人，补助资金2490万元。宁州街道办王马小河、那果红泥坡、青龙镇斗居玉泉山、落梅小树多4个小组避灾搬迁项目，涉及145户526人，市局补助资金890万元，现已完成132户主体工程，尚有5户未动工搬迁（玉泉山5户）；青龙镇矣马白村委会矣马白上营小组避灾搬迁项目，32户121人，市局补助资金160万元，现已完成大部分房屋主体工程；通红甸乡所梅早村委会小龙树小组、青龙镇落梅村委会牙口小组、华溪镇小寨村委会小新寨3个小组避灾搬迁项目，80户336人，市局补助资金400万元，正在建设房屋主体工程；宁州街道办暮车村委会柒树林、阿路本村委会舍阴寨、茂地村村委会中则龙潭、马鞍山社区老孔寨4个小组避灾搬迁项目，涉及139户491人，市局补助资金695万元，尚未动工；青龙镇海迤村委会海迤、对门山小组避灾搬迁项目，涉及73户，279人，市局补助资金365万元。

推进地质灾害治理项目的实施。截至2017年，云南省国土资源厅、玉溪市国土资源局已批复华宁县地质灾害治理项目12个，计划总投入资金约5485.51万元。华溪第十中学不稳定斜坡治理项目（中型），市级补助资金278.92万元、宁州街道办暮车崩塌治理项目（中型），市级补助资金230.85万元，现工程已完工并通过初验，等待终验；青龙河上游红泥坡滑坡泥石流治理项目（特大型），投资预算2195.98万元，省级已下达项目资金1975万元，现已开工，截至2017年9月，完成工程总量的85%；宁州街道办火特核桃冲滑坡治理、通红甸乡小得勒小组滑坡治理、华溪镇独家村大路竜泥石流治理3个中型项目，市级已下达资金424.88万元，其中，大路竜、小得勒两个项目已完成工程全部内容，并组织预验收，正在进行预验收问题整改，核桃冲项目由于项目设计变更及雨季影响，现约完成工程计划的30%；华宁县第五中学滑坡治理项目（特大型）、青龙镇矣马白村委会鸡冠山小组滑坡治理项目（大型），两个治理项目计划投入资金1350万元，已与云南地质工程第二勘察院签订项目勘察设计合同，华宁县第五中学滑坡治理项目已完成施工及监理招标，等待开工；青龙镇矣马白村委会鸡冠山小组滑坡治理项目已完成施工招标，监理流标，正在进行加监理二次招标工作；华宁县青龙镇第七中学滑坡泥石流治理项目已列入省级地质灾害治理工程项目储备，资金匡算500万元，现正准备进行项目勘查、可研、施工图设计的招投标工作；华宁县青龙镇海迤泥石流治理项目、华宁县青龙镇青龙河合本得至龙潭箐间泥石流沟治理项目正在组织项目勘查、可研、施工图设计的招投标工作；华宁县通红甸乡山羊母村委会山羊母小组滑坡治理项目，已委托云南地质勘察设计研究院开展勘查、可研、施工图设计工作。

做好全县小型地质灾害治理项目，2017年完成盘溪居伯、富亩土、通红甸泥则勒、宁州邑格、茂地村5个小型治理项目。

【地籍管理】 2017年年底，华宁县集体土地使用权确权登记完成外业测量共计44082宗，确权及资料收集44082宗，外业调查成果通过市二调办的验收并下发验收工作报告。内业成果数据库的整理制作完成85%。一年来审核不动产权证1917宗，土地登记资料公开查询60次。完成2016年96个年度变更图斑工作，监测面积759亩，占用耕地面积526.3亩，占用基本农田面积192.3亩。按时上报图斑调查情况、图片、数据库等材料；做好土地勘测定界报告审查备案上报7宗。本次补充调查可纳入耕地后备资源涉及各个乡镇，共计2188.9公顷，其中，耕地后备资源类型为可开发未利用地619.85公顷，可复垦村庄17.58公顷，可提质改造的耕地1527.01公顷。

【矿产资源管理】 2017年，完成上报三级联网探矿权保留3个，延续2个；延续县级发证采矿许可证一个（青龙镇瓦窑箐采石场）；非煤矿山转型升级淘汰关闭注销采矿许可证5个，即青龙镇大村石灰窑砂场、青龙镇鸡冠山采石场、青龙镇雷打石砂场、盘溪镇大龙树采石场、盘溪镇九甸河边采石场。完成建设项目用地矿产压覆8个，出具查询结果8份。完成了网上勘查开采信息公示矿业权58个；配合做好华宁县非煤矿山转型升级工作：华宁县有非煤矿山35座，其中达标保留1座，改造升级22座，淘汰关闭12座。三是组织召开关闭类矿山企业会议1次，走访座谈36次，组织召开改造升级类矿山企业会议3次，初审上报评审的储量核实报告、开发利用方案各4个。截至2017年，全县共收取采矿权矿山恢复治理保证金646.35万元，探矿权勘查区恢复治理保证金336万元，合计982.35万元。

【加强执法监管】 按要求开展了2016年卫片执法检查工作，已通过省级验收；2016年，华宁县共涉及监测图斑96个，面积759亩（其中，耕地面积占526.3亩，基本农田占192.3亩）。调查中认定新增建设用地为47宗，面积332.6亩（其中，耕地面积211.8亩）。经过调查核实，立案查处结案2宗，面积17.6亩（其中，耕地面积占10.7亩），收缴罚款107431.00元。占耕比例9.67%；加大巡查力度，成效明显。按计划实施动态巡查785次，累计巡查人数1588人次，下发国土资源责令停止违法行为通知书148份，有效将违法行为制止在萌芽状态。

【法规宣教】 强化法治宣传教育。利用各类宣传日活动契机，采取多种方式广泛宣传国土资源法律法规和政策。据不完全统计，2017年共组织以会代训5次，参训人员251人；悬挂横幅布标12条；出宣传栏4期；设立咨询点6个，向群众散发宣传资料共9500余份。其次是加强干部教育培训。组织12人参加行政执法人员资格培训；邀请法律顾问对全系统干部职工开展行政执法专题法治教育培训讲座；组织全系统干部职工64人参加2017年网络在线学法考试，参考率及合格率均达100%。做好综治维稳及信访工作。认真做好“两会”及十九大期间综治维稳信访工作，及时开展矛盾纠纷和不稳定隐患排查化解工作；认真做好群众来信来访工作，共接待群众来信来访39件，其中，市国土局交办2件、县委办交办1件、县纪委交办2件、县信访局交办34件，已依法依规依政策给予答复和办理37件，正在办理2件，办结率达95%。做好依法行政工作。认真做好云南省行政执法资格管理系统信息录入工作，完成本部门49名行政执法人员信息统计上报；认真开展2017年行政执法案卷评查工作，组织上报市、县行政执法案卷评查抽查共6件，其中，行政许可案卷4件，行政处罚案卷2件，无被评查为不合格情况发生；受县政府委托依职权组织召开《华宁县土地利用总体规（2010—2020年）调整完善方案》和《华宁县矿产资源总体规（2016—2020年）》听证会2次。

（原艺玻）

民　政

【概　况】 2017年，华宁民政工作以作风建设为抓手，以民生保障为重点，毫不松懈地抓好习近平新时代中国特色社会主义思想和中共十八届六中全会、中共十九大精神的学习贯彻以及党中央、国务院和省市县关于保障民生的各项决策部署的落实，牢固树立“民政为民、民政爱民”工作理念，全体民政干部职工上下一心、奋发有为、尽责担当，大力推进民政事业改革创新，扎实推进华宁民政工作，在重点工作上求突破，在示范性工作上求创新、树亮点，在保障和改善民生上狠抓落实，充分发挥民政在脱贫攻坚工作中的社会兜底保障作用，为全县跨越发展、全面实现脱贫攻坚目标任务做出了积极的贡献，全县民政事业呈现出蓬勃发展的良好局面。2017年，全县民政事业经费投入达到8725.46万元，同比增长22.06%。

【协调争取资金】 2017年，通过积极协调争取到省市民政服务设施建设资金2336.8万元，其中，青龙镇敬老院570万元、公办养老机构运营维护费117万元、居家养老服务中心建设补助经费334.8万元、14个老年活动室建设补助经费115万元、儿童福利中心及儿童之家275万元、44个村级公墓建设补助经费925万元。

【"澄华线"联检】 按照《关于印发2017年玉溪市平安边界建设暨联检工作的实施方案的通知》的要求和安排，华宁县民政局牵头"澄华线"联合检查工作。2017年3月，联系澄江县民政局共同商议并制定《华宁县与澄江县行政区域界线联合检查实施方案》和联检日程安排，报双方县人民政府同意实施，签订《华宁县澄江县共建平安边界睦邻友好公约》。7月12日，组织联检人员赴实地检查边界线及沿线界桩6棵、界线30.36千米，逐段核对边界线走向、线状地物及其界线两侧地物地貌等的变化情况、联检情况，填写界桩联检登记表2张、界线联检登记表4张，形成《华宁县与澄江县行政区域界线联合检查的报告》，建立联检档案8份并按要求上报玉溪市人民政府、市民政局。

【干沟箐界桩修复】 2017年3月，华宁县民政局主动联系弥勒、建水民政局商议三交点（南盘江与干沟箐交汇处）受损界桩修复事宜，联合拟定《"华弥建"三交点界桩修复安装方案》。4月，咨询石材加工户预算并定制界桩，签订《三交点界桩修复安装合同》。8月23日，华宁、弥勒、建水三方代表约定到达现场，检查确认受损界桩情况，同意按方案施工安装。技术人员交代施工前注意事项、提出技术性要求后由施工负责人在开工前组织对全体现场施工作业人员进行安全、技术交底，明确职责任务。施工人员拆除已损坏的界桩，刨开原底座，在原位置支起模板并浇筑混凝土基础，安放底座和界桩桩体，测量界桩方位角度、位置、底座水平和界桩垂直，清扫尘土。三县（市）民政局人员对照界桩安装的相关要求进行验收，填写《"华弥建"三交点界桩修复安装登记表》，完成恢复安装，制作安装费用5710元由三县（市）民政局均担。

【街道命名】 2017年2月，到住建局规划所收集县城新建道路的位置、走向、长宽、路面情况、绿化等基本信息，按照国务院《地名管理条例》《云南省地名管理实施办法》《玉溪市地名管理规定》对县城2条新建街道进行命名。一是拟定初步命名方案和意见。二是发放征求意见函至相关部门，收集意见建议。三是组织专家讨论审核方案。四是将修改整理后的命名方案报县政府批复。五是发布通告。祥云路：支路，混凝土路面，东西走向，长172米，宽16米，西起松山路（甸尾社区居委会），经泉乡名居小区至河滨路；民和路：支路，混凝土路面，南北走向，长336米，宽12米，南起祥云路，经随园食餐馆、民政局、迎秀苑小区（北门）向北至松山路。

【地名更名】 2017年4月，华宁县召开地名标准化处理会议，提出对不规范地名20条、重名地名14条进行更名，作标准化处理。按照地名命名更名的基本要求，由村委会（社区）组织专家、学者、基层干部和村（居）民代表，征询群众意见建议，通过充分讨论酝酿提出更名方案、填写《地名命名更名审批表》，经乡、镇政府（街道办事处）签署意见、送县地名普查办，11月，普查办组织地名普查专家审核，12月，将审核整理的更名方案报县政府批复、发布通告，完成34条地名标准化处理。

【地名普查接受各级审核整改】 2017年3月，县普查办组织专家对上年形成的地名普查成果进行自查审核整改，形成《华宁县第二次全国地名普查自查报告》《华宁县第二次全国地名普查县级自查问题整改情况报告》。5月，通过了市级审核验收，上报了《华宁县第二次全国地名普查市级核查报告》和《华宁县第二次全国地名普查市级核查问题整改情况报告》。8月，完成省级检查提出的问题整改，11月提交国家级检查审核提出的第一次问题整改，按要求完成地名普查2017年度阶段性工作任务。

【《华宁县地名志》编纂】 2017年1月，启动华宁县第二次全国地名普查成果转化工作。聘请三位退休干部在第二次全国地名普查工作成果的基础上，收集整理资料、编写《华宁县地名志》。上半年，按照原商定的编纂形式、内容、时间、步骤要求等组织了编纂结构篇目、体例。先后收集整理行政区域、自然村、山川、河流、机关单位、企业、道路交通等资料，至11月已基本形成初稿，开始修改补充数据阶段。

【自然灾害】 2017年，华宁县遭受了不同程度的低温冷冻、风雹、洪涝、滑坡、泥石流等自然灾害，尤其是进入汛期后，部分乡镇、街道频繁遭受暴雨洪涝、冰雹等自然灾害，给部分群众造成巨大经济损失。2017年，全县累计发生洪涝、风雹和台风自然灾害8次，造成约2万人（次）受灾，其中两次向省、市请示调拨110顶12平方米救灾专用帐篷，紧急转移安置受灾群众443人；农作物受灾面积938公顷，其中绝收面积51.41公顷；140间民房受损，其中严重损坏8间，一般受损132间；因灾死亡1人；经济损失达4135.93万元。

【灾害救助】 2017年，投入资金308.89万元，发放因灾损坏农房救助资金18.38万元，救助损房户67户209人；支出冬春生活救助资金119.51万元，救助受灾群众9104户25732人。其中发放大米107.5吨、衣服2000套（男、女各1000套）、棉被2500床、毛毯1000条、彩条布50件。投入21万元为全县50000多户农村住房进行保险，投入150多万元为全县农村住房开展地震政策性保险。

【救灾物资储备】 华宁县救灾物资储备库位于华宁县宁州街道民和路，华宁县社会福利中心一楼，占地面积1580平方米，于2011年开工建设，2014年6月竣工并投入使用。作为上级救灾物资储备点之一，曾多次担任救灾物资调运任务。2017年底，代省级存储12平方米救灾帐篷390顶、救灾专用彩条布200件、棉被1000床、棉大衣1000件、救灾衣服500套；代市级存储12平方米救灾帐篷2500顶、救灾专用彩条布700件、折叠床2000张（带垫棉2000条）、棉被8000床；华宁存储衣服5228套、棉被4000床、棉大衣1996件、毛毯77条、应急指挥帐篷6顶、屋脊型应急帐篷50顶。结合省、市有关规章制度，制定出台了《物资储备库管理制度》，严格执行救灾物资出、入库制度，加强物资安全检查和养护、规范存储。

【脱贫攻坚中的兜底保障】 2017年，为确保全县脱贫攻坚工作的顺利开展和目标任务的圆满实现，县民政将建档立卡人员纳入兜底保障对象，将符合低保政策的1598人建档立卡人员纳入城乡低保待遇享受，每月支出低保金31.95万元；将45人纳入特困人员供养待遇享受，每月支出特困人员供养金23286元；通过“一站式”及“医后救助”享受医疗救助290人19.2万元；享受临时救助51人104300元。对住院的995人次建档立卡人员医疗费用报销未达到90%的部分，由民政医疗救助补足90%，支出医疗救助金491636.95元。

【提高社会救助兜底保障标准】 2017年，将城市低保A类标准由每人每月456元提高到每人每月459元、B类由每人每月375元提高到每人每月378元、C类由每人每月325元提高到每人每月328元；农村低保标准A类由原来250元/人·月调整为258元/人·月、B类由原来180元/人·月调整为188元/人·月、C类由原来155元/人·月调整为163元/人·月。特困人员分散供养标准由每人每月456元提高到每人每506元、集中供养的按原标准 635 元 / 人 · 月执行。

【城乡居民最低生活保障】 2017 年，通过专项整治，全县退出城乡低保 2042 人、新增城乡低保 667 人。截至 12 月，全县共有城镇低保对象 2811 户 3089 人，全年累计支出城镇低保金 1226.68 万元；农村低保对象 5139 户 5484 人，全年累计支出农村低保金 1124.07 万元。

【城乡医疗救助】 2017 年，城乡医疗救助 4238 人次、救助资金 396.69 万元。对全县 6193 人的城镇低保、农村低保对象每人 70 元和五保对象、沙甸事件、孤儿对象每人 180 元的参合标准缴纳 2018 年参合参保资金 48.3 万元。

【临时救助】 按照《华宁县临时救助办法》，及时解决城乡居民临时性、突发性生活困难问题，按月对低保对象、低保边缘家庭提供突发性生活困难救助。2017 年，全县共救助城乡低保户及困难边缘户 253 人 57.10 万元。

【五保供养】 2017 年，全县特困人员供养 429 户 437 人，其中，在院供养 90 户 92 人，院外供养 339 户 345 人，基本做到了应保尽保。累计发放特困人员供养金 233.81 万元，比 2017 年增加 66.22 万元。

【优待抚恤】 2017 年共发放 1573 名优抚对象的补助资金 856 万元、兑现 96 户义务兵家属优待金 92.7 万元。支出 26.7 万元为 97 名重点优抚对象解决住房、医疗、生活困难；支出 22.4 万元全额支助 1493 名重点优抚对象参保参合；将 60 岁农村籍退役士兵和烈士子女纳入“一站式”服务平台，实现优抚对象医疗保障“一站式”服务工作全覆盖。全年为 491 名优抚对象解决医疗经费 34.5 万元；为 86 户优抚对象解决困难生活补助资金 31.92 万元；出资 1.6 万元为残疾军人更换假肢。

【退役士兵接收安置】 2017 年 7 月 31 日对 2016—2017 年符合安排工作条件的 9 名退役士兵由政府提供安置岗位 9 个，发放 1 名自谋职业退役士兵自谋职业金 40.95 万元，其余 8 名全部安置上岗。同时为自主就业退役士兵办理相关安置落户手续，发放生活补助费 1.2 万元，发放 38 名退役士兵自主就业补助金 44.1 万元；组织 14 名退役士兵在玉溪市汽车驾驶技术培训学校参加了驾驶培训、1 名退役士兵在云南耀兴卓越技工学校参加了 1 年以上的职业教育技能培训，支付退役士兵培训学费 12.6 万元，支付培训期间生活补助 0.6 万元。

【帮助联系点开展农危房建设】 为确保年内全面脱贫目标圆满实现，坚决打赢脱贫攻坚战。2017 年，县民政局经常性组织干部职工深入扶贫挂钩联系点各纳甸村委会和法高村委会用心、用力、用爱去真扶贫、扶真贫，进村入户对各自的挂钩联系户开展政策宣传、围绕每个家庭实际情况，认真研究制定脱贫攻坚计划并分步组织实施；督导 D 级危房建设和 C 级危房加固；围绕“两不愁”“四保障”的脱贫目标对标对表，认真做好脱贫成效考核台账，积极引导联系户填报脱贫申请并签字认可。

县民政局已先后投入资金 50 多万元用于挂钩联系点的便民服务站及 D 级危房建设。同时，每位民政干部职工还为联系户表达了爱心，有的给钱、有的送油、有的送棉裤及毛毯，累计支出 7650 元。通过努力，各纳甸村委会和法高村委会的 13 户 D 级危房和 2 户社会兜底户已在 2017 年 12 月底建成搬迁。累计投入农危房建设补助资金 113.81 万元，建筑面积 824.9 平方米，惠及群众 38 人。

【举行防灾综合演练】 2017 年，为进一步检验地震灾害应急指挥、抢险救援和协调联动能力，查找地震应急准备工作中存在的问题和薄弱环节，提升突发地震灾害应急处置能力，县委、县政府于 10 月 31 日组织各乡镇（街道）与县属行政、企事业单位、学校、医院等 60 个部门 2000 多人参加的以应对防灾、减灾、救灾为主要内容的地震应急疏散逃生综合演练。

【社会组织年检】 2017年应年检70家，实际年检69家，年检参检率98.6%，合格率达98.6%。

【婚姻登记】 2017年办理结婚登记1245对、补发结婚证件527对、办理离婚登记549对、补发离婚证件38件、登记合格率100%。

【收养登记】 2017年办理收养登记6件，合格率达100%；出具不予办理收养登记通知书42份。

【社团登记】 健全完善社会团体管理，2017年成立登记4个、注销登记10个、依法变更登记15个，2017年全县有社会团体70个。

【贫困大学生救助】 为进一步发挥社会救助托底线、救急难作用，及时解决华宁城乡贫困家庭大学新生入学困难，县民政局针对2017年应届高中毕业生参加高考并被高等院校录取、家庭经济困难的低保户、建档立卡贫困户、孤儿、残疾人、优抚对象及因病、因灾等遭受重大损失导致家庭困难的大学新生开展“福彩助学·爱心圆梦”助学活动，全县共资助贫困大学新生50名，发放资助金15万元。

【生活无着流浪乞讨人员救助】 2017年认真贯彻执行《城市生活无着的流浪乞讨人员救助管理办法》，本着“自愿救助、无偿救助”的原则，保障受助人员的基本生活权益。全年共救助55人，其中，成年救助对象51人、未成年救助对象4人，支出救助资金18550.01元。

【未成年人救助保护】 2017年，签订《农村留守儿童委托监护责任确认书》474份，全年发放孤儿及事实无人抚养儿童生活补助34人399，467.57元。选送4名品学兼优的困境儿童参加玉溪市社会福利服务中心承办的“共享关爱快乐成长”儿童夏令营活动。

【残疾人两项补助】 2017年，对困难残疾人每人每月发放50元的困难生活补贴、对重度残疾人发放护理补贴，其中一级每人每月70元、二级每人每月40元。2017年，全县享受残疾人生活补贴人数3127人、享受残疾人护理补贴人数1333人，累计发放“两项补贴”528.28万元。

【推行生态葬】 从2017年1月1日在已建成的42个节地生态葬公墓中积极推行以草坪葬和小型墓葬为主的节地生态公墓葬，全年在节地生态公墓安葬骨灰441个，生态葬比例达到了34.6%，与市政府下达华宁县生态葬目标任务超出7.6个百分点。

【慈善捐款】 2017年，华宁县慈善总会接收到19个爱心企业和4名爱心人士慈善捐款56.08万元。

【慈善救助】 2017年，对华宁籍七名国民党抗战老兵进行走访慰问，发放生活补助金4200元；邀请昆明神康脑科癫痫病医院的两位专家、6名医护人员及10名志愿者到华宁对93癫痫病患者进行免费筛查；投入90万元慈善资金用于脱贫、扶贫事业，帮助有困难的村委会及困难群众解决工作生活中的实际困难，其中投入20000元帮助青龙红岩村委会大火地小组用于购买科技文化中心桌椅、投入60000元用于盘溪镇月红寨村委会建盖公厕、投入20000元用于盘溪镇盘江社区用于体育服务场地建设。

基层民主政治建设

【村级组织】 全县辖54个行政村、21个社区、635个村（居）民小组、75个党总支、342个党支部。各村、社区建立党总支委员会、村（居）民委员会、村（居）民监督委员会。党总支委员384名，其中，书记75名，12名副书记（大学生村干部）、村（居）委会委员442名，其中，主任75名、副主任75名、村（居）务监督委员会委员225名，其中，75名村（居）务监督委员会主任均由村（社区）党总支委员担任；635个村（居）民小组长。

【各类人员生活补助】 2017年，共发放老乡干（村办干）部生活补贴26万元，精简人员生活补贴6.08万元，民政信息员岗位补贴18万元。

老龄工作

【高龄保健补助】 2017年累计为80周岁及以上4010名高龄老年人发放长寿保健康补助金2521350元，其中80—89岁3694人2156850元、90—99岁312人347700元、100岁及以上4人16800元；有退休金452人277200元、无退休金3558人2244150元。

【走访慰问】 2017年春节、敬老节期间，市、县领导分别对11名百岁老寿星、10名五保户、10名“三无”老人、28名困难老人、10名空巢失能老人以及54名95—99岁高龄老人开展走访慰问，支出慰问金11万元。

【老年优待证办理】 2017年，累计为60周岁及以上老年人办理老年人优待证1900本，为老年人的出行及办事提供了便利。

【老年人意外伤害保险】 为进一步建立健全老年人保障体系，增加社会养老保障渠道，减轻政府和家庭负担，提高老年人抵御风险能力，2017年全县开展“幸福和谐晚年”老年人意外伤害保险工作，参与投保老年人数达16351人，收到保费821550元，参保率达49.47%。

【居家养老服务示范点创建】 2017年，将城关社区等5个村、社区居家养老服务中心申报为市级示范点创建项目，经市级评定并获得通过并得到市级74万元示范点创建补助资金。

【全国智慧健康养老示范街道】 2017年，宁州街道办事处被工业和信息化部、民政部、国家卫生计生委评选为“全国智慧健康养老示范街道”。

（朱德能　陈永恒）

民族工作

【概　况】 2017年年底，全县总人口212830人，其中少数民族人口64635人，占全县总人口的30.4%；全县彝、回、苗3个世居少数民族中，彝族人口50143人，占全县总人口的23.6%，占全县少数民族总人口的77.6%；回族人口7601人，占全县总人口的3.6%，占全县少数民族总人口的11.8%；苗族人口5111人，占全县总人口的2.4%，占全县少数民族总人口的7.9%；其他民族1780人，占全县总人口的0.8%，占全县少数民族总人口的2.8%。全县少数民族村委会共有41个（盘溪镇16个，华溪镇6个，青龙镇5个，通红甸乡7个，宁州街道办8个）。按照“共同团结奋斗、共同繁荣发展”的民族工作主题，以民族团结进步示范区建设为统领，抢抓发展机遇，务实担当破难点，认真落实党的民族政策和民族方面的法律法规，协调争取各级资金，大力促进少数民族和民族地区经济社会全面发展，民族团结、宗教和顺的局面得到巩固和发展。

【民族宗教经费管理使用】 2017年，县委统战部、民宗局全年共协调省、市、县民族宗教经费469.68万元，其中，中央130万元，省级27.50万元、市级257.21万元，县级46.47万元。经费主要用于开展“民族团结示范村”建设、民族地区“急难小”工程建设，修建科技文化室和乡村道路引水工程、补贴苗族群众参加新农合、召开宗教界人士座谈会、修缮宗教活动场所及部门自身建设、联系点精准扶贫工程等项目。

【民族成分更改】 2017年，县民宗局共办理民族成分更改4件共4人。其中汉族更改彝族3人、彝族更改汉族1人。

【民族政策法规宣传】 2017年5月12—13日，县委统部（民宗局）与县政法委、县综治维稳办、县司法局、县防范邪教办、县公安局、县卫计局、县公路分局、盘溪镇政府等单位联合，抽调专项法制宣传教育工作队深入盘溪镇政府机关、街面、村、社区、组、宗教活动场所全方位开展《中华人民共和国刑法》《中华人民共和国反分裂国家法》《城市民族工作条例》《宗教事务条例》《中华人民共和国归侨侨眷权益保护法》

《中华人民共和国人民调解法》《云南省人口与计划生育条例》、反邪教等国家法律法规政策、条例的宣传教育活动。

【民族团结示范区创建】 完成盘溪镇矣得民族团结进步示范村建设项目。该项目于2016年8月启动建设，2017年2月底竣工，9月20日前通过验收、审计并全部拨付完项目资金。项目总投资284.62万元。建设内容包含机耕路，蓄水池村内道路硬化、绿化、美化、亮化工程，牌坊修建、民族文化团结广场建设、民族文化上墙、村内公厕建设、两污设施建设、健身设施等。投入资金20万余元产业发展互助资金，对33户重点贫困户进行产业发展借贷扶持。

完成青龙镇马鹿塘村委会马鞍山小组省级民族团结示范村建设任务。该项目于2016年6月开工建设，于2017年8月竣工，于2017年9月20日前通过验收、审计，全部拨付工程款。该项目总投资403万元，实施了科技文化室、民族文化广场、公厕等建设、绿化、亮化、硬化等内容，并投入10万元资金作为示范户资金，解决困难群众实际问题，投入产业发展互助资金20万元，解决群众生产发展困难问题。

实施了盘溪镇矣得村委会小白厂民族团结示范村建设项目，该项目于3月完成规划评审，6月完成招标，7月动工建设，项目总投资概算200万元，其中住建部门千村整治项目1个，资金100万元，民族团结进步示范项目100万元。民族团结进步示范村规划建设内容包含党员活动室建设、民族文化广场建设、标志牌、村内道路硬化、绿化、美化、村内龙潭保护水利设施建设、能力素质提升等。另外，投入10万元为产业发展互助资金，解决困难群众资金短缺问题，助力发展生产。该项目预计11月上旬完工，11月底前完成验收和审计、拨款工作。

【改善民生】 2017年，积极向上争取资金120万元，在宁州拖卓文化活动舞台、小吗哒人畜饮水、青龙中村马郎等涉及5个乡镇的少数民族村寨实施19个急难小项目，民族地区3万余名群众受益，民族地区生产生活条件明显改善，发展后劲明显增强，党的民族政策在民族地区得到贯彻落实，有效助力脱贫攻坚工作。

【民族卫生】 认真贯彻落实《玉溪市民族团结进步示范区建设实施意见》，积极做好2017年少数民族新农合的代缴工作，为3500余名苗族群众解决就医难问题。

【民族教育】 2017年，一是为21名贫困少数民族大学生争取奖励性补助57000元，为他们解决就学难的问题；全面落实“三免一补”政策（免学费、住宿费、教科书费、补生活费）。对人口较少民族和贫困少数民族聚居区的农村在校高中学生实施“三免一补”政策，高中生每人每年补助1500元生活费，对765名人口较少民族高中学生发放国家助学金117.93万元。

【项目储备】 2017年，积极申报2018—2020年储备项目，为今后示范区建设和旅游文化建设打好项目储备基础。共申报民族团结进步示范储备项目101个，其中，示范村建设项目11个，特色村（镇）建设项目26个，急难小项目64个，为今后示范区建设和旅游文化建设打好项目储备基础。

【项目规划】 2017年，按照市委市政府关于贯彻《云南省建设我国民族团结进步示范区规划（2016—2020年）》的实施意见，成立了华宁县示范区建设领导小组，制定了华宁县《民族团结进步示范区建设实施意见》和《华宁县关于推动民族团结进步“6+n进”创建活动的实施方案》，报县委县政府发文实施。

【民族文化】 全年共投入文化项目资金17万元，完成了青龙松棵文化传承室修缮和乐器购置，积极开展了华溪上拖卓村民小组申报国家特色村寨并被命名；对通红甸苗族《花山节》《苗族服饰》、宁州镇登楼山的传统习俗《迎登楼老爷》、彝族音乐《五三腔》、盘溪彝族《唢呐演奏》、彝族习俗《祭龙节》、彝族舞蹈《烟盒舞架子乐》、青龙老田《芦笙舞》、技艺类的《华宁陶制作技艺》《华宁竹编》等民族民间传统文化项目进行了全面申报，现已有《华宁陶制作技艺》、彝族音乐《五三腔》、盘溪彝族《唢呐演奏》、苗族《芦笙舞》《苗族服饰》五个被确定为省级非遗项目，李自轩、普秀凤两人被确定为省级非物质文化遗产（简称“非遗”）项目传承人。此外，华宁县被确定为“非遗”的还有：市级“非遗”项目16个、传承人14人，县级47个项目、传承人55人。

【精准扶贫】 把精准脱贫纳入民族团结进步示范区建设重要内容。在少数民族地区，大力实施基础扶贫、产业扶贫、智力扶贫、生态扶贫、金融扶贫“五大”工程，努力实现“全面建设小康路上绝不让一个兄弟民族掉队”的庄严承诺。2017年累计投入资金近450万元，在全县范围内实施了3个示范村建设，在少数民族村实施了18个急难小项目，帮助少数民族群众解决产业发展、人畜饮水等急需解决的问题，有效助力全县脱贫攻坚工作。

【重要活动】 华宁县民宗局积极开展城市民族管理服务工作。2017年以来，统筹住建、扶贫、人社、公安、计生、财政等有关部门的资源、资金和项目，助力示范创建和城市民族工作的开展：完成2016年的2个示范村建设验收和资金拨付工作；安排120万元资金实施和正在实施19个急难小项目；积极开展少数民族干部、教师队伍培训；有效开展宗教场所规范管理；开展少数民族传统文化的传承与保护工作；积极做好3500余名苗族群众新农合的代缴工作；争取奖励性补助5.7万元为21名贫困少数民族大学生解决就学难的问题；协调公安、计生等部门开展流动人口管理服务等工作，建立相关台账。

“精准”项目建设促“精准”脱贫攻坚。4月11日，市民宗局局长沐爱斌、副局长董存志在县民宗局长张秀篁、副局长王文华及盘溪镇党委书记高双全的陪同下深入盘溪镇矣得村委会小白厂调研民族团结示范村建设规划及前期准备工作暨矣得村委会精准脱贫工作情况。调研组一行与村组干部就已竣工的2016年矣得小组民族团结示范村建设和全村脱贫攻坚工作开展座谈。调研组到小白厂小组实地察看了正在实施的“千村整治”项目、扶贫项目和即将开工的民族团结示范村项目的规划及前期工作情况、“刺脑包”、香椿等野生无公害绿色蔬菜种植发展情况。

积极开展民族团结进步示范区创建活动。利用集镇区赶集日重点宣传，重点围绕非公有制经济、民族宗教、在外成功人士等重点进行宣传；分类宣传，通过专题培训、现场观摩等多形式、多渠道宣传党的民族宗教政策；在集镇区翠溪湖环湖路段安装宣传栏；继续巩固民族团结进步示范村（镇）建设成果和特色村建设成果。

【重要会议】 2017年民族宗教工作会。6月20日，华宁县召开2017年全县民族宗教工作会议。县民宗局局长张秀篁从着力实施“同心”行动和依法管理民族宗教事务两个方面通报了2016年全县民族宗教工作情况，并对2017年民族宗教工作进行了安排部署。副县长殷智才出席会议并讲话。代表县人民政府与各乡镇（街道）分管领导签订《2017年度华宁统一战线民族宗教工作目标管理责任书》。县民宗、统战及县直相关部门、各乡镇（街道）分管领导、统战民宗办主任、专干及县民宗局全体工作人员参加会议。

民族团结进步示范“6+n进”创建工作推进会。11月14日，县民族团结进步示范区创建工作领导小组办公室研究决定，由县委常委、县委统战部部长周士坤主持召开了华宁县2017年度“6+n进”创建目标责任单位工作推进会。全县5个乡镇（街道）、县住建局、县教育局等10个单位领导和业务人员20余人参加了此次会议。

（谢志能）

宗教工作

【概　况】 2017年，全县宗教工作贯彻落实党的宗教政策和法律法规，加强学习教育和培训，不断提高3支队伍建设，全面贯彻中共宗教工作基本方针，坚持我国宗教的中国化方向，积极引导宗教与社会主义社会相适应。华宁县有佛教、伊斯兰教和基督教3种宗教，有经批准开放的宗教活动场所20处：其中，伊斯兰教有清真寺8所1点，分别是盘溪镇北门、东门、大东门、八方树、认一村、鱼鳞坝、东升和宁州镇暮车清真寺和县城伊斯兰教协会礼拜点；基督教有1堂6点，分别是盘溪基督教堂，盘溪湾得箐、六得河和华溪镇暮舍白活动点，华溪镇临时活动点、宁州基督教临时活动点、通红甸乡通红甸村临时活动点；佛教有寺院4所，分别是宁州慈光寺、宁寿寺、盘溪大龙潭寺、青龙通岩寺。

【依法管理宗教】 一是提高宗教事务法治化水平。认真贯彻落实党的民族宗教政策法规，增强宗教界人士及统战宗教干部队伍的政策法规意识。并通过“和谐寺观教堂”的创建活动，引导宗教界人士爱国爱教，共同维护宗教领域的和谐稳定。认一村、北门清真寺分别被省民委评为2015年、2016年云南省和谐寺观教堂。二是认真抓好宗教领域安全工作。全力做好华宁县三大宗教等重要节日和重大宗教活动的安全稳定工作。坚决抵御利用宗教进行的渗透。三是做好民族宗教领域矛盾纠纷排查调处工作。完善民族宗教突发事件应对机制，实行县级领导包案督办重大矛盾纠纷制度，切实维护民族地区团结稳定的社会环境。四是切实抓好伊斯兰教经文学校（班）规范管理工作。进一步巩固规范管理工作前期取得的成效。五是依法依规处理一批宗教热点难点问题。依法处置了佛教“借佛敛财”、基督教私设聚会点的清理等专项行动。六是指导宗教团体加强自身建设。指导宗教团体开展工作，加强宗教团体和宗教活动场所完善各项规章制度。七是积极向省、市相关部门协调，为北门清真寺、东升清真寺、暮车清真寺等宗教活动场所争取到修缮资金19万元。八是做好朝觐报名和朝觐组织和服务工作。

【重要活动】 2017年1月21—23日，华宁县民宗局分赴盘溪镇、华溪镇、青龙镇、通红甸乡和宁州街道办的佛教、伊斯兰教和基督教活动场所开展春节前的慰问工作。

认真开展“送法进宗教活动场所”宣传活动。华宁县民宗局以少数民族信教群众在宗教活动场所举办喜庆活动为契机，及时开展“送法进宗教活动场所”活动，不断加强对宗教界人士和信教群众的法制宣传教育，巩固和谐寺观教堂创建成果，深入推进普法依法治理进程。

【重要会议】 2017年6月2日，华宁县宗教工作会议召开。县四套领导班子成员、县人民法院院长、县人民检察院检察长，县委民族宗教工作领导小组成员单位，各乡镇（街道）党（工）委书记、分管民族宗教工作的领导参加了会议。

佛教、基督教第二次代表大会。2017年12月27日、28日，华宁县召开了县佛教、基督教第二次代表大会。宁州街道、盘溪镇、华溪镇、通红甸乡31名代表，各乡镇（街道）分管统战民宗工作领导、统战民宗专干参加了会议，会议由县委统战部常务副部长、县民宗局局长张秀篁和县民宗局副局长杨治坤主持；县政府副县长、县公安局局长殷智才，县委常委、县委统战部部长周士坤分别作重要讲话。按照规定程序，会议选举产生了县佛教、基督教“两会”二届一次委员会，通过了《华宁县基督教、佛教第二次代表大会决议》。选举产生了华宁县基督教“两会”、佛教第二届委员会常务委员主席（会长）、副主席（副会长），会议取得圆满成功。

（谢志能）

计划生育

【人口和计划生育】 人口和计划生育工作以"强化依法管理、完善服务体系，全面推进计生综合改革为指导思想，紧紧围绕人口与计划生育目标管理责任书，狠抓各项指标任务的落实。2016年10月1日至2017年9月30日，全县总人口为205958人，已婚育龄妇女37895人，全县出生人口2336人，其中，男孩1192人，女孩1144人，出生婴儿性别比104，人口自然增长率为6.15‰，其中计划内出生2120人，符合政策生育率为90.75%。

【计划生育目标管理责任制】 2017年，坚持层层落实党政"一把手"亲自抓、负总责。县政府与各乡镇（街道）签订了《2017年计划生育目标管理责任书》，各乡镇（街道）与村（社区）签订了《计划生育工作目标管理责任书》，并将年度考核情况纳入综合考评，县、乡两级均成立了计划生育工作领导小组，由政府主要领导担任组长，切实履行计划生育工作职责，每年至少召开一次计划生育领导小组会议，专题研究计生工作中存在的重点、难点问题。

【建立全面两孩政策服务管理机制】 为加强全面两孩政策、推动计划生育服务管理。出台了《中共华宁县委、华宁县人民政府关于实施全面两孩政策改革完善计划生育服务管理的实施意见》和《中共华宁县委办公室、华宁县人民政府办公室关于印发〈华宁县贯彻落实计划生育目标管理责任制实施方案〉的通知》，坚持计划生育基本国策，坚持和完善计划生育目标管理责任制，建立健全与新时期形势任务相适应、科学合理、便捷高效的计划生育目标管理责任制考核体系和运行机制，深入推进计划生育服务管理改革，更加注重宣传倡导、政策引导、服务关怀、依法行政，全面提高计划生育工作水平。

【计生基层网底建设】 2017年，在县卫生和计划生育局专门设立一个计生流管股，并配备3人负责计生具体业务工作，各乡镇（街道）在机构合并后设立专门的计划生育办公室，并按照乡镇（街道）和村级人口覆盖情况，配备相应的乡级计生工作人员和村级计生宣传员、小组信息员，确保县、乡、村三级履行计划生育管理职责层层落实到位，责任到人。按月足额发放村级计生宣传员、计生发药员和小组信息员工资。

【人口动态监测】 加强出生人口统计，建立人口动态监测预警机制，按时按质上报各种计生统计报表，每年召开一次人口形势分析会。制定了《华宁县卫生和计划生育局关于实施人口动态监测管理的通知》，科学预测人口出生变动趋势，为县域经济社会、环境资源协调可持续发展提供有力的数据支撑，依托全员人口信息资源共享平台，健全完善全员人口信息共享，实现医院新生儿出生、村计生宣传员登记出生人口信息和公安部门新生儿落户等多部门实现信息交流多方联动和对接。确保出生人口底子清、情况明，按照统计求实、提升质量的要求，实行人口计生统计信息化比对、抽查和分析通报制度，定期通报结果。

【两孩政策服务落实率】 2017年，出生人数中一孩出生981人，比去年同期减少340人，一孩率为41.99%，比去年下降了10.97个百分点；二孩出生1246人，比去年同期增加162人，二孩率为53.34%，比去年上升了9.87个百分点。

【计生奖励扶助惠民政策】 2017年，按照申报、审查、公开公示、审批等工作程序，严格依据法律法规中规定的各项计划生育奖励扶助政策及资格确认条件，落实好"奖优免补"、奖励扶助、特别扶助等奖励、扶助对象。计划生育奖励扶助50人，特别扶助7人，失独家庭一次性抚慰金4户5人，农业人口独生子女家庭一次性奖励金17户（其中，1000元14户、500元3户），升学加分260人（其中，中考169人、高考91人），新农合资助对象新增119人、退出527人，义务教育奖学金160人（其中，小学23人、初中137人），高中大学阶段奖学金256人（其中，高中148人、专科61人、本科47人）。

【实施全面两孩政策】 2017年，实施全面两孩政策，调整完善生育政策。年末，办理生育服务证1872本（其中，一孩672本，二孩1115本，三孩85本）；办理独生子女父母光荣证79本，为要求生育二孩的家庭办理退证315本。

【流动人口信息管理】 2017年，一是强化信息采集，流动人口信息采集率达95%以上，纸质台账建档率达100%以上，信息录入率达95%以上；二是完善流动人口信息动态更新机制，及时更新流动人口信息。积极组织工作人员、协管员、宣传员、信息员等力量，对流动人口及时登记造册、变更数据、归口使用，数据入库率达95%以上；三是每日登陆国家PADIS流动人口子系统信息管理平台，及时录入、查询、反馈、通报、接收流动人口信息；四是每月通报国家PADIS流动人口子系统信息交换统计数据，强化基础信息核查比对，完善流出、流入人口个案重复、错误、缺失信息内容，建立信息引导服务管理工作机制。

【流动人口健康档案】 截至2017年10月底，流动人口健康档案建档2673人，建档率100%，健康教育覆盖人数1554人，覆盖率86.4%，应接种222人，实接种220人，接种率99%。对辖区内0—6岁的流动儿童，开展新生儿家庭访视、婴幼儿健康管理。年末，全县儿童系统管理222人，管理率100%。对流动孕产妇进行系统管理，孕产妇保健系统管理54人，管理率100%。

【流动人口“一盘棋”建设】 2017年，严格按照《国家基本公共服务体系“十二五”规划》和户籍制度改革的要求，将流动人口作为服务对象，纳入社区卫生计生服务体系，为流动人口提供基本公共卫生服务，在流动人口中全面落实国家基本公共卫生服务项目。深化“一盘棋”机制建设，与周边33个人口流动频繁的市、县签订流动人口计划生育工作管理和服务双向协作，加强地区间政策的有效衔接，完善落实相关制度，协调解决流动人口计划生育的重点、难点问题，促进流动人口计划生育管理服务工作“一盘棋”格局的形成。

【宣传教育】 2017年，计划生育宣传教育工作紧紧围绕中共中央国务院《关于全面实施两孩政策改革完善计划生育服务管理的决定》、中共云南省委云南省人民政府《关于全面实施两孩政策改革完善计划生育服务管理的意见》，开展形式多样的宣传教育活动。一是以电视、广播、网站为载体，广泛宣传云南省计划生育条例、两孩生育政策。二是以街头宣传服务为载体，利用春节、纪念日等活动，开展书写赠送计生春联、文艺演出、科普知识展板等活动向群众宣传全面实施两孩政策、卫生计生科普知识。年末散发《云南省人口与计划生育条例》全面两孩政策问答折页、卫生计生等科普知识宣传品59708份，免费发放避孕药套1633盒，发送价值500元的水杯100个，毛巾100块，宣传手提袋1250个，书写赠送群众春联7200对，为群众测量血压，血糖2262人次，咨询服务4710人次。三是以户外为载体，营造计划生育氛围。乡镇（街道）村（居）以人口文化大院、黑板报为阵地，大力宣传计划生育法律法规、卫生计生科普知识，张贴《卫生和计生墙报》、防治艾滋病等墙报356张。四是以文艺为载体，充分发挥全县404支基层计生协会文艺队扎根于农村群众喜闻乐见的优势，把计生文艺宣传活动融入春节、“三八”妇女节、“5·29”计生协会会员活动日、“7·11”世界人口日、苗族“花山”节、彝族火把节、“12·1”世界艾滋病宣传日等节日中，广泛宣传计划生育、全面实施两孩政策。共演出54场，受教育群众37800人次。

【卫生计生法治讲座】 2017年，一是集中干部、职工举办卫生计生法律政策法规讲座；二是利用“六月”法治宣传月、“全国扶贫日”“12·4”宪法宣传日等重大节日宣传活动，举办领导干部依法行政专题法制讲座；三是利用进机关、进家庭、进学校等“六进”活动等形式，开展政策法规的学习教育和法制宣传，年末，举办法治讲座14次，法治宣传6次。

【计生协会建设】 2017年，按照市计生协基层协会“五个一”（一块牌子，一块阵地，一套班子，一套制度，一支文艺队）和规范的“会员之家”“六有”要求，各级计生协会积极争取党委、政府的重视支持，加大规范化协会建设步伐，全县75个村（居）协会步入了规范化管理轨道，“会员之家”建设面达100%。年末，全县有协会组织81个，其中，县级协会1个，乡级协会5个，村（居）协会75个，会员小组672个。全县有理事779人，会员21820人，占总人口的11.39%，会员联系户5535户，协会文艺队404支。

【协会生育关怀行动】 2017年，各级计生协会紧扣“生育传承希望，关怀相伴和谐”这条主线，积极拓展生育关怀服务领域。一是走访慰问计生困难家庭。各级计生协会在春节和“5·29”会员活动日期间积极组织理事、会员开展关爱计生困难家庭送温暖活动。在慰问活动中协会理事与计生困难家庭促膝谈心询问生产、生活情况，倾听他们的心声，把党和政府的关怀关爱带给计生困难家庭；二是市计生协慰问通红甸乡计生困难户10户，其中，独生子女困难户3户，双女困难户3户，贫困母亲2户，困难计生工作者1户，空巢家庭1户，每户发放慰问金300元，共计3000元；三是华溪镇计生协慰问计生困难家庭学生学习用品32人，其中独生子女困难学生20人，双女困难学生12人，慰问学习用品折合人民币3456元；四是开展生产助耕，帮扶计生困难家庭。各级计生协把关怀帮扶作为提升计生协影响力来抓，心系计生困难家庭，抢抓雨水时节，积极组织理事、会员，深入田间地头帮扶计生困难家庭移栽烤烟18亩，栽秧5亩。

【流动人口公共服务均等化】 2017年10月9日，由宁州街道计生协会牵头联合县民宗局、疾控中心、宁州卫生院、宁阳书院书法协会以“健康宣传服务年，婚育新风进万家”为主题，深入华宁玉珠水泥责任公司，开展流动人口均等化宣传服务活动。宁州卫生院医生为流动人口测量血压、血糖，针对个人病情耐心讲解防治知识，疾病防治中心医生对流动人口进行了艾滋病防治和健康生活知识讲座，宁阳书院书法协会8名会员现场挥毫为玉珠水泥责任公司、员工、流动人口书写“天道酬勤”“厚德载物”等健康向上的书法作品140余幅，向流动人口散发国家基本公共卫生服务项目宣传资料，流动人口服务管理知识问答，儿童6—12个月中医药健康服务教育处方，老年人中医药服务健康教育处方，高血压病的注意事项，地震后卫生防疫知识，结核病防治知识宣传，科学就医健康教育核心信息及释义，“两癌”筛查宣传，抗击肝炎、预防先行等关系流动人口日常生活注意事项的相关资料1180余份，防治艾滋病宣传手提袋110个，发放安全套200盒，展出健康知识展板15块。

11月22日，宁州街道计生协联合卫生院、县卫计局、计生协会、疾控中心到上村社区胜美琉璃瓦厂流动人口计生协会，开展均等化服务、送健康活动，为促进人口长期均衡发展，提高流动人口健康素养，增进家庭和谐幸福，计生协会为农民工送去急救、常用药品；羽毛球、跳棋、象棋、跳绳等体育用品；洗衣粉、肥皂洗漱用品；故事书、知音等杂志，发放职业病的防治、高血压的预防等科普资料、宣传资料21种1100余份，避孕套200盒，发放体育用品、洗漱用品、药品等，摆放展示柜两个，投入经费5000余元。

11月15日，华溪镇计生协会联合民政、妇联、卫生院、综治办、团委、企业办、残联等部门，深入丁公山柑橘基地流动人口计生协会开展“送温暖、送健康、送服务”活动，慰问流动人口困难家庭10户，慰问毛毯10床，军用被1床，折合人民币共计900元，为流动人口进行卫生健康知识讲座，为流动人口测量血压、血糖，健康体检16人，发放卫生计生宣传资料150份，发放避孕套200盒。

11月24日，盘溪镇计生协会出动理事、会员走访慰问了辖区内的流动人口贫困家庭，慰问流动人口困难家庭6户，其中特困家庭2户，留守老人2户、留守妇女1户、留守儿童1户。每户慰问大米1袋、香油1桶，折合人民币1200元。

【市计生协会到华宁调研督导工作】 2017年7月8日，市计生协会一行3人在副会长张红辉带领下到华宁县调研督导计生协会工作。调研组一行3人深入盘溪镇华八中，宁州街道新庄社区进行实地指导，对华宁八中生育关怀—青春健康项目开展情况和新庄社区基层协会组织“会员之家”建设，以及计划生育家庭意外伤害保险工作完成情况进行了深入细致的了解。张红辉对调研中发现的问题提出了意见和建议：一是青春健康项目经费要尽快落实到位；二是加强项目宣教室、心理咨询室建设，三是落实项目管理责任制，项目有专人负责；四是加强基层协会组织建设和“会员之家”规范化建设；五是加快计生家庭意外伤害保险工作力度与全市同步完成保险任务。

【食品安全法主题宣传活动】 2017年4月25日，县卫计局牵头，组织县计生协会、卫生监督局、疾控中心、县医院、宁州卫生院在县城东市街开展食品安全法主题集中宣传活动，共发放食品安全知识、预防食用野生菌中毒、饮用水卫生、打击非法行医、打击“两非”等宣传材料3600份，免费发放避孕套200盒、宣传袋300个、围腰100件、扇子100把，为群众测量血压90人。

【实施青春健康教育项目】 2017年3月中旬，在华宁八中实施“生育关怀—青春健康”教育培训示范基地建设项目。项目实施学校制定了详细、操作性强的活动方案，进一步完善了学校内部健康教育网络，将青春期健康教育活动纳入教学常规管理工作，科学有序地开展形式多样的教育活动。在学校建设了青春健康宣教室、心理健康咨询室，编制了青春期健康教育宣传材料，开展了青春健康专题讲座等系列活动，培养学生文明健康的行为及生活方式，提高学生健康知识知晓率和健康行为形成率。

【青春健康教育项目启动会】 2017年11月28日，华宁县第八中学召开“青春健康教育培训示范基地建设项目启动会”，参加会议的人员有县计生协会、教育局、县妇联、团县委领导，盘溪镇计生办、计生协会、镇团委、妇联、卫生院防艾办、综治办、派出所，计生副镇长及部门负责人，华宁二中、盘溪中心校负责人、华宁八中教师、学生代表共300余人。会上，县计生协会副会长马美萍、教育局德育专干鲁庆伟、华宁八中校长赵本华、副校长王进洲分别作了讲话，并举行了“青春健康教育示范基地项目”授牌仪式，参会领导、教师、学生参观了青春健康教育示范基地建设，学生在宣传展板摆放点观看了防治艾滋病等科普知识展板。会后，华宁八中组织教师、学生260余人，由华宁一中青春健康辅导员杨少英老师授课，举办了青春健康知识讲座。

【计划生育家庭意外伤害保险】 2017年，县、乡计生协会积极争取党委政府的支持，建立“政府主导、部门协作、群众参与、协会实施”的运行机制，县计生协会与人寿保险公司密切协作，在去年计生家庭意外害保险工作的基础上，不断总结经验。5月24—28日，县计生协、人寿保险公司，深入乡镇（街道）进行了计生保险业务培训。全县投保户数6002户，投保人数21006人，投保金额860400元，完成率达86.04%。死亡理赔21件，理赔金额216000元，伤残理赔6件，理赔金额

56400元，医疗理赔370件，理赔金额403800元。

【出生婴儿性别比综合治理】 一是全县B超医疗机构和开展人工终止妊娠手术的医疗卫生机构都制定相应管理制度；二是开展职业道德教育和法律法规培训；三是县卫生和计划生育局与有资质的医疗卫生机构已签订有责任书，各医疗机构与相关科室或人员签订禁止“两非”责任书；四是按时报送“两非”专项整治材料、按时登录“两非”系统，截至2017年11月30日共登录785次；五是医疗卫生机构相关岗位均张贴打击“两非”要求及举报电话。

【孕前优生健康检查】 对登记领取生育服务证的夫妻提供相关孕前优生健康检查、增补叶酸、孕产期健康管理、预防艾滋病梅毒乙肝母婴传播、新生儿疾病筛查、0—6岁儿童健康管理、计划生育技术服务项目、术后随访等免费服务和生育保险报销、住院分娩补助。截至2017年11月底，孕前优生完成数1075对，任务1050对，叶酸发放1494人，任务数1360人；全县新婚登记人群接受婚前保健人数2802人，接受“三病”检测人数2802人；住院分娩补助1566人，补助62.64万元。

【独生子女伤残死亡家庭扶助】 根据国家计生委《人口计生委、财政部关于印发全国独生子女伤残死亡家庭扶助制度试点方案的通知》，2017年卫生和计生局把独生子女伤残的死亡家庭扶助，作为事关广大群众家庭幸福和社会和谐的大事落到实处，按照扶助对象符合的条件，做好独生子女伤残死亡家庭扶助工作，通过张榜公布，逐级审核。年末，全县享受计划生育家庭特别扶助70人，特别扶助金275520元，其中，伤残12人，死亡58人。发放失独家庭一次性抚慰金4户15000元。

【实施生育关怀精准脱贫项目】 2016—2017年为期两年的“生育关怀精准脱贫项目”在宁州街道城关社区实施。4月6日，宁州街道举行“生育关怀——精准脱贫”帮扶项目签订仪式，街道计生协与社区计生协签订了合同书，社区计生协与8户帮扶户签订了合同书并兑现无息贷款8万元。签订仪式上，宁州街道办计生协常务副会长张丽作了讲话要求帮扶户把帮扶资金用在种植业上，科学发展种植业，增加家庭收入。

【农业人口独生子女奖励政策】 2017年，乡镇（街道）计生办采取多种渠道不断加大农业人口“奖优免补”政策的宣传力度。年末，全县累计办理独生子女父母光荣证9427户。一次性兑现奖励17户，15500元，其中兑现1000元家庭的14户，兑现500元家庭的3户；兑现教育奖学金共计256人，315200元，其中，小学250人，初中416人，考取高中148人，考取大专61人，考取本科47人；兑现计划生育家庭奖励扶助金475920元，其中，独生子265人，独生女204人，无子女1人；兑现城镇居民养老扶助金8160元，共计8人，其中，独男4人，独女4人；兑现新农合资金1269180元，人数7051人。

【独生子女保健】 卫生和计划生育局把独生子女保健作为卫生计生工作的“热”“难”问题，专题上报县委、县政府，兑现2017年独生子女保健费983人，金额10980元。解除了下岗人员、城镇居民、农业人口独生子女保健费的后顾之忧，使实行计划生育的独生子女家庭，感受到政治上有地位、经济上得实惠、生活上有保障。

（范亚平）

关心下一代工作

【概　况】 理想信念和核心价值观教育。开展“中华魂”主题教育，培育和践行社会主义核心价值观；开展“两史”教育，筑起青少年理想信念。对学生开展近现代史、党史、国情、改革开放成就和形势政策教育，结合华宁革命斗争历史、新中国成立前后的变化，改革开放以来个人、家庭，当地发生的变化，对青少年进行理想信念教育，使青少年自觉成为共产主义远大理想和中国特色社会主义共同理想的坚定信仰者和忠实践行者。充分利用华宁县的红色文化、历史文化、民族文化、乡土文化、传统文化和生态文化，讲好华宁好故事，传播华宁好声音，引导青少年从小知党信党、爱党护党，增强国家意识；开展了“学雷锋，争当‘四好’少年”“美德少年”“孝亲敬老”等活动，加强青少年思想道德建设；进一步加强法律进校园工作，加强青少年法制教育。

【学生工作】 组织开展“中华魂”主题教育活动。2017年“中华魂”主题教育活动在全县所有中、小学的小学五年级、初中一年级、高中一年级全部班级开展。为保证工作的顺利开展，县关工委会同县文明办、县教育局、县司法局、共青团华宁县委共同行文就具体事宜进行了明确和细化，在工作经费紧张的情况下，由关工委投入1.7万元统一订购了开展教育活动所需读本下发到所有学校，各校按照要求完成工作。

组织开展青少年思想道德教育论文评选活动。经过紧张的筹备收集评选，上报市关工委8篇作品参加全市评选。

认真做好第十六期少年军校各项工作。共培训中、小学生281名。其中20名来自通红甸中、小学的学生受县关工委资助免费参加此次活动。做好2017年贫困学生救助工作。63名贫困中小学在校学生得到关工委救助帮扶。建立华宁县第二个“留守儿童之家”。目前“新庄小学留守儿童之家”已经完成创建并投入正常使用，等待市关工委验收挂牌。成功举办玉溪市第十三届“关爱”夏令营华宁分营活动。72名学生参加，夏令营分两部分进行，一是以少年宫为依托，由县青少年科技活动中心派出教师到通红甸进行指导，开设各类兴趣班，为农村留守儿童教授声乐、电脑、舞蹈、手工、茶艺、刺绣、器乐、体育8个方面的知识；二是对学生进行爱国主义教育。

对两个民族团结示范学校工作进行跟进。县关工委办公室多次到盘溪一校、华溪小寨小学开展工作，督促学校按要求抓好民族学生思想道德教育、法治教育，尽可能教育引导更多的民族学生成人、成才，盘溪一校工作经验在全市进行交流。

积极开展捐资助学活动，助力脱贫攻坚。在“六一”之际协调市关工委、“阳光076志愿者驿站”到宁州社区新庄小学开展捐资助学活动；联合残联为单位扶贫攻坚联系点王马小学捐赠价值6000元电子显示屏一套。10月，办公室与玉溪汇龙集团协调为5所学校安装路灯15盏，价值12万元。其余社会组织还开展了春暖童心、慈善情暖万家、我的大学、中学、小学梦等助学活动。县级机关企事业单位倾情关爱帮扶联系点青少年，以各种形式助力扶贫攻坚。

认真开展义务网吧监督工作，尽量减少未成年人进网吧。网吧监督员按照自身所在乡镇辖区坚持每月活动1—2次，较好地履行职责，减少或杜绝了未成年人进网吧。

关工委向小学生赠送体育用品　　杨　艳　摄

【“五好”关工委创建】 2017年，按照市关工委关于开展第四批创建“五好”基层关工委活动的通知要求，县关工委办公室主任与县委副书记进行了专题汇报，按照县委办下发的《2017年关心下一代工作要点》拟定下发了《关于开展第四批创建“五好”基层关工委活动的通知》指导各乡镇创建工作，按照县委工作思路，力争用3年时间，全县村社区关工委全部完成“五好”关工委创建并验收合格，2017年创建任务较重，宁州街道年内新创建5个村（社区），盘溪镇、青龙镇各8个，华溪镇、通红甸各2个，2017年实现全县“五好”关工委创建县级总数过半。在此基础上申报市级“五好”村关工委12个，“五好”乡镇2个。

各乡镇、村社区关工委结合扶贫攻坚实际，与相关部门协调，以省、市、县各级联系单位科技扶贫、文化扶贫、教育扶贫、卫生扶贫的方式，由相关单位到各乡镇组织开展柑橘病虫害防治、烤烟栽种技术、核桃嫁接、梨树栽培技术、厨师技能培训、牛羊养殖、蔬菜种植技术及病虫害防治等，民进云南省组委、民革云南省组委等省级民主党派组织大量的人力物力到全县各乡镇巡回开展科技、文化、卫生“三下乡”活动和扶贫帮困，提高了农村群众的科技意识和科技知识，为农村群众增收致富助力。

办公室与县残联联合组成慰问组深入10户贫困残疾少幼儿困难家庭进行跟踪问效，了解被扶持家庭接受县关工委5000元扶持资金后的用途及生产、生活情况，并由县关工委对每户贫困残疾少幼儿家庭给予700元资金支持。

【办公室自身建设】 2017年，认真学习贯彻习近平总书记重要指示精神，把习近平在中关工委成立25周年批示传达到各级关工委。按照市委保明顺副书记“三个确保”“四个纳入”“五个落实”的要求，努力抓好各项工作的落实。深入开展中共十八届六中全会精神学习教育，在县乡两级关工委工作人员中利用各种会议认真开展十八届六中全会精神主题学习教育，进一步增强各级关工委的政治意识、大局意识、核心意识、看齐意识，以中共十八届六中全会精神为指导，坚持服务青少年的正确方向，发挥“五老”优势，引导华宁县广大青少年树立和践行社会主义核心价值观，支持和帮助青少年成长成才，团结教育广大青少年听党话、跟党走。

组织人员到各乡镇（街道）调查了解乡镇（街道）关工委组织建设中存在的问题、难点，形成县上的调研报告上交玉溪市关工委。

年内制定出台《华宁县关工委办公室关于加强宣传报道工作管理的通知》，旨在充分调动干部职工、新闻工作者工作积极性，全方位推介县关工委取得的各项成绩，提高关工委工作的知名度和影响力，促进青少年教育发展。参与联系点社区脱贫攻坚工作，已完成所有贫困户建档立卡资料，经过贫情分析会，关工委联系的10户困难户全部达到脱贫标准。全面完成向上争取资金任务。按市关工委要求完成工作动态上墙展示，正式通过市关工委考核验收。

【做好各领域关心下一代工作】 2017年，办公室参与公安部门对未成年进行讯问5人次；参与县人民法院未成年人刑事案件陪审和当庭教育3人次；参与县人民检察院开展预防校园欺凌活动；到司法局办公室协调法制教育事项；协同县残联到玉溪市特殊学校慰问华宁籍学员；参加共青团华宁县委举行的纪念中国共产主义青年团建团95周年暨五四运动98周年活动。

（罗曼娥）

金　融

金融管理

【概　况】2017年，牢牢把握“严纪律、重落实、守底线、上台阶”的工作主线，围绕供给侧结构性改革的金融需求，坚持稳中求进工作总基调，认真贯彻落实稳健的货币政策和各项信贷政策，保持灵活适度，加强和改善宏观审慎管理，切实优化信贷结构，推动改革开放，防范区域性系统性金融风险，各项工作取得新的成效。经过中国人民银行玉溪市中心支行综合考核，人行华宁县支行被授予“2017年度目标管理先进单位”称号，授予华宁县支行党支部为2014—2015年度“先进基层党组织”称号。

【货币政策传导】认真贯彻落实稳健中性货币政策，充分发挥“窗口指导”和政策引导作用，搭建银企对接平台，引导和督促金融机构盘活存量、优化增量，提高资金使用效率，切实加大对实体经济的支持力度。2017年年末，各项存款余额743010万元，同比增加10322万元，增长1.41%；各项贷款余额497839万元，同比增长59897万元，增长13.68%。不良贷款余额为11579万元，同比增加405万元；不良贷款率为2.33%，同比减少0.23个百分点。二是加强存款准备金管理，有效发挥存款准备金工具在流动性管理中的重要作用。除加强存款准备金日常管理和高度关注金融机构流动性状况变化外，认真贯彻落实好《关于鼓励县域法人金融机构将新增存款一定比例用于当地贷款的考核办法》，对达标县域法人金融机构执行低于同类金融机构正常标准1个百分点的存款准备金率。三是完善信贷政策支持再贷款管理，充分发挥其正向激励作用。为继续支持华宁县农村危房改造和农户种植核桃、柑橘、烤烟和其他农作物等，分别于4月、6月、9月3次对华宁县农村信用社共计发放了9000万元的支农再贷款。四是加强对地方法人金融机构信贷新增控制数管理和加大对地方法人金融机构的风险监测力度，要求农村信用社加强信贷管理，将新增贷款数严格控制在人民银行下达的控制指标内。

金融单位在县城组织宣传金融知识

【金融风险的防范和化解】组织实施好宏观审慎评估（MPA），引导地方法人金融机构稳健经营。继续把握好宏观审慎管理理念，引导地方法人金融机构深刻理解宏观审慎评估体系的规则和要求，加强自我约束、审慎经营。2017 年 1—4 季度华宁县农村信用社宏观审慎评估均为 A 类。

做好存款保险工作。开展地方法人机构存款保险保费的审核工作，督促农信社及时足额上缴 2016 年下半年及 2017 年上半年的保费。积极参加玉溪中支组织对法人机构存款保险评级工作。

联合开展综合执法检查。2017 年 7—8 月，联合人行江川县支行对江川县农村信用社和华宁县农村信用社开展综合执法大检查，并给予相应的处罚。

全面开展对华宁县金融机构的综合评价工作。以《玉溪市银行业金融机构执行中国人民银行政策情况综合评价内容与标准》为评分参考标准，并结合辖区工作实际，对农行华宁县支行、建行华宁支行、云南红塔银行华宁支行和华宁县农村信用合作联社 4 家金融机构的综合管理、法律事务（金融消保）、货币信贷、金融稳定、金融统计等 14 类业务开展评价，评价工作在方式的选择上主要是采取非现场管理与现场检查相结合、年度评价与日常管理的方式进行。

通过对照全年工作情况，人行华宁县支行认为建行华宁支行、云南红塔银行华宁支行 2 家机构能较好地贯彻执行国家的金融方针政策，配合支持好人民银行各项工作的开展，认真遵守国家金融法律法规，依法合规开展金融业务，在涉农信贷，支持中小微企业及民生金融等方面发挥了主力军作用，为确保辖区金融稳定，支持县域经济的发展做出了积极的贡献。

农行华宁县支行、建行华宁支行、云南红塔银行华宁支行、华宁县农村信用合作联社年内综合评价得分分别为 88.22 分、90.06 分、91.76 分、83.82 分，评价等级建行华宁支行、云南红塔银行华宁支行为 A 类，农行华宁县支行、华宁县农村信用合作联社为 B 类。

【金融统计】 严格落实 2017 年金融统计制度，加强数据审核把关力度。一是组织金融机构参加昆明中支金融统计制度培训，做好统计年报、半年报、季报、月报、旬报、日报和小额贷款公司数据报送工作。二是组织完成全县 2016 年度涉农贷款增量奖励和定向费用补贴申报，以及小微企业贷款增量风险补偿奖励申报的数据审核，提升金融统计支持服务效能。

【征信管理】 完善制度管理，推进征信系统建设。加强个人信用报告和企业信用报告查询管理，严格执行相关法规和制度，规范查询操作流程，强化信用信息安全管理。2017 年受理司法查询 1 次、个人查询 760 次、企业查询 60 户。在异议处理中，未有个人提出异议申请。

做好征信专题宣传活动。2017 年共开展征信宣传 16 次，通过进社区、进学校、进商铺、进集市、进企业、进乡村，发放宣传材料上万份，使人们认识到个人信用的重要性。

切实推进农村信用体系建设。2017 年，华宁县新创建一个“信用镇”——青龙镇，截至 2017 年 12 月末，华宁共创建了“信用乡镇”3 个，全县共 5 个乡镇，占比为 60%。“信用村”38 个，“信用小组”361 个，“信用户”25309 户。通过几年的创建活动，整个华宁县的信用环境，得到了很大的改善，农户和企业在良好的信用环境下，能够得到资金的支持，发展自己的产业，逐步实现共同富裕。

开展征信现场检查。2017 年支行组织金融管理部人员严格按照《征信业管理条例》《个人信用信息基础数据库管理暂行办法》等法律法规，开展对农行华宁支行的专项现场检查，检查严格按照执法程序进行，对检查中发现的问题要求农行整改并上报整改报告。

建立普惠金融服务站服务农村群众

【金融消费权益和法律事务】 2017年，推进金融机构金融消费权益保护的评估工作。按照上级行的工作考核指标和内容，组织县辖各金融机构开展金融消费权益保护工作的自查评估，督促各机构切实掌握自身工作开展落实情况，查找工作不足，促进工作情况的反馈，逐步提高金融消费权益保护工作水平。

广泛开展宣传报道，提升金融消费权益保护社会影响力。在“3·15”金融消费权益日宣传活动期间，支行及辖内金融机构共开展宣传活动6场，宣传地点包括学校、街道、金融机构营业网点，共发放宣传资料2800余份，共为群众讲解金融知识和解答疑问600多人次，受益人员包括学生、老师、街道赶集群众、银行客户等，宣传范围扩大提升了活动的影响力。在9月“中国·华宁柑橘旅游文化节”活动中开展宣传，在县辖各金融机构互联网站开设宣传专栏、对账单等形式，营造了金融消费权益保护工作氛围，增强了金融消费者的维权意识。

【经理国库】 加强国库业务柜面监督和事后监督，严格审查凭证的真实性、有效性、合法性，审查中发现的问题主要是凭证预算科目名称使用错误、预算级次错误、串级次、串科目、漏填；未盖征税专用章、各行、社业务公章等，并根据不合规情况相应进行退票、补盖章、补填等处理。2017年共堵住柜面不合规凭证17笔，金额933693609元，其中预算收入5笔，金额1324810.94元；预算支出11笔，金额8008035.93元；资金汇划1笔，金额4089.22元。

2017年，华宁县支库共办理缴款书53842笔，收入退还书307笔，更正业务83笔，财政实拨资金1939笔，财政授权支付8940笔等业务。办理各级预算收入71445.85万元，同比增加8300.92万元，增长13.15%。其中中央预算收入完成18729.98万元，与去年同期相比增加4631.84万元，增32.85%；省级预算收入完成5517.87万元，与去年同期相比增加1156.69万元，增26.52%；市级预算收入完成275.25万元，与去年同期相比减少438.18万元，减61.42%；县级预算收入46922.75万元，与去年同期相比增加2950.57万元，增6.71%。全年财政累计支出226979.25万元，与去年同期相比减少3208.48万元，减1.39%。共办理各级预算收入退库1666.51万元，与去年同期相比减少765.07万元，减31.46%。

【支付结算】 全面推进个人账户分类管理。自2016年12月1日起，银行业金融机构为个人开立银行结算账户的，同一个人在同一家银行只能开立一个Ⅰ类户，已开立Ⅰ类户再新开户的，应当开立Ⅱ类户或Ⅲ类户，持续对存量多个Ⅰ类户进行摸排清理。

严格按照《人民币银行结算账户管理办法》做好账户开立的审核及审批工作，严格账户的开立和使用。通过开展以上工作，进一步加强了人民币银行结算账户的规范化管理，促进了银行间的良好结算秩序；四是开展银行结算账户专项检查。今年，根据《中国人民银行关于印发〈中国人民银行支付结算执法检查随机抽查实施方案〉的通知》要求对华宁县农村信用合作联社开展了账户现场专项检查，对检查出的问题做出限期整改通知，同时信用社发出约见通知，并进行了约见谈话。

农村支付服务环境建设工作取得突破。一是将华宁县青龙镇红岩村宏鑫商店便民服务站等

13个惠农点改造升级为普惠金融服务站，建立了华宁县第一批“普惠金融服务站”。普惠金融服务站在原惠农支付服务点的基础上，通过业务系统、终端升级改造、统一门头设计加强品牌管理及整合、扩展和规范业务内容，把惠农服务点打造成为直接为农户办理惠农资金补贴、农产品收购、商品订购、银行卡结算、取款、缴款（税收、水电气费、通讯费、新农合、新农保）、理财业务、农户贷款需求信息登记、信息服务、金融知识普及、农村信用体系建设和人民币反假宣传等“一站式”综合服务站。形成以“三农”金融为导向，多层次、广覆盖、可持续的农村支付服务体系，助推农村精准扶贫，促进农村经济繁。二是继续做好惠农服务点工作，惠农服务点业务量有较大提升。2017年年底，华宁县共有惠农服务点78个（含13个普惠金融服务站），其中农行14个（2个普惠金融服务站），信用社64个（11个普惠金融服务站）。2017年1—12月，共发生消费业务118笔，金额34362.32元；取款7794笔，金额4499202.82元；银行卡查询7371笔；缴费196笔，金额11830.00元；话费支付1434笔；转账3829笔，金额5866725.27元。为进一步巩固惠农支付服务点建设成果，提升惠农支付服务点建设质量，支行协同农行华宁县支行和农村信用联社两家惠农服务点收单机构对辖内惠农支付服务点，特别是无交易的惠农支付服务点进行了实地回访，对回访存在问题及时进行了整改。重点对所辖边远地区和无交易惠农支付服务点进行了巡检培训，对居住村民集中，用卡人多，业务量大，硬件条件高的惠农点做了调查，拟升级为普惠金融服务站。同时积极开展惠农补贴调研工作，积极为上级行制定政策提供参考意见。三是以服务“三农”为宗旨，大力推广非现金支付工具和支付清算系统，引导金融机构采取柜面、手机银行、自助银行转账等方式，进行非现金结算，以减少现金流量。2017年，柑橘非现金结算业务6803笔，金额33549.59万元，取得了一定效果。烤烟收购兑付点实现了烤烟收购电子结算全覆盖。全县烤烟收购电子兑付21849笔，金额64061355.16元，电子支付率达100%。

【反洗钱工作】 召开了金融机构反洗钱工作联席会，进一步规范了辖内金融机构的反洗钱信息报送工作，不断强化和提高各金融机构履行反洗钱工作职责的意识和水平，有效监测和防范洗钱犯罪案件的发生。一是积极开展反洗钱宣传活动。10月1—15日集中开展反洗钱宣传活动，在宣传活动期间全县共发放宣传资料8500余份，小礼品300多份，出动宣传人员110人，宣传车10车次，悬挂宣传布标21条。二是开展反洗钱风险监测评估。根据上级行的工作安排，8月7—17日对华宁县农村信用合作联社开展了反洗钱监管走访，年底督促金融机构认真做好年度反洗钱工作报告及报表的上报工作。

【货币金银】 完成无库行的日常工作。按时上报《现金运行分析报告》《假人民币收缴情况分析报告》《人民币预警监测表及报告》《现金服务质量座谈会汇总情况报告》《冠字号码查询工作报告》、现金处理设备配备表。做好人民币反假宣传，制定华宁县金融机构反假方案，确定9月1—30日集中开展全县反假货币宣传活动。宣传重点：2015年版第五套人民币100元纸币防伪特征、识别方法；中国人民银行反假人民币奖励办法等反假货币管理法规、政策；假币犯罪行为的主要特征及防范措施等。在宣传月活动期间全县共发放宣传资料9100多份，出动宣传人员110人次，宣传车9车次，悬挂宣传布标25条，张贴宣传海报79张。做好辖区假币收缴、上调工作。全年收缴假币6941张，面额487275元。其中，辖内金融机构收缴假币1270张，面额109775元，占总量的22.53%；公安机关收缴5671张，面额377500元，占77.47%。

【加强固定资产管理】 2017年年末，支行共有固定资产5628922.04元，本年度增加固定资产1198086.91元，增21.28%，固定资产减少257166.00元，减4.57%。其中，房屋及建筑物类固定资产原值增加949975.91元；电子设备类固定资产增加14台，原值124180.00元，全部为购建固定资产（包括中支无偿调入和支行自行购建），减少2台，原值236656.00元；机械器具类固定资产增加7台，原值82900.00元，减少1台，原值2630.00元；其他财产类固定资产增加8台，原值41031.00元，减少4件，原值17880.00元。

（李国强）

商业银行

农行华宁县支行

【经营概况】 2017年，农行华宁县支行认真学习贯彻中共十九大和金融工作会议精神，紧紧围绕全行业务经营中心，坚持稳中求进的工作总基调，以党建统领全行工作大局，以增收创利为核心，紧紧围绕“重回农村市场”和“五向五要”的战略目标，突出成本、风险“两个宣战”，狠抓不良贷款风险化解和业务拓展，进一步夯实业务经营基础，不断强化风险防控管理，统筹兼顾，突出重点，巩固优势，补足短板，全行各项工作实现稳健有效发展。截至2017年年末，各项存款余额达69319万元，比年初减5465万元；各项贷款余额达68001万元，比年初增加16385万元。年末全行不良贷款余额1474万元，不良率2.17%，较年初下降6.84%。年末全行实现中间业务收入772万元，实现营业收入2789万元，实现拨备后利润414万元。2017年综合考核列全市第6名，党风廉政建设责任制量化考核列全市第3名。年末职工人数为46人。

【银政合作开创新局面】 2017年3月31日，农行玉溪分行与华宁县人民政府签订《金融战略合作框架协议》，农行华宁支行银政合作取得重大进展，打开了新的局面，为华宁支行机构业务拓展、支持地方经济建设提供了良好的契机。在金融社保IC卡的营销中，农行华宁支行领导班子带头营销，全行员工全员参与，签约客户8000余人，为今后的机构业务和优质客户拓展奠定了基础。

【信贷服务“三农”工作取得新突破】 2017年，农行华宁县支行持续做好服务“三农”工作：一是加强对个人贷款政策的研究和市场及同业的分析，紧盯住房、消费、助业三大领域，重点做好烟农订单贷、农户小额贷款、创业促就业贷款和农民安家贷，推广好“随薪贷”“房抵贷”“家装贷”等产品。同时，立足县内农业特色资源，积极支持联片经营的规模化及产业链上的农户，稳妥发展农户小额贷款，择优营销种养大户，用好政府贴息政策，积极做好畜牧业贴息贷款等个人贷款的投放工作。2017年共发放个人贷款966笔6250万元；二是狠抓对公贷款营销，坚持“大、中、小客户并举”的营销策略，一方面紧盯县内重点建设项目，积极介入“政府购买”“烟草援建”“旅游小镇”等项目的营销；另一方面立足当地的产业优势，优先扶持竞争力领先的农业龙头企业和其他中小企业。2017年，农行华宁县支行成功发放项目贷款2.25亿元。同时不断拓宽业务发展渠道，加强与省农业信贷担保公司的合作，建立长效合作机制，在全市成功发放首笔“农担”贷款，向华宁盛衍种业公司发放贷款300万元。

【助力华宁本地企业实现“电商梦”】 2017年，农行华宁县支行不断做大做强电子银行业务。结合农行农银E管家电商平台助力地方经济发展，实现线上线下联动，为华宁地方经济发展注入新的活力，目前已为华宁宁州香、万家香等多家华宁较强的“土特产”企业提供农银E管家电商平台服务，取得了良好的效果。

【不良贷款压降工作成效明显】 2017年，农行华宁县支行严格落实风险管控责任，积极做好不良贷款清收和风险化解工作。一是制定相应的风险防范和化解措施，进一步落实清收责任，实行“一户一策”；二是加大依法清收和执行的力度，与法院执行局等部门积极配合，开展“迅雷行动”，依法起诉和清收不良贷款工作取得较好效果。2017年，全行清收处置不良贷款4223万元，全行不良贷款实现双降，不良率下降至2.17%，较年初下降6.84%。清收处置工作全市考核排名第三。

【信用卡业务发展迅速】 2017年，农行华宁支行拓展营销农行信用卡业务，一是加强了信用卡业务的营销。营销工作中主要依托营业网点进行，针对个人贵宾客户、房贷客户、车主客户、行政事业单位工作人员来开展，积极地进行宣传和营销，较好地促进了信用卡发卡和有效客户的快速增长，2017年华宁支行信用卡新增发卡951张，在全市系统内排名第一位。二是持续做好信用卡分期业务，成功推出了汽车分期业务，取得了较好的成绩，新增汽车专项分期35笔，金额686万元，在全市系统内排名第二位。

【保险代理业务成绩突出】 2017年，农行华宁县支行多策并举，强化营销，精心组织，持续做好各类保险代理业务，并取得喜人的成绩。2017年共实现保险保费收入3235万元，实现保险手续费收入113万元，完成市分行下达计划的138%，代理保险对中收贡献不断加大，实现保费和收入市场份额双第一。

【“双基管理”得到夯实】 2017年，农行华宁县支行在抓好业务经营的同时，抓好“双基管理”（基层管理、基础管理）工作，进一步夯实全行的发展基础。

在运营管理方面，以“三化三铁”创建为抓手，采用科技手段，运用各种监督系统对各项业务进行全方位的监督，有效控制了操作风险，同时做好“三化三铁”考评和星级柜员评定，进一步提高财会运营管理水平。2017年经过玉溪分行考评，支行营业室被定为“三化三铁”良好单位，盘溪分理处评定为达标单位。

在全面风险管控上，按照“横到边、纵到底、全覆盖、强有力”的原则，完善“大风险”管理体系，着力提升各类风险管理能力，加强重点领域风险治理，调整优化信贷结构的风险和信贷管理工作的总体要求，不断完善全面风险管理体系建设，加强风险和信贷管理，全力做好反洗钱工作，有效防范和化解了各类风险。2017年华宁支行风险管理指标考核列全市系统内第3位。

在内部控制管理方面，一是建立健全各项内部管理规章制度，用制度管人管事；二是采用学习、教育、排查等多形式加强员工行为管理，规范员工行为；三是利用从上至下的各种监督制约机制规范各类业务经营行为；四是严肃查处各种违规行为，2017年，全行共对违规的24名员工进行了处理，有效地维护了规章制度执行的严肃性，极大地震摄了违规行为。经过玉溪分行评定，2017年本行内控评价列全市第3名。

在安全管理方面，全行干部员工牢固树立了“违规就是风险、安全就是效益”的理念，一是层层签订合规操作案件防范责任书、员工行为合规承诺书、消防安全管理责任书、保密承诺书等；二是抓好安全管理“三化三达标”工作，开展创建“平安农行”建设；三是加强与押运公司的协调和联系；四是以高度的责任感和紧迫感做好营业网点的安全管理工作，为全行的安全稳健经营保驾护航。2017年全行没有发生经济案件、刑事案件、责任事故和重大违规违纪问题。

【华宁支行成立党委和纪委】 2017年7月21日，农行玉溪分行批复成立了中共中国农业银行华宁县支行委员会及中共中国农业银行华宁县支行纪律检查委员会。

【首家开展代理福利彩票投注业务】 2017年，为积极响应云南省分行“定投一注福彩，奉献一颗爱心，全年充满希望”的劳动竞赛活动，农行华宁支行秉承“公益、慈善、健康、快乐、创新、竞赛”的理念，在本行营业室和盘溪分理处自助服务终端上开通了代理福利彩票投注业务。全国代理福彩投注业务仅在农业银行开通自助终端购买渠道上开通，是农业银行代理业务的又一突破。

【宁州分理处进行网点瘦身】 根据农行云南省分行《关于对华宁宁州分理处等5个低效网点瘦身方案的批复》，农行华宁支行于2017年3月25日将宁州分理处所有业务并入营业室办理，宁州分理处机构暂时保留。

【开通全市第一户电子账单业务】 2017年3月29日，农行华宁支行在华宁县职业中学成功办理了第一户电子账单业务，此项电子账单成功上线办理在全省农行为第二家，玉溪分行为第一家。电子账单业务为华宁县职业中学解决了在校学生交学杂费用现金结算手续烦琐的问题，有效防范了现金收款的风险隐患，可实现实时到账，既方便了老师又方便了学生。

【“三线一网格”管理模式推广运用】 2017年5月，为全面推进从严治党、从严治行，切实保障“两个责任”落实，着力强化员工行为管理，有效提升风险管控能力，按照总行的要求，农行云南分行“一号工程”——“三线一网格”管理模式推广运用工作在全省县级支行及其以下单位实施。

“三线”是指党建线、纪检线、运营线，是落实党委主体责任，纪委监督责任，强化案件风险防控的重要条线和关键环节。“一网格”是指员工行为管理网格化责任体系，将每个行政管理单元确定为一个网格责任区，全体人员均处于各自相应的网格责任区中，履行对格内人员思想行为的监督职责，形成“全行成网、网中有格、格中定人、人负其责”的管理格局。

【县政协到农行开展金融支持与服务县域经济发展调研】 2017年6月8日，华宁县政协经济委到农行华宁县支行开展“金融支持和服务县域经济发展专题调研”，调研组认为：农行华宁县支行作为几大银行之一，在支持本县烤烟、柑橘等支柱产业，水电、矿业、农产品加工，房地产开发、农村种养殖业等方面发挥了重要作用，在支持地方经济发展中所做的贡献是有目共睹的，希望农行再接再厉，继续为华宁县经济的发展做出贡献，从而实现农行与地方经济发展双赢。

（高　红）

建行华宁支行

【经营概况】 2017年，建行华宁支行认真贯彻中共十九大精神，以“发展、改革、创新、合规、效率”为主题。全行按照“夯实管理基础，突出价值创造，提升可持续发展能力”的总体工作要求，坚持“转方式、调结构、强基础、增效益”的工作方针，着力提升全行市场竞争能力、创新发展能力、风险管理能力和价值创造能力，加快推进全行业务快速、有效、可持续发展，持续保持了各项业务平稳发展。2017年，建行华宁支行内设办公室、客户部、营业部三个职能部门。年末在册员工人数18人。年末一般性存款余额88069万元，人均存款达4893万元，比年初减少2847万元。各类贷款余额40773万元，比年初增加6927万元。

【个人金融业务】 个人银行业务取得历史性突破，客户基础更加稳固。大力发展中间业务，加快战略性业务发展。一是统一思想、树立信心，认真做好个人银行业务工作，加强领导、精密组织、明确分工，围绕价值创造、市场竞争及战略业务发展的思路，为发展中间业务工作开好头、起好步。二是加快战略性业务发展速度。充分利用自助设备、电子银行优势、智慧柜员机，大力推广手银、网银支付、龙支付、扫码付、代缴费，提高离柜账务交易占比减轻柜面压力。三是认真研究、进一步完善支行激励考核管理办法，切实做好资源配置工作，把有限的资源用好、用活。四是要求全体行员工带头应用电子银行渠道，体验电子银行服务。进一步落实“以客户为中心”的经营理念，加强执行力，稳步推进各项业务发展。

【战略性业务】 2017年，建行华宁支行战略性业务稳步拓展，个人客户增长取得历史性突破，客户基础更加稳固。积极开展外拓，逐户上门营销扫码付、龙支付等业务，开展龙支付扫码优惠活动，有效促进支行商圈活动开展。充分利用电子银行、手机银行优势，推广网上交易、自助交易，逐步减轻柜面压力；移动金融柜面替代率70%，同时加大人民币理财产品、个金重点产品和贵金属交易的推销力度。

【风险防范与内控管理】 2017年，建行华宁支行通过主动风险管理促进信贷业务价值创造能力的提升。加强不良贷款基础管理工作，通过网拍等程序成功处置华宁康吉坊食品有限公司逾期贷款，成功收回818万元不良贷款，200余万元贷款利息。加强会计基础管理，认真做好业务自查工作；加强安全保卫工作责任制管理，层层落实社会治安综合治理领导责任制及防范案件责任制，加强守护押运、营业场所、办公楼、监控室和消防设施等要害岗位和重点部位、环节的日常检查和监督，认真组织突发事件应急预案演练，提高员工的防范意识和防范能力。

【电子化进程】 建行华宁支行应用远程监控报警联网集中管理系统，实现了监控、报警、非现场检查、稽核等管理工作的远程化；修缮一新的支行营业大厅，功能区域划分合理，实施齐全。离行式自助银行一处，安放自动柜员机（CRS）3台；附行式自助银行一处，安放自动柜员机（CRS）3台、自动取款机（ATM）1台；布放多功能智慧柜员机6台。客户可以任意在自助设备上按操作流程自主完成除现金以外的各种业务，极大地方便了客户。

（李福明）

农村信用合作联社

【经营概况】 2017年，是华宁县农村信用合作联社（简称“华宁农信社”）全面转型发展的关键之年，是改制组建成为股份制农村商业银行的攻坚之年，华宁农信社主动适应改革发展新常态，紧盯县域重大项目建设，把握重点产业发展方向，服务实体经济、守牢风险底线、深化改革、实现自身稳健发展。年末，华宁农信社下辖11个营业机构网点，有在职在岗职工156人。各项存款480881万元，比上年年末增23467万元，各项贷款345611万元，较上年年末增加40503万元，上缴各项税金3069万元，资本充足率12.89%。

【支农支小】 2017年华宁农信社发挥自身优势，创新金融产品和服务方式，调整规模结构，立足县域经济，开展支农支小工作，推动地方农业农村经济建设。全年累计投放涉农贷款198547万元，占各项贷款累放数的39.06%，年末涉农贷款余额253543万元，占各项贷款余额73.36%。

【落实惠民政策】 为打赢精准扶贫攻坚战，做好银行业金融扶贫工作，华宁农信社紧扣各项政策性贷款目标，与县个私协会、县妇联、县总工会、团县委、县劳动就业局、县工商联、县委组织部等单位合作发放各项贴息贷款，促进社会就业、扶持小微企业成长。2017年以来，累计发放小微企业贷款231445万元，贷款余额77967万元，较上年末增12079万元，增幅18.33%，高于各项贷款增速5.06个百分点，发放小微企业贷款1386户，较上年增加56户，申贷获得率96.42%，实现小微企业贷款增速不低于各项贷款增速、户数不低于上年同期户数、申贷获得率不低于上年同期水平的“三个不低于”目标，发放扶贫小额贷款5056万元，受益户数1026户，贷款余额4965万元；发放贷免扶补创业小额贷款4964万元，受益户数498户；发放失业人员小额贷款1860万元，受益户数186户；发放基层党员带领群众创业致富贷款3028万元，受益户数346户；发放农村危房改造和抗震安居工程专项贷款1060户11058万元，有效解决住房最危险、经济最困难农户的基本居住需求；积极支持地方重大项目建设，累计发放政府购买服务贷款20000万元，用于水利设施建设。

【推出“惠”系列卡业务】 华宁农信社推出“惠”系列卡业务，已签发金碧惠农卡32511张，授信金额114932万元；签发惠民卡2673张，授信金额50406万元；金碧惠商卡670张，授信金额16421万元。发挥了农信“一次授信、额度控制、循环使用、用款计息、随借随还”的灵活性，满足了广大客户在生产、生活、经营流通中“短、频、快”的资金需求，实现金融服务的全覆盖。

【金融普惠牵万家】 2017年代理发放、缴纳养老保险441163笔，金额3875.11万元，代理发放财政惠农补贴56350笔，金额1207.54万元。发行金融社保IC卡60445张。至2017年年末，华宁农信社在全县64个村委会设置了惠农支付点，覆盖率达到83.12%。

【持续推进“信用村”建设】 截至2017年年末，全县已创建信用乡镇3个，信用村38个，信用组361个，信用户25309户，乡镇政府为民办了实事、办了好事，创建活动支持了农村经济持续快速发展，为信用社信贷资金良性循环提供保证，达到了地方政府、广大农民、农村信用社“三方得利、三方满意”的目的。

县农村信用合作联社在泉乡广场举行工会活动

【金融知识宣传】 2017年，组织开展“五进五访六宣传”营销活动，进机关、进校区、进企业、进商户、进村组，访机关事业人员、访校园教师学生、访企业及职工、访个体工商户、访村组农户，宣传信贷业务品种、电子银行业务、代理业务、反假币、反洗钱、电信诈骗防范活动。在全县集中抽调20名业务骨干，开展了为期三个月不间断的拉网式营销，营销范围遍及全县3镇1乡1街道，77个村委会，670个村（居）民小组，6万多户客户，真正做到全业务、全方位、无死角的营销宣传。组织华宁农信社内训师及业务宣传骨干到村组开展“金融夜校”活动，集中普及金融知识及推介金融产品，让村干部及村民获得金融知识。

【创新业务品种】 2017年6月30日，全省惠农贷记卡在华宁首发，填补了全省农民贷记卡的金融服务空白，华宁农信社全年累计发行惠农贷记卡2536张；针对烟农推出信贷产品“助烟贷”信贷产品，助烟贷为信用贷款、无须担保，且利率优惠、手续便捷，拓宽了烟农的融资渠道，烟农可一次授信、随借随还，有效节约了资金成本，2017年累计发放助烟贷970.3万元，211笔；华宁农信社营业部引进全市农信系统首个大堂机器人在营业部运行，助推了全县网点服务质量提升；携手华宁峻杰家电举办了华宁农信首届家电内购会活动，活动当天完成贷记卡消费分期金额达78万元，提升了广大客户对农信社金碧贷记卡的认同感。

【“挂包帮”扶贫攻坚】 参与县域“精准扶贫”工作，集中人力、物力，建档立卡，贫困户建档评级和信贷需求调查实现100%，符合条件的贫困户申贷获得率达100%，助推扶贫攻坚工作。百日攻坚周访工作制实行后，2017年11—12月，华宁农信社班子成员、机关、青龙社党支部多次进村走访调研脱贫问题，根据“两不愁、三保障”脱贫标准和国办系统确认39户脱贫，占帮扶贫困户的95.12%，2户尚未脱贫，贫困发生率0.46%，脱贫目标基本实现。“挂帮包”工作以来，华宁农信社先后向扶贫联系点资助资金12万元，慰问贫困户现金及实物累计6.3万元。组织全员捐款37690元，切实履行社会责任。

【表彰奖励】 年内，华宁农信社营业部被评为中国银行业文明规范服务五星级网点，是全市农村信用社首个五星级网点，全省农信系统除昆明外州市首个五星级网点，内训师团队辅导创建的首个星级网点。华宁农信社被省联社评定为2017年度党风廉政建设责任制考核优秀单位，党委书记、理事长袁跃宏被省联社评为云南省农村信用社2017年度先进个人，纪委书记、监事长岳从龙被评为2017年度纪检监察先进工作者。华宁农信社被授予云南省文明单位称号，西门分社荣获省妇联巾帼文明示范岗荣誉称号，营业部被玉溪市妇女联合会评为县级三八红旗集体，城关信用社员工周雯被命名为玉溪市岗位学雷锋标兵。

（罗舒航）

红塔银行华宁支行

【经营概况】 2017年，红塔银行华宁支行在总行营业部及县委、县政府的领导下，认真贯彻中共十九大精神，落实党和国家的各项金融方针政策，进一步夯实基础管理，有效防范各类风险。坚持以“地方金融机构支持地方经济发展”为导向，抢抓机遇、攻坚克难，大力推进精细化管理，提升综合竞争力。实现了各项业务健康持续发展，为县域经济的发展做出了贡献。年末，华宁支行员工14人，人均存款4705万元，人均贷款2243万元。

【业务发展情况】 2017年年末，红塔银行华宁支行各项存款余额65865万元，较上年减少9996万元，减13.71%；各项贷款余额31402万元，较上年减少5748万元，减15.47%；累计发行红塔卡12478张，较上年增加2959张；采用POS机的商户237户，较上年增加34户；个人网银用户2707户，较上年增加1539户；理财产品销售额为71140万元；较上年增加27112万元；代发工资业务68户，较上年增加14户；公务卡发卡1327张。

【支持地方经济建设】 2017年，在经济下行压力进一步加大、不良贷款频发、利率市场化的大环境下，红塔银行华宁支行及时分析形势，用足政策、用活规模，将信贷资金主要投向县域基础设施、重点项目、“三农”建设以及民生保障方面；为华宁县经济社会发展做出应有贡献。全年华宁支行累计发放各项贷款8436万元。其中，累计发放县域基础设施、重点项目建设贷款1900万元（为华宁县“银泉广场”保障性住房贷款）；中小微企业贷款4110万元；涉农贷款3860万元；个人经营性贷款1131万元；充分发挥更名后支持地方烤烟产业的优势，累计发放烟农贷364万元；2017年华宁支行积极利用小额担保贷款政策，累计发放小额贴息担保贷款500万元，帮助失业人员实现创业梦，拉动再就业，促进了社会和谐稳定发展。

【电子化进程】 2017年，红塔银行华宁支行在县人民医院内新增离行式自助银行一个，安装自动柜员机两台，行内新增自助回单打印机、自助发卡机、零钞兑换机各壹台，客户可在自助设备上按操作流程完成存取款、查询、缴费、转账汇款、回单打印、自助发卡、零钞兑换等业务，极大方便了客户。

【安保综治】 2017年，红塔银行华宁支行，奉行“发展是第一要务、稳定是第一责任”的工作意识。在发展自身业务的同时，着重抓好安全保卫、社会管理综合治理、案件防范工作；认真贯彻落实各项工作制度，做到纵向到底、横向到边、不留死角，持续保持了华宁支行开业以来无安全责任事故发生的良好局面。

【社会责任】 2017年，红塔银行华宁支行继续秉承在自身发展壮大的同时，积极回报社会的宗旨。采取了一系列行动回馈社会：筹措扶贫攻坚资金1万元捐助宁州街道马鞍山社区；多次到驻村帮扶点宁州街道办事处马鞍山社区挂包帮的联系户家中走访，送去职工捐赠的衣物，春节来临之际，深入开展“送温暖”活动，给联系户送去钱、物，把温暖和关怀送到他们家中。

【普及金融知识】 2017年7—9月，红塔银行华宁支行积极开展为期3个月的“普及金融知识万里行”系列宣传活动，通过进社区、进企业、进学校的方式向华宁县广大群众宣传金融知识，进一步提升了群众的金融素养，使他们明晰自身权利和义务，识别和把握金融产品的风险和收益，更好地享受金融服务。

【储蓄存款结硕果】 近年来，中国经济增长的主力从投资拉动型逐步转变为消费拉动型，这也就意味着零售业务也将逐步成为银行业务的“重头戏”，而储蓄存款又是开展零售业务的基础。2017年以来，红塔银行华宁支行以“三大拳头”产品为抓手，以“引进一个、抓好一个、带来一个”为原则。坚持不懈地做好储蓄存款的稳存、增存工作。截至12月22日，红塔银行华宁支行储蓄存款达到20387万元，较上年的17647万元增加了2740万元，增幅15.53%，首次突破2亿元大关。红塔银行华宁支行将以理财产品及红塔卡优势做好新客户的挖掘工作；以贵金属、保险、基金作为红塔银行华宁支行丰富客户投资渠道的有力补充，不断提升县域客户与红塔银行华宁支行的捆绑率，打造出红塔银行的品牌形象。

【表彰奖励】 汪毅在红塔银行2017年“幸福家人”版理财产品专项销售活动中获理财销售能手称号；在红塔银行2017年一季度“金鸡报晓”营销活动中储蓄存款营销成绩优异，荣获营销明星称号。徐茜同志荣获公务卡营销明星称号。

（苏　舒）

人寿保险

【概　况】 2017年，中国人寿保险股份有限公司华宁县支公司（简称“人寿保险华宁县支公司”），公司下设盘溪1个营业部，华溪、青龙、宁州3个乡镇营销服务部，实行全县各个乡镇、街道、村、组保险服务全覆盖，让人民群众享受中国人寿方便、快捷优质的服务。2017年共实现总保费收入4876.8万元，同比增长22.86%；实现首年保费1576.24万元，同比增长12.9%；续期保费2651.53万元，同比增长23.45%。满期给付793.26万元，赔款支出209.86万元。

【个险渠道】 有力推进业务发展，实现历史性突破。2017年，人寿保险个险渠道实现总保费3054.11万元，同比增长17.32%，其中首年期交保费695.16万元，同比增长13.42%。主要得益于明确定位，资源配置，转型队伍建设方案。资源倾斜投入推动队伍驱动战略，以建设一支规模大、能力强的个险队伍作为目标定位。以队伍规模扩充增强队伍实力，以队伍实力带动业务发展的提速。规范经营，强化追踪。建立周单元经营模式，规范全辖日常经营活动，提高工作成效。以周单元经营分析会，细化经营流程，提升了经营管理能力，提升了主管履职和自主经营能力，举绩面、有效人力、团队品质得到大幅提升。针对队伍建设，华宁县支公司个险销售部按照省公司队伍建设的指导思想，强化人力发展，独立运作队伍工作，做到有专人负责。队伍建设与业务发展循序渐进、有规律地开展。

【团险渠道】 2017年，人寿保险公司确定重点，搭建平台，将团险渠道作为公司创费、创利的重要渠道来抓。积极与政府、行业主管部门、合作单位以及大客户进行沟通协调，为团险业务发展搭建良好外部平台。同时，根据玉溪公司特点，确定了“以政保业务为基础，大力发展信贷保险、法人客户、公旅险等效益型业务”的发展思路。增值服务，突出效益。积极搭建以分公司为中心的服务销售模式，服务与业务拓展并举，在稳定老客户、吸引新客户上下功夫，重点提升服务品质和满意度，培育巩固团体大客户，提质增量。与华宁县教育局“学生保险安全工作会”和华宁县计生协会“计生保险工作启动会”的联合召开，发挥引导和指导作用，提高保险保障，2017年团险渠道共实现总保费566.96万元，同比增长57.88%。

【银保渠道】 2017年，人寿保险华宁支公司夯实基础管理，循序推进业务发展。专门设立银邮渠道建设专人，抓日常管理制度落实。对全辖各机构实施全预算管理。坚持会销平台，兼顾网点产能。2017年银保渠道实现总保费1201.64万元，同比增长25.84%，首年期交880.52万元，同比增长12.42%。

【幸福和谐晚年老年保险】 成功开拓老龄渠道，与县民政局、老龄办联合推出“幸福和谐晚年老年人意外伤害保险”，2017年全县收取保费81.75万元。

【“微回执、微回访”，E宝账专项推广】 推进“微回执、微回访”的使用，有效降低运营成本，提升客户服务水平。截至2017年12月，全市“双微”工作推广率达84.21%，同步推动新单首访率和犹豫期回访成功率较去年同期得到提升。续期短信微信通知方面，成功率一直稳定在85.5%以上，较上年同期同比上升5.32%，有效降低了续期保单失效率。服务渠道的拓宽，为客户提供多元化服务举措奠定基础。通过加强与销售条线的沟通配合，加大理赔调查，赔付率管控工作初见成效，公司提转差赔付率为36.92%。

【文体活动与宣传】 2017年，关注职工的身心健康，因地制宜地组织开展各类文体、团康活动。关注职工职业倦怠和工作造成的心理压力，把职工的身心健康融入人文关怀的理念。“3.8”国际妇女节，华宁县支公司组织了多种形式的庆祝活动；在“7.8”保险公众宣传日，全县60多人次参加。

财产保险

【概　况】 2017年，财产保险华宁支公司围绕总、省、市分公司年度工作会议、全保会会议的工作部署要求，按照市分公司年初下达给公司的核心经营指标，认真深入落实总、省、市公司主要经营目标，在工作中进一步明确工作重点，理清工作思路，制定科学合理的考核激励政策，全力调动广大干部员工的积极性，认真落实各项重点工作举措，完成了市分公司下达的各项任务指标。2017年，公司共设一室（经理室）七部（综合部、车险部、非车险部、营销服务部、盘溪营业部、青龙营销服务部、华溪营销服务部）一科（财务科），共有职工43人。

截至2017年12月31日，公司实现签单保费收入3250.3万元，实收保费3220万元，完成2017年任务（3249万元）的100.04%；应收保费77万元，应收保费率2.36%，同比上升0.81%；签单保费同比增加288万元，同比增速9.79%。其中，车险保费收入2649.96万元（其中，交强险保费867.37万元，商业车险保费1782.59万元），车险保费同比增加225.6万元，增长率9.31%；企财险保费收入7.43万元，同比增加4.71万元，增长率173.46%；家财险保费收入55.53万元，同比增加26.81万元，增长率93.34%；工程险保费收入1.64万元，同比减少10.85万元，增长率–86.87%；责任险保费收入36.7万元，同比增加12.88万元，增长率54.11%；信用险保费收入188.68万元，同比增加69.81万元，增长率58.73%；保证保险保费收入0.02万元；货运险保费收入20.22万元，同比减少2.63万元，增长率–11.5%；农业险保费收入60.3万元，同比减少3.58万元，增长率–5.61%；健康险保费收入169.39万元，同比减少71.22万元，增长率–29.6%；意外险保费收入60.43万元，同比减少3.35万元，增长率–5.26%。2017年，赔款支出1634.97万元，与上年同期的1331.83万元相比，增加303.14万元，增长率为22.76%。其中，车险赔款1202.7万元，同比增加215.37万元，同比增长21.81%；家财险赔款56.46万元，同比增加21.92万元，增长率63.48%；工程险赔款支出9.3万元；责任险赔款0.33万元，同比减少0.35万元，增长率-51.25%；信用险赔款180万元，同比增加72万元，增长率66.67%；货运险赔款18.08万元，同比增加5.03万元，增长率38.46%；农业险赔款19.73万元，同比减少60.04万元，增长率-75.27%；健康险赔款127.97万元，同比增加22.64万元，增长率21.5%；意外伤害险赔款20.42万元，同比增加17.27万元，增长率549.12%，简单赔付率50.3%，综合赔付率51.6%，综合费用率32.03%，综合成本率83.63%，同比上升9.42%。

【开办险种】 2017年，财产保险华宁支公司交通强制险、机动车辆险、企财险、家财险、农业险（能繁母猪保险）、责任险、信用险、货运险、工程险、短期人身险、意外健康险。

机动车辆险。2017年，公司承保23401笔机动车（包括摩托车、拖拉机），保费收入2649.96万元，同比增长9.31%，赔款支出1202.7万元，同比增长21.81%，简单赔付率为45.39%。

家财险。2017年，公司在华宁县委、县政府的关心、支持下，办理了全县农房保险，全力服务“三农”，为全县城乡居民提供了全方位的家庭财产保险保障，保费收入55.53万元，赔款支出56.46万元，简单赔付率为101.67%。

信用险。2017年，公司为企业提供信用保证保险业务，保费收入188.68万元，赔款支出180万，简单赔付率95.4%。

工程险。2017年，公司为村村通公路建设提供工程建设一切险保险业务，保费收入1.64万元，赔款支出9.3万元，简单赔付率567.09%。

健康险。2017年，公司承保的健康险（含学平险）业务，为投保客户提供了涵盖意外身故、意外残疾、疾病身故、疾病和意外医疗费用保险保障，保费收入169.39万元，赔款支出127.95万元，简单赔付率75.54%。

【学习培训】 按照总、省公司的培训安排，2017年，财产保险华宁支公司班子和中层干部7人次、8批次分别到海口、南昌、长沙教育培训中心参加管理者小超市培训。培训包括管理者能力提升、党建工作、销售知识、创新发展、培训工作等方面，全面提升了公司管理者经营管理水平；为了达到公司员工整体素质全面提升效果，年内，公司组织了险种业务学习培训8期，专业技能提升培训6期，党建专题教育12期，企业文化建设学习2期，在全司内部营造了良好的学习氛围。

【创先争优】 2017年，财产保险华宁支公司完成了市分公司最后下达的任务指标，被云南省分公司评为“标杆县区支公司”荣誉称号；公司的档案、印章、保密工作、工会工作、单证工作荣获市级先进单位荣誉称号，精神文明建设工作顺利通过市级文明单位验收考评；公司经理李东被市分公司推荐参评全国金融系统思想政治工作先进工作者，办公室主任张萍获省级先进个人荣誉称号，同时被市分公司评为合规工作先进个人；公司员工马红明、李星被市分公司评为市级先进个人，黄丽波被评为社管、信访工作先进个人，张乐陈被市分公司理赔中心评为优秀协赔员。

（张　萍）

责任编校　雷银凤

科学教育

科　技

【概　况】2017年，贯彻落实创新驱动发展争先创优两年行动计划，开展“科教引领创新发展”大讨论、大行动，完成《华宁县科技创新实施方案》《华宁县科技创新工作调研报告》。推进产学研协同创新，支持企业与高校、科研院所合作建立人才培养实践基地、企业研究工作站，目前建成基层专家工作站2个，人才培养实践基地1个，院校合作6个，技术研发中心1个，产业创新联盟1个。

【科技宣传】2017年1月23日，华宁县开展文化卫生科技“三下乡”活动，在此次活动中，县工业商贸和科技信息局向群众发放科技宣传资料1000余份。组织9人次前往玉溪、昆明参加省、市级科技管理和知识产权业务培训。

【科技项目申报立项】2017年，立项项目17项，到位上级科技项目经费268.3万元。其中，科技型中小企业认定补助4户20万元，每户5万元；省农业科技示范园认定补助1户20万元；省科技型农产品深加工企业认定补助1户20万元；省级优质种业基地认定补助1户10万元；由华宁胜美琉璃瓦厂承担实施的省重点研发计划（科技惠民专项社会发展）“华宁陶传统技艺的保护与传承”项目后续经费80万元，市级农业科技项目资金50万元，省2017年研发经费投入补助4项68.3万元。

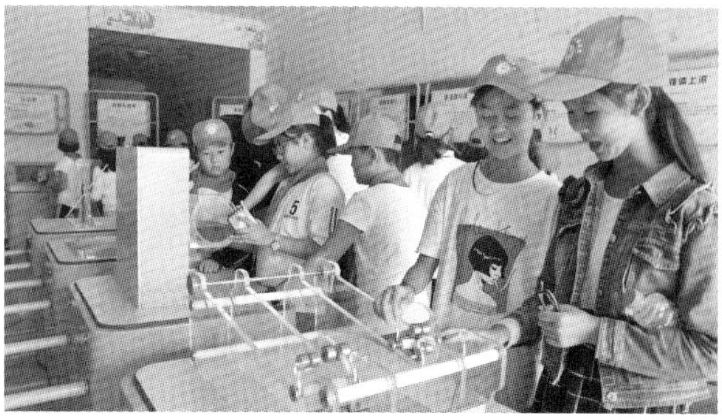

宁州示范小学学生参观流动科技馆科普展览　　李　艳　摄

【培育科技型企业】2017年，云南华宁鑫辰食品有限公司、华宁县翠天园林有限公司、华宁昌盛工贸有限公司、华宁慧涵制陶有限公司、云南万家红园艺有限公司、华宁县宁州舒氏陶艺有限责任公司6户企业被认定为云南省科技型中小企业。目前华宁县共有12户云南省科技型中小企业。华宁雅昇食品有限公司研发中心被认定为市级企业技术中心。云南万家红园艺有限公司被认定为高新技术企业。

【科技项目管理】2017年，做好科技项目的管理和跟踪问效工作，深入项目承担单位和项目实施地，对项目的实施情况进行实地考察，督促到期项目进行总结，做好项目验收准备工作。到华溪镇实地监督省科技厅重大科普项目的实施进展情况，做好协调配合，促进项目按进度实施。

【科技成果奖励】2017年，组织推荐3项科技成果申报玉溪市科学技术奖。3项科技成果分别为鲟鱼产业化技术集成与应用、柑橘密改稀技术研究与应用、樱花新品种选育与产业化应用。

【科技投入】 2017年，县本级财政科技支出1961万元，占同期公共财政预算支出160719万元的1.22%，比2016年县本级财政科技支出662万元增加1299万元，增长196%。深入企业，指导蓝天重工、科力电器、金鹿拖拉机、玉珠水泥、中广核、鑫辰食品、万豪实业6户企业，完成2016年县内规模以上企业研究与实验发展（R&D）经费填报工作。2016年，规模以上工业企业研究与实验发展经费（R&D）投入741.3万元，比2015年的1228.6万元减少487.3万元，减少39.6%。按照研发经费4%的比例补助规模以上工业企业研发经费投入4家，补助经费68.3万元。

【科技统计】 2017年，完成2016年R&D活动单位调查和地方财政科学技术拨款调查的数据收集上报工作。完成2017年全国科普统计调查表的数据收集上报工作。

【专利申请授权】 2017年申请专利109件，其中发明专利申请47件，实用新型专利申请57件，外观专利申请5件。专利授权42件，其中实用新型专利授权41件，外观专利授权1件。有效发明专利拥有量为0件。服务办理专利奖励资助41件，办理省级科技型中小企业专利奖励1项。

（曹　建）

地震监测

【概　况】 2017年，县防震减灾局以中国特色社会主义理论、科学发展观、十八大、十九大精神为指导，以县委、县政府中心工作和防震减灾三大工作体系建设为重点，全面贯彻落实省市县政府防震减灾工作联席会议精神，狠抓落实，推动了重点工作、专项工作和日常工作同步开展，较好地完成了2017年防震减灾各项工作任务。

【政治理论学习活动】 2017年，成立了以局长为组长，股室负责人为成员的学习领导机构，制定了政治理论学习计划及实施方案，学习主要以十八届五中、六中全会，十九大会议精神和习近平总书记系列讲话精神为重点。全年共组织学习19次，专题研究工作13次，上报信息66篇，组织8人次参加国家、省、市局培训。

【地震监测预报】 2017年，高度重视震情发展动态，强化震情监测。坚持24小时值班，密切做好震情跟踪；坚持每天定时做分析处理，发现宏观异常尽快落实，保证情况不过夜；制定了《华宁县2017年度震情跟踪工作方案》；参加市局月会商12次、紧急会商1次、半年会商1次、年终会商1次，本局组织会商12次，撰写《震情小结》12份、震情报告6期、《云南省2018年度地震趋势研究报告》1本，全年共接到宏观异常报告电话11个，分析后到现场落实2次，形成异常落实报告、异常情况报告和情况记录表共11份。

2017年华宁县境内地震情况表

表14

编号	时间		经度（度）	纬度（度）	震级
1	4月3日	03时47分23.9秒	103.07	24.15	0.6
2	4月17日	17时07分38.2秒	102.94	24.13	1.0
3	5月10日	18时15分04.5秒	103.00	24.09	1.1
4	6月10日	01时11分15.2秒	103.03	24.04	0.9
5	10月9日	17时22分37.4秒	102.92	24.19	1.5

【仪器维护】 2017年，定期对华宁县境内1个前兆流体观测台、1个数字化测震台、6个强震台、10个宏观观测点，5个地震预警设施和观测环境进行维护。全年强震台季度检查4次共24台次，配合市局完成巡检6台次，强震台维修13台次。观测井水位、水温和气象三要素数据资料完整率100%，没有缺数。

【县政府召开2017年华宁县防震减灾工作联席会议】 2017年2月23日，华宁县人民政府召开了2017年度华宁县防震减灾工作联席会议。县抗震救灾指挥部部分成员单位领导、乡镇人民政府分管防震减灾工作的领导及防震减灾助理员、县防震减灾局全体职工等参加了会议。县人民政府副县长罗勇出席会议并讲话，会议由县政府办副主任普超主持。会上，县防震减灾局局长普德光传达2017年国务院、省、市政府防震减灾工作联席会议精神，简要通报2017年云南省及玉溪震情形势，并对2016年全县防震减灾工作进行总结，安排部署2017年重点工作。罗勇代表华宁县人民政府与各乡镇人民政府（街道）签订了2017年度防震减灾工作目标考核责任书，并对全县2016年防震减灾工作取得的成绩给予了充分肯定，对2017年全县防震减灾工作提出了要求。

【群测群防网络】 2017年2月23日，县防震减灾局组织对全县防震减灾助理员、宏观观测员和强震台站代管员进行了培训。

【省地震应急准备工作检查】 2017年2月27日，省抗震救灾指挥部督查组到华宁督查地震应急准备工作。督查组实地检查了县民政局、县医院应急救灾物资仓库、县第一中学应急避难场所、县消防大队专业救援队、泉乡广场应急避难场所、居左村民小组农村危房改造项目、华宁县地震应急指挥中心，详细询问了解物资保障、社会动员、队伍建设、震害防御等各个环节准备情况。8月18日华宁县人民政府办公室印发华宁县地震应急准备工作督查发现问题整改方案的通知。

【县政府组织开展地震应急准备工作检查】 2017年8月23—25日（3天），县人民政府组织县防震减灾局、县民政局、县住房和城乡建设局、县工业商贸和科技信息局、县教育局组成联合检查组对全县范围内的地震应急准备工作进行实地检查。检查组通过实地察看、听取汇报、检查记录，检查组认为，华宁县地震应急准备工作应急预案完善，防震救灾知识宣传到位，措施有力，准备充分，应急避难场所规模大，防震救灾物资储备仓库规模大，物资齐。

【地震应急工作】 2017年，华宁县防震减灾局加强应急演习工作。一是督促学校将防震减灾科普知识纳入教学内容、开展应急疏散演练；二是督促抗震救灾指挥部成员单位根据发展情况变化及时对本单位的地震应急预案进行修订和完善；三是督促成员单位各司其职，自行组织应急演练；四是成功举办2017年地震应急演练。10月31日成功举行了华宁县2017年地震应急综合演练。本次演练活动有55家成员单位、21支应急分队和学校师生共3200多人参加。演练分桌面推演、华宁一中师生应急避险疏散、应急分队实战演练、应急救援装备展演4个阶段。玉溪市防震减灾局孙军伟副局长到现场指导。

【防震减灾科普示范学校、示范社区（村）创建】 2017年，认真抓好防震减灾科普示范学校、示范社区（村）的创建、管理工作。一是加强对省市县级防震减灾科普示范学校（社区、村）的管理，发挥好示范作用；二是引导学校（社区、村）积极开展防震减灾科普示范学校和示范村的创建。2017年，组织8所学校、社区开展创建工作，上报省级防震减灾科普示范学校1所，华宁县第七中学被命名为“玉溪市防震减灾科普示范学校”，华溪甫甸社区被命名为“玉溪市防震减灾科普示范社区”，宁州镇新庄小学、华溪镇华溪小学、盘溪镇平坝小学、华宁县第六中学、通红甸乡小河边小学被命名为“华宁县防震减灾科普示范学校”。

【建设工程抗震设防管理】 2017年，严格执行地震行政许可审批，在案件审批过程中，严格审查材料，严格规范程序，严格按承诺时限办理。2017年办理建设工程抗震设防要求确定4件，对规委会需要提供防震减灾部门意见的项目，严格按照《中华人民共和国防震减灾法》《云南省防震减灾条例》、国家强制性标准GB18306—2015

《中国地震动参数区划图》，提出意见建议。全年办理建设项目规委办联审联签2件。

【依法行政和依法办事】 2017年，专题研究部署依法行政、法治政府建设工作2次，开展依法行政专题讲座1次，专题学法活动2次，全年各种学习24次，制定出台《华宁县防震减灾局法治政府建设实施方案（2017—2020年）》。聘请1名法律顾问，做到了重大决策安排法律顾问参与。

【科普知识宣传】 深入开展地震科普知识宣传教育活动。2017年，在县城开展宣传教育活动8次，悬挂防震减灾横幅13条，共摆放宣传展板54块，发放宣传单11000份、宣传小册子8300余份、地震知识读本5000余本，接受群众咨询330余人次。

【加强应急避难场所建设】 进一步完善应急避难场建设，2017年共制作安装98块方向指示标志。

【全面深化改革工作】 2017年8月，县地震局对2017年6月30日前的地方性法规、部门规范性文件和一般性文件进行了清理，经清理防震减灾局不存在与“放管服”改革和“减证便民”政策不一致、不协调的规范性文件和一般性文件。

【项目建设】 2017年，争取国家地震预警与烈度速报基准台1个，地震预警示范学校5个，并完成台址勘选。

【扶贫工作】 2017年，一是筹资4200元对联系村困难党员、困难群众、联系户进行春节走访慰问；二是稳步推进挂点包村帮户工作。选派6名干部职工联系16户农户，一对一结对帮扶，支援联系村经费1万元，扶贫工作扎实推进。

【获奖集体和个人】 2017年，华宁县防震减灾局获玉溪市强震动台管理评比二等奖、地震趋势研究报告评比优秀奖、防震减灾工作综合考核获玉溪市二等奖。

（杨德冲）

教育管理

【概　况】 2017年，华宁县教育工作以“教育创新，内涵发展”为主题，以“质量、安全、内涵、特色”为主线，以创建全国义务教育发展基本均衡县等重点工作为抓手，以教师队伍素质提升为突破口，全面贯彻中共十八大、十八届历次会议及十九大精神，全面贯彻党的教育方针，全面实施素质教育，合理配置教育资源，创新体制机制，加大经费投入，补齐教育短板，深入开展教育精准扶贫工作，积极推进质量校园、平安校园、数字校园、绿色校园、文化校园“五化校园”建设，促进了全县教育事业稳步发展。全县共有各级各类学校107所，其中，高级中学1所、完全中学1所、初级中学8所、完小71所（不含海关，海镜两所由澄江县托管学校）、教师进修学校1所、职业中学1所、幼儿园24所。全县有在校生31056人，其中，高中在校生3120人、初中在校生8032人、小学在校生13517人，职业中学在校生762人，幼儿园（学前班）在园幼儿园5625人。有在职在编教职工2193人，临时工395人。师生合计33644人，占全县总人口的15.76%。

【教师节活动】 2017年9月8日，在第33个教师节来临之际，县委书记黄云鹍到华宁一中看望奋战在教育一线的广大教师，黄云鹍勉励大家要争做“四有”教师，做好学生引路人，为全县教育事业发展尽己之力，努力办好人民满意的教育，副县长郭艳一同参加慰问。黄云鹍一行首先参观了华宁一中的学生食堂、运动场、教学楼和校园文化建设，查看学校建设规划沙盘，详细了解了学校的教育教学、办学规模、学校管理、教师队伍建设、教学教研等情况。黄云鹍勉励全县教师，要争做“四有”教师，有理想信念，有道德情操，有扎实知识，有仁爱之心，做好学生品德、学习、创新思维的引路人，以过硬的能力，严谨的态度，科学的方法，切实提高教育教学水平，在今后的工作中取得更好的成绩，为全县教育事业的发展贡献自己的力量。

2017年9月7日晚，县委、县政府在县文化馆礼堂举行第33个教师节颁奖晚会，4个先进集体和100名先进教师获奖。

2017年，为欢庆第33个教师节，9月10日晚，县教育局联合新华书店宁阳书城举办庆祝教师节书法、诗朗诵系列活动，为辛勤耕耘的老师们提供了一个放松交流的平台，为老师们送上一份特殊的礼物。活动中，一群3—4岁的学前萌娃身着传统汉服，跟着老师学习了上学的礼仪和《三字经》，潜移默化中早早地让中华优秀传统文化在他们心中播下了种子。来至全县不同年龄段的书法爱好者在古筝伴奏下，挥毫泼墨，尽书胸臆，《沁园春·雪》《学为人师》《厚德载福》《高山流水》等书法作品，表达了对教师这份神圣职业的热爱。县委常委，县委宣传部部长李军参加了此次活动。

【教育工作会】 2017年3月10日，华宁县在县教育局召开了2017年教育工作会议。会议对2016年的工作进行了客观总结，提出了2017年要完成的10项主要工作任务：一是抓好党建工作进一步加强学校党组织建设，二是抓好党风廉政建设确保教育系统风清气正，三是以培育社会主义核心价值观推进立德树人工作，四是以内涵发展为根本提升教学质量，五是以提高素质为核心加强教师队伍建设，六是以抓达标为重点积极做好创建全国义务教育基本均衡县工作，七是以达标晋级促进学校内涵发展，八是以对外交流合作为依托加快全县教育跨越发展，九是以扩充资源为基础进一步优化教育资源，十是强化语言文字工作，确保2018年通过国家的评估验收。郭艳以全县经济社会发展为背景，站在华宁教育改革发展的高度，对全县2017年及今后一段时期教育事业发展工作提出了4个方面的意见。一是准确把握全县教育发展形势，进一步提高抓教育质量重要性和紧迫性的认识；二是紧紧围绕提高教育教学质量，全面落实推进教育科学发展的各项措施；三是着力加强和改善对教育工作的领导，动员全社会共同推动教育事业科学发展；四是以重点工作为抓手，全面完成2017年的各项教育目标任务。

学校大课间体育活动展演　　陈志莲　摄

【邀请省市专家专题研讨基础教育改革发展】 2017年8月3日，云南省教育科学研究院原院长李黎明、安宁中学校长何明、云南师大附中副校长李为、玉溪市民族中学校长李永云、玉溪市教科所所长矣向阳、玉溪市教科所办公室主任部昌云等省市专家到华宁专题研讨华宁基础教育发展工作。

【邀请专家为华宁一中晋级升等工作把脉问策】 为进一步推进华宁一中晋升云南省一级三等高中工作，2017年春季学期刚开学，华宁县邀请到了云南省学校等级达标评估验收专家组组长、云南省教科院副院长方贵荣，云南省学校等级达标评估验收专家组成员、安宁中学校长何明到华宁一中为学校晋级升等工作把脉问策，专家们认为：一是县委、县政府高度重视教育发展，选定晋级升等作为华宁一中发展的一站目标，决策正确，认识非常到位；二是以评促建、以评促改、以评促发展的措施非常有力；三是学校发展变化非常大，校园建设非常美丽。专家们对华宁一中的晋级升等工作提出来5个方面的建议：一是进一步明确目标，落实责任，把晋级升等各方面的工作做细做实；二是进一步加强学校常规管理，做到精细化；三是进一步落实育人目标，让普通学生在校也能得到较好的发展，实现全面育人，汇报材料要着重介绍学生“四个素质”方面的成绩；四是要细致研究省教厅的评价新方案，加强学校文化建设和课程建设，学生要能更好地发展特长，学校要办出特色；五是要动员全校教职工认真学习、熟悉省教厅的新方案，自觉按照方案要求把各项工作做好。

【创建“全国义务教育发展基本均衡县”工作通过国家验收】 华宁县创建全国“义务教育发展基本均衡县”工作，于2017年4月通过了市级督导复评，6月通过了省级督导评估。12月13—14日，国务院教育督导委员会组成国家督导评估组对华宁县义务教育均衡发展工作进行了督导评估，反馈意见表明：华宁县义务教育学校办学条件基本达到评估标准，小学和初中综合差异系数达到国家标准，县级政府推进义务教育均衡发展工作达到国家规定要求，公众满意度调查结果均在85%以上，未发现作为一票否决的重大安全责任事故和重大违纪违规行为。督导检查组一致认为华宁县达到了国家规定的义务教育发展基本均衡县评估认定标准。

学生课间操活动　　陈志莲　摄

【创全国“义务教育发展基本均衡县”市级督导评估】 2017年4月6—7日，由市复评组副组长、市教育局党委书记、副局长鲁志明带队的市政府教育督导评估组，对华宁县义务教育均衡发展工作进行督导评估。华宁县政府副县长郭艳、县人大常委会副主任陈宁、县政协副主席万燕，县人大政协联系教育委室主任、各乡镇人民政府街道办分管教育领导、县属有关单位领导、部分县人大代表政协委员，教育局班子成员、股室负责人、督导室人员、义务教育学校校长100余人出席了汇报会和反馈会。6日上午，在县教育局会议室召开了华宁县创建“全国义务教育发展基本均衡县”市级评估工作汇报会。鲁志明作动员讲话后，郭艳代表华宁县人民政府做了题为《落实职责促进教育均衡，巩固成果实现跨越发展》的工作汇报，详细介绍了华宁县推进义务教育均衡发展工作的主要做法、成效及存在的问题和努力方向。复评组就有关问题进行了现场质询，分组召开了人大代表及政协委员代表、义务教育学校校长、教师代表、家长代表4个座谈会，广泛听取代表们的意见。下午，专家组分成3个小组，深入到华宁二中、华宁四中、甸尾小学、福禄德小学等10所中小学校进行全面细致的检查。7日下午，召开了评估意见反馈会。检查组对华宁县近年来在推进义务教育均衡发展工作中所取得的成绩给予了充分肯定，也诚恳地指出了存在的问题和不足，提出了改进意见和建议。郭艳代表县委、县政府就复评组的反馈意见作了表态发言，华宁县将抓紧落实专家组提出的意见、建议，调整工作思路，制定整改方案，狠抓落实，确保整改工作落实到位，积极做好六方面的工作：一是强化政府职责，落实教育优先发展战略；二是加大经费投入，努力改善办学条件；三是全面提升教育质量，推进全县教育优质均衡发展；四是加强教师配备和教师、校长交流工作，均衡配置教师资源；五是多措并举，全力推进义务教育均衡发展；六是凝聚合力，营造教育发展的良好环境。县教育局局长张利民也从教育改革、教育管理、质量提升、内涵发展的角度作了表态发言。鲁志明对华宁县进一步做好创建全国“义务教育发展基本均衡县”工作讲了三点意见：一是认清形势，统一思想，进一步增强工作紧迫感和责任感；二是迎难而上，认真履职，进一步提高工作积极性和主动性；三是突出重点，强化措施，进一步提高工作针对性和实效性。

新修建的宁州示范小学跑道一角　　李艳摄

【创全国“义务教育发展基本均衡县”省级督导评估】 2017年6月21—23日，省政府督导评估组到华宁，对华宁县创建“全国义务教育发展基本均衡县”工作进行督导检查。省教育厅基础教育处副处长省评估组组长李顺，市教育局党委书记副局长鲁志明、县委书记黄云鹍、县人大常委会主任魏德锦、县政协主席白应海、县委常委常务副县长张洪坤出席了在华宁大酒店召开的21日下午的汇报会和23日上午的反馈会。汇报会上，县委常委，常务副县长张洪坤汇报了华宁县义务教育均衡发展工作情况。督导组还就义务教育均衡发展的相关问题进行了现场质询，观看了华宁县义务教育均衡发展专题片《展翅跨越正当时》。会后，督导组与县人大代表政协委员、校长代表、家长代表和教师代表分别进行了分组座谈交流。22日，督导组分两个小组深入华宁三中、华宁四中、华宁五中、华宁六中、新城小学、矣马白小学、青龙小学、平坝小学、各纳甸小学等10所中小学进行实地督导检查。23日上午召开反馈会，组长李顺代表省评估组进行了意见反馈，他指出，华宁县委、县政府高度重视义务教育均衡发展工作，不断增加教育投入，改善办学条件，优化教师队伍建设，均衡配置资源，义务教育学校办学条件、管理水平、师资实力、教育质量得到综合提升，达到了国家规定的要求，同意初步通过省级验收。评估组将把此次督导评估情况报省教育厅党组专题研究，报请省政府审定。市政府副秘书长张名希望华宁在认真核实差距和不足的基础上，对照义务教育基本均衡的标准要求，专题研究，制定方案，限期整改，确保年内通过国检。县委书记黄云鹍表示，通过此次督导检查，进一步强化了思想认识，看清了短板和不足，在以评促改的基础上更加坚定了县委、县政府做好教育工作的决心和信心。各级各部门一定要高度重视，对标对表逐一整改，落实好科教引领创新发展战略，围绕学前教育抓普及，义务教育抓均衡，高中教育抓提升，职业教育抓特色，全面提升全县教育水平，确保华宁创建“全国义务教育发展基本均衡县”工作年底通过国家督导评估验收。

【省政府教育督导委员会办公室对华宁县义务教育均衡发展工作进行督导检查】 为确保义务教育基本均衡目标顺利完成，省教育督导委员会办公室于2017年11月22—23日对华宁县创建全国“义务教育发展基本均衡县”工作推进情况进行了专项督导检查。督查组由云南省教育厅办公室调研员杨必俊、昆明市五华区人民政府教育督导室主任梁莉、玉溪市人民政府教育督导委员会副主任迟天龙等5人组成。在县政府副县长郭艳、县政府办公室副主任魏艳、县教育局领导班子及相关股室负责人的陪同下，督查组深入华宁一中、华宁三中、华宁六中、华宁七中、示范小学、青龙小学等6所学校，通过“听、看、查、访、议”等方式进行认真督查，提出三项要求：一是要进一步对建档立卡户进行详细调查，对其子女在校学习情况要多关心、关注，确保无一人辍学；二是要高度重视均衡发展迎国检工作，要再次对标对表逐一核实，查缺补漏，限期整改存在的问题，确保顺利通过国检；三是严肃工作纪律，强化责任担当，高效高质量完成工作任务。

【创全国“义务教育发展基本均衡县”国家级督导评估】 2017年12月13—14日，国家督导检查组对华宁县创建全国“义务教育发展基本均衡县”工作进行了督导评估。督导评估组由全国中小学督导评估专家、湖南省教育科学研究院原党委书记、研究员田刚，浙江省教育评估院党支部书记、副院长张江琳，福建省教科所研究室主任、副研究员林瑞云，杭州市行知小学副校长、一级教师杨佐军组成。省教育厅副厅长赵德荣、玉溪市副市长蔡永飞、县委书记黄云鹃、县委常委常务副县长罗勇、副县长郭艳等领导陪同检查。

本次督导检查依据《中华人民共和国义务教育法》《教育督导条例》和《国务院关于深入推进义务教育均衡发展的意见》，按照教育部《县域义务教育均衡发展督导评估暂行办法》要求，本着“公平公正、严格把关”的原则，在对华宁县申报材料严格审核的基础上进行。督导评估分查阅台账资料、召开陈述答辩会、召开座谈会、实地评估检查四个阶段进行。督导检查组随机抽取了华宁二中、华宁三中、华宁八中、华宁九中、示范小学、甫甸小学、城门硐小学、大母公竜小学、法高小学、通红甸小学、所梅早小学等11所学校，分3个小组进行实地督导检查，重点检查各学校基础设施建设、校园文化建设、教育信息化发展、师资队伍建设、食堂管理、安全管理等情况。检查中，督导检查组核查了相关文件资料、数据，召开了人大代表、政协委员、校长代表、教师代表、家长代表座谈会共4场，同时采取随机访谈等形式，广泛征求了公众意见。2017年12月15日，云南省县域义务教育均衡发展国家督导检查反馈会在昆明举行，督导检查组认为，云南省2017年接受检查的45个县均达到国家规定的义务教育发展基本均衡县标准，华宁县已列其中。

【爱满天下铸师魂】 2017年4月28日，县教育局、县总工会在县文化馆礼堂联合举办了以“科教引领，创新发展，爱满天下铸师魂”为主题的演讲比赛。县委副书记何国斌致辞，副县长郭艳宣布活动开幕，教育局局长张利民同志发表讲话。24名选手分别登台演讲，一篇篇激情洋溢的演说，一句句动人心弦的话语，述说了教师们爱岗敬业、甘为人梯、乐于奉献的感人事迹。这些敬岗爱生的小故事，虽然平凡，却一次次感动着现场的师生。经过紧张激烈的角逐，评出一等奖2名、二等奖4名、三等奖6名、优秀奖12名。

【实施“育禾苗·感党恩”行动计划】 2017年，教育局党工委认真贯彻落实中央、省市县中小学基层党建重要文件精神，深入实施“育禾苗·感党恩”行动计划，切实把“立德树人”教育理念与党建服务教育教学中心工作相融合，教育引导广大青少年从小听党话，跟党走，做好少年。一是整合红色资源，夯实特色校园文化基础。各学校深入挖掘学校历史与文化资源，把红色文化有机地融入校园文化建设中，充分利用橱窗、走廊、操场过道等公共区域，设立党建文化墙、红色文化橱窗、校园文化展板等，设立“童心向党·书香育人”等为名的红色小书吧，引导学生了解革命历史、感受革命传统、砥砺理想信念。二是开展主题活动，搭建红色文化传播平台。结合德育课程，推进红色文化进校园，以传统节日和重大纪念日为抓手，寓红色文化教育于形式多样的活动之中。各中小学党组织举行“童心向党不忘初心”等为主题的系列活动，引导广大青少年传承革命精神，弘扬爱国主义。还充分利用国旗下讲话、道德讲堂、校园广播、校园黑板报等形式，宣讲红色故事，将红色精神代代相传。

【教师培训】 2017年以农村中小学校（园）长和教师为重点，实施好“国培、省培计划”项目。全年组织2614人次参加各种培训，其中，教师履职晋级培训1806人，“国培”计划赴省内外短期集中培训39人次，中小学信息技术能力提升远程培训403人次，“省市培训”59人次，人才对口培养5人，其他培训96人次，参训率和合格率都达100%。发挥“国培计划”项目县网络研修和各县教师培训机构的引领作用，开展本土培训和校本研修。以“名师带动”为主要模式，以网络平台为主要依托，以课题研究为主要方式，以课堂教学改革为主要内容，发挥“名师工作室”在教师培训、课堂教学、教学竞赛中的引领、示范作用，支持鼓励工作室主持人及成员开展工作，做到组织落实、经费落实，时间保障。

2017年7月24—28日，县教育局组织实施了第二批学科带头人、骨干教师培训，全县102名骨干教师、学科带头人参加了培训。在5天的培训时间里，邀请玉溪市教科所所长矣向阳作《学校整体性德育构建与实施》讲座，云南财经大学附属中学副校长赵玲作《新课程背景下的高效课题》讲座，云南省中青年学术技术带头人、云南省享受政府津贴专家、云南省师范大学的教授、博士尹可丽作《积极人生的践行者——在迷茫倦怠中继续前行》讲座，玉溪市教师进修学校校长姚桂琼《教师如何做课题研究》讲座，昆明市盘龙区进修学校副校长曾志作《信息技术与学科教学的融合》讲座。

【“中国教育梦”名师教学观摩活动】 2017年4月15—16日，中国教育梦小学数学、语文学科核心素养教学观摩活动走进华宁。此次观摩活动由县教育局联合北京21世纪育师教育科学院举办，邀请了全国著名特级教师、教育硕士季国栋，全国小学数学名师任闽龙，全国著名特级教师、国家督学吴正宪等5位全国名师做现场指导。目的是提升教师的教学能力，解决教师教学中存在的实际问题，最终达到提升教师的专业素质和专业能力。在为期3天的观摩活动中，5位全国名师，采取示范教学、专题讲座和互动交流的形式，给老师们分享了倒推策略、认识负数、小数的意义等教学示范。

【教师招聘】 坚持“竞争上岗，择优录用”和“自愿、公开、公平、公正”的原则，通过资格审查、面试、体检、政审等环节，择优招聘录用新教师54名，其中，提前招聘足球教师3人，会计3人。华一中提前招聘教师5人。

【教师资格认定】 根据《华宁县教育局关于2017年教师资格认定网络报名及现场确认有关事项的通知》《2017年华宁县教育局关于申请初中、小学教师资格认定教育教学能力测评的通知》《华宁县教育局关于2017年高中教师资格认定教育教学能力测评工作安排的通知》，严格按照认定职责和权限，坚持标准，依法行政。经过网上报名、现场确认、教学能力测评、专家审查等程序，23人通过了认定，其中，高级中学教师资格2个，初级中学教师资格7人，小学教师资格11人，幼儿园教师资格3人。通过资格认定进一步完善了教师队伍专业化建设，严把教师入口关，也为毕业生就业提供了新的途径。

【专业技术职务推荐评审】 2017年，经过个人申报，学校评审组推荐，各级职务评审委员会评审，共有299人晋升教师职务资格，其中，21人晋升二级教师职务资格，98人晋升一级教师职务资格，184人晋升副高级教师职务资格。

【“送教上门”教师培训】 2017年9月29日，华宁县教育局组织开展了特殊教育“送教上门”教师培训，来自全县承担送教上门任务的普通学校教师、县教育督导室周双兰主任、教育局相关股室人员、县残联相关人员（康复员）共30余人参加，还邀请到了玉溪市特殊教育学校张国强校长和谢广志等4位老师作专题讲座。培训会上，张校长强调了特殊教育“送教上门”的重要意义，对“送教上门”工作提出了具体明确的要求，谢广志等老师作业务培训。特殊教育“送教上门”，是针对义务教育阶段不能到学校接受教育的重度残疾儿童开展的上门教学服务，通过“送教上门”形式保证残疾儿童少年公平享受教育机会。

【建成普通话水平测试点】 2017年，为做好语言文字工作，华宁县在职业中学建成了计算机辅助普通话水平测试点。测试点于年初开始筹建，10月底建设完成。建成了机测室、监控室、候测室、备考室。机测室共设置6个考场，可同时容纳6人进行普通话测试。在进行硬件建设的同时，完成了测试点组织机构建设和管理规章制度建设，具备了组织计算机辅助普通话水平测试的基本条件，并正式挂牌启用。测试点的建立，方便了华宁县教师、学生及其他社会人员普通话的培训、测试工作，为华宁县于2018年完成“三类城市语言文字达标”工作创造了条件。

【学前教育】 随着学前教育一、二期“三年行动计划”项目的稳步推进，2017年全县幼儿园发展到了24所，其中，公立幼儿园10所，私立幼儿园14所，在园（班）幼儿5625人。学前一年儿童入园率达99.65%，学前三年毛入园率63.01%。有10所民办幼儿园被认定为普惠性民办幼儿园，在园幼儿2009人，普惠性幼儿园人数占全县在园（班）幼儿数的35.72%。全县学前教育已形成了以县幼儿园为龙头示范，青龙、盘溪、华溪3个乡（镇）公办中心幼儿园辐射带动，各村完小附设学前班、幼儿园为主力，社会办园（班）为补充的学前教育格局。

【义务教育】 2017—2018学年，小学适龄儿童入学率为99.97%，小学辍学率为0.08%；初中毛入学率110.06%，初中辍学率0.73%。全县共有2692人参加中考，570分以上有7人，居全市7县2区第5名（前四名是红塔区、通海、江川、易门），市属高中录取203人，比去年增加32人。

【普通高中教育】 2017年，全县普通高中有教学班55个，在校生3120人，高中阶段毛入学率达85.77%。共有1202人（含“三校生”10人）参加高考，总上线1134人，上线率94.34%；本科上线共526人，比去年增加16人；全县上一本线65人，比去年增加10人；600以上有2人。共录取了1156人，录取率达95.61%，是近10年来录取率最高的一年。完成普通高中招生1055人，超任务数5人。普通高中在校生辍学率为2.82%。

【职业教育】 2017年，认真贯彻落实《玉溪市人民政府关于加快发展现代职业教育的意见》，结合县域经济发展对人才的需求，加强专业建设，形成了以农业机械使用与维护专业为骨干，以畜牧兽医、陶瓷艺术专业为特色，农村经济综合管理为优势的专业发展格局。有在校生911人，在校生巩固率为92.1%。有267名学生毕业，有256人顺利就业（其中11人升职大），就业率为95.88%，对口就业率41.22%。毕业生计算机合格证、普通话合格证、专业等级证过关率都达90%以上。在2017年玉溪市陶艺工艺作品大赛中，华宁县职中20件作品获奖，其中，3件获一等奖，5件获二等奖，12件获得3等奖。与就业局、农业局、残联合作，积极开展农信通、陶艺、竹编、农业机械、核桃栽培嫁接、豌豆种植、柑橘种植等实用技术培训，共培训351期，培训42094人次。

【特殊教育】 2017年，认真贯彻落实《中华人民共和国义务教育法》等教育法律法规和国家及省市有关规定，制定实施《华宁县特殊教育提升计划实施方案》，依法保障各类学生义务教育权益，积极采取三项措施保证残疾儿童、少年入学。一是随班就读。有183名（含三类残疾35人）残疾儿童、少年就近就便入学，随班就读。全县建成了宁州示范小学特教资源中心和甸尾小学、盘溪一校2个特教资源教室，帮助随班就读残疾少年儿童学习、锻炼、康复；二是到市特教学校就读。有24名三类残疾儿童、少年在市特殊学校就读；三是送教上门。对既无法随班就读，也没有条件到特校上学的则采取送教上门的办法解决他们的入学问题。现有送教上门三类残疾学生34人。各学校共聘请了28名教师、12名康复员，为这些学生服务，并做到一人一案，精准施教。全县有义务教育适龄残疾儿童253人，已入学241人，入学率95.3%。其中，三类残疾（智力残疾、听力残疾、视力残疾）共91人，全部入学，入学率100%。建档立卡户残疾子女12人，入学12人，入学率100%。

【民族团结教育】 2017年，认真落实《云南省少数民族教育促进条例》，做好民族教育工作，征订民族团结教育教材7802册、小学《中华大家庭》1860册、《民族常识》2212册、初中《民族理论常识》2700册、高中（含职中）《民族政策常识》1030册，完小以上学校都开设民族团结教育课，开课面为100%。结合义务教育均衡发展工作，组织城区、坝区学校的校长、教师21人到通红甸、盘溪等民族聚集区学校开展对口支援和交流活动，确保少数民族聚集区教育资源配置、办学水平均衡发展。

【欢庆“十九大·童声心向党”小学生合唱比赛】 2017年11月1日，华宁县委宣传部、华宁团县委、县教育局、中国农业银行华宁支行在华宁县文化馆礼堂共同举办了“育禾苗·感党恩·欢庆十九大·童声心向党”小学生合唱比赛。来自宁州示范小学和全县5个乡镇（街道）中心小学的6支参赛队伍450名少先队员参加了比赛。本次比赛每个学校各选送两首参赛曲目，《中国少年先锋队队歌》为必唱曲目，另一曲目自选。各学校参赛的《啊，老师——妈妈》《编织我们的中国梦》《映山红》等一首首脍炙人口的歌曲。经过评委认真地评判，盘溪中心小学代表队获特等奖，宁州示范小学代表队获一等奖，宁州中心小学代表队和华溪中心小学代表队获二等奖，青龙中心小学代表队和通红甸中心小学代表队获三等奖。宁州中心小学合唱队吴云淞老师获“金指挥”奖，华溪中心小学的施琪老师获“银指挥”奖。

【争当环保“小卫士”】 2017年6月15日，玉溪市环保局联合市教育局、市中级人民法院在宁州示范小学开展了“绿水青山就是金山银山”主题演讲比赛。比赛中，经过层层选拔的示范小学6名小选手，结合小学生实际，从生活的小事讲起，从亲历的小故事讲起，以《绿水青山红日子》《建设生态文明，守护绿水青山》等为题，进行了声情并茂的演讲，全面阐述了对环保主题的深刻理解，字里行间透露出对家乡优美环境的热爱和追求，体现了一名环保小卫士的责任与担当。这次演讲比赛是全市2017年环保科普法制进校园系列宣传活动之一，旨在动员引导社会各界牢固树立“绿水青山就是金山银山”的强烈意识，养成尊重自然，顺应自然，保护自然的自觉行为，积极践行绿色生活，共同建设美丽家园。经过激烈角逐，评委们共评出一等奖1名、二等奖2名、三等奖3名。演讲结束后，工作人员还向同学们发放了环保科普知识图书等资料，组织观看了以节能环保、法制科普知识为主要内容的宣传展板。

【模拟法庭进校园】 为加强对在校青少年学生的法制宣传教育，2017年5月25日，华宁县人民法院、县关工委共同在华宁六中开展了一次“模拟法庭”进校园活动，模拟的是对一起青少年学生打架斗殴引发的故意伤害刑事案件的审判。同学们分别扮演了审判长、审判员、书记员、公诉人、辩护人、被告以及律师等不同的法庭角色，开庭、法庭调查、辩论等5个阶段有序演进。法院工作人员还就案中涉及的法律知识做了现场讲解。“模拟法庭”进校园活动使同学们学到了很多法律知识，认识到了法律的严肃性和法庭的威严，既是课堂教学的延伸，又是能力素质的拓展，有效地提高了同学们的法律意识和遵纪守法的自觉性。

【校外教育】 2017年，加强对“华宁县青少年学生校外活动中心”及青龙、盘溪、华溪、通红甸4个乡村少年宫的管理，始终坚持公益性、开放性、科学性、普及性原则，以服务社会为宗旨，科学制定活动计划，多渠道选配师资，面向全县青少年儿童组织开展了文化、器乐、舞蹈、信息技术、体育、书法绘画、科技七大类别的活动，全年开展培训122期，3629名青少年参加培训。举办全县青少年才艺展演、舞蹈专场汇报演出、钢琴演奏会、音乐会、书画巡展、科技制作、航模制作等展演活动22场。

【第三届青少年才艺大赛】 2017年9月11日，华宁县文明办、团县委、县教育局、县财政局在县青少年学生校外活动中心演播厅隆重举行第三届青少年才艺大赛，华宁县青少年学生校外活动中心及4所乡村少年宫学员参赛，比赛内容分为：个人形象展示、演讲、知识问答、才艺展示等4个部分。孩子们展示了古典舞、拉丁舞、民族舞、唢呐、笛子、古筝、架子鼓、歌曲、葫芦丝、巴乌、苗族刺绣、茶艺等精彩技艺。参赛的12名学员都分别取得了优异的成绩。每年一届的青少年才艺大赛，是青少年校外活动中心及各乡镇少年宫优秀教育成果的展示。县青少年校外活动中心及各乡镇少年宫已成为校外教育的强大阵地，成为青少年学生校外发展才艺特长的重要平台。

【学生资助管理】 2017年，严格按照相关规定加强对学前教育助学金、义务教育寄宿生生活补助、普通高中学生国家助学金和免学费资金、优秀贫困学子奖学金和中央彩票公益金助学项目管理，按照公开、公平、公正的原则确定资助对象，并进行公示，自觉接受群众监督。规范资金发放程序，未出现徇私舞弊、违规违纪现象。全面落实中等职业学校国家助学金和免学费政策，向334名中职学生发放助学金42.06万元，免除879名职中学生学费140.64万元，中职学校省政府奖学金评选做到公平公正；为918名农村贫困大学生办理了生源地助学贷款，发放贷款673.638万元，做到应贷尽贷，完成了贷款计划；全面实施农村义务教育学生营养改善计划，支出资金1553.12万元，惠及19773名农村义务教育学生。营养餐逐步加大食堂供餐比例，以提高资金使用效益，满足学生饮食习惯，建立起了营养改善计划长效工作机制。义务教育阶段学生食堂全部退出经营承包，由学校0利润管理经营，由县财政购买公益性岗位解决食堂工勤人员的工资。加强食堂人员培训，提高服务能力和服务质量。加强对学生食堂的管理，确保资金、食品和人员安全。

【保障教育公平】 2017年，落实《玉溪市教育局关于印发教育精准扶贫相关工作要求的通知》提出的“教育精准扶贫职责清单”“教育精准扶贫2017年工作要点”“扶贫攻坚工作任务分解方案”“教育精准扶贫找问题、补短板、促攻坚专项整改方案”等工作任务。一是认真做好建档立卡户学生精准识别工作。按照省市及县委、县政府的部署，根据县扶贫办提供的建档立卡户名册，组织各学校教师深入农户认真核实从学前教育到大专及以上在校学生信息，确认全县建档立卡户共有各级各类在校学生1691人，其中，学前教育125人（121人在本县就读，4人在外县就读），小学685人（672人在本县就读，13人在外县就读），初中492人（486人在本县就读，6人在外县就读），普通高中240人（182人在本县就读，53人在外县就读，5人属外县户籍在本县就读），大专及以上149人；二是全面落实各项资助措施，保证建档立卡户学生优先享受各种教育惠民政策，普通高中、职中学生学费全免，58名建档立卡户大学生全部办理了助学贷款，贷款总额为46.4万元。对建档立卡贫困家庭各级各类在校学的资助实现全覆盖，确保每一个建档立卡户困难学生都享受相应的资助政策，没有一个建档立卡户子女因贫失学。

【教学竞赛】 2017年，组织开展了初三年级复习课竞赛，240名初三教师参加。组织初中语文、数学等五个学科教师教学综合技能竞赛，220名教师参加。组织小学语文、数学两个学科毕业班复习课竞赛，122名教师参加。组织教师参加玉溪市基础教育教师三项教学技能竞赛，中小学共16个学科16位教师参赛。参加玉溪市教育云中兴城投杯精品录播课程大赛（含中小学、职中、幼儿园），获一等奖1人，二等奖2人，三等奖9人，投票奖5人。

【教育教学质量提升专题研讨】 2017年12月22日，华宁县教育教学质量提升专题研讨会在华宁七中召开。教育局副局长赵建文，教科所所长杜云寿、副所长李芬及部分初中学校校长、教学副校长、教务主任、初三年级组长参加了本次会议。会上，李芬对2017年中考各校优生完成情况及2018年度各校优生指标两组重要数据作了通报传达。与会校长就质量提升方案进行交流后，杜云寿强调，各校一要牢记任务，竭尽全力完成优生数、应考指标、平均分指标；二要采取六项措施提升质量：做细做实常规工作；加大优生帮扶力度；控辍保学提高平均分；一校一政策，抓好各种测试；加强教师培训；整合全县名师资源，促进各学段、各学科教学质量稳步提升。最后副局长赵建文从5个方面对本次会议进行了总结：一是认清形势，正视差距；二是转变办学观念，坚持正确办学方向；三是加强管理，推动学校规范化建设；四是压实教学，力促提质增效；五是加强引领，增强管理执行力。各校要牢记使命，继续前进，创新方法，用优异的成绩、精细的管理办好华宁人民满意的教育。

【体卫艺工作】 2017年，加大经费投入，确保体卫艺工作有效开展。全县投入体育经费939.7万元，其中，体育场地经费846万元、体育器材经费62.7万元、体育工作经费31万元。结合创建"全国义务教育发展基本均衡县"工作，投资220万元，为全县各校配齐了卫生和艺术教育设施设备。8月分别组织开展了全县初中和高中足球比赛，10月组织了全县初中学生篮球比赛。青龙小学、斗居小学、华溪小学、示范小学、甸尾小学、华宁一中、华宁四中、华宁六中等7所学校被认定为省级体育特色学校，项目分别为田径、航模、武术、乒乓球、体育舞蹈、排球、羽毛球、篮球、啦啦操。积极组队参加各级足球联赛，在玉溪市青少年校园足球比赛中，获小学女子组第二名、初中男子组第三名、初中女子组第四名、高中男子组第七名、高中女子组第四名的好成绩。积极参加省、市组织的各类学生体育比赛。4月与县体育局共同筹备参加"2017年玉溪少年儿童田径游泳篮球赛"，篮球男女队均获市级一等奖，游泳获女子组第六名，男子组第二名。全县31056名各级各类学生都参加了国家学生体质健康测，测试上报率为100%。认真组织开展体育普查、学校体育专项评估和学校体育工作年度报告工作。全县体育专职教师60人，体育课程开齐率、课时开足率都达到100%。全县11所中小学建成了塑胶或草坪足球场，有400米标准跑道运动场4块、400米以下跑道运动场39块、篮球场108块、排球场13块。切实做好禁毒防艾各项工作，充分利用"禁毒宣传月"开展禁毒防艾宣传教育，展出展板180块次，散发禁毒防艾资料4600余份，努力营造"珍爱生命，拒绝毒品"的社会氛围，进一步提高学生禁毒防艾意识。深入开展卫生监督校园行动计划，开展学校卫生、无烟学校、绿色学校检查和培训，新创省级绿色学校2所，累计创建绿色学校28所，其中，市级20所、省级8所。积极推进学校美育工作，高度重视培养学生审美、创造美德能力，组织开展"六一"儿童节展演、全县青少年才艺展演、舞蹈专场汇报演出、学生书画巡展等才艺展演活动7次，为广大学生提供了展示和锻炼提高的舞台，促进了全县中小学学生的才艺特长水平的提高。

【全薄改项目建设】 2017年，完成薄弱学校改造项目12个，新建校舍13607平方米，完成投资

2149 万元。

【学前二期项目建设】 2017 年，完成学前二期项目建设 10 个，新建校舍 11191 平方米，完成投资 2574 万元。

【三个中心幼儿园建设】 2017 年，县委、县政府把建设宁州街道中心幼儿园、青龙镇中心幼儿园、盘溪镇中心幼儿园列为教育重点项目，组建了工作领导小组，成立了联合办公机构，确立了由华宁县文化旅游投资开发有限责任公司为主体进行融资建设的方案，全力推进项目实施。到 2017 年年底，宁州街道中心幼儿园已完成了选址和可行性研究，正在进行选址意见和土地规划许可证的审报、土地出让的组价、项目报规、工程施工图纸设计等工作。盘溪中心幼儿园已完成了可行性研究，规划设计，开始进行施工图设计，办理选址意见书和用地规划许可证，协调与当地村民地上附着物补偿工作，开展了部分土方的回填工作。青龙中心幼儿园已完成了基本农田调规，正在进行征地的前期工作。

【华宁三中迁建】 华宁三中是县城唯一一所初级中学，现有教学班 31 个，在校学生 1760 人，教职工 114 人，校园面积仅为 26 亩，校舍建筑面积 19562 平方米（全部属于 C 级危房），校园四周被民房包围，无法扩建。2017 年，县委、县政府做出迁建华宁三中的决策。现已成立了华宁县第三中学迁建项目和县委党校异地新建项目（凤山片区）征地拆迁领导小组，完成了可行性研究报告的编制、招标代理机构竞争性比选文件的编制和选址地块地上附着物清查工作。

【数字化校园建设】 数学化校园建设于 2017 年 6 月 16 日完成终验。县电教室积极督促学校每月更新教育信息化工作进展信息系统数据，并由县级审核上报。全县所有学校都接入互联网，高中（职中）、初中、城区小学不低于 100M，乡镇中心小学、村完小、幼儿园不低于 50M。全县 2193 名在职教师都完成了云平台注册，注册率达 100%。全县 31056 名小学、初中、高中、职业学校学生都完成了云平台学习注册，注册率达 100%。全县教师都在应用玉溪教育教学云平台开展网络备课，运用率达 100%。全县各学校都应用玉溪教育教学云平台教师助手进行课堂教学，运用教师占比达 80.6%。全县所有学校都应用玉溪教育教学云平台开展主题研讨活动，发起数达 504 次，参与数为 3173 次。宁州示范小学以评分第一的成绩被认定为玉溪市教学云平台应用示范学校。

【教育技术装备管理】 2017 年，结合创建“全国义务教育发展基本均衡县”工作，全县义务教育学校教育技术装备水平大幅提高，为充分发挥现代教育装备的效益，教育局积极组织开展培训，全面提高各学校教育技术装的管理和运用水平。组织“云南教育技术装备管理系统”管理人员培训 1 期，培训管理人员 120 人，参训人员均能熟练运用“云南教育技术装备管理系统”完成数据维护和上报工作，提高了各校应用《云南省教育装备技术管理平台》对中小学教育技术装备进行管理的水平；组织玉溪教育云平台专业讲师到华一中、宁州中心校等学校开展了 9 次大规模的“玉溪教育云平台”专题培训，培训教师 1178 人次，使参培教师掌握了云平台“网络备课”“教师助手”“在线教学”“网络教研”“在线教务”等模块的运用；组织全县数字化校园建设项目中小学、幼儿园管理人员 92 人进行一体机、计算机教室、校园网及网络、校园监控系统 5 个模块的使用与维护管理技术培训；利用省教育技术装备管理系统及 QQ 群对“云南教育安全云平台实名注册方法”“云南省教育技术装备管理平台数据填报方法”等内容组织在线培训，共培训中学物理、化学、生物实验管理人员 30 人，小学科学实验管理人员 71 人；组织全县 10 所中学教师进行教育云“敏特英语、敏特数学网络学习系统”全员培训，共培训教师 162 人。

举办足球比赛　　陈志莲　摄

【宁州镇示范小学通过“玉溪教育云平台应用示范校”复评验收】 按照《玉溪市教育局关于开展2016—2017学年玉溪教育云平台应用示范校现场复评工作的通知》要求，2017年10月10日，由玉溪市教育局信息化办公室组成的专家组一行三人在组长龚正江带领下到华宁县宁州镇示范小学进行玉溪教育云平台应用示范校现场复评验收。专家组按照云平台示范校10项指标逐项对照评估，一致同意通过复评验收。同时专家组对学校提出两点希望：一是加强校本资源开发，丰富教育教学资源，二是做好示范校的辐射和引领作用，使全县学校、教师不断提高云平台应用水平，不断提高教育教学质量。

【校园安全】 2017年，县教育局始终把校园安全作为保障教育健康和谐发展的首要工作来抓，严格按照“党政同责、一岗双责、失职追责、齐抓共管”和“管行业必须管安全、管业务必须管安全”的原则，认真落实学校安全工作责任制，与各学校签订了综治维稳安全责任书，狠抓安全教育和安全责任落实。进一步加强物防、技防措施，实现校园安全视频监控全覆盖，全部初中及大部分小学都安装了一键式报警系统和校园安全卫士，学生出入校园，信息即可及时发送到班主任和家长手机上。针对校园安全工作形式，进一步强化了门卫管理、宿舍管理、校园巡视、节假日值守值班带班等制度。采取有力措施排查化解学生间矛盾，严防学生将刀具、打火机等物品带入校园，加强对校园欺凌、人身伤害等恶劣现象的防范力度。联合公安、工商等部门积极开展校园周边环境综合整治活动，开展食品卫生、饮用水安全、消防安全等全覆盖检查。根据季节、天气、安全工作形势，针对溺水、洪灾、地质灾害、食品安全、传染病防治等安全工作要点及时向学校发布预警通知。组织学生开展防震消防应急疏散演练、安全教育、禁毒防艾教育等工作已形成常态。安全工作的常态化、规范化，带来了校园的持续安全稳定，全年未发生学校责任的伤亡事故。

【教育普法】 2017年，按照“七五”普法规划要求，在教育行政部门及中等职业学校、中小学全面组织开展《中华人民共和国义务教育法》《中华人民共和国教师法》《中华人民共和国未成年人保护法》《中华人民共和国禁毒法》《云南省学校安全管理条例》《中小学校幼儿园安全管理办法》等法律法规的学习，通过开展法制宣传、法制教育、法律法规知识竞赛、法治进校园等活动，提高师生法制意识、法律法规知识水平及遵纪守法的自觉性，坚持依法治教、依法施教，依法处理各种涉教问题，依法防范各种违法犯罪活动，在校学生、教职工队伍未出现违法犯罪人员。年内创建法治学校2所，累计共创建法治学校4所。

【校园周边环境整治联席会议】 2017年4月18日，县教育局牵头召开了校园周边环境整治工作联席会议，县教育局、县交警大队、县治安大队、县特警大队、县110指挥中心、宁州派出所等部门领导及职中、华宁三中、示范小学、甸尾小学等学校负责安全工作的领导共18人参加会议。会议分两个阶段进行。一是到职中、华宁四中、甸尾小学、铁埂小学实地察看校园周边交通、治安管理情况；二是集中到教育局召开问题研究会议。会上，教育局分管安全工作的郭梅艳副局长简要介绍了学校周边交通、治安状况、各学校汇报了面临的问题和困难，交警大队、派出所等部门提出了进一步加强学校周边治安管理的措施，最后，公安局普贵发副政委作总结发言，他要求各相关部门在校园周边环境整治问题上，一是要提高认识，切实增强做好学校周边环境整治的责任感和使命感；二是要强化三种意识，即安全重于泰山意识、防患意识、管理意识；三是要突出重点，精心组织、着力抓好校园周边交通、治安等整治工作；四是要加强领导，明确责任，优化整合警力，狠抓落实。本次会议针对性强，切实高效，有力地推动了校园周边环境整治工作的深入开展。

【创建防震减灾科普示范学校】 2017年9月20日，华宁七中被认定为市级“防震减灾科普示范学校”，华宁六中、华溪小学、盘溪平坝小学、宁州新庄小学、通红甸小河边小学被认定为县级“防震减灾科普示范学校”。

【县教育局在“玉珠水泥杯”华宁县首届运动会上取得好成绩】 在12日闭幕的“玉珠水泥杯”华宁县首届运动会上，华宁县教育局成绩突出，在全部10个集体比赛项目中，获得男子篮球、女子篮球及齐头并进、集体跳绳趣味项目比赛4项第一名、羽毛球团体及10×50米迎面接力2项第二名、乒乓球团体第三名、男子七人制足球和拔河2项第六名，被大会组委会授予“优秀组织奖”。

【华宁一中启动晋升省“一级三等”高中评审程序】 为提升华宁一中的办学品位，为全县人民培育优质高中教育资源，县委、县政府做出了华宁一中晋升云南省一级三等高中的决策。校舍改造、实验室和校史室改造、图书仪器采购、校园文化建设、档案资料收集整理、评估材料等工作已完成。2017年11月7日，经省市专家组前期勘评，同意正式启动晋级升等评审程序。

（董家凯）

普通高中教育

【华宁一中】 2017年，华宁一中共有教学班46个，在校学生2606人。在职在编教职工207人，聘用临时工16人，合计223人。学校荣获云南省“平安校园”、云南省“科普教育示范学校”，玉溪市美丽校园行动“美丽校园”，玉溪市校园足球特色学校、华宁县“2016—2017教育教学先进集体”、“党建示范校”、美丽校园行动“先进集体”“六五”法治宣传教育工作先进集体、2017年度社会治安综合治理优秀奖等荣誉称号。学校晋升省一级三等高中顺利通过省级初勘。

2017年，华宁一中投资540.2万元，完成北校区主要校舍修缮改造，音乐、舞蹈教室改造装修；投资59万元，新增北校区630KAV箱变1个；投资28万，完成校史室装修改造；投资15万元进行“青春健康”教育基地和心理辅导室改造；完成党建示范校建设，建成学校党群服务活动中心；理化生数学地理实验室顺利验收。

华宁一中2017级高一注册学籍学生875人（含18名特长生，篮球特招4人、美术特长生4人、体育特长生8人、音乐特长生1人、舞蹈特长生1人）。新生录取最高分550.2分，最低分418分；普通特长生最高分416.45分，最低分399.85分；特招篮球特长生最高分416.4分，最低分391.35分。

2017年华宁一中847人参加高考，总上线833人，总上线率98.35%；本科一批上线65人，较2016年增加10人；本科上线共524人，较2016年增加16人，本科上线率达61.87%；全校600分以上2人。2017年取得毕业证学生843人，毕业率达99.5%。学校在云南省普通高中办学水平综合考核中列全省第88名。

2017年，华宁一中13名教师被认定为市级骨干教师，6位教师被选拔参加华宁县第二批中小学学科带头人培训，8位教师被选拔参加县第二批骨干教师培训。玉溪市高中“秋韵杯”教学竞赛中，钟伟才、刘云惠、乔薇、佟凤芸4位教师荣获二等奖；4位教师荣获玉溪云“中兴城投杯”精品录播课程大赛“县级优秀奖”；校级第十七届“创新杯”教学论坛——体验式教学暨有效教学模式研讨会，3位教师获一等奖，6位教师获二等奖。邓家林、杨明珠获县级“优秀班主任”称号，李关清、陆晓萍获县级“优秀教师”称号，李云坤获县级“校园安全管理先进工作者”称号；完成校级第二届“感动凤山”最美教职工系列评选活动。

2017年，华宁一中顺利完成3个市级课题，2个县级课题结题；教师论文省级获奖111篇（一等奖10篇，二等奖28篇，三等奖62篇）；县级获奖5篇（一等奖3篇，二等奖1篇，三等奖1篇）。云南省第33届科技创新大赛，我校9项师生作品获县级奖，其中7项作品被推荐参加省市评比。

2017年，华宁一中排查摸清各类困难学生246人（其中建档立卡家庭学生129人，农村低保家庭学生106人、残疾学生9人，农村特困救助家庭学生2人）。落实国家助学金，省、市优秀贫困学子，华宁县教育促进会奖学金，汪仲山夫妇奖学金，思远奖学金，中慈“泰益德集团御印基金”，贫困学生减免学费等共计173.2万元，合计1091人受益，占在校学生的41.9%，人均受益1587.5元。

2017年，学校成功举办第44届运动会暨体育艺术文化节和第四届职工篮球赛；学生女子篮球队代表玉溪市参加云南省高中篮球锦标赛获第八名，学校获大赛“体育道德风尚奖”；2017年华宁县校园足球县级联赛荣获高中组男子第二名、高中组女子第二名；体艺特长生参加捆绑体发展学校学生联谊晚会，2个舞蹈节目荣获一等奖；学生参加各类征文竞赛、知识竞赛获省市级一等奖19人次，二等奖35人次，三等奖40人次，11位教师获“优秀辅导教师奖”。

（何廷付）

【华宁二中】 2017年学校共有20个教学班（高中10个，初中10个），学生957人，教职工97人，专任教师93人。学校占地54252平方米，其中绿化用地面积22551平方米，运动场地面积25049平方米，现有教室30间，其中网络多媒体教室22间，学生宿舍楼二幢，共3761平方米，新建综合实验楼一幢2132平方米，田径运动场一块，有400米环形跑道和100米跑道，篮球场三块，教师宿舍4851平方米。现有图书室、大屏幕投影教室、微机室、录播室、国际标准的运动场和校园宽带等各种功能健全的教学设施。学校图书室拥有藏书34516册。

2017年，华宁二中抓人心、抓改革、抓教育教学常规管理、抓青年教师培训等，加大对教学的监督与管理，借鉴其他学校的经验；加大对教学过程的检测与反馈力度。初、高中两级毕业班不仅实施省、市、县统测、月考、周考等制度，而且实行教师量化考核措施，使我校中、高考在原有基础上有了质的飞跃。2017年，中考参加考试人数153人，其中玉溪一中录取2人，市民中录取2人，师院附中录取3人，师附易中录取2人，普通高中录取81人，职中、中专等录取33人。华宁二中2017年高考参加考试人数151人，上线97人，其中本科2人，上线率64.24%。

2017年，华宁二中罗俊玲老师被评为县级优秀教师，普绕梅老师被评为县级优秀班主任；李鸿成、王天学、陈兰芬3位老师被评为镇级先进工作者，李建荣、陆兴明、卢德贤、普俊芬、刘发围、文玉、马亚晶、马芳8位老师被评为镇级优秀教师；尹玉存、马英、龙波、史玉红、赵良锋、朱恩品、董海英、王维、魏勇、马俊洪、白强莉、赵美清、赵睿、张春莉、陈乔福、马雪梅、柯艳巧、倪立英18位老师被评为校级优秀教师；李娟、杨丽丽2位老师被评为优秀教研组长。

2017年3月16日、3月23日晚7点20分，华宁二中初一与初二年级、高一与初三年级学生分别参加由盘溪法庭、盘溪派出所主讲的法律法制讲座。3月30日下午4点20分，全校学生参加盘溪派出所交通安全宣传展，晚上7点20分，高二、高三年级学生参加由盘溪派出所组织的交通安全知识的讲座，让学生增强法律和自我保护意识，对法律法规、交通安全等有了全面的了解。

2017年3月24日，玉溪名师工作室由师院附中杨春楠副校长带队，师院附中化学老师张运鸿、市民中语文老师曾建慧、师院附中语文老师段小华到华宁二中交流，指导高三语文、历史、化学科目的复习工作。3月28日，玉溪生物名师工作室市民中李万春老师、玉溪一中李云、段志兴、江川一中沈洪付老师到二中交流，指导高三生物科目的复习工作。每位老师为高三学生讲授一节课，不仅传授知识给学生，更多地鼓励学生调整好高考前的心理状态和学习计划。

2017年4月10—12日，“儒雅书香”大型图书展览活动在华宁二中举行，此次展览活动师生购书一律4—7折优惠，还赠送了学校一批图书。

2017年5月15日，华宁二中全校学生在安全处与政教处组织、班主任带队下在操场上举行地震疏散逃生演练，此次演练增强了学生的安全意识，使学生掌握了基本的逃生技能与方法。

2017年12月21日，华宁县红十字会组队到华宁二中进行日常应急救助知识讲座及培训，红十字会工作人员具体介绍了红十字会的来源，并针对日常生活中遇到的受伤情况进行了具体的讲解，实地演练了伤口的及时处理与包扎。

（陈竹仙）

职业教育

【概　况】 华宁职中建于1983年，位于宁州镇右所小营西侧，占地67亩，校舍建筑面积1.6万平方米，建有规范的运动场、教学楼、综合实训中心、宿舍、礼堂等。有专业课教学所需的计算机房、多媒体教室、电子电工实验室、音乐、舞蹈、美术、普通话测评等各类功能室27个，农机实训车间2000平方米，购置农机教学使用的挖机、装载机、农用拖拉机、联合收割机、叉车、电瓶车、农用汽车等30余台，图书馆藏有可供专业教学查阅的工具书2万册。学校有教职工87人，其中专任教师56人，双师型教师18人，硕士研究生1人，中高级教师35人，26个教学班，学生994人。开办农业机械使用与维护、陶瓷艺术、农村经济综合管理等6个专业。学校初步形成以农业机械使用与维护为骨干专业，陶瓷艺术为特色专业，农村经济综合管理专业为优势的学校发展格局，以涉农专业发展为主的办学特色。年内，农机专业骨干教师胡兵参加全国“创新杯”教师信息化教学机械专业说课大赛获三等奖。学校本着“以服务为宗旨，以就业为导向”的办学思想，坚持“以人为本、注重技能、面向市场、突出特色”的办学理念，积极探索“校校”“校企”联合办学模式，与省内外40多家企业签订学生实习就业协议，先后组织毕业生300多人到上海、广州等企业实习就业，年内组织培训、鉴定、转移劳动力近900人，毕业生就业率达95%。2017年10月30日玉溪市教育局命名华宁职中为玉溪市第二批“法治示范学校”。

县职业学校党建走廊　　李　艳　摄

【县委领导调研职中教育】2017年9月，县委书记黄云鹍到职中看望参加陶拉坯技艺培训的学员，与国家技能大师占绍林交流办学方向，调研职业教育工作，指出职中要提升站位，立足华宁，面向全省全国，打造职业教育品牌。黄云鹍指出，职业教育要真正做到统筹发展、协调发展，在建设成为转型升级引领的道路上，对人才的培养不可忽视。目前，华宁的职业教育基础有了较大提升，职中要站在更高的高度，充分认识大力发展职业教育，既是当务之急又是长远大计，面向企业量身定制，主动对接产业发展，培育一批优秀的“华宁工匠”，满足广大客商在华宁投资兴业的人才需求。要聚焦发力，打造品牌，切实增强发展自信，立足地方优势产业，采取“走出去、请进来”相结合的方法，与龙头企业、行业协会等合作办学，集中力量打造一批全省、全国领先的品牌专业。职中要办好现有的陶艺班，办出特色，办出规模，及时发布有效求学就业信息，营造“行行出状元”的职业教育氛围，提前谋划，借势借力，为华宁正迅速崛起的制造业助力。

【王祥大师陶艺作品展示交流活动】2017年6月12日，在华宁职中举办王祥大师陶艺作品展示交流活动。王祥大师精于书画，专好雕塑，通晓禅理和精于茶道，热爱大自然，极富想象力，有30年艺术实践之积淀，他能在厚积薄发中创新出众多优秀作品。作品气韵生动耐人玩味而广受收藏爱好者青睐。此次交流活动，让陶艺专业的学生大饱眼福，立志要成为像王祥一样的大师。

【职业教育活动周】2017年5月，华宁职中以“支持中国制造，成就出彩人生”为主题开展了2017年“职业教育周”活动。本次开展了职教进社区、开放陶艺专业实训课堂教学、学生才艺展示、开放农机专业实训课堂教学、优秀毕业生回校参观并做报告等活动。活动充分展示了学生的技能水平，凸显了学校办学特色、办学实力和人才培养质量，同时让社会更多地了解了职业教育，支持职业教育。

【参加创建国家卫生县城启动仪式】2017年5月5日，职中20名学生作为志愿者到泉乡广场参加县委组织的华宁县创建国家卫生县城“我知晓、我参与、我奉献、我快乐”启动仪式。仪式上听取了县委书记黄云鹍的重要讲话，副县长郭艳宣读了倡议书。仪式结束后，20名志愿者走上街头发放创建卫生县城倡议书，让华宁的每一位市民从自我做起，从身边做起，爱护我们共同的家园，为创建国家卫生县城尽自己的一份力。

【税法进校园】2017年4月25日，由华宁县国家税务局、地税局、司法局三家单位联合在华宁职中开展“税法进校园”暨税法宣传教育基地揭牌仪式活动。此次活动以税法知识讲解为主要形式，地税、国税相关工作人员围绕税收的含义、来源、用途等内容，结合生活中的事例深入浅出地讲解了大家身边的税收以及“税收取之于民，用之于民”的道理。随后，还给学生派发了税收知识手册。通过这次活动，学生们明白了税收对于国家的重要意义，懂得了依法诚信纳税是每个公民的义务。

【迎接上级安全检查】2017年5月26日，通海县教育局副局长一行领导代表市教育局到职中检查学校安全工作情况。检查组首先实地察看了学校门口的安检设施、校园周边环境，详细询问了学校安全管理工作及校门口安全值班人员配备情况。紧接着，检查了学生宿舍、实训室、教育教学设施、学校消防等方面的安全设施情况。检查组一行对学校的安全管理工作行动早、抓得实，给予了高度评价。同时，强调学校安全保卫事关全市安全大局，学校要高度重视，抓好、抓实常抓不懈，并对下一步学校安全工作提出了建议。

【拉坯技能培训】2017年9月1—30日，华宁县专门邀请了全国拉坯技能大师占绍林到职中教授为期一个月的制陶技艺。此次技能培训旨在弘扬华宁本土陶文化，做大做强陶产业。在职中制陶车间，在技能大师占绍林的精心指导下，来自全县的 50 多名陶艺从业人员发扬了一丝不苟的工匠精神，在一台台拉坯机前熟练地进行拉坯技术操作，进一步提升了制陶技能，体验了制陶的快乐，掌握了更多的制陶技艺。

【观看开学第一课】 2017 年 9 月 4 日，华宁职中全体师生观看了《开学第一课》，主题是“中华骄傲”，从中国汉字、诗词讲到中国武术、戏曲等等。让师生充分了解、感受中国传统文化的博大精深，为祖国感到骄傲和自豪。研究中国汉字的理查德，学习、教授汉语 40 年的巴基斯坦汉语之母，96 岁高龄的“诗译英法第一人”北京大学教授许渊冲等人物的感人事迹，让师生备受鼓舞。《开学第一课》的确给师生上了很好的一课，同学们立志努力学习，把中国传统文化发扬光大。

【反邪教反恐教育活动】 2017 年 10 月 9 日，职中开展反邪教反恐教育活动，旨在认清邪教组织的本质与危害，增强学生的反邪教意识，提高学生抵御邪教侵蚀的能力，弘扬科学精神，培育和践行核心价值观，营造文明和谐的育人环境。该活动以教师讲解、观看展板、观看宣传影片及反对邪教、反恐怖签名等活动，让学生了解什么是邪教组织和恐怖组织，为什么要警惕邪教和恐怖活动、遇到邪教、恐怖活动怎么办、邪教组织和恐怖活动给社会和人们带来的危害，教育学生要崇尚科学、远离邪教、远离恐怖活动。此次反邪教反恐教育活动，大大增强了学生识别邪教和恐怖活动的意识，提高了抵制邪教和恐怖活动的能力。进一步净化了校园文化，创造了良好的育人环境。

【华宁职中成为华宁县普通话测试点】 为使华宁县普通话测试工作规范管理、科学发展，确保普通话测试各项工作顺利开展，华宁县在职中建立了玉溪市华宁县普通话测试点。2017 年 10 月 29 日正式投入使用，当天顺利完成了县幼儿园 29 名教师的普通话测试工作，30 日顺利完成了职中 121 名学生的测试工作。该测试点的建立，方便了华宁县教师、学生及其他社会人员的普通话培训、测试，促进了华宁县普通话培训测试工作的科学化、规范化、制度化、信息化发展。

【师生获奖】 2017 年 11 月，职中教师胡兵、杨奥参加在全国“创新杯”教师信息化教学机械类、财经类专业说课大赛获三等奖。在省级论文评选中，教师张保云《浅谈玉溪市县级职业教育现状分析及对策探讨》获一等奖，胡兵《中职教育要注意解决学生层面存在的问题》、李海燕《课堂中的真实、成长中的精彩》、李薇《浅谈教育教学中普通话的重要性》获二等奖；在玉溪市 2017 年陶瓷工艺作品大赛中，教师刘丽娇《干涸》获一等奖、《茶仓》获二等奖，学生王倩莲《花器》、黄霞《夏至》、张存《童箩》、张艳《碧玉》获二等奖。

【技能大赛】 2017 年 12 月，玉溪市第十三届职业院校师生技能竞赛华宁职中赛点比赛举行。会计专场组织会计点钞技能、会计手工账 2 场比赛。同时组织国画、素描、毛笔书法、钢笔书法比赛，并举行了书画展。陶艺专场比赛点设在职中陶艺实训车间，比赛项目有陶艺拉坯，陶艺雕刻，陶艺手工制作。在农机实训中心进行变速器拆装、发动机拆装、接触器联锁正反转、家庭照明电路、叉车技术比赛。此外还有农机维修比赛、挖机、装载机比赛。此次技能赛共 5 大类，29 个项目，750 人次参加预赛，323 人次参加决赛。各个项目赛出一、二、三等奖。比赛增设教师优秀项目组织奖，评审出优秀组织奖一等奖 2 名，二等奖 3 名，三等奖 3 名。

（李冬萍）

教师进修工作

【概　况】 2017 年，学校编制 17 人，有专任教师 14 人，职工 2 人，合计 16 人。其中，在编在职在岗11人，在编在职不在岗1人（借用教育局），借调2人；“4050”人员1人，临时用工1人。14名专任教师人中，男教师13人、女教师1人；大学本科8人、大学专科6人；中小学教师系列，高级教师8人，一级教师4人、二级教师2人。教师进修学校位于县城东部靠北，东至城关社区一组，西至城关社区二组，南至城关社区一、二组，北至城关社区一、四组。占地面积为3836平方米，建筑面积为2090.46平方米。建有砖混结构教学楼一幢（C级）共1038平方米；办公楼、学员宿舍一幢（C级）共927.7平方米；小车库、门卫室（C级）70平方米；框架结构厕所54.76平方米。有图书7950册，计算机68台。

【学科带头人、骨干教师培训】 华宁县第二届中小学幼儿园学科带头人、骨干教师第一次集中培训于2017年24—28日在宁州街道示范小学多媒体教室培训。参加本次培训的学科带头人41人、骨干教师71人，合计112人。其中女教师82人，男教师30人；中学教师59人，小学（含幼儿、学前教育教师）53人。

【教师履职晋级培训】 华宁县中小学幼儿园教师2017年履职晋级培训时间由往年的暑假改为寒假，1806人报名，其中，中学教师749名，小学教师1057名，男教师887名，女教师919名。2017年2月20—24日培训，2月25日上午8:30—10:30参加云南省教育厅继续教育中心统一组织的考试。

2017年的中小学教师履职晋级培训，中学教师由普洲能任班主任，玉溪师院朱红华老师授课；小学教师由郭盛任班主任，分别由许正泰、普洲能、范延兵、郭盛4位教师授课。培训使用的教材均是《课程设计与评价》。培训结束后，报名学习的教师参加了全省统一组织的考试。

【音乐美术教师培训】 2017年5月11—13日，在华宁县青少年学生课外活动中心组织开展了全县首届中小学幼儿园音乐美术教师培训，共培训了来自87所学校的音乐美术教师94人。其中音乐教师52人、美术教师42人；男教师32人、女教师62人；中学教师32人、小学教师62人。培训内容有理论课、实践操作课、示范交流课等。玉溪师范学院音乐学院副教授，钢琴演奏硕士研究生钱杨杰老师主讲钢琴《键盘知识》，玉溪师范学院美术学院教师、硕士研究生李吉老师讲授《素描知识》，玉溪师范学院音乐学院副教授、硕士学位、声乐教师苏鸣主讲《声乐知识》，用钢琴为学员矫正发音，并且对49位学员单独辅导。玉溪师范学院美术学院副院长、教授、中国美术家协会会员、云南美术家协会理事、玉溪市美术家协会主席、硕士生导师、玉溪市中青年学术带头人赵芳老师讲授《绘画创作知识》。曾多次参加省市县美术、音乐课堂教学技能竞赛获过一二等奖的华宁一中美术教师普家福、华宁五中音乐教师范顺鸿两位教师分别与参培教师作了自己的教学经验交流。

【体育教师培训】 为贯彻云南省“农村义务教育阶段薄弱学校改造计划”和“全面改善贫困地区义务教育薄弱学校基本办学条件工作”。按照国家和云南省中小学教育技术装备配备标准，义务教育阶段项目学校在体育器材中配备了武术剑、棍等器材。为更好地发挥器材使用效率，按照课程标准及省、市相关要求，华宁县于2017年7月16—18日在宁州街道示范小学开展了义务教育阶段学校体育教师培训。

参训学员来自80所义务教育学校的体育教师80人。其中初级中学教师9人、小学教师71人；男教师70人、女教师10人；最大年龄59岁、最小年龄25岁；培训开班典礼上，县教育局党委书记、局长张利民作了动员讲话，并就培训作了相关要求。培训由华溪中心小学武术专业教师许俊平、宁州街道示范小学体育教师王晓磊担任剑术教练。通过两天的学习培训，掌握了棍术和剑术的基本套路和招数，增进了城乡教师、校际教师之间的交流。让参训教师充分体验到武术的魅力，规范了动作要领，为更好地推广基础武术剑、棍套路的教学奠定了基础。

【新教师岗前培训】 为使新教师尽快适应教师的职业特点、适应新的环境、进入教师角色，华宁县2017年9月6至8日组织了新教师岗前培训。培训共3天，培训对象是当年招考的54名新教师，其中男教师12人，女教师42人；中学教师19人、小学教师（含幼儿园）35人。县教科所杜云寿所长主讲《德艺双修、提升内涵、促进专业发展》；县教科所小学语文教研员王绍玲主讲《如何做好班主任工作》；县疾控中心禁毒防艾科科长钦绍德宣讲了《禁毒防艾知识》；进修学校党支部书记、副校长普洲能主讲《学校安全工作》。培训时还穿插了座谈会、观看名师专题片等，9月7日晚全体学员还参加了华宁县庆祝第三十三个教师节颁奖晚会。

【考核新教师】 为使新教师尽快成长，切实提高他们的教育教学水平和教研能力，缩短成熟周期。按照县教育局2017年9月29日发出的《关于对华宁县2016年新参加工作教师考核的通知》精神，2017年10月10—12日，华宁县教师进修学校组成考核组10人，分别对2016年新参加工作的55名教师进行考核。其中被考核的教师，男11人、女44人；中学教师22人、小学教师（含学前、幼儿教师）33人。

2016年招考中小学幼儿园新教师55人，此次考核的有55名。其中男教师11人，女教师44人；高中（含职高）教师11人、初中教师11人、小学教师25人、幼儿（或学前）教师8人。通过考核发现，多数学校重视新教师的培养，科学管理，加强培训。但也暴露出部分学校存在的一些问题，综合考核情况下一步再以书面的形式向教育局人事股报告。

【学历提高培训】 继续与玉溪师院合作办学，2015级汉语言本科在读15人，2016级汉语言本科在读12人，2017年新招汉语言本科学员（含上车生）53人，2015级计算机专科在读7人；2017年汉语言文学本科毕业28人。与玉溪师院合作办学，为华宁人口文化素质的提高起到了积极的促进作用。

【校内设施建设】 2017年9月7日，由于连连下雨，进修学校靠大门右侧的围墙部分倒塌。经上报县教育局同意，将倒塌处的围墙拆除重建。已倒围墙清理6.2立方米，拆围墙10.3立方米，新建石脚14.1立方米，新建围墙16.6立方米，经费2万元，由县教育局帮助解决。2017年9月，办公楼401至402室、201室3间装修，合计装修费0.7万元。2017年11月，因原厨房紧挨倒塌的围墙，原围墙倒塌造成原厨房地板变成废墟，需浇灌成场，以便停车。浇灌混凝土，合计费用0.528万元。2017年12月，从通红甸小河边小学协调支持进修学校的3套电子白板（安装在教学楼201、202、203室），合计安装费0.25万元。

【受表彰情况】 在2017年度全县15个委员活动组评比中，教育活动组以总分第二的成绩荣获优秀活动组称号。进修学校党支部书记、副校长普洲能被评为优秀活动组长、优秀政协委员。

（普洲能）

责任编校　雷银凤

文化·广电·旅游

文化行业管理

【县图书馆完成评估定级申报】 根据《文化部办公厅关于开展第六次全国县级以上公共图书馆评估定级工作的通知》，县图书馆对照评估标准中的各项量化指标，对2013—2016年的工作进行了自检自查，2017年6月30日完成所有资料的上报工作。评估标准分为三大部分共1500分（含加分分值），县图书馆自评打分935.2分。

群众文化

【概　况】 2017年，全县各文化单位利用元旦、春节、"三八"妇女节、"六一"儿童节、苗族花山节、彝族火把节、柑橘旅游文化节等重大节日和农闲季节，开展赠书、赠春联、游园活动、传统文艺游展、文艺演出、露天电影放映等文化系列活动，全年共组织开展各类文艺演出活动245场，参与演出的文艺队伍有1066支次，演员12108人次，演出节目2031个，观众达32.75万余人次。其中，送戏下乡惠民演出71场次，参与演出的文艺队有74支次，演员778人次，演出节目662个，观众达3.5万余人次；广场演出77场次，参与演出文艺队有391支、演员4616人次，演出节目786个，观众16.36万余人次。

【春节系列文体活动】 2016年12月31日至2017年2月12日举办了春节系列文体活动。活动以"赏千年古陶，游潭泉风光，体验趣味文化活动"为主题，旨在丰富节日文化生活，支撑传统文化传承体系，身体力行地践行《关于实施中华优秀传统文化传承发展工程的意见》。活动由县委、县政府主办，系列活动持续一个多月，由元旦徒步象鼻山、"文化大篷车·千乡万里行"惠民演出、文化、科技、卫生"三下乡"、鲟鱼参观、橘园采风、陶艺拉坯体验、开窑活动等16项活动组成，既保留了固有传统活动的特色，又推出了新的体验项目，让百姓们在浓厚的文化氛围中感受年节的喜庆和热闹。

【节庆活动】 2017年1月30日至2月1日，通红甸彝族苗族乡一年一度的"苗族花山节"的大婆左花山广场举办。通红甸乡苗族花山节除举办传统的苗族节目外，还将计划生育、预防艾滋病、农村危房改造、护林防火等政策宣传融入活动中，既保留了苗族传统的、独具特色的民族文化，又将现代的元素、先进的文化送到了苗岭花山，让一年一度的苗岭花山再添新颜。

2017年2月13日，宁州街道普茶寨村委会登楼山小组举办了一年一度的正月十七"接登楼老爷"民族传统文化活动，共有文艺队39支488人参加演出，演出节目39个，观众达1.2万多人次。

2017年2月27日即农历二月初二，俗称"龙抬头”，通红甸乡举办了一年一度的“二月二”活动，来自县内外的60多支文艺队载歌载舞欢庆“二月二”。与此同时，通红甸乡文化站、妇联、卫生院、团委、计生办、派出所、林业站等部门积极开展宣传工作，向前来游玩的群众发放禁毒防艾、反家暴、预防青少年犯罪、森林防火等宣传材料。

2017年8月15日，盘溪镇2017年彝族火把节庆祝活动在大龙潭公园举办。活动当天，盘溪镇大龙潭公园、湾得箐彝家山寨等多地开展了包括文艺演出、毕摩祈福、彝族长街宴、彝族祝酒歌、篝火晚会等活动。

以“丝路陶语泉润橘乡”为主题的华宁柑橘节于2017年9月8—10日在华宁县城举办，主会场设在华宁县城泉乡文化广场及碗窑村，其间举办20余项节庆活动。今年活动较往年相比，保留了文艺演出、“唱响泉乡”电视歌手比赛、中国象棋公开赛、汽车营地旅游活动、陶艺制作DIY体验活动等13个群众喜爱、参与性高的相关活动；争取省工会支持，在华宁举办一场全省职工陶瓷成型技能大赛；新增了招商推介、泉乡美食节暨“十大名店名菜”评比、华宁陶论坛、窑街开街、古龙窑复烧、华宁陶艺精品展、古陶艺术展7个活动。

【文艺演出宣传活动】 2017年，华宁县按照市级相关要求，成立了华宁县“聂耳杯”合唱展演活动领导小组，制定了具体活动实施方案，明确人员分工及职责要求；同时从全县5个乡镇（街道）、县属各部、委、办局、人民团体和企事业单位及个体户中，经过多次选拔后遴选出99人组成合唱团参加“聂耳杯”合唱展演。经过为期一个多月的紧张排练，在7月20日晚的展演中，华宁合唱团参赛曲目《娄山关》《泉乡恋曲》经评委评分，得分9.50分，排名第11位，获三等奖。

柑橘展销

第五届中国聂耳音乐（合唱）周“聂耳杯”合唱展演

2017年1月7日晚，由云南省文化厅、省财政厅主办的“文化大篷车·千乡万里行”文化进万家惠民演出活动在华宁县泉乡文化广场启动。来自云南省话剧院的38名演职人员于1月7—11日分别到宁州街道、青龙镇、盘溪镇、华溪镇的7个村（社区）及华宁七中、华宁十中、华溪中心小学3所中小学巡回演出10场。

2017年3月8日晚，青龙镇在青龙文化广场举办2017年“三八”妇女暨森林防火文艺宣传晚会，以文艺演出的形式庆祝和欢度“三八”妇女节及宣传森林防火。晚会由青龙镇人民政府主办，青龙林业站承办，青龙社区、青龙镇文化站、青龙镇妇联协办。县人大、林业局、镇党委政府领导和500余名观众观看了演出。

2017年6月29日晚，盘溪镇举办建党96周年暨喜迎中共十九大顺利召开文艺演出活动，旨在进一步继承和发扬党的光荣传统和优良作风，进一步增强盘溪镇各族人民的凝聚力。演出节目有小合唱、民乐独奏、花灯歌舞、烟盒舞等。

2017年7月1日，由华溪镇甫甸社区主办，华溪镇文化站、下拖卓小组承办了庆祝中国共产党建党九十六周年文化惠民演出。此次活动紧紧围绕“感党恩、跟党走、奔小康”的主题，由李成刚老师、各村（社区）小组文艺队、动感文艺队、小燕子幼儿园等14支文艺代表队，分别演出了以省级非遗保护项目“五三腔”开场的彝族舞《梦回彝乡》、原生态民歌《走到一起来》，围绕红军精神编排的现代舞《红色宣言》，以及市级非遗保护项目《彝乡烟盒架子乐》等19个节目。

王马村女子舞龙

2017年10月23日，青龙镇在龙井湖畔举办了廉政文化演出，来自青龙镇落梅村委会的农民表演了以八项规定、中国共产党纪律处分条例、警示教育等为背景创作的《“两学一做”扎根基》《廉政乡村绽放廉政花》《廉洁自律严守规矩》等节目，该节目在青龙镇19个村（社区）进行巡回演出，两次到省里参加廉洁文化会演。玉溪市电视台的记者对演出进行了全程拍摄。

2017年11月13—17日，县文化馆联合玉溪市红塔区聂耳文化演艺公司到华宁县新城中小学、岔纳社区、华溪社区、青龙社区和珠山水泥厂开展文化惠民下基层演出活动。演出紧扣“中国梦”这一主题，围绕交通安全、扶贫攻坚、民族团结三个方面内容，以歌舞、花灯小戏、魔术表演等形式，共演出5场，每场节目11个。

2017年4月19—20日，县图书馆与县第三中学联合举办的“国学经典智慧创造美好人生”国学系列讲座在县文化馆开课。此次活动邀请到玉溪师范学院文学院副教授、书法艺术研究中心主任、云南省传统文化研究会玉溪分会会长段克宁授课。为期两天的国学讲座分别以“中华孝道”和“志当存高远”为主题，1100多名师生参加。

为迎接“世界读书日”的到来，县图书馆于2017年4月20日举办免费送书活动，共挑选了文学、历史、教育、科学、综合等类别的图书300多本，无偿送给广大读者。

2017年5月31日—6月2日，县图书馆开展“图书馆服务宣传周”活动。活动内容共有三项：一是邀请右所小学三（1）班的学生参观县图书馆；二是为学生们播放电影《闪闪的红星》；三是举行赠书活动，把图书、文具等学习用品送到青龙镇斗居小学和宁州街道岔纳小学。

为喜迎国庆节，欢度中秋节，县图书馆于2017年9月6日在一楼大厅举办为期一个月的“辉煌六百年——华宁陶”书画展，共展出书画作品70多幅。

2017年11月7—10日，通红甸乡文化站围绕宣传十九大精神，举办了以“砥砺奋进五年”为主题的书画展，主要展览华宁县“十二五”期间反映经济社会发展图片、十九大精神书画等。通红甸乡中心校组织300多名学生及广大干部职工参观了展览。

2017年盘溪镇老年活动中心受邀赴元江县曼来镇参加“五一”国际劳动节文艺演出。镇老年活动中心组织26人与曼来镇百姓宣教队在通达广场举行“五一”文艺晚会。

为进一步丰富青龙镇群众精神文化生活，台盟云南省委、云南省台联帮助青龙镇与上海市徐汇区文化局牵线搭桥引进了2017年“春雨工程”——上海文化志愿者边疆行“文化汇心、海派融情”活动。10月26—27日，由上海市徐汇区文化局主办，上海市徐汇区文化馆承办，台盟云南省委、云南省台联、华宁县委、县政府协办的上海徐汇区文化志愿者边疆行系列活动走进青龙。26日一早，徐汇区62名文化志愿者分成三个小分队奔赴青龙镇倒马坎小学、海逸小学、矣甫小学开展文化送校活动。活动以志愿者文艺演出为主，与学生互动的形式融入艺术教育，节目包括手碟和节奏沙球演奏、篮球街舞、杂技柔术、魔术等内容，每个节目都邀请孩子们参与互动。27日晚上，“文化汇心海派融情”上海徐汇·青龙镇专场演出在华宁七中礼堂进行。

2017年12月19日，在华溪镇文化站召开华宁县图书馆分馆制建设经验交流会，以华溪镇文化站为示范交流图书规范录入的经验。华宁县5个乡镇（街道）文化站站长及部分农家书屋管理员代表参加了交流会，华溪镇分管副镇长也参加了交流会并作发言。图书馆分馆制建设工作要求于2018年完成，同时要求乡镇（街道）文化站的图书要全部录入CSLN系统。华溪镇文化站优先完成了图书系统录入及图书的规范排架，是华宁县第一家完成图书录入的文化站。

文化市场管理

【概　况】 截至2017年12月31日，全县共有各类文化市场（新闻出版）经营单位116户（不含娱乐茶室），其中，影像制品经营18户、出版物经营29户、打印复印经营18户、印刷企业5户、KTV歌厅12户、电子游艺娱乐场所6户、互联网上网服务经营场所（网吧）27户、营业性演出1户，从业人员近2000人。全年共开展执法检查23次，联合公安、市场监督管理、卫生等部门开展行动11次，出动执法人员183人次，检查单位及市场经营户545户次，发放宣传资料1000余份；查缴淫秽、盗版音像制品343张，非法出版物25本（少儿类）；收缴过期过时书刊、画册47册；依法取缔黑网吧1户，查获电脑22台，教育在校青少年23人；删除网络、手机传播有害信息200余条。受理举报2件，立案查处7件，办结7件，责令整改5户次。2017年共新审批办理行政许可4件，年检、换证120户，接受咨询和来信来访23件25人次。

【“扫黄打非”】 2017年6月7日，召开全县“扫黄打非”进基层工作现场会议，制定下发《华宁县“扫黄打非”进基层工作实施方案》，副县长沐华斌总结了2016年“扫黄打非”工作并安排部署2017年工作。县委常委、宣传部长李军就“扫黄打非”进基层工作作要求。

【规范文化市场警示标志】 2017年5月18日，县文化市场综合行政执法队对全县辖区内的网吧及KTV娱乐场所开展文化市场警示标志牌悬挂工作。按照要求，统一在网吧和娱乐场所统一悬挂“消防安全、‘禁毒防艾’、卫生、禁止未成年人入内、文化市场统一投诉举报电话”等警示标志，进一步增强广大消费者的法律法规意识。

文化产业

【碗窑村历史文化遗存保护与开发项目】 碗窑村历史文化遗存保护与开发项目自2015年年初启动、5月正式开工建设以来，截止到2017年12月底，主体工程已完成，附属工程正有序推进。附属工程中已完成项目核心区征地23.13亩、慈云寺保

淘泥吧

护修缮工程、古龙窑修复、村庄绿化庭院美化、主街道与巷道铺设工程、连接党校栈道建设、陶文化展示中心、陶产品交易中心、古窑遗址公园等项目建设；传习馆建设项目正在做工程前置审计工作；24户特色民房改造工作现已完成；完成柑橘节碗窑村开街及商家入驻工作。

【文化基础设施建设】 县图书馆公厕改造工程于2017年3月23日启动，4月主体工程完工，5月投入使用，总投资10万元；11月1日启动文化馆综合楼加固改造工程，至12月31日完工，投入资金50万元。

【购置社区文化活动中心设备】 根据玉溪市财政局、玉溪市文化广播电视局《关于下达2016年城市社区文化中心（文化活动室）设备购置专项资金的通知》精神，县文化旅游广电和体育局于2017年6月1日与玉溪创博信息技术有限公司签订了《华宁县城市社区文化中心（文化活动室）设备购置项目采购合同书》，为全县23个社区统一采购一批台式电脑、投影仪、音箱、数码相机、多功能一体机、门牌、标识牌及规章制度牌。所采购设备于7月27日前全部送达各个社区。

【文艺人才培养】 2017年，为进一步提升华宁县业余文艺队伍的表演水平和综合素质，文化馆（站）共辅导文艺队168支3076人次，帮助编排节目193个。此外，县文化馆及盘溪文化站分别派出人员教授老年大学声乐班、舞蹈班、民乐班等合计4个班，学员1450人次。

2017年1月25日，由县文旅广体局指导，华溪镇文化站牵头，6个村（社区）配合、共同组织开展的为期14天的2017年迎新春民族歌舞培训班圆满结束。此次培训根据各村（社区）的民族特色编排出文艺节目7个，其中有苗族舞蹈《苗姑》，彝族舞《跳烟盒》《响杆》，傣族舞《傣家妹》，花灯歌舞《螃蟹调》，现代舞《千红》等。

2017年5月17日，盘溪镇文化站开办了民乐培训班，旨在弘扬传统文化精神，传承民乐事业发展，共有20余人参加。培训乐器以二胡、月琴为主，内容以乐器自编教材为主，从基本功开始培训，由浅入深、循序渐进，并教授简谱知识，让音乐理论和实践同步进行，争取让学员们3年内完成学业。

2017年6月1日至8月31日，县文化馆在馆内开办声乐、花灯演唱、花灯舞蹈、肚皮舞、二胡、月琴、围棋、书法、美术、拉丁舞、摄影、化妆、茶艺、太极健身气功、养身知识讲座共15个长短期艺术培训班，通过发放1800份宣传材料、张贴招生宣传板、电视播报等方式，报名参训学员共计603人。此外，县文化馆还向外单位拓展办班，走向学校、企业、基层、机关开班，满足不同人群需求，2017年上半年在华宁县第三中学尝试开办了针对老师的肚皮舞和拉丁舞班，共招收学员42人。

2017年，为使传统民族文化得到更好地保护和传承，7月28日，宁州街道文化工作站深入吗哒村委会举办架子乐培训，共有72人参加。

甫甸社区上拖卓小组2016年被评为国家级民族特色旅游示范村，为着力打造下拖卓小组文化旅游，形成甫甸社区连线发展文化旅游，2017年10月23日，借“百名专家科技下乡活动”之机，由县文化旅游广电和体育局和县科协联合，邀请九三学社云南省委委员、云南财经大学旅游文化创意研究所所长唐跃军副教授到华溪镇讲授《乡村旅游发展新思路》。

为推进全县公共文化服务体系建设，进一步提高基层图书管理员的业务素质，加强基层农家书屋图书标准化管理，2017年3月1日至4月26日，县图书馆组织人员先后到青龙镇、盘溪镇、通红甸乡和华溪镇开展图书业务培训，共计培训文化站工作人员及农家书屋管理员103人，培训内容有华宁县图书馆图书整理规范、中国图书馆图书分类法、四角码编排规则及查询、中国专业图书馆网自动化管理系统操作、电脑知识操作、农文网知识等。

8月28日，县图书馆举办图书馆总分馆制建设培训，来自各乡镇（街道）文化站工作人员及县图书馆工作人员共20余人参加了培训。培训邀请到北京华夏网信科技有限公司技术人员邱旭彬、袁亮授课。邱旭彬首先对总分馆制建设的目的、意义作了阐述；主讲袁亮从中国专业图书馆网的实际操作、业务平台系统的使用进行详细讲解。

文化活动

【文艺创作成果】 2017年，全县文化系统共创作文艺作品884件。其中，书法671幅、美术69幅，油画作品《龙氏祀堂》入选昭通市委宣传部联合主办的"中国梦写意昭阳"美术骨干培训班展览。舞蹈115个，宁州街道文艺队参加"中国美夕阳红"香港文化艺术交流大赛，参赛节目《彝族烟盒响》获银奖，花灯小戏14个，《横财梦的破灭》参加玉溪市2017年文艺会演暨新剧（节）目展演获创作二等奖和表演二等奖。拍摄图片3幅，其中，《秋柿一年挂村头》入选玉溪市文化馆组织的第二届"碧玉清溪"美术摄影展览，《山庄仙子》荣获"象鼻温泉杯"摄影比赛二等奖。民族器乐合奏1个，盘溪镇方那社区湾得箐村编排的竹弦乐《爱莎·爱佐·阿勒哩》参加玉溪市2017年文艺会演暨新剧（节）目展演获创作三等奖和表演三等奖。参加云南省第十届歌舞乐展演获铜奖小品2个、快板3个、散文5篇、诗歌1首。

【参加省市文艺会演暨新剧（节）目展演获奖】 2017年9月27日，县文化馆创作的花灯小戏《横财梦的破灭》在玉溪市2017年文艺会演暨新剧（节）目展演中荣获"文艺会演组戏剧类二等奖"和"文艺会演组创作二等奖"；盘溪镇方那社区湾得箐村编排的竹弦乐《爱莎·爱佐·阿勒哩》在玉溪市2017年文艺会演暨新剧（节）目展演中荣获"文艺会演组音乐类三等奖"及"文艺会演组创作三等奖"。12月，盘溪镇湾得箐竹弦乐《爱莎·爱佐·阿勒哩》代表玉溪市参加云南省第十届歌舞乐展演荣获铜奖。

文化遗产保护管理

【概　况】 截至2017年12月底，华宁县共有省级文物2个、市级文物4个、县级文物64个；省级非物质文化遗产保护项目5项、市级16项、县级47项；省级传承人2人、市级传承人14人、县级传承人55人。

【加大文物保护力度】 2017年调查（普查）文物39次，共45天，参与人数82人次，完成项目120个，拍摄相片98张，搜集整理资料86份，走访人数104人次。投入资金300余万元完成县级文物保护单位慈云寺、市级文物保护单位金锁桥韦陀坊和省级文物保护单位锁水塔的修缮；投资6余万元完成华盖山宁寿寺的修缮勘察设计报告。开展历时半年的文物安全调查，完成对全县文物保护单位64处的调查工作，针对部分文物点存在用电线路不规范、消防器材有部分老化、消防安全有隐患等问题，由消防部门下达整改通知书2份。

【非物质文化遗产保护】 2017年6月2日，新增3项省级非物质文化遗产代表性项目名录，分别是舞蹈类《苗族芦笙舞》、技艺类《竹编技艺》、民俗类《苗族服饰》；组织竹编传承人杨永贵到澄江参加立夏节展览活动，组织华宁竹编和华宁陶以及苗族芦笙舞到通海参加2017年全市"非遗日"活动，组织2套苗族服装、2套彝族服装参加玉溪市赛装节展演；搜集整理民族民间文化故事《拖桌村名的由来》《矣锅恒村名的由来》《炊锅菜的传说》等5篇。

【召开省市非物质文化遗产保护项目代表性传承人座谈会】 为进一步加强华宁县的非物质文化

遗产保护传承工作，营造尊重传承人、支持传承人、服务传承人的良好社会氛围，2017年11月7日，在县文化馆召开2017年省市非物质文化遗产保护项目代表性传承人座谈会，省市级“非遗”传承人20人参加了座谈会。会议总结了2017年“非遗”保护工作开展情况，安排部署2018年工作重点；签订《非物质文化遗产项目代表性传承人服务协议》；发放2017年省市级非物质文化遗产项目代表性传承人补助经费，颁发玉溪市第四批非物质文化遗产代表性传承人证书；组织观看华宁县2名省级传承人的申报片，同时安排部署下一步省级传承人申报工作。

文化场馆

【图书馆】 2017年，县图书馆及5个乡镇（街道）文化站全年共接待读者20128人次，外借、阅览图书48428册次；解答读者咨询191条。此外，县图书馆完成古籍普查6509册，修复古籍14册，修补普通图书10册，办理图书借书证148个；结合实际开展读者活动2次，参与人数1000人次；推进图书馆总分馆制建设，以县图书馆为总馆，与各乡镇（街道）文化站签订协议，共建成乡镇（街道）分馆5个，并将各分馆纳入全县“一卡通”图书馆网络建设范围中，实现各分馆与总馆之间图书通借通还。通过“一卡通”图书馆建设，各乡镇（街道）分馆可共享全县10多万图书资源和100多万册海量的数字文化资源。同时，加强对农家书屋的管理与使用，2017年，全县78个农家书屋一年来共接待读者26389人次，外借、阅览图书34226册次，解答村民咨询1208条。发挥信息资源共享工程作用，开展远程教育45次，参训人数840人次；提供资料查阅331份，接待群众812人次。

【免费开放工作】 2017年，华宁县“两馆一站”共开展新闻、图片等各类橱窗宣传103期，书写各类宣传标语525条，拍摄图片资料2378张，发放宣传资料20651份。主办、协办各类展览35期，共展出各类宣传图片、作品1631幅，观展人数达50831人次；举办普法培训、健身操培训、农家书屋业务培训和民族舞、广场舞等各类短期培训班188期，培训学员4511人次；举办各类知识讲座21期，参加人数5205人次。

文化馆娱乐活动

文化馆娱乐活动

【表彰奖励】 2017年4月，孔姜林被评为云南省第一次全国可移动文物普查先进个人；2017年5月，华宁县文物管理所被评为玉溪市第一次全国可移动文物普查先进集体。

（李颜君）

文学艺术协会

【概　况】 华宁县文学艺术界联合会（简称“华宁县文联”）成立于1995年12月，是由华宁县各文艺家协会、县公安文联联合组成的专业人民团体，属参公管理的事业单位。华宁文联实行团体会员制，由华宁县作家协会、华宁县美术家协会、华宁县书法家协会、华宁县摄影家协会和华宁县音乐戏剧舞蹈家协会共5个文艺家协会组成，共有会员400多人。2017年县文联开展践行“喜迎十九大，做幸福华宁人”主题征文文艺活动，共收到作品20多篇，精选挑选了5篇在《泉乡》刊物上发表；柑橘节期间举办“砥砺奋进的五年”摄影、美术、书法、楹联展，出展出作品100幅；利用《泉乡》文学季刊和“玉溪日报”等主流媒体和阵地，集中宣传华宁的历史文化、人文资源、在省市发表各类文章10余万字,《云南党风》发表反腐文学作品一篇,“云南风”稿件3篇，图片50余幅。

【《泉乡》文学季刊】 2017年，共发表中篇小说3篇，短篇小说15篇，散文30篇，总字数40余万字，推介李颖、张秀婷两人个人作品，完成《泉乡》2017年四期的编辑出版任务。并在封面设计、内页版式、栏目设置上进行完善和提升，不断扩大《泉乡》的影响力。

【中国楹联文化县创建】 2017年，与郭家营小学开展活动，组织7名书法家到现场指导，书写楹联作品50余幅。

【做好“三下乡”和为群众书写春联活动】 2017年1月23—24日，县文联在县图书馆门牵头组织2017年春节文化、科技、卫生“三下乡”活动。共发放各类宣传资料4500余份、赠送春联1200余副，社会主义核心价值观和反邪教挂历2000份，核桃种植挂历300份，科技报1000份，核桃、柑橘、蔬菜书籍350本，艾滋病防治知识宣传资料800多份，折页200余份，发放防艾环保手提袋600个，挂布标4条。

【落实县委对文艺的扶持补助政策】 2017年，根据《华宁县文艺精品扶持专项资金管理办法》文件，县文联完成2016年和2017年文艺精品扶持项目和补助，涉及作品106件，补助资金183600元。

【华宁作家协会】 2017年，文联李世宗、作协负责人施锦泉等人参加市文联、市作协举办的“玉溪作家作品研讨会”，共研讨了4人作品；举办“喜迎十九大，做幸福华宁人”主题征文文艺活动，共收到作品20多篇，精选挑选了5篇在刊物上发表；李世宗的长篇散文《鸟人鸟事》发表在全国著名刊物《滇池》杂志第9期。

【华宁美术家协会】 2017年春节期间，在县文化馆举办郭小东等四人美术作品展，共展出油画作品近80幅。11月，魏跃芬、魏红伟等人的美术作品入选昆明、玉溪、曲靖等地联合举办在市博物馆展出的滇中艺术年展。有5幅作品入选省美展：魏跃芬的工笔画作品《蝶恋花》入选云南省第七届扇面展。2月，魏跃芬的工笔画作品《帘里 帘外》入选庆祝香港回归祖国20周年——云南省花鸟画展。6月，魏跃芬的工笔画作品《花样年华》入选第七届云南省中国画大展。水彩画方面，11月23日，李倩的水彩画作品入选惠州市特邀全国名家美术作品邀请展。油画方面，张磊的《风景227》和王成进的《闲来无事》两件油画作品同时入选“2017年云南省美术作品展”。

县文联在文化馆举办美术书法摄影作品展

【华宁书法家协会】 2017年9月8—11日，柑橘节期间举办“砥砺奋进的五年”摄影、美术、书法、楹联展，共展出书法作品25幅。11月，吴才龙、李俊华、杨艳、马建祥、普英、施本宽、普家福、刘临川等12位书法家作品入选市书法家协会在市图书馆举办的第二届临帖展。

【华宁摄影家协会】 2017年2月，组织协会会员参加江江川开渔节摄影比赛，杨文桥拍摄《开渔节盛礼》获一等奖；3月，与象鼻温泉度度假村共同举办“象鼻温泉杯”摄影大赛，收到参赛作品400多幅，评选出一二三等奖和优秀奖30幅；6月，配合县纪委举办廉政诗书画影展一次，展出照片20幅；7—8月，与县文化馆共同举办摄影知识培训共8期，90余人次参加培训；柑橘节期间配合县委宣传部、县文联举办了“砥砺奋进的五年华宁发展成就展”，展出图片50余幅；参与县委宣传部、玉溪日报社举办的“走进华宁”专题摄影采风活动，派出摄影师4名，在行摄玉溪公众号上发表专题图片4期。省级比赛入选情况：杨文桥《古窑》入选云南省第五届摄影艺术展，《建筑活化石——古窑技术组照》获第六届中国科普摄影大赛入围奖。据统计，年内会员共在玉溪网、玉溪发布、云南青锋等网络、手机公众号、报刊上发表图片或图文文章20余篇，照片上百幅。

【华宁音乐舞蹈家协会】 2017年，协会组织部分会员到通红甸进行民族音乐采风活动。

（李世宗）

旅游行业管理

【概　况】 根据云南省旅游统计测算办法，华宁县2017年共接待国外游客84人次，与去年同期相比增长16.67%；接待国内游客107.15万人次，实现旅游收入95422.68万元，与去年同期相比，旅游人次增长32.26%，旅游收入增长54.5%。2017年华宁县完成全社会住宿营业额7843.5万元，增幅18.5%。

【举办2017年旅游饭店行业服务技能培训和比赛】 2017年4月2日，华宁县2017年旅游饭店行业服务技能培训在象鼻温泉度假村开班。培训为期一天，县内各星级饭店、旅游接待推荐单位从业人员70余人参加培训。培训内容为前厅服务、客房服务、中餐宴会摆台和西餐宴会摆台。云南省高级教师柴金兰老师和邓溪元老师作讲解。

4月10日，2017年华宁县旅游饭店行业服务技能大赛在华宁大酒店举行。共43名选手参赛，比赛设前厅服务、中式铺床、中餐宴会摆台、西餐宴会摆台4个项目。来自象鼻温泉度假村的段丽、徐艳分别获得前厅服务、中式铺床项目第一名，同样来自象鼻温泉度假村的王秀林则同时夺得中、西餐宴会摆台项目的第一名。优秀组织奖、最佳团队奖、最佳创意奖等团体奖项则由象鼻温泉度假村、华宁大酒店、金洲温泉酒店分别获得。

【旅游市场从业人员消防安全培训】 2017年8月11日，县消防大队、县文旅广体局、县公安局3家联合单位对马鞍山社区洗澡塘村民小组26户农家乐经营户业主进行消防安全及相关培训。进一步提高了广大业主的消防安全意识和自防自救能力。

【华溪镇旅游环线建设调研】 2017年4月7日，由华宁县文旅广体局、华溪镇、深圳黑格设计公司组成调研组对该旅游环线进行深入调研。华溪镇旅游环线建设总长6.5千米，从桐油稞、上拖卓、下拖卓到亚热带水果示范园，涉及桐油稞新农村建设、上拖卓、下拖卓旅游特色村改造升级、华溪庄园建设等多个项目，总投资约350万元。此次调研前期材料收集翔实、实地走访深入细致，为华溪旅游环线设计、建设打下坚实基础。

【旅游厕所建设】 2017年计划建设旅游厕所3座，即盘溪镇大龙潭公园旅游厕所、华溪镇华溪社区六组旅游厕所和宁州街道城关社区旅游厕所，截至12月底，3座旅游厕所已按计划建设完工。

【旅游安全生产】 2017 年组织开展各项旅游安全暨市场秩序检查 11 次，出动执法人员 189 人次，检查企业 76 户次，整改安全隐患 15 处。与县内主要旅游企业签订安全生产目标管理责任书，督促企业整治各类安全隐患并将安全责任落实到具体负责人，加强事故预警、预防和应急救援工作，督促各旅游接待单位建立健全安全管理制度和安全管理机构，落实值班制度，完善酒店消防预案等应急预案做到 100% 的企业全覆盖检查、100% 的重大隐患挂牌督办并得到整改、100% 的监督部门和企业建立安全检查档案。全县旅游安全工作成效显著，全年未发生旅游安全事故。

【旅游市场监管】 认真贯彻执行《中华人民共和国旅游法》和《云南省旅游条例》等法规，对辖区内 1 家旅行社、9 家旅行社服务网点的经营行为及 3 名导游人员的服务行为进行严格监督。成立了华宁县旅游市场秩序整治工作领导小组和华宁县旅游市场监管综合调度指挥部，并制定了相关工作制度。充分发挥领导小组综合协调优势，联合公安、交警、消防、市场监督、交通、发改等多家职能部门，进一步加强对县内主要旅游企业的监督检查力度。2017 年，共开展联合检查 7 次，共计出动车辆 62 车次，检查人员 128 人次。全辖区开通旅游投诉电话 12301，畅通投诉渠道，旅客满意度较上一年度提高，旅游投诉率为零，未发生因处置不当造成恶劣影响情形。

旅游促销

【中国旅游日活动】 2017 年 5 月 19 日，为庆祝第七个中国旅游日，华宁县文化旅游广电和体育局围绕“旅游让生活更幸福”这一主题组织开展了一系列宣传活动。活动当天，在县内主要街道悬挂宣传横幅 2 条、发放宣传资料 800 多份，为群众讲解相关旅游知识，宣传旅游市场整治工作措施，引导群众安全出行、文明出行。县内 10 余家旅游企业也踊跃参与活动，积极进行旅游日宣传并推出赠送礼品、限时打折、特价促销等各类惠民措施。

【商洽会】 2017 年 6 月 12—18 日，文旅广体局组织舒适陶艺、万家乡食品 2 家旅游参加 2017 年南亚东南亚国家商品展暨投资贸易洽谈会。舒适陶艺的华宁陶、万家乡食品的小黑药等旅游商品受到广大顾客的青睐和好评，销量上升的同时知名度也大幅提升。文旅广体局在玉溪展馆华宁展台发送旅游宣传资料 500 多份，让更多的人认识华宁，了解华宁，进一步开拓了客源市场。

【开展“玉溪号”文化旅游列车华宁宣传营销活动】 2017 年 8 月 16—17 日，华宁旅游宣传小分队一行 6 人在昆明往返广州的“玉溪号”文化旅游列车上开展宣传营销活动。宣传小分队身着华宁苗族服饰，唱着《迎客调》《只答啦》等民族歌曲，跳起烟盒舞，向游客展示华宁丰富多彩的民族文化；同时发放华宁旅游地图册、便签本等宣传资料 200 余份，通过抽奖等互动环节，发放 15 份制作精美的手工华宁陶作为奖品，赢得了众多旅客的赞赏和掌声，许多旅客争相拍照，进一步提升了华宁的知名度和影响力。

华宁玛瑙展销

【十大乡土名菜名店评比活动】 2017 年 9 月 6 日，华宁县第二届泉乡美食节十大乡土名菜名店评比活动在华宁县老酒私房菜馆（老酒馆）举办。县内21家餐饮企业携参赛菜品参加评选。活动前后历时十余天，通过公众推荐、网络投票、专家评选的环节，选出了华宁县十大名店和十大名菜。象鼻温泉度假村、熊猫饭店、随园食饭店、十里香野生菌子园、兴和园饭店、慈缘美食城饭店、盘溪鸿鑫园饭店、赵老红家常菜馆、华盛园饭店、老妹农庄10家餐饮企业获得“华宁十大餐饮名店”称号。华盛园饭店的酥肉、糊辣子春云参、龙爪菜炖肘子、柴胡炖小肠4道菜，合味饭店的泉乡生态鸡、稀豆粉、泉乡牛干巴3道菜，慈缘美食城饭店的传统炊锅菜、象鼻温泉度假村的烧皮子、随园食饭店的藕羹共10道菜获得“华宁十大名菜”称号。华溪桔乡园农家乐饭店、老酒私房菜馆（老酒馆）、华宁大酒店、盘溪宝贝饭店、青瓦屋饭店、柯记菜馆、福润庄园生态农家乐、大箐人家（跃林农家乐）、圆山品味轩、华顺源饭店、合味饭店11家餐饮企业获得“华宁特色餐饮店”称号。

【微电影《宁州谣——平凡的一天》通过审核】 2017年11月28日，县文旅广体局、县委宣传部、县财政局、县文联、县广播电视台组成审核小组对影片进行审核并一致通过审核。影片由玉溪千千渡文化传播有限公司摄制，以华宁陶悠久厚重的历史文化为切入点，以右所小营为故事发生地，通过对华宁陶艺术化的展示、对右所小营古老建筑的描绘，充分展示华宁本土文化与人文风物，用老百姓日常化但又富含生活哲理的经典对白拍活一个地方，点亮一种文化，传播一点正能量，带红一个本土人，推动一系列后续旅游文创产品开发。

旅游招商

【将军山、么波冲旅游策划前期调研、招商】 2017年7月19—20日，文旅广体局与深圳黑格设计公司到将军山、么波冲开展为期两天的实地调研踏勘。踏勘组深入将军山、么波冲周边村落，走访调研、查阅资料、征询相关部门意见，收集了大量一手资料，为编制高水准旅游策划方案提供了支持。7月21日，意向投资商温州国旅旅游有限公司对将军山风电工业情况、自然资源景观、周边基础设施和经济社会发展情况作了考察。

【象鼻温泉旅游生态示范区建设项目合作框架协议签约】 2017年8月17日，华宁象鼻温泉旅游生态示范区建设项目合作框架协议签约仪式举行，项目引进玉溪市云溪香精香料有限责任公司与华宁县共同合作开发，计划投资5亿元，将象鼻温泉打造成全市乃至全省生态旅游产业典范，推动华宁旅游文化产业实现跨越式发展。

（杨　婷）

广播电视

【概　况】 2017年，华宁县广播电视台全年共完成各类新闻播出2066条，其中省级媒体采用10条；市电视台综合频道和大众台采用279条；共在玉溪综合频道播出《新闻直通车》277条；完成县电视台播出1500条；制作专题片9部，公益广告22000多条。安排播出政论专题片10多部50多集，展播中国梦组歌5期，编审播出电视剧50多部2000多集，全年共编审引进七档栏目365期。

【华宁新闻手机台微信公众号开通】 2017年，华宁县广播电视台开通了华宁新闻手机台微信公众号，每天将当天播出的《华宁新闻》节目上传，受到了各级一致好评。目前关注人群已达到8000多人，单条新闻最大点击量达到了上万人。

【华宁县广播电视台成立、广播节目开通】 2017年1月，华宁县文化旅游广电和体育局向华宁县人民政府请示开办广播节目并得到批复；此后华宁县文化旅游广电和体育局向玉溪市文化广播电视局递交开办广播节目相关申报材料，2017年7月，华宁县文化旅游广电和体育局收到玉溪市文化广播电视局转发的《国家新闻出版广电总局关于同意华宁县广播电视台开办广播节目的批复》文件。按照《国家新闻出版广电总局关于同意华宁县广播电视台开办广播节目的批复》文件要求，华宁县文化旅游广电和体育局高度重视，及时召开专题工作会，要求华宁县广播电视台具体负责开办广播节目相关工作；同时华宁县人民政府及时拨付了开办广播节目设备采购经费200万元、运行维护费40万元。华宁县广播电视台通过政府采购完成了设备采购，同时完成机房装修、安装调试和验收；无线电台执照于2017年9月19日向玉溪市工业和信息化委员会申领取得。2017年11月1日开播，节目频率为FM101.1MHZ，每天播出时长达到16.5小时，华宁广播节目终于在停办20年后又重新响了起来。

【广播电视高山无线发射台站基础设施建设项目有序开展】 2017年，广播电视高山无线发射台站基础设施建设项目总投资200万元，其中中央资金150万，地方自筹50万。此项目建设分为两个标段建设，第一次招标为主要为业务用房、台内道路、台站大门、新建供电线路、给排水改造、防雷系统等建设，一标项目于2016年年底完成。第二次招标主要建设内容为围墙改造、台外道路硬化、接地水池安全防护、草坪砖绿化等，目前项目已建设完成。使无线覆盖水平继续得到了加强。

【无线数字化覆盖工程建设】 为保证无线覆盖“村村通”广播电视的正常运行，2017年，华宁县广播电视台先后15次深入各乡镇对无线覆盖设备进行常规维护，发现问题及时解决，以确保网络、设备正常运转。无偿为村村通用户维修、更换配件50余次。

【中央广播电视节目无线数字化节目开播】 为顺利推进第一期中央广播电视节目无线数字化覆盖工程建设，华宁县广播电视台积极做好前期准备工作，并成立工程建设领导小组，制定天馈系统和塔桅更新改造方案，2017年年初组织技术人员配合各厂家完成设备安装调试，节目于2017年2月顺利开播，全县覆盖区域内的群众可采用无线传输的方式（AVS+技术模式），免费收看CCTV1、CCTV7等12套电视节目。

【农村公益电影放映工程持续推进】 2017年，华宁县农村电影放映任务为54个村委会每月一场，全年计648场（放映场次只计故事片场次）。全年共完成农村电影放映故事片663场，超额完成放映任务15场。此外，还放映反邪教、社会主义核心价值观、禁毒防艾等宣传教育片186场，充分发挥农村数字电影放映的宣传教育作用。

（王　涛）

责任编校　杨文桥

卫生·体育

卫生管理

【概　况】 2017年是实施“十三五”规划的关键一年。华宁县卫生工作的指导思想是：紧紧围绕“五位一体”总体布局和“四个全面”战略布局，全面贯彻中共十八大和十八届三中、四中、五中、六中全会精神，深入贯彻习近平总书记系列重要讲话精神和治国理政新理念新思想新战略，贯彻落实全国、全省卫生与健康大会精神以及新形势下卫生与健康工作方针，以稳中求进为工作总基调，以狠抓落实为工作主旋律，推进卫生与健康改革创新，实施健康精准扶贫，努力全方位、全周期保障人民健康。

【签订目标责任书】 2017年3月9日，县卫生和计划生育局召开华宁县2017年卫生计生暨党建党风廉政建设工作会，各乡镇（街道）分管领导向副县长郭艳递交2017年卫生、计生、防艾工作目标责任书，系统各单位负责人向县卫计局局长李旭递交2017年卫生工作目标责任书，系统各支部书记向县卫计局党委书记魏玉华递交2017年党建、党风廉政建设目标责任书。

【健全规章制度】 2017年，县卫生和计划生育局制定出台《华宁县卫生和计划生育局公务接待管理实施细则》和《华宁县卫生和计划生育局差旅费报销实施细则》等内部管理制度。制度出台后认真组织全局干部职工学习，使广大干部职工明白工作的基本原则和具体要求，做到用制度管人管事，提高干部职工的工作水平和廉洁意识。

一是坚持执行主要领导末位表态制并实行全程纪实，县卫生和计划生育局2017年共召开党工委会、局务会和局长办公会14次，研究决定事项122项。二是实行“四个不直管”制度。严格执行主要领导“四个不直管”制度，人事、财务由副局长马美萍分管、政府采购由副局长孙云超分管、项目规划建设由副局长孙家刚分管。班子成员各自履行好监管职责，确保局班子成员间的权力在阳光下运行。三是推进党务、政务公开。完善公开形式、丰富公开内容。四是应用好实践执纪监督“四种形态”。坚持党风廉政建设谈话制度，进行一年两次的定期廉政谈话，认真落实任前廉政谈话，对苗头性、倾向性问题及其他需要引起注意的问题，及时提醒、批评教育、督促整改，对各位党政领导做到警钟长鸣。五是建立完善卫计系统财务内控制度，定期开展系统内财务大检查，加强监督管理，堵塞管理漏洞。六是制定卫计局房租费和水电费管理办法，并将房租费上缴财政，实行收支两条线管理。七是严格执行不送土特产、礼品、礼金的要求。2017年，卫计局“三公经费”支出6.65万元，比2016年8.72万元减少2.16万元，降幅达24.8%。

【接受县委巡察】 2017年7月14日至8月17日，

县委第三巡察组对华宁县卫生和计划生育党工委开展巡察。11月9日，县委巡察办向华宁县卫生和计划生育党工委反馈巡察意见。针对县委第三巡察组巡察反馈的12个问题，县卫计党工委及时召开会议研究整改问题，制定整改方案，在规定时限内完成整改，向县委巡察办报告整改落实情况。

【政务信息公开】 强化“一把手挂帅、副职领导具体抓、责任到股室、落实到人头”的政府信息公开工作机制，完善《华宁县卫计局信息公开工作制度》和《华宁县卫计局政府信息发布保密审查制度》等一系列相关制度，全面完成日常新闻发布、基础信息公开、政策性文件公开、决策公开和执行公开等任务，重点突出行业特色，服务人民群众的内容的公开。2017年，县卫生和计划生育局通过华宁县人民政府网发布54条信息，华宁县政府信息公开网发布信息208条。

【提高依法行政能力】 2017年，县卫生和计划生育局制定《华宁县卫计局关于深入推进依法行政加快法治政府建设的实施方案（2017—2020）》和《华宁县卫计系统2017年依法行政工作计划》。召开会议专题研究部署依法行政工作10次，举办法治专题讲解及普法学习15次，组织依法行政专题讲座2次。建立健全各类普法依法治理工作台账，资料和文件及时分类归档，便于管理和查阅。进一步健全《华宁县卫计局依法行政36项工作制度》，聘请玉溪汇欣律师事务所李家俊律师为卫生计生系统法律顾问，对涉及重大项目建设、国有资产处置等重要事项和重大行政许可、行政处罚等重大执法决定前均经部门法制机构或法律顾问审核把关。完善卫生计生行政管理和监督执法的运行机制，规范行政执法行为，提高综合管理和行政执法能力，为卫生计生行政执法工作正常、有序开展提供制度保障。开展行政执法案卷评查工作，市卫计委抽调2份卷宗参加市级评查，2件优秀；县法制办抽调5份卷宗参加县级评查，5件优秀。严格按照案件评查标准，认真开展许可案卷及处罚案卷的自评自查，共评许可案卷10件、处罚案卷23件，没有查出不合格案卷。年内无行政诉讼以及行政复议案件。

【深化“放管服”改革】 2017年，县卫生和计划生育局进一步深化简政放权、放管结合、优化服务改革，加快政府职能转变，推进行政审批和公共服务事项法治化、规范化、标准化建设，对照部门权力清单责任清单、部门“三定”方案和国务院“十三五”推进基本公共服务均等化的通知，以及省、市卫计委的要求，结合工作实际，在卫计系统开展行政职权清理清查工作，通过多次认真梳理排查，共梳理出行政职权事项189项，其中，行政许可20项，行政处罚138项，行政确认2项，行政征收1项，公共服务事项28项，全部录入政务服务平台，并通过检查。

【行政职权职责清单动态管理】 2017年，县卫生和计划生育局坚持全面、完整、准确的原则，动态梳理健全完善权责清单，进一步明确行政职权名称及其对应的责任事项、责任主体、职权类型、设定依据、实施对象、追责情形、追责依据、监督方式和救济途径等基本要素，权责清单按照有关程序报批后，以“一表两单”的形式公布。卫计系统各部门按照权责清单行使权力、履行职责。

【行政职权事项实施标准化、程序化、规范化管理】 2017年，县卫生和计划生育局按照要素规范、权限明确、依据统一的原则，根据审定的行政许可项目目录和公共服务事项目录，逐项编制（行政许可15项、公共服务事项28项）办事指南（简版、完整版）、服务流程图，业务手册，在办理地点摆放，方便群众办事，提高办事效率，并在政府门户网站和本部门网站公开。进一步明确规范行政许可、公共服务事项、其他服务事项办理依据、条件、受理地点、办理时限、收费情况、中介服务、流程、文书表格等要素。促进卫计系统行政职权工作事项依法依规、便民利民开展工作。

【清理规范行政审批中介服务事项】 2017年，县卫生和计划生育局清理清查行政审批中介服务事项目录汇总，对卫生监督局涉及的19项行政审批事项全面开展清理清查，明确中介服务事项名称、中介服务结果形式、涉及的行政许可或其他行政职权事项名称、中介服务设定依据中介服务承诺时限、中介服务收费及依据、中介服务实施机构，提出规范意见。

【行政职权事中事后监管】 县卫生和计划生育局推进“双随机、一公开”监督机制，向社会公开抽查事项清单11项、执法检查人员名录库中的执法检查人员9人、检查对象名录库中的检查对象数量610户。2017年开展随机抽查的32次，执法人员参加抽查144人次，随机抽查事项7项，随机抽查事项占执法检查事项的比例达63.64%，抽查对象数量57户。

【行业作风】 2017年，县卫生和计划生育局纠风工作领导机构健全、制度完善，有制度、有分工、有专人负责，制定《2017年行风建设实施方案》。认真开展满意测评和调查工作，多方征求意见和建议，及时整改，全系统各医疗卫生机构综合满意度均达90%以上。深入开展进一步纠正医药购销和医疗服务中不正之风专项治理工作，有工作方案，有安排布置，全系统无违法违纪案件发生。建立健全廉洁风险防控机制，各医疗卫生单位均制定医院服务职业权力风险防控措施，建立职权目录、风险等级、防范措施。

【医德医风建设】 2017年，县卫生和计划生育局完善医疗质量管理体制与控制体系，不断提升医疗服务水平，强化医德医风建设和行业自律，简化诊疗流程，提高工作效率，落实以人为本服务模式，为患者提供全程优质、温馨、便捷服务，构建和谐医患关系。积极选树典型，表彰一批先进单位和先进个人，在全系统营造学、比、赶、帮、超的浓厚氛围。加强医德医风教育，大力弘扬高尚医德和职业操守。

【精准扶贫脱贫攻坚帮扶】 华宁县卫生和计划生育局扎实开展精准扶贫脱贫攻坚帮扶各项工作，全系统共联系帮扶青龙镇青龙社区、斗居村委会、矣马白村委会、落梅村委会4个村委会，共计联系帮扶贫困户140户387人，未脱贫15户37人、已脱贫125户350人、脱贫率达89.29%。其中，青龙社区共28户84人，未脱贫2户5人、已脱贫26户79人、脱贫率达92.86%；斗居村委会共34户97人，未脱贫8户19人、已脱贫26户78人、脱贫率达76.4%；矣马白村委会共54户140人，未脱贫2户6人、已脱贫52户134人、脱贫率达96.3%；落梅村委会共24户66人，未脱贫3户7人、已脱贫21户59人、脱贫率达87.5%。共有136个干部职工参与联系帮扶贫困户工作。

2017年，按照要求积极开展“挂包帮、转走访”工作，局领导带队进村入户调查研究、走访慰问、宣传健康扶贫政策、义诊、落实帮扶措施等共计15次，开展节前“寒冬送温暖”慰问活动两次，赠送食用油140桶、大米140袋、衣物等物品，折合人民币8.26万元；帮贫困户解决农村D级危房改造投入6万元，资助贫困生3户共3000元；共组织医务人员巡回义诊两次，减免费用3万余元；发动职工捐款2.6万元帮扶贫困户，为落梅村委会无偿捐赠给村委会电脑和复印机，合2万余元；为矣马白村委会购买抽水机4台，水带约400米，总价值3880元；投入3个村卫生室资金12万元。积极开展健康扶贫工作，共为联系村建档立卡贫困户开展家庭医生签约服务140户387人，实现家庭医生签约率100%。

【家庭医生签约服务】 县卫生和计划生育制定《华宁县家庭医生签约服务包内容细化工作方案（试行）的通知》，全县组建家庭医生签约团队82个，人数达306人。2017年共签订家庭医生签约服务协议 89882 份，签约率达 42.5%，超额完成市下达 40% 签约的任务，其中，重点人群签约 63358 人，签约率达 83.72%，超过市下达的 75% 的任务，建档立卡贫困户、低保户、五保户、计划生育特殊家庭成员签约率均达 100%。宁州街道红坡村家庭医生团队荣获“云南省 2017 年最美健康守门人十佳家庭医生团队”称号。

【健康扶贫】 2017 年，县卫生和计划生育局一是认真筛查，精准识别建档立卡贫困人口中因病致贫返贫人员。二是落实政策，提供保障。建档立卡贫困人员 2017 年参保率 100%；实施基本医保、大病保险、商业保险、医疗救助、兜底保障一站式服务的“五重保障”；为全县建档立卡贫困人员购买精准扶贫大病救助保险；实施农村贫困人口大病专项救治政策；实施建档立卡贫困人口住院患者在县域内定点医疗机构“先诊疗，后付费”医疗服务模式；建档立卡贫困户家庭医生签约服务覆盖 100%。三是完成建档立卡基本医保、大病保险、医疗救助、财政兜底保障资金的回补工作。四是加强项目建设，优化诊疗环境。全县 8 个贫困村卫生室均进行标准化卫生室新建和改建，并投入使用。五是加大宣传力度，全县范围内组织健康扶贫培训、讲座 80 余次，发动各挂包帮单位、驻村工作队员、乡医进村入户面对面宣传健康扶贫政策，共发放宣传品 33000 余份，不断提高干部群众知晓率和满意度。

【开展防艾人民战争】 华宁县全面推广以家庭为基础、以社区为依托、以专业技术机构为指导的艾滋病综合防治模式，建立社区艾滋病综合防治试点工作领导小组及技术指导组，召开协调、培训会，开展以入户宣传教育、高危人群艾滋病咨询检测、感染者管理和感染者 / 病人权益保护等工作。2017 年，全县艾滋病自愿咨询检测 324 例，任务完成率 196%（324/165）；羁押和收押场所监测 305 人，检测率 100%；婚姻登记人群检测 2783 例，任务完成率达 107.04%（2783/2600）；孕产妇 HIV、梅毒、乙肝检测 2167 例，任务完成率 103.19%（2167/2100）。2017 年新发现感染者 / 病人 24 例。高危人群干预工作队每月深入娱乐场所开展干预活动 1 次，娱乐场所干预覆盖率 100%，高危人群干预覆盖率 100%。全年共发放防艾宣传资料共 8 万余份，发放防艾环保手提袋 1 万个，环保纸杯 3 万个，发放安全套 4 万余只，展出展板 100 余块次。城镇居民艾滋病防治知识知晓率 98%、农村居民 94%、农民工 92%、学生 100%、校外青少年 96%。

华宁县贯彻落实云南省健康扶贫 30 条措施政策培训会

杨 艳 摄

【乡镇卫生院财务核算方式调整】 华宁县 4 个乡镇卫生院财务核算方式由集中核算调整为分散核算。县政府于 2017 年 5 月 25 日批示，同意将县医院已经托管的 4 个卫生院的会计核算工作调整到各卫生院自行核算，时间从 2017 年 6 月 1 日起执行。

【卫计系统财务大检查】 2017 年年初，县卫生和计划生育局抽调人员组成督查组，对卫计系统 10 家单位 2017 年的财务工作进行财务大检查。从会计信息质量情况、非税收入管理情况、政府采购制度执行情况、国有资产管理情况、工会管理情况、内部控制等方面进行全面检查，进一步规范财务工作，严格财经纪律。

【人员编制情况】 全系统共有编制 695 名，其中，卫计局机关 20 人（行政编制 17 人，工勤 3 人）、计生协会 3 人、县人民医院 213 名、县中医医院 80 名、县卫生监督局 23 名、县疾病预防控制中心54名、县妇计中心54名、盘溪中心卫生院81名、青龙中心卫生院56名，宁州卫生院67名、华溪卫生院24名、通红甸卫生院20名。截至2017年12月31日，全系统在职在编人员627人，空编68名。

【成立健康教育所】 2017年4月17日，华宁县成立华宁县健康教育所，实行与县疾病预防控制中心“两块牌子，一套工作机构”的管理体制，机构级别、经费形式不变，核定事业编制5名。

【专业技术人员招聘】 2017年，华宁县引进医学类应届毕业生11人，安置医学定向生3人，“三支一扶”生2人，经人才交流中心统一招考，招聘卫生事业单位人员7人（第一批5人、第三批2人），并派遣到相应招聘单位上班。5月首次在全系统采用公开考调的方式，让符合招聘岗位要求的在职在编乡镇卫生院职工通过考调的方式调入县城所在地工作，有1人通过考调，从盘溪卫生院考入宁州卫生院工作。

【卫生职称资格考试】 2017年，华宁县完成年度卫生专业技术资格考试（含护考）资格审核及报名工作277人。组织发动卫生类卫生高级技术资格推荐评审工作，28人参加省级卫生专业技术人员副高职称的推荐申报，通过25人；9人参加基层卫生高级职称推荐评审工作，8人通过。3人参加生殖健康咨询师考试，推荐3人参加“兴玉名医”评审。

卫生规划与建设

【规范化建设】 为加快华宁县护理事业发展，提高护理服务能力和水平，保障医疗护理质量和安全，满足人民群众健康需求。2017年12月15日，华宁县制定《华宁县护理事业发展规划纲要（2016—2020年）》。

为了进一步组织实施全系统卫技人员在职在岗培训，加快卫生人才队伍建设，提升医疗卫生技术服务水平，2017年6月15日，华宁县制定《华宁县卫计局2017年卫生计生人才培养实施方案》，明确2017年卫生计生人才培养的原则、工作重点、工作措施和考核要求。

为进一步提高基本公共卫生服务均等化水平，规范基本公共卫生服务行为，促进基本公共卫生服务项目深入开展，2017年4月10日，华宁县制定《华宁县2017年基本公共卫生服务项目实施方案》，方案对四类共十五项服务项目的经费保障与管理、年度工作任务、保障措施等内容做出具体要求。

为确保华宁县境内出生的活产婴儿，依法获得原卫生部统一制发的出生医学证明，规范全县出生医学证明管理，2017年10月12日，华宁县制定《华宁县出生医学证明管理方案（暂行）》，以规范卫生计生行政部门、妇计中心、开展助产技术服务的医疗保健机构及其管理人员按照国家出生医学证明管理要求，申领、保管、签发、换发、补发出生医学证明。

在华宁县域内定点医疗机构实施农村贫困住院患者县域内“先诊疗，后付费”制度，入院时患者不需缴纳住院押金，出院时除结清个人应承担的医疗费用外，由定点医疗机构与城乡居民医疗保险和民政医疗救助经办管理机构之间进行相关费用结算，切实解决农村贫困人员就医看病筹资难问题，保障贫困人口享有基本医疗卫生服务。2017年6月15日，县卫生和计划生育会同县民政局、县人力资源和社会保障局制定《华宁县农村贫困住院患者县域内先诊疗后付费实施方案》，并成立华宁县“先诊疗，后付费”制度工作推进小组，明确实施范围和对象、工作流程、实施步骤和工作要求。

2017年6月16日，华宁县建立和完善华宁县医疗机构为老年人和计划生育特殊家庭提供就医便利服务的绿色通道，各医疗机构积极应对人口老龄化、推进医养融合发展，完善服务关怀措施，把老年人和计划生育特殊家庭两类人群纳入服务关怀的重点人群，通过开通绿色通道为老年人和计划生育特殊家庭就医提供优先、方便和快捷的服务。

2017年，华宁县在巩固2016年改善医疗服务成果的基础上，继续深入落实改善医疗服务行动计划，进一步改进医疗服务流程，创新方便人民群众看病就医措施，促进医药卫生体制改革，让人民群众切实感受到医改成效，提高社会满意度，构建和谐医患关系。2月27日，制定《华宁县2017年改善医疗服务行动计划工作方案》，重点抓好医疗质量、急诊急救、结算服务、药事服务、预约诊疗、日间手术、信息推送、优质护理、中医医疗、人文关怀等10余项工作。

2017年5月24日，华宁县制定《华宁县2017年实施提升乡镇卫生院服务能力项目工作方案》，并成立项目工作领导小组。加强乡镇卫生院在规范标识标牌、规范科室诊疗流程、规范临床及医技科室标准化建设、完善诊疗制度建设、强化重点科室建设、合理配置设施设备等方面的规范化内涵建设，提高广大基层群众的医疗卫生服务感受度，满足日益增长的医疗卫生服务需求。

为深化公立医院改革，逐步建立科学的考核评价机制，进一步加强公立医院监管，维护公益性，调动积极性，提高服务质量和效率，2017年6月15日，华宁县制定《2017年度华宁县公立医院绩效考核方案》，明确考核指标和考核方式，并成立考核工作领导小组。

为深化医药卫生体制改革，转变医疗卫生服务模式和服务理念，提高医疗资源配置效率，构建以家庭医生为基础的分级诊疗服务，充分发挥基层医生“健康守门人”的作用，2017年，华宁县先后制定华宁县家庭医生签约服务管理一系列方案和制度，包括《2017年华宁县家庭医生签约服务实施方案》《关于进一步加快推进家庭医生签约服务的通知》《华宁县2017年家庭医生签约服务综合考评实施办法》《华宁县家庭医生签约团队内部激励分配方案指导意见》《华宁县家庭医生签约服务服务包内容细化工作方案（试行）》《华宁县家庭医生签约服务工作制度》。

【县妇幼保健院迁建项目建设】 华宁县妇幼保健院迁建项目总建筑面积8557.42平方米，项目概算总投资3744万元，其中，征地拆迁264.08万元，工程建设及安装费用3479.92万元。建设资金由中央资金、地方配套资金、自筹资金组成，2017年资金到位情况为中央资金521万元、市级配套10万元、单位历年积累自筹资金600万元。项目于2017年7月开工，2017年12月完成主体工程封顶。截至2017年12月，累计完成投资1651万元。

【县中医医院新建项目】 华宁县中医医院新建项目纳入云南省教育卫生补短板二期工程，概算建筑面积22635平方米，总投资10679万元。2017年项目前期工作，完成可行性研究报告及可研批复、选址意见书、环评报告、风险评估等4项审批内容，落实土地，完成县医院原址112户住户的房屋、土地、多方协议的签订、重大决策事项社会稳定风险评估备案、居民基本情况的调查工作，成立项目公司、中医院新建项目领导小组，取得中医院项目不动产权证。

【标准化村卫生室建设项目】 加强基层医疗卫生服务能力建设，优化诊疗环境。2017年，华宁县完成村卫生室建设项目共3个，即：宁州镇红坡村卫生室，新建84平方米，概算投资13万元，其中，市级补助8万元，自筹5万元；华溪镇大新寨村卫生室，新建158平方米，概算投资20万元，其中，市级补助8万元，自筹12万元；小寨村卫生室，新建127平方米，概算投资25万元，其中，市级补助8万元（2016年补助5万元，2017年补助3万元），自筹17万元。

卫生监督执法

【卫生行政许可】 2017年，县卫生监督局开展卫生许可资料信息化管理，许可办公使用业务系统，数据准确、安全维护；档案资料整理归档，2017年共受理、审办卫生许可证199户，其中，新办证102户，延续58户，变更4户，复核5户，注销30户；参与县卫计局医疗机构设置初审4户，县卫计局发放设置批准证书4户。医疗机构到期变更注册3户，医疗机构校验117户，程序合法、资料齐全。对新建诊所1户用《诊所预防性量化评分表》进行预防性审查和参与验收，卫计局暂未批准进行登记注册。2017年共办理医师注册52人次，其中，首次注册24人次，助升师2人次，区内变更21人次，区内到区外变更3人次，截至11月底注销注册17人次。2017年共办理护士执业注册113人次，其中，首次注册52人次，延续注册42人次，重新注册1人次，变更注册16人次，注销注册1人次。母婴保健技术服务机构审换证7户，资料齐全。2017年新办消毒产品生产企业卫生许可证1户，相关资料齐全，使用《卫生用品生产企业现场监督审核表》进行预防性审查。母婴保健技术服务机构变更1户。

【卫生监督管理】 2017年，县卫生监督局共完成上级安排专项和临时性工作任务29个，抽检各级各类样品234件，合格210件，合格率89.74%；开展卫生保障2起；法律法规宣传7次；组织职工进行业务培训2场共20人次；参加省、市培训14批47人次；对管理相对人举办培训班9期409人次。上报卫生监督信息26期，普法、禁毒简讯9期，综治维稳、消防信息8期、脱贫攻坚信息5期。创卫工作共出动卫生监督员458人次，出动执法车辆74辆次。对创卫区域内公共场所、医疗机构、集中式供水、二次供水等涉及创卫的单位及乡镇管理相对人进行卫生监督，累计监督整治952户次，发放资料788份，公示牌234块，制度472块，台账701本，卫生标识标牌202块，控烟标识767块，公开信1753张。

【卫生监督协管】 2017年，县卫生监督局成立卫生监督协管项目工作领导小组，制定《2017年华宁县基本公共卫生服务项目卫生监督协管服务工作实施方案》和《2017年华宁县卫生监督协管服务工作考核方案》，建立健全卫生监督协管服务管理制度，与各卫生监督协管站签订目标管理责任书。5月19日，举办卫生监督协管员综合能力培训班，全体23名卫生监督协管员参训。全年共对5家乡镇卫生院、48家村卫生室进行督查考核，对存在问题提出整改意见68份，考核完毕兑现项目经费，季度考核结果及时反馈卫计局及各协管站。共上报卫生监督协管服务信息12起，其中，食品安全信息9起，非法行医信息2起，学校传染病信息1起。全县应巡查993户，实际巡查3797户次，巡查率382%。其中，饮用水卫生应巡查487户，实巡查2016户次，巡查率414%；学校卫生应巡查95户，实巡查317户次，巡查率334%；医疗机构应巡查119户，实巡查346户次，巡查率291%；公共场所应巡查292户，实巡查1118户次，巡查率383%。

【卫生案件评查】 2017年，市卫计委抽取2份卷宗评查优秀2件；市法制办抽取2份卷宗评查优秀2件。严格按照案件评查标准，认真开展许可案卷及处罚案卷的自评自查，共自评许可案卷15件，处罚案卷11件，没有查出不合格案卷。

【行政案件查处】 2017年，县卫生监督局加大行政执法力度，加大对各种违法新闻的行政处罚力度。共立案查处行政处罚案件15件，其中，打击“非法行医”案件8件、医疗机构管理案件1件、传染病防治案件6件，已结案14件。未结案的1件，华宁县卫生监督局按照《中华人民共和国行政处罚法》程序，拟申请法院强制执行。

基层卫生

【宁州卫生院】 2017年，宁州卫生院全年门诊诊疗人次113391人，住院人次1464人；开展医保门诊现场减免报销90020人，住院减免1427人，减免总金额381.16万元。开展公共卫生服务，其中，累计建立居民健康档案80610份，建档率97.27%；完成65岁及以上老年人体检5849人，完成率102.92%；管理高血压5588人、糖尿病1380人、重性精神病412人，各项服务指标均达到上级下达的任务。乡村两级医疗机构服务能力进一步提高。争取上级项目资金27万元，建成火特、红坡、岔纳3个贫困村卫生室。年内选送人员到市级医院进修6人次；选送乡村医生到华宁县人民医院和宁州卫生院中医科进修35人次；选送人员外出短训27人次；开展村医培训15个专题、990人次；121人参加医博士继续教育学习。提升村级中医药服务能力，争取省、市资金20万余元建成辖区27个村级中医理疗室。健康扶贫建档立卡贫困户在卫生院住院救治87人，减免177306.95元，减免比例达95%；门诊救治1699人，减免11335.00元。宁州镇组成28个家庭医生签约团队，开展家庭医生签约服务36649人，完成率106.95%，签约覆盖率42.78%。

【盘溪卫生院】 2017年，盘溪中心卫生院全年门诊人次98608人，住院人次3091人，手术病人47例，急救、出诊170人次，转院病人217人次。开展公共卫生服务，其中，累计建立居民健康档案54295份，建档率100%；完成65岁及以上老年人体检3713人，完成率93.29%；管理高血压3710人、糖尿病1061人、重性精神病259人，各项服务指标均达到上级下达的任务。加强药事管理，上报药物滥用监测病例81例、药品不良反应病例18例，器械不良反应17例。引进、签约定向免费医生共2人；参加进修、培训38人；再教育培训14次，共培训1540人次；68名卫生专业技术人员参加“医博士卡”学习，参学率达100%；开展“三基训练”，无菌技术操作考核人数26人及体格检查21人，合格率均为100%；徒手心肺复苏135人，合格率为97.5%；42名护士参加培训考试，合格率为97.6%。健康扶贫建档立卡贫困户在卫生院住院救治93人，减免211491.79元，减免比例达95.6%；门诊救治934人，减免20461.42元。盘溪镇组成18个家庭医生签约团队，开展家庭医生签约服务22466人，完成率103.09%，签约覆盖率42.27%。提高村卫生室能力建设，盘溪镇17个村卫生室共为4594人次提供诊疗服务。

【青龙卫生院】 2017年，青龙中心卫生院全年门诊人次50206人，住院人次1683人，病床使用率46.64%，病床周转次数为26.3次，乡村医生诊疗35105人次。开展公共卫生服务，其中，累计建立居民健康档案53546份，建档率99.91%；完成65岁及以上老年人体检3952人，完成率100.48%；管理高血压3611人、糖尿病812人、重性精神病260人，各项服务指标均达到上级下达的任务。外出进修学习14人，派出各类短期学习班23人次，助理医师规范化培训2人，医师规范化培训2人，参加继续医学教育77人次。业务专干进行业务、操作讲座指导12次，“三基”操作训练12次。建成中医馆1个，配备中药160种、理疗床1台、牵引床1台，中频、电针等理疗设备。健康扶贫建档立卡贫困户在卫生院住院救治149人，减免423110.78元，减免比例达95%；门诊救治1381人，减免29832.13元。青龙镇组成20个家庭医生签约团队，开展家庭医生签约服务20871人，完成率115.28%，签约覆盖率47.26%。

【华溪卫生院】 2017年，华溪卫生院全年门诊人次36702人次，住院人次150人。开展公共卫生服务，其中累计建立居民健康档案14336份，建档率99.03%；完成65岁及以上老年人体检1008人，完成率106.78%；管理高血压913人、糖尿病 210 人、重性精神病 71 人，各项服务指标均达到上级下达的任务。开展“三基”训练 1 次和法律法规培训 3 次，医德医风教育 3 次，废、改、立医院医护质量、公共卫生考核等管理办法 10 个及院内规章制度 5 个。开展继续医学教育，购买医博士卡学习 36 人，参加上级组织业务培训 50 人次，到上级医院进修学习 4 人。在玉溪市第二人民医院的对口帮扶下，华溪卫生院开展拔火罐、中频治疗、推拿、按摩、中药外敷、红外线治疗等中医药适宜技术服务。加强基层设施建设，进行医院一楼住院部翻新、职工宿舍及住院部间砼地硬化、围墙筑建、化验室操作台搭建、摩托车雨棚搭建等零星工程，安装摄像头及医院大门栏杆。完成大新寨、小寨 2 个标准化卫生室建设并投入使用。健康扶贫建档立卡贫困户在卫生院住院救治 22 人，减免 32235 元，减免比例达 93%；门诊救治 1622 人，减免 98698 元。华溪镇组成 7 个家庭医生签约团队，开展家庭医生签约服务 6005 人，完成率 106.21%，签约覆盖率 43.54%。

【通红甸卫生院】 2017 年，通红甸卫生院全年门诊人次 14950 人，住院人次 78 人，病床周转率 54.17。开展公共卫生服务，其中，累计建立居民健康档案 10315 份，建档率 95.89%；完成 65 岁及以上老年人体检 750 人，完成率 100.3%；管理高血压 458 人、糖尿病 51 人、重性精神病 48 人，各项服务指标均达到上级下达的任务。参加进修、培训 1 人；再教育培训 48 次；参加“医博士卡”学习 24 人，参学率达 100%。为 6 个村卫生室配置电脑、打印机、办公桌、办公椅、药柜、无菌柜、操作台、中医药服务等设施，村卫生室开展疫苗接种、中医药适宜技术（拔火罐、红外线治疗、电针治疗）等医疗工作。健康扶贫建档立卡贫困户在卫生院住院救治 2 人，减免 2106.77 元，减免比例达 90.25%；门诊救治 80 人，减免 1018.33 元。通红甸乡组成 7 个家庭医生签约团队，深入各村社区开展家庭医生签约服务 3891 人，完成率 100%，签约覆盖率 36.5%。

疾病预防控制

【65 岁以上老年人保健及慢性病管理】 2017 年，老年人保健管理 15539 人，任务 15288 人，任务完成率 101.64%，老年人健康管理率 71.35%。完成体检 15539 人，体检率 100%，腹部 B 超检查人数 15550 人，中医体质辨识 11514 人。35 岁以上人群高血压管理 14900 人，任务 15868 人，任务完成率 93.90%。完成体检 14900 人，体检率 100%，季度随访 14908 人，血压控制 9797 人，控制率 65.72%。35 岁以上人群糖尿病患者管理 3787 人，任务 4264 人，任务完成率 88.81%。完成体检 3787 人，体检率 100%。季度随访 3784 人，血糖控制 1716 人，控制率 45.35%。完成重性精神病患者筛查，发现患者 1067 人，任务 980 人，发现任务完成率 108.88%，完成体检 905 人，体检率 100%。季度随访 1051 人，病情稳定 1029 人，稳定率 97.91%。

【预防接种管理】 2017 年，华宁县根据《疫苗流通和预防接种管理条例》和《预防接种工作规范》，开展预防接种管理工作。全县指定 2 个县级医院，5 个乡镇卫生院，75 个村（社区）卫生所，共 82 个预防接种单位负责全县预防接种工作。设置 77 个（卫生院 2 个，村级 75 个）。接种 50119 针次，建证率 100%，纳入国家免疫规划适龄儿童接种率 99.23%。

【麻风病防治】 2017 年，华宁县新发现麻风病人 5 例，其中，多菌型 4 例，少菌型 1 例，青龙镇 3 例（1 例少菌型），宁州街道 1 例（为非历史疫村）、通红甸 1 例。目前有现症病人 7 例，有Ⅱ级畸残 1 例，畸残率为 14.3%；新发现的 5 例患者中Ⅱ级畸残 1 例，新报告畸残率为 20%。正在接受联合化疗 5 例，联合化疗结束监测 2 例，复发病人2例；发现方式为：2例为治愈者复查发现，1例为家属体检发现，4例为线索报告发现。建档贫困户康复麻风病人22人（宁州5人、青龙10人、华溪7人）。2017年下发《关于调整华宁县消除麻风病危害规划工作领导小组的通知》《华宁县2017年消除麻风运动实施方案》，形成“政府主导、多部门配合”的麻风防控工作格局，麻风病防控做到目标明确，职责清楚，各司其职，有章可行。为早期发现病人，控制传染源，消除麻风病危害，2017年6月28日至7月6日，对5个疫村进行普查，共出动普查人员54人次，5个现症病人疫村总人口1282人，10—65岁人口1007人，10—65岁外出打工16人，应普查人口991人，实际普查950人，普查率95.86%，经过普查，未发现可疑线索。非疫村自然村访问率11.23%，历史疫村访问率21.24%。经过麻风病疫村线索调查，发现麻风病可疑线索95条，经县疾控中心核实，90例排除，5例确诊为麻风病患者。2017年完成疫村访问调查12个，完成率为100%，访问264人，每村访22人。现症病人及监测病人家属41人，体检41人，完成率为100%。治愈存活病人家属体检117人，发现麻风病1例，联合化疗治愈存活病人69人，复查68人完成率98.55%，发现复发病人1人，有单氨苯砜治愈存活病人62人，已检查56人，完成率90.32%，未发现复发病人。医疗机构报病线索1条，发现病人1人。2017年对7例现症病人开展细菌检测工作，涂片7张，有治愈存活者家属249人，检查238人，检查率95.58%。每月在现症病人中做好畸残记录，及时发现无痛性或有痛性神经炎2人并及给予规则治疗。同时教育病人平时做好眼、手、足的自我保护与护理，并提供需要的防护用品及防护鞋。接受自我护理培训6人，坚持自我护理人数6人，提供防护用具包6个，防护鞋76双。

【疟疾防治】 2017年，全县“三热”病人血检任务数为800例，截至2017年底，完成“三热”病人血检数为809例，完成率为101.13%，未检出疟疾病例；全县RDT监测78例，未发现疟疾病例。血片复检任务数为108例，共复查血108张，全部为阴性片，符合阴性数108张，阴性血片初查和复查间的符合率为100%，漏检率0%，完成疟疾日宣传主题活动1次，疟疾培训会1次，督导5次，休根1次，主动病例侦查4次。

【“三位一体”结核病新型防治服务模式】 2017年，结核病治疗管理工作全部移交到华宁县人民医院定点治疗，结核病防治工作运行平稳。完成乡镇督导6次。年内全县可疑结核症状推介589例，到位589例，初诊查痰579例，初诊查痰率98.3%，初诊涂阳25例，初诊涂阴554例，随访涂阳6例，随访涂阴41例，初诊痰涂片1608张，其中，阴性片1553张，阳性片55张，随访痰涂片221张，其中，阴性片205张，阳性片16张；发现登记新病例56例，纳入规范管理56例，规范管理率100%，使用FDC药物55例，FDC使用率98.2%。开展病原学培养32例，培阳16例，其中，初诊培阳8例，随访培阳8例；GeneXpert检测31例，检出结核分枝杆菌阳性14例，未发现耐利福平结核分枝杆菌病例。

【鼠疫和布鲁氏菌病防控】 2017年，县乡均设有专人负责鼠疫监测报告工作，全县平均鼠密度2.4%，平均染蚤率29.89%，染蚤指数1.55，鼠体印鼠客蚤指数0.05，采集宿主动物鼠血清143份进行初筛检验，无阳性结果报告。开展实验室血清学检验工作，共采集高危人群及职业人群血清257份，发现布病抗体阳性标本3例，报告布病实验室确诊病例6例（1例患者死亡），2例为玉溪市医院报告、1例为昆明总医院报告及3例为华宁县医院报告。

【碘缺乏病防控】 2017年，全县共监测碘盐303份，合格294份；不合格8份，非碘盐1份，碘盐合格率97.35%；合格碘盐食用率97.03%；碘盐覆盖率99.67%。全县共抽样111份水样，并完成监测。学生、孕妇尿碘监测：全县完成303份尿样，其中，包括200份学生尿样，103份孕妇尿样，并完成监测。学生甲状腺B超监测：全县各乡镇抽取1所小学，每所小学抽取8—10岁学生，男女各半进行甲状腺B超监测，共完成监测200人次。完成碘缺乏病宣传日主题活动。

【食源性疾病监测】 2017年，县医院上报食源性疾病361例，死亡3例。组织卫生单位调查处置并按要求上报食源性疾病3起，分别为华宁县宁州街道城关社区一起家庭食用野生菌中毒事件，死亡2人；华宁县宁州街道西门村委会下高田一起家庭食用野生菌中毒事件，无死亡；华宁县盘溪镇平坝村一起家庭食用草乌中毒死亡事件，死亡1人。根据玉溪市2017年化学污染物及有害因素监测计划完成19件样品采样送检，完成率100%；接受客户委托送检6件（米线3件、糕点3件），合格3件，合格率50%。

【重点职业病监测与职业健康风险评估】 2017年，通过国家农药中毒监测报告系统，共收到农药中毒报告卡110张，死亡11例。其中，78例为非生产性自服，18例非生产性误服中毒，13例为生产性自用，1例为生产性受雇。全年在本县辖区未接到职业中毒事故报告。年内分别进玉珠水泥有限责任公司、云南省公路华宁分局开展职业健康知识讲座2期，听众205人次，发放宣传材料9种1457份；4月，开展“职业病宣传周”活动，发放8种宣传材料1640份。

【全国精神卫生华宁县试点】 2017年，华宁县一是制定下发《关于印发华宁县2017年全国精神卫生综合管理试点工作计划的通知》《关于印发〈2017年全国精神卫生综合管理（华宁县）试点督导工作计划〉的通知》《关于印发全国精神卫生综合管理（华宁县）试点工作2017年绩效考评实施方案的通知》《华宁县卫生和计划生育局关于印发华宁县对纳入管理的严重精神障碍疾病患者集中开药治疗规定（试行）的通知》。二是建立康复机构。县人民医院配备2名精神科医师，并完成省市规范培训，以县医院筛查、治疗为基础，开设精神卫生门诊，每周三接诊患者一天；以专科医院康复为基础，家庭康复为补充，在老县医院原老年科一楼（原B超检查用房）建立宁州街道精神卫生康复之家，社区康复点内配置必需办公桌椅、部分娱乐设施并张贴精神卫生宣教知识图片，用于集中人员开展社区康复工作。三是落实稳定期门诊患者治疗费用补偿。全年门诊就诊7431人次。其中，城乡居民医保门诊就诊7277人次，医疗费用64.70万元，统筹基金支付59.54万元，自费659.55元，统筹基金支付比例92.02%。职工医疗保险门诊就诊154人次，医疗费3.66万元，统筹基金支2.81万元，自费6.80元，统筹基金支付比例100%，超门诊统筹基金支付限额2000元以上的费用8461.38元。四是落实急性期患者住院治疗报销政策。全年急性期住院共35人次。其中，城乡医民医保急性期住院34人次，医疗费用23.94万元，统筹基金支付21.51万元，自费578.62元，统筹基金支付比例90.08%。稳定期住院89人次，医疗费用74.76万元，统筹基金支付49.53万元，自费2697.08元，大病理赔732.18元，统筹基金支付比例66.25%。职工医保急性期住院1人次，医疗费用6496.43万元，统筹基金支付5846.79万元，统筹基金支付比例90%。稳定期住院30人次，医疗费用28.51万元，自费873.55元，统筹基金支付25.07万元，统筹基金支付比例88.54%。

【健康教育知识宣传】 2017年，健康教育实现一体化运作，全县设置宣传栏97块，完成100%，宣传栏应更新630期，已更新723期，完成率114.76%；应开展公众健康咨询活动54次，实际开展92次，完成率170.37%；应举办健康知识讲座522次，实际举办551次，完成率105.56%；应印发宣传材料12种，实际印发23种，发放健康教育宣传材料188239份。2017年公共卫生知识知晓率94.83%，满意度96.67%，医务人员满意度96.52%。

卫生应急

【概　况】 2017年，华宁县建立完善《华宁县破坏性地震及其他突发性质灾害医疗卫生防疫应急预案》。制定的卫生应急预案达29个，其中，总体预案1个，专项预案1个，部门预案27个。鉴于人事变动，年内调整“华宁县突发公共事件卫生应急专家队伍”和“华宁县突发卫生应急事件专家咨询委员会”。

【传染病防控】 2017年，华宁县强化传染病管理，积极处置突发疫情和公共卫生事件。全年常住人口无甲类传染发生，发生乙类传染病9种，发病数为318例，死亡数为1人；发病率为149.8/十万，死亡率0.5/十万，病死率0.31%，发病比去年同期下降1.2%。流动人口无甲类传染发生，发生乙类传染病5种，发病数为7例，无死亡，发病比去年同期持平。

【疫情处置】 2017年，华宁县发生突发公共卫生事件3起，突发疫情42起，无传染病死亡。突发公共卫生事件3起，分别是：青龙中心幼儿园流感爆发事件；宁州街道城关社区食用背土菌中毒事件；华宁县盘溪镇平坝村一起家庭食用草乌中毒事件。各起疫情处置科学、及时、各单位积极配合、措施有力，疫情得到有效控制，没有造成大的经济损失，保障生命健康安全。

【强化防控机制】 2017年，华宁县指定县人民医院为突发公共卫生事件及其他重点传染病县级定点收治病例的医疗机构，县人民医院感染科为隔离治疗病区，负责收治全县范围内的患者。指定县中医院、盘溪中心卫生院为县级应急处置后备医院，定点医院和后备医院按照防控标准设立独立的隔离病区，安排专用的急救车辆，组建医疗救治应急队伍，按照分片原则在各乡镇设立隔离观察区。全县各医疗卫生单位成立由一把手任组长、负总责的各种传染病防控救治工作领导小组并制定单位医疗救治预案，县医院制定定点医院医疗救治应急预案并负责落实，县疾控中心制定疾控工作预案并负责落实。

【卫生应急物资储备】 根据省级部门制定的《云南省卫生应急基本物资储备目录》（县级），在县疾控中心、县医院建立应急物资贮备库，贮备库实现专人负责管理。按照《医疗卫生防疫应急预案》要求，各卫生医疗单位加强应急工作的管理，对应急所需的药品、试剂、器械及其他物资进行储备并定期检查，对过期、损坏、不足的及时补充、更换。应储备各种装备、物资、疫苗、药品131种。截至2017年12月，全县已储备11类105种，金额达792175.96元，在储急救设备完好率100%。其中，县医院应储备5类77种，已储备5类57种，金额达579945.96元；县疾控中心应储备6类54种，已储备6类48种，金额达212230元。

【卫生应急演练及培训】 县疾控中心制定《华宁县人感染H7N9禽流感应急处置模拟演练通知》，2017年5月23日，县卫计局组织华宁县卫生计生系统人感染H7N9禽流感应急处置演练。2017年7月17—20日，由县医院、县疾控中心9名同志参加市级应急演练竞赛，团体总分获得全市第二名，2人获得突发急性传染病防控组三等奖，1人获得突发中毒事件处置组三等奖，1人获得突发事件紧急医学救援组三等奖。2017年10月31日，参加由县防震减灾局组织全县地震应急演练，县医院、县疾控中心、县卫生监督局共50人携带装备到现场参加演练。

【预警信息发布】 2017年，华宁县健全监测网络体系。各医疗卫生单位均配备疫情直报专用电脑和网络设备，县卫计局、疾控中心设立应急值班电话，实行24小时值班；县医院120急救指挥中心已竣工投入使用；县乡医疗单位均建成规范的发热门诊，要求对就诊病人进行门诊登记和可疑病人筛查，对突发公共卫生事件立即进行网络直报，杜绝漏报误报现象；教育部门及时向县卫计局上报学校传染病发病情况，发现学校疫情苗头，依法科学及时处置；积极开展传染病疫情、中毒事件等风险排查工作。在全县范围内依次发布加强全县冬春季呼吸道传染病防控工作、加强流感防控工作、加强全县手足口病防控工作、防范和减少野生菌中毒事件发生4个疫情预警信息，加强部门联防联控工作。

【突发公共卫生事件风险评估】 2017年，县疾控中心组织开展呼吸道传染病、青龙镇中心幼儿园流感暴发风险评估、食用野生菌中毒事件风险评估、柑橘节突发事件公共卫生风险评估4次突发公共卫生事件风险评估。

【卫生应急知识“五进”活动】 2017年，县卫生和计划生育局制定《华宁县卫生应急知识“五进”活动方案的通知》，分别进入城关、甸尾2个社区；三中、示范、甸尾、右所、王马5所学校；进入玉珠水泥有限责任公司、胜美琉璃瓦厂2家企业；进入华宁县农业局、教育局、云南省公路华宁分局3家机关单位。开展卫生应急及健康素养、合理膳食等健康知识讲座8次，听众3002人，发放卫生应急、健康素养、艾滋病等宣传材料21种、16484份。经调查：居民健康知识知晓率82.91%，健康行为形成率72.08%。

妇幼保健

【居民电子健康档案】 2017年，华宁县纸质、电子健康档案累计建档212927份，建档率98.76%。加大日常工作督导力度，全年共开展电子健康档案及信息化下村督导4次，覆盖5个卫生院及50个村卫生室，卫生院覆盖率100%，村卫生室覆盖率64.94%。通过日常工作督导指出各单位存在的问题并指导整改，确保健康档案管理质量提升。

【儿童保健服务项目】 2017年，按照“3+1”时限，华宁县活产2500人，产妇2485人，孕产妇死亡0人，死亡率0。婴儿死亡17人，婴儿死亡率6.80‰。7岁以下儿童保健管理14650人，保健管理率（儿童健康管理率）97.21%。3岁以下儿童系统管理人数6264人，系统管理率97.75%。新生儿访视2490人，访视率99.60%。新生儿破伤风发生人数0人，发生率为0。新生儿疾病筛查人数2482人，筛查率99.28%；听力筛查2482人，筛查率99.28%。新生儿出生缺陷49人，缺陷率19.60‰。

【孕产妇保健服务项目】 2017年，华宁县完成孕产妇系统管理2403人，系统管理率96.12%。孕产妇健康管理2034人，健康管理率99.16%。高危孕产妇完成筛查1897人，筛查率76.34%。住院分娩2495人，住院分娩率99.80%，农村住院分娩2180人，农村住院分娩率99.77%。剖宫产723人，剖宫产率28.92%，县内剖宫产人数335人，剖宫产率20.82%。产筛2279人，筛查率91.71%；婚前医学检查应检2896人，完成2794人，检查率96.48%。

【农村孕产妇住院分娩补助】 2017年，全县农村孕产妇住院分娩补助应补2131人，实补1566人，补助覆盖率73.49%，补助金额62.64万元。

【农村妇女宫颈癌免费筛查】 2017年，全县宫颈癌筛查任务2000人，已筛查5262人；HPV4（人乳头瘤病毒）筛查任务2065人，已筛查2065人。免费孕前优生健康检查任务1050对，完成数1075对，完成率102.38%；叶酸发放任务数1360人，发放1494人，任务完成率109.85%。完成梅毒检测2485人、乙肝检测2485人。

【高危孕产妇管理】 2017年，华宁县一是抓好两个系统管理、加强两个高危筛查、严格控制两个死亡。制定《华宁县高危孕产妇管理办法》；县乡两级配合组织每年两轮高危孕产妇排查，高危孕妇入户筛查率达100%；对查出的高危孕妇实行“三定”管理（即定专人管理、定分娩地点、定贫困情况），对危重的进行高危个案专案管理；各级医疗保健机构负责日常高危孕产妇的筛查管理和信息互通反馈工作，大幅提高妇女、儿童两个系统管理率，有效控制两个死亡率。二是加强产科建设，切实降低孕产妇死亡率。落实《华宁县危急重症孕产妇转诊急救实施方案》，建立健全产科急救网络，提高抢救成功率，降低孕产妇死亡率。成立县危急孕产妇抢救领导小组，指定县医院为危急孕产妇抢救中心。成立县级产科技术指导组，负责高危孕产妇的筛查、管理、转诊和救治工作。各乡镇、村级成立急救组织，乡镇卫生院负责顺产接生，掌握高危孕产妇筛查管理及转诊指征；村级掌握孕情，负责高危孕产妇的初筛和转送。公开县、乡急救电话，做到急救人员、设备、药品、管理和交通工具五到位。建立母婴急救工作制度、母婴急救工作报告制度、母婴急救转诊制度、双向转诊制度、奖惩制度，确保孕产妇得到有效救治。全年抢救农村危急贫困孕产妇24人，实现危急孕产妇补助资金15.09万元。

【妇女病普查】 2017年，全县开展妇女病普查5262人，筛查率25.38%；检查人数中接受过宫颈癌检查的591人，占检查人数的28.62%，查出现患妇科疾病7种，现患妇科疾病人数490人，患病率23.72%（一人多病）。HPV病毒检测2065人，HPV检查阳性115人，阳性率5.56%。阴道镜应检232人，实际检查232人，阴道镜检查异常202人。应病理检查202人，实际病理检查148人，活检率73.26%，占体检人数的7.16%。查出宫颈上皮内瘤病变CIN1级24人，占宫颈患病人数14.11%，CINII-CIN Ⅲ级（含宫颈原位癌及累腺）级6人，占宫颈患病人数3.52%，原位癌1人，占宫颈患病人数的0.58%。

【预防“艾滋病、梅毒、乙肝”母婴传播】 2017年，全县新婚登记人群接受婚前保健人数2802人，接受“三病”检测人数2802人，检测人数占婚前保健人数的100%，指标完成率达107.77%。婚检检出HIV阳性5人，HIV检出率是0.18%；检出梅毒阳性11人，婚检梅毒阳性检出率0.39%。开展孕产妇“三病”检测2298人，指标完成率达114.9%。孕产妇“三病”检测率达99.91%，产妇孕期检测率达99.81%，产妇13周以前检测率87.98%，孕妇13周以前检测率是87.20%，最大限度地减少临产时检测，为母婴阻断赢得时机。孕产妇HIV检测阳性5人，孕产妇HIV检出率0.22%，孕产妇梅毒检测阳性10人，孕产妇梅毒阳性检出率0.44%；感染乙肝孕妇96人，乙肝检出率4.7%。

【计生药具管理】 2017年，全县有主渠道药具发放网点166个（医疗卫生机构83个，妇保计生机构83个，其中，县级1个、乡镇级7个、村委会级158个），社会发放网点18个。县级摆放药具自助发放机两台，全县县镇村三级发药员共192人，其中，村级发药员184人，全部做到持证上岗；所有药具发放点均按要求做好标识标牌，摆放药具发放点桌牌150块，门牌170块；全年发放短效避孕药482盒，紧急避孕药132盒，外用避孕药膜100盒，避孕栓69盒，避孕凝胶49盒，避孕套222810只。药具应用率95.86%，避孕节育知识知晓率96.74%，避孕药具知情选择率93.4%，综合避孕率85.41%。县级两台自助发放机共发放避孕药具1762人、2644盒，其中，避孕套1288人、2103盒，避孕栓424人、485盒，避孕凝胶20人、20盒，避孕药膜30人、36盒。收集录入和审核上报避孕药具器械不良事件报告230例，其中，严重不良事件1例，药品不良反应报告1例。

爱国卫生、“创卫”工作

【群众性爱国卫生月活动】 2017年，华宁县通过板报、宣传画、健康咨询、举办健康知识讲座等形式，组织开展第29个爱国卫生月活动，倡导全民参与爱国卫生运动。活动期间，全县共发动5.6万人次，出动车辆500辆次、清运垃圾2197吨、清除违章占道453处、乱贴乱画4280处、卫生死角2805处、清理污水沟90132米。

【创建“卫生村”】 2017年，宁州街道马鞍山社区洗澡堂新村居民小组和吗哒村委会美叠村民小组2017年荣获市级卫生村称号。全县获省级卫生村荣誉称号的自然村达10个，荣获市级卫生村的自然村有10个。

【创卫工作业务培训】 2017年2月22日，县委、县政府在县委党校举办创建国家卫生县城工作业务培训。县创卫工作指挥部各工作组领导和业务人员、创卫办工作人员，各乡镇（街道）分管领导和1位爱卫工作人员，宁州街道城关社区、西门社区、甸尾社区、上村社区支书、主任，县卫生监督局、县疾控中心业务工作人员近百人参加会议。市卫计委副处级调研员、国家级“创卫”专家王昀作“创卫”工作技术指导讲座。从《国家卫生县城（乡镇）标准》、创建国家卫生县城的步骤、国标九大项现场检查的重点内容、其他需要注意的问题等四个方面，就如何做好创卫工作进行重点讲解。

【市食药监局领导到华宁指导创卫工作】 2017年3月15日，市食药监局副局长王虎能一行到华宁县对县城三个集贸市场及部分饭店进行现场检查指导创卫工作，结合创卫标准指出存在的问题并提出工作要求。

【华宁县创建国家卫生县城主题活动启动仪式】 2017年5月5日，县委、县政府在泉乡广场隆重举行“创建国家卫生县城打造美丽泉乡华宁”启动仪式，县委书记、县创卫工作领导小组组长黄云鹍希望全县各级各部门和广大干部群众积极投身到创卫工作中来，掀起创卫新高潮，为创建国家卫生县城奠定坚实的基础。黄云鹍、魏德锦、白应海、黄汝刚、周士坤、郭艳等领导，以及县“创卫”指挥部下设十四个工作组全体成员，县属机关、企事业单位，宁州城区支书、主任，部分老师和学生志愿者队伍600余人参加启动仪式。

【华宁县接受市级“灭鼠、灭蟑”先进县复审督导】 2017年5月17日，玉溪市爱委会专职副主任黎明燕带领由市爱委牵头组成的市级督导组深入华宁县，对“灭鼠、灭蟑”先进县复审督导。上午，督导组先后实地走访查看华宁三中师生食堂、青瓦屋待客城、晶晶糕点加工厂、心连心超市二店、生猪屠宰场、张勇野生菌子园、县医院食堂、汽车客运站、宁阳农贸市场等“灭鼠、灭蟑”及防蝇情况。下午，督导组召开反馈会，反馈存在问题和提出整改建议。市疾控中心消杀科科长何学元、市爱委会专职副主任黎明燕、市卫计局副处级调研员王昀分别就“灭鼠、灭蟑”及防蝇督导检查情况进行反馈。副县长、创卫工作指挥部副指挥长郭艳在听取市督导组情况反馈后，要求各单位各部门不断提高认识，针对梳理出的建议提出整改措施，在病媒生物防治中拿到首张创卫门票。

【县城安装灭鼠毒饵站】 2017年6月6—11日，县疾病预防控制中心会同昆明爱卫有害物质防治有限公司先后到县委县政府办公大楼、县政府二办公区、县教育局、县人民医院、华宁三中等43家重点单位及场所外环境区域内，统一安装1000个灭鼠毒饵站，进行灭鼠毒饵站的设置安装及鼠药投放。按照“统一组织、统一时间、统一技术、统一投药、不漏街村、不漏居户、不漏房间、不漏死角”的总体要求，在辖区的重点单位及场所、公厕、下水道出入口、垃圾屋等地进行布点，将毒饵投放在老鼠滋生和栖息的场所。

【县住建局雨后清街保“创卫”】 2017年6月16—17日，华宁县住建局发动环卫站环卫工人对暴雨后的宁荣街（教师小区北门一段）枯叶、垃圾、污泥进行清理，使县城“创卫”环境保持清洁美观。清理过程共出动垃圾清运车辆1辆、洒水车1辆、扫地车3辆，先后清理3吨多垃圾。

【县城八条市政道路修缮启动】 2017年7月29日，县城宁兴街西段人行道修缮开始施工，标志着县城八条市政道路修缮正式启动。此次县城市政道路修缮，包括宁兴街西段、东市街、东门路、虹桥路、宁昌街、宁锦街西段、松山路、松华路八条市政道路的修缮，主要对其人行道换铺透水砖、车行道沥青混凝罩面与画线，投资1642.58万元，以提升县城交通设施环境。此外，华宁县还投资354万元，对县城部分道路实施零星维修、下水道疏通、路灯维修、泉乡广场音乐喷泉维修、设置道路指路牌等。

【省疾控中心专家指导病媒生物抗药性监测】 2017年8月14—15日，省疾控中心病媒监测专家一行5人到华宁指导病媒生物抗药性监测，以提高病媒生物防治工作水平，打牢创建国家卫生县城工作基础。深入垃圾填埋场、沟渠、河道等处进行蝇类、蚊虫的现场采集工作，所采样本将带回省疾控中心开展实验室饲养繁殖、药物敏感及抗药性检测工作。

【县城病媒生物防制消杀】 2017年9月11—13日，华宁县疾控中心按照县“创卫”工作要求，会同昆明爱卫有害物质防治有限公司在县城区开展病媒生物防制消杀工作。

【省级专家对华宁病媒生物防制先进城区考核复审】 2017年9月20日，云南省病媒生物防制研究所所长周晓梅率领的专家考核组，对华宁县病媒生物防制先进城区情况进行考核复审。省级专家共分3个小组，对华宁病媒生物防制工作进行现场考核复审。通过对超市、酒店、单位食堂、小餐馆、农贸市场、客运站、社区等重点区域进行考核复审，考核组对华宁城区病媒生物防制工作和取得成绩给予高度评价与充分肯定，认为城区病媒生物防制力度大、措施得当。希望继续巩固与改善城区病媒生物防制工作，使之更上一层楼，为创建国家卫生县城创造良好环境。

【玉溪市“创卫”工作业务培训会在华宁举办】 2017年10月17—18日，省卫计委、省疾控中心、市爱卫办领导、专家莅临华宁县，对华宁县、通海县、峨山县、元江县创建国家卫生县城工作进行为期两天的现场业务指导培训，共120余人参会。

【“街长制”助推“创卫”工作】 2017年2月，华宁县城启动创建国家卫生县城后，将县城“街长”制、“三无”小区责任划分作为“创卫”工作的助推器，使县城环境卫生长期清洁优美，营造良好的“创卫”环境。县城“街长”制涉及69个责任单位，“三无”小区责任划分涉及11个责任单位。在实施“街长”制过程中，责任单位对责任路段区域的人行道、绿化带、树池及道路两侧卫生进行不间断的清理打扫，每天每个责任单位均安排2名工作人员从上午8点30分至晚上9点进行日常性的轮岗，并配合城市综合执法部门积极做好街道管理工作。“三无”小区责任单位在工作中则经常组织干部职工深入所负责的住宅区了解情况、打扫卫生、清理杂物，并登门征求住户意见建议、帮助“三无”小区建立好组织机构、完善小区业主委员会和各项制度、规范物业管理。

【“创卫”工作研究和培训指导】 2017年，县委、县政府先后召开“创卫”工作会议（含周例会、旬例会、专题会）180多次，举办健康教育、病媒生物防制等“创卫”业务知识培训40次，参加会议与培训人数达13106人次，开展“创卫”工作调研巡查11次，有效指导“创卫”工作，营造“创卫”工作氛围，促进“创卫”工作有序开展。

【加大“创卫”工作宣传力度】 华宁县利用宣传橱窗、广告牌、宣传栏等各类宣传阵地，举办创卫主题活动，开展创卫工作的宣传教育，引导市民养成卫生文明习惯，进一步营造创卫工作氛围。2017 年共计发放“创卫”宣传资料 30 多万份，印发“创卫”信息 129 期，在《人民政协报》《云南政协报》《玉溪日报》等媒体刊载“创卫”稿件 67 篇，电视播放“创卫”新闻 500 条，曝光 353 条，播放健康教育节目 12 期。加大新闻监督力度，对环境卫生方面存在的顽症、死角、车辆乱停乱放等问题，予以批评曝光，并跟踪整改落实。在县城入城口、泉乡广场、主要街道交叉路口等公共场所设置融入陶瓷、绿色、花环、中国梦、创建国家卫生县城、社会主义核心价值观等文化元素的城市小品已基本完成，对外展示县城的品位与形象。

【病媒生物防制活动】 2017 年，华宁县强化病媒生物防制，举行病媒生物防制培训 19 场 1301 人次，组织人员对 116 家病媒生物防制情况进行现场检查。对 72 户县城以小餐馆为主的食品生产经营流通单位进行病媒生物防制整改。组织开展“除四害”活动：5 月，县城投放 0.01% 溴敌隆 1000 千克、新建毒饵盒 1000 个，投放灭蟑药物 10% 氯氰氰菊酯 60 千克，喷洒面积约 161769 平方米。全面落实灭鼠、蚊、蝇、蟑螂活动；9 月，组织开展“迎中秋　庆国庆”灭鼠灭蚊专项爱国卫生活动，由外包公司负责，投放 487 千克的药物进行喷洒。结合华宁县“灭鼠灭蟑先进县城”复审工作要求，以县城各单位、农贸市场、老旧居民区等为重点，多次广泛动员社会各界开展“搬家式、搓澡式”环境卫生整治工作，清除各类病媒生物滋生场所，从源头上有效抑制病媒生物的滋生。

医政管理

【改革县级公立医院运行机制】 华宁县一是破除以药补医。自 2014 年 10 月起对公立医院的补偿机制进行改革，取消药品加成（中药饮片除外），实行零差率销售。将县级公立医院补偿由服务收费、药品加成收入和政府补助三个渠道改为服务收费和政府补助两个渠道。二是理顺医疗服务价格。在保证医院良性运行、医保基金可承受、群众整体负担不增加的前提下，按照“总量控制、结构调整、有升有降、逐步到位”的原则，合理调整医疗服务价格。2015 年共调整服务价格项目 1059 个，其中，提高服务价格项目 973 个，降低服务价格 86 个；2017 年 1 月，共调整服务价格项目 1065 个，其中，提高服务价格项目 977 个，降低服务价格 88 个。三是完善药品供应保障制度。县级公立医院使用的药品（不含中药饮片）。2017 年 1 月 1 日，全市公立医院药品采购工作启动后，认真执行玉溪市公立医院药品集中联合限价采购要求，在玉溪市公立医院药品配送结算管理平台上采购（备案采购药品除外）。医院制定采购药品目录品规 810 个，备案采购药品品规 79 个，备案采购的药品在云南省药品采购平台上进行采购。医院药品采购优先采购基本药物，2017 年，县人民医院、县中医医院采购药品 3415.62 万元，基本药物采购 1811.81 万元，基本药物配备使用率 53.04%，达到要求的 50%。部分耗材进行院内招标采购，在保证质量的前提下，降低价格，控制医院成本。医疗费用增幅为 2.79%，控制在 9% 以内；药占比（不含中药饮片）为 31.24%，较 2016 年的 36.85% 下降 5.61 个百分点；医疗服务收入（不含药品、卫生材料、检查、化验收入）占比为 33.90%，较 2016 年的 31.07% 上升 2.83 个百分点；百元医疗收入（扣除药品收入）消耗的卫生材料为 19.80 元，控制在 20 元以下。次均门急诊费用为 105.99 元，较 2016 年的 103.93 元增长 2.06 元，增幅 1.98%，控制在目标值的 112 元以内；次均住院费用为 3840.31 元，较 2016 年的 3964.50 元下降 124.19 元，下降 3.13%。控制在目标值的 3865 元以内。药占比降低、医疗服务收入占比增加，医疗费用不合理增长的态势得到有效遏制。

【DRGs 付费制度改革】 2016 年 3 月起在县人民医院、县中医医院探索 DRGs 付费制度（按疾病诊断组付费）改革。一是制定措施。结合二级甲等医院医疗质量管理相关要求，对《华宁县人民医院医疗文书书写规范》进行修订，重新修改制定《华宁县人民医院病历质量考核标准》及《华宁县人民医院 DRGs 付费改革奖惩办法》，保障 DRGs 付费提取数据的准确性。二是加强培训。医院购买 25 本 CN-DRGs 分组方案（2014 版）下发各科室，组织学习并计算出本科室常见、多发病的常规费用，指导医生合理检查、合理治疗；邀请市医院原副院长李礼、西马公司工作人员，对全院医务人员进行 DRGs 相关知识及病案首页规范填写培训。三是完善系统。投资 5 万元，及时进行 DRGs 数据接口的开发，保证病案数据上传，投资近 55 万元完善医院信息系统，保证 DRGs 付费改革工作的推进。医院自 2017 年 1 月开始在城镇职工、城乡居民医保患者中实施 DRGs 付费。县人民医院、中医医院制定临床路径管理病种 140 个，2017 年，完成 128 个病种 6049 人次的临床路径管理，占两院出院总人次数 10828 的 55.86%，临床路径管理及 DRGs 付费制度改革工作稳步推进。

【分级诊疗制度】 2017 年，各医疗卫生机构继续执行《华宁县关于建立完善分级诊疗制度的实施意见》，实施分级诊疗制度。一是加大宣传力度，提高分级诊疗制度知晓率。各医疗卫生机构结合实际开展分级诊疗制度工作培训，制作宣传展板 77 份、印制分级诊疗制度宣传单 10000 余份，分发到各医疗卫生机构，由各医疗卫生机构结合实际开展院内宣传及进村入户宣传。二是积极推进双向转诊工作。县人民医院分别与县内乡镇卫生院和上级医院签订双向转诊协议书，明确双方责任、义务，保证患者双向转诊无障碍。各医疗卫生机构累计上转 2865 人（县人民医院、中医医院上转 1482 人、县妇幼保健计划生育服务中心上转 108 人、瑞仁医院上转 334 人，各乡镇卫生院上转 941 人）；县人民医院、县中医医院、瑞仁医院累计接收各乡镇卫生院上转病人 108 人；乡镇卫生院接收上医院下转病人 1 人。正逐步构建科学有序的就医秩序，形成有效的医疗分流机制。

【卫生信息化建设】 华宁县协调软件开发商不断完善系统功能，明确各级职责及任务，适时举办县、乡、村三级信息管理系统培训，认真分析总结信息系统实际运用过程中存在的困难和问题，确保信息系统建设工作健康、有序、稳步推进。华宁县人民医院和中医医院加大信息化投入，升级原有的 HIS、LIS、PACS 后，增加门急诊和住院的电子病历系统（EMR），并结合“互联网 +”建设好医院门户网站、医院微信公众号等，在医院微信公众号上实现智能导诊、检验单自助查询等相关功能，于 2017 年 5 月底实现职工医保诊间支付的功能，2017 年 8 月初试运行银联卡用户诊间支付功能。

【县乡村医疗服务一体化管理】 自 2014 年起，县人民医院、县中医医院与盘溪、青龙、华溪、通红甸 4 所乡镇卫生院开展县乡村医疗服务一体化管理管理工作，2017 年将宁州卫生院纳入托管。县人民医院、县中医医院对托管乡镇卫生院的行政、业务、人员、财务、技术、设备、药品、绩效、信息、村卫生室和急诊急救 11 个方面实行全方位管理，享有管理权、经营权、分配权。组织人员对被托管卫生院开展培训带教指导，成功开展深静脉穿刺术、口腔、眼耳鼻喉、糖尿病的规范治疗、外科小针刀治疗狭窄性腱鞘炎、小面积植皮、雾化吸入、拔火罐、神灯、中药外敷等新业务。

【实施白内障复明工程】 2017 年继续实施开展白内障复明工程手术项目，配合县残联为 1500 多名眼病患者实施检查，成功为 354 名患者免费实施白内障复明手术。其中，输送282人到玉溪华山眼科医院手术治疗。72人在华宁县人民医院进行手术治疗。

【开展尿毒症患者血液透析】 2015年11月22日，县人民医院建立血液透析室，开展血液透析技术。严格按照《医疗机构血液透析室管理规范》《血液净化操作规程（2010版）》《云南省血液透析治疗控制管理规范》的相关规定执行，2017年度在透血透病人37人，其中有江川、通海部分患者到县人民医院进行血液透析。自组建血液透析室至今共完成4000多例次血液透析，50多例次血液透析联合血液灌流，9例次农药、重度酒精中毒的血液灌流治疗，10例次难治性心衰的单超治疗，1例顽固性高钾的透析治疗，20多例次血液透析滤过治疗，64例深静脉置管术，31例动静脉内瘘成形术，2例半永久导管植入术。

【结对帮扶】 县人民医院与云南省第三人民医院、云南省第一人民医院结成对口帮扶医院，2017年选派5名医疗专家到县人民医院驻院帮扶。县人民医院与县内5所乡镇卫生院建立对口帮扶工作制度，选派中青年医疗卫生人员择期分别到各乡镇卫生院开展结对帮扶工作。接收乡镇卫生院和村卫生室卫生技术人员到医院进修学习，对其开展业务培训、手术带教、病例讨论、查房会诊等，通过传授专业学术知识，提高农村基层医务人员业务技能。

【农村贫困人口大病专项救治】 2017年，华宁县制定下发《华宁县农村贫困人口大病专项救治工作方案》，召开动员会和培训会，组织乡镇扶贫办、计生办、卫生院、乡村医生等力量对华宁县3455户11221人（不包括海关、海镜）建档立卡贫困户认真筛查、多次复查因病致贫返贫数据，掌握翔实资料，对健康扶贫对象实行精准化识别、动态化管理，精准到户、到人、到病种。根据筛查结果，全县"因病致贫、因病返贫"的建档立卡贫困对象635户2032人，患9类15种大病人数157人，已实施集中救治157人，累计救治951人次，并建立一人一档一方案，累计报销医疗费用50.58万余元；农村贫困住院患者县域内"先诊疗后付费"，至12月31日累计数528人，医疗机构累计垫付10.98万元。

【便民惠民服务】 各医疗卫生机构认真贯彻执行云南省医疗服务便民惠民10项制度，以病人为中心、以服务为导向，简化挂号、就诊、检查、收费、取药等医疗服务流程，改善就医环境，明显缩短病人等候时间，方便群众就医。县人民医院、中医医院积极推进预约挂号平台建设，实行预约诊疗，公布专家信息，设定预约电话。2017年，普通门诊号338490人次，专家门诊号32532人次，专家预约诊疗541人次。开展"先诊疗、后结算"服务，基层医疗卫生机构门诊患者执行一般诊疗费；各医疗卫生机构住院患者缴纳住院费用起付金额后即可入住，出院时按照医保、新农合等相关规定统一结算，缴纳个人支付金额即可出院。各医疗卫生机构检验对社会开放，坚持执行上级或同级医疗卫生机构检查结果互认，互认项目包括检验、影像、病理等。检查设备和技术人员符合法定要求或具备法定资质。大力推广优质护理，县人民医院、县中医医院12个病区开展优质护理服务示范工程。

【完善基本药物制度】 全系统县、乡、村三级医疗单位使用的药品全部在省级、市级采购网上集中采购。2017年，全县各医疗卫生机构采购药品5378.85万元，其中，基本药物采购3394.28万元，基本药物采购比例为63.10%。县人民医院、中医医院采购药品3415.62万元，基本药物采购1811.81万元，基本药物采购比例53.04%；妇幼保健院采购药品150.83万元，基本药物采购43.58万元，基本药物采购比例28.89%；各乡镇卫生院采购药品1660.36万元，基本药物采购1386.85万元，基本药物采购比例83.53%；各村卫生室采购药品142.07万元，全部配备使用基本药物。县、乡、村三级医疗卫生机构基本药物采购比例均达到要求。全县县、乡、村医疗单位销售的药品全部实行“零差率”销售。

【基层医疗卫生机构服务】 2017年，华宁县加强以全科医生为重点的基层人才队伍建设，完成招收定向免费医学生的工作，签约3人，完成基层医疗卫生机构全科医生转岗培训1人。加强基层医疗卫生人员在岗培训，组织开展督导检查，完善培训管理工作，继续教育覆盖率在县级医疗卫生机构达到100%，在乡、村、社区医疗卫生机构达到100%。全系统共有874人购买“医博士”网卡参加继续医学教育。

社会办医

【社会办医情况】 2017年，华宁县社会办医共有34户。其中，民营二级骨科专科医院1户，诊所33户。诊所33户按类别分：中医诊所7户、口腔诊所8户、中西医诊所1户，普通诊所17户。普通诊所按科目分：内科诊所10户、外科诊所4户、儿科诊所3户、妇科诊所2户（其中有两户诊所核准有两个科目）。2017年，华宁县卫生监督局配合华宁县卫计局依据《医疗机构管理条例》《医疗机构管理条例实施细则》《云南省医疗机构管理条例》和《云南省医疗机构审批管理暂行办法》开展华宁县社会办医疗机构的准入工作，全年无新开办社会办医机构。

中医药管理

【中医药工作】 2017年，贯彻落实《华宁县人民政府关于印发华宁县扶持和促进中医药事业发展实施意见的通知》和《华宁县人民政府关于印发华宁县中医药服务能力提升工程实施方案的通知》文件精神，盘溪、青龙、宁州3所卫生院设置中医科、中药房，55所村卫生室开展中医药服务。宁州卫生院完成三期43人乡村医生中医药适宜技术培训。宁州卫生院已建成中医馆。盘溪、青龙、华溪的中医馆正在建设。

（吴　巨）

体育管理

【概　况】 华宁县文旅广体局2017年全年共主办、承办、组织参与大型体育赛事14项；指导各类社团、企事业单位组织开展体育活动16项。如：元旦徒步象鼻山、春节系列体育赛事、华宁县第十二、十三届篮协杯、柑橘节系列体育赛事等。

【指导县篮球协会开展党员活动】 2017年6月22日，华宁县篮球协会党支部，在华宁县体育中心——健身馆召开了党员会议，总结通报了支部上半年工作情况，集中学习习总书《关于全面从严治党论述摘编》，研究制定本年度“两学一做”学习教育推进计划。会后组织全体党员参加了篮球友谊赛。

【组织参与市、县、村群众联谊活动】 2017年6月27日，玉溪市体育局、华宁县文旅广体局与“挂包”扶贫点岔纳村委会群众开展联谊活动。活动前，玉溪市体育局领导听取了玉溪市体育局、华宁县文旅广体局驻村干部关于驻村扶贫工作的进展汇报，肯定了驻村工作的成果，同时也强调今后的驻村扶贫工作，还是要一如既往地落实好“挂包帮、转走访”的惠民、利民政策。会后，玉溪市体育局、华宁县文旅广体局、岔纳村委会共同参与健身操、广场舞操、篮球、拔河、双抠五个项目联谊活动。

【所获荣誉】 2017年8月27日，华宁县文化旅游广电和体育局被国家体育总局授予“2013—2016年度全国群众体育先进单位”称号，并在全国群众体育工作大会上，就华宁县文化旅游广电和体育局在过去4年来对群众体育事业所做出贡献予以表彰。

竞技体育

【组队参加玉溪市少年儿童田径、游泳、篮球比赛】 2017年7月19—31日，由玉溪市体育局、玉溪市教育局主办的“2017年玉溪市少年儿童田径、游泳、篮球比赛”，分别在玉溪、华宁、峨山开赛。华宁县教育局、华宁县文旅广体局共同组织了80名少年儿童运动员参赛。经过五天的激烈角逐，华宁代表团在篮球、游泳、田径三个比赛项目中，均收获了喜人成绩：篮球项目获得男子第一名，女子第一名的最好成绩；游泳项目获得男子团体第二名，女子团体第六名，并获得体育道德风尚奖；田径项目获得团体总分第六名的好成绩。

【组织参加玉溪市青少年足球精英赛】 2017年12月30日至2018年1月1日，由玉溪市体育局主办的2017年玉溪市青少年足球精英赛在玉溪六中举行，县教育局、县文旅广体局共同组织少年队伍参加比赛。

群众体育

【组织开展华宁首届运动会】 2017年4月8日，中共华宁县委员会、华宁县人民政府主办的“玉珠水泥杯”华宁县首届运动会在华宁县体育场中开幕。本届运动会是华宁县有史以来规模最大、档次最高、项目最多、参与人数最多的一次大型综合性运动会。华宁县首届运动会共有来自全县各街道、乡镇共58个代表团约2500人次参赛，项目设置涵盖了男子篮球、女子篮球、男子七人制足球、网球、围棋在内的17个竞技类、民族类、趣味类项目。历时5天的比赛中，共颁发团体奖杯84座、奖牌273枚，评选出体育道德风尚奖2个、优秀组织奖2个；颁发个人奖56个。

【组织参加环抚仙湖高原国际超级马拉松绿色嘉年华】 2017年9月30日，由中国田径协会、玉溪市人民政府、重庆华祺体育文化传播有限公司共同主办的2017环抚仙湖高原国际超级马拉松5千米绿色乐跑嘉年华在抚仙湖畔举行。华宁县组织卫计局、检察院、市场监督管理局等17个单位共计217名运动员参赛。

【元旦徒步象鼻山活动】 2016年12月30日，468名徒步爱好者参加一年一度的元旦徒步象鼻山活动。行程约12千米，分为团体徒步走、男子个人徒步走和女子个人徒步走三个项目。

【开展老年人健身气功培训班】 2017年4月20—22日，举办华宁县中老年人健身气功培训。共有80多人参加培训，学员当中年龄最大者81岁，最小者42岁。4月22日晚，培训班全体学员及其爱好者共计200余人在泉乡广场大舞台进行汇报演出。

【首届运动会趣味项目比赛】 2017年3月10日，中共华宁县委员会、华宁县人民政府主办的华宁县首届运动会趣味项目比赛在华宁县泉乡广场举行。本次趣味项目比赛设拔河、集体跳绳、齐头并进、自行车慢骑4个项目，来自全县各乡镇（街道）、县直各单位和企事业单位共31支队伍，1000余人次参加了本次比赛。

【全民健身日系列活动】 2017年8月10日，华宁县文旅广体局主办的“我要上全运暨动感云南全民健身运动会玉溪市全民健身日系列活动华宁分会场——华宁县2017年‘全民健身日’群众大型健身活动展演”在华宁县泉乡广场举行，共有幼儿舞蹈、健美操、健身气功、广场舞、揖乐等13个项目参演。参与展演的群众及观众达上千人次。同时，各体育社团组织、各晨晚练点围绕“健身每一天，喜迎十九大”的主题，自行组织开展了各具特色的全民健身活动。

【云南赛区华宁站象棋公开赛】 2017年9月9—10日，由玉溪日报社主办，华宁县象棋协会协办的“业余棋王‘柑橘杯’云南赛区华宁站象棋公开赛”，在华宁县文化馆拉开了帷幕。共有来自全省各个州市的104名选手参赛，年龄最大的选手近80岁，最小的12岁。

【山地自行车爬坡赛】 2017年9月10日，由华宁县委员会、华宁县人民政府主办的“中国 · 华宁——第四届将军山喜德盛杯山地自行车爬坡赛”在华宁县将军山山地自行车爬坡赛道开赛，本次赛道的起点设在暮车村委会干塘子路口，途径大风丫口、风电场1—19号风力发电机组，终点位于风电场20号发电机组旁，全程17千米，海拔爬升722米。比赛设男子精英、男子大师、女子三个组别，共有400余名车手参赛。

（王　舟）

责任编校　张　兰

乡镇（街道）概况

宁州街道

【位置面积】 宁州街道东越登楼山接壤盘溪镇，南连华溪镇，西与通海县杨广镇毗邻，西北濒江川县雄关乡、路居镇，北靠青龙镇，东北与通红甸苗族彝族乡相连。地处北纬 23° 59′—24° 34′、东经 102° 49′—103° 09′。辖区面积 437.8 平方千米，城区面积 23.8 平方千米，距玉溪市政府 53 千米。

【自然概貌】 境内群山环绕，峰峦重叠，溪壑交错，属高山丘陵、河谷盆地相间地形。地貌：西北和东北山梁隆起较高，东南低，南北走向的大卓旗山脉与十八学士山脉纵向切割，形成“两脊夹一槽闪一盆地”的地貌。海拔最高点为西北部大卓旗山峰—磨豆山（那果村委会辖）2663.1 米，最低点为东南部的象鼻温泉 1564 米，高低相差 1099 米。

【行政区划】 2017 年年末，宁州街道辖 11 个社区居民委员会（城关、甸尾、上村、西门、右所、王马、平地、郭家营、新庄、马鞍山、铁埂）和 16 个村民委员会（吗哒、法果、咱乐、冲麦、西冲、普茶寨、岔纳、新城、阿路本、暮车、舍木多、火特、红坡、茂地村、葫芦冲、那果），下设 83 个社区居民小组和 108 个村民小组。

【人口民族】 2017 年年末，总人口 81667 人，其中，男 41561 人，女 40106 人，有少数民族 16536 人，占总人口的 20.2%。人口自然增长率为 4.45‰，人口密度每平方千米 187 人。

【交　通】 宁州街道辖 27 个村（社区），有公路 170 条，列养里程 467.901 千米，技术等级四级，其中，乡道 160 条，里程 438.129 千米；村道 6 条，里程 20.69 千米；专用道 4 条，里程 9.082 千米。现有水泥路面 120.665 千米，沥青路面 2.29 千米，砂石路面 344.946 千米，完成通 27 个村（社区）水泥路建设。2017 全年宁州街道通自然村涉及道路 78 条 240.569 千米，混凝土浇筑完成 27 条，87.081 千米，正在施工的 33 条 124.548 千米，计划动工 18 条 28.94 千米，涉及 25 个村社区，总投资 13745.02 万元，年底完成投资 9348.2 万元；5 个建制村（火特、舍木多、新城、阿路本、咱乐）公路通畅项目投资 1650 万元。

【文教卫生】 2017 年年末，宁州街道办事处有各类科技人员 66 人，其中，副高级 21 人，中级职称 29 人，初级职称 14 人，未定等次 2 人。宁州辖区内有中小学校 27 所，其中，小学 24 所、中学 3 所，学龄儿童入学率 100%。有乡村医生 71 人。全年共出生 718 人，其中，男性 361 人，女性 357 人，符合政策生育率 93.87%，死亡 298 人。

【财　政】 2017 年，全街道财政总收入 5242 万元，其中，一般公共财政预算收入 3247 万元，上级补助收入 1995 万元；公共财政预算总支出 5242 万元，其中，一般公共预算支出 5053 万元，上解上级支出189万元。做好2017年惠农资金兑现工作，农资综合补贴17513户、47302亩、291.09万元；积极争取村级公益事业一事一议财政奖补普惠制项目，申报项目3个，争取财政奖补资金130万元。

【人民生活】 2017年，享受城市低保2212户2428人，发放城市低保金1040万元1695户1783人，发放农村低保金410万元；2017年度有23496户67730人参加城乡居民医疗保险，参保率达98%，受益人次173405人，全年辖区内人员医疗补偿费用6844.38万元，医疗补偿金3577.76万元。城居保参保人数达44136人，参保率98.78%，续保率98.35%。城镇新增就业897人，转移就业劳动力6024人。

【经济综述】 2017年，全街道生产总值（GDP）48.5亿元，比上年增12.8%；其中，第一产业增加值为5.7亿元，同比增长6.5%；第二产业增加值为17.8亿元，同比增长17.5%，其中，工业增加值为15.6亿元，同比增长17.4%（规模以上增加值为10.8亿元，规模以下增加值为4.8亿元，同比减少1.7%）；建筑业增加值为2.3亿元，同比增长17.7%；第三产业增加值为25亿元，同比增长10.7%。完成社会固定资产投资35.7亿元，比上年增长30.4%；社会消费品零售总额9.09亿元，同比增长12.6%；农村居民人均可支配收入12842元，同比增长8.6%。第一、二、三产业比重11.8∶36.7∶51.5。

【农　业】 2017年，全街道农业总产值9.15亿元，比上年增长4.2%，耕地面积52985亩，其中，田21904亩，地31081亩。全年播种农作物146325亩，粮食作物520101亩，粮食总产量1751.25万千克，同比增长1.3%，人均产量210千克；播种经济作物94224亩；产业结构进一步优化，种植蔬菜58722万亩，产量12595.06万千克，产值1.9亿元；粮经比例为3∶65；播种小春63490万亩，增长2.5%；栽种蔬菜25279亩；累计种植柿子9592亩，产量3031.5吨，产值1819万元；累计种植核桃114864亩，产量294吨，产值764万元；种植烤烟35533亩，收购2901345.6万千克，占计划收购量81.73%。实付金额77652549.55元，均价26.76元；大牲畜存栏19221头，累计出栏牛15705头；生猪存栏113914头，同比增长4%；累计出栏肥猪201419头；山绵羊存栏29351只，同比增长0.2%，累计出栏肉羊16457只，同比增长2.4%；家禽存栏874424只，同比增长0.1%。累计出售和自宰肉禽2386878只，同比增长0.4%。

【工　业】 街道辖区内2017年有工业企业935户，其中，个体企业865户。规模以上固定资产投资35.6亿元，增长18.7%；工业总产值61.25亿元，增长13.82%；规模以上工业增加值9.8亿元，增长23.1%；

【城镇建设】 2017年，全力以赴做好城市棚户区改造工作，房屋征收签约2120户，签约率95.7%；实际兑付补偿费1787户6.11亿元；签约户累计移交房屋1656户，交房率78.1%，拆除房屋732户，拆除率45.1%。农危改2015年、2016年任务数竣工率均达100%，正进行前期兑付工作。建设“一事一议财政奖补普惠制项目”10个。不断巩固提升“五网”建设成效，全力配合弥楚高速（华宁段）建设，提档升级27条共87千米通村组公路硬化和村村通道路。完成县城天然气项目华宁支线铺设，城乡电网升级成效显著，升级改造27个村（社区）农村电网，县城天然气综合利用等工程有序推进，切实提高了辖区能源保障能力。以创建“智慧城市”为契机，着力推动“互联网+党建”和农村特色产业等工作，统筹推进陶文化创意园、陶文化产业园项目。完成“17个百千工程”项目评审工作。开展人饮、沟渠、水库坝塘、水窖等一大批农田水利建设工程，核桃冲水库、小箐水库等项目顺利推进。

【脱贫攻坚】 2017年，街道始终把脱贫攻坚作为首要政治任务，积极开展整村推进和“挂包帮、转走访”工作。发放扶贫专项贷款1410万元，283户贫困户受益。完成3个贫困行政村整村推进、资金奖补、养殖扶持等项目，完成了交通、水利等公共基础设施建设及34户兜底户住房建设。两个扶贫易地搬迁村项目有序推进：舍阴寨39户，38户基本完成，其中，建档立卡户5户全部入住；柒树林42户，全部开工建设，一层基本建好，其中，建档立卡户14户，全部入住。动态管理后共有建档立卡户1056户3533人，其中，实际已脱贫911户3061人，未脱贫145户472人，D级危房户162户，158户主体工程完工，已经封顶，4户正在建设中。

【人居环境整治】 2017年，街道围绕县委、县政府“做优县城、做特乡镇、做美乡村”的发展思路，着力推进“美丽华宁”建设，大力开展城乡人居环境综合整治工作，通过认真分析、加强领导、精心组织，对城乡人居环境进行综合整治，使多数地方，特别是县城周围、城郊接合部、公路沿线等重点区域有了质的变化，脏、乱、差等现象正逐步得到改善，群众爱卫生、讲卫生、会卫生的意识明显增强，并初步取得一定成效。

【河长制全面推行】 2017年，街道严格按照全面推行河长制各项要求狠抓落实，以实施“四治三改一拆一增”和“七改三清”环境整治为抓手，形成多级联动，层层压实责任的高效运行机制，经常性地开展宣传教育和督查整治工作，从思想观念上下功夫，促进水资源及周边生态环境的治理和保护。出台了《宁州街道全面推行河长制工作方案》和《宁州街道全面推行河长制镇级会议制度（试行）》等6项制度，成立了全面推行河长制领导小组，完成151块河长公示牌的安装。

【“百千工程、千村整治”项目】 2015年，2016年农村危房改造竣工率达100%。以“百千工程”为抓手，推进美丽乡村建设，“百千工程”共40个，2017年底全部均已开工，顺利推进。冲麦村委会“四位一体”项目投资500万元，水景观建设、四合院建设、游玩湿地池建设均已完成招投标。冲麦村被列为国家级传统村落，西家冲被列为玉溪市首批美丽宜居村庄，鸡蛋村被列为玉溪市卫生村。实施财政“一事一议奖补普惠制项目”10个，完成27个村（社区）道路硬化、多个居民小组科技文化活动室、全民健身场所等公益设施建设。

【弥玉高速（华宁段）建设】 2017年，街道全力配合好弥玉高速（华宁段）建设工作。路线总长7.9千米。由云南建投第六建设有限公司承建，全段设涵洞7道；隧道2座，单幅总长4065米；桥梁4座，单幅总长1066.03米（其中，大桥1000米/3座、中桥66.03米/1座）；桥隧比49.4%。老窝铺1号隧道总长1050米，累计掘进545米，仰拱完成463米，二衬完成301米；2号隧道总长1350米，累计掘进467米，仰拱完成405米，二衬完成383米。完成挖方约40万平方米，填方约37万平方米，高边坡工程完成约2万平方米，涵洞工程完成3座。桥梁工程开展了前期的控制网复测和临时设施工程规划等相关工作。现已完成试验段全部征地工作，共计征地484.74亩，其中，临时设施租地233.47亩，并完成辖区范围内所有临时占用林地及林木采伐报批工作，兑付征（租）地补偿款2067.77万元。开展宁州辖区范围内主线工程涉及的施工便道、弃土场等临时用地的租用工作。

【基础设施建设】 2017年，街道完成普茶寨村委会小土城人饮工程，火特村委会人饮工程，火特村委会火特、背阴岩、小学人饮工程，火特村委会火地、纸厂、核桃冲人饮工程，红坡村委会土老依人饮工程，红坡村委会落水洞人饮工程，2015年普查站供水站因公路改线工程，董家山供水站因水池改线工程8件，工程总投资135万元，解决2147人、1400头大牲畜的饮水困难。完成吗哒小寨坝塘整治工程、咱乐红坡水库、上村岩子脚坝塘涵洞修复、马格邓小坝塘抢险处理工程、煤炭窝小坝塘抢险处理工程等5件水库坝塘工程，合计投资36.20万元，改善灌溉面积200亩。配合完成董家山高效节水项目1件，合计投资700万元，改善灌溉面积2000亩。配合完成2016年普茶寨农业开发工程、2016年普茶寨蔬菜产业项目工程两件农业开发项目，总投资1410万元，改善灌溉面积4700亩。完成沟渠工程7件：王马社区龙潭西沟水毁修复工程、平地抽水机沟、新庄红石岩沟渠、大箐水库渠道水毁修复工程、响水小组农田水利项目、冲麦渠道防渗工程、茂地村大坡箐排洪沟，投资达97.5万元，改善灌溉面积2100亩。完成郭家营科技文化室建设、郭家营村内道路硬化2件移民工程，共投资150万元。

【社会事业】 2017年，街道开展创建善行美德光荣榜、道德讲堂、墙体彩绘道德故事等活动，积极培育和践行社会主义核心价值观。编撰出版《宁州镇志》；碗窑村传统村落保护与开发和陶文化创意园、陶文化产业园稳步实施，"三园一村"格局初步形成。深入实施殡葬改革，火化率和入公墓率达100%，2016年已竣工的节地生态葬农村公益性公墓15个全部投入使用。继续履行好计划生育管理职能，抓好政策法规宣传、人口信息采集、优生优育等工作。认真落实各项社会保障制度，做好残疾人帮扶关爱工作，帮助下岗失业工人、妇女青年、农村党员、贫困农户等各类人群创业致富，发放"贷免扶补"等各种创业贷款约两千万元。

【社管综治】 2017年，街道受理并调处各类纠纷420件，调解成功409件，成功率达97.38%。严格落实社会稳定风险评估制度，对棚户区改造工作、"三湖"生态应急工程土地复耕和占地赔偿、殡葬改革、华宁县驾考中心违法用地等一批关系民生的重大事项进行风险评估。认真做好来信来访接待处理工作，接待各种来信来访62件，办理答复来信来访59件，办理答复率达95.16%，强化积案的排查和化解工作。加强网格化管理工作，16个村委会11个社区共81个网格化手机领用基本实现普及，完成平地、上村、右所、王马等13个村（社区）"6995语音公众服务平台"建设工作。狠抓安全生产各项措施，全年无一次死亡3人以上安全生产事故发生。

【生态建设】 2017年，街道组建一支由20名工作人员组成的宁州街道环境综合执法中心，切实加大城市"四治三改一拆一增"和农村"七改三清"工作力度；做好城区城郊垃圾集中清运，将城郊接合部的6个村（社区）25个村（居）民小组的垃圾纳入城乡垃圾统一堆放清运，借力项目实施及时更新环卫设施，做到运转有序；健全完善考核制度，提高环境卫生整治、水源地保护、林业工作在村（社区）年度绩效考核中的分值比重，正向推动各项工作有效落实；加大林政管理力度，年度完成义务植树7万株，种苗备种1.5万千克，育苗36万株，巩固退耕还林成果2000亩，完成新一轮退耕还林6000亩野外作业规划，积极配合森林公安开展案件查处，有力打击了涉林违法行为。

【党建工作】 2017年，街道坚持全面从严治党，扎实认真落实党建工作目标、以会代训，利用党工委理论学习中心组学习会议、三级干部大会、党组织书记党建工作例会等机会，学习宣传党规党纪，倒逼党建工作责任落实。深化"互联网+党建"，构建"电脑、电视、手机"三屏互动服务模式。有序推进居民小组党员活动室建设，推动党的建设与"两新"组织发展深度融合，大力整顿软弱涣散党组织。城关社区建立党代表工作室，开通《城关智慧党建》公众号，实时更新社区党建信息，建有城关、右所、铁埂、暮车、平地5个党建示范点。

【党风廉政】 2017年，街道贯彻落实"三重一大""一岗双责""三公开""双述"等制度。班子成员与27个村（社区）“两委”和村（居）务监督委全年开展谈话提醒165人次，开展谈话提醒第一种形态运用82人，诫勉约谈2人，通报批评7人，给予开除党籍并移送司法机关处理3人，其中2人被判处刑罚需要开除党籍的纪律审查工作正在办理中，持续保持反腐败的高压态势。健全完善“三资管理”体制机制，制定出台《宁州街道村（社区）总报账员管理办法》，严格落实村（社区）组党务村务财务公开制度，促进廉洁村（社区）建设有序开展。

【登楼山隆重庆祝正月十七民族传统节】 2017年2月13日（农历正月十七），宁州街道办普茶寨村委会登楼山村举办了一年一度的正月十七民族传统活动。人们从四面八方到登楼山，赏花交友、祭祀祈福、入庙朝拜、欢歌起舞、体验民俗文化、品尝地方小吃。

【民进云南省委助力宁州发展】 2017年，民进云南省委以“同心工程”为工作载体，下派挂职干部，积极协调项目、资金等，多方位支持宁州发展。投资3.28万元开展宁州辖区内27个村（社区）的春节慰问活动。投入10万元，并协调县级财政拨款15万元，与市卫计委、县卫计局共同为宁州27个村（社区）培训乡医、购置中医理疗室相关设备器械，开展中医理疗服务。开办了针对宁州群众的核桃种植养护的培训班，培训120人次，投资2.28万元。开展建档立卡贫困户精准帮扶培训，投入3.4万元，对岔纳村74户建档立卡贫困户进行了技能培训，为街道脱贫攻坚做出巨大贡献。此外，还从街道迎“登楼老爷”民俗活动、大圆子水塘环境整治、核桃园道路建设、烟区道路建设、蔬菜种植培训等多个方面，给予宁州经济上和工作上的大力支持。

【六月安全月系列宣传活动】 2017年6月15日，宁州街道积极参与“全面落实企业安全生产主体责任”主题六月安全月宣传活动。通过悬挂宣传横幅、安放展板、张贴宣传画册、发放宣传单和会议宣传等多种形式，全方位多渠道的宣传各种安全事故预防、安全避险、安全处置的应对方法和安全常识。共发放安全生产宣传资料8000余份，对辖区内的16个转型升级砂石磷矿矿山、6家制陶企业、12家特种设备使用企业、2个重点工程、7个加油站点、3个气体经营存储企业、工业园区内的18家工矿商贸生产企业和3个临时砂石开采点进行了安全专项大检查。

【发放二代金融社保卡】 2017年8月28日，宁州街道城乡居民二代金融社保卡开始发放，共发放城乡居民二代金融社保卡共20685张，做到了不漏一户、不落一人，应发尽发，把社保卡打造成党同人民群众之间的“连心卡”，参保人领取养老金的“贴心卡”，群众使用方便的“放心卡”。

（刘　曦）

青龙镇

【位置面积】 青龙镇地处滇中南部，位于华宁县北部，位于北纬24° 19′ 02″—24° 34′ 12″、东经102° 53′ 09″—103° 06′ 42″。东至南盘江，连弥勒县、宜良县；南与华宁县宁州街道接壤；西至抚仙湖，与江川县一衣带水；北与澄江县海口镇山水相连。镇政府驻地距昆明市93千米、红塔区85千米、县城37千米。辖区面积433.15平方千米（含海镜、海关）。耕地总面积56465亩，其中，田11547亩，地44918亩。

【自然概貌】 青龙镇境内地势东西高山起伏较大，中间为峡谷平坝，山地多、平坝少。青龙河谷南北狭长，由分水岭至革勒，形成“V”字地形。辖区东西最宽22.88千米，南北长28.06千米。海拔最高点磨豆山2663.1米，最低点糯节河与南盘江交汇点1166米，相对高差1497.1米。主要山脉磨豆山，为境内最高山；其次是象山，海拔2566米；风吹口山，海拔2496米。其余高山峡谷交错，形成海拔2000米以上的数十座孤立山峰。境内河流属珠江水系，主要有青龙河、海口河、糯节河。

青龙镇呈亚热带低纬度高原季风气候，由于地貌类型复杂，垂直高度大，形成了多种类型的生态物候区，具有“冬暖夏凉，四季如春，冬春干旱，夏秋多雨，雨热同季，干湿分明，地区差异明显”的特点。年平均气温15.2℃，无霜期250天，年平均降雨量921.1毫米，常年主导风向为南风，年日照2250小时，日照率为47%，春季多蒸发，斗居至分水岭为多雨中心。

因气候、生物、地质、地形相互作用，土壤类型多样，有黄红壤、红壤、棕红壤、紫红壤、水稻土五个土类，红壤分布最广，是最主要的土地资源。境内矿产资源丰富，现已发现磷、褐铁矿、硫铁矿、铜、铅锌、石灰石、石膏、石英砂8个矿种，以磷矿储量最为丰富，已探明储量共计1066万吨，五氧化二磷含量均大于或等于27%；石英砂已探明储量167万吨，二氧化硅含量大于或等于97%；铜矿已探明储量3万吨；石灰石已探明地质储量430万吨；石膏已探明地质储量11万吨。

【行政区划】 2017年，全镇辖1个社区（青龙）和18个村委会（落梅、紫马龙、矣马白、斗居、城门硐、红岩、山岐、矣甫、倒马坎、马鹿塘、大母公竜、大村、中村、禄丰、糯租、老田、海迤和革勒），下设204个村民小组、222个自然村。

【人口民族】 2017年年末，全镇总户数14061户、人口44144人，其中，男23137人、女21007人。乡村人口32817人，城镇人口11327人。全镇共有彝、苗、壮等18个少数民族10735人，占总人口的24.32%，少数民族以彝族、苗族居多，分别有8139人、1854人。全年出生人口570人，出生率8.34‰，死亡人口415人，死亡率5.65‰；年内净增人口155人，人口自然增长率为2.69‰，人口密度123.27人/平方千米。

青龙镇召开镇第十三届人大一次会议　　何易蓉　摄

发动群众清理河道净化环境　　吴婷婷　摄

【经济综述】 2017年，镇内生产总值12.7278亿元，同比增长9.8%。其中，第一产业增加值5.5129亿元，同比增长6.3%；第二产业增加值2.684亿元，同比增长11.5%；第三产业增加值4.5309亿元，同比增长13.7%。农业总产值8.824亿元，同比增长4%。规模以上固定资产投资13.13亿元，同比增长30.2%。招商引资2.6亿元，同比增长73.33%。社会消费品零售总额4.3393亿元，同比增长12.2%。实现农村居民人均可支配收入12702元，同比增长8.5%。

【财政金融】 2017年，全镇财税总收入6329万元，比上年7096万元减857万元，减12.08%。其中，烟叶税3591.8万元比，比上年的4996万元减1404.2万元，减28.1%；资源税257.2万元，比上年386万元减128.8万元，减33%；其他税种443万元。本级一般财政预算总支出2156万元，比上年1953万元增203万元，增10.4%。年末金融机构存款余额8.62亿元，比上年减3.62%，贷款余额4.62亿元，存贷比为53.57%。

【交通邮电】 2017年，全镇共有乡村公路498余千米，通建制村公路硬化全覆盖，通自然村公路除大干路、斗妮路、福小路等10余千米在建外，其余的已实现硬化全覆盖。年末拥有固定电话321部，智能公话109部，宽带用户1895户。报纸发行量9.18万份，其中，人民日报9.11万份，云南日报315份，玉溪日报362份，其他23份；邮电支局发行报纸8.88万份，杂志6580份，函件1.9万份。

【广播电视】 2017年年末，全镇架设有线电视光缆78.9千米；实现21个村（居）委会（含海关、海镜社区）6621户用户数字电视全覆盖；农村广播电视"户户通"中央广播电视覆盖工程建设合计3710户，卫星直播电视1680户。

【文教卫生】 2017年，全镇有综合文化站一个，站内图书室藏书6665册，共接待读者40人次，借阅图书123册次，电子阅览室1个，电脑10台；村（居）委农家书屋19个，接待读者105人次，借阅图书200册次；本地节目地面数字电视无线发射站一个，发射华宁电视台和玉溪电视台1、2号节目，全年共开展文化活动45场次，演出节目502个。共开展文化惠民演出22场，文化市场检查18次。

全镇共有学校25所，其中，初中2所（华宁六中、华宁七中），完小19所，幼儿园4所；在校生5302人，其中，初中2051人，小学3251人，幼儿308人。适龄儿童入学率100%。全镇毕业生1230人，其中，初中720人，小学510人。教师人数433人，其中，初中147人，小学教师286人。持续巩固"两基"成果，实施"美丽100校园行动"暨校安工程，启动义务教育薄弱学校改造计划，学校硬件设施明显改善，教育教学质量明显提高。完成禄丰小学的异地搬迁、落梅小学教学综合楼建设完工并进入装修阶段，糯租小学、倒马坎小学食堂综合楼建设完成并进入使用，海迤小学教学楼、住宿楼除险加固，完成山歧小学运动场建设。各中小学办学成果明显提升，67名学生考入市属三所高中。华六中荣获市级教学质量评估三等奖，华宁七中被评为国家级足球示范学校，青龙中心校荣获玉溪市校安工程先进单位称号、斗居小学被评为云南省交通安全文明学校、矣马白、青龙小学被评为省级绿色学校。

全镇有卫生机构20个，其中，卫生院1个，病床66张、医务人员48人；村设置的医疗点19个，乡村医生52人。青龙卫生院全年业务收入715.6万元、门诊43909人次、住院1656人次，病床使用率40.55%；镇内传染病发病率117.81例/十万人，一类疫苗覆盖率100%。积极开展"创建群众满意乡镇卫生院"活动，城乡居民健康档案规范化电子建档率达99.91%。

【农业产业】 2017年，青龙镇以促增收为目标，调整种植结构，全年种植粮食作物70880亩，产值0.44亿元；蔬菜79980亩，产值3.47亿元。"三棵树"产业稳步发展，全镇累计种植核桃101677亩、柿子2754亩、柑橘7037亩，实现"三棵树"产值2440万元。2017年全镇共有规模养殖户136户，肉蛋总产量738.3万千克，畜牧产值2.004亿元，"烟、畜、果、菜"的农业产业发展经济模式基本稳固。

【烤烟生产】 2017年，青龙镇成功打造云南华宁"2260"优质烟叶工程项目区，全镇种植烤烟48500亩，收购烤烟567.48万千克，中上等烟543.9万千克，占收购总量的95.85%（其中，上等烟337.57万千克，占收购总量的59.49%；中等烟206.39万千克，占收购总量的36.37%），实现收购金额1.63亿元，收购均价28.77元，亩产值3363.34万元。收购均价、上等烟完成比例，亩产值等指标均高于全县平均水平。

【商业企业】 2017年年末，全镇有个私企业1249

个，从业人员 2981 人。营业收入 9.4 亿元，比上年增长 3.98%；利润总额 1.15 亿元，比上年增长 1.78%；上缴税金 0.18 亿元，比上年增长 5.9%；现价总产值 10.46 亿元，比上年增长 0.7%。

【工业项目建设】 2017 年，贵明矿业、矣甫磷矿有序开采，黄翠山、中南长兴项目、磨盘山活发集团矿业发展得到有效推进。云南鸿翔中药材加工项目土地房产转让，技改及基础设施建设工作基本完成，正在筹备投产。

【水利建设】 2017 年，青龙镇投资 975 万元完成 13 个病险小坝塘除险加固工程。投入 204.5 万元项目资金抓好全镇扶贫水利工程建设，其中，倒马坎村委会 7 件，大母公竜村委会 2 件，中村村委会 1 件。完成 2260 烟区中沟清淤 18.6 千米，投入资金 18.6 万元。全镇水利基础设施进一步完善，保障群众生产生活用水的能力进一步提升。

【集镇建设】 2017 年，青龙镇强化集镇队伍管理，整合社区力量切实加强集镇管理。完善集镇范围内街道交通、摊位标识线设置，规范商品买卖秩序，着力解决了节假日镇内集市脏、乱、差、堵现象。进一步加强对集镇范围内标志牌、雨棚等的统一管理，切实改善集镇面貌。青龙镇集镇生活垃圾中转站及收运设施项目、集镇污水处理工程项目进一步推进。青龙镇中心敬老院主体框架建设完成，进入装修阶段。

【美丽乡村建设】 2017 年，全镇完成 2016 年度申报的 700 户农危改任务及资金兑付与档案收集工作；150 户建档立卡贫困户危房修缮加固改造；146 户建档立卡贫困户危房拆除重建改造；2015 年度申报的“百村示范，千村整治”工程已全部竣工，其中，1 个示范村，6 个整治村；2016—2017 年“百村示范，千村整治”工程已竣工 12 个村组，其中，1 个示范村，11 个整治村，其余 5 个整治村正有序推进。

【扶贫攻坚】 2017 年，大母公竜奖补资金项目（整村推进）、青龙生猪养殖项目、倒马坎美丽宜居乡村建设项目共投资 335.44 万元。实施金融扶贫项目一个，发放到户贷款 1200 万元。积极开展好扶贫攻坚“挂包帮，转走访”工作，做好建档立卡贫困人口动态管理，确保全镇贫困人口如期脱贫。2017 年年末，青龙镇累计实现脱贫 800 户 2367 人。

【生态建设】 2017 年，全镇强化人居环境综合整治行动，认真落实“门前四包”责任，将每月 20 日定为全镇人居环境集中整治活动日，开展农户庭院、村庄道路、水沟池塘、公共场所垃圾清理等工作。指导各村（社区）因地制宜建立保洁员制度和保洁收费制度，全镇共设保洁员 226 名，环境卫生协管员 24 名定期进行卫生清理，配置 5 辆垃圾转运车、232 个垃圾池，全年支出保洁员工资、垃圾清运费用共计 56 万余元。

2017 年，全镇以补植补造为主，加大绿化造林力度。实施造林试点项目 8000 亩、陡坡地治理项目 2000 亩；巩固退耕还林成果项目 5000 亩、木本油料基地建设 4500 亩；实施新一轮退耕还林种植核桃 1000 亩，义务植树 5 万余株。全面推进落实河长制工作，按照“河畅、水清、岸绿、景美”的目标，全镇主要河流、水库、坝塘全部纳入河长制管理，切实构建责任明确、协调有序、监管严格、保护有力的河湖库渠管理保护机制。全镇生态修复工程取得实效，生态宜居环境进一步改善。

【同心工程】 2017 年，青龙镇充分发挥“同心工程”的桥梁纽带作用，持续抓好民革云南省委结对青龙镇帮扶工作，积极争取项目、资金支持，争取资金 47 万元，第三届新农村文艺调演、青龙镇农业基础设施建设、科技文化室配套设备等活动、项目。争取台盟（台联）云南省委资金 98 万元用于爱心助学、慈济救助、核桃培训、“文化汇心海派融情”艺术会演、助力来保康民族传统村落建设等项目，开展智力扶贫工作。

【新型农村合作医疗】 2017 年，全镇新农合参合人数41197人，参合率为97.24%。全年共减免报销医疗费用1741.795万元。其中，住院医药费6150人次1591.14万元，门诊减免补偿67533人次150.66万元。有效缓解了农民因病致贫、因病返贫等问题，顺利过渡完成新农合到城乡居民医疗保障体系的构建。

【社会福利事业】 2017年，青龙镇全面推行新型城乡居民养老保险，参保率100%。以保民生为重点，抓好社会救助工作，发放城乡低保金、优抚定补金、各类救济救助金1043.2万元。高度重视残疾人社会保障制度落实，为全镇1498名残疾人提供就业培训及生活保障。认真落实“贷免扶补”政策，为176户创业者提供1835万元资金扶持。

【社管综治】 2017年，全镇以维护全镇社会和谐稳定为目标，扎实推进社会管理创新和社会矛盾纠纷调处化解工作。实行领导定期接待群众来访制度，进一步通畅信访渠道，全年共接待群众来信来访26件，办结22件，办结率84.6%。深入开展治安整治专项活动，有力地遏制各类违法犯罪活动，刑事、治安案件发生率明显下降。公安机关共立刑事案件46件，侦破22件，破案率47.82%；治安案件共立案161件，查处157件，查处率97.51%；共排查出各类社会矛盾纠纷585起，化解574起，化解率98.12%。继续抓好安全生产工作，有效防范和坚决遏制重大事故的发生，全年全镇未发生重特大交通事故和安全生产事故。

（李东旭）

盘溪镇

【位置面积】 盘溪古称婆兮，位于两州（玉溪市、红河州）三地（弥勒市、华宁县、建水县）结合部，华宁县城东南部，位于北纬24°07′—24°19′、东经103°01′—103°09′，东接弥勒市西二乡和五山乡，东南连接建水县盘江乡，南与华溪镇毗邻，西南毗邻本县宁州镇，西北与通红甸乡接壤，是两州一市两县六乡镇的结合部。镇东西宽11.1千米，南北长18.4千米，全镇国土面积176.9平方千米，镇政府距县城47千米。

华宁县伊斯兰教协会在盘溪镇召开第二次理事会

【自然概貌】 盘溪镇地处干热河谷区，属高山低谷地貌，有高寒山区、温凉半山区和热坝区，地貌类型复杂，垂直高差大，海拔最高点2507米（矣得大黑山），海拔最低点1110米（石门），相对高差1397米，平均海拔1300米。呈立体气候，属南亚热带低纬度高原季风气候，形成了多种类型的生态物候区具有干湿分明、雨热同期、光热资源丰富的优势。年降水量905.0毫米，年平均气温19.8℃，极端最高气温36.6℃（出现于6月12日），极端最低气温-0.1℃（出现于12月21日）。境内水系属珠江水系，主要河流有南盘江、曲江，拥有云南第一泉七犀潭和两江环抱橘满园的自然风光，优质特早熟柑橘远近驰名，畅销国内外市场。

【行政区划】 2017年，全镇辖九甸、小龙潭、各纳甸、新村、月红寨、平坝、磨沙塘、龙潭营、富民、矣得、法高11个村委会，下街、东升、盘江、乐士堂、方那、大寨6个社区居委会，共118个自然村，132个村民小组。

【人口民族】 2017年年末，总户数19158户，总人口53206人。乡村户口9951户、31055人。城镇户口9207户、22151人；全镇出生人口725人，出生率13.63‰，死亡人数547人，死亡率10.28‰，自然增长率3.35‰。年末全镇农村劳动力32810人，其中，第一、二、三产业分别为24053人、4410人、4347人，分别占总劳动力的73.3%、13.5%、13.2%。在总人口中：汉族28812人，占54.2%；彝族16929人，占31.7%；回族6628人，占12.5%；苗族581人，占1.1%，哈尼、壮、蒙古等少数民族256人，占0.5%。

【经济综述】 2017年，全镇生产总值（GDP）20.50亿元，比上年增8.8%。其中，第一产业增加值为4.13亿元，同比增长6.5%；第二产业增加值为6.12亿元，同比增长6.5%，其中，工业增加值为5.34亿元，同比增长4.7%（规模以上增加值为0.97亿元，同比下降1.6%，规模以下增加值为4.36亿元，同比增长7.3%）；建筑业增加值为0.80亿元，同比增长19.9%；第三产业增加值为10.24亿元，同比增长11%。完成社会固定资产投资12.56亿元，比上年增长33%；社会消费品零售总额5.89亿元，同比增长12.4%；农村居民人均可支配收入12720元，同比增长8.8%。

【农业生产】 2017年年末，全镇耕地面积33048亩，其中，田18685亩，地14363亩，农业人口人均占有耕地面积0.68亩。全年农作物播种面积67311亩，粮食作物面积31035亩，粮食总产量1416.79万千克，同比增长0.57%，人均产量291千克，同比增加4.7%；经济作物播种面积35419亩，同比减3%；产业结构进一步优化，完成蔬菜种植面积3.18万亩，产量5227.66万千克，产值1.23亿元；小春播种面积完成3.02万亩；核桃累计种植面积1.5万亩，产量81.5吨；柑橘累计种植面积4.97万亩，产量13.78万吨，产值突破4.3亿元；大牲畜存栏8207头，同比减少1.8%；累计出售和自宰的肉牛1.75万头；生猪存栏4.59万头；累计出栏肥猪6.47万头；山绵羊存栏1.23万只；累计出售和自宰肉羊10726只，同比增长0.5%；家禽存栏8.01万只，同比增长1.3%；累计出售和自宰肉禽22.34万只，同比增长0.6%；

实施华宁县2017年省级农业生产（粮食生产）水稻绿色高产高效创建项目，核心示范区在方那社区方那村民小组，面积150亩，涉及农户120户；举办柑橘培训共计34期次，培训4700人次，发放科技资料21000份，科技入户培训456户，超任务数6户；盘溪镇在异地开发种植柑橘的橘农有39户，面积8808亩934800株，投入资金1.03亿元，银行贷款金额2289万元。

【财政金融】 2017年，全镇财政总收入3573万元，公共财政预算收入1870万元，公共财政预算支出3573万元；金融服务能力不断增强，金融机构全年存款余额12.94亿元，贷款余额7.40亿元；耕地地力保护补助农户12659户，面积30511.67亩，金额187.75万元。

华宁县2017年一季度项目集中开工仪式盘溪分会场

【工业建设】 截至2017年年末，全镇共有个体工商户3768个。其中，企业50家，从业人员2691人，完成营业总收入94017万元，上缴税金2456万元，利润总额14760万元，劳动者报酬3713万元。

【道路建设】 2017年，盘溪镇完成大法路、平小路、通各路、新陆路等23条道路的路面浇灌，改造乡村公路56.28千米。行政村硬化路全面贯通，境内公路通车里程达195.69千米。建设自然村“村村通硬化路”40条，共103.83千米。投资

6520万元的盘溪永平大桥及引道工程于2017年3月13日开工建设，至年末已开展路面浇筑工作。2017年全镇道路建设工作受到国家交通部好评。

【农田水利设施建设】 2017年，白云庵坝塘、八哥岩坝塘、山岩坝塘除险加固项目已基本完工，大丫喜坝塘、树米罗坝塘正在积极建设中，矣得村扶贫攻坚人畜饮水项目管网改造工程已完工，小白厂小组、大岩子小组、矣菠萝箐小组水窖及蒿枝箐水池建设项目已完工。投资6800万元的南盘江水头寨至民族团结大桥盘溪段河道治理工程治理成效明显，经受了近10年来最高洪峰每秒1300立方流量的考验。矣则河水库扩建工程枢纽区征地工作已完成并开工建设，移民安置区扶助项目（7个）已完工待验收，新增乐士堂至法底沟渠已完成征地工作的50%。

【重点项目建设】 2017年，盘溪镇完成建设工程招投标25项，其中，工程谈判3项，邀标3项，工程总金额614.55万元。盘溪橘乡特色小镇申报成功。盘溪镇棚户区改造工作有序推进，完成“三调”工作和项目可研，已签订《华宁县盘溪镇城市棚户区改造项目房屋征收补偿协议书》912户，完成总户数的91%。投资7988万元的大波浪和谐商贸城一期主体工程基本竣工。完成大波浪市政道路设计工作。投资2亿元的聚龙湾项目发展趋势良好，预计2018年6月初竣工、年底投入使用。矣则河水库生态农业庄园建成投入使用。“一水两污”项目推进成效明显，投资2172.55万元的盘溪污水处理厂及管网改造工程前期工作全部完成，待按程序进行招投标实施。投资2350万元的生活垃圾处理场竣工并投入使用。投资1722万元的集镇供水工程已完成审计。

【美丽乡村建设】 2017年，“百千工程”涉及2015年的11个整治村全部竣工，完成审计、结算和验收工作；涉及2016年的15个整治村全部开工，竣工14个、在建1个，完成投资1430万元，投资200万元基本完成示范村建设1个；2017年完成30个村民小组的项目申报工作，第一轮实施20个村组规划及实施方案已通过评审。兑付2015年1500户农村危房改造资金3326.5万元；完成2016年1000户农村危房改造任务；完成2017年120户建档立卡C、D级危房改造任务；实施磨沙塘村委会“四位一体”项目1个，计划投资500万，上报福彩公益金项目14个，向上争取项目资金273.5万元；“点亮玉溪”工程已覆盖全镇各村民小组，完成太阳能灯安装1120盏；完成17个村（社区）农村11958户土地承包经营权确权登记和颁证工作的调查、登记，涉及地块数82322块、面积136037亩。

【生态建设】 2017年护林防火期间，全镇累计出动扑火人数270人次，出动车辆89台次。通过第十一批省级生态文明乡镇评审，成功创建省级生态文明乡镇。持续推进节能降耗和节能增效，全力推进非煤矿山转型升级，关闭非煤矿山2座。深入实施人居环境卫生整治行动及爱国卫生运动，制定全镇集中综合整治实施方案并组织实施，全镇132个村民小组全部建立村庄保洁制度和卫生收费制度。

【文教卫计】 2017年，全镇投入12.9万元农村文化建设经费，集中开展群众文化体育活动38场次，194支文艺队表演节目511个，参与群众约9万人次，极大地丰富了群众的精神文化生活。成功举办了盘溪镇篮协第三届篮球联谊赛，方那阿哲彝族歌舞节目在省级少数民族表演比赛中荣获第三名的优异成绩。

全镇共有中、小学校19所，其中，高中1所（设有初中部），初中1所，小学17所。在校生5371人，其中，高中507人、初中1629人、小学3237人，拥有教职工491人；毕业生人数1381人，其中，高中146人，初中597人，小学638人；高考上线率达63.4%，全镇考取重点中学32人。

设有一级甲等医院1所，村卫生室17个，

病床132张，拥有卫生技术人员137人，乡村医生48人；选取磨沙塘、各纳甸、九甸、大寨、乐士堂、平坝6个卫生所进行试点，把老年人体检结果反馈给有条件的卫生所评估；全年累计住院补偿7666人次，医保基金支付2140.77万元，门诊补偿61939人次，医保基金支付193.05万元。

全面落实计划生育优惠政策，年满60周岁补助对象182人，金额185520元；特别扶助对象25人，金额95280元；农村双女户、独生子女户享受新农合个人缴费金额资助对象共2796人，金额503280元；全镇共有流动人口1572人，其中，跨省流入169人，省内流入327人，省外流出368人，省内流出708人，流动人口中已婚育龄妇女303人。全镇常住已婚育龄妇女9291人。盘溪镇计生办审批一次性经济奖励10户，金额1万元。当年符合审批独生子女升学加分109人，考取高中、大学享受一次性奖金104人、金额13.14万元，义务教育奖励金共有245人、金额5.48万元，享受独生子女父母奖励扶助对象182人、金额18.552万元。

【社会保障】 2017年，全镇共投入扶贫资金257.1万元，实施扶贫项目4个，受益建档立卡贫困户498户1938人，完成了2017年211户714人贫困人口脱贫工作，全镇因病致贫人数降低9%，贫困发生率从1.95%下降到0.62%。

全镇低保1547户，实保1620人，2017年清理停发不符合领低保的61人，累计共发放城乡低保补助金468.61万元，发放各类救助资金660.14万元，发放两参人员和优抚人员定补266.18万元，发放高龄保健补助金65.18万元，回族养老院供养9人。

新型农村社会养老保险缴费人数累计23400人，其中，建档立卡贫困户缴费人数为1989人，劳务输出2184人，举办创业培训2个班126人。兑付一次性经济奖励、独生子女父母奖励扶助等补助3722人次共104.47万元。人口自然增长率、符合政策生育率、两孩政策服务落实率等考核指标均达标。投资40万元完成小龙潭、矣得2个公墓建设。投资96万元完成下街居家养老项目，九甸、盘江居家养老项目正在组织实施。

【社会治理】 2017年，全镇排查各类矛盾纠纷808件，成功调处805件，成功调处率99.62%，其中，重大矛盾纠纷15件。共接待办理人民群众来信、来访、上级交办件49件。办理集体上访9批次303人次，领导接访、下访70批次826人次。严厉打击各种违法犯罪活动，共立刑事案件203件，破获157件，破案率77.3%。受理行政案件357件，查处率100%，处罚违法行为人153人。开具反恐罚单1份，处罚单位1家。开展文化市场检查、安全生产检查、非法加油点排查、汛期安全检查和以预防野生菌中毒为主的食品安全检查共151次，排查各类安全隐患65起，发放宣传资料8万余份。

【党建工作】 2017年，盘溪镇“基层党建提升年”重点任务均按期完成。“村（居）民小组党员活动室建设全覆盖”行动计划完成率100%，6个党员活动室均已施工完毕。打造乐士堂、平坝、法高三家党建工作示范点，巩固修缮了新村、富民、龙潭营5家村级活动场所和为民服务站，新村、九甸等6个党支部被授予“仙湖卫士”荣誉称号。强化“金种子”工程建设，建立80余名村组后备干部储备队伍。30名党员新发展对象经考察全部合格，整顿软弱涣散基层党组织2个，发展壮大空壳村薄弱村集体项目2个，顺利发放党员致富贷款700万元。狠抓党风廉政建设，全年共查办案件5件5人，给予党内警告1人、党内严重警告1人、留党察看2年1人，开除党籍2人。谈话函询5人、诫勉谈话4人、党风廉政约谈23人，对违规购买纪念品村委会的3名责任人、违规招投标的1个村委会及无故缺席会议的3个村委会的责任人给予通报批评。

【盘溪橘乡小镇建设】 2017年5月启动华宁盘溪

橘乡小镇项目创建方案编制及上报工作，5月底通过云南省发改委评审，6月19日同步启动华宁盘溪橘乡小镇发展总体规划、控制性详细规划和核心区修建性详细规划的编制工作。华宁盘溪橘乡小镇发展总体规划于2017年8月25日完成规划编制，9月5日提交云南省发改委备案，涉及各类红线管控的玉溪市国土局、规划局、水利局、环保局等部门均出具了部门审查意见作为规划附件规划报送至省发改委备案。华宁盘溪橘乡小镇领导小组组织县级发改、住建、环保、国土、盘溪镇等相关部门对方案进行了审查，2017年9月30日编制单位提交了规划初稿。2017年12月13日通过了云南省住房和城乡建设厅组织的技术审查。

（飞发强）

华溪镇

【位置面积】 华溪镇位于华宁县城南部，地处北纬24° 03′、东经103° 01′。镇政府驻地华溪集镇距县城27千米。以东南西北为序，分别与华宁县盘溪镇、宁州镇，建水县盘江乡、利民乡、曲江镇，通海县里山乡、杨广镇接壤。全镇东西长约28千米，南北宽约5千米。海拔最低点大路竜村民小组1162米，海拔最高点东北面矣甫老象山支系拖白大山2232米，相对高差1070米。全镇总面积141.1平方千米，其中，山区面积占94%，河谷坝区面积占6%。

【自然概貌】 华溪镇系高海拔、低纬度内陆地区，境内地形地貌复杂，高山、河谷、深涧、坡地间杂相错。境内华溪河、龙洞河、竹居河、西沙井河四河贯穿全境，地质构造复杂，母质属泥质岩类，土壤偏酸，土层深，保水保肥，有利于农作物生长。有拉咱、甫甸、雨勒3个龙潭，分别出于拖白大山、羊槽山和五脑山，引渡为人畜用水，余水灌溉农田。高原河谷地带，森林茂密，灌木丛生，大地植被比较完全。有珍稀动物林麝、岩羊、花脸獐、穿山甲、猴子、锦鸡、猫头鹰等；珍稀植物华山松、红椿、野核桃、黄杨木等。矿藏资源有铁、铜、煤等。属亚热带气候，四季平和，夏无酷暑，冬少严寒，干湿季节分明。年平均气温19.5℃，最低温度5℃，最高温度39℃；年平均日照2190小时，无霜期350天，素有“天然温室”之美称。年平均降雨量850毫米，雨季集中在6至10月。

【行政区划】 2017年，全镇辖华溪、甫甸2个社区，独家村、黑牛白、小寨、大新寨4个村委会，下设47个村（居）民小组，51个自然村。

【人口民族】 2017年年末，全镇总人口13867人，比上年增加76人，增长5.51‰，其中，男性7056人，女性6811人。在总人口中，农业人口8910人，占64.25%，非农业人口4957人，占35.75%；以彝族为主的少数民族8237人，占总人口的59.4%，其中，彝族7688人，苗族459人，白族4人、哈尼族23人、壮族10人、傣族12人、回族19人、佤族2人、纳西族1人、蒙古族17人、其他2人，人口密度98人/平方千米。

【经济综述】 2017年，镇内生产总值3.87亿元，增长9.2%，其中，第一产业增加值24527万元，增长6.4%；第二产业增加值5101万元，增长18.3%；第三产业增加值9050万元，增长12.4%。农业总产值3.93亿元，增长4.1%。规模以上固定资产投资5.23亿元，增长35%。农村居民人均可支配收入18640元，增加1584元，增长9.3%。社会消费品零售总额1.05亿元，增长13.6%。向上争取资金600万元。增长9.7%。

【脱贫攻坚】 2017年，华溪镇聚焦“两不愁、三保障”，按照“四个切实、六个精准、五个一批”要求，对照“695”指标，实行挂图作战，全力以赴抓脱贫，以特色产业扶持、基础设施建设等“七大攻坚任务”为抓手，抓好规划投资2.04亿元的华溪镇整乡推进精准脱贫方案21类93个项目的建设，其中竣工 77 个（已通过县级双向验收的 42 个），正在实施的 16 个，竣工率 81.72%，项目完成投资合计 20827.59 万元，占计划总投资的 101.99%。规划投资 861.3 万元产业发展配套设施、村内基础设施等 3 大类 17 个整乡、整村推进奖补和产业扶贫项目，17 个项目均已竣工，完成投资 885.65 万元，占总投资的 102.83%，累计完成专项资金报账 643.562 万元，报账率为 99.1%，项目竣工形成专项资金结余 5.868 万元。实施完成 74 户建档立卡 C 级危房户和 86 户建档立卡 D 级危房户的改造工作。开展“挂包帮、转走访”和贫困对象动态管理工作，实现应纳尽纳、应退尽退、应扶尽扶，全镇现有建档立卡贫困人口 579 户 1986 人，其中，474 户 1698 人实现脱贫退出。

【财政金融】 2017 年，全镇地方财政预算收入 523 万元，地方财政预算支出 1447.7 万元，金融服务地方发展的能力不断增强，金融机构存款余额 3.38 亿元，贷款余额 4.73 亿元，实现存贷比 1∶1.397。

【交通邮电】 华溪交通以华盘公路为主干。2017 年年末，全镇境内公路通车里程达 173.5 千米，其中，县道 40 千米，乡村公路 133.5 千米。通公路的自然村达 47 个，乡村道路硬化率达 100%，自然村、建制村道路通达率 100%。

2017年年末，华溪镇邮政支局有邮务员 5 人。全年邮政发行各种报纸杂志 270 种，邮政业务收入 57 万元，比 2016 年增 11.76%。2017 年华溪镇与中国邮政“邮乐购”合作搭建农村电商平台，电子商务实现破题发展。

【广播电视】 2017 年，全镇实现行政村 4G 网络全覆盖，数字电视高清互动整体转换稳步推进，2017 年年末，全镇广播电视用户达 3344 户，其中，数字电视用户 1285 户，高清互动电视用户 2059 户。

【文教卫生】 2017 年，镇文化站藏书 2983 册，各村（社区）农家书屋藏书 13571 册，建设平田、华溪七组、大新寨等 5 个群众活动场所和 5 个村级文化活动室基本公共设施配套工程，逐步完善村级文化活动室基本公共设施配套工程（健身广场、群众活动中心）。深入挖掘、保护和传承民族民间文化，组建民间文艺队 20 支 320 人，编拍节目 50 余个，组织开展群众性文化活动 60 余场次，完成黑牛白少数民族文化传习室建设，丰富了群众业余文化生活。坚定不移的实施“科教兴镇”战略，进一步巩固“三免一补”和“两基”成果，实施校安工程、美丽校园 100 所等项目建设，办学条件不断改善，教育质量不断提高，义务教育基本均衡发展通过国家级评估验收。扎实推进基本公共卫生规范服务，大新寨、小寨卫生室完成建设投入使用。居民健康档案、重大传染性疾病预防控制、妇幼卫生、公共卫生服务项目等工作得到加强，全面落实计划生育各项政策。

【农业生产】 2017 年，全镇农业总产值 3.93 亿元，增长 4.1%。坚定柑橘命脉产业的支柱地位，加强科技培训，强化重点病虫害统防统治，统防率达 95% 以上；坚决清除病原树，清理失管果园 337 亩；推进老病果园更新改造 3880 亩，黄龙病发病率得到有效控制；稳定柑橘种植面积 2.5 万亩，销售 7.5 万吨，实现销售收入 2.85 亿元。强化核桃专业村建设，新植核桃 2415 亩，大力实施提质增效工程，完成 7000 亩提质增效，实现产值 656 万元。切实落实科技强烟战略，新建烤房群 16 座，稳定种植面积 3560 亩，收购烟叶 40.77 万千克，实现交售收入 1286 万元。大力发展间套种蔬菜、烟后菜，种植蔬菜 3370 亩，产量 500.85 万千克，实现产值 1600 万元。以脱贫攻坚养殖项目为带动，成立 2 个以“基层组织 + 合作社 + 贫困户”模式的养殖专业合作社，畜牧业稳步发展，实现产值 3868.8 万元。

【乡镇企业】 企业发展稳中有升，个体经济发展迅速。华溪镇共有企业 530 个。按登记注册分为：集体企业1个，私营企业89个，个体工商户1285个。按国民经济行业分为：农林牧渔业864个，批发零售281个，住宿及餐饮63个，居民服务及其他39个，制造业29个，交通运输业1个。全力支持民营企业发展，纳规行业企业3户，分别是溪杞柑橘种植有限公司、广锋果蔬实业有限公司、远山果蔬农业发展有限公司。

【集镇乡村建设】 2017年，全镇实施“百千工程”1个示范村和4个整治村建设，投资600万元。完成2个示范村、16个整治村项目方案编制评审工作。推进农村危房改造和抗震安居工程建设工作，兑付农户补助资金432.33万元，发放农村危房改造贷款4455万元。实施华溪社区“四位一体”、四组农贸市场、六组集贸市场、检疫场所项目建设，甫甸社区下拖卓美丽乡村建设项目，小寨农村环境综合整治项目，黄豆地美丽乡村项目。强化城乡综合管理，组建城镇综合执法队，加强环卫设施的建设管理，清运垃圾2350余吨，开展了集中整治乱停、乱摆、乱放、乱占等不文明行为，镇容镇貌、村容村貌持续改善。

【基础设施建设】 2017年，华溪镇全力以赴推动以道路交通、农田水利为重点的基础设施建设，建设独暮路、清水塘路、拖卓路等9条乡村道路和华溪五组、平田、大新寨等7条村内道路，拖卓桥和二亩地桥建设稳步推进，乡村道路硬化率达100%。完成沙咪莫、槽子田、平田等7座小坝塘除险加固工程，集镇区、蚱蚌、小铺子等12件人饮工程，二亩地、蚱蚌、华溪六组等9个提水站工程和平田、上下拖卓、二亩地等4个灌溉沟渠工程。完成大路竜、甫甸大沟等4处水毁河堤、沟道修复。启动雨勒冲水库建设项目，群众生产生活条件明显改善。

【生态建设】 2017年，全镇发放耕地地力保护补贴和草原生态补贴57万元，突出抓实林业生态安全建设，加大森林防火工作力度和林政执法力度，加强森林资源保护，做好公益林管护工作，完成森林病虫害普查和名木古树保护工作，乱开滥挖等违法行为得到有效遏制。实施了退耕还林项目各类补助和陡坡地治理项目资金兑付。栽种绿化树14290棵，道路绿化里程达24.96千米。开展“仙湖卫士”行动计划和人居环境综合整治三年行动计划，集镇区美化、亮化工程。强化水源点、河道、村庄周围的生态环境保护，进一步健全完善环境卫生长效机制，城乡人居环境不断提升。全面推行和严格落实河长制，全镇4条江河、12个库塘、2条灌溉渠道纳入镇级河长制管理，全力推进农业面源污染防治，推进水源点、河渠等生态保护工作。

【社会福利事业】 2017年，全镇社会保障体系不断完善，发放城乡低保、高龄补助金、残疾人两项补贴等民生资金332万元，城乡居民养老保险和新农合参保率达99%以上，建档立卡贫困户参保率和缴费率达100%，医疗统筹补偿575万元，参合群众受益面达185%，社会保险、社会救助体系实现全覆盖。大力推进殡葬改革工作，启动生态公益性公墓建设，火化区全覆盖，火化率和进公墓率均达100%。落实就业创业贷免扶补政策，2017年共发放创业贷款280万元，发放扶贫贷款1040万元。

【综治工作】 2017年，华溪镇加强法治宣传教育，深入推进“七五”普法工作。认真落实安全生产责任制，强化食品药品安全监管，无重特大安全事故发生，确保了人民群众生命财产安全。完成全国第三次农业普查工作任务。加强社会管理创新，推进社会治安立体化防控体系建设，加大反恐防暴维稳宣传力度，严厉打击各种违法犯罪行为，加强信访维稳处突工作，积极化解各类矛盾纠纷和信访案件。“平安华溪”成果进一步巩固，全镇全年受理各类矛盾纠纷170件，调处矛盾纠纷170件，成功168件，不成功2件，成功率98.82%。坚决打击各种刑事犯罪活动，全年共接警422起，出警422起，办理行政案件117

起，为经济社会发展创造良好环境，群众安全感和满意度持续上升，社会保持和谐稳定。

【依法行政】 2017年，华溪镇坚持加强政府依法行政的制度化、规范化、标准化建设，扎实推进依法治镇，圆满完成“四五”依法治镇工作，聘请常年法律顾问1名，提高依法行政水平。自觉主动接受人大法律监督和社会各界的舆论监督。认真办理人大代表议案1件、建议36件，办复率100%。坚持“三重一大”和民主集中制，做到科学、民主决策。严格贯彻落实中央八项规定和省市相关规定精神，办公用房和公务接待进一步规范，厉行勤俭节约，严管“三资”，严控“三公经费”支出。认真落实上级行政审批制度改革和公务用车改革，全面提升服务效能和工作水平。加强基层政权阵地建设，强化镇村为民服务站建设，进一步深入推进政务村务公开。

【基层党组织建设】 2017年，华溪镇加强党建基础设施建设，集镇区环湖党建长廊、华溪社区、甫甸社区为民服务站建成投入使用，小寨村基层政权建设项目主体完工，黑牛白党员活动室重建项目启动实施。积极发展村民小组集体经济，小铺子、蚱蚌等4个村集体经济增收项目全部启动。着力打造基层党建示范品牌，华溪社区、甫甸社区、独家村党总支3个县级党建示范点项目加快推进。统筹开展党组织书记、驻村扶贫工作队员、入党积极分子等各类学习培训520人次，班子成员带头到联系村组讲授党课共计40余场，选优配强干部队伍，共调整中层干部（站所长）13人，岗位调整20人，积极开展村级后备干部“金种子”培养工程，共推荐后备干部22名。严把党员入口关，新发展党员10名，9名预备党员按期转正。商会、团委、残联换届工作圆满完成。认真整治软弱涣散党组织，1个总支、2个支部得到全面整改提升。6个（村）社区综合服务平台共办理事项达11277余件，发送短信30985条次，开展推荐上报四个季度县级“仙湖卫士”流动红旗和年度个人“仙湖卫士”荣誉称号评比工作。以党建扶贫双推进为抓手，坚决打赢脱贫攻坚战，顺利完成450万创业致富贷款工作。

【华溪镇第五届人民代表大会第一次会议闭幕】 1月2日，华溪镇第五届人民代表大会第一次会议，圆满完成了各项议程和任务。出席大会的51名代表充分发挥宪法和法律赋予的民主权利，积极认真地向大会提出了议案、意见、建议共37件，其中，《关于在华溪镇集镇区安装消防设施建设的议案》作为大会议案办理。大会依照法定程序选举张文武为华溪镇第五届人民代表大会主席团主席；选举李志林为华溪镇人民政府镇长。

【森林防火】 2017年，华溪镇为切实做好森林高火险期工作，有效防范森林火灾和人员伤亡事故的发生，确保森林资源安全，认真落实森林防火责任。一是统一思想，提高认识，进一步增强森林防火工作的责任感和使命感，认真做好森林防火工作；二是加大宣传力度，宣传方式多样化，利用广播、微信公众号、宣传单配发、标语等多种方式进行森林防火宣传，切实增强群众的森林防火意识；三是突出重点，严防死守，强化责任落实，通信保持24小时畅通，增强森林防火巡查力度，对督查发现不在岗的堵卡人员严肃追责；四是严管火源，严厉打击野外用火，出现火情及时上报，并及时组织人员打早、打小。

【妇联开展“三八”维权周系列活动】 2017年“三八”国际劳动妇女节，华溪镇妇联认真组织开展了“三八”维权周系列活动。邀请华宁县疾控中心防艾科钦绍德科长为华溪镇广大妇女讲解防艾相关知识；华溪派出所副所长袁忠贵解读《中华人民共和国反家庭暴力法》，提高了基层妇女干部反家暴意识；联合多个部门在赶集日开设宣传点，为前来咨询的妇女解答健康医疗问题，发放宣传手册200余册、《中华人民共和国妇女权益保障法》、男女平等基本国策、禁毒防艾、防邪教、反对校园暴力等宣传资料300多份。

【城乡人居环境集中整治】2017年3月30日，全镇开展城乡人居环境集中整治活动，重点对华盘路沿线、集镇区、街边小广告等进行整治。活动中，党员干部行动在前，主动参与环境卫生的整治；群众积极参与，主动收拾自己房屋周边的杂物。此次活动共出动人员100余人次，出动各式车辆20余辆，共清理垃圾30余吨。

【华溪镇烤烟移栽现场会】为抢抓烟苗移栽最佳时节，2017年4月23日，华溪镇在大新寨村委会烤烟示范区举行了2017年烤烟移栽现场会。会议要求，镇烤烟工作组人员、烟站技术人员和村组干部三股力量要各司其职、加强协作，一是要高度重视烤烟种植在脱贫攻坚中的作用，鼓励并支持更多群众尤其是贫困户参与到烤烟种植中来；二是要抢抓节令，落实膜下小苗移栽工作，确保在4月30日完成示范区，5月10日完成全镇范围内的移栽工作；三是要严格落实技术措施，加强苗床的光、温、水、肥管理，提升烟苗的精细化管理水平。

【打击非法投融资宣传】2017年，华溪镇为保障全镇人民切身利益、维护社会和谐稳定，提高广大居民对非法集资的防范意识和识别能力，从源头上有效遏制非法集资的发生，积极开展严厉打击非法投融资宣传活动。华溪镇通过在办公楼电子显示屏滚动播放宣传材料、发送宣传短信、发放传单等方式开展宣传活动。同时在全镇各村（居）委会张贴宣传海报，向群众介绍非法集资的特征、表现形式和常见手段，引导广大群众深刻认识非法集资的社会危害性，提醒广大群众对“高额回报”的民间借贷、“快速致富”的投资项目提高警惕，远离非法集资，避免造成财产损失，并号召群众积极行动起来参与到防范和打击非法集资的行动中来，识别非法集资的险恶用心，坚决不参与非法集资。

【庆祝中国共产党成立96周年系列活动】2017年6月30日，华溪镇召开庆祝中国共产党成立96周年大会，全体参会党员重温入党誓词，镇党委书记张平讲授党课，参会人员观看了微电影《樵夫·廖俊波》等。7月1日，华溪镇举办了庆祝中国共产党建党九十六周年“永远跟党走”文化惠民演出。

【2017年柑橘产业发展推进会】2017年7月13日，华溪镇召开2017年柑橘产业发展推进会，就华溪柑橘产业发展过程中的4个重点工作：即失管果园治理、老病果园更新改造进度、柑橘病虫害统防统治工作和柑橘上市销售的准备工作，进行总结和工作安排。

【违法违规建筑治理】2017年，全镇坚持突出重点、改拆结合、以拆为主，坚持依法治理、属地管理的原则，按照“拆危房、除闲房、腾空间、建新村、换新貌、奔小康”的主导思路，全面开展城乡违法违规建筑集中治理行动，有效遏制违法违规建设行为。按照“杜绝增量、消化存量、建立机制、确保长效”的总体目标，通过宣传教育、调查摸底、集中整治、依法处理、检查验收、常态管理，全年拆除临违建筑731平方米。

【华溪镇特色果品协会开展柑橘科普宣传活动】2017年8月3日，华溪镇特色果品协会组织会员开展了形式多样、内容丰富的柑橘科普宣传活动。活动共深入14个村民小组、3个柑橘销售路段宣传了病虫害治技术及销售信息，展出展板22块，开展技术咨询100余次，发放《柑橘栽培技术》书籍250册、《华宁县柑橘栽培技术规范》340册、《科技精准扶贫实用技术手册》380册、老果园更新改造及黄龙病防控技术资料1000余份。

【全面推行河长制】2017年，全镇认真贯彻落实《云南省全面推行河长制的实施意见》和县委、县政府全面推行河长制工作推进会精神，全面推进华溪镇河长制工作，11月4日华溪镇组织召开华溪镇全面推行河长制工作推进会。牢固树立“绿水青山就是金山银山”的绿色生态发展理念，切实肩负起水资源保护、水域岸线管理保护、水污染防治、水环境治理、水生态修复、执法监管等责任和任务，切实践行中共十九大提出的生态文明建设理念和要求，立足实际，切实加强河塘管理治理，让华溪水更清、岸更绿、景更美。2017年镇级河长巡河不少于6次，村级河长巡河不少于12次，组织集中清河行动2次。

（周文英）

通红甸彝族苗族乡

【位置面积】 通红甸彝族苗族乡地处县城东北部，东西狭、南北长、略呈菱形，位于北纬24° 20′、东经103° 04′。东隔南盘江同弥勒县西二镇相望，东南接盘溪镇，西北与北部连青龙镇，西南毗邻宁州街道。乡人民政府驻地通红甸村距县城55千米，国土面积114.50平方千米，地面因受历次地质构造运动影响，断裂明显，境内峰峦起伏，形成山高、坡陡、箐深、岭谷相间的亚高山、中山、低山河谷地貌。最高点么波冲大水井岩头海拔2624米，最低点小滴水海拔1170米，两极高差1454米。

【自然概貌】 全乡有耕地18033亩（其中田3481亩、地14552亩），农民人均占有耕地1.8亩。乡境内水资源贫乏，自然水域仅232亩，有5个泉点和6条小河，枯洪季平均流量约13立方米/秒，其中，龙洞河、白龙水、吊水岩等5个泉水点出流量约3.6立方米/秒，萝卜山河、新寨河、尖刀岩河等6条小河流量约9.4立方米/秒。泉流都是沟壑谷深的山间溪流，洪、枯季节流量悬殊，缺水时干涸，洪涝时横溢。通红甸温泉是宝贵的地热资源。经省水文地质大队抽样化验表明，该温泉平均出流量达0.2立方米/秒，水温为49.5℃，属硫磺泉，内含硼、锂、锶等多种有利于人体健康的化学元素，对关节炎，筋骨疼痛，消化不良等疾病有较好的疗效。温泉外有小溪，溪边有清泉，清泉清如醸酒、波光粼粼，泉水清凉如冰汁，可供浴者调温解渴，二水相伴东流注入南盘江，当地群众称之为鸳鸯泉。由于地形地貌复杂，微域差异大，全乡境内可分为南亚暖热低山区，中亚温暖低山区，北亚冷凉中山区三个区域，呈明显的立体气候特征。三个区域的气候垂直、集中分布在偏狭的坡面上，所构成的立体气候是全县立体气候的缩影，各个区域热量、光照、降雨等气候因素差异明显，年平均气温15.7℃，最炎热月平均气温23.3℃，最冷月平均气温11.8℃，极端低温-7.4℃，日照年平均达2100小时，无霜期260天。雨季一般在5至10月份，年平均降雨量800毫米，常年主导风向东南风和西北风。

全乡大部分土地在高海拔地区，降水量虽然比热坝区丰富，但由于山高、坡陡、土地瘠薄，地表径流量大，工程截流量极少，雨水利用率很低。由于历史因素，森林资源破坏严重，生态环境恶化，地下水源日趋干涸，旺水龙潭出流量日减，小股泉水旱季几乎断流，形成“三日无雨小旱，七日无雨大旱，雨季水土流失”的局面。乡境内自然灾害主要是干旱、洪灾、山体滑坡和霜冻、冰雹及反映在农作物上的各种病虫害。

通红甸乡森林总面积76000亩，重点公益林40693亩，主要分布在大龙树村委会的女嫁斗村民小组，大婆左、小得勒、山羊母、所梅早村委会的部分村民小组。由于乡境内山高、坡陡、箐深的地形地貌，具备了野生动物生存的条件；植物种类多达1000余种，珍贵植物主要有红椿、樟木等。境内已探明的矿产资源不多，有磷、铅锌、重晶石、铜、石膏等，未形成规模开发。么波冲，是华宁县海拔最高的村民小组，居住点海拔2440米，土地资源丰富，冷凉区植物繁多，独特的喀斯特地貌，山奇石秀，被誉为通红甸乡的“小石林”和“香格里拉”。

【行政区划】 2017年，全乡辖所梅早、山羊母、小得勒、通红甸、大婆左、大龙树6个村（居）委会、60个村（居）民小组、84个自然村。

【人口民族】 通红甸乡是一个以汉族、彝族、苗族为主体的民族乡，是全县唯一的少数民族乡。2017年年末，全乡共3392户10652人，其中，少数民族人口4606人，占总人口的43.2%；彝族2795人，占总人口的26.2%；苗族1811人，占总人口的17%。少数民族主要分布于大婆左、山羊母、所梅早村委会。出生率为10.36‰；人口自然增长率为5.61‰。乡村从业人员7247人，其中，从事第二、三产业363人，占总劳动力的5%。

通红甸乡召开联合工会会员大会　　马丕海　摄

【经济综述】 2017年，全乡乡内生产总值15986万元，比上年增加1469万元，增长（可比价）8.8%。其中，第一产业增加值8561万元，增长6.3%；第二产业增加值3977万元，增长13.1%，第三产业增加值3448万元，增长11.1%。工业增加值1205万元，增长2.3%；固定资产投资43630万元，增长30.3%。农村居民人均可支配收入达7235元，同比增长9.1%。社会消费品零售总额达2755万元，同比增长12.1%。招商引资任务1.1亿元。

【财政金融】 2017年，全乡一般公共财政预算收入1182万元，其中，税收收入527万元，上级分解收入655万元。比上年增加359.47万元，增长43.7%；一般公共财政预算支出1182万元，与上年基本持平。年末金融机构存款余额9939万元，比上年增加24%；实现贷款1.42亿元，存贷比为1∶1.4。

【交通邮电】 2017年，全乡通车里程222.372千米，通车率100%。总投资1.4亿元的69条通自然村道路建设全面铺开。投资220万元完成磨面路安保工程，完成温泉改道工程，投资543万的上小路、红山路扩改工程即将完成。

通红甸邮电所有邮递员3人，累计订购报纸杂志239份，报刊订阅收入2.1万元。2017年年末，全乡电视光纤覆盖全部村（社区），开通高清互动电视用户1030户，安装广电宽带用户79户。

【文教卫生】 2017年，全乡有文化站1个，藏书4916册，共借阅图书500册次，设立农村农家书屋6个，业余文艺宣传队18支。4月组织干部职工参加了华宁首届运动会，并主办射弩比赛，举办展览2次，新型农民科技培训4期，培训436人，农民工创业培训69人。选送7件刺绣作品参加玉溪市妇联、民宗局组织的“喜迎十九大同绣中国梦”技能比赛。

2017年，全乡有1所初级中学（华宁九中），1所中心小学下辖5所村完小，在校学生895人（含学前班），学前班152人，在校小学生743人，在校初中学生329人。全乡专职教师100人。小学适龄儿童入学率100%；初中升学率86.4%。全乡校园面积3.4583万平方米，其中，小学校园面积2.3911万平方米；中学校园面积1.0672万平方米。中、小学共有图书30314册。2017年4月华九中在全省中小学校体育大课间活动评比中获中学组第三名。

全乡有卫生院1所，村卫生室6个。乡卫生院有病床位12张，医护人员13人，有乡村医生11人。全年乙肝疫苗首针24小时内及时接种率达到96%。2017年累计建立居民健康档案137人，建档率达95.72%。电子档案共录入10297人，建档率达95.72%。

【商业企业】 2017年，全乡有企业5家，其中，工业企业2家、住宿企业1家、农业企业1家、交通运输1家。工业增加值1205万元，增长2.3%。

【农业生产】 2017年，全乡农业总产值（现价）13702万元，比上年增加534万元，增长4.1%。全年种植粮食作物14326亩，粮食总产量达413.23万千克；种植蔬菜2.28万亩，产值3205万元；种植中药材686亩，产值411.6万元，探索引进新品种中药材种植26亩；新种柑橘1534亩，累计种植2.25万亩，产值1.2亿元；种植3460亩核桃，3000亩核桃提质增效。全面落实统一品种工作，完成连片规划，积极扶持大户，种植烤烟4600亩。收购烤烟44.63万千克，实现交售收入1175.48万元，税收257.42万元。畜牧业产值3103万元。

【脱贫攻坚】 2017年，全乡精准识别建档立卡贫困户共68户248人，精准率达100%。认真落实各项帮扶措施，产业扶贫项目完成资金补助46.43万元，44户建档立卡贫困户从中受益。其中，补助柑橘种植180.3亩，补助肉牛12头、肉羊25只、生猪198头。投入316.5万元实施49户贫困户C、D级危房改造。对28名贫困户学生实行全学段精准资助帮扶和相关费用的减免。完成农村贫困人口健康状况普查和因病致贫返贫困难户核准工作。建档立卡贫困户养老保险、基本医疗保险、大病保险参保率和家庭医生签约率均达100%。全面落实就业脱贫、智力扶贫、社保兜底脱贫等精准扶贫措施，进行贫困户就业技术培训150人次，组织17家个体户和民营企业捐赠帮扶资金4万余元。

通红甸居民小组3户建档立卡贫困户喜住新房　马丕海　摄

【生态建设】 2017年，通红甸乡树立“绿水青山就是金山银山”意识，高度重视森林防火，落实各项防火措施，年内未发生火情火灾，护林管林队伍得以强化，公益林管护力度不断加强，完成2016年3000亩退耕还林任务和2015年2000亩中央财政造林试点项目；1500亩陡坡耕地治理项目和2015年省级巩固退耕还林项目正在实施。大龙树地质灾害滑坡点义务植树110亩。全年退耕还草500亩，25万亩草甸实现家庭承包管护。乡村两级完成方案制定和机构人员配置，设置乡级河长10人，村级河长19人。全年乡级河长累计巡河120次，村级河长累计巡河109次，城乡人居环境整治常抓不懈，村组环境改观明显。投资180万元完成84个自然村600户污水处理系统工程，污水处理率达40%。购买垃圾清运设备及投入清运费69.2万元，清运垃圾360吨。积极推进节能改造项目，完成太阳能热水器安装232台。农村“七改三清”工作顺利推进；完成自来水厂、污水处理厂和垃圾处理厂选址、地勘和规划工作。“点亮玉溪”工程530盏太阳灯安装顺利推进。

【水利工程】 2017年，全乡投资50余万元完成糯节河、龙洞河大沟33.5千米的修复和清淤，小婆左人畜饮水管网改建工程顺利实施。投资22.95万元建成“思源水窖”51口，做好了4个病险小坝塘除险加固工作。苟崩竜水池项目正在实施。投资7733.14万元的龙洞河水库扩容加坝工程相关前期工作正积极推进。乡内水池和小水窖蓄水15.3万平方米，烤烟和春耕用水得以保障。

【新农村建设】 2017年，通红甸乡2016—2017年8个“百千工程”项目正在实施，已投资850万元；第二轮20个“百千工程”项目正在进行规划和逐级评审。完成2018年145户4类重点对象C、D级危房认定工作。此外，投资142万元升级改造农村电网及设备。投资21.4万元实施民建省委4个“同心工程”项目建设。2016年小龙树、泥则勒小组"一事一议"财政奖补项目和彩票公益金项目实施。

通红甸乡正在浇筑的通自然村道路

【社会福利事业】 2017年，全乡实现医疗保险参保9331人、参保率94.08%；养老保险缴费4890人、缴费率93.52%。发放各类民政事业费195万余元。发放各类"贷免扶补"资金67户670万元，办理小额担保贴息贷款10万元，发放互助资金16人次27.5万元，兑现林业惠农补助350万余元，输出农村富余劳动力2051人次。发放计划生育"奖优免补"补助160人4.7万元。

【社会治安综合治理工作】 2017年，全乡成功调解县级矛盾纠纷包案2件，受理调处各种矛盾纠纷131件、调处成功129件，调处成功率98%。信访接待14件，100%实现办结。打击防范各类犯罪行为，立刑事案件14起、侦破15起（含上年结案），立治安案件27起、结案22起，处置罪犯12人。与群众签订交通安全责任书2000余份，建立交通安全劝导员制度，劝导违法行为400余次。开展安全生产监督和消防安全检查96次，整改消防隐患20处。推进矿山社会协调工作，首采区土地复垦和分配工作稳步推进，二采区完成社会协调工作实施开采。投资158万余元完成小得勒地质小型隐患治理工程。全力开展地质灾害应急处置，保障了群众的生命财产安全。防灾减灾、教育卫生、禁毒防艾、民族宗教、人民武装等社会工作有序开展。

【通红甸乡第十一届人民代表大会第一次会议】 2016年12月31至2017年1月2日，通红甸乡隆重召开第十一届人民代表大会第一次会议，会议听取和审议了政府工作报告、人大主席团工作报告、财政预算和预算执行情况报告及代表议案建议办理情况报告，通过了有关决议决定。会议依法依规选举产生通红甸乡第十一届人民代表大会主席团成员9名、主席1名、乡人民政府乡长1名、副乡长4名。

【农业普查入户登记启动】 2017年1月1日，通红甸乡农业普查入户登记工作在烧基凹村民小组启动，为期90天，全面查清近10年来通红甸乡农业、农村、农民基本情况，掌握农村土地流转、农业生产、新型农业经营主体、农业规模化等新情况，普查涉及全乡6个村（社区）、32个普查小区，2672户农户和8个农业生产经营单位。通红甸乡政府及时制定普查工作方案，成立领导小组，发放张贴宣传材料300多份，配备了普查指导员5名及普查员32名，配备PDA机22台，将逐村、逐户、逐单位入户开展调查工作，确保普查数据客观、真实、准确、完整，并对个人信息和商业数据等普查内容严格保密。

【苗族群众欢庆花山节】 2017年1月30日至2月1日，通红甸彝族苗族乡大婆左花山广场上，苗族群众身着节日盛装，载歌载舞，与数千名外

通红甸乡苗族群众欢庆花山节　　马丕海　摄

地游客共同欢庆他们的传统节日——花山节。通红甸乡苗族花山节除举办传统的苗族节目外，还将计划生育、预防艾滋病、农村危房改造、护林防火等政策宣传融入活动中，既保留了苗族传统的、独具特色的民族文化，又将现代的元素、先进的文化送到了苗岭花山。

【探索中草药种植发展】 2017年3月18日，通红甸乡在小凉山召开天门冬中药材种植示范现场培训会，县乡相关部门、收购企业及农户共计46人参加。通红甸乡药材种植采取“公司+基地+农户”的模式，按照市场保护价格3元/千克进行订单式种植，解决了广大种植户的后顾之忧，每亩经济收入可达3.6万元。发展中草药种植是探索上半山群众增收致富的新尝试，是实现产业发展“以短养长”的重要方式。

【清明祭英烈活动】 2017年4月5日，通红甸乡党委组织干部职工、学生代表、民警、医务工作者共计120人，前往新西区革命斗争纪念园开展清明祭英烈活动。

【地质灾害搬迁避让项目旧村拆除现场会】 2017年6月2日，在通红甸乡所梅早村委会小龙树村原址，召开了华宁县地质灾害搬迁避让项目旧村拆除现场会，副县长沐华斌、县国土局、宁州街道办等有关领导和单位参加了现场会。沐华斌在现场会上指出：一是总结成绩，正视问题，切实增强地质灾害防治责任感和紧迫感；二是突出重点，狠抓关键，确保全面完成地质灾害避让搬迁任务。

【市委宣讲团到通红甸乡宣讲中共十九大精神】 2017年12月1日，玉溪市委理论宣讲团专家刘杰老师到通红甸乡宣讲中共十九大精神，乡干部职工、各村（社区）支书、主任、副主任、部分村民小组长及党代表共计90人参加宣讲报告会，再次掀起学习宣传贯彻中共十九大精神热潮。

【华宁县首个“青年之家”在通红甸乡建成】 2017年12月7日，在“十佳创业”青年评选结束后，部分十佳代表纷纷伸出爱心之手，成为帮助“青年之家·青爱小屋”的第二批爱心企业。“青年之家·青爱小屋”在华宁团县委的支持帮助下，于2017年6月在通红甸乡建成，是华宁县首个“青年之家”。其主要针对通红甸乡120名孤儿、留守儿童、困境儿童开展长期帮扶、救助活动，自建成以来，“青爱小屋”已经接受了包括华宁县青龙镇满堂红药店在内的第一批爱心企业捐赠，捐赠金额达3万余元，帮助了120名困难儿童实现了微心愿。

（王　艳）

责任编校　张　兰

人　物

受省（部）级及以上表彰人员

向云顺　男，1968 年 11 月生，中共党员，云南华宁人，本科学历，1989 年 3 月参加工作。1989 年 3 月至 1991 年 12 月云南省边防武警总队思茅支队孟连县班顺边检战战士；1992 年 6 月至 2003 年 12 月在云南省漠沙热带园艺第二劳动教养管理所工作；2003 年 12 月至 2007 年 12 月在华宁县公安局盘溪派出所工作，2007 年 12 月至今在华宁县公安局巡特警大队工作。2012 年 8 月被玉溪市委评为创先争优优秀共产党员；2016 年 3 月被玉溪市公安局政治部评为轮值轮训优秀学员，同年 4 月 27 日，被玉溪市政府评为玉溪市第五届劳动模范；2017 年 4 月 23 日，被云南省人民政府评为云南省第二十二届劳动模范和先进工作者。

刘　宇　男，汉族，云南华宁县人，1968 年 7 月生，本科学历。1989 年 7 月到华宁县税务局宁州分局工作，现任华宁县地方税务局四分局副分局长。2017 年 1 月，被玉溪市文明办、玉溪市总工会、共青团玉溪市委、玉溪市妇女联合会、玉溪市文化广播电视局命名为“第二届玉溪好人”，刘宇家庭被云南省文明委表彰为“第一届云南省文明家庭”。2017 年，刘宇家庭荣获云南省宣传部、文明办、妇联“云南省最美家庭”荣誉称号，中华全国妇女联合会“全国最美家庭”荣誉称号。

刘建华　男，汉族，1953 年 1 月 16 日生，初中文化，云南省华宁县盘溪镇新村村委会李家寨村人。2000 年 3 月从事人民调解工作至今，现任盘溪镇新村村委会调解主任。2011 年 5 月被盘溪镇党委、镇政府评为 2010 年度优秀村干部；2014 年 3 月被华宁县司法局授牌“人民调解刘建华工作室”、被华宁县人大常委会任命为“华宁县人民陪审员”；2017 年 5 月被中华人民共和国司法部授予“全国模范人民调解员”称号。

受市（厅）级表彰人员

刘国跃　男，汉族，云南华宁县人，1969 年 4 月生，本科学历。1992 年 7 月毕业于云南中医学院，1992 年 8 月华宁县城郊卫生院工作，2011 年 5 月到华宁县人民医院工作至今。2017 年 9 月被云南省人力资源和社会保障厅和云南省卫生和计划生育委员会授予“云南省卫生计生系统先进个人”荣誉。

曹　波　男，汉族，云南江川区人，中共党员，1985 年 1 月 10 日生，本科学历。2009 年 7 月毕业于昆明医学院预防医学专业，2009 年 7 月在华宁县疾病预防控制中心工作至今。2017 年 7 月参加玉溪市卫生应急技能竞赛活动“突发急性传染病防控”中，荣获三等奖；2017 年 4 月被云南省疾控中心评为2016年度食源性疾病监测先进个人。

杨　琛　女，汉族，大学学历，法学学士，云南省个旧人，1982年9月生，2005年12月参加工作，2008年10月加入中国共产党，现任华宁县文化旅游广电和体育局党委委员、副局长。被云南省文化厅授予2015—2017年“文化大篷车·千乡万里行”惠民演出支持工作突出个人称号。

袁跃宏　男，1968年9月生，中共党员，云南玉溪人，在职研究生学历，1987年4月参加信用社工作；2007年2月至2012年2月在红塔农村合作银行工作任党委委员、副行长；2012年11月至2013年04月在峨山联社工作任党委副书记、主任；2013年4月至2014年8月在云南省联社玉溪办事处工作任稽核检查科科长；2014年8月至今在华宁县农村信用合作联社工作任党委委员、书记、理事长。2016年、2017年均被评为云南省农村信用社联合社先进个人。

岳从龙　男，1967年4月生，中共党员，云南江川人，在职大专学历，1984年9月参加信用社工作；2004年6月至2010年6月在澄江县农村信用合作联社工作，任党委委员、副理事长，副主任；2010年6月至2016年8月在江川县农村信用合作联社工作，任党委委员、副主任、纪委书记、监事长；2016年8月至今在华宁县农村信用合作联社工作，任党委委员、纪委书记、监事长。2017年度被评为云南省农村信用社联合社纪检监察先进工作者。

责任编校　张　兰

附 录

华宁县2017年国民经济和社会发展计划执行情况与2018年国民经济和社会发展计划（草案）的报告

——2018年1月19日在县第十七届人大二次会议上

华宁县发展和改革局

各位代表：

受县人民政府委托，现将华宁县2017年国民经济和社会发展计划执行情况与2018年国民经济和社会发展计划（草案）提交县第十七届人大二次会议，请予审查。

一、2017年国民经济和社会发展计划执行情况

2017年以来，面对错综复杂的经济形势，全县上下在县委的坚强领导下，深入学习贯彻党的十八大和十八届三中、四中、五中、六中、七中全会精神及习近平总书记考察云南重要讲话精神，认真落实省、市各项决策部署，围绕县十七届人大一次会议确定的经济社会发展目标任务，团结带领全县各族人民，克服雨水偏多、企业开工率不足、工农产品价格指数下滑、融资不足等困难，出政策、提措施、强责任、严督查、转作风、重服务，抢抓机遇迎难上、多措并举抓落实、奋力勇闯跨越路，全县经济社会保持平稳增长的良好势头。

全年预计实现县内生产总值90.7亿元，增长13.5%；农业总产值29.8亿元，增长4%；规模以上工业总产值39.8亿元，增长18.8%；地方公共财政预算收入4.2亿元，增长6.5%；规模以上固定资产投资71亿元，增长31.1%；社会消费品零售总额20.6亿元，增长12.5%；城镇居民人均可支配收入34680元，增长10%；农村居民人均可支配收入12922元，增长10.5%；引进省外国内资金44亿元，增长44.3%；城镇登记失业率3.2%；万元县内生产总值能耗下降、主要污染物排放量控制在市级下达指标范围内。

农业经济平稳增长。聚焦农业供给侧结构性改革，持续调优升级农业产业结构，农业经济发展稳中有进。全县农作物播种面积48.9万亩，粮经种植比例始终保持三七开。粮食生产平稳发展，全年种植粮食作物17.6万亩，预计总产量达6221.5万千克；蔬菜种植示范效应日趋显著，预期产值达5.7亿元，增长4.7%；“三棵树”种植规模和产出持续增加，预期产值达9.2亿元，增长17.4%；生态畜牧业生产持续向好，预期产值达9.78亿元，增长5.7%；收购烟叶946万千克，实现交售收入2.67亿元。农田水利设施不断夯实，核桃冲水库工程、矣则河水库扩建项目、雨勒冲

水库工程和董家山高效节水灌溉项目顺利推进，完成中低产田（地）改造1.2万亩，新增蓄水库容298.5万立方米，治理水土流失面积55.2平方千米，新增节水灌溉面积940亩。科技入户培训有序推进，全年共举办科技入户培训班96期，培训农民5232户22356人，完成农村劳动力转移培训3541人，培育新型职业农民200人。农村土地承包经营权确权登记颁证工作全面开展，累计完成55个村（社区）、403个村民小组、38326户农户权属调查任务，实测承包地块300093块，面积44万亩。高原特色水果经济园规划建设全面启动，生猪标准化改扩建项目圆满完成，万家红园艺有限公司成功评为国家高新技术农业企业，以鑫达现代农业发展有限公司为代表的一批农业龙头企业不断整合做大。“三品一标”认证力度持续加大，全县通过无公害农产品、绿色食品、地理标志产品认证22个，“三品”已从数量型向质量型转变。

工业经济难中有进。始终把稳增长和降成本作为驱动产业转型升级的“双引擎”，以“科教引领创新发展”大讨论、大行动为契机，深入推进供给侧结构性改革，制定出台民营、县域、园区经济发展实施意见，着力构建“亲”“清”新型政商关系，打好“三大战役”。园区实体化改革有序推进，工业发展基础进一步夯实，实施项目建设24项，完成投资17.7亿元，引进资金22.5亿元，增长15.2%。装备制造、生物加工、磷化工、陶瓷建材等产业巩固发展，金振磷化、玉珠日产5000吨水泥熟料、鸿翔制药年产3000吨中药饮片等项目顺利推进，中复连众年产400套风力叶片、金晨纸业年产9万吨高档生活用纸（一期）等项目建成投产，全年预计实现规模以上工业增加值12.4亿元，增长25%。加大落后产能淘汰力度，完成华宁玉珠水泥年产36万吨水泥熟料落后产能置换技改。实施成长型中小微企业培育工程和“小巨人”培育工程，培育省级成长型企业4户、市级成长型企业13户。民营企业队伍日益壮大，民营资本快速扩张，全县民营企业达1232户，12户民营企业暨中小企业完成国家、省、市专项资金扶持政策申报，先期下达扶持资金70万元。全年预计完成民营经济增加值44.1亿元，增长10%。

第三产业发展迅速。抢抓产业跨界融合发展机遇，充分挖掘“泉、橘、陶”等特色资源，创新打造特色旅游文化产品，象鼻温泉生态示范区、盘溪橘乡小镇、华溪旅游环线建设等一批项目逐步推进。“华宁陶”产业发展优化升级，整合制陶企业3户，碗窑村历史文化遗存保护与开发项目成效明显，碗窑村窑街成功开街。全年累计接待国内外游客107万人次，实现旅游业总收入9.54亿元，增长54.5%。“互联网+”不断推广发展，电子商务产业园和双创园建设迅速启动，“天猫优品”等农村电子商务快速兴起。成功举办2017年华宁柑橘节，华宁影响力进一步扩大。打造生态农庄5个，庄园经济带动效果初显。华溪下拖卓、青龙城门硐等6个村级农产品交易市场建设完成，实施县城宁荣、西门市场改造，消费市场活力进一步激发，商贸物流持续向好发展。

项目投资高位增长。牢固树立抓投资就是抓发展的理念，充分发挥投资拉动的关键作用，努力强化谋项目的意识、争资金的实效，进一步充实项目储备，实现项目投资建设高位增长。全县在库投资项目182项，预计完成规模以上固定资产投资71亿元，增长31.1%，其中，基础设施建设项目80项，完成投资29.3亿元；竞争性项目75项，完成投资36.4亿元；社会事业项目27项，完成投资5.3亿元。项目策划包装成效明显，全年策划包装重大工程和重点项目12个，总投资44.9亿元；申报中央预算内投资项目10个，总投资14.6亿元；申报专项建设基金支持项目40个，总投资144.7万元。4个省级和33个市级“四个一百”重点项目扎实推进，完成投资11.32亿元。“五网”基础设施建设实现新突破。路网方面，弥玉高速公路（华宁段）、盘溪镇永平大桥及引道工程、华宁县城至莲花塘道路（一期）开工建设，澄华高速公路完成工可初步成果编制，改建农村公路313条826.74千米，成功创建全国“四好农村路”示范县。水网方面，分水岭水库、南盘江治理二期工程全面竣工，核桃冲水库、矣则河水库扩建、雨勒冲水库工程进展顺利，县城供水扩建工程、县城污水处理厂管网完善工程取得新进展，小箐水库、三家村水库、玉泉山水库、盘溪镇污水处理厂及配套管网等工程前期工作顺利推进。能源网方面，县城天然气利用工程门站建设完成，中压管道铺设完成。航空网方面，华宁通用机场建设完成初步选址报告，正进行场址比选论证。互联网方面，启动电子政务外网专线建设，县城“全光网络”覆盖率达80%，全县行政村实现光宽带全覆盖。

生态建设不断加强。深入实施生态立县发展战略，牢固树立“绿色华宁”发展理念，认真落实环境保护“党政同责”和“一岗双责”，实施领导干部自然资源资产离任审计、党政领导干部生态环境损害责任追究等制度，绿色生态屏障逐步构筑。实施完成退耕还林造林8200亩。严格执行森林生态效益补偿制度，53.08万亩国家级公益林和14万亩省级公益林管理工作进一步加强。生物多样性保护力度进一步加大，完成县域古树名木保护办法和将军山小叶黄杨保护方案编制。严格执行环境保护制度，项目环评率达100%。9个传统村落环境综合整治工程竣工验收，冲麦村、来保康村、小寨村农村环境综合整治工程进展顺利，争取中央、省级环保专项资金430万元。土地确权工作有序开展，划定基本农田保护35.78万亩。全县55个河湖库渠纳入县级河长制管理，饮用水水源监测管理不断加强。实施省级重点节能减排项目5个，高耗能产业增长得到有效抑制，能耗总量控制成效明显，单位GDP能耗下降控制在上级下达指标内。盘溪镇第一小学、华宁县第八中学成功创建为云南省绿色学校，华溪社区荣获云南省绿色社区称号。

城乡环境明显改善。以创建国家卫生县城为抓手，围绕县城“四治三改一拆一增”和农村“七改三清”，着力推动县城提质扩容、打造特色小镇、建设美丽乡村，助推城乡人居环境旧貌换新颜。县城棚户区改造有序开展，房屋征收签约2107户，征收率达88.2%。实施农村危房改造912户，农村住房安全质量进一步打牢。完成“科教创新功能区”规划编制，宁阳路、虹桥路等7条市政道路修缮工程全面完工，县城至莲花塘道路等一批市政工程开工建设，污水处理厂管网完善工程、县城天然气利用项目等市政基础设施建设有序推进，县城提质扩容成效明显。乡镇做特、乡村做美取得实效，5个省级重点村、72个“百村示范，千村整治”工程推进有力，盘溪橘乡小镇开工建设，累计完成投资4.8亿元。全面落实街长制，扎实开展农村保洁员制度和垃圾收费制度，脏乱差现象得到有效遏制，城乡人居环境不断改善。

投资环境不断优化。始终坚持改革统领，紧盯国家供给侧结构性改革、战略性新型产业培育发展等政策措施，扩大开放领域，优化开放结构，有效推动经济发展动能持续转换。招商引资取得实效，制作1500册2017版“中国·华宁投资指南”，拍摄2017年招商引资专题宣传片，发放600余份招商引资项目宣传册，成功举办“云南省风电产业创新联盟”技术论坛，充分利用“南博会”“云台会”、东盟华商会等省级平台以及“相约春天共筑梦想”——2017玉溪重点产业（深圳）投资推介活动等市级平台，强化招商推介，扩大对外影响，新包装储备招商引资项目38个，再生资源综合利用研发加工项目等20个项目实现顺利签约，全年预计引进市外国内资金

53.5 亿元，增长 32.3%。“放管服”持续深入开展，简政放权工作强力推进，全县调整取消行政许可事项 76 项，承接上级政府下放的行政审批事项 58 项，按照“统一受理、提前介入、同步审查、信息共享、限时办结”的原则，组织开展并联审批，办理各类投资项目 67 项，涉及投资金额 18.31 亿元。“互联网 + 政务服务”加快推进，全县共计录入政务服务事项 3694 项，受理、办结各类便民事项 17787 件，完成各类交易 101 件。

财税金融平稳运行。充分发挥金融措施在稳增长和降成本中的基础性作用，精准解决工业企业实际困难，不断促进产业转型升级。全年金融机构各项贷款余额、存款余额保持平稳增长，贷款余额 49.8 亿元，存款余额 74.3 亿元，存贷比稳定保持 1∶0.67。深化财政体制改革和预算管理制度改革，突出脱贫攻坚、民生保障等重点。正视“营改增”政策性减收效应，强化重点企业、重要税源的监控，抓好税源税收调研分析，盘活财政存量资产，做好税收征管工作，最大限度增加财税收入。全年预计实现地方公共财政预算收入 4.2 亿元，增长 6.5%；地方公共财政预算支出 16.1 亿元，增长 3.9%。

脱贫攻坚成效明显。围绕“贫困乡镇摘帽、贫困村出列、贫困户脱贫销号”目标，三级书记抓扶贫，全面吹响脱贫攻坚冲锋号。教育扶贫、健康扶贫、社会保障兜底等行业扶贫力度持续加大。精准扶贫精准脱贫深入人心，落实建档立卡贫困户子女入学救助政策，确保不因贫失学，阻止贫困现象的代际传递。建档立卡贫困人口全部参加基本医保，从根本上解决因病致贫因病返贫。产业扶贫不断加强脱贫攻坚的针对性、精准性和实效性，发放到户扶贫贷款 5056 万元。“挂包帮，转走访”工作深入开展，83 个单位 2421 名领导干部职工“包村挂户”，75 支贫困对象动态管理工作队全职扶贫攻坚，脱贫攻坚力量进一步夯实。把易地扶贫搬迁作为脱贫攻坚“五个一批”的头号工程抓紧抓实，小新寨、柒树林、舍阴寨 3 个易地扶贫搬迁安置项目 26 户 102 人建档立卡贫困户安置房全部竣工，完成投资 2388 万元。全年累计投入扶贫资金 9200 万元，实施了华溪镇精准脱贫整乡推进、精准脱贫整村推进等扶贫开发项目 42 个，华溪镇贫困镇脱贫摘帽，黑牛白、大新寨等 8 个贫困行政村脱贫出列，全县 9188 名建档立卡贫困人口如期脱贫销号，贫困发生率降至 0.92%。

社会民生增进福祉。坚持发展为民、发展惠民，主动顺应人民群众对美好生活的向往，人民群众幸福指数进一步增强。着力推动教育创新发展，美丽 100 校园及薄弱学校改造工程进展顺利，全国义务教育发展基本均衡县创建顺利通过国家评估。医疗卫生体制改革有序推进，食品、药品监管工作不断加强，禁毒防艾、麻风病、精神病防治开展取得实效，群众健康状况持续向好，县妇幼保健院主体工程基本完工，县中医院迁建前期工作顺利推进。县广播电视台成功组建，综合广播节目顺利开播，广电事业建设逐步加强。社会保障水平显著提高，五项社会保险全部完成市级下达任务，新增城镇就业 2556 人，城镇登记失业率 3.2%。水库移民后扶工作扎实开展。粮食安全行政首长责任制严格执行，县内全部学校纳入学生粮供应范围。公安基础信息化、警务实战化、执法规范化、队伍正规化建设持续推进，立体性打、防、控违法犯罪能力不断增强，法制宣传、人民调解、社区矫正、法律援助、法律服务等司法工作扎实开展。安全生产、防震减灾、食品安全、审计、妇女儿童、残疾人、老龄、气象、外事等各项事业协调运转。

各位代表，2017 年全县综合实力再度提升，经济社会发展取得较好成绩，这些成绩的取得来之不易。这是县委坚强领导的结果，是县人大、县政协监督支持的结果，更是全县广大人民拼搏进取、发奋图强的结果。在充分肯定成绩的同时，我们清醒地看到，我县发展还存在综合实力偏弱、企业规模偏小、新经济增量培育困难、企业生产和项目投资资金供给不足、财政收支矛盾较为突出等诸多困难和问题。这些困难和问题，必须引起高度重视，在未来发展中切实加以解决。

二、2018年国民经济和社会发展主要目标任务

2018年是贯彻十九大精神的开启之年，是实施“十三五”规划承上启下的关键之年，更是与全市在全省率先决胜全面建成小康社会的关键之年。按照市委、市政府“2018年县内生产总值过百亿”的要求，结合“十三五”时期全县国民经济和社会发展的总体规划，综合考虑宏观经济形势、内外发展环境、市场供需等因素，2018年全县国民经济和社会发展宏观调控主要预期目标建议为：

——县内生产总值增长11%以上；

——农业总产值增长5%以上；

——规模以上工业增加值增长15%以上；

——地方公共财政预算收入增长4%以上；

——规模以上固定资产投资增长20%以上；

——社会消费品零售总额增长11%以上；

——城镇居民人均可支配收入增长9%以上；

——农村居民人均可支配收入增长10%以上；

——引进市外国内资金增长15%以上；

——城镇登记失业率、人口自然增长率、主要污染物排放等指标控制在市级下达指标范围内。

围绕上述目标，要全面贯彻党的十九大精神，以习近平新时代中国特色社会主义思想为指导，认真落实中央经济工作会、农村工作会和省委十届四次全会、市委五届五次全会、县委十二届四次全会精神，坚持稳中求进总基调，坚持新发展理念，坚持以人民为中心，按照高质量发展的要求，统筹推进“五位一体”总体布局，协调推进“四个全面”战略布局，深入实施“生态立县、产业强县、特色兴县、开放活县”四大战略，坚持以供给侧结构性改革为主线，统筹推进稳增长、促改革、调结构、惠民生、防风险各项工作，聚焦扩大总量、增加投资、抓实项目三个重点，在防范化解重大风险、精准脱贫、污染防治方面取得扎实进展，不断推进实力华宁、开放华宁、绿色华宁、法治华宁、实干华宁建设，为决胜全面建成小康社会奠定坚实基础。

为确保实现上述预期目标，重点做好以下七个方面工作：

（一）着力推进农业现代化建设

科学编制乡村振兴战略规划，推进农业供给侧结构性改革，大力发展高原特色开放性农业，以烟、畜、果、菜四个特色产业为主，促进高原特色农业向产业化、现代化转变发展，确保第一产业总产值增长5%。着力实施一批农田水利设施建设项目，进一步改善现代农业发展基础，实现治理水土流失面积55平方千米，新增蓄水库容440万立方米，新增有效灌溉面积0.45万亩，新增节水灌溉面积0.38万亩。坚定烤烟生产的信心和决心，强化烤烟产业丢不起的思想，在稳定规模、优化布局、提质增效上下功夫，继续打造万亩烤烟连片和高原特色优质烟叶示范区，确保完成1110万千克烟叶收购任务。紧盯种植业、畜牧业不放松，推动畜牧业规模化、生态化、标准化发展，实现产值10.4亿元以上，增长6%以上。巩固“三棵树”产业发展，实施柑橘更新改造2000亩，柿子新栽2000亩，核桃提质增效1.5万亩，“三棵树”发展规模突破45万亩，实现产值9.8亿元以上。着力抓好蔬菜示范建设，实施百亩以上示范样板37个，千亩以上展示区11个，发展蔬菜19.6万亩，实现产值6.5亿元以上。加快发展开放型农业，加大新型农业经营主体的培育力度，整合做强农产品加工服务配套企业，重

点扶持龙头企业做强做大，积极推进华宁原野农产品有限公司年产10000吨高原特色农产品冷储加工项目，加快培育市级龙头企业、家庭示范农场、农民专业合作社和农业小巨人企业。着力实施新型农民科技入户培训和农村剩余劳动力转移培训工程，加大对农产品“三品一标”认证、质量安全监管和农资市场整治工作力度。推广运用“互联网+高原特色农业”，培育壮大农村电商，不断提升农业生产、经营、管理和服务水平，延伸农业产业链。

（二）着力推进工业新型化发展

坚持“扩总量、提质量”并重的原则，全面落实“三去一降一补”重点任务，坚定不移打好工业经济攻坚战。强化要素保障，在用地、用能、金融和减税降费等方面精准发力，助推工业转型发展，实现第二产业总产值增长20%以上，规模以上工业增加值增长15%以上。树立抓园区经济就是抓工业经济的意识，全力推进园区经济倍增跨越发展，确保园区工业增加值增长15%以上。全力支持现有企业扩容提质，协调做好玉珠水泥5000吨熟料、鸿翔制药年产3000吨中药饮片、裕丰纸业年产5000吨果袋纸、金晨纸业年产9万吨高档生活用纸（二期）等项目建设。研究扶持培育骨干企业发展政策措施，集中资源要素优先扶持成长性好、创新力支撑作用力大的企业，新增规模以上企业2户以上。充分发挥风电产业联盟平台作用，积极推动风电装备制造促产增效。发挥磷化工现有产能优势，加大磷化工下游产品研究和开发力度。持续做好企业协调服务，严格落实加快民营经济发展政策，优化民营经济发展环境，引导企业转型升级、强化内控机制，全面降低企业生产经营成本，提高企业效益。确保民营经济增加值增长10%以上。

（三）着力推进第三产业快速发展

深入实施服务经济倍增计划，把握传统消费向个性化、品质化转变趋势，聚焦服务业重点领域和发展短板，推动生产性服务业向专业化和高端化延伸，生活服务业向精细化和品质化转变，确保第三产业增加值增长10%以上。按照“文化为旅游铸魂、旅游为文化塑体”的发展思路，加快文化产业与旅游产业的紧密融合、互联促进，依托“泉、橘、陶”特色资源，引导社会资本加大对文化、健康、养老、教育培训等重点领域的投入力度，增加服务供给，扩大消费需求。加快推进象鼻温泉生态示范区和陶文化产业园等重大项目建设，打造温泉休闲、康体、疗养旅游产品。引导培育新的消费热点，加强信息基础设施建设，实施“互联网+”行动计划，推进智慧城市、宽带乡村建设等试点工程，组织实施一批现代服务业示范项目，着力培育电商龙头企业，力争农村电商全覆盖，构建工业品下乡、农业品进城双向流通体系，确保社会消费品零售总额增长11%以上。全面推进盘溪橘乡小镇建设，加快盘溪、华溪、通红甸水果交易市场建设步伐，大力发展金融服务、科技服务、信息服务、外包服务等新兴服务业，助推一二三产业联动发展。

（四）着力抓好固定资产投资

始终把投资作为拉动全县经济社会发展的主抓手，千方百计挖掘投资潜力，全力以赴抓好项目建设，扩大有效投资，保持投量、投速、投向、投效四提高，全年计划安排重点项目130项，固定资产投资增长20%以上，其中，前期36项，新开工55项，在建24项，竣工15项。强化重点项目支撑，紧盯40个省市级“四个一百”重点项目，实行交办制，力争省市级“四个一百”重点项目年度投资占全年投资目标任务比重达到65%。加快推进弥玉高速、县城至莲花塘二期、小箐水库、龙洞河水库、青龙河二期治理、凤山森林公园、县城南过境路200米开发等基础设施项目建设，力争水利投资与去年同期持平，交通投资增长30%以上，城镇建设投资增长35%以上。优化投资结构，充分激发产业投资、民间投资发展活力，扭转产业投资、民间投资比重双下降的不利态势，狠抓产业项目投资，切实提高生产性投资比重，力争全县产业投资占全部投资比重达40%以上。狠抓工业投资，大力推进新一轮技术改造，着力抓好22个重点工业项目建设，力争工业投资增长20%以上。高度重视项目策划储备和推介工作，真正把项目策划储备作为争取中央预算内资金和扩大招商引资基础性工作加以重视。充分发挥县级项目策划办公室职能作用，采取外引内联引进省内外专业团队构建投资智库，扩大项目储备数量，提升项目储备质量。紧盯央企、外企、民企和省企、市企，积极开展项目对接，继续做好已洽谈项目跟踪落实和已落地项目的拓展延伸，提高项目投资针对性和有效性。

（五）着力推进城乡一体化发展

按照“东扩西调，南控北优”空间布局，紧扣宜居宜业的城乡发展目标，进一步完善城乡管理体制。强化规划管理，推进综合执法，提高精细化、人性化、智能化水平，推动城市管理转向城市治理。全面推进县城提质扩容工程，逐步实施县城北片区棚户区旧城提升改造，推进休闲慢道建设，充分利用好县城周边水资源，努力打造山水田园宜居县城。以建设“科教创新功能区”为核心，推进华宁三中迁建、县委党校异地新建、陶文化产业园项目建设，加大县城北片区综合开发力度，形成产城融合新亮点。加快县城南过境路200米范围开发，补齐县城基础设施配套短板，增强县城辐射带动能力。积极开展全域旅游示范区创建活动，加快盘溪橘乡小镇、青龙和华溪小镇建设。继续实施“增绿添色，点亮华宁”和“百村示范，千村整治”美丽乡村建设，深入实施城乡人居环境整治三年行动计划，推进“厕所革命”跃上新台阶，确保县城“四治三改一拆一增”和农村“七改三清”综合整治取得实效。牢固树立“绿水青山就是金山银山”的发展理念，科学规划“三区三线”，加快健全各类主体功能区差别化协同发展长效机制，建立健全规划的统筹衔接机制，构建空间结构动态调整机制和高效管控机制。继续开展生态文明县创建活动。加大河湖库渠治理力度，严格执行河长制管理，着力推动曲江、南盘江流域生态治理。加大县城面山、交通沿线、矿山、水源地区域生态治理力度，推进县城面山绿化工作，扎实实施新一轮退耕还林还草、陡坡耕地治理等项目，力争完成退耕还林1.5万亩以上，陡坡耕地治理5000亩以上，治理水土流失面积55平方千米以上，着力构筑生态安全屏障。

（六）着力深化改革开放

持续推进“放管服”改革，实行权责清单新增、取消、下放、调整动态管理，全面实施“双随机、一公开”监管制度，强化事中事后监管，扎实推进行政审批和公共服务标准化。加快社会信用体系建设，力争在制度规范、数据共享、联合惩戒、用信环境四个方面取得突破性进展。深化商事制度改革，全面推行企业登记“五证合一、一照一码”和个体工商户登记“证照合一”。继续推进供给侧结构性改革，依法有序退出落后产能，扎实推进红砖企业关闭、青砖瓦企业综合整治工作，严防“地条钢”生产、销售行为在我县发生。全面落实降成本政策措施，切实降低企业用能、物流、融资成本。深化财税金融改革，严格政府债务举借，严控政府债务增量，切实防范金融风险。积极盘活财政存量资产，严格预算管理，优化财政支出，完善和优化财政支持经济发展方式，不断提高财政资金的使用效益，确保实现地方公共财政预算收入增长4%以上，地方公共财政预算支出增长3%以上。创新重点产业招商模式，积极运用“互联网+招商引资”工作模式，找准坐标定位，依托推介会、会展、网络等平台和资源优势，突出精准招商、点对点招商，落实项目推进责任，提高招商引资项目落地率。坚持“四个一再”，营造灵活宽松的政策环境和优质高效的政务环境，对促进华宁产业培育及转型升级具有引领性的重大招商项目采取“一事一议”“一企一策”方式协调推进。坚持正确的舆论导向，在全社会形成爱商、亲商、护商的良好氛围，形成内培外引、同等对待、同等促进的良性局面，确保利用市外国内资金增长15%以上。

（七）着力统筹发展社会事业

围绕“2018年巩固提升，在全省率先全面建成小康社会”的脱贫攻坚目标，制定脱贫攻坚提升巩固实施方案，进一步提升华溪镇、8个贫困行政村退出质量，增强贫困地区和人口自我发展能力。统筹城乡教育资源配置，促进义务教育从均衡发展向优质均衡发展迈进。扎实抓好华一中、县幼儿园晋级升等工作，开工建设宁州、青龙、盘溪3所中心幼儿园。加快众创空间建设，持续推动“大众创业，万众创新”，深入实施“就业创业华宁”行动计划，确保城镇登记失业率控制在3.5%以内。深入推进机关事业单位工作人员养老保险制度改革，持续提高城乡居民基础养老金、城乡低保、农村五保对象补助水平。开展新型职业农民培育和新型农村经营主体带头人培训，稳步增加农民经营性收入和工资性收入。深化医疗卫生体制改革，加大妇幼保健院、县中医院迁建推进力度，不断完善卫生健康服务体系。继续开展水库移民和粮食安全行政首长责任制等各项工作，保障人民群众基本生活。严格执行安全生产责任制，有效预防和遏制重特大事故发生。深入开展“七五”普法宣传教育全面推进依法治县和普法工作。认真贯彻民族宗教政策，促进民族团结、宗教和顺。加强立体化社会治安防控体系建设，提升公安机关打、防、管、控能力，维护社会稳定团结。

各位代表，全面建成小康社会已经进入决胜阶段，做好2018年我县经济社会发展各项工作，任务艰巨，责任重大。我们要深入学习贯彻党的十九大精神，认真领会习近平新时代中国特色社会主义思想内涵，紧盯省、市重大战略部署和全县目标任务，以永不懈怠的精神状态和一往无前的奋斗姿态，向着人民对美好生活向往的奋斗目标不断迈进，为实现华宁与全市在全省率先全面建成小康社会而努力奋斗。

2016—2017年华宁县主要经济社会发展指标一览表

表15

项目	单位	2017年	2016年	2017年比2016年	
				绝对数	%
一、国土面积	平方千米	1313	1313	—	—
二、人口	—	—	—	—	—
（一）总户数	户	75486	74566	920	1.2
（二）总人口	人	212830	212266	564	0.3
其中：男	人	109154	108850	304	0.3
女	人	103676	103416	260	0.3
（三）出生率	‰	10.84	10.93	−0.09	—
死亡率	‰	5.33	4.95	0.38	—
自然增长率	‰	5.51	5.98	−0.47	—
（四）城镇人口	人	97327	93248	4079	—

续表 15

项目	单位	2017 年	2016 年	2017 年比 2016 年	
				绝对数	%
城市化率	%	45.73	43.93	1.80	—
三、全社会从业人员	人	139575	139452	123	0.1
（一）第一产业	人	88707	88915	–208	–0.2
（二）第二产业	人	18305	18182	·123	0.7
其中，工业	人	14758	14677	81	0.6
（三）第三产业	人	32563	32355	208	0.6
四、县内生产总值	万元	872210	793375	78835	11.2
其中，非公经济增加值	万元	441270	401153	40117	11.9
比重	%	50.6	50.6	0.0	—
人均	元	39484	36017	3467	10.8
（一）第一产业增加值	万元	186683	179009	7674	6.4
（二）第二产业增加值	万元	275342	242940	32402	14.7
（三）第三产业增加值	万元	410185	371426	38759	11.1
五、规模以上工业增加值	万元	124133	99937	24196	21.0
规模以上工业总产值	万元	397848	335015	62833	18.8
六、农业总产值	万元	298805	286956	11849	4.1
（一）农业	万元	196645	188760	7885	4.2
其中，“三棵树”	万元	83325	78904	4421	5.6
柑橘	万元	75933	72043	3890	5.4
柿子	万元	4930	4735	195	4.1
核桃	万元	2462	2126	336	15.8
1. 粮食	万元	13459	10754	2705	25.2
2. 烤烟	万元	29211	40033	–10822	–27.0
3. 蔬菜	万元	55308	51012	4296	8.4
4. 其他	万元	98667	86961	11706	13.5
（二）林业	万元	4414	4144	270	6.5
（三）牧业	万元	91285	88023	3262	3.7
（四）渔业	万元	4216	4014	202	5.0
（五）农林牧渔服务业	万元	2245	2015	230	11.4
七、财政收支	—	—	—	—	—
（一）地方财政收入	万元	46922	43972	2950	6.7
其中，公共财政预算收入	万元	42090	39525	2565	6.5
（二）地方财政支出	万元	163498	162837	661	0.4
其中，公共财政预算支出	万元	160719	154695	6024	3.9
八、固定资产投资（500 万元以上项目）	万元	710374	541736	168638	31.1
其中，房地产投资	万元	45092	72418	–27326	–37.7
（一）按工作阶段分	—	—	—	—	—

续表 15

项目	单位	2017 年	2016 年	2017 年比 2016 年	
				绝对数	%
1. 新建	万元	532145	425194	106951	25.2
2. 续建	万元	178229	116542	61687	52.9
（二）按产业分	—	—	—	—	—
1. 第一产业	万元	217677	67707	149970	221.5
2. 第二产业	万元	191116	166573	24543	14.7
其中，工业	万元	191116	166573	24543	14.7
3. 第三产业	万元	301581	307456	–5875	-1.9
（三）按用途分	—	—	—	—	—
1. 基础设施项目	万元	321774	144798	176976	122.2
2. 竞争性项目	万元	341728	240404	101324	42.1
3. 社会事业项目	万元	46872	156534	–109662	-70.1
九、社会消费品零售总额	万元	206458	183518	22940	12.5
人均实现购买力	元	9701	8646	1055	12.2
十、招商引资及出口	—	—	—	—	—
（一）引进资金	万元	534552	404074	130478	32.3
其中，省外资金	万元	441233	314474	126759	40.3
（二）出口	万美元	969	2459	–1490	-60.6
十一、城乡居民收入	—	—	—	—	—
（一）城镇居民人均可支配收入	元	34276	31533	2743	8.7
农村居民人均可支配收入	元	12723	11694	1029	8.8
十二、金融机构运行情况	—	—	—	—	—
1. 金融机构各项贷款余额	万元	497839	437942	59897	13.7
其中，国家银行各项贷款余额	万元	108774	85462	23312	27.3
2. 金融机构各项存款余额	万元	743010	732689	10321	1.4
其中，国家银行各项存款余额	万元	158274	165592	–7318	–4.4
3. 存贷比率（以存款为 1）	%	0.67	0.60	0.02	—
4. 月末城乡居民储蓄余额	万元	500720	465299	35421	7.6
5. 人均储蓄	元	23589	22008	1581	7.2
十三、价格指数（以上年同期为 100）	—	—	—	—	—
1. 居民消费价格指数	%	100.6	101.2	—	—
2. 商品零售价格指数	%	101.5	100.9	—	—
3. 农业生产资料价格指数	%	101.9	101.7	—	—
十四、职工人数及工资	—	—	—	—	—
（一）职工人数	人	11724	12146	–422	-3.5
其中，国有单位	人	5664	5490	174	3.2
（二）职工工资总额	万元	93694	80598	13096	16.2
其中，国有单位	万元	68665	55130	13535	24.6

续表 15

项目	单位	2017 年	2016 年	2017 年比 2016 年	
				绝对数	%
（三）职工平均工资	元	81965	68257	13708	20.1
十五、工业主要产品产量	—	—	—	—	—
1. 黄磷	吨	26851	34885	-8034	-23.0
2. 磷矿石（折 P2O530%）	万吨	38.3	38.6	-0	-0.8
3. 水泥	万吨	141.9	138.1	4	2.8
4. 水泥熟料	万吨	104.7	99.9	5	4.8
5. 原煤	万吨	13.6	19.6	-6	-30.3
6. 多色印刷品（对开色令）	万	14.8	17.4	-3	-14.9
7. 陶器产品	万件	1875	1631	244	15.0
8. 发电量	万千瓦时	73100	46167	26933	58.3
十六、全社会用电量合计	万千瓦时	71111.3	84942.9	-13831.6	-16.3
（一）生产用电	万千瓦时	63636.9	77939.6	-14302.6	-18.4
1. 第一产业用电量	万千瓦时	2656.0	2443.2	212.7	8.7
其中，农业排灌用电	万千瓦时	25.5	49.2	-23.7	-48.2
2. 第二产业用电量	万千瓦时	56804.9	71892.6	-15087.7	-21.0
（1）工业用电	万千瓦时	56244.6	71598.1	-15353.5	-21.4
（2）建筑业用电	万千瓦时	560.4	294.5	265.8	90.3
3. 第三产业用电量	万千瓦时	4176.0	3603.7	572.3	15.9
（二）生活用电	万千瓦时	7474.3	7003.3	471.0	6.7
1. 城镇居民用电	万千瓦时	2204.9	2168.1	36.8	1.7
2. 农村居民用电	万千瓦时	5269.4	4835.2	434.2	9.0
十七、农业生产情况	—	—	—	—	—
（一）全年农作物总播种面积	亩	489159	482921	6238	1.3
A. 按大小春分	—	—	—	—	—
a. 小春	亩	212122	210855	1267	0.6
b. 大春	亩	277037	272066	4971	1.8
A、按粮、经作物分	—	—	—	—	—
a. 粮食作物	亩	176301	169263	7038	4.2
b. 经济及其他作物	亩	312858	313658	-800	-0.3
1. 粮食	亩	176301	169263	7038	4.2
（1）小春	亩	65639	62976	2663	4.2
（2）大春	亩	110662	106287	4375	4.1
2. 烤烟	亩	85184	85993	-809	-0.9
3. 蔬菜	亩	189516	193223	-3707	-1.9
（1）小春	亩	117716	120812	-3096	-2.6
（2）大春	亩	71800	72411	-611	-0.8
4. 油料	亩	28135	25693	2442	9.5

续表 15

项目	单位	2017 年	2016 年	2017 年比 2016 年	
				绝对数	%
（1）小春	亩	24342	22400	1942	8.7
（2）大春	亩	3793	3293	500	15.2
5. 其他作物	亩	10023	8749	1274	14.6
（1）小春	亩	4425	4667	–242	–5.2
（2）大春	亩	5598	4082	1516	37.1
（二）主要农产品产量、收购情况	—	—	—	—	—
1. 粮食	万千克	6064	6001	63	1.0
单产	千克	344	355	–11	–3.1
（1）小春	万千克	1004	966	38	3.9
单产	千克	153	153	0	0.0
（2）大春	万千克	5060	5035	25	0.5
单产	千克	457	474	–17	–3.6
2. 烤烟	万千克	1020	1231	–211	–17.1
单产	千克	120	143	–23	–16.1
收购量	万千克	946	1164	–218	–18.7
收购金额	万元	26707	38828	–12121	–31.2
平均单价	元	28.2	33.4	–5	–15.5
上等烟	万千克	529	818	–289	–35.3
上等烟比重	%	55.9	70.3	–14	—
中等烟	万千克	380	319	61	19.1
中等烟比重	%	40.2	27.4	13	—
烟叶税	万元	5876	8542	–2666	–31.2
3. 蔬菜	万千克	30833	30274	559	1.8
单产	千克	1715	1669	47	2.8
（1）小春	万千克	15904	15254	650	4.3
单产	千克	1351	1263	88	7.0
（2）大春	万千克	14929	15020	–91	–0.6
单产	千克	2079	2074	5	0.2
4. 油料	万千克	339	296	43	14.6
单产	千克	137	115	22	19.1
（1）小春	万千克	279	237	42	17.7
单产	千克	115	106	9	8.5
（2）大春	万千克	60	59	1	2.0
单产	千克	159	178	–19	–10.7
（三）“三棵树”面积、产量	—	—	—	—	—
1. 总面积	亩	430671	394286	36385	9.2
（1）柑橘	亩	106811	102881	3930	3.8

续表 15

项目	单位	2017 年	2016 年	2017 年比 2016 年	
				绝对数	%
（2）柿子	亩	40237	43076	-2839	-6.6
（3）核桃	亩	283623	248329	35294	14.2
2. 总产量	万千克	27129	23542	3587	15.2
（1）柑橘	万千克	25083	21599	3484	16.1
（2）柿子	万千克	1934	1853	81	4.4
（3）核桃	万千克	112	90	22	24.4
（四）畜牧业生产情况	—	—	—	—	—
1. 牛存栏	头	41536	40979	557	1.4
牛出栏	头	37666	36385	1281	3.5
2. 生猪存栏	头	249143	239754	9389	3.9
出栏	头	375804	365788	10016	2.7
3. 羊存栏	只	83110	81556	1554	1.9
出栏	只	45734	44118	1616	3.7
4. 家禽存栏	万只	124.2	122.7	1.50	1.2
出栏	万只	298	294	4.00	1.4
5. 肉、蛋、奶总产量	万千克	4695	4527	168	3.7
十八、接待旅客	万人次	107	81	26	32.1
实现旅游收入	万元	89555	61761	27794	45.0
十九、常用耕地面积	亩	172541	171380	—	—
人均耕地面积	亩	0.81	0.81	—	—
林地面积	万公顷	7.97	—	—	—
森林覆盖率	%	35.01	35.01	—	—
二十、能源消耗总量（标准煤）	吨	670501	665820	4681	0.7
万元 GDP 能耗量（标准煤）	吨 / 万元	0.758	0.837	-0.080	-9.5
万元 GDP 能耗降低率	%	9.44	9.66	-0.22	—
二十一、就业	—	—	—	—	—
当年安置城镇就业人数	人	2556	2335	221	9.5
城镇下岗失业人员再就业	人	889	685	204	29.8
“4050”人员和特殊困难群体再就业	人	758	643	115	17.9
开发公益性岗位数	个	420	429	-9	-2.1
农村劳动力培训人数（含就业培训）	人次	17396	5100	12296	241.1
农村劳动力输出转移	人次	18020	1312	16708	1273.5
按去向分	—	—	—	—	—
县外	人次	13031	360	12671	3519.7
县内	人次	4989	952	4037	424.1
扶持创业人数	人	2462	1080	1382	128.0
创业促就业小额担保贷款	万元	12950	12800	150	1.2

续表 15

项目	单位	2017 年	2016 年	2017 年比 2016 年	
				绝对数	%
城镇登记失业率	%	3.2	3.24	-0.04	—
二十二、社会保障	—	—	—	—	—
（一）参加城镇职工养老保险人数	人	12781	12805	-24	-0.2
离退休人数	人	4751	4526	225	5.0
支付养老金	万元	27594	16165	11429	70.7
（二）参加失业保险人数	人	9032	8810	222	2.5
发生失业人数	人	376	311	65	20.9
支付保险金	万元	377	416	-38	-9.2
（三）参加工伤保险人数	人	12030	11850	180	1.5
支付保险金	万元	340	396	-56	-14.1
（四）参加生育保险人数	人	10863	10670	193	1.8
支付保险金	万元	541	317	224	70.8
（五）参加城镇职工医疗保险人数	人	13984	13372	612	4.6
统筹基金支出	万元	1910	1370	540	39.4
个人账户基金支出	万元	3079	2630	449	17.1
（六）参加城乡居民医疗保险人数	人	183824	—	—	—
报销人数	人次	401633	—	—	—
补偿金额	万元	9422	—	—	—
（七）参加城乡居民养老保险人数	人	122821	122180	641	0.5
支付养老金	万元	2913	2768	145	5.2
参保率	%	101	98.9	2.1	—
二十三、社会福利	—	—	—	—	—
优抚优待对象总人数	人	1761	1611	150	9.3
优抚优待总金额	万元	904	919	-15	-1.6
困难临时救助	人次	26082	22591	3491	15.5
救助金额	万元	307	587	-280	-47.7
困难医疗救助	人次	11661	3003	8658	288.3
救助金额	万元	480	254	226	88.8
最低生活保障人数	人	8573	9286	-713	-7.7
其中，城镇	人	3089	3302	-213	-6.5
农村	人	5484	5966	-482	-8.1
发放低保金	万元	2351	2155	196	9.1
其中，城镇	万元	1227	872	355	40.7
农村	万元	1124	1283	-159	-12.4
二十四、教育（不含海关、海镜）	—	—	—	—	—
（一）各类学校数	所	107	107	—	—
1. 普通中学	所	10	10	—	—

续表 15

项目	单位	2017 年	2016 年	2017 年比 2016 年	
				绝对数	%
其中，完中	所	1	1	—	—
2. 职业中学	所	1	1	—	—
3. 小学	所	71	71	—	—
其中，教学点	个	3	3	—	—
4. 幼儿园	所	24	24	—	—
5. 教师进修学校	所	1	1	—	—
（二）在校学生数	人	31056	31752	-696	-2.2
1. 普通中学	人	11152	11316	-164	-1.4
其中，高中	人	3120	3100	20	0.6
初中	人	8032	8216	-184	-2.2
2. 职业中学	人	762	911	-149	-16.4
其中，高中	人	762	911	-149	-16.4
3. 小学	人	13517	14035	-518	-3.7
4. 幼儿园（学前班）	人	5625	5490	135	2.5
（三）教职工数	人	2588	2568	20	0.8
1. 在职在编	人	2193	2171	22	1.0
2. 代课教师	人	—	—	—	—
3. 临时工	人	395	397	-2	-0.5
（四）小学儿童入学率	%	99.97	99.97	0.00	—
辍学率	%	0.08	0	0.08	—
（五）4—6 岁儿童入园率	%	99.65	94.86	4.79	5.0
（六）初中毛入学率	%	110.06	109.39	0.67	0.6
辍学率	%	0.73	0.89	-0.16	—
（七）参加高考人数	人	1192	1155	37	3.2
上线人数	人	1124	1078	46	4.3
上线率	%	94.3	93.33	0.97	—
（八）“三免一补”及各种学生资助	万元	6159.921	6486.32	-326	-5.0
二十五、卫生机构数	个	125	125	0	0.0
床位数	张	829	840	-11	-1.3
卫生技术人员数	人	1184	1143	41	3.6
二十六、综治维稳情况	—	—	—	—	—
（一）社会治安情况	—	—	—	—	—
刑事案件立案	起	750	964	-214	-22.2
侦破	起	554	643	-89	-13.8
破案率	%	73.9	66.7	7	10.7
受理治安案件	起	1667	1616	51	3.2
查处	起	1232	1575	-343	-21.8

续表 15

项目	单位	2017 年	2016 年	2017 年比 2016 年	
				绝对数	%
查处率	%	73.9	97.5	—	—
（二）信访情况	—	—	—	—	—
信访总量	件次	1184	1025	159	15.5
办结	件次	1167	1001	166	16.6
办结率	%	98.6	97.7	1	0.9
（三）民间矛盾纠纷调解情况	—	—	—	—	—
受理	起次	2323	1916	407	21.2
调解	起次	2323	1916	407	21.2
调解率	%	100	100	0	0.0
调解成功	%	2294	1916	378	19.7
成功率	%	99	100	-1	-1.2
二十七、安全生产	—	—	—	—	—
生产安全事故	起	1109	1171	-62	-5.3
其中，交通事故	起	1089	1165	-76	-6.5
死亡人数	人	24	24	0	0.0
其中，交通事故	人	22	22	0	0.0

说明：1. 公安户籍改革后不再反映农业、非农业人、户情况，而登记为城镇及乡村人，为避免与统计口径城镇人口混淆，不予反映公安人口年报按城乡划分的人、户情况；

2. 2017 年原参加新农合和城镇居民医保人员已合并为城乡居民基本医疗保险，2017 年城乡居民基本医疗保险参保人数 183824 人

华宁县 2017 年国民经济主要指标分月完成情况表

表 16

指标	单位	2月	3月	4月	5月	6月	7月	8月	9月	10月	11月	12月	1—12月累计
一、规模以上工业产值	万元	19588	19757	20967	20488	36021	26392	38515	46116	40273	41363	55641	397848
环比增长	%	2.1	0.9	6.1	-2.3	75.8	-26.7	45.9	19.7	-12.7	2.7	34.5	—
二、税收、财政收支情况	—	—	—	—	—	—	—	—	—	—	—	—	—
（一）税收收入	万元	2906	1918	5704	3286	4385	3382	1951	6268	4759	3720	3075	47049
环比增长	%	-49.0	-34.0	197.4	-42.4	33.5	-22.9	-42.3	221.2	-24.1	-21.8	-17.3	—
其中，增值税	万元	1970	1290	1958	1764	2083	1550	1188	1392	1588	1238	1768	19817
环比增长	%	-2.9	-34.5	51.7	-9.9	18.1	-25.6	-23.4	17.2	14.0	-22.0	42.8	—
营业税	万元	0	0	18	0	0	0	10	0	0	10	37	75
环比增长	%	-100.0	—	—	—	—	—	—	—	—	—	290.4	—
企业所得税	万元	43	7	2448	925	741	901	35	25	952	13	22	8602
环比增长	%	-98.3	-83.6	346 倍	-62.2	-19.9	21.6	-96.1	-27.9	3656.7	-98.6	71.9	—
资源税	万元	26	23	86	32	59	121	29	90	95	74	35	713
环比增长	%	-40.2	-12.8	279.2	-62.9	85.7	105.5	-75.8	209.2	5.2	-21.6	-52.7	—
烟叶税	万元	0	0	0	0	0	0	0	4157	635	1083	0	5876

续表 16

指标	单位	2月	3月	4月	5月	6月	7月	8月	9月	10月	11月	12月	1—12月累计
环比增长	%	—	—	—	—	—	—	—	—	-84.7	70.5	—	—
其他税	万元	868	598	1194	566	1503	810	689	603	1490	1301	1211	11966
环比增长	%	-23.5	-31.1	99.7	-52.6	165.7	-46.1	-15.0	-12.5	147.2	-12.7	-6.9	—
（二）地方财政收入	万元	1817	2520	4192	2578	3792	1551	1754	6364	3211	2747	14542	46922
环比增长	%	-2.0	38.7	66.3	-38.5	47.1	-59.1	13.1	262.8	-49.5	-14.5	429.4	—
1. 公共财政预算收入	万元	1562	2402	2170	2508	3792	1551	1699	6272	2255	2725	13300	42090
环比增长	%	-15.7	53.8	-9.7	15.6	51.2	-59.1	9.5	269.2	-64.0	20.8	388.1	—
（1）税收收入	万元	1460	937	1910	1305	2191	1461	975	5255	2178	2477	1581	23517
环比增长	%	-18.3	-35.8	103.8	-31.7	67.9	-33.3	-33.3	439.0	-58.6	13.7	-36.2	—
其中，增值税	万元	986	654	912	871	1045	736	618	706	708	617	866	9674
环比增长	%	3.2	-33.7	39.4	-4.5	20.0	-29.6	-16.0	14.2	0.3	-12.9	40.4	—
营业税	万元	0	0	9	0	0	0	5	0	0	5	19	38
环比增长	%	—	—	—	—	—	—	—	—	—	—	280.0	—
企业所得税	万元	7	2	392	149	116	145	7	2	153	2	3	1376
环比增长	%	-98.2	-71.4	195 倍	-62.0	-22.1	25.0	-95.2	-71.4	7550.0	-98.7	50.0	—
资源税	万元	26	24	84	33	58	124	26	90	96	74	35	713
环比增长	%	-39.5	-7.7	250.0	-60.7	75.8	113.8	-79.0	246.2	6.7	-22.9	-52.7	—
烟叶税	万元	0	0	0	0	0	0	0	4157	635	1084	0	5876
环比增长	%	—	—	—	—	—	—	—	—	-84.7	70.7	—	—
其他税	万元	441	257	513	252	972	456	319	300	586	695	658	5840
环比增长	%	12.8	-41.7	99.6	-50.9	285.7	-53.1	-30.0	-6.0	95.3	18.6	-5.3	—
（2）非税收入	万元	102	1465	260	1203	1601	90	724	1017	77	248	11719	18573
环比增长	%	52.2	1336.3	-82.3	362.7	33.1	-94.4	704.4	40.5	-92.4	222.1	4625.4	—
2. 政府性基金收入	万元	255	118	2022	70	0	0	55	92	956	22	1242	4832
环比增长	%	—	-53.7	16 倍	-96.5	—	—	—	67.3	939.1	-97.7	5545.5	—
（三）地方财政支出	万元	12345	16582	12162	14014	28281	6250	11944	31475	1814	9739	8843	163498
环比增长	%	22.8	34.3	-26.7	15.2	101.8	-77.9	91.1	163.5	-94.2	436.9	-9.2	—
1. 公共财政预算支出	万元	12062	16493	12027	13792	28183	6023	11848	31309	1536	8650	8780	160719
环比增长	%	20.4	36.7	-27.1	14.7	104.3	-78.6	96.7	164.3	-95.1	463.2	1.5	—
其中，八项支出	万元	6111	12347	6348	6529	23476	4369	6789	34043	-4328	6763	38327	148067
环比增长	%	-16.2	102.0	-48.6	2.9	259.6	-81.4	55.4	401.4	-112.7	-256.3	466.7	—
2. 政府性基金支出	万元	283	89	135	222	98	227	96	166	278	1089	63	2779
环比增长	%	757.6	-68.6	51.7	64.4	-55.9	131.6	-57.7	72.9	67.5	291.7	-94.2	—
三、固定资产投资（500万元以上）	万元	22585	26937	16201	37145	149543	93386	47149	49348	64553	114522	70525	710374

续表 16

指标	单位	2月	3月	4月	5月	6月	7月	8月	9月	10月	11月	12月	1—12月累计
环比增长	%	22.2	19.3	−39.9	129.3	302.6	−37.6	−49.5	4.7	30.8	77.4	−38.4	—
其中，房地产投资	万元	4672	4404	2740	9713	10757	6099	1838	717	210	70	48	45092
环比增长	%	22.2	−5.7	−37.8	254.5	10.7	−43.3	−69.9	−61.0	−70.7	−66.7	−31.4	—
（一）按产业分	—	—	—	—	—	—	—	—	—	—	—	—	—
1. 第一产业	万元	1632	0	0	900	36060	7190	15050	19120	22019	64160	50210	217677
环比增长	%	22.2	—	—	—	3906.7	−80.1	109.3	27.0	15.2	191.4	−21.7	—
2. 第二产业	万元	2005	5835	5272	12588	41649	36808	12560	21850	11803	24665	14440	191116
环比增长	%	22.2	191.0	−9.6	138.8	230.9	−11.6	−65.9	74.0	−46.0	109.0	−41.5	—
其中，工业	万元	2005	5835	5272	12588	41649	36808	12560	21850	11803	15665	23440	191116
环比增长	%	22.2	191.0	−9.6	138.8	230.9	−11.6	−65.9	74.0	−46.0	32.7	49.6	—
其中，非电工业	万元	2005	5835	5272	12588	41649	36808	12560	21850	11803	15665	18740	186416
环比增长	%	22.2	191.0	−9.6	138.8	230.9	−11.6	−65.9	74.0	−46.0	32.7	19.6	—
3. 第三产业	万元	18948	21102	10929	23657	71834	49388	19539	8378	30731	25697	5875	301581
环比增长	%	22.2	11.4	−48.2	116.5	203.6	−31.2	−60.4	−57.1	266.8	−16.4	−77.1	—
四、社会消费品零售总额	万元	16864	16384	15899	16444	17350	15599	16964	19455	21021	17378	19301	206458
环比增长	%	22.2	−2.8	−3.0	3.4	5.5	−10.1	8.8	14.7	8.0	−17.3	11.1	—
人均实现购买力	元	795	772	749	775	817	735	800	916	990	819	884	9701
环比增长	%	22.4	−2.9	−3.0	3.4	5.4	−10.0	8.8	14.5	8.1	−17.3	7.9	—
五、限额以上批发企业商品销售额	万元	2301	5319	3522	2246	9292	3550	3462	6454	4418	3926	11843	58924
环比增长	%	−11.2	131.2	−33.8	−36.2	313.8	−61.8	−2.5	86.4	−31.5	−11.1	201.6	—
六、限额以上零售企业商品销售额	万元	6726	8305	6915	9229	14292	11945	10491	14420	12424	13447	14538	130956
环比增长	%	−18.2	23.5	−16.7	33.5	54.9	−16.4	−12.2	37.4	−13.8	8.2	8.1	—
七、限额以上住宿企业营业额	万元	185	268	135	144	177	222	189	131	303	291	337	2577
环比增长	%	−5.3	44.7	−49.6	6.4	23.3	25.4	−14.9	−30.7	131.3	−4.0	16.0	—
八、限额以上餐饮企业营业额	万元	89	94	93	113	216	165	133	162	144	174	171	1632
环比增长	%	13.4	5.6	−1.6	22.5	90.9	−23.7	−19.3	21.8	−11.2	20.8	−1.8	—
九、招商引资及出口	—	—	—	—	—	—	—	—	—	—	—	—	—
（一）引进县外资金	万元	82625	49806	35510	51540	58606	80782	46520	61305	33423	28993	5442	534552
环比增长	%	—	−39.7	−28.7	45.1	13.7	37.8	−42.4	31.8	−45.5	−13.3	−81.2	—
（二）出口	万美元	22	61	18	27	48	56	38	51	58	102	304	969
环比增长	%	−88.3	181.7	−71.2	53.4	79.1	15.6	−32.3	35.4	13.1	75.9	199.1	—
十、工业主要产品产量	—	—	—	—	—	—	—	—	—	—	—	—	—

续表 16

指标	单位	2月	3月	4月	5月	6月	7月	8月	9月	10月	11月	12月	1—12月累计
1. 黄磷	吨	881	1542	2974	2820	2739	2740	2593	2437	2770	2938	2305	26851
环比增长	%	686.6	75.0	92.9	–5.2	–2.9	0.0	–5.4	–6.0	13.7	6.1	–21.5	—
2. 磷矿石（折 P_2O_5 30%）	万吨	3.3	4.2	2.7	5.8	4.0	3.1	2.7	2.9	2.5	1.9	0.8	38.3
环比增长	%	–23.3	27.3	–35.7	114.8	–31.0	–22.5	–12.9	7.4	–13.8	–24.0	–57.9	—
3. 水泥	万吨	7.9	12.3	14.4	12.8	14.1	11.2	10.2	11.2	10.1	11.1	15.9	141.9
环比增长	%	–26.2	55.7	17.1	–11.1	10.2	–20.6	–8.9	9.8	–9.8	9.9	43.2	—
4. 水泥熟料	万吨	3.6	9.5	10.7	9.8	11.1	8.0	6.6	10.8	7.1	9.6	9.8	104.7
环比增长	%	–55.6	163.9	12.6	–8.4	13.3	–27.9	–17.5	63.6	–34.3	35.2	2.1	—
5. 氧化球团	万吨	3.3	3.5	4.0	4.6	5.3	4.4	5.4	5.7	5.0	4.8	6.7	55.8
环比增长	%	6.5	6.1	14.3	15.0	15.2	–17.0	22.7	5.6	–12.3	–4.0	39.6	—
6. 多色印刷品（对开色令）	万	1.1	0.3	0.7	1.2	1.0	1.4	0.7	1.3	1.4	1.3	2.6	14.8
环比增长	%	–38.9	–72.7	133.3	71.4	–16.7	40.0	–50.0	85.7	7.7	–7.1	100.0	—
7. 陶器产品	万件	88	75	192	117	121	97	123	138	309	221	289	1875
环比增长	%	–16.2	–14.8	156.0	–39.1	3.4	–19.8	26.8	12.2	123.9	–28.5	30.8	—
8. 发电量	万 kW.h	2898	11845	4767	3139	9416	6683	6439	5393	5550	6041	6648	73100
环比增长	%	–32.3	308.7	–59.8	–34.2	200.0	–29.0	–3.7	–16.2	2.9	8.8	10.0	—
其中，水力发电	万 kW.h	1489	449	1470	1222	3009	3981	3979	3455	3819	2531	2666	30482
环比增长	%	–38.3	–69.8	227.2	–16.9	146.3	32.3	–0.1	–13.2	10.5	–33.7	5.3	—
风力发电	万 kW.h	1409	11197	3067	1708	6200	2524	2425	1721	1502	3281	3790	40508
环比增长	%	–16.3	694.4	–72.6	–44.3	263.0	–59.3	–3.9	–29.0	–12.7	118.4	15.5	—
火力发电量（余热发电）	万 kW.h	0	199	230	209	207	178	35	217	229	229	192	2110
环比增长	%	–100.0	—	15.8	–8.9	–1.2	–13.9	–80.3	520.0	5.5	0.0	–16.2	—
9. 原煤	万吨	0.6	1.3	1.3	1.2	1.1	1.9	1.3	1.2	1.2	0.9	0.9	13.6
环比增长	%	–14.3	116.7	0.0	–5.4	–10.6	72.7	–31.6	–7.7	0.0	–25.0	0.0	—
十一、全县总用电量	万 kW.h	2423.3	3616.6	5629.2	7031.1	8454.3	7711.0	6813.4	6680.7	6547.8	6356.1	6783.1	71111.3
环比增长	%	–20.9	49.2	55.6	24.9	20.2	–8.8	–11.6	–1.9	–2.0	–2.9	6.7	—
其中，工业用电	万 kW.h	1189.3	2339.3	4234.7	5813.9	7051.6	6378.9	5727.2	5440.7	5438.1	5219.4	5541.8	56244.6
环比增长	%	–36.4	96.7	81.0	37.3	21.3	–9.5	–10.2	–5.0	0.0	–4.0	6.2	—

华宁县各乡镇（街道）2017 年国民经济主要指标完成情况对比表

表 17

指标	单位	全县	各乡镇（街道）主要指标完成情况对比				
			宁州街道	盘溪镇	华溪镇	青龙镇	通红甸乡
一、生产总值	万元	872210	485295	204973	38678	127278	15986
总量排位	—	—	1	2	4	3	5
增长	%	11.2	12.8	8.8	9.2	9.8	8.8
增长排位	—	—	1	4	3	2	4
（一）第一产业增加值	万元	186683	57169	41297	24527	55129	8561
总量排位	—	—	1	3	4	2	5
增长	%	6.4	6.5	6.5	6.4	6.3	6.3
增长排位	—	—	1	1	3	4	4
（二）第二产业增加值	万元	275342	178177	61247	5101	26840	3977
总量排位	—	—	1	2	4	3	5
增长	%	14.7	17.5	6.5	18.3	11.5	13.1
增长排位	—	—	2	5	1	4	3
1. 工业增加值	万元	230694	155801	53380	1776	18532	1205
总量排位	—	—	1	2	4	3	5
增长	%	14.1	17.4	4.7	13.8	9.0	2.3
增长排位	—	—	1	4	2	3	5
2. 建筑业增加值	万元	45183	22737	7991	3329	8351	2775
总量排位	—	—	1	3	4	2	5
增长	%	18.3	17.7	19.9	21.7	17.5	17.6
增长排位	—	—	3	2	1	5	4
（三）第三产业增加值	万元	410185	249949	102429	9050	45309	3448
总量排位	—	—	1	2	4	3	5
增长	%	11.1	10.7	11.0	12.4	13.7	11.1
增长排位	—	—	5	4	2	1	3
二、工农业总产值	万元	1028641	561037	257750	48899	143498	17457
总量排位	—	—	1	2	4	3	5
增长	%	9.8	12.9	6.9	6.4	5.7	4.4
增长排位	—	—	1	2	3	4	5
（一）农业总产值	万元	298805	91505	66100	39258	88240	13702
总量排位	—	—	1	3	4	2	5
增长	%	4.1	4.2	4.2	4.1	4.0	4.1
增长排位	—	—	1	1	3	5	3
（二）工业总产值	万元	729836	469532	191650	9641	55258	3755
总量排位	—	—	1	2	4	3	5
增长	%	12.3	14.7	7.9	17.0	8.5	5.5
增长排位	—	—	2	4	1	3	5
1. 规模以上工业总产值	万元	397848	320407	55852	8618	12971	—

续表 17

指标	单位	全县	各乡镇（街道）主要指标完成情况对比				
			宁州街道	盘溪镇	华溪镇	青龙镇	通红甸乡
总量排位	—	—	1	2	4	3	—
增长	%	18.8	22.3	1.8	18.6	19.5	—
增长排位	—	—	1	4	3	2	—
2. 规模以下工业总产值	万元	331988	149125	135798	1023	42287	3755
总量排位	—	—	1	2	5	3	4
增长	%	5.5	1.2	10.6	5.4	5.6	5.5
增长排位	—	—	5	1	4	2	3
三、固定资产投资（500 万元以上）	万元	710374	357480	125639	52334	131291	43630
总量排位	—	—	1	3	4	2	5
增长	%	31.1	30.4	33.0	35.0	30.2	30.3
增长排位	—	—	3	2	1	5	4
四、农村居民人均可支配收入	元	12723	12842	12720	18640	12702	7235
总量排位	—	—	2	3	1	4	5
增长	%	8.8	8.6	8.8	9.3	8.5	9.1
增长排位	—	—	4	3	1	5	2
五、社会消费品零售总额	万元	206458	90869	58900	10541	43393	2755
总量排位	—	—	1	2	4	3	5
增长	%	12.5	12.6	12.4	13.6	12.2	12.1
增长排位	—	—	2	3	1	4	5

华宁县人民政府工作规则

第一章 总 则

第一条 根据《中华人民共和国宪法》《中华人民共和国地方各级人民代表大会和地方人民政府组织法》，参照《国务院工作规则》《云南省人民政府工作规则》和《玉溪市人民政府工作规则》，结合我县实际，制定本规则。

第二条 县人民政府工作的指导思想是，高举中国特色社会主义伟大旗帜，以邓小平理论、“三个代表”重要思想、科学发展观和习近平系列重要讲话精神为指导，认真执行党的路线、方针和政策，积极贯彻中央、省市的工作部署，在县委的领导下，解放思想，实事求是，与时俱进，求真务实，紧紧围绕科学发展、和谐发展、跨越发展，全面履行政府职能，建设职能科学、结构优化、廉洁高效、人民满意的服务型政府。

第三条 县人民政府的工作准则是，实行科学民主依法决策，坚持依法行政，推进政务公开，健全监督制度，加强廉政建设。

第二章 县人民政府组成人员职责

第四条 县人民政府由县长、副县长、办公室主任和县政府各办主任、各局局长组成。县人民政府组成人员要模范履行宪法和法律赋予的职责，执政为民，忠于职守，服从命令，勤勉廉洁，全心全意为人民服务。

第五条 县人民政府实行县长负责制，县长领导并主持县人民政府的全面工作，副县长协助县长工作。县长外出期间，由常务副县长主持县人民政府工作。

第六条 县长或县长委托负责常务工作的副县长召集和主持县人民政府全体会议、常务会议。县人民政府工作中的重大事项，必须经县人民政府常务会议或全体会议讨论决定。

第七条 副县长按分工负责处理分管工作，受县长委托，负责其他方面的工作或专项任务，可代表县人民政府处理与其他县区之间的事务。对于工作中的重要情况、重大事件，要及时向县长报告。涉及两位以上副县长分管工作的事项，由县长指定一位副县长牵头办理或由涉及事项主要工作的分管副县长牵头办理。副县长既要按照工作分工独立处理分管工作，又要协调配合，提高工作效率。

第八条 县人民政府组成部门实行主任、局长负责制，各部门依据法律、法规、规章和县人民政府的决定、命令，在本部门职权范围内履行职责、行使职权。县人民政府各部门要树立政治意识、大局意识、责任意识、服务意识和保密意识，各司其职，各尽其责，顾全大局，精诚团结，维护政令统一，切实贯彻落实县人民政府各项工作部署。

第三章 全面履行政府职能

第九条 县人民政府及各部门要加快转变政府职能，优化政府组织机构，规范机构设置，全面履行经济调节、市场监管、社会管理和公共服务职能，创造良好的发展环境，提供优质的公共服务，维护社会公平正义。

第十条 贯彻落实党中央、国务院宏观调控政策和省市重大决策，综合运用经济、法律手段和必要的行政手段，引导和调控全县经济运行，调整和优化经济结构；积极扶持支柱产业，培植新的经济增长点，实现经济增长、就业增加、物价稳定。提高经济发展质量和效益，实现经济持续健康发展。

第十一条 严格市场监管，推进公平准入和公平竞争，健全完善行政执法、行业自律、舆论监督、群众参与相结合的市场监管体系，加强信用体系建设，实行信用监督和失信惩戒制度，整顿和规范市场经济秩序，建设统一、开放、竞争、有序的现代市场体系。

第十二条 认真履行社会管理职能，完善社会管理格局，强化基层社会管理体制和服务体系建设，增强城乡社区服务功能，强化企事业单位、人民团体在社会管理和服务中的职责，妥善处理社会矛盾，维护社会秩序和社会稳定，促进社会公正。依法建立健全突发公共事件应急机制，提高政府应对公共危机的能力，努力构建和谐华宁。

第十三条 坚持以人为本的执政理念，强化公共服务职能，健全公共服务体系、监管、绩效评估制度，提供公共产品和服务，促进基本公共服务均等化。增加城乡居民收入，稳定和扩大就业，完善社会保障体系，加快发展社会事业，保障和改善民生，推进生态文明建设。

第四章 实行科学民主依法决策

第十四条 县人民政府及各部门要完善公众参与、专家论证、风险评估、合法性审查和集体讨论决定相结合的决策机制，健全重大决策的规则和程序，健全决策跟踪反馈和责任追究机制，实行依法决策、科学决策和民主决策。

第十五条 凡涉及党中央、国务院和省市重大方针、政策、决定的贯彻落实，全县国民经济和社会发展计划和规划、财政预决算方案、重要改革方案和政策措施、重大建设项目、大额资金使用、重要资源配置、规范性文件制定等关系全局的重大决策，必须由县人民政府全体会议或县人民政府常务会议讨论决定，必要时报县委决定。

第十六条 县人民政府各部门提请县人民政府讨论决定的重大决策建议，必须以基础性、战略性研究或发展规划为依据，经专家或研究、咨询、中介机构论证评估或法律分析；涉及相关部门的，应充分协商；涉及乡镇（街道）的，应事先征求意见；涉及人民群众切身利益的，应通过社会公示或听证会等形式听取意见和建议。提请县政府讨论的事项必须由县政府副县长进行专题研究。

县人民政府在做出重大决策前，根据需要通过召开座谈会或送交书面征询材料等形式，听取人大代表、政协委员、群众团体和专家学者等方面的意见和建议，积极吸纳诤言。涉及重大公共利益和公众利益的，要进行合法性、合理性、可行性、可控性风险评估。

第十七条 县人民政府本级财政年度预决算经县人民政府常务会议讨论同意，报县委常委会议讨论研究后，按法定程序报县人民代表大会审议批准实施。财政预算调整必须按程序报县人大常委会审查批准。严格控制新增预算，县本级财政追加预算支出，20万元及其以下的由县长审批，20万元至100万元的由县人民政府常务会研究决定，100万元以上的经县人民政府常务会议研究决定后报县委常委会研究决定。

第十八条 县人民政府各部门、各乡镇人民政府（街道办事处）必须坚决贯彻执行县人民政府的决策部署，及时反馈执行和落实情况，县人民政府办公室、督查室要加强督促检查，确保决策落到实处。

第五章 坚持依法行政

第十九条 依法行政的核心是规范行政权力和行政行为。县人民政府及各部门要认真落实依法治国基本方略，加强法治政府建设，按照合法行政、合理行政、程序正当、高效便民、诚实守信、权责一致的要求，行使权力，履行职责，承担责任，不断提高依法行政的能力和水平。

第二十条 县人民政府及各部门制定规范性文件必须严格遵守法定权限和程序，符合法律、法规、规章和国家政策规定。制定规范性文件应公开征求意见或组织听证，由县人民政府法制办进行合法性审查，经县人民政府常务会议讨论决定。建立健全政府规范性文件备案审查和定期清理制度，县人民政府制定规范性文件，必须按要求报市人民政府法制办和县人大常委会备案，县人民政府各部门、各乡镇人民政府（街道办事处）制定的规范性文件必须按要求报县人民政府法制办备案。

第二十一条 深化行政审批制度改革，减少审批项目，压缩审批时限，简化审批程序，规范审批行为。推行集中办理和网上电子审批等方式，提升服务水平，改善服务质量，提高服务效率，降低服务成本。

第二十二条 严格按照法律、法规、规章规定的权限和程序依法行使权力，完善行政执法程序，规范行政执法行为。理顺行政执法体制，加大行政执法力度，推行相对集中行政处罚权、行政许可权，完善行政综合执法。加强行政复议、行政应诉工作，健全社会矛盾纠纷调解机制，依法化解社会矛盾纠纷。严格实行行政执法责任制和执法过错追究制，切实做到严格执法、公正执法、文明执法。

第六章 推行政务公开

第二十三条 县人民政府及各部门要认真贯彻《中华人民共和国政府信息公开条例》，大力推进政务公开，完善新闻发言人制度，加强电子政务建设，健全政府信息公开制度，实行办事依据、程序、结果公开，提高政府工作透明度。

第二十四条 县人民政府全体会议、常务会议和专题会议讨论决定的事项，县人民政府及各部门制定的政策，除需要保密的外，应及时公布。

第二十五条　凡涉及群众切身利益、需要群众广泛知晓的事项及法律法规和各级人民政府规定需要公开的其他事项，均应通过政府网站、新闻发布会以及报刊、广播、电视等方式，依法、及时、准确地向社会公开。

第七章　健全行政监督制度

第二十六条　实行县人民政府重大事项向县委报告制度。县人民政府制定经济和社会中长期发展规划、县城总体规划和近期建设规划、涉及全局的改革事项、涉及群众切身利益的重大事项、年度国民经济和社会发展计划、财政预算草案、重大建设项目，以及其他需要县委组织协调的重大事项，必须向县委报告。

第二十七条　县人民政府要自觉接受县人大及其常委会的监督，向其报告工作、接受询问和质询；接受县政协的民主监督，虚心听取意见和建议。

第二十八条　各部门要按照行政诉讼法及有关法律规定，接受司法监督，做好行政应诉工作，尊重并自觉履行人民法院的生效判决和裁定，同时自觉接受监察、审计等部门的专项监督。对监督中发现的问题，要认真查处和整改并向县人民政府报告。

第二十九条　县人民政府及各部门要认真贯彻执行行政负责人问责办法和服务承诺制、首问责任制、限时办结制，完善工作机制，加大问责力度，强化责任意识和服务意识，进一步规范行政行为，转变工作作风，提高行政效能。

第三十条　县人民政府及各部门要加强行政系统内部监督，健全政府层级监督制度，严格执行行政复议法和规范性文件审查制度，及时撤销或修改违反法律法规和规章的规范性文件，及时发现并纠正行政机关违法和不当的行政行为，主动征询和认真听取乡镇（街道）及基层的意见和建议。

第三十一条　县人民政府及各部门要自觉接受新闻舆论和群众监督。对新闻媒体报道和各方面反映的重大问题，县人民政府有关部门要积极主动查处、整改并向县人民政府报告。

第三十二条　县人民政府及各部门要高度重视人民群众来信来访工作，进一步完善信访制度，确保群众信访渠道的畅通。县人民政府领导及各部门负责人要亲自阅批重要的群众来信，对反映的问题责成有关部门认真解决，切实为群众排忧解难。

第八章　学习制度

第三十三条　实行县人民政府领导班子集体学习制度，加快领导干部知识更新，优化知识结构，提高履职能力和水平，促进县人民政府领导班子学习制度化、规范化、经常化，努力建设学习型政府。

第三十四条　学习分综合理论和法律法规等类型。重点学习中国特色社会主义理论体系，学习党的路线、方针、政策，学习社会主义市场经济、现代科技和法律法规等知识。

第三十五条　集体学习由县人民政府组成人员参加，根据需要可安排有关部门和单位负责人参加。

第三十六条　综合理论学习一般每季度安排一次，法律法规学习一般每年安排两次。

第三十七条　学习主要采取自学、集体讨论、外出培训、领导干部在线学习等形式，根据学习内容邀请相关领导、专家学者作专题辅导。

第三十八条　综合理论学习由县人民政府办公室协调组织，集体学法由县人民政府法制办负责。

第九章 会议制度

第三十九条 县人民政府实行全体会议、常务会议、县长办公会议、县政府党组会议和专题会议制度。县人民政府全体会议和常务会议是县政府集体决策的主要形式。会议研究决定的事项，县人民政府组成人员及各部门必须坚决贯彻执行，维护其权威性。

第四十条 县人民政府全体会议由县长、副县长、县人民政府组成部门的主任、局长组成，根据需要安排各乡镇（街道）和相关部门、单位负责人列席；邀请县人大常委会、县政协领导和县法院、县检察院、县人武部、群众团体负责人列席。由县长或县长委托负责常务工作的副县长召集和主持，每年至少召开一次。县政府全体会议的主要任务是：

（一）传达和研究贯彻上级党委、政府及县委的重要指示、决定和会议精神，县人大常委会的重要决议；

（二）决定和部署县人民政府的重要工作，并按照市人民政府、县委的安排部署，提出年度重点工作目标，形成县人民政府年度工作安排意见，并认真组织实施；

（三）讨论提请县人民代表大会审议的政府工作报告等重要报告草案；

（四）讨论其他需要县人民政府全体会议决定的事项。

第四十一条 县人民政府常务会议由县长、副县长、办公室主任组成，邀请县人大常委会、县政协、县人武部领导列席会议，根据需要安排相关乡镇（街道）、县直相关部门负责人列席。会议由县长或县长委托常务副县长主持。一般每月召开一次，根据需要可临时召开。会议的主要任务是：

（一）传达贯彻上级党委、政府及县委的重要指示、决定和会议精神，县人大常委会的重要决议，并提出具体贯彻意见，研究讨论全县国民经济和社会发展中的重大问题；

（二）讨论通过提请县人民代表大会和县人大常委会审议的议案；

（三）审议通过县人民政府重要规范性文件；

（四）讨论国民经济和社会发展规划、重要经济社会政策、财政预算、重大项目投资建设等重大决策；

（五）讨论确定向上级政府和县委的重要请示、报告，或向县人大常委会报告、向县政协通报的重要事项；

（六）讨论决定县人民政府各部门、各乡镇（街道）请示县人民政府的重要事项；

（七）讨论需由县人民政府常务会议决定的其他重大事项。

第四十二条 县长办公会议由县长主持召开，副县长、办公室主任、相关副主任、相关部门负责人参加。会议的主要内容是研究和处理县政府日常工作中的重要问题。县长办公会议根据工作需要不定期召开。

第四十三条 县政府党组会议由县政府党组书记召集和主持，政府党组成员参加，必要时可通知有关人员列席会议。党组会议坚持民主集中制原则，会议议题由党组书记确定。会议主要任务是：

（一）传达贯彻上级党委的重要指示精神，组织学习有关党的方针政策。

（二）决定属于政府管理权限的干部人事任免等。

（三）研究公务员队伍建设以及机关作风建设的有关问题。

（四）通报和研究其他重要事项。

第四十四条 县人民政府专题会议由县长、副县长主持召开，研究、协调和处理县人民政府工作中的专项工作。会议的主要任务是：

（一）研究决定县人民政府领导分管工作范

围内的事项；

（二）研究处理重大群体性上访事件和突发性事件；

（三）讨论上级领导、县委或县人民政府主要领导对具体工作的批示，并提出贯彻落实意见；

（四）讨论确定需提交县人民政府常务会议研究的有关问题；

（五）研究处理县人民政府日常工作中需要决定的专项问题。

第四十五条 县人民政府全体会议、常务会议讨论的议题，由副县长或办公室主任提出建议，报县长确定。凡提交县人民政府全体会议、常务会议讨论的议题，须经分管领导召集议题主办单位认真研究并提出明确的意见后，方可提交会议研究；议题内容涉及法律、法规或制发规范性文件的，须经县政府法制办公室审核；议题内容涉及两个以上部门或单位的，主办部门应当在会前进行协调。凡会前未经协调的事项，不安排会议讨论。会议材料于会前按规范格式报县人民政府办公室分送参会人员。

第四十六条 县人民政府全体会议、常务会议由县政府办公室秘书股负责会务工作，做好会议记录，起草会议纪要，由办公室主任审核，报县长签发；县人民政府专题会议由县人民政府办公室会同有关部门负责会务工作，由相关秘书人员做好会议记录，起草会议纪要，由办公室副主任审核，报分管副县长签发。

第四十七条 县人民政府领导不能出席县人民政府全体会议、常务会议、县长办公会、县政府党组会，须向县长请假，并告知办公室主任；列席单位主要领导因故不能参加会议的，经办公室主任批准，可安排本单位其他领导参加会议。县政府专题会议参会人员因故不能到会的，须向会议主持人请假。参会人员所发表意见应代表本部门意见。

第四十八条 县人民政府各类会议议定的涉及机构编制、城市规划、土地问题、资金安排等事项，要严格按照规定程序办理，由专门委员会最后审定；涉及财税政策、资金安排和代表县人民政府承诺的事项等方面的内容需会前报请县长同意。

第四十九条 规范并减少以县人民政府名义召开的全县性会议，充分发挥县人民政府各部门的职能作用。县人民政府各类会议要严格执行审批程序，控制会议规模，压缩会议时间，节约会议成本，提高会议效率。以县人民政府名义召开的全县性会议，必须经县长或分管副县长审批；以县人民政府办公室名义召开的会议，报政府办主任审批；应由各部门召开的全县性会议，不得以县人民政府或县人民政府办公室的名义召开，原则上不邀请乡镇（街道）负责人参加，确需邀请的，报县人民政府分管领导批准。

第十章 公文审批制度

第五十条 各乡镇人民政府（街道办事处）和县人民政府各部门报送县人民政府的公文，应当符合法律、法规、规章、政策的规定和要求，严格按照《党政机关公文处理工作条例》（中办发〔2012〕14号）和《云南省贯彻〈党政机关公文处理工作条例〉实施细则（试行）》（云办发〔2012〕29号）执行。公文版式按照《党政机关公文格式》（GB/T 9704—2012）国家标准执行。凡不符合有关规定的，应退回报文单位。

县人民政府及各部门要积极开展信息化办公，推行公文电子化审批。

第五十一条 县人民政府公布的决定和命令，向上级报送的请示和报告，提请县人民代表大会或县人大常委会审议的议案、人事任免及其他重大事项，由县长审签；其他事项由分管副县长签发；涉及多位副县长分管工作的，送有关副县长会审后由分管主要工作的副县长签发。

第五十二条 县人民政府各部门和各乡镇人民政府（街道办事处）报送县人民政府审批的公文，按副县长分工负责的原则审批办理；涉及多位副县长分管工作的，需经有关副县长审核同意后再行文；涉及重大问题的审批事项，由分管副县长审签意见后送县长审批。

公文中涉及机构编制具体事项的内容，须有机构编制部门的审定意见。

第五十三条 县人民政府领导对批办性公文应当签署明确的意见、姓名和时间。

第五十四条 县人民政府办公室下发的公文，一般由县人民政府分管领导签发，属县人民政府领导同意批示办理的，也可由县人民政府办公室主任视情审核签发；属县人民政府办公室职权范围内的，经县人民政府办公室有关副主任审核，由县人民政府办公室主任签发。

第五十五条 县人民政府各部门和各乡镇人民政府（街道办事处）上报县人民政府的请示、报告，必须由行文机关主要领导签发；除县人民政府领导直接交办事项外，不得以本机关名义向县人民政府领导报送公文，也不得以本机关负责人名义向县人民政府报送公文。请示须一文一事，不得多头主送，一般不得越级行文。

第五十六条 各部门职权范围内的工作，由部门自行行文或联合行文。部门间如有意见分歧时，主办部门主要负责人要出面协调，协办部门要积极配合，如仍不能取得一致，主办部门应详细说明，并提出建设性意见报县人民政府，由分管副县长负责进行协调或做出决定。各部门向上级对口部门请示、报告工作，除特殊情况需由县人民政府行文外，一般由部门直接上报；议事协调机构应当按照政府的部门行文关系行文，可以向其组成单位和下级机关相应的议事协调机构行文。

第五十七条 县人民政府各部门和各乡镇人民政府（街道办事处）对县人民政府批办的公文要限时办结，特急公文1个工作日内办结，紧急公文3个工作日内办结，一般公文15个工作日内办结；在规定时间内没有办结的，要向县人民政府办公室说明情况。

第五十八条 县人民政府和县人民政府办公室印章由县政府办秘书股负责保管并进行用印登记。县人民政府印章的使用，须经县长或县长委托副县长批准。县政府办公室印章的使用，须经办公室主任批准，重大事项须经县长或副县长批准。

第十一章 督查落实制度

第五十九条 全面加强和改进政务督查工作，狠抓各项措施的落实，确保上级党委、政府和县委、县人民政府重要决策和部署得到全面贯彻落实，切实提高政府的执行力和公信力。

第六十条 县人民政府政务督查工作应坚持依法督办、客观公正、注重实效、分级办理的原则。

第六十一条 县人民政府督查落实工作的主要内容：

（一）中央的路线、方针、政策的贯彻落实情况；

（二）上级党委、政府和县委、县人民政府做出的重大决策、重要工作部署和重大建设项目、重大机构编制事项的落实情况；

（三）党中央、国务院和省市领导、县级领导的重要批示和指示的落实情况；

（四）人民代表、政协委员对政府工作的建议和提案的办理情况；

（五）涉及人民群众切身利益或人民群众关注的热点、难点问题的解决情况。

第六十二条 县人民政府政务督查工作按照下列程序进行：

（一）立项通知。县人民政府办公室和县人民政府督查室对需要督查的重要事项应及时立项，明确督查内容、对象、时限、工作要求，经联系副主任审核，报政府办主任或分管副县长审定后通知承办单位。

（二）检查催办。县人民政府办公室和县人民政府督查室要及时督促了解承办单位的贯彻落实情况。各承办单位要按照时限要求将落实情况及时报县人民政府办公室和县人民政府督查室。

（三）督查调研。对重要的督查事项，县人民政府办公室和县人民政府督查室要组织有关单位，深入基层调查研究，准确了解情况。

（四）汇总报告。承办单位上报的贯彻落实县人民政府重要决策的情况报告，由县人民政府督查室负责整理汇总，分送有关领导阅示。

第六十三条 不断创新督查工作方法，建立大督查格局。强化政府工作目标责任管理，坚持重点工作抓督查，重大项目抓责任落实。建立年度重要工作督查制和重大建设项目责任制，年初安排部署，年中督促检查，年末评价考核。确保各项重大决策和工作部署落到实处。将督查结果作为对各部门、各乡镇（街道）进行奖惩的重要依据。

第六十四条 县人民政府各部门要进一步加强和改进政务督查工作，建立健全抓督查落实的工作机制，严格执行责任制、督办制和考核制，使上级党委、政府和县委、县人民政府的各项决策部署落到实处。

第十二章 公务活动

第六十五条 除县委、县人民政府统一组织安排的活动外，县人民政府领导原则上不出席各部门和下级政府召开的一般性会议和事务性活动。各部门、各乡镇（街道）邀请县人民政府领导出席会议、活动，均应事先向县人民政府行文，由县人民政府办从严控制、统筹安排。

第六十六条 县人民政府领导代表县人民政府发表讲话和文章，须报县长批准。不得将报告、讲话等工作性文稿整理汇编署名公开出版。除统一安排外，个人不发贺信、贺电，不题词、题字。个人发表涉及重大敏感问题的讲话和文章以及公开出版的著作，按照要求报批。

第六十七条 县人民政府领导公务活动的宣传报道要从严控制。县人民政府组织或经县人民政府批准的有重大影响的会议和活动，要按照经审定的方案进行新闻报道。县人民政府领导下基层开展一般性调研、检查等活动，一般不作新闻报道。

第六十八条 县长、副县长的出国、出境，按规定程序报批。县人民政府各部门、各乡镇人民政府（街道办事处）的负责同志出国、出境，需经县长同意，并按规定程序报批。

第六十九条 县人民政府领导接待来华宁的客人，除参加县委、县人民政府统一组织的活动外，按对等、对口原则安排有关领导代表县人民政府接待。

第十三章 作风纪律

第七十条 坚决贯彻执行十八届中央政治局关于改进工作作风密切联系群众的八项规定，进一步改进学风、会风和文风，精简会议文件。县人民政府领导下基层调研要轻车简从，简化接待，减少陪同，坚决反对形式主义、官僚主义，坚决反对虚报浮夸、急功近利，营造心齐劲足、风清气正的良好氛围。

第七十一条 认真贯彻落实法治政府、责任政府、阳光政府、效能政府建设各项制度，认真履行职责，规范行政行为，增强服务观念，提高行政效能。对职权范围内的事项要按照规定程序和时限办理；对不作为、乱作为及推诿、拖延等官僚作风造成影响和损失的，要按照《华宁县问责办法》有关规定进行问责；对违规、违纪、违法行为，要严肃查处。

第七十二条 县人民政府组成人员要坚决执行县人民政府的决定，如有不同意见可在县人民政府内部提出，在没有重新做出决定前，不得有任何与县人民政府决定相违背的言论和行为；县人民政府各部门的主要负责人代表县人民政府发表讲话、文章，必须事先报经县人民政府同意。

第七十三条 加强信息工作，推进电子政务建设，建立健全覆盖面广、反应灵敏、传递快捷、处置准确的信息网络体系，及时收集汇总、分析预测和跟踪反馈信息，不断提高信息服务的质量和水平。

第七十四条 县人民政府组成人员必须严格执行请示报告制度和请假制度。各部门要及时向县人民政府报告重要情况、重大事件和重大活动，遇重大问题要按规定程序及时向县人民政府请示。副县长、办公室主任以及县直各部门主要负责人外出或请假，报县长批准，并告知县人民政府办公室。

第七十五条 县人民政府各部门、各乡镇人民政府（街道办事处）实行24小时值班制度和领导带班制度，及时掌握、处理、报送自然灾害、重大突发事件等紧急情况。

第七十六条 严格遵守党的政治纪律，自觉维护县委的领导。严格遵守保密纪律和外事纪律，严禁泄漏国家秘密、工作秘密或因履行职责掌握的商业秘密等。带头执行民主集中制，顾大局、讲团结，自觉维护班子的团结和谐。

第七十七条 县人民政府组成人员要严格遵守中央、省市和县有关廉政建设的规定，严格要求亲属和身边的工作人员不得利用特殊身份谋取私利。

第十四章　附则

第七十八条 县人民政府派出机构、部门管理机构、保留机构、其他机构、政府直属机构、政府各事业单位适用本规则。

第七十九条 本规则自发布之日起执行（2017年7月18日印发）。2013年1月31日发布的《华宁县人民政府工作规则》同时废止。

华宁县重大行政执法决定法制审核暂行办法

第一章　总则

第一条 为了加强对重大行政执法决定的监督，严格规范公正文明执法，促进依法行政，根据中共中央、国务院《法治政府建设实施纲要（2015—2020年）》和中共云南省委、云南省人民政府《云南省法治政府建设规划暨实施方案（2016—2020年）》《云南省重大行政执法决定法制审核办法》、中共玉溪市委、玉溪市人民政府《玉溪市法治政府建设实施方案（2016—2020年）》及《玉溪市重大行政执法决定法制审核暂行办法》等有关规定，结合本县实际，制定本办法。

第二条 县人民政府及其部门、综合行政执法机构、法律、法规授权或者委托的组织（以下简称“行政执法机关”）做出重大行政执法决定前，应当由本级政府法制机构、部门法制机构或者部门负责法制工作的机构（以下统称“法制机构”）进行法制审核。

第三条 本办法所称重大行政执法决定法制审核，是指法制机构对行政执法机关拟做出的重大行政执法决定的合法性、合理性进行审核（以下简称“法制审核”），并提出书面审核意见的活动。

第四条 重大行政执法决定未经法制审核或者审核未通过的，行政执法机关不得做出决定。

第五条 行政执法机关应当加强法制机构能力建设，使法制机构工作人员的思想政治素质、业务工作能力与重大行政执法决定法制审核工作的需要相适应。

县级人民政府法制机构应当加强对政府所属部门法制审核工作的监督、指导，并接受上级政府法制机构的指导。

第二章　审核事项

第六条　本办法规定的重大行政执法决定，包括重大的行政许可、行政处罚、行政强制、行政征收、行政裁决及其他涉及行政相对人重大权益或者社会影响较大的行政执法决定。

第七条　重大行政许可事项主要包括：

（一）有限自然资源开发利用、公共资源配置以及直接关系公共利益的特定行业的市场准入等，需要赋予特定权利的事项；

（二）直接涉及公共安全、生态环境保护以及直接关系人身健康、生命财产安全等特定活动的事项；

（三）法律、法规、规章规定实施行政许可应当听证的事项，或者行政机关认为需要听证的其他涉及公共利益的重大行政许可事项；

（四）不予行政许可、不予变更行政许可、不予行政许可延续或者撤销、注销行政许可等直接涉及申请人和他人之间重大利益关系的事项；

（五）法律、法规、规章规定的其他重大行政许可事项。

第八条　重大行政处罚事项主要包括：

（一）限制公民人身自由；

（二）责令停产停业；

（三）吊销许可证或者执照；

（四）对公民处以3000元以上，对法人或者其他组织处以5万元以上罚款，或者没收违法所得、没收非法财物价值达到上述金额的事项；

（五）涉及行政相对人重大权益，或者社会影响较大的事项；

（六）法律、法规、规章规定的其他重大行政处罚事项。

第九条　重大行政强制事项主要包括：

（一）强制拆除影响公民、法人和其他组织正常生产、生活的建筑物、构筑物或者设施；

（二）查封场所、设施或者扣押财物金额达3万元以上；

（三）冻结、划拨公民个人存款、汇款金额5000元以上，冻结、划拨法人或者其他组织存款、汇款金额5万元以上的事项；

（四）拍卖或者依法处理查封、扣押的场所、设施或者财物的事项；

（五）申请人民法院强制执行的事项；

（六）涉及公民、法人或者其他组织重大权益，或者社会影响较大的事项；

（七）法律、法规规定的其他重大行政强制事项。

第十条　重大行政征收事项主要包括：

（一）行政征收对象涉及50人以上或者对征收补偿方案意见较大的事项；

（二）其他对本地经济社会发展有重大影响或者可能影响社会稳定的事项；

（三）法律、法规、规章规定的其他重大行政征收事项。

第十一条　重大行政裁决事项主要包括：

（一）当事人因土地、草原、水流、滩涂、矿产等自然资源的所有权或者使用权的归属产生争议，申请行政机关裁决的事项；

（二）一方当事人涉及行政管理的合法权益受到他方严重侵犯，申请行政机关制止和申请要求侵害者给予赔偿的事项；

（三）法律、法规、规章规定的其他重大行政裁决事项。

第十二条　行政收费、行政检查、行政确认等其他行政执法决定，行政执法机关认为需要进行法制审核的，参照本办法执行。

有条件的行政执法机关，可以对当场做出或

者适用简易程序处理以外的行政执法决定进行法制审核。

第三章　审核程序

第十三条　重大行政执法决定做出前应当由法制机构进行法制审核。

重大行政执法决定拟以政府名义做出的，承办案件的部门或者组织在报政府决定前，应当经政府法制机构进行审核。报送审核时应当附承办部门或者组织所属法制机构的法制初审意见，经政府或政府办负责人批转政府法制机构进行审核。政府法制机构审核并出具书面审核意见后，再按程序做出决定。

重大行政执法决定拟以部门名义做出的，应当经行政执法机关负责人批转法制机构进行审核。法制机构审核并出具书面审核意见后，行政执法机关依照法定程序做出决定。

情况紧急，需要立即做出重大行政执法决定的，应当要求法制机构人员参与。

第十四条　重大行政执法决定送法制机构进行法制审核时，承办部门或者承办机构应当提交下列材料：

（一）拟作出重大行政执法决定情况说明；

（二）拟作出重大行政执法决定的建议；

（三）案件证据材料（含事实依据、法律依据及相关程序资料）；

（四）经听证的，应当提交听证会笔录；

（五）其他需要提交的材料。

第十五条　拟做出的重大行政执法决定情况说明应当载明以下内容：

（一）案由及当事人基本情况；

（二）拟做出决定的基本事实；

（三）适用法律、法规、规章和执行行政裁量基准的情况；

（四）行政执法机关主体资格及执法人员资格情况；

（五）调查取证、证据的分析认定和听证情况；

（六）承办机构集体讨论拟做出决定的情况；

（七）其他需要说明的情况。

第十六条　法制机构对拟做出的重大行政执法决定进行全面审核，重点审核下列内容：

（一）行政执法主体是否合法；

（二）行政执法人员是否具备执法资格；

（三）行政执法权限是否合法，是否属于本行政执法机关的管辖范围；

（四）当事人的知情权和陈述、申辩权是否得到保障；

（五）认定事实是否清楚，证据是否确实、充分；

（六）适用法律、法规、规章是否正确；

（七）执行行政裁量基准是否适当；

（八）拟做出的决定内容是否合法；

（九）行政执法程序是否合法、正当；

（十）行政执法文书是否规范；

（十一）其他应当审查的内容。

第十七条　法制机构应当按照下列情况，对拟做出的重大行政执法决定提出审核意见：

（一）事实清楚、定性准确、程序合法、法律文书规范齐备且适用法律、法规、规章正确的，提出同意的意见；

（二）行政执法决定违法或者不能成立的，提出不予同意的意见；

（三）定性不准、适用法律、法规、规章或者行政裁量基准不当的，提出变更的意见；

（四）事实不清、证据不足的，提出补充调查的意见；

（五）程序不合法的，提出纠正的意见；

（六）超出本行政执法机关管辖范围或者违法行为涉嫌犯罪的，提出移送相应机关处理的意见。

第十八条　法制机构在收到重大行政执法决定送审材料后，应当在5个工作日内审核完毕。案件复杂的可以延长3个工作日。

第十九条 法制机构审核后，应当制作《重大行政执法决定法制审核意见书》一式三份，一份报送行政执法机关分管领导，一份连同案件材料回复行政执法机关承办机构，一份留存归档。

第二十条 行政执法机关承办机构收到法制机构的《重大行政执法决定法制审核意见书》后，应当及时研究，对合法、合理的意见予以采纳，并将采纳情况于会议研究或做出决定前书面反馈法制机构。

第二十一条 行政执法机关承办机构对法制机构的审核意见或建议有异议的，可以自接到《重大行政执法决定法制审核意见书》之日起2个工作日内提请法制机构复审一次，法制机构应当研究处理，并于3个工作日内答复行政执法机关承办机构。经复审，行政执法机关承办机构仍不同意法制机构复审意见的，应当及时提请行政执法机关负责人决定。

法制审核期限应当包含在行政执法决定法定的办案期限内，鼓励行政执法机关在保证办案质量的情况下压缩审核及办案期限。

第二十二条 行政执法机关做出重大行政执法决定后30日内应当报本级政府法制机构和上一级行政执法机关法制机构备案。

第四章 责任追究

第二十三条 行政执法机关承办机构在向法制机构提交送审材料时，应当真实客观全面。因送审的材料虚假或者不齐备，造成法制审核意见错误或行政执法决定错误的，由行政执法机关承办机构承担责任。

第二十四条 应当经法制机构审核的重大行政执法决定，未经审核或者审核未通过，行政执法机关负责人擅自审批或不采纳法制机构审核意见造成行政执法决定错误的，由审批的行政执法机关负责人承担责任。

第二十五条 行政执法机关承办机构的负责人或承办人员、法制机构的负责人或审核人员以及作出行政执法决定的负责人因不履行或者不正确履行重大行政执法决定法制审核职责，导致决定错误，造成严重后果的，按照有关规定追究相关人员的责任。

第五章 附 则

第二十六 条各乡（镇）人民政府、街道办事处，县级各行政执法部门应当根据法律、法规、规章规定和本暂行办法的规定，结合本地区、本部门行政执法监督工作实际，制定本地区、本部门重大行政执法决定法制审核办法，并将实施情况纳入依法行政、法治政府建设及案卷评查等考核内容。

第二十七条 本办法自印发之日起施行（2017年6月23日印发）。

华宁县人民政府向社会力量购买服务实施方案

为进一步深化行政管理体制改革，加快转变政府职能，完善公共财政体系，提高公共服务的质量和效率，根据《国务院办公厅关于政府向社会力量购买服务的指导意见》《政府购买服务管理办法（暂行）》《云南省人民政府办公厅关于政府向社会力量购买服务的实施意见》和《玉溪市人民政府办公室关于印发玉溪市政府向社会力量购买服务实施方案的通知》等有关要求和规定，结合我县实际，制定本实施方案。

一、准确把握政府购买服务总体要求

（一）指导思想

以邓小平理论、“三个代表”重要思想、科学发展观为指导、深入贯彻落实党的十八大、十八届三中、四中、五中、六中全会和习近平总书记考察云南重要讲话精神，统筹推进“五位一体”总体布局和协调推进“四个全面”战略布局，认真落实“五大发展理念”，大力实施“生态立县、产业强县、特色兴县、开放活县”战略，坚持以提高发展质量和效益为中心，以推进供给侧结构性改革为主线，突出扩大总量、增加投资、抓实项目三个重点，按照加快政府职能转变，深化财税体制改革，提高公共服务供给水平的要求，改革创新公共服务提供机制和方式，整合各级各类资源，放开公共服务市场准入，激发社会力量参与活力，建立健全公共服务市场化、多元化和社会化供给机制，努力为人民群众提供更加优质、高效的公共服务。

（二）基本原则

1. 积极稳妥，有序实施。根据经济社会发展需要和政府职能转变、财政管理的要求，准确把握社会公共服务需求，合理界定政府购买服务的范围和项目，妥善处理与原有公共服务供给方式的衔接，稳妥拓展政府购买服务的领域和范围。有序引导社会力量参与服务供给，形成改善公共服务的合力。

2. 权责明确，确保质量。按照事权与支出责任相适应的原则，健全法规制度，明确部门职责，完善工作机制，强化监管手段，形成符合实际、协调有力、规范高效的政府购买服务制度，推进政府购买服务健康发展。

3. 竞争择优，以事定费。按照公开、公平、公正原则，坚持费随事转，通过公平竞争择优选择方式确定政府购买服务的承接主体，确保具备条件的社会力量平等参与竞争，实现“多中选好、好中选优”，建立优胜劣汰的动态调整机制。

4. 科学安排，注重实效。突出公共性和公益性，重点考虑优先安排与改善民生密切相关、有利于转变政府职能的领域和项目，明确权利义务，加强政府购买服务的绩效管理，探索建立多方参与政府购买服务的监管方式，降低购买成本，提高公共服务质量，不断提升政府购买服务的社会效益和经济效益。

5. 改革创新，完善机制。坚持与事业单位分类改革、社会组织管理等制度相衔接，推行政事分开、政社分开，放宽市场准入，凡是社会能办好的，都交给社会力量承担，坚决防止一边购买服务、一边养人办事。积极开展“应社会申请开展购买”，实现“政府配餐”与“市场点餐”相结合。推进简政放权，增强基层政府的购买力度，不断完善体制机制。

（三）目标任务

2017 年，初步形成统一有效的购买服务平台、工作机制和监督评审机制，购买服务范围要覆盖到大部分适宜向社会力量购买的基本公共服务、社会管理服务以及事务性管理服务领域，全县逐步建立起比较完善的政府购买服务制度，推动公共服务水平和质量显著提升。

二、建立健全政府购买服务机制

（一）明确购买服务主体

政府购买服务的主体（以下简称“购买主体”）是各级行政机关和参照公务员法管理、具有行政管理职能的事业单位。党的机关、纳入行政编制管理且经费由财政负担的群团组织向社会提供的公共服务以及本单位的履职服务，根据实际需要，也可实施购买服务。

购买主体负责研究制定本行业本系统公共服务购买实施细则，提出合理需求和条件；依照有关程序和方式实施购买，对承接主体提供的服务进行跟踪监督，在项目完成后组织考核评估和验收。要建立健全内部监督管理制度，按规定公开政府购买服务相关信息，自觉接受社会监督。

（二）确定承接主体资格

承接政府购买服务的主体（以下简称“承接主体”），包括依法在民政部门登记成立或经国务院批准免予登记的社会组织，按事业单位分类改革应划入公益二类或转为企业的事业单位，以及依法在工商行政管理或行业主管部门登记成立的企业、机构等社会力量。应具备以下条件：

1. 依法登记设立，具有独立承担民事责任的能力。

2. 治理结构健全，内部管理和监督制度完善。

3. 具有独立、健全的财务管理、会计核算和资产管理制度。

4. 具备提供公共服务所必需的设施、人员和专业技术能力。

5. 行业管理部门有具体专业资质要求的，应具备相应资质要求。

6. 具有依法缴纳税收和社会保险费用的良好记录。

7. 在参与政府购买服务竞争前通过年检、资质审查合格，社会信誉、商业信誉良好。

8. 法律、法规规定以及购买服务项目要求的其他条件。

承接主体的具体条件由购买主体会同财政部门根据购买服务项目的性质和质量要求确定。按事业单位分类改革应划入公益二类或转为企业的事业单位符合条件的可以成为承接主体，但要与具备条件的社会力量公开、平等参与竞争。购买主体应当在公平竞争的原则下鼓励行业协会、商会参与承接政府购买服务，培育发展社会组织，提升社会组织承担公共服务能力，推动行业协会、商会与行政机构脱钩。购买主体应当保障各类承接主体平等竞争，不得以不合理的条件对承接主体实行差别化歧视。

（三）科学界定购买内容

政府购买服务的内容为适合采取市场化方式提供、社会力量能够承担的公共服务及辅助性服务，突出公共性、公益性和辅助性。除应当由政府直接提供、法律法规另有规定或涉及国家安全、保密事项以及司法审判、行政行为等不适合向社会力量购买，以及不属于政府职责范围的服务项目外，下列基本公共服务和非基本公共服务事项可通过政府购买服务的方式，逐步交由社会力量承担：

1. 基本公共服务事项。基本公共教育、科技服务、劳动就业服务、人才服务、社会保险、社会救助、社会福利、基本养老服务、优抚安置服务、基本医疗卫生、人口和计划生育服务、基本住房保障、公共文化、公共体育、基本公共安全服务、残疾人基本公共服务、环境保护、交通运输、服务“三农”等领域适宜由社会力量承担的基本公共服务事项；

2. 社会管理服务事项。区划地名管理、社会组织管理、社区事务、养老服务、社工服务、法律援助、扶贫救灾、慈善救济、公益服务、人民调解、社区矫正、安置帮教、公共公益宣传培训、民族团结和边疆稳定等领域适合由社会力量承担的公共服务事项；

3. 行业管理与协调事项。行业职业资格认定、处理行业投诉等领域适合由社会力量承担的公共服务事项；

4. 技术服务事项。科研、行业规划、行业规范、行业调查、行业统计分析、资产评估、检验检疫检测、监测服务等领域适合由社会力量承担的公共服务事项；

5. 政府履职所需辅助性事项。法律服务、课题研究、政策调研、政策草拟、决策论证、统计调查、监督评估、绩效评价、材料整理、工程服务、项目评审、技术业务培训、会展服务、编制规划、规划评估、会计服务、税务咨询、旅游服务、审计服务、后勤服务和网络管理等领域适合由社会力量承担的公共服务事项；

6. 政府新增的或临时性、阶段性的公共服务事项，以及其他适合由社会力量承担的公共服务事项。

由县财政局牵头研究制定全县政府购买服务

的指导目录，并根据经济社会发展变化、政府职能转变及公众需求等情况及时对目录进行动态调整。各乡镇（街道）、各部门要根据指导目录，制定具体实施目录，明确政府购买服务的种类、性质、内容和绩效评价标准，并根据实际情况进行动态调整。对应当由政府直接提供、不适合社会力量承担的公共服务，以及不属于政府职责范围的服务项目，政府不得向社会力量购买。纳入指导性目录的服务事项，应当实施购买服务。

（四）规范购买操作流程

1. 编制购买计划。购买主体根据本级政府购买服务指导目录，结合同级党委、政府工作部署以及部门预算安排、本单位工作实际等因素，原则上在年度部门预算资金范围内，编制年度购买服务项目计划，随同部门预算一起报县级财政部门审核。

2. 公示购买信息。购买服务项目计划经县级财政部门审核并出具明确意见后，向社会公开所需购买服务项目的预算资金、主要内容、承接标准和目标要求等信息。

3. 确定购买方式。购买主体应根据购买内容的市场发育程度、服务提供方式和特点等因素，按照“方式灵活、程序简便”的原则组织购买。

对符合政府采购竞争性条件的，按照《中华人民共和国政府采购法》等相关规定，遵循政府采购管理的程序和方式组织实施，统一纳入采购程序，通过公开招标、邀请招标、竞争性谈判、单一来源、询价、竞争性磋商等采购方式确定承接主体，达到公开招标限额标准以上的服务项目，应当进入公共资源交易中心交易。

对具有特殊性、不符合竞争性条件（承接主体发育程度低）的购买事项，可采取特许经营、委托、战略合作、大额项目分包、新增项目另授等方式实施购买，积极探索定额补助、以奖代补等形式，并报县级财政部门审核确定。

4. 签订购买合同。承接主体与购买方式确定后，购买主体应及时与承接主体签订购买服务合同，明确购买服务的范围、标的、数量、质量要求以及服务期限、资金支付方式、权利义务、违约责任和解决争议的方法等内容。购买主体要将合同等相关材料报同级财政部门备案。购买主体应当加强购买合同管理，督促承接主体严格履行合同，及时了解掌握购买项目实施进度，严格按照国库集中支付管理有关规定和合同执行进度支付款项，并根据实际需求和合同规定积极帮助承接主体做好与相关政府部门、服务对象的沟通、协调。承接主体应当按合同履行提供服务的义务，认真组织实施服务项目，按时完成服务项目任务，保证服务数量、质量和效果，主动接受有关部门、服务对象及社会监督，严禁转包行为。

5. 合同验收结算。承接主体完成合同约定的服务事项后，购买主体要按照购买合同规定的服务标准组织履约验收，验收合格的，应将政府采购合同等相关材料送同级财政部门，按照采购资金管理相关支付流程，通过国库集中支付程序支付，并将执行情况纳入部门预算考核。

（五）强化项目监督管理

1. 加强预算管理。购买主体购买服务所需资金，从部门预算经费或经批准的专项资金等既有预算中统筹安排，并通过资源整合，扩大购买资金来源。有机衔接政府购买服务资金预算与年度部门预算、政府采购预算，在编制年度部门预算时，凡属政府购买服务项目计划的事项，应同步编制政府购买服务资金预算；纳入政府采购范围的，同步编制政府采购预算。财政部门在布置年度预算编制工作时，应当对购买服务相关预算安排提出明确要求，在预算报表中制定专门的购买服务项目表。财政部门对政府购买服务项目表进行审核后，随部门预算批复同时下达给相关购买主体。购买主体应当按照财政部门下达的购买服务项目表，组织实施购买服务工作。重大项目、重大民生事项或政府因工作需要临时确定的重要事项，按照财政专项资金管理规定和“一事一议”原则，专项研究确定购买服务资金规模和来源。建立预算执行动态监控机制，为防范和控制财政资金支付风险，将购买主体服务资金的使用情况纳入预算执行动态监控，从而保证财政资金安全规范有效使用。

2. 加强绩效管理。购买主体应会同财政部门，围绕购买服务流程、专业方法、质量控制、监督管理、需求评估、成本核算、招投标管理和能力建设等环节，做好相关标准研究制定，逐步建立科学合理、协调配套的绩效评价指标体系。将政府购买服务资金纳入财政资金绩效管理体系，建立绩效评价办法，探索建立由购买主体、服务对象及第三方组成的综合性评价机制，对购买服务项目数量、质量和资金使用绩效等进行考核评价。评价结果向社会公布，并作为以后年度编制政府购买服务预算和选择承接主体的重要依据。

3. 加强对承接主体的规范管理。承接主体应当建立政府购买服务台账，记录相关文件、工作计划方案、项目和资金批复、项目进展和资金支付、工作汇报总结、重大活动和其他有关资料信息，接受和配合相关部门对资金使用情况进行监督检查及绩效评价；应当建立健全财务制度，严格遵守相关财政财务规定，对购买服务的项目资金进行规范的财务管理和会计核算，加强自身监督，确保资金规范管理和使用；应当建立健全财务报告制度，按照要求向购买主体提供资金的使用情况、项目执行情况、成果总结等材料。

4. 加强过程监管和信息公开。充分利用和整合现有政府网络平台资源，建立集政策咨询、申报审批、日常监督、信息服务于一体，内容全面、方便快捷的政府购买服务平台。及时发布政府购买服务有关政策制度、购买目录、承接主体条件、采购结果、绩效评价结果等信息。购买主体应全面全程公开购买服务的有关信息，做到信息透明化，主动接受财政、审计等部门的监督及社会监督。

三、加强政府购买服务的保障与监督

（一）加强组织领导

县人民政府对本级政府向社会力量购买服务工作负总责，把政府向社会力量购买服务工作列入重点改革任务，纳入各级、各部门的目标管理范畴，并作为督查重点。建立政府购买服务工作联席会议制度。要按照“事权与支出责任相适应”的原则，将向社会力量购买服务的资金纳入同级财政预算和财政资金绩效管理体系。

（二）健全工作机制

建立“政府领导，财政牵头，机构编制、民政、工商、发展改革以及行业主管部门协同，职能部门履职，监督部门保障”的工作机制，做到各负其责、齐抓共管。

财政部门牵头负责建立健全政府购买服务制度，制定政府向社会力量购买服务目录，监督、指导各类购买主体依法开展购买服务工作，做好政府购买服务的采购管理、资金管理、监督检查和绩效评价等工作；在政府及财政现有公开网站基础上，牵头建立政府购买服务统一信息发布平台及购买服务项目管理系统。

民政、市场监管以及行业主管等部门要按照职责分工，培养和壮大社会力量，负责向购买主体提供相关名录，协助购买主体对承接主体所应具备的资质和相关条件进行核实，并将承接主体参与购买服务的情况纳入年检、评估和执法等监管体系，建立相应的信用记录和应用制度。

机构编制部门负责推进政府职能梳理，推动公办事业单位与主管部门理顺关系和去行政化，按照事业单位改革的要求推进有条件的事业单位转为企业和社会组织，探索研究提出通过购买服务方式促进事业单位分类改革的意见和措施；要分期分批制定政府转移职能目录，参与政府购买服务绩效评价。

发展改革部门负责会同有关部门编制和实施政府投资计划，推动政府投资项目中的有关服务内容列入政府购买服务计划。

审计部门负责对政府购买服务工作和资金使用情况进行监督、审计，并参与政府购买服务绩效评价。

各职能部门作为具体组织实施单位，必须严格按照相关要求，不折不扣地落实年度购买计划，制定本部门或本行业的政府购买服务具体方案，并主动公开相关信息，接受监督。

（三）严格监督管理

财政、审计、监察等部门应加强对政府购买服务的监督，确保政府购买服务资金规范管理和使用，防止截留、挪用和滞留资金等现象发生。应加强对购买主体的日常监管，不得将应由政府承担的公共服务暂不具备条件的事项，擅自改由政府向社会力量购买，对不按照规定使用资金或未按合同完成购买服务工作量的购买主体，财政不再拨付下一年度购买经费；对违法违规行为，按照规定予以处罚、处分或移交司法机关处理。建立退出机制和择优机制，对弄虚作假、冒领财政资金的承接主体，依法给予行政处罚，3 年内不得介入政府购买服务；对在政府购买服务工作中做出突出贡献、取得良好社会和经济效益的社会力量，可成为下年度购买服务计划项目的优先选择主体。

（四）强化宣传引导

县直有关部门要广泛宣传政府向社会力量购买服务的重大意义，做好政策解读，塑造工作典型，加强舆论引导，深入开展社会调查，主动回应群众关切，充分调动社会参与的积极性。同时，严格按照规定，做好政府向社会力量购买服务的有关政策和实施过程的信息公开，接受社会监督。

（本方案从 2017 年 4 月 20 日起开始执行，原实施方案与本方案不符的，以本方案为准）

华宁县进一步规范投资项目审批及入库统计实施方案（试行）

根据《中共中央国务院关于深化投融资体制改革的意见》《企业投资项目核准和备案管理条例》《国家发展改革委关于全国投资项目在线审批监管平台正式运行的通知》和国家统计局对固定资产投资现行统计口径，为完成上级下达固定资产投资考核目标任务，进一步规范投资项目立项审批与入库统计管理，经县人民政府研究，特制定本实施方案。

一、指导思想

全面贯彻落实党的十八大和十八届三中、四中、五中、六中全会精神，以邓小平理论、“三个代表”重要思想、科学发展观为指导，深入学习习近平总书记系列讲话精神，认真贯彻落实国务院简政放权和“放、管、服”工作指导方针，优化投资项目审批程序，简化审批手续，规范项目入库统计办法，充分发挥投资对稳增长、促改革的关键作用，促进全县经济和社会快速健康发展。

二、投资项目入库统计的原则

（一）坚持按在线审批投资项目入库统计的原则。根据国家统计口径，各级政府入库统计的固定资产投资建设项目，必须通过投资项目在线审批监管平台（以下简称在线平台）立项审批，并获取在线平台生成的全国统一项目代码。杜绝未通过在线平台体外循环审批、未获取项目代码的投资项目入库统计。

（二）坚持按实际开工投资项目入库统计的原则。县属各部门、乡镇（街道）申报入库统计的投资项目，必须是实际开工建设的项目，不得将尚处于前期储备阶段的项目入库统计，提前透支项目投资额，以保证固定资产投资统计的真实性、合法性，以及不影响今后前期储备项目的启动实施。

（三）坚持按属地管理入库统计的原则。原则上县属各主管部门申请立项并组织实施的投资项目，由县属各主管部门负责申报入库统计；乡镇（街道）直接投资的项目和争取上级补助、乡级配套资金的项目，由项目所在地乡镇（街道）负责申报入库统计。

（四）坚持按谁申请立项谁申报入库的原则。县属各部门、乡镇（街道）申报投资项目入库统计，原则上由申请项目立项的业主单位负责办理项目申报入库手续。对个别业主单位不明确的项目，由项目建设单位和项目代建单位、县属主管部门和乡镇（街道）共同协商，按照确定的申报单位办理项目入库统计手续。

（五）坚持全面统计、及时入库的原则。县属各部门、乡镇（街道）要对本年度所属行业和辖区范围内的全社会固定资产投资建设项目进行全面清理、收集，做到全面统计、及时入库，不疏漏任何规模以上固定资产投资项目。

三、投资项目入库统计范围

（一）政府投资项目。指中央、省市补助的投资项目和县（乡）本级政府直接投资的项目（包括通过融资建设由政府购买的项目）。

（二）企业和社会投资项目。指不使用政府资金的其他各种投资项目，包括企业自主经营的投资项目、社会组织（团体）投资项目、村组集体资金投资项目、民间资本投资项目等。

四、投资项目入库统计限额标准及办法

投资项目入库统计限额标准为全社会固定资产投资达到500万元及以上的投资项目，又称规模以上固定资产投资项目。

（一）对投资规模达到500万元以上的建设项目，县属各部门、乡镇（街道）根据项目立项审批部门出具的项目批复文件或投资项目备案证，直接向统计部门办理申报入库统计手续。

（二）对投资规模达不到入库限额标准的项目（即规模以下的投资项目），建设单位经过整合项目、完善建设内容，优化投资概算，使投资项目达到入库条件后，项目审批部门可尽量简化审批手续，不设前置条件，通过投资项目在线审批监管平台办理项目立项，以积极支持项目建设单位及时向统计部门办理申报入库统计手续。

五、投资项目立项审批及入库统计职责分工

（一）县属各行业主管部门和各乡镇（街道）为投资项目入库统计的主体申报单位，并负责组织所属行业和辖区范围内固定资产投资项目的申请立项及申报入库统计工作；

（二）县发改局负责新建基础设施、社会事业等投资项目的立项审批、核准及备案；

（三）县工信局负责工业新建、技改项目的投资备案；

（四）县国土资源局负责办理投资项目的用地预审意见；

（五）县住建局负责办理投资项目的规划选址意见；

（六）县环保局负责办理投资项目的环评审批意见；

（七）县统计局负责办理投资项目的入库统计。

六、政府投资项目立项审批办法

（一）政府投资项目审批事项种类：包括项目建议书审批、项目实施方案审批、项目可行性研究报告审批、项目初步设计审批。

（二）政府投资项目报件文本资质要求：

1. 投资规模200万元及以上的房屋建设工程和投资规模500万元及以上的市政工程、水利工程、农村公路等投资项目，项目单位必须委托具

有相应专业资质的中介机构编制项目可行性研究报告或项目实施方案、项目初步设计，按照基本建设程序申报审批；

2. 投资规模达不到200万元的房屋建设工程和投资规模达不到500万元的市政工程、水利工程、农村公路等项目，项目单位可委托专业中介机构或自行编制项目可行性研究报告、项目实施方案、项目初步设计进行申报审批，但自行编制的文本应达到一定的专业技术深度和符合项目投资的相关要求；

3. 投资规模在200万元以下的其他土建工程项目，建设单位可以自行编制工程（项目）实施方案或项目建议书进行申报审批，但自行编制的文本应达到一定专业技术深度和符合项目投资要求。

投资项目立项审批程序：项目建议书（项目实施方案）—项目可行性研究报告—项目初步设计。

七、投资项目立项审批报件要素（清单）

（一）项目单位申报项目审批的请示文件；

（二）投资项目资质报件正式文本（包括：项目建议书、项目实施方案、项目可行性研究报告、项目初步设计）；

（三）项目建设资金来源证明性材料；

（四）投资项目招投标事项核准申报表；

（五）投资项目审批事项信息登记表；

（六）项目规划选址意见（涉及的项目提供，不涉及的不提供）；

（七）用地预审意见（涉及的项目提供，不涉及的项目不提供）；

（八）重大投资项目环境影响审查批准文件；

（九）重大投资项目社会稳定风险评估审查意见；

（十）国家、省市规定应提交的其他文件材料；国家规定的前置条件：项目规划选址意见、用地预审意见、重大投资项目环境影响审查批准文件；投资项目审批程序：申报—受理—审核—审批—出具批文。

八、重大投资项目（限制类）核准报件要素（清单）

（一）项目单位申报项目核准请示文件；

（二）具备相应专业资质机构编制的《项目申请报告》文本；

（三）企业单位营业执照（统一社会信用代码）及法定代表人身份证复印件；

（四）项目单位对申报核准项目符合国家产业政策导向的申明；

（五）项目单位对所提交项目信息资料的真实性、合法性承诺；

（六）投资项目审批事项信息登记表；

（七）固定资产投资项目节能审查意见；

（八）固定资产投资项目社会稳定风险评估审查意见；

（九）项目规划选址、用地预审、环评审批等相关审批文件；

（十）国家、省市规定应提交的其他文件材料；投资项目核准程序：申报—受理—审核—核准（或上报核准）—出具核准批文。

九、企业投资项目备案报件要素（清单）

（一）企业单位基本情况报告；

（二）投资项目备案申请表（备案部门领取）；

（三）投资项目备案信息登记表（备案部门领取）；

（四）企业营业执照（统一社会信用代码证）及法定代表人身份证复印件；

（五）申报单位对投资备案项目符合国家产业政策导向的声明；

（六）申报单位对所提交项目信息资料的真实性、合法性承诺；

（七）固定资产投资项目节能报告（项目备案后开工前提供即可，年综合能源消费量不满1000吨标准煤，且年电力消费量不满500万千瓦时的固定资产投资项目无须提供）；

（八）国家、省、市规定应提交的其他文件材料（根据投资项目实际需要）；投资项目备案程序：申请—受理—审核—备案—印发备案证。

十、投资项目入库统计报件要素（清单）

（一）投资项目审批部门出具的项目审批文件或项目备案证；

（二）通过在线审批监管平台打印的投资项目基本信息表（注明全国统一投资项目代码）；

（三）项目建设单位与施工单位签订的建设工程施工合同；

（四）实体工程项目施工现场照片（若干）。

投资项目入库申报程序：申报—受理—审核—入库—告知

十一、工作要求

（一）按照《中共中央国务院关于深化投融资体制改革的意见》，实行备案制的投资项目，备案机关要通过投资项目在线审批监管平台提供快捷备案服务，不得设置任何前置条件办理项目备案。实行核准制的投资项目，政府投资的审批项目，只保留规划选址意见、用地预审以及重特大项目的环评审批作为前置条件。县属各相关行业主管部门要进一步简化、整合投资项目报件手续，实行并联审批，各负其责，限时办结各项投资项目审批事项。

（二）投资项目立项审批和项目入库统计工作，关系到县域经济发展的全局，关系到经济和社会的平稳健康发展，县级各部门和各乡镇（街道）要高度重视，明确一位领导和专人负责项目立项审批和项目入库统计工作，确保完成年度固定资产投资目标任务。

（三）投资项目审批和项目入库统计工作是连贯性较强的系统工程，县属各部门和乡镇（街道）要统一思想，提高认识，加强领导，密切配合，主动作为、勇于担当，抓好投资项目审批和入库统计工作的落实。

本实施方案自发文之日起执行（2017 年 10 月 16 日印发），由县发改局和县统计局负责解释。

责任编校　张　兰